Cecilia Tada

P. LORENZO VAN DEN EERENBEEMT

FONDATORE E APOSTOLO DELL'AMORE

Edizioni Carmelitane

© Edizioni Carmelitane
Roma, Italia 2012

Edizioni Carmelitane
Via Sforza Pallavicini, 10
00193 Roma / Italia
edizioni@ocarm.org

ISBN: 978-88-7288-127-9

Finito di stampare nel mese di Settembre 2012
dalla tipografia Abilgraph srl – Roma

*Alle mie Consorelle
Carmelitane Missionarie
di Santa Teresa di Gesù Bambino,
ai Padri Carmelitani
e a tutti i Missionari e le Missionarie.*

RINGRAZIAMENTI

Un ringraziamento di cuore a sr. Madalena Tada, Superiora generale e al suo Consiglio per la fiducia riposta in me per cercare di svelare la persona e la figura di P. Lorenzo van den Eerenbeemt. A tutte le Sorelle che mi sono venute incontro con diverse forme di collaborazione.

Un ringraziamento particolare a P. Santiago Gonzàlez per l'incentivo e l'appoggio mantenuti in tutto il percorso della ricerca.

Un sentito grazie a D. Giorgio Rossi, P. Emanuele Boaga, P. Falco Thuis e P. Carlo Cicconetti per il supporto ricevuto nel dono di tante illuminazioni e momenti di scambi di idee e di corrispondenze.

Va rivolto ancora un grazie specialissimo, per il lavoro degli amici volontari: sr Adelina De Martino, Anna Maria D'Ippolito, Vincenza Monti, Maria Rosaria Stasi, Silvia Cagnoli, Teresa Murkens, Piera Nonis, Luciano Pranzetti, Saverio Santi, Maria Rosaria De Marco, Alberto Bellocchio, sr Natalia Maccari e Anna Cennerilli.

PREFAZIONI

I

La lettura e lo studio delle 363 pagine di ricerca della dissertazione di Suor Cecilia mi hanno impegnato di più di quello che avevo calcolato, in mezzo alle vacanze di agosto e ai lavori della Congregazione per gli Istituti di vita consacrata e le Società di vita apostolica del mese di settembre. Ma devo dire con sincerità: man mano che progredivo nella lettura, cresceva l'entusiasmo intorno alla persona di Padre Lorenzo Van den Eerenbeemt e della sua opera, generata insieme alla Beata Maria Crocifissa Curcio.

Al professore Santiago M. Gonzàlez Silva, che ha diretto questa ricerca di Suor Cecilia, destinata a ristorare la grande figura del Padre Lorenzo Van den Eerenbeent, manifesto tutta la mia gioia per il contributo significativo apportato alla Congregazione delle Suore Carmelitane Missionarie di Santa Teresa del Bambino Gesù e alla Chiesa. La dissertazione per il dottorato di Suor Cecilia rimarrà come un punto di riferimento solido, come una fonte sicura e ben documentata, per continuare ad approfondire la figura di Padre Lorenzo e il carisma da lui nato.

Il lavoro accademico di Suor Cecilia acquista grande peso perché non è il risultato soltanto di una decisione personale, ma della decisione del XIII Capitolo Generale della Congregazione, nell' anno 2009, che, per quanto riguarda la figura di Padre Lorenzo, ha deliberato: 1. Favorirne la conoscenza; 2. Preparare il lavoro per la causa di beatificazione; 3. Avviare uno studio scientifico su Padre Lorenzo a livello di licenza e di dottorato (p. 288).

Penso che l'impegno intellettuale di Suor Cecilia, accompagnato dei saggi e sicuri orientamenti del professore Gonzàlez, sono risultati in un lavoro scientifico di grande interesse storico per quelli che vorranno conoscere, sia la figura di Padre Lorenzo, sia anche il carisma delle Suore Carmelitane Missionarie di Santa Teresa del Bambino Gesù.

Il fatto di aver delimitato il lavoro di ricerca al periodo iniziale della vita della Congregazione, concentrando tutta l'attenzione sulla persona del fondatore, Padre Lorenzo Van den Eerenbeemt (cf p. 21), ha favorito la cura costante sopratutto delle fonti inedite, in particolare i manoscritti autobiografici "Appunti della mia vita" e "Quaderno strettamente privato di Padre Lorenzo incominciato nell'ottobre 1950" (cf p. 21). Essendo questi due documenti personali di Padre Lorenzo, scritti nella sua età più matura, acquistano una particolare importanza, sia per i fatti che narrano, sia per il senso profondo che Padre Lorenzo ricava nei suoi commenti come protagonista.

Così anche è avvenuto per le prime Costituzioni, il primo Direttorio, le Poesie e i diversi articoli.

L'oggetto principale della tesi è Padre Lorenzo Van den Eerenbeent, Apostolo dell'Amore e Fondatore (cf p. 19), con la proposta di far emergere il fondatore che, nei primi tempi era riconosciuto come tale e, durante decenni è rimasto nell'oblio e, di conseguenza, il suo carisma è rimasto sconosciuto alle nuove generazioni (cf p. 19). La costruzione della dissertazione in cinque capitoli mostra una progressiva verifica storica, spirituale e carismatica del fondatore e, allo stesso tempo, dà una visione d'insieme molto completa della figura di Padre Lorenzo. Gli argomenti trattati volta per volta, da un capitolo all'altro, allargano l'orizzonte della sua figura, svelandoci le sue varie dimensioni: umana, cristiana, spirituale, carismatica, ecclesiale e di una profonda preparazione e capacità intellettuale, quest'ultima messa a servizio della Chiesa nelle Università Pontificie.

Il lavoro accurato di Suor Cecilia ci fa penetrare progressivamente nel disegno di Dio sulla persona di Padre Lorenzo. Entriamo così nell'intimità della sua famiglia, dell'ambiente e della cultura in cui era immerso, della scuola cattolica che ha segnato le convinzioni più profonde della sua vita. Adolescente lo seguiamo a Parigi con il fratello Ubaldo e in Olanda con i suoi parenti, nei suoi primi voli fuori della casa paterna. Ci impressiona la sua sensibilità spirituale manifestata in una vita giovanile piena di valori morali vissuti e di un dialogo con Dio a chi vuole servire senza riserve. A vent'anni percepisce la vocazione sacerdotale. Con 22 anni, nella chiesa di 's-Hertogenbosch, in Olanda, ha fatto il proposito di darsi totalmente a Dio: è la sua alleanza d'amore con Dio attraverso la sua consegna definitiva (cf p. 73, nota 103). Si sente accolto nella famiglia carmelitana e di questa diventa membro, avvicinandosi sempre di più alla spiritualità dell'amore e della piccola via di Santa Teresa del Bambino Gesù, canonizzata nel momento in cui lui dava i primi passi della fondazione della Congregazione.

Accanto a Santa Teresa del Bambino Gesù, nel seno dell'ordine carmelitano (missioni in Brasile e nei paesi asiatici) e per una grazia speciale del suo carisma Padre Lorenzo guarda alle missioni come un sogno e una passione. È il tempo della lettera enciclica *Maximum illud* del Papa Benedetto XV, ritenuta la magna carta delle missioni moderne. È anche il tempo della nascita di varie Congregazioni missionarie, tra le quali le Missionarie Serve dello Spirito Santo, fondate in Olanda nel 1889 da Arnaldo Janssen.

Le missioni, pensate proprio come missioni *ad gentes*, è come Padre Lorenzo vedrà sempre più chiaramente il carisma della sua opera.

L'incontro epistolare per primo e poi anche di persona con Suor Maria Crocifissa Curcio, siciliana di Modica, nell'anno 1924, dà inizio a una intesa di carismi, di cuori, ma sopratutto di santità tra due persone intese a seguire Dio e a corrispondere a una chiamata sempre più chiara, ma anche sempre più purificata e diventata solida dai dolori e dalle prove spirituali.

L'intensa vita spirituale e l'intesa carismatica dei due fondatori, si esprimono in una ricerca profonda della volontà di Dio. In questo clima nasce e si sviluppa sempre di più la famiglia religiosa delle Suore Missionarie Carmelitane. Tutto però in mezzo ad abbondanti privazioni che attingono direttamente i fondatori ed in modo speciale Padre Lorenzo.

Nel quarto capitolo della dissertazione per il dottorato Suor Cecilia ci conduce nel cammino per l'approvazione diocesana e per la professione perpetua del primo gruppo. Padre Lorenzo segue da vicino il cammino della kenosi, propria di quelli che sono scelti da Dio come fondatori di una nuova opera nella Chiesa. E lui, da uomo di Dio, percorre con fedeltà questa tappa spirituale decisiva. In questo capitolo Suor Cecilia ci propone le linee portanti del carisma in Padre Lorenzo: la sua esperienza di Dio; la grazia di essere uno dei più intimi amici di Gesù; la sua esperienza mariana; nella piccola via di Teresa di Lisieux; il suo senso ecclesiale; il suo umanesimo. Sono venti pagine dedicate, diciamo così, al cuore spirituale, alla passione più intima di Padre Lorenzo. Questa sua dottrina spirituale è nata, senza ombra di dubbio, della sua fedeltà attraverso delle prove più dure dell'anima, come attestano i fatti da lui vissuti.

L'ultimo capitolo è uno sguardo verso il presente e il futuro della famiglia spirituale di Padre Lorenzo e della Beata Maria Crocifissa. Più che mai oggi la Chiesa è diventata cosciente dello spirito missionario che deve regnare in tutte le comunità dei discepoli. Così il carisma delle Suore Missionarie Carmelitane di Teresa del Bambino Gesù possono far fruttare per la gloria di Dio e il bene di tutta la Chiesa il carisma in loro depositato da Padre Lorenzo.

Riprendo qui le parole di uno dei "figli spirituali" di Padre Lorenzo, pronunciate a Santa Marinella il 27 maggio 1999: (Padre Lorenzo) "uomo profetico, anticipatore dei tempi nuovi e, come tutti i profeti, destinato all'incomprensione e al silenzio nell'attesa operosa e paziente dei tempi lunghi di Dio ... Ormai i tempi sono maturi perché la luminosa figura di P. Lorenzo esca definitivamente dall'oblio e dal silenzio ..." (Pietro Cuccu).

Roma, 28 settembre 2011.

+ João Braz de Aviz
Prefetto della CIVCSVA

II

È per me un grande onore partecipare con questa prefazione a questo libro sulla vita e l'opera di P. Lorenzo Van Den Eerenbeemt, che, accanto alla Madre Crocifissa Curcio, è il fondatore di questa cara Congregazione delle Suore Carmelitane Missionarie di Santa Teresa di Gesù Bambino.

Ringrazio anticipatamente e presento i miei rallegramenti all'autrice, Suor Cecilia Tada, e alle Suore Carmelitane Missionarie per tutte le iniziative che stanno realizzando per far conoscere meglio non solo la vita e l'opera di P. Lorenzo, ma anche la storia, il carisma e la missione della loro Congregazione. Questo lavoro serio e scientifico li aiuterà senz'altro a conoscere meglio il loro passato, ma anche a ripensare il loro presente per aprirsi al futuro con rinnovato slancio.

Il libro che avete tra le mani è un lavoro serio che è passato attraverso diversi filtri accademici. Già durante la difesa della tesi e la presentazione del libro *Padre Lorenzo van den Eerenbemt: il sacerdote e il poeta*, che ha avuto luogo a Santa Marinella nel mese di ottobre del 2011, abbiamo ascoltato gli interventi di diverse persone esperte nella biografia e nel vissuto spirituale di questo grande sacerdote e grande carmelitano. Dal canto mio, vorrei semplicemente sottolineare quattro aspetti che mi sembrano importanti da rilevare, perché, credo, possono aiutarci non solo a conoscere più da vicino P. Lorenzo, ma anche a comprendere meglio il profilo della Congregazione da lui fondata insieme alla Beata Madre Crocifissa. Penso, inoltre, che gli aspetti che illustrerò in questa prefazione potranno offrirci spunti utili per ripensare meglio la nostra identità carmelitana.

1. Formazione

P. Lorenzo fu un vero intellettuale con una vasta cultura teologica e umanistica. Mi colpisce molto il fatto che venga presentato anche come "poeta" proprio in questi tempi nei quali talvolta nella vita religiosa pare che venga a mancare un po' di poesia, di colore, di romanticismo, di passione.

Negli anni '20 padre Lorenzo insegnò Teologia Dogmatica, Sacra Scrittura e Lingua ebraica presso il Collegio Internazionale S. Alberto e dal 1922 al 1930 svolse l'incarico di esaminatore del Clero romano.

Il Collegio Internazionale S. Alberto, oggi più conosciuto come il CISA, nel secolo scorso è stato un vero vivaio di grandi carmelitani. Uomini saggi e santi (alcuni già beatificati, di altri invece è in corso il processo di beatificazione): il servo di Dio P. Bartolomé Xiberta, grande teologo, che ha lasciato una traccia indelebile nel nostro Ordine; il P. Elias Magennis, Priore Generale, che volle sviluppare gli studi nell'Ordine; il P. Tito Brandsma, Professore e Rettore dell'Università di Nimega, giornalista, morto nel campo di concentramento di Dachau nel 1942 e beatificato da Giovanni Paolo nel 1985; il P. Brenninger, maestro di spiritualità; il P. Hilary Januszewski, vero martire della carità a Dachau, beatificato da Giovanni Paolo II nel 1999; il P. Alberto Grammatico, grande umanista e uomo di cultura classica che, non dimentichiamo, fu il fautore dell'incontro tra la Beata Madre Crocifissa e il P. Lorenzo; Mons. Donald Lamont, primo vescovo di Umtali, oggi Mutare, nello Zimbabwe, e campione della lotta contro la discriminazione razziale. Questi sono soltanto alcuni dei nomi di quella grande schiera di carmelitani formati al Collegio Sant'Alberto presso il quale per parecchio tempo visse anche il P. Lorenzo.

Come Suor Cecilia ben rileva nel suo libro, P. Lorenzo diede molta importanza alla formazione nella Congregazione. Volle, cioè, che le suore fossero ben formate, non per un interesse meramente intellettuale, né per il gusto di avere delle "titolate", ma per servire meglio il popolo di Dio; formazione che non riguardava solo il campo intellettuale o accademico, ma principalmente la dimensione spirituale ed esistenziale.

In un incontro degli studenti e dei professori carmelitani con Monsignor Luis Ladaria, grande teologo e oggi Segretario della Congregazione per la dottrina della Fede (CDF), l'illustre prelato ha insistito molto sulla necessità di una buona formazione di base che dia alla persona (al consacrato e al carmelitano) gli strumenti necessari per servire meglio il popolo di Dio ed in esso, primi tra tutti, i più bisognosi.

2. Ecclesialità

Ad un certo momento della sua vita P. Lorenzo dovette lasciare l'Ordine del Carmelo (uscita che fu solo canonica) per diventare fondatore della Congregazione delle Suore Carmelitane Missionarie di Santa Teresa di Gesù Bambino. Nonostante il suo cuore rimanesse sempre carmelitano, per P. Lorenzo quello fu un momento di grande sofferenza. Grazie a Dio, nel 1969 potette rientrare nell'Ordine rinnovando la sua professione religiosa.

Nel corso degli anni durante i quali il nostro carmelitano lavorò come prete diocesano in seno alla città di Santa Marinella, P. Lorenzo collaborò con molti sacerdoti, ebbe un cordiale e fecondo rapporto con diversi vescovi e mantenne i contatti (spirituali, di amicizia, di fraternità, di interesse intellettuale) con i confratelli carmelitani. Frutto di quel rapporto è la presenza, ormai da parecchi decenni, di una comunità di frati carmelitani in questa città.

Da questa pagina biografica, possiamo ricavare un interessante aspetto della figura di padre Lorenzo, vale a dire la sua ecclesialità che diventa per noi oggi una chiamata alla comunione ecclesiale, alla collabora-

3. Missione

Il P. Lorenzo, come il beato Tito Brandsma, avrebbe desiderato recarsi nelle missioni che la Provincia Olandese (provincia carmelitana che nel corso del secolo ventesimo è stata molto generosa nell'impegno missionario) aveva appena aperto nell'isola di Giava. Non riuscendo ad ottenere il permesso per recarsi in missione, egli coltivò sempre un atteggiamento missionario e il frutto di questa sua sensibilità "ad gentes" lo riscontriamo ancora oggi nella missionarietà inclusa nel carisma di questa Congregazione Carmelitana, missionarietà che l'autrice di questo libro illustra ampiamente.

La passione missionaria del Fondatore si esprime eminentemente nel suo *testamento spirituale*, quando dice che le Suore Carmelitane Missionarie sono chiamate ad essere seminatrici della buona novella del Vangelo e del Carisma carmelitano.

Sarebbe interessante studiare il parallelismo tra il Beato Tito e P. Lorenzo. Entrambi nutrivano l'ardente desiderio di recarsi in missione, tutti e due sperimentarono la frustrazione di non poter realizzare questo sogno, tutti e due animati dalla gioia e dalla generosità di operare nel proprio Paese con entusiasmo contagioso. Più ancora, sarebbe interessante vedere il parallelismo (evidente già dal nome della Congregazione fondata da P. Lorenzo), tra il nostro carmelitano e la grande Patrona delle Missioni, la piccola Teresa del Bambino Gesù, anche lei missionaria senza essere mai uscita dal suo Paese (tranne che per quel pellegrinaggio a Roma, qualche mese prima del suo ingresso al Carmelo). Forse si tratta di cuori così grandi che, nel loro amare e servire, si dilatano oltre gli stretti limiti di uno Stato o di una regione.

4. Carmelo

Come abbiamo già detto, P. Lorenzo, per motivi, per così dire, giuridici o canonici, dovette lasciare l'Ordine nel 1930 per rientrarvi nel 1969. Pochi anni dopo il suo rientro al Carmelo, morì, come si diceva in quel tempo, "con l'abito della Madonna".

P. Lorenzo visse con passione la sua identità carmelitana, che esprimeva anche quando era canonicamente fuori dall'Ordine. Questo spiega l'ispirazione fortemente carmelitana della Congregazione.

Noi carmelitani, quando ci riferiamo alle Carmelitane Missionarie, diciamo: "le nostre suore". In questa espressione tipica di noi frati, non c'è, ovviamente, alcuna traccia di maschilismo, ma, come si dice nella lingua della Madre Generale e della stessa autrice del libro, un vero segno di "carinho" (affetto).

Nell'Ordine Carmelitano vi sono quattordici congregazioni femminili alle quali si aggiungono altri due gruppi, *The Leaven* (il lievito), e la Famiglia missionaria *Donum Dei*. Queste realtà carmelitane sono nate in diversi luoghi: due congregazioni negli Stati Uniti, due in Brasile, una in Venezuela, una in Trinidad, due in Spagna, tre in Italia, una in Zimbabwe, una in Indonesia e una nelle Filippine.

Alcune di queste congregazioni sono state fondate direttamente da carmelitani, altre da altri fondatori non carmelitani; alcune si caratterizzano per la internazionalità dei membri e delle presenze (come accade per questa Congregazione) altre sono più locali; in alcune congregazioni viene portato l'abito, in altre no; alcune fondatrici sono state beatificate, di altre è stato avviato o si auspica l'avvio del processo di beatificazione. È una fioritura variegata, ma unificata da un aspetto comune: il profondo spirito del Carmelo, nel senso che tutte queste realtà sono e si sentono profondamente carmelitane!

Ogni sei anni si tiene l'incontro delle Superiore Generali di queste congregazioni carmelitane femminili. Si tratta di un vero esercito di donne che portano ovunque il carisma del Carmelo. I loro fondatori e fondatrici (e adesso loro stesse), hanno saputo rileggere l'antico carisma carmelitano, nato più di otto secoli fa nella Terra Santa, traducendolo e avvicinandolo, nei tempi moderni, ai più bisognosi.

Il nostro confratello, il P. Lorenzo (e mi sento fiero di dirlo), ha saputo contagiare e trasmettere quella passione carmelitana che si percepisce oggi così profonda e così feconda nella Congregazione.

Per concludere, vorrei ancora una volta ringraziare l'autrice di quest'opera per il prezioso contributo alla conoscenza di questo nostro confratello e del Carmelo del secolo XX. Grazie e auguri anche al Professore Moderatore della dissertazione, P. Santiago Mª González Silva, poiché, dalle 342 pagine di questa tesi, si intuisce la sua direzione saggia e paziente. Auguri e grazie anche alla Congregazione delle Suore Carmelitane Missionarie di Santa Teresa di Gesù Bambino per aver promosso questo studio. Il lavoro accademico e intellettuale è un investimento a lunga scadenza, che porta frutti veramente importanti per la vita e la spiritualità di un istituto religioso.

Che Maria, Madre e Sorella nostra, la stella del Mare, ci aiuti a vivere con fedeltà creativa e con vera passione questo dono carismatico che abbiamo ricevuto.

Grazie

P. Fernando Millán Romeral, O. Carm.
Priore Generale

III

Una delle deliberazione del 13 Capitolo generale per il sessennio 2008-2014 è stata quella di avviare uno studio scientifico su P. Lorenzo a livello di licenza e di dottorato. Abbiamo chiesto a sr. Cecilia Tada di impegnarsi in questa ricerca. Ora abbiamo il piacere di presentare a tutti i frutti del lavoro ch'è stato da lei portato a termine e con tenacia.

Si tratta di una prima ricerca scientifica per svelare P. Lorenzo, facendo emergere la figura del Fondatore, il suo carisma specifico ed il suo ruolo fondamentale nella storia della Congregazione delle Suore Carmelitane Missionarie di Santa Teresa del Bambino Gesù.

Soltanto adesso, con questa ricerca, riusciamo a trarre fuori quello che il Perfectae Caritatis n. 2.b già accennava al riguardo dell'identità di un istituto: "Torna a vantaggio della Chiesa stessa che gli Istituti abbiano una loro propria indole e una loro funzione. Perciò siano messi in luce e mantenuti fedelmente lo spirito e le intenzioni propri dei fondatori, come pure le sane tradizioni, poiché tutto ciò costituisce il patrimonio di ciascun istituto".

Mettendo in luce la figura del Fondatore sono stati individuati le linee portanti del carisma come espressione dell'ispirazione particolare che egli ha ricevuto per svolgere una missione particolare nella Chiesa. Svelare la figura di P. Lorenzo come fondatore della Congregazione è, per noi Suore, riconoscere il dono che lo Spirito Santo ha concesso alla congregazione e alla chiesa nella sua persona e allo stesso tempo costituisce un vero *kairos* a tutta famiglia religiosa invitata alla fedeltà al carisma specifico che viene messo in luce. Sentivamo, infatti, il bisogno di avere più chiaro il nostro carisma, cioè, la nostra identità.

Questo studio documentato ci offre gli elementi per guardarci come istituto, per riconoscerci e per essere identificate secondo lo Spirito Santo che volle mantenere viva, dinamica e coerente alla propria natura come congregazione attraverso colui ch'è stato il ricevente di questa grazia.

Leggendo queste pagine si riesce subito ad essere coinvolti con lo stesso Spirito Santo che ha invaso totalmente la persona e la vita del nostro fondatore. Percepiamo chiaramente come P. Lorenzo, afferrato dallo Spirito Santo non ha avuto pace fin quando – sottomettendosi al più grande sacrificio – si è visto realizzare la missione alla quale si sentiva chiamato: dar vita alla nuova famiglia religiosa.

Dallo studio risulta che fondare un Carmelo missionario, cioè un Terz'Ordine Regolare femminile per le Missioni ha costituito il chiodo della croce in P. Lorenzo fino alla fine della sua vita, sempre però, mantenendosi coscientemente e attivamente alla disposizione dello Spirito Santo, cooperando con Lui nell'attuazione della propria vocazione. Sottomesso alla volontà di Dio ha cercato di realizzare tutto per la Sua maggior gloria; sempre attivo, ha usato le strategie disponibili e la sua creatività come dono di Dio stesso. Così vediamo P. Lorenzo nei diversi scenari per riuscire a compiere la missione di avere un Carmelo Missionario: è professore per preparare le missionarie, è direttore spirituale, è educatore per trasmettere la pedagogia dell'amore perché le suore compiano la missione educatrice con amore, è psicologo per introdurre le suore nel mondo degli interlocutori per comprenderli nelle loro domande e nei bisogni. Esorta alla carità fraterna, ammonisce alla coerenza della scelta vocazionale, dà esempio di bontà, disponibilità, di generosità, di solidarietà, di comunione, di giustizia e di profonda umiltà in prima persona. Molto corretto e trasparente, realizza tutto alla luce limpida della coerenza e del rispetto verso il prossimo. Sprona le suore con parole dolci, ma ferme. Compone poesie, si dedica alle persone con la dolcezza dell'omaggio ma, allo stesso tempo, col messaggio che desidera arrivi a chi deve compiere il ruolo di aiutarlo nella missione ricevuta da Dio, cioè rendere la congregazione, una congregazione missionaria di fatto. Non ottenendo il risultato compie diversi tentativi per aprire un noviziato dove sia possibile ricevere le vocazioni straniere, per formarle da missionarie per le missioni. Contatta altre congregazione missionarie per intessere la possibilità di una fusione e per rendere l'ambiente congregazionale più aperto, più internazionale, più universale com'è universale la Chiesa. Questo perché, come Istituto Missionario "ad gentes" e "ad extra" è presente nel pensiero e nel cuore di P. Lorenzo l'aspetto dell'interculturalità del gruppo. L'Istituto è nato interculturale per aiutare le persone a liberarsi da categorie monoculturali, evitando il rischio di chiudersi nella propria cultura e tradizione. Il processo dell'incarnazione viene fatto all'interno del gruppo multiculturale, dove ogni membro deve spogliarsi del proprio "Io", tradizione e cultura, per formare il "Noi" plurale nell'unità. Si atteneva all'orizzonte della Chiesa che è universale, volta alla realtà escatologica e le sue figlie, quali figlie della Chiesa, come S. Teresa d'Avila e S. Teresa Lisieux, devono essere spinte *"oltre l'orto di casa"* per vivere nel dialogo in comunione universale con tutto il popolo cristiano e non cristiano, come conseguenza stessa della conoscenza di Cristo.

Sr. Cecilia ha saputo cogliere, con cuore di figlia, con competenza, impegno ed amore, la trama intessuta dallo Spirito Santo nella vita di P. Lorenzo facendo emergere, particolarmente, tratti di spiritualità profondamente missionaria che hanno segnato tutto il suo essere, quasi in una simbiosi con la Santa di Lisieux, orientando opzioni radicali e scelte quotidiane.

Con gioia, anche a nome di tutte le Consorelle, esprimo a sr. Cecilia Tada la gratitudine più sincera. Questo studio rappresenta un dono prezioso per la Congregazione delle Suore Carmelitane Missionarie di Santa Teresa del Bambino Gesù, uno strumento di approfondimento e di illuminazione nei cammini di tutte le Suore e delle formande.

Sulla scia del nostro fondatore, che ha vissuto radicalmente l'alleanza con Dio nella ricerca constante di configurare la propria vita a quella del Redentore Gesù, vogliamo aprirci all'oggi della storia e rispondere, con il coraggio degli inizi. Chiamate come lui ad essere apostole dell'amore per amare Gesù e farLo amare, vogliamo rivivere l'esperienza fondante della nostra chiamata, là dove lo Spirito Santo ci chiama a vivere la nostra Missione inculturata *ad gentes*.

Sr. Madalena Tada
Superiora generale

IV

Esiste un consenso pressoché unanime nell'affermare che la ricerca sul proprio carisma rappresenta un compito prioritario quando si prospetta il rinnovamento di qualche Istituto. È tutto qui l'indiscusso merito dello studio che ora viene pubblicato. La figura di P. Lorenzo van Eerenbeemt emerge a tutto tondo. Entro una cornice documentata, ma essenziale, conosciamo la sua famiglia, tra vicende storiche, tracolli finanziari e intimi percorsi di vocazione. Ordinato sacerdote nella provincia carmelitana dell'Olanda, non solo quest'ultimo carattere, ma tratti decisivi nella sua persona e spiritualità, trovano in quel ceppo una radice sempre vigorosa e vitale. Dal secondo capitolo spunta il tema delle missioni. L'appello della Chiesa diventa in P. Lorenzo motivazione storica e chiamata personale. Si verifica l'incontro con M. Crocifissa e inizia il cammino delle origini. Lo sviluppo del terzo capitolo mostra nella "volontà di Dio" il principio guida per una crescita, prima impensabile, che avviene tra difficoltà e ostacoli. Questi, come vediamo nel quarto capitolo, guidano verso una consapevolezza essenziale, che si arricchisce di continuo nei fondamenti dottrinali e ascetici, nonché in realizzazioni di strade che portano lontano. Così, l'ultimo capitolo, insieme alla fine della vita, raccoglie l'eredità del Padre. Cinque appendici documentali mettono a disposizione alcuni testi di valore specifico. L'accuratezza dell'indagine ha trasformato un personaggio relegato al secondo piano in autentico protagonista di questa nascita carismatica. P. Lorenzo è Fondatore. Argomenti e prove si accumulano in queste pagine, dalle quali un nuovo futuro si apre per le Carmelitane Missionarie di Santa Teresa del Bambino Gesù.

Santiago Ma. González Silva
Preside dell'Istituto Teologico di Vita Consacrata

INTRODUZIONE

"Il Signore è lo Spirito e dove c'è lo Spirito del Signore c'è libertà.
E noi tutti, a viso scoperto, riflettendo come in uno specchio la gloria del Signore, veniamo
trasformati in quella medesima immagine, di gloria in gloria,
secondo l'azione dello Spirito del Signore"
2 Cor 3, 17-18

L'oggetto principale della tesi è P. Lorenzo van den Eerenbeemt, Apostolo dell'Amore e Fondatore. L'obbiettivo che ci proponiamo è di far emergere il Fondatore che, se nei primi tempi era riconosciuto come tale, durante decenni è rimasto nell'oblio e, di conseguenza, il suo carisma è rimasto sconosciuto alle nuove generazioni pur avendo avuto l'influsso indiretto attraverso le suore più anziane che hanno vissuto più vicine a lui e hanno comunicato informalmente la storia della Congregazione fin dalle sue origini. Siamo partite dall'esigenza di avere prima di tutto la biografia del Fondatore e nel tessuto biografico far emergere la sua figura e ricostituire la storia della Congregazione nella sua genesi, che si è fatta tutta una cosa sola in lui.

La nostra ricerca è frutto e realizzazione di una delle Deliberazioni del 13º Capitolo Generale celebrato nel 2009: "Avviare uno studio scientifico su padre Lorenzo a livello di licenza e di dottorato" per favorirne la conoscenza, per una questione di giustizia verso la sua persona e per una fedeltà al carisma donato da Dio a lui tanto da essere trasmesso a tutti i membri della Congregazione.

Questo studio offre una ricerca approfondita sia sul carisma del Fondatore, sia sullo spirito trasmesso alle Suore Carmelitane Missionarie di STBG e da loro incarnato. Nello scenario ricostituito, lo studio ci ha portato ad interrogare il protagonista che è P. Lorenzo, che fu sacerdote carmelitano, costretto a diventare diocesano per essere Fondatore carismatico accanto alla Beata M. Crocifissa Curcio.

Non essendoci ancora alcuno studio scientifico, come pure alcuna pubblicazione che riguardi direttamente la persona del nostro protagonista, ci siamo accostate direttamente alle fonti, cercando di avere una visione generale di tutti i documenti, gli scritti e l'epistolario, partecipando prima di tutto all'organizzazione e alla sistemazione dell'archivio "P. Lorenzo". Tutto ciò ci ha preso molto tempo.

P. Lorenzo van den Eerenbeemt nacque a Roma il 3 maggio 1886; ordinato sacerdote il 1º giugno 1912 in Olanda, viene subito avviato a conseguire il dottorato in Teologia nell'Università Gregoriana e, in seguito, la licenza in Sacra Scrittura nel Pontificio Istituto Biblico. Egli occupò dal 1920 al 1930 la cattedra di Teologia Dommatica, di Sacra Scrittura, di Lingua ebraica nel Collegio Internazionale S. Alberto e dal 1922 al 1930 fu nominato dal Cardinal Vicario di Roma a svolgere l'incarico di esaminatore del Clero romano. Non riuscendo ad ottenere il permesso di andare in missione a Giava – Indonesia – dove il suo Ordine aveva avviato una Missione, perché professore di Sacra Scrittura, nel 1923 comincia ad intrattenere una vasta comunicazione con Cardinali, Vescovi e Congregazioni religiose per realizzare la fondazione delle Terziarie Carmelitane regolari per le Missioni. Aveva urgenza perché coltivava diverse vocazioni a Roma e non poteva trattenerle più senza dar loro un indirizzo. Dalle Congregazioni non voleva che la collaborazione per avviare la formazione del primo gruppo. È in questo contesto di ricerca di collaborazione rivolta alle Congregazioni già in espansione che trova provvidenzialmente sul cammino M. Crocifissa, che da 15 anni non riusciva a portare avanti il piccolo gruppo radunato in Sicilia a Modica per realizzare l'ideale dell'assistenza alle giovani disagiate con l'approvazione della Chiesa. Si sono scambiati una nutrita corrispondenza per arrivare finalmente alla decisione di fondare l'Istituto delle Terziarie Carmelitane Missionarie di S. Teresa del Bambino Gesù a S. Marinella, il 3 luglio 1925. È l'inizio della storia della Congregazione delle Suore Carmelitane Missionarie di S. Teresa del Bambino Gesù che costituisce la seconda tappa della vita del nostro Fondatore che, all'inizio offre loro la formazione religiosa e la direzione spirituale. Riceve i voti religiosi delle Suore e provvede anche alla loro abitazione, ai programmi educativi ed insieme a loro realizza la missione.

    Il nostro lavoro è eminentemente originale dal punto di vista del contenuto della tesi, tenendo presente le diverse questioni che si furono sollevate lungo la storia sul ruolo di P. Lorenzo nella Congregazione. Sentivamo l'urgenza di questo lavoro soprattutto perché si trattava della ricerca della nostra propria identità come Congregazione per entrare con più consapevolezza nel dinamismo di comunione della Chiesa con il nostro apporto carismatico ricevuto dal Fondatore.

    Il metodo usato è quello storico-analitico messo in funzione dall'ermeneutica e teologico-carismatico. Storico-analitico perché lo studio sul fondatore viene presentato sullo sfondo storico del tempo e dell'ambiente, che non finisce con una semplice ricostruzione storica perché è solo il punto di partenza ma come istanza critica del presente che a sua volta offre apertura profetica verso il futuro.

    Accostandoci alle fonti, abbiamo tenuto conto dell'evoluzione storica dell'uso delle singole parole e frasi, ricercando il loro significato nei diversi contesti, avvalendoci pure dei documenti consultati negli ACIVCSVA,

ACVPSR, ACVN, ACNE e AGOC. La chiarezza che abbiamo raggiunto nella ricerca si deve agli abbondanti scritti del Fondatore che non solo sono stati riscontrati nei vari documenti dei diversi archivi consultati, ma se ne sono trovate copie e bozze di ogni pagina scritta da lui, soprattutto nell'epistolario. Abbiamo tenuto presente di procedere ad una lettura sempre trasversale delle fonti per garantire una certa unità ed evitare ridondanze e ripetizioni.

In questo lavoro i manoscritti autobiografici, pur essendo una rilettura della vita del Fondatore, le Circolari rivolte alla Congregazione tinte della sua mistica profonda, cariche di riferimenti al tempo sia al passato come al presente e al futuro, ci hanno fornito un valido aiuto per far emergere la sua persona e il suo messaggio.

Il nostro metodo è anche teologico-carismatico perché alla luce della Teologia della Vita Consacrata sono stati individuati i contenuti dell'esperienza carismatica del Fondatore, i tratti legati alla sua persona e alla sua cultura, le grazie e gli aspetti che fanno strettamente parte della missione di fondatore. Lo sforzo è stato di enucleare il carisma del fondatore, cioè quell'esperienza carismatica espressa negli elementi fatti emergere che costituiscono il patrimonio della Congregazione come vocazione collettiva dei membri. Il dialogo con gli apporti teologici è arricchito da alcuni riferimenti all'insegnamento del Magistero.

Per un primo approccio alla vita del Fondatore e al suo carisma non abbiamo avuto nessuna indicazione bibliografica da consultare, pertanto il nostro lavoro è una novità in tutto il suo contenuto. Abbiamo seguito la linea del tempo del nostro Fondatore e così abbiamo svolto la ricerca, privilegiando alcuni documenti e scritti in rapporto al contesto vissuto. Quello che abbiamo fatto è rilevare gli elementi essenziali e quindi provocare sucessive approfondimenti.

La fonte a cui abbiamo attinto sono i manoscritti autobiografici che sono due: un primo manoscritto denominato dal Fondatore "Appunti della mia vita", una rilettura autobiografica di quando aveva già 64 anni, in cui registra i suoi ricordi degli avvenimenti familiari, dell'infanzia e della giovinezza fino al sacerdozio. Inizia il 7 ottobre 1950 e finisce nel 1970. Un secondo manoscritto è "Quaderno strettamente privato di P. Lorenzo incominciato nell'ottobre 1950" che continene una raccolta dei suoi pensieri religiosi e sociali, arrivando all'anno 1969. È stata una fonte preziosa l'Epistolario che il nostro Fondatore ha tenuto con una gamma immensa di interlocutori. Abbiamo privilegiato le corrispondenze con Cardinali, Vescovi, con i Superiori dell'Ordine, con M. Crocifissa Curcio e in forma di Circolari con le Suore. Importantissimi sono state pure le prime Costituzioni, il primo Direttorio, le Poesie e i diversi articoli. Tutti gli scritti editi e inediti contestualizzati, ci hanno permesso di intravedere il filo conduttore, permettendo così una certa unità e armonia nell'elaborazione della tesi, oltre all'oggettività e logicità del pensiero. Tutti questi scritti ci hanno permesso di arrivare alla comprensione della vita, del pensiero e delle opere di P. Lorenzo come pure di scrutare la sua vita interiore e contemplare le meravigliose opere compiute dal Signore su di lui. Sono state preziose inoltre le testimonianze a futura memoria, una raccolta che è stata fatta dal 1997 in poi, quando i laici che si sono denominati i "Ragazzi di P. Lorenzo" hanno formato un Comitato con lo scopo di fare uscire P. Lorenzo dall'oblio. Queste testimonianze spontane ci hanno portato al cuore di P. Lorenzo come pastore e guida del popolo e ci hanno permesso di misurare la grandezza del medesimo che si è fatto grande e infinito come il cuore stesso di Dio misericordioso.

Tante piste sono emerse dal nostro lavoro per una stesura della storia della Congregazione delle Suore Carmelitane Missionarie di S. Teresa del Bambino Gesù che non esiste ancora. Come primo lavoro abbiamo deciso di delimitare la nostra ricerca al periodo iniziale, concentrando la nostra attenzione sulla persona del Fondatore.

Il nostro lavoro è diviso in cinque capitoli. Nel primo capitolo è presentato il sorgere di una vocazione come chiamata alla vita, alla vita consacrata e al sacerdozio nell'intreccio delle circostanze e degli avvenimenti che ci hanno permesso di costruire ogni scenario. All'origine di ogni scenario c'è la creazione secondo il disegno di Dio, poiché la nascita di ogni essere umano, creato ad immagine e somiglianza di Dio, risale alla libera ed efficace iniziativa di Dio. Ed ogni vivente è chiamato da Dio all'esistenza, per rivelare la sua opera nella storia come vocazione, che è essenzialmente una chiamata alla salvezza. L'intento di fare emergere la biografia del Fondatore situandolo nel contesto della famiglia di allora è venuto naturale per ribadire l'importanza di questa cellula della società, chiesa domestica, quale piattaforma indispensabile per la maturazione umana di ogni persona. Nell'evoluzione delle tappe dell'infanzia e della giovinezza oltre a rilevare i tratti della personalità di P. Lorenzo abbiamo enfatizzato il suo percorso formativo sottolineando l'importanza delle mediazioni, come pure degli influssi dell'ambiente sociale ed educativo frequentato. Lo stesso Fondatore ringrazia il Signore per aver messo sul suo cammino tante Istituzioni e persone che sono state incisive per la sua educazione e la formazione del suo carattere e della sua coscienza. Nella realizzazione vocazionale come frate e sacerdote è stato messo in rilievo il processo di discernimento, la presa di decisione e la consegna totale, radicale di sé all'alleanza compiuta con il Signore.

Nel secondo capitolo della tesi si presenta la dinamo da cui è stato mosso il nostro Fondatore e che non l'ha mai lasciato: la passione missionaria. In questo capitolo viene messa in risalto una nuova tappa della vita di P. Lorenzo: l'incontro che la Divina Provvidenza ha propiziato, nella persona di M. Crocifissa Curcio, come la collaboratrice che egli voleva per fondare un Carmelo femminile regolare per le Missioni. Come punto di partenza del dialogo fra i due protagonisti di questo capitolo, li abbiamo messi a confronto sia attraverso le corrispondenze sia attraverso il pensiero espresso nei documenti normativi.

Il terzo capitolo della tesi è *La "volontà di Dio" nell'esperienza fondante del carisma*. In questo capitolo viene sottolineata la rettitudine del Fondatore e la profonda riverenza nel modo di rapportarsi con le persone che viene manifestata in forma molto più eloquente nel suo rapporto con Dio, non lontano, ma molto presente nella sua propria vita, che lo porta a ricercare sempre la Sua volontà. La ricerca della volontà di Dio è una nota dominante nella vita del Fondatore. È su questo fondamento che viene portato avanti il progetto di fondazione di un Terz'Ordine femminile regolare per le Missioni, e che il Fondatore ha delineato la fisionomia nei suoi tratti caratteristici ordinando la vita e l'azione del gruppo. Sempre in posizione di avanguardia egli ha procurato il luogo dove accogliere il primo gruppo proveniente sia da Modica sia da Roma con i dovuti permessi delle autorità competenti, avviando la vita missionaria del primo gruppo a S. Marinella (RM). È il formatore, è il direttore spirituale, è il Padre che riesce a coinvolgere nella vita del paese il gruppo che diventa così un punto di riferimento. Viene ancora rilevata in questo capitolo la grande prova sofferta da P. Lorenzo costretto a lasciare l'Ordine e incardinarsi nella Diocesi di Porto e S. Rufina.

Il quarto capitolo riguarda *Il fondatore, l'identità carismatica, equivoci di percorso*. In questo capitolo restituiamo il titolo di fondatore a P. Lorenzo. Oltre i requisiti accennati nel capitolo precedente proviamo che P. Lorenzo ricopre tutti i requisiti per essere considerato il Fondatore. Abbiamo messo in luce l'ispirazione che si è fatta ogni giorno più intensa e chiara nella sua vita e che lo ha percosso fino alla fine quale missione particolare ricevuta da Dio. Come persona intraprendente ha cercato le soluzione alle difficoltà con la consapevolezza che nelle opere di Dio si trova sempre la croce come una conferma dell'origine divina. È stata sottolineata la più grande prova di paternità in P. Lorenzo verso la Congregazione per il fatto di averla generata con la rinuncia massima di quello che costituiva la sua vita: l'amore verso il suo Ordine, le carriere brillanti che prometteva il suo avvenire per la sua preparazione culturale e per il suo dinamismo. Un ruolo riconosciuto dalle autorità ecclesiastiche e civili. In questo capitolo sono state rilevate ancora le linee portanti del carisma di P. Lorenzo sgorgato dalla sua intima unione con Dio, una esperienza rispecchiata dai modelli che lo hanno introdotto a vivere nel mistero del Dio Uno e Trino, attinta dalla spiritualità carmelitana nelle figure profetiche di Maria, Elia e secondo lui di S. Teresa del Bambino Gesù come un'esperienza mistica più abbordabile, in modo semplice per i nostri giorni, tradotta dai grandi mistici Giovanni della Croce e Teresa d'Avila. Abbiamo accennato alle realizzazioni del Fondatore nel periodo bellico: la protezione offerta alle Suore e alle bambine interne come pure alla popolazione di Castel Giuliano. Sono stati messi in risalto i primi capitoli generali, istanza che ci permette di percepire il ritmo dei membri e la fatica del salto qualitativo per corrispondere alle finalità dell'Istituto. Le Costituzioni sono state studiate in due momenti. In un primo abbiamo riportato il contenuto teologico dei primi articoli spiegati dal Fondatore e in un secondo momento in un quadro abbiamo cercato di visualizzare i sottili cambiamenti nelle finalità, insieme alla scomparsa del Fondatore e del suo apporto carismatico lungo la storia.

Il quinto capitolo della tesi è *P. Lorenzo e la missionarietà della Congregazione*. In questo capitolo partendo dalle premesse circa il carisma della vita consacrata per poter meglio cogliere l'identità abbiamo approfondito gli elementi del carisma individuati nei capitoli precedenti per una rilettura in quanto dono di Dio per la Chiesa affidatoci dal Fondatore. Trovandoci davanti alla lettura di un particolare dono dello Spirito nella persona del Fondatore espresso nelle sue intenzioni e negli ideali che sono emersi, abbiamo tenuto presenti le esigenze emergenti dell'umanità di oggi cercando di riesprimerli per continuare a compiere la nostra missione nella Chiesa e nel mondo. Il desiderio del Fondatore di voler costituire un Terz'Ordine per le Missioni significa che la Congregazione di per sé è un progetto di vita missionaria e non ha bisogno di altri progetti per essere e per attuare da missionaria. Il progetto già ci è stato consegnato dal Fondatore nel modo di essere trasparente e leggero. Il progetto di vita missionaria rispecchiato nella vita di Gesù il Missionario del Padre non poteva sfuggire all'esigenza dell'incarnazione che significa spogliarsi fino ad arrivare alla verità di se stesso nell'umiltà per trovare la libertà nella verità. Abbiamo ribadito il significato della povertà nella prospettiva delle beatitudini del vangelo. Lo specchio più vicino di come amare Gesù e di farLo amare lo troviamo nella Santa di Lisieux. In questo capitolo abbiamo rilevato quanto egli insistesse sulla necessaria preparazione delle Suore per le Missioni.

In questo capitolo infine è messo in luce l'epilogo della biografia di un martire della passione missionaria, purificato in vita dalle sofferenze, ma anche dal godimento di avere sperimentato profondamente l'amore di Dio e l'amore verso il prossimo. Fondatore e apostolo dell'amore che ha lasciato in eredità alla Chiesa e al mondo le sue figlie: *chiamate ad essere come lui apostole dell'amore: amare Gesù e farlo amare.*

Vorremmo essere uno strumento per la Chiesa e per la Congregazione perché il soffio di quello stesso Spirito che ha spronato la vita del nostro Fondatore, continui vivo e attuante nella vita di una schiera di tante Teresine come amava chiamarle P. Lorenzo.

SIGLE

ACVN	- Archivio Curia Vescovile di Noto.
ACIVCSVA	- Archivio della Congregazione per gli Istituti di Vita Consacrata e le Società di Vita Apostolica
ACVPSR	- Archivio Curia Vescovile Porto Santa Rufina.
AGOC	- Archivio Generale dell'Ordine del Carmelo.
ANCI	- Archivio Nederlands Carmelitaans Institut.
AP	- Archivio della Postulazione.
ASGC	- Archivio Segreteria Generale della Congregazione.
Cf.	- Confronta
Circ.	- Circolari di P. Lorenzo a tutte le Suore.
Cost.	- Costituzioni delle Suore Carmelitane Missionarie di STBG.
Cron.	- Cronistoria della Chiesa di Nostra Signora delle Vittorie.
DIP	- Dizionario degli Istituti di Perfezione, I-X.
Dir	- Direttorio delle Suore Carmelitane Missionarie di STBG.
EV	- *Enchiridion vaticanum*, Documenti ufficiali della S. Sede.
Lt	- Lettera.
MC	- Madre Crocifissa Curcio.
Ms a	- Appunti della mia vita.
Ms b	- Appunti intimi – strettamente privato.
n/nn.	- numero/numeri.
p/pp.	- pagina/pagine.
P	- Positio della Serva di Dio.
PL	- Padre Lorenzo.
SdD	- Serva di Dio.
Test. f. m.	- Testimonianza a futura memoria.

BIBLIOGRAFIA

1. Fonti

1.1 *Fonti inedite*

1.1.1 Documenti sui primordi

Istituto delle Suore Carmelitane Mis. S. Teresa del Bambino Gesù, *Decretti dell'erezioni delle Case 1926- 1957*, in ASGC.
——, *Libro dello Stato Personale*, I, in ASGC.
——, *Schede – informazioni sulle attività delle Case della Congregazione*, 1930-1957, in ASGC.
——, *Verbale della Professione religiosa*, S. Marinella 23 ottobre 1930, in ASGC.

Van den Eerenbeemt L., *Giuramento fatto da P. Lorenzo per l'incardinazione*, Roma 21 febbraio 1930.
——, *Appunti della mia Vita*, manoscritto autobiografico, in AP.
——, *Appunti intimi strettamente privato*, manoscritto, in AP.
——, *Cenni della storia della Congregazione*, manoscritto, S. Marinella 27 giugno 1938.
——, *Cronistoria della Chiesa di Nostra Signora delle Vittorie*, manoscritto, in AP.
——, *Direttorio delle Missionarie Carmelitane*, S. Marinella novembre 1925, manoscritto, in AP.
——, *Discorso fatto al Card. Tisserant per la nomina di Card. Protettore della Congregazione*, dattiloscritto, S. Marinella aprile 1964, in AP.
——, *Lettere Circolari a tutte le Suore*, 1943 – 1972, dattiloscritti, in AP.
——, *Preghiere dell'Istituto*, S. Marinella 1925, manoscritto, in AP.
——, *Sdruccioli poetici nell'inverno della Vita fatta in casa*, manoscritto, in AP.
——, *Vita di S. Teresa del Bambino Gesù*, dattiloscritto ad uso interno, S. Marinella 1948.

1.1.2 Lettere di P. Lorenzo a diversi destinatari[1]
Van den Eerenbeemt L., *Lettera* (olandese) *ai familiari dell'Olanda*, Oss 12 giugno 1912, in AP.

---

[1] In ordine cronologico.

—, *Lettera a P. L. Monnot,* manoscritto, Roma 1923, in AP.
—, *Lettera alla Sup. gen. Terziaria Carmelitana,* manoscritto, Roma 5 giugno 1924, in AP.
—, *Lettere a M. Crocifissa Curcio, 1924- 1937,* manoscritto, in AP.
—, *Lettera al Priore generale Elias Magennis,* manoscritto, Roma 1 giugno 1925.
—, *Lettera al Card. Nasalli Rocca,* manoscritto, manoscritto, Roma 5 giugno 1924, in AP.
—, *Lettera a Mons. Raiti,* Roma 13 giugno 1924, in AP.
—, *Lettera* (latino) al *Capitolo generale dell'Ordine,* manoscritto, Roma 30 settembre 1925, in AP.
—, *Lettera* al *Consiglio generale dell'Ordine,* manoscritto, Roma 30 maggio 1927.
—, *Lettera al Card. A. Vico, manoscritto,* Roma, 22 dicembre 1927.
—, *Lettera al Priore generale Elias Magennis,* manoscritto, Roma 8 aprile 1929.
—, *Lettera al Card. Boggiani,* manoscritto, S. Marinella 21 luglio 1929, in ACVPSR.
—, *Relazione dettagliata sull'Istituto al Card. Boggiani,* manoscritto, Santa Marinella 8 settembre 1929, in ACVPSR.
—, *Lettera al Card. Boggiani,* manoscritto, Roma 25 novembre 1929, in ACVPSR.
—, *Lettera al Santo Padre,* manoscritto, Roma 10 dicembre 1929, in AGOC.
—, *Lettera a P. Ilario Doswald,* S. Marinella 26 marzo 1932, in AP.
—, *Lettera alla Sup. generale delle Suore Corpus Christ Carmel,* manoscritto, S. Marinella 30 marzo 1946, in AP.
—, *Lettera a P. Ilario Doswald,* S. Marinella 16 aprile 1946, in AP.
—, *Lettera a P. Melsen,* S. Marinella 19 ottobre 1946, in AP.
—, *Lettera al P. Ilario Doswald,* S. Marinella 1 agosto 1947, in AP.
—, *Lettera alle Suore brasiliane,* S. Marinella 19 gennaio 1948, in AP.
—, *Lettera a sr. Agnese Giunta,* S. Marinella 27 luglio 1950, in AP.
—, *Lettera all'avvocato Antonio Carbone,* S. Marinella 1952, in AP.
—, *Lettera a sr. Eliana Spadola,* S. Marinella 6 novembre 1955, in AP.
—, *Lettera alla Comunità di Solarino,* S. Marinella 7 maggio 1956, in AP.
—, *Lettera alla Maestre delle Novizie,* S. Marinella 16 giugno 1964, in AP.
—, *Lettera a P. Kyliano Healy,* S. Marinella 18 settembre 1968, in AP.

1.1.3 Lettere varie a P. Lorenzo[2]

BRANDSMA T., *Lettera,* manoscritto, Nimega 2 novembre 1923, in AP.

---

[2] Raggruppate secondo gli autori.

——, *Lettera*, manoscritto, Nimega 2 febbraio 1924, in AP.
BRENINNGER J., *Lettera*, manoscritto, Roma 1 giugno 1927, in AP
CURCIO C., *Lettere a P. Lorenzo van den Eerenbeemt*, manoscritti, Modica 1924 – 1925, in AP.
——, *Lettere 1926 – 1934*, in AP.
EUFROSINA M., *Lettera*, manoscritto, Bologna 4 maggio 1924.
FEDERZONI M., *Lettera del Ministerio degli Interni*, dattiloscritto, Roma 31 agosto 1925, in AP.
GRAMMATICO A., *Lettera*, dattiloscritto, Roma 19 settembre 1922, in AP.
LORENZONI J., *Lettera di nomina a priori del Collegio Internazionale s. Alberto*, dattiloscritto, Roma 7 luglio 1917, in AP.
MAGENNIS E., *Lettera di obbedienza per il trasferimento dall'Olanda al CISA*, dattiloscritto, Roma 11 ottobre 1920, in AP.
——, *Lettera*, manoscritto, Roma 5 giugno 1925, in AP.
MONNOT L., *Lettera*, manoscritto, Rigney (Doubs) 19 giugno 1924, in AP.
NEGRI G., *Lettera, manoscritto*, Roma 25 dicembre 1911, in AP.
RAITI F, *Lettera, manoscritto*, Trapani 17 giugno 1924, in AP.
SEGRETERIA DI STATO DI SUA SANTITÀ, *Lettera*, Dal Vaticano 5 febbraio 1918, dattiloscritto, in AP.
TERESA G., *Lettera*, manoscritto, Torino 19 settembre 1923.
VAN DEN EERENBEEMT P., *Lettera* (francese) *in occasione dell'Ordinazione Sacerdotale*, Monte Rotondo 31 maggio 1912, in AP.
VAN DEN EERENBEEMT U., *Lettera in forma di poesia*, manoscritto, Bruxeles 3 maggio 1958, in AP.

1.1.4 Lettere diverse e Decreti

BLANDINI G., *Lettera al Sac. V. Romano*, manoscritto, Noto 16 aprile 1912, in ACVN.
BOGGIANI T. PIO, *Lettera alla S. C. dei Religiosi*, manoscritto, Roma 9 febbraio 1930, in ACVPSR.
——, *Decreto di incardinazione di P. Lorenzo alla Diocesi*, dattiloscritto, Roma 21 febbraio 1930, in ACVPSR
——, *Decreto di approvazione delle Costituzioni*, Roma 21 febbraio 1930, in ACVPSR.
——, *Decreto di nomina a D. Lorenzo Esaminatore Prosinodale della Diocesi e Assistente delle Suore*, Roma 12 marzo 1930, in ACVPSR.
——, *Decreto di erezione in Congregazione di diritto diocesano dal dal Card. Boggiani alla Congregazione delle Suore Carmelitane Missionarie di S. Teresa del Bambino Gesù*, Roma 13 aprile 1930, in ASGC.
——, *Decreto di apertura della casa a Lovanio, Card. Boggiani*, Roma 7 settembre 1931.

—, *Decreto di apertura della casa a Sarzeau, Card. Boggiani*, Roma 4 agosto 1933.

CATENA C., *Lettera a P. Lorenzo*, dattiloscritto, Roma 21 settenbre 1968, in AP.

CARBONE T., *Una generazione narra all'altra le opere del Signore*, Presentazione del Progetto di Congregazione, S. Marinella 2004-2009.

CARSETTA G., *Lettera al Card. Boggiani*, manoscritto, S. Marinella 21 agosto 1929, in ACVPSR.

CAVALLO G., *Lettera a P. Lorenzo*, manoscritto, Paranavai 1 giugno 1959, in AP.

CORTE E., *Lettera al Card. Boggiani*, manoscritto, S. Marinella 11 agosto 1929, in ACVPSR.

CURCIO C., *Lettera ai PP. Carmelitani di Catania,* manoscritto, Modica 1923, in AP.

—, *Lettera a P. Alberto Grammatico*, manoscritto, Modica 29 marzo 1923, in AP.

—, *Lettere a Mons. Blandini, in* Archivio Curia Vescovile Noto, ACVN, ff. 421-422, Copia in Archivio della Postulazione.

FRANCO A., *Lettera al Card. Prefetto della Congregazione dei Religiosi*, dattiloscritto, Roma 28 gennaio 1930, in AGOC.

—, *Promemoria alla S. C. dei Religiosi*, manoscritto, Roma 28 gennaio 1930, in AGOC.

LA PUMA V., *Lettera al Card. Boggiani*, dattiloscritto, Roma 3 febbraio 1930, in ACVPSR.

MAGENNIS E., *Lettera al Card. Boggiani*, dattiloscritto, Roma 7 agosto 1929, in ACVPSR.

MARTINELLI L., *Lettera al Priore Generale*, Roma 9 agosto 1929, in AP.

—, *Lettera alla S. C. dei Religiosi*, dattiloscritto, Roma 27 dicembre 1929, in ACVPSR.

—, *Lettera al Priore generale dell'Ordine*, dattiloscritto, Roma 22 febbraio 1930, in ACVPSR.

MINIERI B., *Il declino*, Castellamare di Stabia, 31 maggio 2011, in AP.

PANCRAZIO A., *Lettera a P. Lorenzo*, dattiloscritto, Roma 26 aprile 1968, in AP.

SANJUST E., *Lettera al Card. Boggiani*, dattiloscritto, Roma 29 luglio 1929, in ACVPSR.

SUORE CARMELITANE MIS. STBG, *Omaggio a P. Lorenzo per 25° di Sacerdozio*, manoscritto, S. Marinella 16 luglio 1937, in AP.

TISSERANT E., *Lettera a Mons. Luca Ermenegildo Pasetto, Segretario della S. C. dei Religiosi*, dattiloscritto, Roma 24 novembre 1948, in ACIVCSVA.

VALERI V., *Ricordi*, Roma 1 luglio 2010, in AP.

ZITO M., *Lettera al Card. Boggiani,* manoscritto, S. Marinella 21 agosto 1929, in ACVPSR.

1.1.5 Omelie

MALLEY J., *Centenario della nascita di P. Lorenzo,* S. Marinella 3 maggio 1986, in AP.
PANCRAZIO A., *Funerale di P. Lorenzo,* S. Marinella 8 ottobre 1977, in AP.
——, *Centenario della nascita di P. Lorenzo,* S. Marinella 17 maggio 1986, in AP.
BONA D., *Centenario della nascita di P. Lorenzo,* S. Marinella 1 maggio 1986, in AP.
THUIS F., *Nel trigesimo di P. Lorenzo van den Eerenbeemt,* S. Marinella 6 novembre 1977, in AP.

1.1.6 Testimonianze a futura memoria

ASSENZA G., Napoli 21 giugno 2010, in AP.
BARBARA M., Rabat 14 agosto 2010, in AP.
BESSONNET C., Roma 13 ottobre 1997, in AP.
BRINCAT P., Gozo 12 agosto 2010, in AP.
CAPPONI S., Cerveteri 14 gennaio 1998, in AP.
CARATELLI S., S. Marinella 11 novembre 1997.
CARBONARO C., Pozzalo 22 giugno 2010, in AP.
CARDOSO J., S. Marinella 4 ottobre 2000, in AP.
CARPENZANO E., S. Marinella, 25 gennaio 2011, in AP.
CIOLI G. T., S. Marinella 30 giugno 1997, in AP.
CONSALVO A., Napoli 15 marzo 1998, in AP.
D'AGAPITO E., S. Marinella 31 maggio 2010, in AP.
DA SILVA R., Frutal (BR) 25 agosto 2010, in AP.
DENARO V., Modica 3 novembre 2010, in AP.
FLORIDIA L., Castellamare di Stabbia 23 giugno 2010, in AP.
GALIMBERTI L., Roma 19 maggio 2010, in AP.
GENTILUCCI Gaetano, S. Marinella, 25 gennaio 1998, in AP.
GIANNONE R., C. Stabbia 19 novembre 1977, in AP.
HILL L., Malta 5 agosto 2010, in AP.
POIDOMANI E., Pozzalo 22 giugno 2010, in AP.
MACAUDA G., Ispica 28 settembre 2010, in AP.
MASSANI A., Castellamare di Stabbia 20 giugno 2010, in AP.
MAURI M., S. Marinella 16 giugno 1997, in AP.
MAURI N., S. Marinella, 12 giugno 1997, in AP.
MAURIZIO A., Roma 20 maggio 1997, in AP.
MINIERI B., C. Stabbia 23 giugno 2010, in AP.
MICCHELI G., Cesano 21 maggio 1999, in AP.
LUCAFERRI M., Roma 6 novembre 1997, in AP.

NARDI G., S. Marinella 7 ottobre 1977, in AP.
PETRUCCI M., S. Marinella 16 marzo 2011, in AP.
POSSANZINI S., S. Marinella 24 gennaio 2000, in AP.
RATTÀ S., Solarino 2 novembre 2009, in AP.
REMO L., S. Marinella 19 novembre 1997, in AP.
ROSARIO I., S. Marinella, 9 gennaio 1997, in AP.
STELLA E., S. Marinella, 8 marzo 1998, in AP.
TORAZZI M., S. Marinella 8 gennaio 1990, in AP.
VAIA A., Cerveteri 20 gennaio 1998, in AP.
ZAMPA B., Civitavecchia 18 novembre 1997, in AP.

1.2 *Fonti edite*

BONFIGLI A., *Analisi grafologica sulla scrittura di P. Lorenzo van den Eerenbeemt*, Roma 2 febbraio 2010.

CUCCU P., *Comunicazione del Comitato P. Lorenzo*, S. Marinella 27 maggio 1999, in AP.

ISTITUTO DELLE SUORE CARMELITANE MIS. S. TERESA DEL BAMBINO GESÙ – *Appunti "I nostri Fondatori"*, S. Marinella 3 novembre 1983, in AP.

——, *Atti del I Capitolo generale Ordinario 1945*, S. Marinella ottobre 1945, in ASGC.

——, *Atti del II Capitolo generale Ordinario 1952*, S. Marinella febbraio 1952, in ASGC.

——, *Atti del III Capitolo generale Ordinario 1957*, S. Marinella ottobre 1957, in ASGC.

——, *Atti del IV Capitolo generale Ordinario 1963*, S. Marinella ottobre 1963, in ASGC.

——, *Copia Pubblica Trans. Proc. Portuen. S. Rufinae S. Vita et Virt. S.D. Marie Crucifixae Curcio*, in AP.

——, *Costituzioni 1930*.

——, *Costituzioni 1967*.

——, *Costituzioni 1986*.

——, *Decreto di erezione delle Case 1926 – 1957*.

——, *Deliberazioni del X Capitolo generale, 1991*, in ASGC.

——, *Documenti del Convegno "Far Rifiorire il Carmelo, Formazione Permanente sul Carisma, Settore Carisma Sessenio 1977- 2003*, in ASGC.

——, *Positio SdD*.

——, *Processo "Dello Russo" 1951-1954*.

——, *Ratio Istitutionis 2002*.

NECROLOGIE, provincia Brabantia North, fondazione Stching Erfgoed Nederlandes Kloosterleven, in Archivio provinciale del convento "Sint Aegten".

Palaferri N., *Analisi su grafie di P. Lorenzo van den Eerenbeemt,* Urbino 8 ottobre 1990.
Van den Eerenbeemt L., *I Carmelitani dell'Antica Osservanza,* in Rivista Illustrata della Esposizione Missionaria Vaticana n. 7 (Citta del Vaticano 1925) pp. 213- 217, in AP.
——, *Costituzioni delle Suore Terziarie Missionarie Carmelitane,* S. Marinella 1925, in AP.
Van den Eerenbeemt L., *Documenta Missionis Ordinis Carmelitarum in Insulis Antillis spectantiale ,* in Analecta Ordinis Carmelitarum, Roma 1927 – 1929, in AP.
——, *Documenta Missionis Ordinis Carmelitarum in America spectantia,* in Analecta Ordinis Carmelitarum, Roma 1930 – 1931, in AP.
Scheda 1612 dall'Archivio della Curia Generalizia della Congregazione della Missione e da *Vicentiana,* 1994, n. 38, p. 391
Statistica provincia – anni 1905, 1907 in Catalogo Provincia Carmelitana – in AGOC.

1.3 *Testo biblico*
La Bibbia di Gerusalemme. Testo biblico La Sacra Bibbia della CEI "editio princeps" 1971, Dehoniane, Bologna 1985.

2. Documenti Ecclesiali
Benedetto XVI, *Deus Caritas Est, Lettera enciclica sull'amore cristiano* (2005), Editrice Vaticana, Città del Vaticano 2006.
Codice di Diritto Canonico. Testo ufficiale e versione italiana, Roma 1983.
Congregazione per i Religiosi e gli Istituti Secolari e Congregazione per i Vescovi, *Mutuaes relationes,* in Documenti sulla vita religiosa 1963-1990, Elle di Ci, Leumann (Torino) 1990, 125-163.
Congregazione per Gli Istituti di Vita Consacrata e le Società Di Vita Apostolica, *Ripartire da Cristo,* Città del Vaticano 2002.
——, *La vita fraterna in comunità, in Documenti sulla vita consacrata 1990-1996,* Leumanna (Torino), 1998.
Concilio Vaticano II, *Ad gentes,* Decreto sull'attività missionaria della Chiesa (1965), in I Documenti del Concilio Vaticano II, Paoline, 464-520.
——, *Apostolicam actuositatem,* Decreto sull'apostolato dei Laici, (1965), in I Documenti del Concilio Vaticano II, Paoline, 423-462.
——, *Gaudium et spes,* Costituzione pastorale sulla Chiesa nel mondo contemporaneo (1965), in I Documenti del Concilio Vaticano II, Paoline, 168-177.
——, *Lumen Gentium,* Costituzione dommatica sulla Chiesa (1964), in I Documenti del Concilio Vaticano II, Paoline, 1966, 58-146.

Concilio Vaticano II, *Nostra aetate*, Dichiarazione sulle relazioni della Chiesa con le religioni non cristiane (1965), in I Documenti del Concilio Vaticano II, Paoline, 1966, 591-597.

——, *Perfectae Caritatis*, Decreto sul rinnovamento della vita religiosa (1965), in I Documenti del Concilio Vaticano II, Paoline, 1966, 383-399.

Paolo VI, *Evangelica Testificatio*, Esortazione Apostolica sul rinnovamento della vita religiosa (1971), in Documenti sulla vita religiosa 1963-1990, Elle di Ci, Leumann (Torino) 1990, 94-100.

——, *Evangelii Nuntiandi*, Esortazione Apostolica sull'evangelizzazione nel mondo contemporaneo, Figlie di San Paolo, 1986.

Giovanni Paolo II, *Christifideles laici*, Esortazione Apostolica postsinodale su vocazione e missione dei laici nella chiesa e nel mondo (1988), Paoline, Milano 1989.

——, *Familiaris Consortio*, Esortazione Apostolica sui compiti della famiglia cristiana (1981), Paoline, Milano 2003.

——, *Redemptoris missio*, Lettera enciclica circa la validità del mandato missionario (1990), Paoline, Milano 2002.

——, *Vita consecrata*, Esortazione Apostolica postsinodale circa la Vita Consacrata e la sua missione nella Chiesa e nel Mondo (1996), in Documenti sulla vita consacrata 1990-1996, Elle di Ci Leumann (Torino) 1998, 348-389.

3. Bibliografia complementare

AA.VV., *Carismi e Profezia verso il Sino sulla vita consacrata*, Centro Studi USMI, Roma 1993.

AA.VV., *Come rileggere oggi il carisma fondazionale*, Rogate, Roma 1995.

AA.VV., *Vita Consecrata Studi e Riflessioni*, Rogate, Roma 1996.

AA.VV., *Passione per Cristo passione per l'umanità*, Paoline, Milano 2005.

Alday de Otxoa J. M., Noviziato, in A. Aparicio – J. M. Canals Casas (edd.), *Dizionario Teologico della Vita Consacrata*, Ancora, Milano 1994.

Allport G.W., *Psicologia della personalità*, LAS, Roma 1977.

Annali della Congregazione della Missione e della Compagnia delle Figlie della Carità, Tomo XLIX, Anno MCMXXVII.

Aubry J., *Identità della vita religiosa apostolica*, Centro di Studi USMI, Roma 1982.

Avanzini G., *L'adolescenza*, Dehoaniane, Bologna 1973.

Bandinelli C., *Santa Marinella nel caleidoscopio del tempo*, Ed. Mediterranee, Roma, 2002

Benedetto XVI, *Gesù di Nazaret. Dal Battesimo alla Trasfigurazione*, Rizoli, Roma 2008.

BIANCHI A. E I. GIACOMELLI, *Santa Marinella La memoria del tempo*, Etruria Arti Grafiche, Civitavecchia, 2003.
BIANCHI M., Il pensiero del Parroco, in *Inaugurazione del Monumento a Padre Lorenzo*, S. Marinella 31 ottobre 1999.
BOAGA E., *Come pietre vive ... per leggere la Storia e la Vita del Carmelo*, Istitutum Carmelitanum, Roma 1993.
——, *I Periodici Carmelitani Italiani*, in Rallegratevi, 3 (2003), p. 11 ss.
BUONCRISTIANI A., La parola del Vescovo, in *Inaugurazione del Monumento a Padre Lorenzo*, S. Marinella 31 ottobre 1999.
BUTTURINI G., Storia delle missioni, in G. PELLICIA – G. ROCCA (edd.), *Dizionario degli Istituti di Perfezione*, Edizioni Paoline, Roma 1975, vol. IX col. 285-306.
CAPLAN G-S. LEBOVICI (edd.). *Problemi psicosociali dell'adolescenza*, Boringhieri, Torino, 1979.
CENCINI A., *Vita consacrata*, San Paolo, Milano 1994.
CIARDI F., *I Fondatori uomini dello Spirito*, Città Nuova, Roma 1982.
——, Indicazioni metodologiche per l'ermeneutica del Carisma dei Fondatori in *Claretianum* 30 (1990) 5-47.
——, *Koinonia – itinerario teologico-spirituale della comunità religiosa*, Città Nuova, Roma 1996.
——, Teologia del carisma degli Istituti, in *Vita Consacrata* n. 22 (1986).
CICCONETTI C., Il pensiero del Priore Provinciale della Provincia Italiana dei Padri Carmelitani, in *Inaugurazione del Monumento a Padre Lorenzo*, S. Marinella 31 ottobre 1999.
COLZANI G., *Teologia della Missione*, Edizione Messaggero Padova, Padova 1996.
CONTI G., *I Fondatori e la Storia della Congregazione*, dispense ad uso interno, S. Marinella, CIAC 2005-2006.
——, Padre Lorenzo e il Carmelo a Santa Marinella, in *Inaugurazione del Monumento a Padre Lorenzo*, S. Marinella 31 ottobre 1999.
COOPER D., *La morte della famiglia. Il nucleo familiare nella società capitalistica*, Einaudi, Torino 1991.
CROUZET M., *Storia del mondo contemporaneo*, 2 ed., Sansoni, Firenze 1974.
CUCCU P., Il pensiero del Comitato pro Monumento a P. Lorenzo, in *Inaugurazione del Monumento a Padre Lorenzo*, S. Marinella 31 ottobre 1999.
DA COSTA R. A., *"Oasi" – Corso Internazionale*, S. Marinella 13 dicembre 2010.
DE SIMONE N., "I Fondatori" una terminologia non scontata, in *Filo diretto* 1 (2011) pp. 6-7.
DEL RE N. (ed.), Zuavi in: *Mondo Vaticano – Passato e presente*, Ed. Vaticana, Città del Vaticano 1995.

DIANICH S., Sacerdozio, in G. BARBAGLIO – G. BOF – S. DIANICH (edd.), *Dizionario di Teologia*, San Paolo, Cisinello Balsamo (MI) 2002.
EX ALUNNO APOSTOLICO, Il Padre Fillipo Valentini e la sua opera, *in Alere flammam*, Anno VI, Gennaio-Giugno 1935, 3-13, in Archivio della Congregazione delle Missioni.
FRANCOCCI M., *Da Roma al mare, la stazione balneare di Santa Marinella, 1887-1940, 1990*, Cassa di Risparmio di Civitavecchia.
FORMULA DELLA PROFESSIONE TEMPORANEA, Boxmeer, 30 settembre 1907 in Archivio dall'Ordine Prov. Nederlands Carmelitans Institut.
GIOVANNI DELLA CROCE, *La salita al monte Carmelo*, II, 5, 7 in *Opere*, Postulazione Generale OCD, Roma 1967.
GONZÁLEZ SILVA S. (ed.), Disponibles para la mission, in *Testimonio 107* (1988) 35-41.
——, *Los frutos del cambio*, Publicaziones Claretianas, Madrid 2006.
——, L'identità missionaria, con particolare attenzione all'ambito educativo nei diversi contesti: evangelizzazione e promozione integrale, *Atti del Convegno di studio alle Formatrice*, Focene ottobre 2010.
——, *La vita religiosa apostolica*, Dispense, Istituto di Teologia della Vita Consacrata, Roma 2010.
GUARINELLI S-H. ZOLLNER (edd.), *Persona e Formazione*, EDB, Bologna 2007.
KEMPIS T., *Della Imitazione di Cristo*, Queriniana, Brescia 1924
LONERGAN B., *Il metodo in teologia*, Queriniana, Brescia 1975.
——, *Ragione e fede di fronte a Dio*, Queriniana, Brescia 1977.
MAINKA R., *Carisma e storia nella vita religiosa*, in Bollettino UISG n. 58 (1982), p. 11.
MARTINA G., *Storia della Chiesa da Lutero ai nostri giorni*, vol. 4, Morcelliana Editrice, Brescia 1980.
——, *L'Età contemporanea*, Morcelliana Editrice, Brescia 1980.
MEIJER B., *Titus Brandsma*, Uitgerij Paul Brand N.V., Bussum 1951.
METZLER J.(ed.), *Sacra Congregationis de Propaganda Fide – Memoria Rerum, 1922-1972*, Herder, Roma, Vol. II/2, in Archivio Storico della Congregazione per l'Evangelizzazione dei Popoli, Roma.
MIDALI M., Inculturare l'identità carismatica e spirituale di un Istituto di Vita Consacrata, in *Vita Consacrata* 1 (1996),
MURTINU G., *Diario Missionario – 1947-1955, Viaggio dall'Italia e primi anni*, Suore Carmelitane Mis.STBG, S. Marinella, 2009.
NECROLOGIE, Analecta Ordinis Carmelitarum", 21 (1958-59).
NECROLOGIO di Fr. Fredericus Costa di Souza, in "*Vinculum Ordinis Carmelitanum*" 1, Roma (1948-49) 28.
PACHO E., Giasenismo, in L. BORRIELLO – E. CARUANA – M. R. DEL GENIO – N. SUFFI (edd.), *Dizionario di Mistica*, Editrice Vaticana, Città del Vaticano 1998.

PERRONE M., Matrimonio/Famiglia, in G. DE VIRIGILIO (ed.), *Dizionario Biblico della Vocazione*, Rogate, Roma 2007.

POMPEI A., Cuore, in L. BORRIELO – E. CARUANA – M. R. DEL GENIO – N. SUFFI (edd.) *Dizionario di Mistica*, Editrice Vaticana, Città del Vaticano 1998.

RAHNER K., *Missione e Grazia*, Ed. Paoline, Roma 1964.

———, *Teologian of the graced search for meaning*, GEEFFREY B. KELLY (ed.), Fortress Press, 1972, pp. 1-372.

———, *Uditore della parola*, Borla, Roma 1977.

RIBEIRO E., Gli echi di un silenzio – 120 anni dalla nascita del P. Lorenzo van den Eerenbeemt, in *Filo Diretto* n. 2 Aprile/giugno 2006.

ROCCA G., Tra Carisma del Fondatore e Carisma dell'Istituto: luci e ombre di una tipologia, in *Religiosi in Italia* – CISM (2006) p. 352.

ROMANO A., Carisma, in A. APARICIO – J.M. CANALS CASAS (edd.), *Dizionario Teologico della Vita Consacrata*, Ancora, Milano 1994.

———, Il Carisma dei Fondatori nella Parola di Giovanni Paolo II in *Consacrazione e Servizio* 2 (1990)19- 26.

———, *I fondatori profezia della storia. La figura e il carisma dei fondatori nella riflessione teologica contemporanea*, Ancora, Milano 1989.

ROSSI G., *Territorio e Congregazione Religiose, S. Marinella e lo sviluppo della Congregazione delle Suore Carmelitane Missionarie di S. Teresa del Bambino Gesù*, Atti di Convegno di Studio, S. Marinella 1990.

SAGGI, Storia dei Carmelitani, in G. PELLICCIA – G. ROCCA (edd.), *Dizionario degli Istituti di Perfezione*, Edizioni Paoline, Roma 1975, vol. II.

SALVADORI M.L., *Storia dell'età contemporanea*, 3 voll., Loescher, Torino 1977.

SCILIRONI C., Verità, in: G. BARBAGLIO, G. BOF E S. DIANIC (edd.) *Dizionario di Teologia*, Ed. San Paolo, Cisinello Balsamo (MI) 2002.

SCORDATO C., Battesimo e Cresima, in G. BARBAGLIO – G. BOF – S. DIANICH (edd.), *Dizionario di Teologia*, San Paolo, Cisinello Balsamo (MI) 2002.

SECONDIN B., *Per una fedeltà creativa*, Paoline, Milano 1995.

SMET J., *The Carmelites – A history of the brothers of our Lady of Mount Carmel*, Carmelite Spiritual Center, Darien-Illinois 1985,vol. IV.

TADA C., *Accenno alla storia della presenza delle Suore Carmelitane Missionarie di Santa Teresa del Bambino Gesù in Brasile*, San Paolo, Brasile, luglio 2009.

TAPKEN A., Relazione, intersoggettività, Alterità, in: MANENTI, GUARINELLI S., H. ZOLLNER (edd.), *Persona e Formazione*, EDB, Bologna 2007.

TERESA DI GESÙ, *Il Castello interiore*, V, 2, 2-4, in *Opere*, Postulazione Generale OCD, Roma 1969.

Teresa de Gesù Bambino e de Volto Santo, *Opere Complete,* Editrice Vaticana e OCD, Roma 1997.
Tobin J., *"Far crescere la spiritualità della comunione" La Vita Consacrata tra mondializzazione e nazionalismo,* Relazione fatta in Assemblea Generale USMI e CISM, Diocesi di Porto e Santa Rufina, 26 marzo 2011.
Tramontin S., *Un secolo di storia della Chiesa. Da Leone XIII al Concilio Vaticano II,* 2 voll, Edizioni Studium, Roma 1980.
Vernooij J., *Cardinal Willen van Rossum, c.ss.r.- The Great Cardinal of the small Netherlands,* in Spicilegium Historicu Congregationis SSmi Redemptoris – SHCSR 55 (2007).
Von Balthasar H.U., *Teresa di Lisieux e Elisabetta di Digione,* Jaca Book, Milano 1970.
Weiss O., *Der glaubensw chter van Rossum Willen Marinus im heiligen offizium un in der indexkongregation,* in Spicilegium Historicu Congregationis SSmi Redemptoris – SHCSR 58 (2010).
Wilderink V., *Perfil humano e espiritual de P. Lorenzo van den Eerenbeemt,* Atti del Convegno di Studio su P. Lorenzo e M. Crocifissa, San Paolo (Brasile) 2 a 5 gennaio 2007.

I

CHIAMATO E CONSACRATO A DIO DAL "SENO DI SUA MADRE"

1. Nel disegno di Dio

La nascita di ogni essere umano, creato ad immagine e somiglianza di Dio risale alla libera ed efficace iniziativa di Dio. Ogni vivente è chiamato da Dio all'esistenza per rivelare la sua opera nella storia come vocazione che è essenzialmente una chiamata alla salvezza[1].

Il disegno di salvezza di Dio ci è stato rivelato nella persona e nella missione di Gesù Cristo attraverso il mistero della sua Incarnazione[2] e della sua Pasqua. Di conseguenza, il senso religioso di ogni vocazione si può riassumere nella chiamata di ciascuno ad un'adesione vitale di fede a Gesù Cristo, dono di vita di Dio Padre per l'azione dello Spirito Santo; adesione che è sequela, incorporazione e conformazione a lui, immedesimazione nei sentimenti del Figlio-Cristo[3], origine e fine di tutto il creato[4]. Questa immedesimazione in Cristo porta ogni persona alla comunione con Dio, "ed è questo che davvero salva: il trascendere i limiti dell'essere uomo – un passo che in lui, per la sua somiglianza con Dio, è già predisposto, come attesa e possibilità, fin dalla creazione"[5].

La missione di Gesù è liberare l'uomo dall'affermazione orgogliosa ed egoistica di sé e dal conseguente rifiuto di Dio e del prossimo. Da sé l'uomo non potrà mai portare avanti questo processo di liberazione, per questo l'amore del Padre ha donato all'umanità il Figlio che nello Spirito ha consacrato se stesso con amore radicale al Padre e agli uomini suoi fratelli, creando in seno alla famiglia umana uno spazio di liberazione per l'amore come dono gratuito di sé.

---

[1] Cf. G. IANMARRONE, Salvezza, in G. BARBAGLIO – G. BOF – S. DIANICH (edd.), *Dizionario di Teologia*, San Paolo, Cisinello Balsamo (MI) 2002, pp. 1438-1461.

[2] Cf. Gv 1,14.

[3] Cf. Fl 2,5.

[4] Cf. Col 1, 16.

[5] BENEDETTO XVI, *Gesù di Nazaret. Dal Battesimo alla Trasfigurazione*, Rizzoli, Milano 2008, p. 28.

Per realizzare il suo disegno di amore nei confronti di tutti i chiamati, nell'iniziativa totalmente gratuita di Dio, è ancora Lui che provvede a tutte le condizioni necessarie per la libera risposta di chi è chiamato a una missione molto personale in cui si concretizza la risposta umana.

Passiamo a sfogliare le pagine del dialogo tra la libertà dell'amore gratuito di Dio e la libera risposta dell'essere umano che si fece storia d'amore di Dio nella vita e persona di P. Lorenzo van den Eerenbeemt, cercando di rivelare l'infinita, immensa bontà di Dio verso di lui per realizzare una missione particolare nella chiesa.

2. I tempi in cui è vissuto P. Lorenzo

La vita di P. Lorenzo, nato nel 1886 e morto nel 1977, si inserisce in un mondo caratterizzato da profonde trasformazioni. L'Europa, e in particolare Italia, la Francia e Olanda ove egli è vissuto – risentono del passaggio in tempi diversi secondo i paesi, da una società rurale ad una industriale e poi alla seguente post-industriale, con gli inizi, ancor timidi, dell'attuale globalizzazione.[6]

La trasformazione della società è marcata prima di tutto da un grande sviluppo tecnico. È sufficiente pensare all'enorme miglioramento nell'agricoltura con l'uso delle macchine, dei concimi chimici e di tutti i ritrovati scientifici; al caratteristico sviluppo industriale, passando dalle industrie tessili a quelle più produttive estrattive e metallurgiche; poi al rapido ed enorme sviluppo delle nuove industrie, come quella chimica ed elettrica, quella del petrolio e dell'automobile e quella della bicicletta dal 1890. All'interno di queste industrie e relative fabbriche vi è poi la razionalizzazione del lavoro, con profonda trasformazione psicologica da artigiano ad operaio, tutta a scapito della personalità e originalità dell'uomo.

Sono pure anni segnati da enormi sviluppi nel campo scientifico e delle invenzioni, dalla scoperta della radioattività e dell'atomo e della sua utilizzazione, alla telegrafia senza fili, alla radio, alla televisione e all'inizio dell'era informatica. E ancora si può ricordare lo sviluppo dell'aviazione, dai dirigibili (Zeppelin 1900) agli aerei e più avanti fino ai missili,

---

[6] Nel delineare la panoramica esposta nel testo si è fatto ricorso di CROUZET M., *Storia del mondo contemporaneo*, 2 ed., Sansoni, Firenze 1974 e di SALVADORI M.L., *Storia dell'età contemporanea*, 3 voll., Loescher, Torino 1977. Per la Chiesa si è utilizzato S. TRAMONTIN, *Un secolo di storia della Chiesa. Da Leone XIII al Concilio Vaticano II*, Edizioni Studium, Roma, 1980, 2 voll.; G. MARTINA, *Storia della Chiesa da Lutero ai nostri giorni*, vol. 4; *L'Età contemporanea*, Morcelliana Editrice, Brescia, 1980.

alle imprese spaziali e all'atterraggio dell'uomo sulla luna nel 1969. L'igiene, la medicina e la chirurgia sono rivoluzionate completamente dalle scoperte di Pasteur e di altri scienziati.

Altri campi nei quali si notano notevoli trasformazioni sono le vie e i mezzi di comunicazione (strade e ferrovie), l'emigrazione e l'immigrazione nonché l'incremento demografico nella prima parte del secolo XX per arrivare, poi, alla diminuzione crescente ed al forte fenomeno dell'urbanizzazione, con riflessi sull'urbanistica delle città. Sul piano sociale-economico all'apogeo dell'economia capitalista, raggiunta sul finire del sec. XIX e inizi del XX, segue poi il diffondersi di una vera plutocrazia che influisce sulla stessa vita politica e preme con i suoi interessi economici le relazioni internazionali, contribuendo alla fine a far esplodere la prima grande guerra europea (1914-1919).

Nel frattempo nei vari paesi europei il concetto di Stato si evolve in senso democratico, con l'allargamento del diritto di voto fino a giungere, in seguito, al suffragio universale, Alle monarchie divenute tutte costituzionali agli inizi del secolo XX, succederanno le varie repubbliche europee. La condizione delle categorie popolari migliora e anche l'alfabetizzazione raggiunge migliori risultati con l'introduzione in tutti gli Stati dell'istruzione obbligatoria e gratuita. I giornali si moltiplicano: non solo politici ma anche e soprattutto d'informazione.

Nel proletariato, man mano che si sviluppa una solida coscienza di classe, nascono organizzazioni specifiche caratteristiche dello sviluppo del movimento operaio lungo tutto il secolo XX, da non confondersi però "tout court" con il socialismo e i partiti socialisti o marxisti, con i vari organismi sindacali da loro dipendenti. Di fronte a queste realtà, dall'opposizione iniziale caratterizzata dal conservatorismo delle classi dirigenti, si passa ad aprire, nel corso della prima metà del sec. XX, la via delle riforme sociali e della legislazione del lavoro, che verrà completata in alcuni paesi europei nella seconda metà del secolo.

Dopo i devastanti disastri prodotti, specialmente nella fascia dell'Europa Centrale, dalla prima grande guerra, gli anni che seguono sono confusi e difficili: un diffuso disagio economico, psicologico e politico si esprime con frequenti agitazioni e disordini, mentre incombe il tentativo di estendere la rivoluzione bolscevica in tutta Europa. Questo clima, accanto ad altre cause, favorisce il sorgere di regimi autoritari, dei quali il primo fu quello di Mussolini in Italia, seguito da Hitler in Germania e poi da Franco in Spagna. Parallelamente si sviluppa un altro totalitarismo non meno radicale e disumano, quello di Stalin in Russia.

Nel frattempo gli assestamenti politico-economici, che cercano di mantenere ancora l'Europa al centro del mondo, il funzionamento incerto della Società delle Nazioni, la grande crisi economica del 1929 con fallimenti a catena, riduzione della attività produttive, contrazione dei guadagni, licenziamento degli operai e disoccupazione, portano negli anni successivi 1929-1935 alla formazione di due blocchi di Stati: autoritari e autarchici (Italia, Germania, Giappone) e democratici e liberistici (Francia, Inghilterra, Stati Uniti). La tensione aumentata tra i due blocchi e una serie di tragici incidenti conduce al secondo grande conflitto mondiale, dal 1939 al 1945.

Gli anni successivi, in cui si realizza la ricostruzione, riparando le ferite della guerra, e lo sviluppo economico conseguente, vedono emergere ancora una volta la formazione di due blocchi, quello occidentale (delle potenze democratiche) e quello orientale (dei paesi comunisti). Blocchi che entrano ben presto in tensione, per aprirsi poi ad un periodo di distensione. Le tensioni tra i due blocchi segnano profondamente anche le vicende politiche interne dei vari paesi, compresa l'Italia.

Attraverso gli ultimi avvenimenti, già negli anni '60 e '70 del secolo XX, appare sempre più manifesto il volto della nuova civiltà occidentale europea in formazione: la crisi dei valori legati alle radici cristiane dell'Europa, la diffusa secolarizzazione, il principio egualitario e democratico degenerante in quello della massa, livellata economicamente dalle agiatezze standardizzate e alla portata di tutti, e soprattutto livellata culturalmente e spiritualmente dall'insegnamento e influenza dei giornali, cinema, radio e televisione, e infine l'affacciarsi del relativismo.

Insieme a questa trasformazione della società che ha accompagnato il pellegrinaggio terreno di P. Lorenzo, vi è poi quella specifica della Chiesa. Pur non mancando ostilità e aggressività contro la Chiesa, le relazioni di essa con gli Stati nella prima parte del secolo XX registrano una progressiva separazione o almeno distanza, a cui segue l'azione concordataria con molti stati, ufficializzando così – anche se non sempre felicemente – relazioni che permettono e danno spazio alla Chiesa nella sua missione spirituale. Il concordato del 1929 con lo Stato Italiano diviene quasi il prototipo da seguire. Però non vi è alcun compromesso verso i regimi comunisti, fino a quando Giovanni XXIII assume un atteggiamento più flessibile. Pur con ritardo nella comprensione della minaccia del nazionalsocialismo, la resistenza contro le pretese totalitarie del nazismo e i violenti cambiamenti determinati dalla seconda guerra mondiale fanno maturare nella Chiesa una nuova autocoscienza: vivere la testimonianza della fede in una società pluralistica e al tempo stesso essere per tutti gli uomini una difesa della giustizia, della pace e dell'umanità.

All'interno della Chiesa, dopo i tormentati anni delle soppressioni delle corporazioni religiose nei vari Stati e dopo le vicende italiane seguite alla perdita dello Stato pontificio, si verifica un affacciarsi sempre più esteso del laicato nella realtà sociale e uno sviluppo dell'associazionismo cattolico. Vi sono poi le vicende connesse alla lotta contro il modernismo e al tempo stesso la ripresa delle scienze sacre, l'azione dei vari movimenti soprattutto biblico, liturgico ed ecumenico. L'esperienza del nazismo e della seconda guerra mondiale fanno perdere la fiducia nel predominio della ragione, così partendo da ciò si sviluppa una rinnovata richiesta di interiorità e di religiosità espressa negli ultimi decenni del secolo XX da vari movimenti ecclesiali, mentre l'esigenza del rinnovamento nel rapporto Chiesa-Mondo determina il grande evento del Concilio Vaticano II e le rispettive riforme in materia di liturgia, diritto canonico e negli studi teologici.

3. Famiglia, matrice di ogni vocazione

Più di un secolo ci separa dal contesto socio-politico, economico e religioso vissuto da P. Lorenzo, soprattutto in linea al concetto di famiglia che, forse più di altre istituzioni, è stata investita dalle ampie, profonde e rapide trasformazioni della società e della cultura.

Respiriamo le conseguenze di uno sviluppo vorticoso delle scienze umane che se da una parte hanno ampliato straordinariamente le nostre conoscenze in merito alla realtà familiare, dall'altra hanno indebolito la struttura delle nostre famiglie. Diventa più difficile per le famiglie vivere nella fedeltà a quei valori[7] che costituiscono la base dell'istituto familiare fondato sul matrimonio[8], quando alcune correnti di opinione vorrebbero dichiarare la sua morte[9]. Ideologia portata avanti dai mass-media soprattutto, uno dei più forti mezzi attuali, formatori dell'opinione pubblica.

---

[7] La famiglia cristiana, fondata sul sacramento del matrimonio, è un segno dell'amore di Dio, portato a compimento da Cristo nel suo mistero pasquale. In Lui l'amore umano attinge la forza vitale della carità, e nell'Eucaristia i coniugi e tutta la famiglia, nutrendosi di essa, possono diventare testimonianza credibile dell'amore divino. Infatti, la realtà dell'amore umano della sessualità, del matrimonio e della famiglia, da sempre è stato considerato dal cristianesimo un riflesso dell'amore divino e come dono del Creatore. Anzi, l'atteggiamento del cristianesimo è stato quello di promuovere e approfondire la dignità dell'uomo e della donna nella loro reciprocità, di essere sempre più umano, totale, fedele e esclusivo e fecondo. In altre parole, un amore che coinvolga tutto l'uomo e la donna, senza alcuna riserva o calcolo, nella totalità, che si sviluppi per tutta la vita e sia aperto generosamente alla vita (cf. GIOVANNI PAOLO II, Exort. Ap. *Familiaris Consortio*, nn. 11-27).

[8] Nel matrimonio i coniugi non attivano solo la condivisione dei loro corpi, ma si scelgono come persone sessuate e si uniscono, attraverso una promessa, in un'alleanza vincolante al futuro progettuale e generativo. Il matrimonio vincola, per le stesse ragioni per la quali vincola l'amore (cf. Ibid. n. 14).

[9] D. COOPER, *La morte della famiglia. Il nucleo familiare nella società capitalistica*, Einaudi, Torino 1991.

La famiglia tradizionale, pur sostituita molte volte in diverse realtà da una serie di "famiglie"[10] configurate nella più diversa composizione e struttura che minano pian piano la sua stabilità, è ancora in evidenza come un valore essenziale e prioritario, specialmente nella scala valoriale degli adolescenti e dei giovani.

Riteniamo importante fare quest'approccio sull'importanza della famiglia perché è nella famiglia che l'uomo scopre l'unico ambito autentico in cui la vita umana si origina come vita personale, nell'identità dell'io, cioè nella sua individualità, chiamato per nome e accolto nella sua alterità. È l'ambito dove sono messe e si sviluppano le fondamenta dell'amore nella definizione stessa della persona[11], essenzialmente come relazione[12].

Relazione d'amore, possiamo dire, che ha la sua origine nell'Amore Trinitario, mistero offerto alla meditazione dei credenti come riferibile a un vincolo di generatività familiare: il Padre genera il Figlio e lo Spirito che procede dal Padre e dal Figlio, qualifica il loro rapporto come rapporto di amore. La storia del Popolo di Dio non è altro che la storia di un'alleanza continuamente rinnovata nella fedeltà divina e nella precarietà umana, una storia di rapporto d'amore che Dio ha sviluppato nei confronti dell'umanità, un dono totalmente gratuito, creando l'uomo e la donna a sua immagine e somiglianza[13], comunicando loro la capacità di amarsi.

Come Chiesa domestica deve per forza appartenere alla grande comunità della Chiesa Universale per celebrare e vivere il matrimonio cristiano come partecipazione alla carità di Cristo. E questa partecipazione si da

---

[10] Famiglie monoparentali, famiglie ricomposte, famiglie di omosessuali ecc.

[11] L'Antropologia cristiana rileva l'individualità e l'alterità come sue dimensioni costitutive ed essenziali nella struttura della persona. Queste dimensioni garantiscono alla persona di mantenersi nell'unicità dell'io, facendosi totalmente un "altro", nello stesso momento in cui si apre al rapporto molteplice con le cose, le persone e le situazioni. Il concetto cristiano della persona fondato sulla parola di Dio, pur se nel passato, ha insistito sulla divisione fra anima e corpo, materia e spirito sotto l'influenza della filosofia greca, ha lasciato sempre nella storia segni di testimonianza e di profezia nel salvaguardare la dignità dell'uomo nella sua realtà integrale (cf. F. SCANZINI, Il parametro dell'alterità e la sua importanza per la Teologia Dogmatica, in A.MANENTI, S. GUARINELLI, H. ZOLLNER (edd.), Persona e Formazione, EDB, Bologna 2007, pp. 185-205).

[12] Come un microcosmo, possiamo dire che l'uomo esiste come i sassi, cresce come le piante, prolifica come gli animali, però è nobilitato e sublimato dal suo amare, che è la modalità relazionale ottimale per il benessere esistenziale. È l'amore che distingue l'uomo da altri esseri della natura e che conferisce il carattere dinamico e progressivo dell'essere umano, come capacità di invenzione e di creatività costante.(Cf. A. TAPKEN, Relazione, intersoggettività, Alterità, in: . MANENTI, S. GUARINELLI, H. ZOLLNER (edd.), op. cit., pp. 101-125).

[13] Gn 1,27. Questa impronta divina accompagna ogni uomo e ogni donna nel loro cammino per incontrarsi, accogliersi, condividere tutta la loro vita.

soltanto per la grazia sacramentale donata dallo Spirito. L'amore coniugale non sarà allora un amore chiuso tra due persone, ma un amore aperto e fondato nella comunione soprannaturale della Santissima Trinità[14].

3.1 Nel fonte battesimale, Ettore è il suo nome

È in questo nucleo familiare di famiglia cattolica, profondamente tradizionale, impegnata nelle occupazioni quotidiane e nella convivenza sociale e religiosa, che nasce il piccolo Ettore, il protagonista della nostra ricerca. Questo è il nome che ha ricevuto nel fonte battesimale[15].

È lui stesso che si presenta nel Manoscritto autobiografico[16], che inizia il 7 ottobre 1950, a sessantaquattro anni di età e ventisette anni prima dalla sua dipartita, avvenuta il 7 ottobre 1977.

---

[14] Cf. *Familiaris consortio*, doc. cit., n. 49.

[15] Accostarsi al fonte battesimale per una famiglia profondamente cristiana come quella di Pietro Cristiano, ha un significato fondante per la vita stessa dei membri e per questo il rito dell'iniziazione cristiana è una prassi nella famiglia ed è trasmesso di generazione in generazione. Le convinzioni, la fede fatta vita nella proclamazione dell'assoluta gratuità di Dio è il riferimento massimo che accomuna tutti i membri più della prossimità della parentela. Questa vita che origina nel tempo la partecipazione alla vita divina attraverso Gesù Cristo, nello Spirito, diventa filiazione adottiva per tutti gli uomini. È lo Spirito di Cristo che tratteggia in ogni uomo l'infinita varietà di questa filiazione dei "figli nel Figlio". È Lui la forza che porta alla realtà della Chiesa, comunità ecclesiale, aperta alla dimensione di comunione universale. Infatti l'immersioni nell'acqua simboleggia che "siamo stati battezzati in Cristo Gesù e siamo stati battezzati nella sua morte e per mezzo del Battesimo siamo dunque stati sepolti insieme a lui nella morte, perché come Cristo fu risuscitato dai morti per mezzo della gloria del Padre, così anche noi possiamo camminare in una vita nuova" (*Rm* 6,3-4). Per questo, il battezzato è chiamato ad instaurare nuove relazioni umano-divine e a dare inizio a nuovi rapporti tra gli uomini proponendosi di investire le proprie energie per costruire il regno che Gesù ha inaugurato (cf. C. Scordato, Battesimo e Cresima, in G. Barbaglio – G. Bof – S. Dianich (edd.), *Dizionario di Teologia*, San Paolo, Cisinello Balsamo (MI) 2002, pp. 137-154).

[16] D'ora in poi, faremo riferimento al Manoscritto autobiografico che è stato scritto da P. Lorenzo con il titolo "Appunti della mia vita", utilizzando la sigla "Ms a" e le pagine di riferimento. Questi appunti sono stati redatte in un quaderno di copertina dura e nera, la cui misura è di cm. 20x25, con sessanta fogli, senza righe, scritti in forma ordinata, senza alcuno spazio né all'inizio né alla fine pagina. Per sfruttare bene i fogli la sua grafia è minuscola, ma molto chiara per la lettura. All'interno dalla copertina sono state incollate tre fotografie: 1) del Card. Luigi Lavitrano con una nota sotto: "molto bene conosciuto nella mia infanzia"; 2) del Card. Tommaso Boggiani: "Da ricordarsi della sua bontà verso di mé. Mi ha trattato sempre benignamente"; e sulla terza foto del 1956, scrive: S. Eminenza il cardinale Eugenio Tisserant, Vescovo di Porto e S. Rufina e d'Ostia, decano del Sacro Collegio, celebra in occasione dell'80° di S. Santità all'altare papale: per il Confiteor lo stesso Pontefice discende dal trono e si mette in mezzo, dietro due Cardinali. La prima pagina è un altro pezzo di giornale, dove si trova l'immagine della Madonna del Miracolo

Egli rievoca i fatti della sua fanciullezza con una vena d'ilarità e con quel suo carattere buono, allegro e signorile che riesce ad attirare l'attenzione anche del più distratto lettore:

> "Il mio nome Ettore mi è stato dato a battesimo, perché tale era il nome del mio padrino, il Conte Ettore Germini, che non ho mai visto in vita mia, ma che è stato in contatto con la mia Famiglia fino a pochi anni fa: la mia nascita fu il 3 maggio 1886 e il battesimo il 5 dello stesso mese, nella Chiesa di S. Giovanni dei Fiorentini a Roma. La casa dove abitava la famiglia, sembra, fosse stata la casa Clementi, allo sbocco dei Banchi a Corso Vittorio, primo piano. Una ventina d'anni fa ho avuto l'occasione di poter entrare in quell'appartamento. Oltre al nome di Ettore, mi furono imposti altri nomi di Pio, Mariano, Luigi ..., ma non ho avuto una grande simpatia per questo nome, nonostante la gloria troiana, antipatia accresciuta nel mio soggiorno in Olanda, dove il nome di Hector è proprio dei cani"[17].

Ettore nasce a Roma ed è l'undecimo figlio[18] dei coniugi Pietro Cristiano van den Eerenbeemt e Giovanna Negri. I suoi fratelli Emilio, Enrico, Ubaldo e la sorella Guglielmina sono più grandi di lui e mentre Emma, che diventa un po' la compagna dei suoi giochi e dei suoi ricordi, lo segue.

Pietro Cristiano van den Eerenbeemt, suo padre, nasce a S. Hertogembosch (Olanda) il 16 maggio 1846 da una famiglia cattolica di antiche origini. Ragioniere e giornalista si trasferisce a Roma nel 1870, con la legione straniera a difesa del Papa.[19] A Roma, poi, intraprende molte-

---

in S. Andrea delle Fratte a Roma e tratta dell'Anno Mariano 1954. Sotto c'è scritto: "molto cara a P. Lorenzo, sia nella gioventù, sia nella sua vita sacerdotale". Nel retro di questa pagina registra la sua cronologia dalla nascita il 03 maggio 1886 fino al 1925, quando era domiciliato a Santa Marinella. Il Manoscritto inizia in data 7 ottobre 1950, ricordando la sua infanzia, come allievo della scuola, nel Seminario, a Parigi, Olanda, Noviziato, come religioso e sacerdote e fino al periodo di studentato in Olanda. Si tratta di trentanove pagine scritte a mano.

[17] Archivio della Postulazione, utilizzeremo la sigla AP, Ms a, p. 2.
[18] Ettore è il quinto dei sopravissuti.
[19] "Petrus Christianus ging als journalist naar Italië en trouwde daar met een gravin. Was Zouaaf in 1870 in Rome, Vaticaanstad. Mogelijk heeft hij zich in Italië aangesloten bij de Zouven. In ieder geval niet vanuit Nederland" [Pietro Cristiano partiva per l'Italia come giornalista e li sposava una contessa. Lui era zuavo in 1870 a Roma, Città del Vaticano. Probabilmente si è fatto zuavo in Italia. Sicuramente non dall'Olanda] in: AP, *Korte stamboom met de voorouders van Padre Lorenzo van den Eerenbeemt en naaste familie*, Amsterdam 15 august 2010; gli Zuavi pontifici erano cosiddetti i componenti di una speciale formazione militare facente parte dell'Esercito pontificio negli ultimi dieci anni di potere temporale. Derivano dalla trasformazione della Compagnia di "Tiratori

plici attività nella banca "Eerenbeemt – De Giovanni – Laprière"[20], e mette su anche una casa libreria musicale.

Giovanna Negri, sua madre, figlia di un'agiatissima famiglia romana, nasce a Roma il 1 luglio 1854 e, otto anni più giovane del marito, contrae matrimonio con Pietro Cristiano il 7 gennaio 1874. La loro unione è allietata dalla nascita di una numerosa prole: ben dodici sono i fiocchi azzurri e rosa che si alternano nella loro casa. Soltanto sei di questi, però, sopravviveranno poiché gli altri ben presto voleranno al cielo[21]. È il Signore, comunque, che conduce e segue con amore di Padre e Madre ogni persona e questa famiglia in particolare, riservando al suo servizio due dei loro figli: Emilio ed Ettore.

3.2 L'ambiente sociale della famiglia e i ricordi della prima infanzia

Non'è difficile capire l'ambiente sociale, economico e religioso in cui è nato Ettore dalla poesia composta dal fratello Ubaldo in omaggio del 72° anniversario della sua nascita e di altri ricordi:

---

franco-belgi" costituita il 20 maggio 1860, portata alla forza di un Battaglione già il 1° giugno seguente, e che assunse il 1° gennaio 1861 la denominazione di Battaglione Zuavi Pontifici, in cui confluirono volontari provenienti da qualsiasi Stato cattolico ed appartenenti a ogni ceto sociale, arruolati, per la difesa dello Stato pontificio. Con la loro intima convinzione di essere volontari di un'idea e non certo dei mercenari, gli Zuavi rappresentarono la risposta del legittimismo cattolico al volontariato garibaldino del 1860 (cf. NICCOLÒ DEL RE (ed.), *Mondo Vaticano – Passato e presente*, Ed. Vaticana, Città del Vaticano 1995, pp. 1097-1098).

[20] AP, Ms a, p. 9.

[21] Dal mese di maggio 1992 al dicembre 1993, in undici puntate, sono stati presentati nel notiziario della Congregazione delle Suore Carmelitane missionarie di S. Teresa del Bambino Gesù, all'epoca denominato "In Cordata", alcuni ricordi del manoscritto autobiografico di P. Lorenzo Van den Eerenbeemt, con sotto il titolo *P. Lorenzo: uomo di Dio*. Sr. Beatrice Minieri, allora Superiora generale presentò quelle pagine con le parole che qui riportiamo testualmente: "La data del 3 maggio costituisce uno stimolo sempre nuovo per conoscere la figura di P. Lorenzo. Per questo il nostro Notiziario si fa canale d'informazione, per aiutarci a posare timidamente il piede su quella terra benedetta che è stata la sua vita. È lui stesso a darci la chiave per entrare nella sua esistenza, attraverso alcune notizie tratte anche da un suo diario, consegnato un giorno nelle mani di Madre Grazietta, di s. m., con la raccomandazione di custodirlo. Non vuole essere indiscrezione o mancanza di rispetto la nostra, ne tantomeno curiosità, ma è l'interesse di un figlio che si accosta alle origini della propria famiglia per scoprire le ricchezze e la nobiltà delle sue radici. Leggendo queste pagine emerge sulle altre una caratteristica: Padre Lorenzo, uomo di Dio; uomo di parola che, per realizzare il progetto di Dio nella sua vita affronta prove, delusioni e difficoltà di ogni genere, facendosi docile strumento nelle mani di Dio: "Abbracciamo la croce che è sorgente di amore".

> "La nascita del beniamin fratel canto
> E cantar voglio per molti anni ancora
> Quel bel dì del tre maggio fausto giorno,
> di primaverili profumati fiori adorno
> Se genial poeta io fossi oh allora
> Alle Muse domandar vorrei un canto
> Ricordar vorrei i tuoi lieti eventi
> Il tuo battesimo alla chiesa dei Fiorentini
> L'esimio tuo padrino, ingegner Genuini[22]
> Nostro padre ricco e stimato infine
> Rispettato come l'era da tutte le genti
> La sua scelta a tuo compare per la cresima
> Di un certo uomo cospicuo, il Tesorone
> Un banchier napoletano, un barone
> E la generosità del quale era infima"[23].

Ricordando i primi anni, P. Lorenzo descrive in questi termini la situazione economica della sua famiglia:

> "Nella famiglia prima si aveva una certa agiatezza, diremo anche ricchezza: lo Chalet Belvedere a Monte Mario, una tipografia, una litografia, un negozio di musica, poi terre, villini e case a Monterotondo, Mentana e Patrica di fronte quasi a Frosinone. Mio padre era stato un uomo molto intraprendente ed aveva costituito la Banca Eerenbeemt – De Giovanni – Laprière. Uomo di fedeltà, aveva dato fiducia a queste persone"[24].

Il ricordo dei primi anni dell'infanzia descritto da P. Lorenzo ci porta a intravedere la routine di una famiglia borghese, benestante, con un raggio ampio di rapporti sociali. L'occupazione imprenditoriale del padre per seguire tutti i beni e gli affari non gli avrà lasciato il tempo necessario per dedicarsi ai figli, che furono affidati alla responsabilità di altri e a una Scuola di prestigio e di fama, diretta da religiosi. La mamma occupatissima con la vita sociale per accompagnare il marito non avrà avuto tempo da dedicare al figlio piccolo, lasciato alle cure delle persone

---

[22] Cf. Certificato di battesimo rilasciato dalla Chiesa S. Joannis Baptistae Florentinorum de Urbe, Romae 21 Augusti 1906.
[23] AP, Lettera in forma di poesia dedicata al P. Lorenzo da Ubaldo, suo fratello, in occasione del 72° anniversario della nascita, il 3 maggio 1958. D'ora in poi Lt. Questa lettera poesia viene riportata in appendice 1.1.
[24] AP, Ms a, p. 9.

di servizio. La situazione è stata sofferta tanto dalla madre quanto dal figlio per il fatto di aver dovuto affidarlo alla cura di una balia, così com'è descritto nel manoscritto autobiografico:

> "Ho inteso dire che la mia mamma per il suo undicesimo figliuolo non ha avuto latte da dargli a sufficienza: vi ha supplito una balia di Ceccano, dove devo aver vissuto anche per parecchio tempo, perché il mio babbo ricordava le prime parole intese uscire dalla mia povera bocca nel mio ritorno a casa: "me dole la panza"! Visione prosaica dei primi anni, che getta una luce ambientale in cui mi ero formato: gente ciociara di campagna: la balia, buona donna, affettuosa mi avrà tenuto con i suoi figli e figlie e avrò ruzzolato nel fango, nella melma con loro, forse anche con porchetti, cani, gatti, galline [...]"[25].

Se da una parte la situazione economica e sociale della famiglia era prospera, d'altra parte la prima infanzia di Ettore è segnata anche dall'assenza del padre e della madre, che gli ha sottratto quell'intimità del rapporto genitori-figlio[26] che però, è compensata da quello con i fratelli e, più tardi, dall'amore per lo studio e per l'arte.

Le espressioni che seguono sono le conseguenze di questo limite che ha caratterizzato alquanto la sua prima infanzia: "Mi sembra che nella prima infanzia (cioè fino ai 6 anni) fossi un po' tardivo, molto collerico, timido all'eccesso, e piagnucoloso a non finire"[27].

Da piccolo ancora subì anche alcune esperienze frustranti a causa di relazioni poco pedagogiche con una maestra, anche se in uso in quei tempi:

---

[25] AP, Ms a, p.1.

[26] A questo riguardo, A. Tapken, riferendosi a Stern, rileva un'importante rivalutazione della teoria della relazione dicendo: "Con le sue ricerche Stern capovolge la teoria classica: all'inizio non c'è l'unione simbiotica con la madre, dalla quale lentamente il bambino si separa imparando così a separare Sé e oggetto. All'inizio c'è piuttosto un *senso di separazione* che renderà possibili esperienze di comunione con gli altri. Il bambino sviluppa un senso di Sé e dell'altro già molto prima di quanto si pensasse finora. Stern ritiene che in base alla formazione precoce del senso di un Sé nucleare e di un altro nucleare bisogna concepire le esperienze di essere con un altro come modalità attive di integrazione, anziché insuccessi, passivi, della differenziazione" (cf. A. TAPKEN, Relazione Intersoggettività Alterità, in A. MANENTI, S. GUARINELLI, H. ZOLLNER (edd.), op. cit., pp. 101-125).

[27] Le espressioni che caratterizzano la prima infanzia di Ettore rivelano i traumi del passaggio dalla mamma alla balia per alimentarlo e, da questa, alla mamma, dopo essere rimasto tanto tempo lontano. L'adattamento alla nuova realtà si fa sentire nella difficoltà del suo reinserimento e integrazione in famiglia nonostante egli fosse profondamente desideroso di relazioni capaci di offrirgli sicurezza (cf. AP, Ms a, p. 2).

> "una scolaresca di pupetti, una donna per maestra, un foglio scarabocchiato con uno spillo attaccato al mio dorso: i miei gridi, i miei pianti: mandato fuori mi andai a rifugiare alla porta, dai portieri ... Un altro giorno ritornando o andando a scuola con un vecchio servo di casa, Frattani di cognome. Nessun affetto, nessuna manifestazione familiare che io ricordi, neppure della mamma, del babbo, dei fratelli in quella prima infanzia: nulla nulla di Chiesa, di preghiera, di cose spirituali!"[28].

La relazionalità che connota strutturalmente la famiglia è via di crescita e di maturazione, ma può divenire anche via di regressione o di degrado. Non è il caso di Ettore perché oltre all'intelligenza di cui è stato dotato, è avvolto dalla grazia, che non lo ha mai abbandonato: "come l'argilla è nelle mani del vasaio, così voi siete nelle mie mani"[29].

La valutazione che fa di se stesso rivela una bassa autostima, pur essendo quel manoscritto una tarda rilettura della sua vita. Di conseguenza la relazione interpersonale che doveva svolgere naturalmente con i compagni di scuola gli riesce difficile e perciò si rivela un bambino quasi solitario.

Questo aspetto evidenzia il rapporto madre-figlio e le valutazioni dei genitori che certamente hanno lasciato a desiderare nelle manifestazioni di affetto, di tenerezza come pure di approvazione, che si rendevano necessarie per farlo sentire più sicuro affettivamente in questo periodo: "dovevo essere un salsicciotto, poco gradevole per una buona compagnia!". Come pure: "timidissimo, poco amante di giocare con gli altri, sarò stato un bambino *sui generis*"[30]. Le persone, in generale, nascono con risorse tali da superare ogni sfida o difficoltà, non per un puro volontarismo, ma per la capacità stessa dell'anima creata a immagine e somiglianza di Dio. È necessario pertanto che la famiglia, intesa come comunità di persone, apprenda quella relazionalità che introduce all'autentico incontro con Dio, che in forza di questo amore si apre all'incontro con gli altri e con la realtà.

Se nei primi anni della vita di Ettore non sono stati visibili gli elementi di questa piattaforma, garante della sua solida formazione, tuttavia la base della sua personalità è stata garantita dall'inconscio familiare e da tutta una tradizione che ogni essere umano eredita dai suoi antenati, come pure, nel nostro caso, dall'estensione di questa responsabilità al collegio '*S. Giuseppe de Merode*' di Roma, diretto dai Fratelli delle Scuole

---

[28] Ibid.
[29] Ger 18, 6.
[30] AP, Ms a, p. 3.

Cristiane, a cui Ettore è stato affidato e dove erano già stati i suoi fratelli più grandi.

3.3 *Scuola, estensione della famiglia come spazio di formazione e di rivelazione del potenziale umano*

Per forza delle circostanze, da piccolo, Ettore doveva essere stato molto indipendente e autonomo, a suo modo, come ci descrive lo scenario familiare di allora: "la mattina non vedevo che la donna di servizio, perché ancora tutti dormivano, ed allora mi accadeva di mettermi il costumino di sotto a rovescio"[31].

Un'altra situazione scomoda e sofferta, che accade propriamente ai piccoli e che esige uno sguardo attento degli adulti è: "Il freddo! Freddo molto ho inteso a 'S. Giuseppe', e le mie mani, piene di geloni, si aprirono e furono tutte piaghe dolorose, non so però se nel terz'anno, o dopo, ma ricordo i brividi di freddo nella ricreazione, specialmente in quella parte del cortile, tra i due cortili, quello dei piccoli e quello dei grandi"[32].

Momenti religiosi importanti sono stati realizzati a scuola ma Ettore li vive senza entusiasmo:

> "Feci la 1ª comunione e la Cresima, nella Chiesa del Collegio: S. E. il Card. Vincenzo Vannutelli, celebrò la s. Messa, distribuì il Pane Celeste e amministrò la s. Confermazione. Eravamo stati preparati da fr. Edoardo nella Cappellina dei Congregati: la feci bene, ma non con soverchia devozione: un bel po' fredda l'anima: nessuno slancio, nessun grande proposito ed entusiasmo. Compagni di comunione furono i due giovinetti Galieno e Vincenzo Giuliano, nipoti di S. E., che poi ritrovai all'Apollinare"[33].

La causa di questo stato d'animo è dovuta al modo freddo e arido di presentare il messaggio di salvezza: "forse una difficoltà la trovavo proprio nel catechismo, non per il soggetto, ma per il modo con cui veniva insegnato: l'aridità delle formule, non spiegate con l'amore dell'anima, e il fervore del cuore"[34].

---

[31] Ibid.
[32] Ibid.
[33] AP, Ms a, p. 4.
[34] AP, Ms a, p. 5.

Dall'esempio della famiglia, soprattutto dalla generosità del papà che praticava la solidarietà per i piccoli, accogliendo e pensando al futuro degli orfani[35] o donando[36] ai preti i beni che aveva, con tutte queste mediazioni il Signore prepara il cuore di Ettore per essere generoso verso gli altri. Ricorda la pace interiore provata ancora da piccolo, nel tendere la mano verso un poverello, offrendogli due panini:

> "In collegio ero semiconvittore e perciò rimanevo dalle 8 del mattino (07?) fino alla sera: verso le 4 in punto, dalle scale, ci si passava un cesto di pane, piccole pagnottelle, che noi chiamavamo – *viennesi* – (dal forno di Lais al Babbuino): non lo mangiavo, ma lo portavo alle due sorelle, Guglielmina ed Emma, che ne erano ghiotte: mi accompagnava il vecchio Frattani, un povero uomo che serviva mio padre in ufficio. Una sera proprio vicino al portone, incontrammo un vecchio mendico: mi fermai, però ci riflettei e poi li detti al vecchio (erano due panini) e ne ebbi consolazione. Il teologo dirà che non era un opera soprannaturale; difatti lo feci spontaneamente: però l'anima era virtualmente elevata a questa opera, mediante la guida spirituale dei maestri di quelle buone scuole, perciò spero che questa piccola opera di misericordia corporale sia scritta nel libro eterno della mia vita"[37].

Il mondo, ridotto a quattro o cinque persone in famiglia, e altre persone di servizio, diventa più ampio e più coinvolgente nell'Istituzione educativa, uno spazio per l'affermazione personale e la presa di fiducia in se stesso, nella misura in cui riesce ad integrarsi nell'obiettivo dell'Istituzione, che è quello di offrire istruzione e formazione attraverso un programma di studio sistematico e organico, e proposto con un metodo adatto. È in questo contesto scolastico che comincia a rivelarsi la personalità di Ettore attraverso l'amore allo studio:

> "Più grandicello mi facevo, e più sentivo l'amore per lo studio. Avevo tendenza per tutto: il francese la sapevo benino, nell'italiano la fantasia mi portava a seguire le avventure di Giulio Verne e nei miei compiti in classe; erano marinai su ghiacci con orsi ... e il maestro che supponeva ch'io copiassi mi lasciava senza punto (voto). La matematica era anche il mio forte, studiavo tutto benino e avevo una buona memoria"[38].

---

[35] Cf. AP, Ms a, p. 14.
[36] Cf. Ibid.
[37] AP, Ms a, p. 6.
[38] AP, Ms a, p. 5.

Il suo progresso in tutti i sensi si faceva ogni giorno più visibile:

"Una soddisfazione?! Quasi alla fine dell'ultimo anno scolastico nel mio V anno elementare si ebbe un concorso di calligrafia per tutto il collegio: elementari e tre tecniche, (che in quel tempo non si aveva di più): il mio maestro un certo frère Azarias, (che mi fu detto che dopo lasciasse la Congr. dei Frères) insegnava tutto molto e molto bene: uomo serio, lungo, magro, guidava le penne – nella scuola di calligrafia – di una sessantina di ragazzi che se ne sentiva il cadenzato sdrucio sulla carta. Ora il risultato fu che ebbi 9½ e fui classificato immediatamente dietro 2 altri giovani della 3 tecnica, che avevano avuto la stessa nota: veramente una grande gioia fu per il mio maestro che non sapeva del tutto reprimere: per me non credo di essermi insuperbito, benché contento del successo. Incominciava in me il sentimento dell'arte: la musica entrava pian piano nell'anima, ma era la fantasia nello scrivere che incominciava a manifestarsi nei compiti: ricordo come il frère (De Giovanni) non mi metteva il punto e mi domandava se veramente fossi io che l'avevo scritto"[39].

La formazione religiosa ricevuta al collegio ebbe un'importanza fondamentale nella sua vita:

"Quale sarebbe la fiacchezza umana se non ci fosse una profonda educazione religiosa? Ringrazio la Provvidenza di avermi procurato tanti mezzi di salvezza, mediante la scuola cattolica diretta dai Frères. Quei continui saggi ammonimenti sono entrati profondamente nella mia anima e la lotta contro la tendenza della natura ha portato pian piano lo spirito a sacrifici più completi, se non sempre duraturi"[40].

Dei primi maestri, i suoi Frères, conserva un riverente ricordo, attribuendo loro le basi della sua educazione religiosa e della sua dirittura morale. Si potrebbe affermare che l'ambiente, così delicatamente formativo – religioso, abbia funzionato da humus per la sua anima di bambino, ragazzo e poi di adolescente, preparando il terreno su cui potesse fiorire la vocazione religiosa e sacerdotale:

"devo dire che questa fede la devo a Dio, e mezzo strumentale è stata l'ottima educazione religiosa penetrata – direi quasi – fino alle mie ossa. […]. Io ho avuto il massimo rispetto per i miei maestri e

---

[39] AP, Ms a, p. 8.
[40] AP, Ms a, p. 4.

la loro parola era per me una verità assoluta. In quell'età giovanile, quanto può influire la parola di un maestro! Beati coloro che hanno avuto una buona retta santa educazione. [...] Ringrazio il Signore di aver trovato una fonte di principi spirituali, che mai mi hanno abbandonato in vita"[41].

L'episodio narrato in seguito mette ancor più a fuoco l'ambiente religioso in cui il piccolo Ettore visse i primi anni della sua formazione alla vita:

"Durante quest'anno scolastico[42], mi sembra (o prima?) accompagnai due amici di mio zio Gerardo, fratello di mio padre, a vedere Roma: quel poco di francese mi dava un ardire di sopra quasi la mia natura, così fortemente timida: mi davo l'aria di Cicerone. Condussi questi signori alla Chiesa di S. Andrea delle Fratte per far loro vedere il quadro dell'Immacolata e parlai della visione avuta dal Ratisbonne. Non l'avessi mai detto! Un predicozzo, ch'ero ragazzino, che son sciocchezze da non crederci ... ma queste parole non solo non mi scossero, ma mi rafforzarono nella fede e nell'amore alla Chiesa"[43].

Questa fede e amore alla Chiesa sono stati sostenuti dalla sua famiglia: "Ringrazio il Signore che oltre la buona scuola avuta dai 'Carissimi', la mia famiglia mi ha dato l'esempio di religione non mancando mai in quegli anni giovanili alla Santa Messa"[44].

Se da piccolo Ettore non ricorda l'ardore con cui partecipava alla vita della Chiesa, adesso da giovane è consapevole della fede ricevuta da Dio attraverso la famiglia e la scuola e che diventa ogni giorno più solida. La presenza e la testimonianza soprattutto del padre nel frequentare la comunità ecclesiale, partecipando ai sacramenti, ha rinforzato ancora di più le sue convinzioni religiose.

I principi che orientano la vita, sono ricordati da P. Lorenzo nel suo manoscritto. Egli ne ha trovato la fonte nell'età giovanile e non li ha mai abbandonati. Questo significa che si sono incarnati, sono ormai valori immanenti, cioè fatti carne, vita in lui.

Molto attese, in casa Van den Eerenbeemt, erano le vacanze estive, soprattutto per i ragazzi che, abituati a vivere in città, non vedevano l'ora di lasciare i libri e scorrazzare liberi tra prati e boschi.

---

[41] AP, Ms a, p. 8.
[42] L'anno a cui P. Lorenzo si riferisce è la V elementare.
[43] Ibid.
[44] AP, Ms a, p. 11.

Spesso la famiglia si spostava a Patrica, dove il padre aveva diversi possedimenti. Abitava in una villa situata in fondo al paese circondata da alberi da frutto di ogni specie:

> "Patrica! Paese selvaggio dei monti Lepini: da piccolo bambino ci sono andato in vacanza. Ricordo la casetta lì in fondo al paese: sotto un orto con fichi e frutta: l'acqua, con le conche di rame, o con bariletti sull'asino, veniva presa dalla piazza. Nei miei giovani anni, Patrica ha aperto il mio cuore e la mia anima per i più soavi sentimenti di bellezza naturale e d'amicizia vera e schietta, però questo non quando ero bambino, ma quando facevo il 2° ed il 3° ginnasio"[45].

Un altro paese, in cui la famiglia spesso trascorreva periodi di vacanze, era Monterotondo, dove la madre possedeva, oltre a diverse tenute, anche una bellissima villa: "Monterotondo. La mia mamma aveva una bella villa, passato il paese, dopo il giardino comunale"[46].

Andare a cavallo era un modo di passare le vacanze:

> "Trovavo vero e grande piacere ad andare a cavallo, e portare i nostri cavalli la mattina ad abbeverare: a cavallo, ci si andava volentieri, specialmente con mio fratello maggiore Emilio, il futuro frère Leobaldo, di cui ero il confidente [...]. Che bella cavalcata fino a Monte Pizzuto, grande pezzo di terra che apparteneva a noi con ricchi vigneti, carichi di uve squisitissime e tutte diverse"[47].

In questo ambiente di distensione abitato da una popolazione semplice erano conosciuti come "i cosiddetti figli dei signori" che ne combinavano di tutti i colori e che erano parecchi.

3.4 *Il tracollo finanziario*[48] *della famiglia, Seminario e il rientro in famiglia*

In questo clima di agiatezza e di benessere, il piccolo Ettore termina la scuola elementare. Ben presto, però, una nube oscurerà la felicità

---

[45] AP, Ms a, p. 10.
[46] Ibid.
[47] Ibid. Nella Cronistoria della Chiesa N. S. delle Vittorie, P. Lorenzo registra la perdita del suo carissimo fratello il 25 ottobre 1945 (L. VAN DEN EERENBEEMT, *Cronistoria della Chiesa N. S. delle Vittorie*, p. 129, d'ora in poi Cron.).
[48] Il motivo della rovina appare nel testamento redatto dal fratello Emilio, religioso dei Fratelli Cristiani, con il nome di fratel Leobaldo. Così si esprime: "nel momento attuale non posseggo nulla e tutto ciò che è a mio uso appartiene alla Congregazione Religiosa alla

della famiglia, poiché il padre, imbrogliato da un suo socio, subisce un terribile fallimento che, oltre a far saltare la banca "Van den Eerenbeemt – De Giovanni – Laprière", lo espropria di tutti i suoi beni. L'unica risorsa e ancora di salvezza restano i beni della madre che, in parte salvati, serviranno al loro sostentamento. Un duro colpo per il padre, ma egli sa accettarlo con molto decoro e rassegnazione, dando prova di profonda convinzione religiosa, perdonando coloro che hanno causato tanto male alla famiglia.

La situazione è descritta da Ubaldo nella poesia:

"Solo padri redentoristi olandesi[49], amici cari
Ci han risparmiato e miseria e giorni amari
Mi ricordo ancora come fosse ieri
Le nozze d'argento dei nostri genitori
Era il sette gennaio del novantanove
Senza un soldo in casa e tutt'altro che fieri
Aspettavam visite d'uscieri e fornitori
quando al tocco di mezzogiorno, per Giove!
Suona e risuona ancor il campanello
La porta aprendo restò stupito nostro fratello
Nel vedere squisiti cibi e vini
Ed in più frutta, paste e liquori fini
I padri Domen e van Rossum[50] si eran ricordati

---

quale appartengo. Se eventualmente qualcheduno dei creditori della mia famiglia, mossa da rimorso di coscienza volesse restituire tutto o parte del suo debito, io desidererei fosse diviso fra i miei due fratelli Ubaldo e Ettore (Don Lorenzo) e la sorella Emma maritata Puggioni". (AP, Testamento di Fratel Leobaldo delle Scuole Cristiane al secolo Emilio van den Eerenbeemt, Castel Gandolfo, il 14 settembre 1943, festa dell'Esaltazione della S. Croce).

[49] Tra i Redentoristi, che sono stati molto vicini alla famiglia di Pietro Cristiano, si trovano i cugini di P. Lorenzo, figli di Ferdinand van den Eerenbeemt fratello di Pietro proprietario di una fabbrica di candele a s'Hertongenbosch di cui quattro figli divennero sacerdoti e due figlie suore missionarie in Africa. Dei quattro sacerdoti due furono Redentoristi: P. Dr. Bernardo van den Eerenbeemt, nato a 1 dicembre 1901, ordinato sacerdote nel 1926, professore nel Seminario, dove ha insegnato lingua e letteratura olandese, spendendo 22 anni della sua vita a favore della formazione ed educazione dei seminaristi. La sua morte è sopravvenuta il 3 marzo 1978. L'altro redentorista fu P. Henrique van den Eerenbeemt nato nel 1897, che ordinato sacerdote nel 1926, visse appena 3 anni del suo sacerdozio nella predicazione dei ritiri a Bosschenhoold (Seppe) dove è deceduto nel 1929 (Cf. Necrologie che si trovano nell'Archivio provinciale del convento "Sint Aegten", Provincia Brabantia North, fondazione Stchiting Erfgoed Nederland Kloosterleven).

[50] Van Rossum è un personaggio importante a cui faremo riferimento in altri Capitoli per l'influsso operato sulla vita di P. Lorenzo van den Eerenbeemt che da piccolo e poi da adolescente partecipava al circolo degli amici preti e cardinali che frequentavano la sua famiglia e in seguito come prete. Un accenno biografico su Card. Van Rossum si trova in appendice 1.2.

Quando tutti ci fuggivano, poveri abbandonati
E quel giorno fu per noi una grande festa
Noi che ce l'aspettavamo triste e mesta"[51].

Il motivo della rovina è descritto da P. Lorenzo[52]:

"Mio padre era stato un uomo molto intraprendente ed aveva costituito una Banca Eerenbeemt-De Giovanni, Laprière; uomo di fedeltà, aveva dato fiducia a queste persone: ora avvenne, così mi è stato raccontato da mio fratello del Belgio, venuto pochi mesi fa da Bruxelles per l'anno Santo. Il De Giovanni per salvare un suo fratello aveva alleggerito la Banca, da qui il fallimento e la perdita di tutto: avevo finito proprio allora la quinta: erano rimasti fuori alcuni beni, perché intestati a mia madre: ma col tempo anche questi per non so che motivo, andarono tutti perduti: si era discesi nella miseria: non posso ricordare tutti i particolari, perché affatto ignaro di questioni finanziarie, ma si era rimesso a posto un negozio di musica vicino a Piazza Borghese dove era prima, cioè alla Via del Clementino"[53].

Terminata la scuola elementare, suo padre non esitò a rivolgere a Ettore la domanda: "Vuoi andare in seminario? Al che lui rispose: "Va bene"[54].
Ettore, però, non aveva mai pensato di farsi prete, anzi, lui stesso racconta che un suo amico possedeva un mini-altarino con tutto l'occorrente, in miniatura, per la messa, e spesso andava a giocare con lui, ma non si dilettava affatto con questi "santi" giochi[55]. In Seminario a Ceccano[56] vi andò, "come uno gnocco" come esplicita lui, accompagnato da un certo don Rocco, sacerdote della missione dei Lazzaristi.

---

[51] AP, Lettera in forma di poesia dedicata a P. Lorenzo da Ubaldo, suo fratello, in occasione del 72° anniversario di nascita, il 3 maggio 1958.

[52] P. Lorenzo descrive con minuzie lo scenario della situazione. Il cambiamento radicale della situazione economica di una famiglia ricca provoca una perdita ancora più profonda in ogni persona che ne subisce le conseguenze. La fede coltivata tra loro si esprime nella solidità delle relazioni genitori-figli e costituirà la piattaforma per il superamento della forte crisi, pur separando i membri della famiglia. Ettore va al Seminario. Ubaldo parte per Parigi alla ricerca di lavoro. Emilio si fa religioso. Enrico entra in depressione profonda con la perdita della sua ragazza, dovendo ricoverarsi e mai uscendo da questo stato psicologico fino alla sua morte. Restano a casa le due sorelle con i genitori (cf. AP, Ms a, p. 9).

[53] AP, Ms a, p. 9. Ettore aveva terminato la V elementare, pertanto l'infortunio è accaduto nel 1897, quando lui aveva 11 anni di età.

[54] AP, Ms a, p. 11.

[55] Cf. Ibid.

[56] Prima di farsi frate, il fratello Emilio si trovava nel Seminario a Ceccano come professore di lingua francese e di matematica (cf. AP, Ms a, p.12). In seguito prese il nome di frate Leobaldo.

Ricorda la festa dell'investitura dell'abito di chierico e la prima corsa tra i campi e su un prato in discesa con la veste talare e un solenne capitombolo.

Ettore comincia a vincere sempre più la sua timidezza e socializza con alcuni compagni che venivano dalle Puglie e dalla Calabria. Ed è nel Seminario che riceve la visita della sua buona balia. Ella, poiché abitava a Ceccano, andò a trovare il suo figlio di latte[57].

Dopo il primo anno di studio fu trasferito a Patrica, collegio[58] dei Padri o Signori della Missione.

Nei suoi ricordi così commenta: "Devo essere profondamente grato alla memoria di mio padre che con questa donazione ha ottenuto da Dio il mio sacerdozio" e ancora: "Devo al Padre Valentini[59] e al

---

[57] Cf. AP, Ms a, p. 12.

[58] P. Lorenzo registra negli Appunti della sua vita, una donazione fatta da suo padre ai Missionari Lazzaristi, prima del fallimento economico della famiglia. Il fatto è stato pubblicato in una rivista della Congregazione della Missione "dall'" "Alere flammam" n.16 (periodico trimestrale della 'Fraternità Apostolica Leoniana' (a: 1935) da cui tolgo le seguenti notizie: "Il fondatore della Scuola Apostolica – al Padre Filippo Valentini: brillò sempre fulgido nella mente l'ideale all'apostolato, fu il tormento dell'anima sua. ... Avrebbe dato tutto sé stesso per realizzare il sogno, carezzato dai primi anni di sacerdozio, di poter suscitare un forte nucleo di giovani apostoli allenati alle fatiche e agli sforzi del ministero sacro ... Ed ecco che il Signore accogliendo l'ardente desiderio del suo ministro gli viene incontro suscitando intorno lui delle circostanze, che potessero favorire la sua nobile aspirazione. Un tal <u>Pietro Cristiano van den Eerenbeemt,</u> olandese di nascita ed origine, dimorante nella capitale e amicissimo dei Missionari, per suggerimento del Signor Avv. Gaudioso Stella di Patrica, offrì a questi un edificio che aveva fatto erigere per la villeggiatura della sua famiglia nei pressi di Patrica, paesello ridente che si adagia a ridosso di un'altura della catena dei Lepini, verso l'estremità meridionale della allora provincia romana. Il Valentini, superiore della Missione accolse con entusiasmo l'offerta, e nell'estate 1885 e 1886 vi mandò a villeggiare i giovani studenti di Montecitorio, ov'era in quel tempo la residenza della casa dei Padri Lazzaristi" (AP, Ms a, p. 13; cfr. "Alere flammam" Anno VI, Gennaio-Giugno 1935, pp.6-7, in Archivio della Curia Provinciale della Congregazione della Missione, Collegio Leoniano della Missione, Roma).

[59] Al padre Valentini e alla Congregazione della Missione a cui appartiene, si accennerà anche in altri Capitoli per una comprensione della vocazione sacerdotale e missionaria di Ettore. Valentini Philippo, nato a Petescia, il 19 giugno 1842, a diciotto anni, la sera del 3 dicembre 1860, spinto dall'ideale dell'apostolato missionario, entra nella Casa della Missione in Montecavallo a Roma. Emette la professione religiosa il 13 gennaio 1862; è ordinato sacerdote nel dicembre 1897 (Cf. Scheda 1612 dall'Archivio della Curia Generalizia della Congregazione della Missione e da *Vicentiana*, 1994, n. 38, p. 391); P. Valentini inizia il suo ministero come Missionario nella campagna romana. È superiore della Casa di Montecitorio nei primi mesi del 1897, procuratore Generale della Congregazione nel febbraio 1884. Fonda la Scuola Apostolica a Roma, Vico Alibert e a Patrica e sono benefattori delle opere signor Pietro Cristiano (padre di Ettore, il futuro P. Lorenzo) e il signor Gaudioso. Alla fine del '900, con la cospicua elargizione del Conte Cerasi sorge il Collegio Apostolico Leoniano con programma, metodo ed ordinamento più grandioso, ma sempre con l'identica finalità di formazione di apostoli. Alla fine del secolo XIX, nel tempo del laicismo e

suo collegio il <u>seme</u> della mia vocazione sacerdotale"[60].

Le parole semplici e comprensive di Padre Valentini, che raccomanda che ci fosse lo spirito sacerdotale, rimasero impresse nel piccolo studente: "A che servono i Preti se non hanno lo zelo apostolico?"[61].

Il Seminario ha costituito per Ettore uno spazio propizio per l'esperienza dell'amore fraterno, un vero senso di cameratismo, come lui stesso esprime: "in Seminario ho aperto il cuore e la mente per l'amore. [...] Ho amato i miei compagni [...] benché le circostanze della vita mi hanno portato altrove, pure anche all'estero mi sono sempre ricordato di loro e hanno formano con altre persone poi conosciute, il substrato intimo del mio povero cuore"[62].

A Patrica, oltre che negli studi si esercita nella preghiera, contentandosi di assolvere bene e con buona intenzione quel che era prescritto:

> "Credo di sicuro che moltissimo abbia giovato per la mia anima la comunione quotidiana e il 1° venerdì del mese. [...] In quel tempo si era formato il substrato della mia anima per il Sacerdozio, benché trovasse in me intimamente uno spirito ribelle a questa divina disposizione. Non mi ricordo di avere inteso chiaramente la voce divina, forse per colpa mia per quello spirito d'indipendenza che era in tutto il mio essere, benché esteriormente io fossi attaccato alla vita della disciplina e del dovere: la contraddizione in me, già in quella età, tra Dio e la mia natura peccaminosa. Con tutto ciò de-

---

dell'anticlericalismo imperante, ripieno dello spirito di san Vincenzo de Paoli e formato alla sua scuola di carità operosa, volle formare Sacerdoti secolari, animati dallo spirito missionario ed apostolico. Il suo obiettivo era quello di formare i futuri apostoli attingendo dall'origine della cristianità la dottrina evangelica, la forza del testimonio dei primi martiri della Chiesa, formarsi e poi ritornare, slanciarsi, diramandosi come nuove fiamme e nuove lingue dal Cenacolo degli Apostoli, nelle proprie Diocesi, nelle città, nelle campagne, nelle scuole, nei Seminari, ove più urgente è il bisogno di aiuto e di attività di Sacerdoti che siano veri apostoli e missionari. L'ideatore, il Fondatore del Collegio Leoniano, vivente non poté vedere il suo Collegio, ma dopo ventisei anni dalla sua morte, le sue spoglie riposano in quella casa che fu il suo santo ideale, per cui tanto soffrì e pianse nel realizzarlo. Dopo aver chiuso i più forti dolori in fondo al suo cuore, senza mai arrestarsi e disanimarsi, andò a chiudere i suoi giorni tra i suoi confratelli di Siena, ove finì la vita nell'abbandono e nella dimenticanza e morì il 2 luglio 1910 (cf. Annali della Congregazione della Missione e della Compagnia delle Figlie della Carità, Tomo XLIX, Anno MCMXXVII, pp. 99-111); Il padre Filippo Valentini era molto amato e stimato in seminario soprattutto dai più grandi, mentre i più piccoli non erano in grado di capire la grandezza del suo animo. Un vero padre, diede alla Chiesa, mediante la sua opera, molti vescovi e cardinali, tra questi anche il cardinale Luigi Lavitrano che, piccolo orfano, di Casamicciola fu condotto dal padre di Ettore al P. Valentini che ne ebbe cura e lo formò (cf. AP, Ms a, p. 14).

[60] AP, Ms a, p. 13.
[61] AP, Ms a, p. 14.
[62] AP, Ms a, p. 16.

vo confessare di aver avuto sempre la massima venerazione per il Sacerdozio, e per le cose di Dio e della Chiesa, specialmente, si, e me lo ricordo bene, un amore profondo per il Papa"[63].

Dopo essere stato un anno a Patrica il piccolo e grande Seminario fece un gran salto e si trasferì a Roma in via delle Botteghe Oscure. La scuola era all'Apollinare. Qui Ettore ebbe come professore d'italiano l'ottimo Prof. Pio Pascucci, fratello di Mons. Pascucci, vero didatta, che sapeva entusiasmare, accendere i cuori, la mente, la fantasia e riusciva ottimamente nella formazione dei giovani.
Così dice di tale professore:

"La mia mente, la mia fantasia si è svolta in pieno sotto un tale professore: ho inteso, ho goduto, ho vissuto l'arte dello scrivere e la mia penna era buona e superava – perdonatemi questa confessione – di molto le altre. Dono di Dio che non ho saputo ben regolare e che in fondo è diventato motivo di un accecamento per la vita sacerdotale, pian piano è venuto in me il pensiero che non ero chiamato per la vita sacerdotale, bensì per l'arte. Ero il campione per III Ginnasiale, imbattibile, ottimo in tutte le materie"[64].

Un altro motivo che lo porta ogni giorno all'insicurezza sul cammino scelto verso la formazione sacerdotale è dovuto al suo cuore e ai suoi sentimenti che si aprono ad altre realtà, come lui stesso ricorda:

"la bellezza di qualche bambina mi rapiva la mente, non in cattivi sensi: visi delicati, forme sottili, biondi capelli. Nella povera mia fantasia sentivo un non so che di misterioso da non spiegare ... così passò leggera una figurina di bambina e s'impresse con un bel po' di tenacia nella testa. Fu questa fantasia bizzarra che rese più forte l'idea che non dovevo essere sacerdote"[65].

Terminato il terzo ginnasio e promosso senza esami perché campione in tutte le materie, parte per le vacanze. A contatto con la natura Ettore si distende, si rasserena, ma il pensiero di non essere chiamato per il sacerdozio si fa ogni giorno più pressante. Finalmente prende la decisione di comunicare la sua scelta: "Fu in quelle vacanze che presi una de-

---

[63] AP, Ms a, p. 17. È proprio di questo periodo la formazione della sua anima per l'accoglienza della vocazione sacerdotale e l'inizio del discernimento necessario di fronte alla formazione fisica come a quella intellettuale, religiosa e morale.
[64] AP, Ms a, p. 17.
[65] AP, Ms a, p. 18.

cisione: scrissi a mio padre, come io non avevo più l'intenzione di divenire sacerdote e perciò desideravo a tutti i costi ritornare a casa. Ed allora fu decisa la partenza da Patrica, prima ancora che finisse la vacanza"[66].

Un duro colpo per il pio genitore che desiderava vedere un figlio ascendere all'altare del Signore, tuttavia non ostacola le sue decisioni e lo fa tornare subito a casa:

> "Eccomi finalmente a Roma: la mia famiglia abitava allora in una graziosissima casa a due piani, o meglio, 1 piano, perché sotto vi era una trattoria. Sopra un bel terrazzo, proprio di fronte al palazzo del Vaticano, dietro il colonnato dalla parte di Porta Angelica. Continuavo ad andare all'Apollinare per il IV Ginnasio"[67].

Studiando da esterno, il profitto scolastico non è ottimo come negli anni precedenti. Inoltre, in questo periodo, Ettore viene preso da una smania di libertà così come ricorda: "In quell'anno in famiglia, feci grandi passeggiate: camminai molto, questo è l'unico sport amato dai miei"[68].

L'anelito di libertà e di vita d'azione, tipico di un ragazzo di quindici anni, Ettore lo giustifica come una caratteristica di famiglia: "forse questo è proprio del sangue della mia famiglia olandese, e in generale del popolo da cui provengo: viaggiare, vedere il mondo, non godere il mondo nel senso materialistico, ma imparare a vivere"[69].

Nel 1901, quando Ettore aveva 15 anni prende un'altra decisione, ancora più audace, di andare a Parigi dove si trovava suo fratello Ubaldo. La mamma, anche se con sofferenza, comprende il ragazzo, ma non è così per il papà che, appena apprende da Ettore la notizia gli molla un ceffone:

> "Ed allora avvenne un fatto importantissimo per la mia vita. Dopo una lettera di mio fratello Ubaldo che da qualche anno si trovava a Parigi, dove guadagnava in ufficio, dopo aver parlato con la mamma, espressi il desiderio di andare da Ubaldo a Parigi. Parigi suonava nelle mie orecchie come il non plus ultra. Non mi dimenticherò mai lo sdegno che sentì il mio povero padre a questa proposta: uno schiaffo mi diede! Mai né prima né dopo, papà ha alzato la mano sopra di me: è segno che tutti i suoi ideali religiosi che aveva in me erano crollati ... Povero papà, meno male che in seguito mi ha visto ascendere all'altare. Pian pianino si arrese e

---

[66] AP, Ms a, p. 18.
[67] AP, Ms a, p. 19.
[68] AP, Ms a, p. 20.
[69] Ibid.

mi preparai per la partenza: passaporto olandese, un po' di biancheria e Ubaldo aveva mandato, mi sembra, un po' di soldi per il viaggio"⁷⁰.

Parigi! Parigi! La meta dei suoi sogni giovanili, e poi un viaggio da solo lo entusiasma, lo fa sentire già un uomo, autonomo e libero, lui che è considerato "il piccolo di casa". Sembra rivivere con tutta la forza l'emozione della sfida:

"Arcicontento ... un viaggio solo solo ... lontano lontano, però sicuro in quanto che a Parigi vi era un fratello. Il giorno della partenza, tutto in ordine: baciata la mamma, le sorelle, mi accompagnò alla stazione papa, Emilio e un operaio della nostra litografia che mi voleva bene. Un bacio ancora a tutti ... e via ... alla fortuna. Avevo appena 15 anni, era maggio o giugno del 1901"⁷¹.

3.5 *Esperienza di autonomia, di libertà e di responsabilità*

3.5.1 Parigi, una via alla fortuna?

"Arcicontento ... un viaggio solo, solo ... lontano, lontano", realizzazione di un adolescente!⁷². In chiave psicologica possiamo definire questo atteggiamento di autonomia, di indipendenza, come necessità del passaggio dalla fase della vita di bambino alla fase di adulto che rappresenta, simbolicamente, l'allontanamento dallo stato precedente, l'attraversamento di una soglia liminale e la reintegrazione nella società con un diverso status.

Il viaggio non presenta difficoltà alcuna e con due tappe e pernottamento a Genova⁷³ e a Torino⁷⁴ giunge felicemente a Parigi, ma non tro-

---

⁷⁰ AP, Ms a, p. 20. Il padre di Ettore, uomo cattolicissimo, secondo la sua espressione, desiderava vedere uno dei suoi figli ricevere il sacro ordine del ministero presbiterale.
⁷¹ Ibid.
⁷² La famiglia profondamente cristiana, l'educazione ricevuta, l'ambiente frequentato ha determinato in lui un profilo etico e morale in lui che orienterà per tutta la vita la giusta relazione con le persone e con la realtà circostante.
⁷³ A Genova "cominciai a sentire per la prima volta la bella lingua toscana" e conservò il ricordo di una donna che lo avvisò "di non dire né dove andavo, né se avevo soldi in tasca" (AP, Ms a, p. 21).
⁷⁴ A Torino: "uno dei primi pensieri, salire sulla torre antonelliana. Il tempo non era tanto chiaro, ma io montai fin su su in cima e agli occhi mi si offrì quello spettacolo splendido di gran parte del Piemonte fino alle Alpi" (ibid.).

va ad attenderlo alla stazione suo fratello Ubaldo, che non aveva ricevuto ancora il telegramma con cui il padre annunziava il suo arrivo:

> "Gioco forza mi fu di domandare a un cocchiere di portarmi a Boulogne sur Seine, Rout de Versailles. Ne trovai uno che ebbe compassione di me e mi ci portò, dopo aver costeggiato le Seine: arrivato alla casetta dove alloggiava Ubaldo, pagai, e la luce era scarsa e mi caddero delle monete nella carrozza ... passai un piccolo giardinetto e mi trovai davanti ad una casetta a pianterreno, con vicino un'altra casetta a un piano con 4 camere e un solo cesso nelle scale. La casetta al pianterreno era del padrone che mi fece entrare. Mio fratello non era ancora tornato a casa. Il telegramma era in portineria e Ubaldo non lo aveva ancora visto ... e aspettai ... finalmente venne mi abbracciò e mi domandò: "che ti è rimasto dal viaggio?" Io gli detti quel poco che avevo ... e con questo dovevamo passare ancora un bel po' di giorni"[75].

Il giorno dopo Ettore accompagna al lavoro il fratello, al centro di Parigi, e poi da solo, compie i primi giri e inizia a scoprire la città. Dopo un mese trova un primo lavoro presso il sig. Lamaire, che aveva una rappresentanza di stoffe inglesi e francesi. Qui ha l'incarico di copiare lettere, registrarle, spedirle e tenere in ordine la contabilità e l'ufficio. Il Sig. Lamaire è un uomo cristiano, di fede, e non vuole che Ettore interrompa la pia pratica dei primi venerdì del mese e gli concede due ore di permesso perché possa confessarsi.

Come lui stesso racconta, la vita parigina è movimentata, rimane in ufficio dalle 7,30 h del mattino fino alla sera, smettendo un'oretta per il pranzo. Esce a mezzogiorno con il fratello a comprare lesso e patate fritte e la sera va a Rue Montmartre dove ancora vi erano dei venditori per la strada e compra pesce, maccheroni e carne che serve poi per la sera. Ubaldo è un'ottimo cuoco. Dopo due ore di cammino si arrivava a casa, lo stesso Ettore racconta: "lungo il marciapiede, cantavamo le nostre canzoni italiane che conoscevamo"[76]. Di tutto questo il ragazzo è molto soddisfatto perché appaga la sua sete di libertà e d'indipendenza.

Ettore e Ubaldo anche a Parigi hanno l'opportunità di frequentare un Circolo per gli ex allievi dei Fratelli delle Scuole Cristiane, andare al teatro[77], come pure visitare dei parenti.

---

[75] AP, Ms a, p. 21.
[76] Ibid.
[77] Il teatro riferito è Thèatre Royal. Ettore andò una sola volta perché invitato da un compagno d'ufficio che pagò l'ingresso.

Nella famiglia tradizionale il rispetto verso i genitori è fondamentale, rispetto che scaturisce soprattutto dall'autorevolezza nel condurre l'educazione dei figli attraverso il loro buon esempio. L'esempio di rettitudine, di onestà, di nobiltà di sentimenti, di trasparenza, di rispetto reciproco e di coerenza che contagia tutta la famiglia; di conseguenza, i figli maggiori diventano l'estensione dei genitori nei loro atteggiamenti.

Ettore, nei primi anni di adolescenza, registra nella memoria l'esempio di suo fratello Ubaldo:

> "che mio fratello fosse un giovane molto puro nei costumi lo prova il fatto che allo *staminet* dove si mangiava veniva a mezzogiorno una sgualdrina, uscita probabilmente da una casa malfamata con vesti obbligatoriamente opachi e chiusi dirimpetto, volle appuntare alla giacca un garofano, ma lui lo prese e lo gettò con disprezzo in mezzo alla bottega e quella si allontanò: né lui né io ci siamo mai fermati a parlare con donne e ragazze ad eccezione per motivo di compere. A dire la verità non ci siamo fatti mai degli scherzi indecorosi"[78].

Dopo un anno che Ettore è a Parigi, insieme a Ubaldo maturano la decisione di recarsi in Olanda: "Un giorno facemmo tutti e due una risoluzione, lasciare Parigi e andare in Olanda a conoscere il paese del padre e della famiglia. Detto fatto: mettemmo insieme la nostra robetta e, salutati tutti, alla *gare* del Nord prendemmo il treno prima per Bruxelles"[79].

3.5.2 Olanda, le radici paterne

Ettore prova una profonda impressione giungendo in quella terra. Qui sembra rifiorire, trova tutto più confacente al suo carattere, si riconosce olandese, sia nella spiritualità, sia nei suoi tratti somatici:

> "Impressione profonda che ne ebbi entrando nella terra dei miei padri e il misterioso legame che univa il mio povero essere con quel popolo nordico. D'ora in poi sentirò più vivo in me il sentimento – non dico della patria, come terra – ma della mia nazionalità. Sono di quel ceppo: e in appresso col lungo soggiorno in quel paese, mi ci sono assimilato e ho potuto gustare delle sfumature di pensiero, d'azione e d'intraprendenza. Il mio viso, la mia formazione di co-

---

[78] AP, Ms a, p. 22.
[79] Ibid., p. 26.

scienza, il mio indirizzo spirituale è olandese. Mio fratello Ubaldo invece ha avuto viso e indirizzo spirituale e modi caratteristici della famiglia Negri, in lui rivedo i fratelli di mia mamma"[80].

Finalmente sono a S. Hertogenbosch nella casa dei Nappen dove lo zio Enrico e la zia Anna accolgono volentieri i ragazzi nella loro casa colmandoli di attenzioni, essendosi ormai i loro figli sposati. Sono le prime impressioni: "Affettuosa quella famiglia, ma non so più negare – un poco strana. A confronto di tutte le altre famiglie col mio cognome, tutte profondamente cristiane, questa non ci teneva tanto"[81].

Restano ad abitare con Zio Enrico. Qui Ubaldo va a lavorare con una cugina, Maria, figlia dello zio Enrico, mentre Ettore prende lavoro presso uno studio fotografico da dove, incontrando difficoltà, riparte con l'aiuto dello stesso zio. Viene poi assunto presso il cugino Franz van den Eerenbeemt che ha una grande drogheria.

Suo stato d'animo in questa nuova realtà è descritto nel manoscritto:

"Essendo, come già detto, impiegato presso il cugino Franz, non facevo altro che scrivere e copiare fatture: mi dava dei fiorini ogni settimana, gran parte dei quali davo alla zia, e un poco li conservavo. La mattina, ben presto me ne andavo in bicicletta, attraversavo di corsa piccoli paesi, e poi, mi sembra, verso le otto entravo in ufficio, fino ad ora tarda: vita tristissima d'impiegatuccio"[82].

Suo fratello Ubaldo lascia l'Olanda per andare in Inghilterra ed Ettore rimane tranquillo per quattro anni in questa famiglia nella piccola cittadina di S Hertogenbosch. Come lui racconta: "Già andavo bene avanti nella lingua olandese, tanto la sera leggevo il romanzo *Appendice del Telegraf* alla mia buona zia Anna che mi ascoltava con tanto piacere"[83].

Ettore, giovane ancora, respira già l'ambiente di internazionalità e di interculturalità della famiglia di origine, che prende, ogni giorno, la dimensione di un mondo senza frontiere:

"Un altro zio, Gerardo, che aveva la moglie inglese e la cui figlia aveva sposato un francese Lagier, (pronipote di S. E. il Card. Tisserant) trottolava nella sua tarda età in tutta l'Europa: gli piaceva unire i diversi rami della famiglia con vincoli sempre più stretti:

---

[80] Ibid.
[81] AP, Ms a, p. 27.
[82] Ibid., p. 28.
[83] Ibid.

olandesi, francesi, belgi, italiani e ... russi. Lagier, infatti, era direttore del Credit Lyonnais a Mosca, e volentieri zio Gerardo voleva mandarmi a Mosca, nella banca del genero. Unica condizione: un diploma di computisteria; e così mi misi di buon animo a studiare questa materia. Ero molto avanti e la teoria e l'esattezza nell'amministrazione mi piaceva"[84].

3.5.3 Svegliarsi al senso della vita spirituale

Un senso di nostalgia dell'eterno già presente nell'essere di ogni persona incomincia a manifestarsi quando Ettore ha 11 o 12 anni di età. Intuitivamente apprende a leggere la prima Bibbia, cioè, la Natura: la bellezza della Natura che lo trasportava alla contemplazione, senza saperlo:

> "Il bello vero della natura l'ho gustato per la prima volta a Patrica. Quel sorgere del sole dalle lontane montagne di fronte, l'indorare della nebbia sopra il fiume Sauro, quelle leggere sfumature di rosa carpivano il mio senso della vista: il tramonto quando mi distendevo sopra un prato tra i boschi, quell'azzurro, rosso e verde smeraldo m'inumidiva gli occhi, e m'ispiravano un senso di tristezza, di melanconia [...], mi lasciavo sorprendere da un sentimento di solitudine ..."[85].

Dopo tanti anni e tante esperienze, finendo già il secondo decennio, si trova un'altra volta preso dal sentimento religioso, ancora più profondo:

> "In questi anni s'innestò più profonda in me l'idea di Dio, dei misteri del Salvatore, diventavo più pio e visitavo con grande devozione la Cattedrale. Nel misticismo di quella Chiesa sentivo la pace profonda del cuore. [...]. Veramente pregavo. Così la *Zoete Lieve Vrouw van den Bosch*[86] era il mio conforto. Per le strade io meditavo i punti più salienti della Religione"[87].

3.5.4 Svegliarsi all'amore

Nel suo manoscritto P. Lorenzo registra diverse volte, piccolo ancora, in terza elementare, il sorgere di questo sentimento, "la spinta

---

[84] Ibid., p. 29.
[85] Ibid., p. 15.
[86] Si tratta della Madonna venerata nel vescovato di den Bosch.
[87] AP, Ms a, p. 29.

dell'amore", di cui era cosciente. Del sentimento alimentato nei confronti di diverse persone ringrazia il Signore e soprattutto per i saggi orientamenti avuti: "Quanto è necessario aiutare spiritualmente i primi passi del giovinetto nella vita dei sensi! Grazie a Dio nella mia infanzia e più tardi non mi è mancata la guida dei confessori e dei direttori spirituali"[88].

Ha avuto, certamente, la fortuna di un accompagnamento formativo e della direzione spirituale che lo ha aiutato a deflagrare il processo di questo sentimento verso la sua maturazione, in un'epoca in cui la scienza umana è ancora all'inizio delle scoperte di nuove teorie comportamentali, soprattutto se riguarda il genere maschile, quando gli uomini non manifestavano facilmente i loro sentimenti, cosa che era considerata un segno di debolezza e di fragilità.

È lui che racconta un avvenimento che lo coinvolge affettivamente:

> "In questi anni avvenne qualche cosa. Sentii l'attrazione femminile. L'occhio s'era posato su parecchie giovinette – e stupidamente – timidamente – mi volgevo verso di loro. Ma il mio sguardo si fermò una volta sopra una giovinetta che abitava non molto lontano dalla nostra casa: un visetto rotondino, nordico, con capelli un visetto che avrei chiamato – angelico. Sentii in realtà una forte tendenza non materiale, ma idealistica, poetica, come Leopardi, suppongo, per la sua Silvia. Infine, mentre andavo ogni mattina nella nuova chiesa di S. Leonardo, alle sei, d'inverno come d'estate, sentivo il mare ondeggiare per la pietà e per l'amore che penetrava piano piano nel cuore. Questa giovane non aveva padre e madre, ma viveva presso un fratello che aveva una grande panetteria: mi fu data dal fratello l'occasione di poterla avvicinare, ma la mia grande timidezza m'impedì di fermarmi come avrei potuto fare. Non avevo posizione sociale, stentavo ancora con la lingua olandese, e poi... era protestante luterana. E quante volte ho voluto prendere la penna per scriverle una lettera e convincerla a diventare cattolica, ma il Signore aveva altre intenzioni con questa misera e povera creatura: profondamente nell'anima mi entrava l'idea di farmi religioso: come ho già detto, andavo ogni mattina alla chiesa di S. Leonardo. Dopo un certo tempo manifestai al confessore le mie difficoltà dello spirito: o cercare di convincere quella giovinetta a diventare cattolica, o... farmi frate in qualche ordine o congregazione. Questo che scrivo in poche linee è una storia di lotte interne di mesi e mesi"[89].

---

[88] Ibid., p. 4.
[89] Ibid., p. 29.

4. "Il Signore mi prese per i capelli"

"Dio creò l'uomo a sua immagine; a immagine di Dio lo creò; maschio e femmina li creò [...]" (Gn 1,27). Abbiamo accennato all'inizio che questa impronta divina accompagna ogni uomo e ogni donna nel loro cammino perché si incontrino, si accolgano e condividano tutta la loro vita, perché compia un disegno di amore di Dio in loro nel matrimonio e i coniugi partecipino alla missione di continuare l'opera della creazione.

In seno alla famiglia, poi, sorgono forme diverse di realizzazione personale, perché in ciascuno di noi, c'è un ambiente intimo, una memoria sotterranea di carattere spirituale fatta da convinzioni profonde e radicate che fanno da matrice ai nostri comportamenti e che, pian piano, conducono a prendere decisione diverse.

La persona, chiamata alla vita, al rapporto con il mondo circostante e all'attuazione del proprio potenziale, è chiamata ad aprirsi a un mondo ancora più ampio e infinito, perché l'anima è abitata da Dio, realtà suprema, il vertice di ogni personalità.

Ettore comincia a realizzare la prima sintesi della sua vita, raccogliendo un tessuto di memoria, di legami, di voci che anelano, denunciano, si alleano. Si trova ad un crocevia, ad una confluenza di percorsi e di desideri, frutto di incontri, di esperienza di vita aperta, esposta, condivisa. Comincia a confessare la presenza di Qualcuno che sfugge e che non potrà mai essere ignorato o lasciato a margine del pensiero perché si trova nell'intimo del suo essere come creatura, la cui voce risuona ogni giorno più forte: "Prima di formarti nel grembo materno, io ti ho conosciuto, prima che uscissi alla luce, ti ho consacrato"[90].

Sono presenti in lui tutte le esperienze, sfide, sentimenti, la formazione ricevuta nella famiglia, nella scuola. È riuscito a sopravvivere a Parigi e in Olanda con il proprio lavoro. Ha sperimentato l'autonomia, il gusto di essere totalmente libero, indipendente. Ha provato a se stesso di essere capace di gestire la propria vita, di alimentare l'ideale, di sognare. I suoi occhi si sono aperti a tutte le possibilità in un mondo senza confini, un mondo di lavoro e di futuro. Il vissuto nel Seminario come esperienza comunitaria che gli risulta positiva in una articolazione ricca di ministeri e di servizi per la missione e si ricorda dello zelo apostolico di P. Valentino.

Ettore continua ad essere fedele alla preghiera e il suo rapporto con il Signore si fa ogni giorno più profondo. Incontra direttori spirituali capaci di mostrare, entusiasmare e indicargli i passi e le condizioni, invitare perché vengano assunte mete più esigenti, sanando ciò che non è

---

[90] Ger 1,5.

conforme a Dio ed aiutandolo ad assumere tutto quello che contribuisce a fargli spazio nella vita.

Le sue espressioni, "in questi anni si innestò più profonda in me l'idea di Dio, dei misteri del Salvatore", ci permette di intravedere tra le righe il cammino di discernimento che aiuta a ripercorrere la storia personale e a scoprire Dio che passa momento per momento nella propria vita, attraverso le mediazioni: l'Eucaristia, la comunione frequente, le confessioni, il primo venerdì del mese, visite frequenti al Santissimo, recandosi spesso in Chiesa. L'esperienza della grazia di Dio si fa ogni giorno più forte nella sua vita. Essere consapevole del mistero del Salvatore, è essere introdotto nella scienza divina e entrare nella storia di Dio nei suoi rapporti con tutta l'umanità che ha raggiunto il suo vertice in Gesù di Nazaret, incarnazione dell'amore divino.

È in Cristo che si manifesta in modo definitivo la chiamata di Dio all'uomo, perché si metta sul sentiero dell'amore autentico, l'amore che lo ha portato fino alla croce. Entrare e vivere il mistero della salvezza è essere introdotto nella comprensione di cosa significhi il vero amore.

È il Dio di Gesù Cristo che comincia a prendere più spazio nella vita di Ettore. L'insegnamento di Gesù non è fatto di sole parole, ma rivela tutta la sua carica vitale nell'esperienza concreta della sua vita tra gli uomini e raggiunge il vertice della sua espressività sulla croce.

Ettore, a 20 anni di età, comincia il lungo cammino dell'opzione fondamentale alla vita sacerdotale[91] attraverso il processo di discernimento:

> "Ma il Signore mi prese per i capelli: è questa l'espressione che ho spessissimo usato per indicare la mia vocazione. Con la mia natura sensibilissima e idealista avrei dovuto abbracciare la via del matrimonio, più naturale per la mia natura. Ma ora, invece, Dio mi chiamava prendendomi dolcemente, per i capelli come Abacuc portato dall'angelo alla fossa dei leoni. Questo pensiero della vita religiosa venne sempre più rinforzandosi in me, quando anche il confessore in S. Leonardo, il parroco Kant mi sconsigliò in tutti i casi di prendere una donna protestante, anche se fosse diventata cattolica, tanto per sposarsi. E qui incominciano di nuovo altri anni di lotte: dove andare?"[92]

---

[91] La scelta di celibato e la rinuncia all'uso della sessualità non sono segni di rinuncia alla familiarità, ma i presupposti per una dilatazione ulteriore dell'esperienza familiare, quello che nello spirito ci induce a chiamare con l'appellativo di padre, madre, fratello, sorella coloro che con le loro scelte di vita hanno sostituito una familiarità fisica con una familiarità spirituale (cf. Mc 3,33; M. PERRONE, Matrimonio/Famiglia, in G. DE VIRGILIO (ed.), *Dizionario Biblico della Vocazione*, Rogate, Roma 2007, pp. 523- 529).

[92] AP, Ms a, p. 29.

4.1 *Scelta, discernimento e decisione di un progetto di vita*

Nel 1905, Ettore compie il suo diciannovesimo anno di età. In questo periodo si respira ancora aria di religiosità, soprattutto tra le famiglie tradizionali, quale la famiglia di Pietro van den Eerenbeemt, che vive la vita cristiana proposta dalla Chiesa Cattolica con profonda convinzione e fede. Fa parte del desiderio e sogno dei genitori cristiani avere figli avviati al sacerdozio o alla vita religiosa. Si tratta di un imperativo dettato dallo status familiare che un figlio o una figlia si facesse prete o religiosa. L'incentivo alla vocazione sacerdotale e religiosa attraverso la divulgazione e gli inviti era molto comune sia nella Chiesa, sia nelle famiglie che allora normalmente frequentavano la comunità ecclesiale.

L'esperienza di autonomia, di indipendenza, di libertà e di responsabilità che Ettore ha fatto insieme ai familiari in Olanda gli ha conferito una certa maturazione tanto da riuscire ad avere un senso positivo della vita e del futuro con una conoscenza e una comprensione maggiore di sé, come pure, di fiducia in se stesso, frutto del suo rapporto con amici, clienti e compagni di lavoro e con il mondo circostante.

Per il suo pensiero, per i sentimenti e per le sue tendenze naturali, Ettore si trova davanti a due alternative fortemente possibili: "Con la mia natura sensibilissima e idealista avrei dovuto abbracciare la via del matrimonio, più naturale per la mia natura corrotta"[93]. Continua: "Ma il Signore mi prese per i capelli: è questa l'espressione che ho spessissimo usato per indicare la mia vocazione"[94].

L'opzione fondamentale è preceduta da una scelta collegata alla decisione, in cui entra in gioco il sistema motivazionale, i significati e i valori che danno senso alla vita e che hanno impresso una direzione radicale, cioè verso la realizzazione di una progettualità personale, che non avviene in maniera puntuale poiché si tratta di un processo[95]: "questo che scrivo in poche linee è una storia di lotta interna di mesi e mesi"[96].

---

[93] L'espressione era molto comune nel passato e fino a poco tempo fa, per riferire la passionalità o istinti propri di tutti gli uomini e donne, che devono essere integrate nella realtà della persona. La visione dicotomica dell'uomo rimane ancora nell'inconscio collettivo, soprattutto negli ambienti religiosi, e si fa fatica a concepire "un'altra immagine dell'uomo più concorde con la realtà. Questa nuova figura conta con tutta la sua integrità di essere completo e complicato, intessuto di relazioni costitutive. Nulla di umano è contrario ed estraneo"(Cf.J.M.ALDAY, *La vocazione consacrata. Aspetti antropologici,*Claretianum, Roma 2001, pp. 30-32); "Le vere Figlie della Carità, per fare il bene che Dio loro comanda, devono essere una cosa sola fra di loro, e poiché la natura corrotta ci ha tolto questa perfezione del cuore separandoci dalla fonte della nostra unità che è Dio, dobbiamo tutte, per avvicinarci alla Santissima Trinità, essere un cuor solo e operare in un medesimo spirito, come le tre divine Persone"(Cf. *Nella Chiesa al servizio dei poveri. Tutto il pensiero di S. Luisa di Marilac esposte con le sue parole*, Ed. Vicenziane, Roma 1978, p. 236).

L'orizzonte vocazionale si apre, bisogna agire, prendendo in mano la propria vita, iniziando il processo decisionale nella scelta dello stile di vita:

> "Conoscevo i Padri Carmelitani di Oss, perché alcuni erano stati a Roma quando abitavo a piazza Scossacavalli (sparita con la via della Conciliazione), nel tempo che si costruiva il Collegio S. Alberto, che io ricordo di averlo visto costruire in mezzo alla solitudine dei Prati di Castello. Ero andato qualche volta a Oss per visitare P. Eugenio Driessen, Cipriano Verbeek, solamente mi disgustava l'odore forte di fumo e di birra nel salotto... Perciò non ci pensavo affatto. Mi ricordavo invece del P. benedettino V. Fletezen, conosciuto a Roma al Coll. Greco, via del Babbuino: gli scrissi per avere l'indirizzo di qualche loro abbazia. Mi rispose gentilmente e mi raccomandò all'Abate e ai Padri dell'Abbazia di Lovanio. Scrissi all'abate e presi l'appuntamento per le vacanze di Natale. Era, se non erro il 1904 o il 1905, non ricordo bene. Partii, ma non dissi niente al cugino Franz, con cui lavoravo in ufficio. Rimasi là per 2 o 3 giorni prendendo parte a tutti gli esercizi di preghiera e anche al mattino, più o meno alle 4,30 quando erano nel coro, ed io ero già in cappella. Al refettorio si faceva silenzio, e gli ospiti erano serviti in una tavola in mezzo. Il coro, la musica gregoriana, le cerimonie, la bella cella adatta al segregamento e allo studio, i corridoi ben arieggiati, ma anche ben riparati, chiusi da una porta che si apriva con un passe-partout, la grande pulizia: tutte queste cose mi soddisfacevano e non avrei esitato fin da principio ad accettare subito se non ci fosse stato il quarto voto di stabilità per l'abazia che riceveva il novizio. Mi fece questo tanta impressione che non seppi subito assentire, ma promisi di scrivere per pensarci più seriamente. [...]. Ritornato alla città di mio padre, dopo poco tempo, scrissi al Maestro dei Novizi che ero pronto a qualsiasi sacrificio... ma non così pensò il Maestro che mi dichiarò di non essere loro disposti ad accettarmi, bensì potevo rivolgermi ad altre abbazie, anche in Belgio, che si dedicavano alle Missioni"[97].

Qui, dobbiamo sottolineare la saggezza del Maestro che ha tenuto in grande considerazione un elemento importante che un giorno avrebbe potuto provocare la rottura del processo vocazionale al giovane che, spinto da un grande entusiasmo e fervore, avrebbe fatto ogni sacrificio per essere un benedettino.

---

[94] AP, Ms a, p. 30.
[95] Cf. P. DEL CORE, *Di fronte alle scelte: dinamiche psicologiche*, in *Horeb* 3, IX, 27 (2000) pp. 12-23.
[96] AP, Ms a, p. 30.
[97] AP, Ms a, pp. 30-31.

La base per un discernimento vocazionale è la vita spirituale. L'apertura alla volontà di Dio per ascoltare le ispirazioni che ci dona attraverso il suo Spirito è condizione per discernere se quella prospettiva di vita corrisponde al disegno di Dio e al proprio progetto di vita. In questo senso, Ettore non ha dubbi: "La mia vita interiore diventava più potente e il pensiero di farmi religioso prendeva ancor più forti radici"[98]. Il tentativo con i Gesuiti francesi è stato frustrato con la risposta negativa e allora si rivolge ai Carmelitani: "m'incontrai con p. Eugenio Driessen dei Carmelitani, professore ad Oss, a cui presentai le mie difficoltà d'animo: egli mi esortò ad entrare nell'Ordine Carmelitano. E allora non ebbi più alcuna esitazione: sarei entrato nei Carmelitani, però, per essere ammesso dovevo dare esami in latino, inglese e tedesco"[99].

La ricerca e la preparazione sono fatti nel segreto: "Facevo questo quasi di nascosto, non dicevo nulla del mio scopo. Finalmente arrivò l'ora di far l'esame, andai a Boxmeer e fui esaminato dal buon Padre Pio Cox e fui accettato, mi sembra forse due settimane prima del 15 ottobre dell'anno 1905"[100].

La scelta di una alternativa porta con sé delle conseguenze, poiché decidersi per un progetto è dire di 'no' ad altri progetti che, nel caso della vocazione sacerdotale o religiosa, porta a dire "addio" non solo alla famiglia, ma anche allo stile di vita, che è totalmente nuovo. Così Ettore si esprime a questo proposito:

> "Dimenticavo il mio addio alla mia famiglia. Franz, presso cui ero impiegato rimase a bocca aperta quando glielo dissi, lo seppi molto dopo... Aveva avuto in mente un matrimonio con sua figlia, che mi era cordialmente indifferente. Mi avrebbe dato una bella casa, un bel magazzino, un negozio ben avviato... E io sognavo tutt'altro! La zia fu contenta, lo zio era già morto, gli altri cugini più intimi non si meravigliarono. I miei discorsi erano ascetici e il mio ascetismo aveva dato, mesi prima, ai nervi e mio zio Gerardo che era in den Bosh di passaggio a cui parlai della morte e, che bisogna essere pronti ecc., e zio Gerardo, che non si aspettava una simile indesiderata predica da uno scugnizzo di nipote, andò sulle furie... Povero me, quanto ero gretto! Mentre zio Gerardo mi voleva bene e mi aveva spinto a studiare per ragioniere, perché potessi trovare posto nel Credit Lionnais di Londra, dove era direttore Lagier (pronipote del card. Tisserant), sposato con la figlia di

---

[98] Ibid., p. 31.
[99] Ibid., p. 31.
[100] Ibid.

questo zio che per moglie aveva una inglese. Come rimase male, quando, un giorno gli manifestai la verità, che io ero pronto per andare in convento"[101].

4.2 Lo scenario iniziale e alcuni ricordi del Noviziato[102]

Volere seguire Gesù Cristo e consacrarsi totalmente al servizio di Dio, in vista del suo Regno è il desiderio, l'anelito che Ettore ha già da qualche tempo in modo molto intenso. Volere lasciare ogni cosa che lega le mani, l'anima, la mente e diventare un fratello-servo di Dio in una comunità è la decisione che si fa ogni giorno più chiara fino ad arrivare a celebrare l'alleanza di amore con Dio, promettendo fedeltà a Lui. Questa è la spinta interiore verso la realizzazione di una progettualità personale, d'una identità forte, da poter assumere la propria vita fino al punto di consegnarla[103] a Dio per gli altri.

Ci sono decisioni e passi nell'esistenza umana che l'uomo non può fare da solo, ma soltanto con l'aiuto di Dio. Uno di questi è proprio quello dell'abbandono di ogni cosa e di ogni sicurezza, passando dall'atteggiamento dell'uomo ricco[104] a quello del povero, rappresentato dal cieco di Gerico che, gettato via il mantello, l'unico bene che aveva, ha riacquistato la vista e si è messo alla sequela di Gesù[105].

"Non pensare più a persone care e darsi totalmente a Dio" è stato il primo atto con cui Ettore si spoglia di sé per immergersi in una realtà totalmente nuova. Si sradica dal solco su cui era orientata la sua vita e, lasciando la famiglia e il lavoro, si trova nella nuova famiglia di coloro che cercano la conformazione con la persona di Gesù Cristo e dove, insieme ai confratelli, deve costruire la sua nuova identità. È una rottura

---

[101] AP, Ms a, pp. 31-32.

[102] Il noviziato, come struttura fondamentale della vita consacrata, è un'esperienza di iniziazione alla vita di un Istituto. Ha lo scopo di fare conoscere meglio ai novizi la vocazione propria dell'Istituto, sperimentare il modo di vivere, informare la mente e il cuore del suo spirito e verificare il loro proposito e la loro idoneità (c. 646). Per noviziato si intende il luogo e il tempo nei quali si realizza questa esperienza di iniziazione (J. M. ALDAY OTXOA DE OLANO, Noviziato, in A. APARICIO – J.M. CANALS CASAS (edd.), *Dizionario Teologico della Vita Consacrata*, Ancora, Milano 1994, p. 1.131).

[103] Tra i documenti personali nell'Archivio della Postulazione si trova una foto della Chiesa in s. Hertogenbosch che P. Lorenzo ha ricevuto dall'Olanda, il 15 giugno 1963. Dietro ha scritto: "Chiesa, dove, nel 1906, P. Lorenzo ha fatto il proposito di non pensare più a persone care e darsi totalmente a Dio". Dopo 63 anni P. Lorenzo si vede in quella Chiesa dove ha fatto l'alleanza d'amore con Dio attraverso la sua consegna definitiva.

[104] Cf. Mc 10, 17-22.

[105] Cf. Ibid., 45-52.

necessaria che porta a un criterio nuovo di esistenza e a una nuova mentalità: il Regno di Dio.

Il 27 settembre 1906, Ettore è pronto per l'inizio del processo di formazione religiosa con il noviziato, a Boxmeer, nella provincia "Germano-Hollandica" e assume il nome di frate Lorenzo:

> "Non mi ricordo quali furono le impressioni del ritiro, ma internamente ero tutto preso dall'idea religiosa, mi sentivo pronto. Fatto sta che la vestizione fu solenne, e dopo la vestizione andammo in salotto per ossequiare i parenti venuti; non ricordo chi venne, solamente, familiarmente, un cugino, mi sembra Ferdinando, che mi disse: "Come sei diventato brutto! Tutto pelato, con quell'abito pesante da frate!" Non mi fece alcuna impressione, perché avevo dato addio al mondo"[106].

L'Ordine Carmelitano è un ordine che ha varcato i secoli riuscendo ad automodificarsi mediante una lunga serie di riforme interne che sono altrettanti tentativi di leggere la realtà e i segni dei tempi che man mano cambiavano. All'epoca di Ettore novizio, la Provincia Germano-Holandica risentiva di un'impostazione tipica della riforma di Touraine da cui era nata: schemi e stili comunitari strettamente gerarchici, come pure tutti gli altri valori della migliore tradizione post-tridentina, quali la grande evidenza data al sacrificio, alla mortificazione, e le varie penitenze, anche con l'uso del cilicio, la ricerca della solitudine e del silenzio, in ordine alla preghiera e alla contemplazione. La vita religiosa conventuale è impostata in questa direzione negli orari, negli atti comuni, nel lavoro, nell'ambiente, nelle relazioni interpersonali e nei rapporti con il mondo esterno, come descrive frate Lorenzo:

> "Il noviziato era posto sotto il grande tetto con delle camerette molto piccole: un lettino di legno, un pagliericcio di paglia, coperta di lana (niente lenzuola), un tavolinetto, una lampada a petrolio, una catinella con l'occorrente per lavarsi, tutta roba vecchia forse di tre o quattro secoli fa. Le camere erano sotto il tetto e le finestrelle erano a mansarda, il corridoio stretto: nel primo piano vi era il maestro, mentre il sotto maestro abitava con noi in una cameretta; ognuno aveva il suo ufficio di pulizia e ognuno puliva la propria

---

[106] AP, Ms a p. 32. I compagni di noviziato sono: Benigno Jansen, Pasquale Breukel, Ferdinando Duijdam, Pacifico van den Ven, Engelbertus Koeleveld. La comunità di Boxmeer allora è formata da 15 sacerdoti, 11 chierici, 5 chierici novizi, 7 religiosi laici professi, 1 semifrate e 1 laico novizio (Cf. Catalogo Prov. in AGOC – statistica provincia anni 1905, 1907).

stanzetta, con il Crocifisso e qualche immagine, quasi ogni mese si cambiava camera. L'alzata alle 4,15, alle 4, 30 in punto si doveva essere in cappella per la meditazione, fino alle 5, poi veniva il coro. Un salmodiare molto lento: prima, terza, sesta e nona, quindi alle 8 la S. Messa. Avevamo dei libri vecchi, vecchi breviari, grossi e le dieci dita non erano sufficienti perché bisognava stare attenti a tanti inchini, alzate, genuflessioni, poi non avevamo (i novizi) un banco innanzi a noi (neppure in chiesa) perché i banchi del coro per i Padri erano più in alto e perciò facilmente i novizi si mettevano in ginocchio col viso rivolto ai banchi. Per sedere, il sedile era mobile. [...]. Riguardo al mangiare, a pranzo si mangiava in abbondanza, ma la mattina e la sera, a stecchetto, quasi sempre digiuno e si digiunava sul serio. Boxmeer, casa di Noviziato, era anche Parrocchia, era l'unica casa rimasta ai Carmelitani dopo le rivoluzioni sia di religione, sia sociali: era proibito di prendere novizi a piacimento, ma tanti quanto era il numero dei religiosi che passavano all'altra vita. Mi sembra che sotto Guglielmo I fu dato il permesso di prendere novizi a volontà e così ricominciò a rifiorire la provincia Carmelitana di Olanda. Il buon P. Cajetanus van Hengstum[107] era il P. Maestro, un vero colosso, alto due metri, grosso e robusto, madre dei novizi e matrigna dei chierici, così lo precisavano i chierici, perché, essendo sottopriore e dovendo perciò vigilare sull'ordine della casa, aveva motivo di fare le sue giuste osservazioni, che faceva senza tanti complimenti. [...] Le nostre camerette erano sotto i tetti di ardesia, camerette a mansarda, le cui finestrelle, quando gelava era impossibile aprire, nella catinella gelava l'acqua e bisognava con un vecchio coltellaccio rompere il ghiaccio per pulirsi un pochettino. Si aveva l'abitudine di lavare da parte dei novizi, tutti i gabinetti della comunità. Si osservi che non erano moderni, ma all'antica: un sedile di legno e sotto i condotti che andavano a finire nel pozzo nero: ci toccava lavarli con acqua fredda e soda, bisognava che il legno di-

---

[107] Cajetanus van Hengstum (06/Feb/1865 – 19/Feb/1936), oltre ad essere fisicamente grande, rimane nella memoria dell'ex-novizio per il suo buon rapporto: "il Padre Maestro era molto buono con noi, veramente di cuore e di gentili sentimenti; aveva il suo libretto scritto di vita di perfezione e veramente sono stato contento della sua educazione spirituale: semplice ma giusto, secondo la mia capacità. Ho avuto lo stesso Padre come Priore quando, dopo essere stato per due anni Priore del Collegio, fui inviato di nuovo in Olanda: uscivamo qualche volta insieme nel pomeriggio, per visitare alcune famiglie della borgata di Oss (così voleva il Vescovo che facessero i confessori), ma la povera gente si spaventava vedendo entrare un simile gigante in casa. Aveva una grande passione per i fiori, coltivava il giardinetto tra la chiesa e il convento e il viale con belli e alti alberi dietro la chiesa; tra un albero e l'altro ci metteva delle belle piante con alto fusto di rose splendide; il viale non si apriva al pubblico se non nelle grandi processioni che venivano da tutte le parti di Olanda, specialmente da Amsterdam e Rotterdam, per una reliquia del Preziosissimo Sangue di cui parlerò in seguito" (AP, Ms a, p. 33).

ventasse bianco, pulito, e lo facevamo, mi sembra con attenzione. Le mie mani avevano due soli geloni: uno alla destra che partiva dal pollice al mignolo e similmente un altro alla sinistra, le mani erano gonfie, sì, ma ricordo che <u>in quel fervore di noviziato non ci badavo tanto</u>[108]. Mi ricordo anzi, che mi balenava nella testa un ordine più severo, dei Carmelitani Scalzi. Sono stato raffreddato sì, ma non malato; non c'era riscaldamento in ogni nostra cameretta, bensì vi era una minuscola stufa che diventava rossa rossa nel corridoio ed io, aiutandomi con le mani, allargavo i miei poveri fazzoletti tutti bagnati per farli asciugare. Un'altra figura che ricordo nel noviziato: il calmo, buono, sorridente frà Joachim, l'orticoltore. Di questo fraticello mi è rimasto un ricordo di umiltà e di lavoro"[109].

Il 30 settembre 1907, al termine del noviziato, frate Lorenzo, emette la professione semplice[110], dopo il periodo di esperienza e di prova come lui stesso conclude: "ho passato un santo noviziato"[111].

P. Lorenzo, con l'affermazione di avere passato un santo noviziato ci offre lo spessore della sua vita spirituale nel momento in cui registra il "film" della sua vita in quel noviziato, molto giovane ancora. La sua mente, il suo cuore e la sua volontà trova piena adesione alla volontà di Dio, nella fede nel Dio che ha celebrato con lui un'alleanza e che si manifesta attraverso le sue mediazioni nelle persone del Maestro dei novizi e dei Superiori. Questa alleanza raggiunge la profondità del suo essere chiamato, orientato nel suo formarsi mediante un dono particolare dello Spirito e lo illumina, suscitando in lui "il volere e l'operare secondo i suoi benevoli disegni" (Fil 2,13).

La decisione personale è confermata dai suoi superiori, rappresentanti della Chiesa. Frate Lorenzo ha provato a se stesso che era questa la volontà di Dio che collimava con la sua mente, il suo desiderio, l'affetto

---

[108] La sottolineatura è del trascrittore, per richiamare l'attenzione di come l'ardore e lo zelo per una causa superiore pervade la persona che impegna tutto il suo essere con coraggio e grande generosità senza risparmiarsi.

[109] AP, Ms a, p. 34.

[110] *Ego, Frater Laurentius, facio professionem meam: et promitto Obedientiam, Paupertatem et Castitatem Deo et Beatae Virgini de Monte Carmelo, et Reverendissimo Patri Pio Mayer Priori Generali Fratrum Ordinis eiusdem Beatae Mariae Virginis de Monte Carmelo, suisque successoribus secundum Regulam praedicti Ordinis, usque ad mortem: iuxta decretum Pianum, quod incipit: "Neminem latet," datum die 19 Martii 1857, et analogas instructiones Priori Generali exhibitas, ac editas die 16 Augusti 1858, quae incipiunt: Sanctissimus Dominus noster Pius Papa IX, attentis precibus etc..." Fr. Laurentius van den Eerenbeemt, Boxmeer, 30 Sept. 1907* (formula della professione temporanea, Boxmeer, 30 settembre 1907, in Archivio dall'Ordine Prov. Nederlands Carmelitaans Institut, Boxmeer). D'ora in poi ANCI.

[111] AP, Ms a, p. 35.

e la volontà, con la pace interiore che scaturiva dal profondo del suo essere, cosciente del cammino scelto di vivere in castità, povertà e obbedienza. Le sue convinzioni sono così fortemente sicure da affermare:

> "sentivo che la mia vocazione era veramente per il Carmelo, il Signore mi aveva guidato a buon porto. Gli appunti spirituali erano scritti in un quaderno perduto. Credo che pregavo con fervore, che meditavo benino, le funzioni liturgiche mi piacevano moltissimo: ero un vero Carmelitano! Vigeva presso i Padri Carmelitani di Olanda un'antichissima abitudine di considerare come grande festa (individuale) questa prima professione, più che l'altra che poi era definitiva per tutta la vita: probabilmente era un ricordo della legislazione canonica di altri tempi in cui si faceva subito dopo il noviziato la Professione perpetua. La feci di tutto cuore, [...] ero compreso dell'atto solenne e mi dedicai completamente al Signore"[112].

Suo padre che desiderava un figlio religioso, si presentò alla cerimonia di professione religiosa, sorprendendo tutti con la sua partecipazione: "mio padre, con l'aiuto di mio fratello Ubaldo, riuscì a fare una scappatina nella sua patria. Così, dopo sei anni che non vedevo mio padre potei abbracciarlo. Mio padre ripartì poco dopo, contento di aver rivisto la famiglia olandese e suo figlio avviarsi verso il sacerdozio"[113].

4.3 Integrazione nell'Ordine e continuità della formazione

L'agire di Dio, il suo operare nell'uomo è strettamente conseguente e vincolato alle azioni dell'uomo stesso, come adesione alla sua chiamata. Il patto dell'"alleanza" fatto con il Signore, di non pensare più alle persone care e di darsi totalmente a Dio, è fortemente presente ancora in frate Lorenzo, proposito che lo accompagnerà durante tutta la vita, ma specialmente durante questa nuova tappa fino ad arrivare al sacerdozio.

Il valore fondante della chiamata continua a dare sapore all'iniziativa di Dio nell'entusiasmo del suo assenso, nell'irruzione continua di Dio nell'oggi della storia personale che si fa presente ogni giorno di più, poiché la chiamata è esperienza di fedeltà, ma prima di tutto è esperien-

---

[112] Ibid.
[113] Ibid. p. 36.

za della fedeltà di Dio, nell'esperienza di tutto ciò che dona senso e significato.

Frate Lorenzo si sente totalmente a suo agio con lo stile di vita scelto, come un filo che lega passato e presente in quanto esperienza di senso, di significato e di unificazione come esperienza di pace, cioè si identifica pienamente e serenamente con la vita Carmelitana: "Quella vita di preghiera, di studio e anche di ricreazione, e di belle passeggiate, era del tutto conforme al mio carattere. Che differenza tra la vita insipida dell'ufficio, delle fattorie, del commercio! Ma ad ognuno i doni diversi di Dio!"[114].

La vocazione descritta come esperienza di senso, come irruzione di Dio nella storia deve per forza trovare le sue manifestazioni nella risposta incarnata, personale che si gioca nelle pieghe della storia nella relazione con il Dio del chiamato e con i fratelli. La gioia diventa risposta all'esperienza della fedeltà di Dio, perché in Lui si trova il dono del senso della vita. Frate Lorenzo è pieno di entusiasmo nel passare due anni, il 1907 e 1908, a Zenderen[115]:

"Ed ecco che incominciano gli studi ecclesiastici a Zenderen. O bel conventino di Zenderen! Lontano dal gran movimento stradale, senza agglomerato, con il suo orto, il suo giardinetto, il suo bel boschetto. In questo convento ho passato due anni, gli anni di Filosofia. In questo trasferimento a Zenderen avvenne che anche i chierici che avevano fatto il primo anno di filosofia a Boxmeer vennero anch'essi con qualche professore, a continuare nel secondo anno gli studi filosofici. Le scuole si facevano regolarmente, però tutto si faceva in olandese con un testo latino semplice e chiaro, del card. Zigliara. Gli olandesi, da uomini pratici, generalmente non sono per le scienze speculative, e la loro lingua di origine gotica, non è tanto espressiva per la filosofia: invece io ne godevo e fu proprio con la filosofia che mi si aprì la mente per l'astrazione: un buon padre, P. Fedele mi aiutò nei principi dell'Algebra che mi era totalmente sconosciuta"[116].
"La mia natura era molto portata agli studi astratti, perciò godevo immensamente della Filosofia: ma i due anni passarono presto e allora si partì per Oss, per entrare in Teologia"[117].

---

[114] AP, Ms a, p. 37.
[115] In questo periodo si trova sotto l'orientazione dei seguenti professori: Regens studiorum: Justinus Meulendijks (23/Oct/1877-03/Aug/1925); Magister professorum: Aloysius van der Staaij (06/June/1898-19/Dec/1961) Antonius Wissing (07/April/1872 – 11/Sept/1941) in ANCI).
[116] AP, Ms a, p. 36.
[117] Ibid., p. 39.

5. Una svolta nella vita della Provincia[118]

A questo punto della storia di fr. Lorenzo e della sua Provincia religiosa si registra un'importante svolta. Il tono di essa ci è comunicato da P. Lorenzo che dedica una pagina per registrare l'incidenza di questo salto che non è stato facile e non è stato neppure un processo[119] di presa di coscienza normale e naturale tra il gruppo dei tradizionalisti e il gruppo protagonista di aggiornamenti. Di fronte all'esigenza di una società che si trasforma velocemente, bisogna guardare il futuro dell'essere per l'evangelizzazione che, per corrispondere alla vocazione, esige una formazione adeguata al tempo.

L'anima della svolta nella Provincia olandese fu P. Uberto Driessen[120], che fu eletto provinciale e che privilegiò la formazione dei suoi studenti chierici, cambiando lo scenario descritto da Meijer:

> "La formazione filosofica in quei giorni era alquanto superficiale, un'infarinatura che serviva solo ad avviarsi agli studi più positivi della Dogmatica, non lasciando nella mente dei giovani solchi profondi di scienza. Lo spirito di risveglio filosofico dell'Università Lovaniense non era ancora penetrato nei locali filosofici dei Seminari,

---

[118] I conventi situati in Baviera nel 1896 vennero divisi dalla Provincia "Germano-Hollandica" e eretti in Vicaria generale autonoma. Ciò permise ai provinciali Giuseppe Kerstens, Lambertus Smeets e Telephorus Kroonen di intensificare l'attenzione sui tre conventi olandesi (Boxmeer, Zenderen e Oss) e sulla nuova casa di Hoogveen aperta nel 1905. Nella relazione per il Capitolo generale del 1908 la Provincia contava 114 religiosi in Olanda e altri 19 religiosi in Brasile, 5 in Roma, 1 in Germania e altri incorporati in alcune Province che avevano bisogno di personale. Questo riferimento della consistenza numerica mette in evidenza come nelle ultime due decadi del secolo XIX la Provincia abbia conosciuto una forte fioritura vocazionale sostenuta da un forte impegno formativo e da uno espirito aperto alle missione (cf. J. SMET, *The Carmelites – A history of the brothers of our Lady of Mount Carmel*, Carmelite Spiritual Center, Darien-Illinois 1985, vol. IV, pp. 199-204).

[119] La citazione che segue prova l'intensità delle tensioni all'interno del gruppo facendoci intravedere uno dei poli: "Il Priore, P. Giuseppe, chiamato il *santo*. Veramente una santa persona! […]. Nel tempo del suo primo provincialato, con vero sentimento di pietà, aveva voluto restaurare la Riforma Touraine, in vigore secoli prima, e perciò mattutino a mezzanotte, digiuni più rigorosi, meditazioni più lunghe. Però, dietro lagnanze da Roma venne l'avviso che non si doveva fare questo, ma contentarsi degli Statuti speciali della Provincia, che già imponevano molti digiuni e penitenze. Così finì il ritorno alla Riforma Turonense" (AP, Ms a, p. 37).

[120] P. Uberto Driessen teneva prima la cattedra di filosofia. Dopo un "decennio di anni di soggiorno a Roma, il giovane dottore, aveva dato numerose prove della sua profonda conoscenza metafisica e che ora specialmente applicava una forza di persuasione più che ordinaria per smuovere l'intero gruppo di professori di filosofia dalla bonaria superficialità dei loro metodi, a degli studi più consistenti e profondi, con migliori e visibili frutti" (Cf. B. MEIJER, *Titus Brandsma*, Uitgeverij Paul Brand N.V., Bussum 1951, p. 27).

e il Corso filosofico del Card. Zigliara, nel suo complesso con una certa lucidità di scienza, appariva sufficiente agli autodidatti"[121].

Abbiamo l'attestazione di uno schema di progettualità formativa da parte del Capitolo provinciale:

"I Capitolari dopo aver a lungo discusso per il pro e contro, si erano finalmente decisi ad accettare la proposta del nuovo Provinciale di riunire tutti gli studi superiori a Oss, e di pareggiare gli studi ginnasiali di Zenderen, a quelli dei ginnasi riconosciuti dallo Stato. L'esecuzione di un tale progetto, costò un grosso rompicapo a chi lo aveva progettato. [...]. P. Tito presentò a P. Uberto un sistema ben elaborato nelle sue grandi linee: una decina di futuri professori del Collegio S. Alberto di Roma, sei per la Teologia e quattro per la Filosofia, dovevano frequentare le Università Ecclesiastiche per prendere la laurea nel giro di sei anni. Per ciò che concerne il Ginnasio S. Alberto di Zenderen in un decennio poteva gareggiare con gli altri ginnasi riconosciuti [...], preparando dei maestri al necessario diploma di Stato. P. Uberto e P. Tito hanno lavorato insieme per 35 anni, con l'unico scopo di rinnovare l'andamento degli studi nel Carmelo olandese ed anche in altri Carmeli lontani"[122].

"La sua elezione [di P. Uberto] fu una svolta all'andamento della Provincia che era nata dalla Riforma di Tours"[123]. "Brevemente diciamo:

---

[121] B. MEIJER, *Titus Brandsma*, op. cit., p. 25. Questo libro è stato tradotto dall'olandese all'italiano da P. Lorenzo van den Eerenbeemt che lo ha dattiloscritto in fogli della misura A4, cm 21,30X27, 6 e rilegato a modo di libro in due volumi. Il primo volume contiene dal primo al quinto capitolo con 268 pagine, mentre dal secondo volume continua al nono capitolo e le appendici, coprendo dalla pagina 269 alla 671. Un unico esemplare è disponibile a Roma nella Biblioteca del Collegio Sant'Alberto dei P. Carmelitani. La richiesta per la traduzione, in data 13 marzo 1951, è stata fatta da P. Jacobus Melsen, allora Procuratore generale dell'Ordine.

[122] Ibid., pp. 47-48.

[123] La riforma di Tours o di Touraine iniziata a Rennes e a Parigi, a cavallo dei secoli XVI-XVII, trova la sua organizzazione sotto la spinta di Filippo Thibault (1572-1638), estendendosi col tempo a tutta la provincia Touraine che fu riformata nel 1633. La riforma si diffuse nel secolo XVII alle altre province francesi e in tutta l'Europa Nord occidentale, arrivando nel secolo seguente al Brasile tramite il Portogallo. Questa riforma intendeva rinnovare lo spirito contemplativo dell'Ordine attraverso la pratica della meditazione quotidiana, un maggior ritiro e solitudine nelle celle, il silenzio e la mortificazione. Venivano inoltre abrogati i privilegi dei graduati e restaurata la perfezione della vita comune; abrogata anche la «figliolanza» dei religiosi dei singoli conventi: essi erano così più liberi nell'ambito della provincia. L'apostolato è considerato parte integrante, anche se non essenziale della vita conventuale (Cf. E. BOAGA, *Come pietre vive... per leggere la Storia e la Vita del Carmelo*, Roma, Istitutum Carmelitanum, 1993, pp.123-124; cf. L. SAGGI, Storia dei Carmelitani, in G. PELLICCIA – G. ROCCA (edd.), *Dizionario degli Istituti di Perfezione*, Edizioni Paoline, Roma 1975, vol. II coll. 460-476. D'ora in poi DIP e il numero delle pagine).

poche pochissime, rarissime sono le anime veramente contemplative, ed allora il tempo rimane, tolto quello dell'ufficio ecc ... di stare in camera a leggiucchiare, perdendosi in cose da nulla. [...]"[124]. "Ci voleva più studio, almeno filosofico-teologico e tale era l'idea del P. Uberto, e con lui di molti padri giovani"[125].

P. Lorenzo sottolinea, però, l'esempio positivo dei frati anziani dicendo: "Gli antichi erano rispettabilissimi, P. Giuseppe Kersten, P. Telesforo Kroonen, provinciale prima di P. Uberto, ecc. ed io nutrivo molto rispetto per loro. Il P. Telesforo non si vedeva mai nei corridoi o altrove senza la corona in mano"[126].

Meijer intanto rileva che se P. Uberto e P. Tito[127] sono stati amici e hanno esercitato un forte influsso nella Provincia olandese, questo non significa che essi non hanno avuto delle divergenze come egli descrive:

"Nei riguardi degli studi culturali per giovani non chiamati a far parte dell'Ordine, i due amici non erano del tutto concordi. Uberto partiva dal principio che filosofia e teologia erano i due soli grandi rami di scienza che ornavano la mente del religioso, più che qualsiasi altra scienza profana – classici, lingue moderne, storia universale e della patria, matematica, scienze naturali, geo-

---

[124] Cf. AP, Ms a, p. 39.
[125] ibid.
[126] Ibid.
[127] Nasce il 23 febbraio 1881 a Bolsward, Paesi Bassi. Entrato a 17 anni nei Carmelitani nel convento di Boxmeer, nel 1905 divenne sacerdote a soli 24 anni. L'anno successivo andò a Roma a frequentare gli studi di Filosofia all'Università Gregoriana da dove uscì laureato in Filosofia nel 1909. Tornato in Olanda si dedicò all'insegnamento dei giovani frati carmelitani e contemporaneamente ebbe modo di inserirsi nel mondo del giornalismo, collaborando a vari giornali olandesi. Nel 1919 divenne redattore-capo del giornale "Città di Oss". Nel 1923 si fondò l'Università Cattolica di Nimega dove padre Tito venne richiesto come professore: in questo momento egli ha 42 anni. Nel 1932 diventò Rettore Magnifico di quell'Università. La Gestapo lo arresta il 19 gennaio 1942 nel suo convento di Nijmegen e Tito passa nel carcere di Arnhem la sua prima notte di prigionia. Trasferito a Scheveningen vi resta fino al 12 marzo occupando la cella 577, poi giunge al campo di Amersfoort. Nei Paesi Bassi padre Tito è uno dei primi avversari della dittatura nazista: rifuggendo ogni compromesso, si esprime a chiare lettere contro la persecuzione degli ebrei. Benché gravemente ammalato, il 13 giugno viene deportato a Dachau. I tentativi dei confratelli tedeschi di Brandsma di far trasformare la sua condanna in un ergastolo si rivelano fallimentari. In un rapporto inviato a Berlino dalla Gestapo si legge: «Il professor Brandsma deve essere considerato un nemico della causa nazionalsocialista. Si tratta di un uomo molto pericoloso». Dopo atroci tormenti, viene ucciso con un'iniezione preparata da un medico del campo il 26 luglio 1942. Il 3 novembre 1985 Giovanni Paolo II lo proclama beato (Cf. F. VALLAINC, *Un giornalista Martire*, Ancora, Milano 1985).

grafia e tutte le altre materia di ginnasio e liceo. Così non ragionava Tito, per avvicinare gli uomini e formarli nella fede e nella morale, desiderava carpire ogni occasione e sfruttarla. Una staffetta di eccellenti professori per gli studi superiori era per lui anche essenziale"[128].

È capitato proprio al gruppo di frate Lorenzo di usufruire dei benefici dei cambiamenti, dell'ambiente rinnovato come lui stesso sottolinea:

> "Certamente vi era un progresso e professori e studenti si erano dati agli studi, vi era un progresso visibile. Da quel tempo avvenne un radicale cambiamento nella vita carmelitana d'Olanda: avvenne un grande rifiorimento negli studi ecclesiastici grazie all'intervento di P. Tito che non solo amava questi studi, ma voleva che ci fossero anche diplomati negli studi classici ed anche negli altri studi tecnici. Perciò parecchi furono avviati all'Università per prendere la laurea: alcuni in Italia nella Gregoriana, altri in altre università di Olanda"[129].

L'indirizzo dato da P. Uberto e da P. Tito al progetto formativo ha preso forma nella Provincia olandese dei carmelitani come descrive P. Lorenzo:

> "Due soli erano gli studenti in Filosofia frate Luca e frate Marco: frate Luca poi, preso dalla tisi riuscì a ricevere il sacerdozio, mi sembra, mentre frate Marco riuscì a conseguire un titolo di studio e ad essere professore, credo in Storia presso il Ginnasio che fu il primo frutto pratico della svolta negli studi: scuola aperta a tutti, cattolici, protestanti ed ebrei, in Oss. Fu davvero un nuovo indirizzo del pensiero. In quel tempo più o meno, il P. Tito Brandsma prese la laurea in filosofia alla Gregoriana e tornato al convento di Oss si diede anche al giornalismo con un piccolo giornale stampato a Oss. Questo suo lavoro lo portò a conoscenza di tante necessità, sia spirituali che materiali, tanto che la sua laboriosità giornalistica venne apprezzata nei diversi ambienti della società. Piuttosto la mistica e la filosofia lo portarono al professorato nella nuova Università cattolica di Nimega (Nijmegen) e i suoi articoli nei giornali e altrove lo facevano conosciuto e noto"[130].

Avere il coraggio del rinnovamento porta freschezza e vita all'interno delle comunità che si rendono disponibili alla missione, "non perden-

---

[128] B. MEIJER, *Titus Brandsma*, op. cit., p. 49.
[129] AP, Ms a, p. 39.
[130] Ibid.

dosi in cose da nulla", ma presentano il nuovo volto come descrive P. Lorenzo: "Non era più l'Ordine cenobitico ma un Ordine di vita mista. Sempre fedeli alla preghiera si usciva però fuori per istruire in tutte le materie la gioventù"[131].

6. "*Sacerdos in aeternum*" per il servizio del Popolo di Dio[132]

Mons. Vital Wilderink, olandese, vescovo carmelitano emerito della diocesi brasiliana di Itaguai, Rio de Janeiro, diceva nella sua relazione durante un Convegno di studio su P. Lorenzo e M. Crocifissa ai laici e ai religiosi carmelitani, in Brasile: "per una famiglia olandese cattolica, era un onore avere un figlio sacerdote"[133].

P. Lorenzo viene formato al sacerdozio nel più genuino spirito della riforma tridentina e così avverte intimamente che, il suo sacerdozio è specialmente indirizzato ai bisogni pastorali del popolo di Dio. Immerso nel profondo mistero della chiamata ed elezione di Dio, convinto di essere stato scelto da Lui, così si esprime con i suoi familiari:

> "In occasione di questa Prima Santa Messa nella città natale di mio padre, sono stato colpito dall'affetto, che Voi mi avete dimostrato. Ancora più gradito è, che ho l'onore della chiamata al sacerdozio eletto del mio Signore e mio Dio, Gesù Cristo. Da parte mia, senza alcun merito, Gesù ha eletto la mia anima, per essere Suo sposo. Cinque anni fa, Lui concluse con me un'alleanza eterna e nel giorno della mia professione, diventai Suo sposo per l'eternità. Ma incoraggiato dall'Amore di Dio, chiedevo a Gesù un privilegio ancora più grande; dal giorno, che pronunciai i 3 voti, non ho sognato allora altra felicità, che essere unto a sacerdote del mio Dio. E ora è sceso in me Gesù, lo Spirito Santo, e Lui ha impresso nella mia anima il segno del sacerdozio e alla mia parola ha comunicato la sua creativa onnipotenza"[134].

Consapevole del significato del suo gesto, del suo atteggiamento e della sua azione che lo fa partecipe del mistero della redenzione per il ca-

---

[131] ibid.

[132] Cf. S. DIANICH, Sacerdozio, in G. BARBAGLIO – G. BOF – S. DIANICH (edd.), *Dizionario di Teologia*, San Paolo, Milano 2002, 1377-1388.

[133] V. WILDERINK, *Profilo umano e spirituale di P. Lorenzo van den Eerenbeemt*. Relazione presentata durante II Convegno di Studio sui Fondatori, P. Lorenzo e madre Crocifissa, San Paolo, Brasile, 2 -5 gennaio 2007.

[134] AP, Lt (in olandese) di P. Lorenzo ai suoi familiari, Oss, 12 giugno 1912, I.6.v. In Appendice 1.3.

rattere sacerdotale ricevuto nel giorno della sua ordinazione, P. Lorenzo vive il momento di teofania in una esplosione di vera beatitudine:

> "E ora, che Gesù mi ha donato il potere sul Suo Santo Corpo e Sangue; ora, che Gesù mi ha incaricato di sacrificarlo in remissione dei peccati, ora, la mia anima, colma di gioia, non può trovare altre parole di ringraziamento, che le parole, che un tempo uscivano della bocca della Beata Vergine Maria nella casa di Elisabeth: "Anima mia, glorifica il Signore." Possa Lei, la regina dei sacerdoti, la Madre e Splendore del Carmelo, con la Sua protezione la mia anima che è giunta ad un porto sicuro e quieto, infiammare il mio cuore con il suo fuoco d'Amore verso Gesù"[135].

Suo padre Pietro Cristiano, che aveva tanto sognato questo giorno, perché viveva di profonda fede, è consapevole della dimensione del sacerdozio comune di tutti i battezzati, ma sa che il sacerdozio ministeriale, tramite l'imposizione delle mani da parte del Vescovo ordinante seguita dall'imposizione delle mani dei presbiteri presenti e la preghiera consacratoria pronunciata dal vescovo ordinante è una estensione della dignità del sacerdozio di Cristo di cui soltanto la fede può dare la chiave di comprensione della sua realtà. Riportiamo la sua lettera che esprime la profonda dimensione teologica del sacerdozio fatta vita nella sua fede professata:

> "Mio caro e Reverendo figlio. I miei auguri più affettuosi in occasione della tua Ordinazione, e anche le mie più affettuose felicitazioni ai tuoi confratelli che hanno avuto la grande felicità di partecipare con te. Ricordo di averti scritto una lettera a Patrica (credo il giorno in cui hai deciso di lasciare l'abito talare[136]), una frase presa dall'imitazione di Gesù Cristo: "quando il sacerdote celebra dà onore a Dio, allegrezza agli angeli, edificazione alla chiesa, soccorso ai vivi, refrigerio ai morti e rende sé partecipe di tutti i beni"[137]. Il potere che hai ricevuto di consacrarti a Dio sull'altare vuol dire che Egli s'incarna, per così dire, in virtù della tua parola. Hai il potere di unirti agli an-

---

[135] Ibid. L'invito per Ordinazione Sacerdotale il 1 giugno 1912 nella Cattedrale St. Jan de 's-Hertogenbosch. La prima Messa a 's-Hertogenbosch il 6 giugno e a Roma il 16 giugno (AP, I6.i).

[136] Pietro Cristiano, il padre di P. Lorenzo, si riferisce al periodo in cui il figlio frequentava il Seminario di Patrica e a 15 anni di età aveva deciso di andare dietro al fratello maggiore a Parigi.

[137] T. DA KEMPIS, *Della Imitazione di Cristo*, Queriniana, Brescia 1924, p. 308. Questo libro è un ricordo del fr. Bonano e Domenico Martella a P. Lorenzo il 22 Giugno 1928. Nel primo foglio si legge: "*Domine conserva me, et ne permettas me separare a Te*", scritta da P. Lorenzo.

geli e porta l'eccellenza della tua dignità al di sopra di tutti quelli che non hanno il carattere dell'ordinazione. Questo potere ti associa al Padre Eterno e per tutta l'eternità ti unisce al Verbo che produci per tutti i tempi. Questo potere ti fa partecipare alla Verginale fecondità della Madre di Dio, poiché tu hai la facoltà di identificare nell'altare lo stesso Figlio di Dio che il Padre ha generato per l'eternità in Maria, il fiore del Carmelo, in tutti i tempi. Come le mani devono essere pure e la tua lingua senza macchia! Perché le une immolano il corpo del Verbo Incarnato e l'altra è bagnata dal suo Sangue e il cuore riceve tutto ciò che è buono"[138].

Nell'espressione tanto di p. Lorenzo, come di suo padre Pietro Cristiano, quindi, troviamo la densità del contenuto teologico dell'essere e della missione sacerdotale. La carica di affetto da parte di tutti è la benedizione che accompagnerà P. Lorenzo per svolgere la missione affidatagli da Dio. È sostenuto da tanti parenti suore e preti che lo precedono nel ministero ordinato e nella vita consacrata, particolarmente come missionari "ad gentes"[139].

In questa stessa occasione, nel 1911, sua madre Giovanna gli si rivolge, chiamandolo "Ettoruccio" in questi termini: "Sono contenta di saperti in ottima salute e contentissima dello stato che hai scelto, almeno nella nostra famiglia non mancheranno le benedizioni per le preghiere di due figlioli ministri di Dio"[140].

Negli *Appunti intimi*, strettamente privati, P. Lorenzo si ricorda di questo giorno indelebile della sua ordinazione sacerdotale, registrandolo il 16 maggio 1956. Dopo quarantaquattro anni rivive ancora la gioia di quel giorno e rinnova il suo patto d'amore con Dio per il servizio dei fratelli nella Chiesa e con la Chiesa – comunità di fede: "Credo nel mio sacerdozio. Ricordo il profondissimo movimento nella mia anima il giorno, o meglio i giorni della mia ordinazione sacerdotale, giorni di gioia intima che non ritornano più …"[141].

---

[138] AP, Lt (in francese) di Pietro Cristiano van den Eerenbeemt, Monte Rotondo 31 maggio 1912. I.6.v. In Appendice 1.4.

[139] Harry, suo cugino si prepara ad essere un missionario redentorista e gli esprime il suo desiderio: "Oggi che ha potuto ricevere questa grande dignità, anch'io spero, un giorno di poter partecipare a questa gioia immensa, è una ragione per congratularla di cuore. Negli ultimi giorni, Le ho dedicato la Santa Comunione, affinché il suo lavoro da sacerdote, possa portare tanti frutti e che Lei possa fare guadagnare a tante anime il paradiso. Non ho dubbi, che Lei, questi primi giorni di sacerdozio, mi ricorderà nelle Sue preghiere, affinché anch'io possa un giorno diventare un sacerdote dignitoso"(AP, Lt di Harry v.d. Eerenbeemt, Roermond, 31 maggio 1912, I.6.t).

[140] AP, Lt di Giovanna Negri a P. Lorenzo, Roma 25-12-1911. In Appendice 1.5.

[141] AP, Appunti intimi, strettamente privato, p. 24. D'ora in poi lo citeremo Ms b.

Nel 1912 P. Lorenzo scriveva: "cinque anni fa, Lui concluse con me un'alleanza eterna" e nel 1956 "credo nel mio sacerdozio". Queste convinzioni tanto chiare fanno intravedere la serietà con cui P. Lorenzo ha preso in mano la sua propria vita mirando sempre l'orizzonte cui doveva arrivare. In questo, la memoria, più che per ricordare gli avvenimenti passati, è percezione di Qualcosa di ben più grande presente nella storia stessa che lo aiuta a costruire la sua identità sacerdotale nel potere unificante del tempo e dello spazio come percezione dell'amore di Dio che è stato cominciato tanto tempo addietro ed è più che mai riaffermato nell'atto di fede. È l'immedesimazione, il percepirsi coinvolto, immerso in un avvenimento continuo, è l'essere dentro l'avvenimento di una Presenza che implica tutto di sé, tutto della società, tutto del mondo. Il ricordare come capacità di sintesi è rivitalizzare ciò che è compiuto in una Presenza che è Dio-Amore che vuole stabilire, con ciascuno che lo voglia, una relazione d'amore intimo, come espressione dell'alleanza iniziale, per far coesistere in ogni uomo la dinamica della fedeltà-tenerezza di Dio e la dinamica della tensione alla santità da parte dell'uomo, per riprodurre nel piccolo di un'esperienza personale il grande evento della predilezione da parte di Dio di un popolo divenuto suo: "Il Signore tuo Dio ti ha scelto per essere suo popolo privilegiato"[142]. Questa esperienza diventa ancora più profonda quando per il sacerdozio ci si trasforma un *alter Christus*, cioè Gesù, il Cristo, che ha portato l'alleanza nel suo significato pieno, fondando "la nuova alleanza nel suo sangue"[143].

Le espressioni di P. Lorenzo, "da parte mia, senza alcun merito" e di suo padre, "come le mani devono essere pure e la tua lingua senza macchia!", rilevano la grazia particolare e la verità che fondano e giustificano l'esistenza sacerdotale in un processo di accettazione e di integrazione continua dei due poli, dall'"Io" attuale all'"Io" ideale.

Il sacerdote deve unire all'autorità spirituale oggettiva, che possiede in forza della sacra ordinazione, l'autorità soggettiva proveniente dalla sua vita sincera e santificata, dalla sua carità pastorale, manifestazione della carità di Cristo.

Passiamo ora a rilevare alcuni aspetti del vissuto sacerdotale di P. Lorenzo, servendoci delle sue proprie espressioni che manifestano il modo con cui egli ha cercato di vivere con fedeltà l'alleanza compiuta con il Signore.

---

[142] Dt 7,6.
[143] Lc 22, 20; Mt 26, 28; Mc 14, 24; 1 Cor 11, 25.

6.1 *"Credo nel mio sacerdozio"* – *Conformazione a Cristo nell'amore trinitario*

Quarantaquattro anni sono passati e uno sguardo retrospettivo trasporta P. Lorenzo a quella gioia intima che lo ha introdotto in una via profondamente mistica per approfondire ancora di più la sua fede che coinvolge continuamente la sua libertà in vista di una decisione pratica morale. L'esperienza di salvezza, fatta nell'intreccio dell'esperienza umana alla ricerca della santità gli permette di giungere ancora più vicino alla meta alla quale l'apostolo Paolo accenna: "camminate dunque nel Signore Gesù Cristo, come l'avete ricevuto"[144] perché "avete ascoltato e conosciuto la grazia di Dio nella verità"[145]. Gesù sulla croce dona il suo Spirito alla comunità dei credenti[146]. Grazie a questo dono è possibile nascere dallo Spirito e diventare figli adottivi di Dio.

Credere, per P. Lorenzo, è stato più che una fede "cerebrotica" o "intellettuale", "convinzione di un concetto", ma adesione ad una Persona: Gesù Cristo, con i piedi nel mondo, e radici in cielo. Per P. Lorenzo "il vero Cielo è Dio. Dio è la sua abitazione"[147]. Ci fa intravedere che ancora molto giovane ha preso sul serio l'alleanza intrapresa per pura gratuità di Dio:

> "La meditazione di Dio essendo molto astratta, non può essere lunga, se non viene qualche profonda lucidità di pensiero, come una volta l'ebbi a Oss, tanto che il pensiero di Dio m'illuminò per anni la mente. Il pensiero di Dio è Amore, perché l'attività delle tre persone è attività eterna, infinita, ed è attività di Amore: non è la sostanza di Dio, ma – per noi povere creature, è la sua attività interiore, mentre nell'esteriore, cioè nella creazione è Amore misericordioso verso i tapini. Così la meditazione su Gesù fatto uomo ci è più facile, perché è un fatto storico, vero, assoluto: un Dio fatto uomo, non per spaventare, ma per Amare col cuore umano questa nostra povera umanità! Quanta consolazione col pensiero di tante squisitezze di pensiero: Iddio nella seconda persona fatto uomo! E la sua santa umanità con la santa divinità unita è in aspettativa che incontri sentimenti di fede, speranza e di Amore"[148].

Questa conoscenza intima e personale per P. Lorenzo diventa una luce per allontanare le tenebre dell'errore, della menzogna, dell'orgoglio, e far conoscere il volto amoroso del Padre. La fede è la base, il punto di

---

[144] Col 2, 6.
[145] Col 1, 6.
[146] Gv 19, 30.
[147] AP, Ms b, p. 31.
[148] Ibid., p. 32.

partenza; su questa base si impegna lo Spirito che rende l'intimo dell'uomo docile alla Parola che trasforma la vita, facendola evolvere e assimilandola a quella del Figlio di Dio, come ha sperimentato P. Lorenzo: "Consolantissimo per un sacerdote e più umanamente concepibile è l'amore verso Cristo. Cristo è un carissimo fratello, a cui si può parlare con affetto – per così dire – umano. Lui e noi siamo uno, perché Egli penetra misteriosamente nel nostro essere, col sacerdozio, da unirci profondamente nella sua potenza redentrice"[149].

Le parole che gli ha rivolto suo padre nell'ordinazione hanno ripercorso tutta la sua esistenza: "Come le mani devono essere pure e la tua lingua senza macchia! Perché le une immolano il corpo del Verbo Incarnato e l'altra è bagnata dal suo Sangue e il cuore riceve tutto ciò che è buono"[150]. Sr Beatrice testimonia la sua riservatezza e il suo profondo rispetto verso le Suore, dicendo: "Sempre riservato nei nostri confronti non ci concedeva nemmeno che gli baciassimo la mano, come era abitudine fare con i sacerdoti. Ce lo concedeva solo nelle grandi occasioni"[151].

> "Vedevo molte persone avvicinarsi a P. Lorenzo per salutarlo, anch'io mi avvicinai a Lui per baciargli la mano che quasi subito la ritirò dalla mia per posarmela sulla testa in segno di benedizione, ma non mi disse nulla; mi guardò. [...]. Quando P. Lorenzo mi diede la sua benedizione scese su di me come un balsamo, perché avevo molte difficoltà da superare, soprattutto una, ero anche fidanzata e capivo perfettamente che non potevo amare un uomo e Gesù seguendolo in modo più totale. [...]. Forte la benedizione di quel Padre loro Fondatore con il quale mi incontravo per la prima volta. In quel momento ebbi l'impressione che mi benediva un santo, e che avesse penetrato nell'intimo della mia anima"[152].

Si è accorto di questa riservatezza persino il medico: "Anche il Dott. Alfredo Gentilucci (ora defunto) mi ha testimoniato la sua grande delicatezza e pudicizia, anche dal punto di vista fisico. Ormai anziano e quasi incosciente, ha sempre voluto conservare grande attenzione e delicatezza in tutto"[153].

---

[149] Ibid., p. 2.

[150] AP, Lt (in francese) di Pietro Cristiano van den Eerenbeemt, Monte Rotondo, 31 maggio 1912. I.6.v.

[151] AP, BEATRICE MINIERI, Testimonianza a futura memoria, Castellammare di Stabia, 23 giugno 2010. D'ora in poi Test.f.m.

[152] AP, Test. f. m., M. GRAZIA DEL S. ROSARIO, O.Carm., Carmelo "SS. Trinità", Iesi 13 aprile 1986.

[153] AP, Test. f. m., LINO FUMAGALLI, Roma, La Storta 25 novembre 1997.

P. Lorenzo raccomandava a tutti "domanda a Gesù che mi faccia realmente e totalmente suo, che si ricordi d'avermi dato il sacerdozio per la salvezza delle anime e della mia, che mi dia una volontà tutta dedita a lui"[154]. Questo desiderio viene testimoniato dai suoi atteggiamenti osservati:

> "Lo vedevo a tutte le riunioni del Capitolo e alle principali feste. Essendo egli canonico teologo teneva l'omelia nelle messe celebrate dal card. Tisserant e le grandi solennità. L'impressione è quella di un sacerdote molto pio, di grande cultura, molto osservante della vita sacerdotale dell'epoca, preciso in tutti i suoi doveri ed esercizi di pietà. [...]. Dal punto di vista dell'osservanza religiosa, perché nonostante l'esclaustrazione è rimasto sempre carmelitano, viveva con il cuore i suoi voti e predicava con convinzione e con passione perché sentiva e viveva in questo modo. Era un uomo mite per natura e anche nei suoi giudizi, nel quadro della presentazione dei casi morali, non era severo, ma giusto ed equilibrato. Era un uomo di preghiera, non solo attaccato all'aspetto formale, ma profondamente convinto. Godeva di buonissima fama tra i sacerdoti della diocesi, da tutti era stimato e venerato."[155].

P. Lorenzo ha rispecchiato il suo essere in Gesù e con Gesù Cristo nel quotidiano della sua vita, vivendo il ministero sacerdotale. Varie testimonianze di persone che lo hanno conosciuto ci permettono di costruire il suo profilo umano e spirituale e di far emergere il profilo dell'uomo di Dio, quello di cui è rivestito, cioè quello che si è lasciato plasmare da Cristo, facendosi nel suo agire, pensare, volere, e amare le persone, un *alter Christus*. Sono abbondanti le testimonianze che illuminano la figura di P. Lorenzo come pastore e guida delle anime, nel suo rapporto con il Papa, i Superiori, i suoi confratelli sacerdoti, il popolo di Dio e con i piccoli, per cui facciamo appena un leggero accenno, riprendendoli in altri capitoli.

6.2 Nella preghiera contemplativa

Viveva una spiritualità incarnata, era un tutt'uno con il suo Dio che definiva continuamente *Padre buono e misericordioso*[156].

---

[154] AP, Lt, P. Lorenzo van den Eerenbeemt, a M. Crocifissa Curcio, Roma 29 giugno 1925.
[155] AP, Test. f. m., CARLO BESSONNET, Roma 13 ottobre 1997.
[156] AP, Test. f. m., BEATRICE MINIERI, C. di Stabia 23 giugno 2010.

"Emerge in lui la preghiera profonda, l'adorazione incessante dell'Essere Supremo presente nell'intimo dell'anima. Da novizie, quando andavamo a turno da Lui per la direzione spirituale, lo trovavamo immancabilmente in Chiesa al mattino presto, ancora al buio, immerso in preghiera, e bisognava chiamarlo, altrimenti non si accorgeva della nostra presenza"[157].

L'amore di Dio era il suo "profondo", la sua "altezza", la sua "sublime elevazione spirituale". Un amore fatto di pensieri e sentimenti, più che di parole; un rapporto interiore, in cui l'umano quasi scompare per lasciare posto al divino; e questo appariva anche quando era già nella sua umanità fragile, lasciava trasparire questo misterioso senso contemplativo, come negli ultimi tempi, in cui meno riconosceva le persone, e più sentiva il divino. "Mistero della povertà umana o ricchezza della pienezza divina! È stupore e mistero; ma è certezza indicibile e bella!"[158].

Un uomo che assimilò lo spirito carmelitano di contemplazione, di orazione, di studio e di devozione, di santità e di nobile esempio di perfezione, attingendo dal grande libro della vita: la Sacra Scrittura. Si fece amico, fratello, esempio luminoso. Si può dire che indovinò i tempi nuovi[159]. La vita interiore di P. Lorenzo è la chiave di tutto: la sua intima vita di unione con Dio, frutto e fonte della sua preghiera lunga, profonda, intensa, segreta, di giorno come nel cuore della notte, della diuturna disponibilità verso tutti, il suo zelo costante per tutto ciò che appartiene a Dio e Lo riguarda, della sempre viva ansia missionaria, del dono della sapienza, del fecondo silenzio e del completo sacrificio di sé, dell'obbedienza[160].

Era carmelitano e lo è stato sempre profondamente nello spirito. Viveva veramente alla presenza di Dio, attuando il precetto della Regola Carmelitana del "vivere giorno e notte meditando la legge del Signore"[161], come aveva appreso in quel suo lontano anno di noviziato del 1907; stile di vita e di preghiera che aveva costantemente coltivato poi nella lunga e laboriosa esistenza, grazie a un continuo atteggiamento d'ascolto e alla sua profonda fede nell'amore e nella misericordia di Dio. Non a caso questo fu, l'oggetto preferito di tante sue prediche, insegnamenti e riflessioni. Uomo di Dio fin nelle più profonde fibre del suo essere, cresciuto alla scuola di

---

[157] AP, Test. f. m., RITA GIANNONE, C. di Stabia 19 novembre 1977.
[158] Cf. AP, ANDREA PANCRAZIO, Omelia, S. Marinella 17 maggio 1986.
[159] Cf. Ibid., Roma 8 ottobre 1977.
[160] Cf. AP, DIEGO BONA, Omelia, S. Marinella 1 maggio 1986.
[161] Regola del Carmelo, n. 10, Edizioni Carmelitane, Roma 2007, p. 26.

Elia profeta[162], si fa anche maestro di vita spirituale e, raccomanda spesso di "vivere alla presenza di Dio; ad amare e adorare Dio vivente in noi"[163].

6.3 *Ancorato al Cuore di Gesù*

Oltre alla dinamica umana, affettiva e alla sua sensibilità interiore, P Lorenzo vive in una dimensione immensamente superiore, in una sintesi dell'esperienza mistica: "Ho pregato in questi mesi per entrare nel Cuore di Gesù, in modo tale da vivere con l'intelligenza e la volontà di Gesù. É questa la grande grazia che domando al Signore: vivere intimamente con l'anima Sua. Vivere del suo santo Sacerdozio! Essere uno dei più intimi amici di Gesù!"[164].

Quel "profondissimo movimento interiore" che P. Lorenzo ha vissuto nel giorno dell'ordinazione è sfociato in una ancor più profonda e spiccata sensibilità spirituale per l'amore ai massimi livelli delle sue manifestazioni che è l'amore sofferto. Infatti l'amore raggiunge il massimo della sua purezza quando è amore sofferto:

> "Trovo grande conforto nella preghiera intima col Signore, è che noi, non consideriamo abbastanza le sofferenze intime di Gesù in Croce. Non siamo capaci di soffrire un po' per Lui. È vero, possiamo commuoverci al pensiero – Dio in Croce! Ma cosa farei con un chiodo nelle mani? Solamente la Grazia divina può aiutarci in questo soffrire!"[165].

Il fatto che faccia esplicito riferimento alle sofferenze intime di Gesù, denota una grande sensibilità spirituale che porta anche a percepire il livello massimo di una dinamica interiore di dimensione mistica:

> "Giacché il Signore vuole che noi Gli domandiamo le grazie per l'anima nostra, e che non scarseggiamo nel domandare, L'ho pregato affinché mi tenesse con i suoi più intimi durante questa mia vita mortale nel Suo Cuore e che io possa morire nel suo Cuore, e che nella partenza da questo mondo, la mia povera anima si sprofondi nell'Abisso dell'Amore, il suo Cuore, e là venga purificato dalla fiamma dell'Amore. Sento mentre che scrivo ancora l'ambascia nel mio cuore"[166].

---

[162] Cf. 1 Re 17,1. Lo scudo araldico dell'Ordine Carmelitano riposta la stessa frase inaugurale della predicazione del profeta.
[163] AP, FALCO J. THUIS, Omelia, Roma 6 novembre 1977.
[164] AP, Ms. b, p. 17.
[165] Ibid., p. 19.
[166] Ibid.

Conscio di essere portatore di una consacrazione ontologica che si estende a tempo pieno nel carattere conferitogli dal sacramento dell'Ordine, cerca la sua identità nel seguire in tutto l'esempio del Signore:

> "Ogni mattina mi offro al Signore vittima, come sacerdote, per imitare il Sommo Sacerdote Gesù, servendo i suoi desideri, i suoi scopi. Inoltre cerco alla meglio di fare un atto di puro amore: non sempre ci riesco per la sbadataggine della fantasia. Ma domando a Dio di morire di un atto di puro amore, comprendo la mia nullità, la mia peccaminosità, e pur avendo profondo ribrezzo di me stesso, oso confidare nella grande misericordia e bontà del Redentore"[167].

In P. Lorenzo risplendevano la bontà del cuore, la forza d'animo, la continua cura per la giustizia, la gentilezza e tutte le altre virtù che s. Paolo raccomanda nella lettera ai Filippesi 4, 8: "Tutto ciò che è vero, nobile, giusto, puro, amabile e dà buona fama ... questo stimate". Il Signore lo ha fatto salire con Se sul Calvario; e così, giorno dopo giorno, P. Lorenzo ha vissuto la sua messa, e l'ha vissuta specialmente quando, per la malattia, non ha potuto più celebrarla. Proprio allora Gesù lo ha associato al Suo Sacrificio di Sommo ed Eterno Sacerdote, come ora lo ha accolto nel Vero Carmelo della "beatitudine della luce e della pace[168].

6.4 *"Il capo reclinato sul libro sacro"*

È dalla meditazione della Parola di Dio nella preghiera personale che sgorga il primato della testimonianza della potenza dell'amore di Dio fatto vita in P. Lorenzo[169]. Dai documenti trovati nell'archivio dell'Ordine del Carmine viene confermato quello che ha accennato Mons. Andrea Pancrazio situandolo come "figura luminosa, diventato veramente spirito universale, che guarda oltre il tempo"[170] afferma: "Egli insegnò Sacra Scrittura nel suo Ordine[171]; ne approfondì la conoscenza con lo studio

---

[167] Ibid., p. 10.
[168] Cf. AP, Test. f. m., GIUSEPPE NARDI, S. Marinella 7 ottobre 1977.
[169] P. Lorenzo dopo l'Ordinazione Sacerdotale in Olanda è stato trasferito a Roma per dare continuità alla formazione accademica. Ha ottenuto il dottorato in Teologia presso la Pontificia Università Gregoriana nel 1915. Nel 1919 conseguì la licenza in Sacra Scrittura nel Pontificio Istituto Biblico.
[170] AP, ANDREA PANCRAZIO, Omelia, S. Marinella 8 ottobre 1977.
[171] Nell'0ttobre del 1919 P. Lorenzo rientra in Olanda, ove viene destinato a insegnare Sacra Scrittura e lingua ebraica nella facoltà teologica di Oss. Nella comunità ove vive P. Lorenzo c'è il beato P. Tito Brandsma. Nel 1920, dopo il 10 settembre ritorna al Collegio

delle lingue bibliche e altre antiche"[172], e impregnò la sua esistenza di quel contenuto biblico per capire il grande messaggio di Dio.

La Bibbia divenne il suo grande libro di lettura e di meditazione; in questo anticipando la Cost. "Dei Verbum" del Concilio Vaticano II, dove la Bibbia – Vecchio e Nuovo Testamento – diventa la sorgente luminosa per le idee su cui fermarsi, come la "lettera di Dio agli uomini", come diceva un Padre della Chiesa e il segreto per capire le meraviglie della manifestazione e della molteplice unità dell'insegnamento nel grande precetto – patto dell'alleanza – e nella sua caratterizzazione dell'amore – il primo e il massimo dei comandamenti; e così – quasi per mirabile intuizione capì quanto bisognava dare contenuto biblico alla liturgia, alla catechesi, alla opera formativa per le Suore[173]. E da esso nacque in lui l'abitudine di S. Girolamo che esclama "il sonno ti trovi a reclinare il capo sul libro sacro". Così "la lettura biblica meditata" diviene pascolo e mirabile nutrimento di luce[174].

Ma la Bibbia[175] diviene, specie nella "Salmodia" nei versetti, in tante letture delle varie parti del Divino Ufficio, il libro della preghiera. Egli

---

Internazionale S. Alberto in Roma, come insegnante dello Studio Generale dell'Ordine. Dal 1920 a 1930 insegna presso lo Studio Generale dell'Ordine le seguente materie: 1920-1923 – <u>Teologia Dommatica</u>; 1923-1924 – De matrimonio; De paenitentia; 1924-1925 – De Sacramentis in genere, De Eucharistia; 1920-1927 – De Ecclesia; <u>Sacra Scrittura</u>; 1927-1928 – Esegesi brani scelti; 1928-1929 – Introductio generalis V.T, Pentateuchus; 1929-1930 – De evangeliis synpoticis, Epist. Pauli; 1922-26 – Exegesis Psalmorum; <u>Lingua ebraica</u> (Cf. Archivio Generale Ordine Carmelitano, Roma – AGOC).

[172] AP, Laurentio Van Den Eerenbeemt, *Codex Hamurabi, Tabulae Signorum*, Scripta Pontificii Instituti Biblici, Roma 1932, II, 14; Dizionario italo-arabo e appunti di studio della lingua araba; lingua greco-coiné; lingua aramaica e ebraica.

[173] P.Lorenzo ha lavorato instancabilmente nella formazione delle Suore, fondate da lui nell'espressione del popolo.

[174] AP, Andrea Pancrazio, Omelia, S. Marinella 17 maggio 1986.

[175] AP, Le traduzione dei libri della Bibbia fatta talvolta in versi rivela la pedagogia di comunicazione pastorale di P. Lorenzo per rendere comprensibile la parola di Dio alla gente semplice del popolo e per essere utilizzata nella catechesi. "Traduzioni italiane (alcune in versi) di testi biblici: a. Traduzione italiana dei versi della Genesi cap. 1; b. Traduzione italiana del libro della Genesi; c. Traduzione italiana in versi della Bibbia; d. Traduzione italiana in versi della Bibbia dalla decima piaga all'alleanza tra Dio e Israele; e. Traduzione italiana dei versi dal libro dell'esodo; f. Traduzione italiana dei versi dal libro dell'esodo; g. Traduzione italiana dal libro dei Giudici; h. Traduzione italiana del secondo libro dei Re; i. Agenda con traduzione dei versi dal secondo libro dei Re; j. Agenda con traduzione in versi della Genesi. 2. Traduzioni in versi di storie di figure bibliche: a. Traduzione italiana in versi della storia di Giuseppe; b. Traduzione italiana in versi della storia di Giuseppe; c. Traduzione italiana in versi della storia di Isacco e Rebecca; d. Traduzione italiana in versi della storia di Isacco e Rebecca; e. Traduzione delle storie di Isacco e Rebecca e della congiura di Assalonne; f. Traduzione italiana in versi della storia di Giornata e Davide; g. Traduzione italiana in versi della storia di Abramo; h. Traduzione italiana dei versi della storia di Abramo; i. Traduzione italiana della storia di Samuele; j. Traduzione italiana della storia di Samuele.

era nelle condizioni di capire il ritmo variato dei tempi, lo scandirsi delle Ore, e la mirabile varietà degli inni e versetti, antifone e salmi; così come era stato abituato da giovane nel noviziato carmelitano; poi man mano capace di capire sempre di più. Orazione della Comunità – fatta come coro di comunione con gli angeli e i Santi nella gloriosa sinfonia di canti e di lode, ritmata dai versetti, una scala che conduce al cielo senza soste divaricanti e distrattive. Preghiera che sempre si riannoda al mistero Trinitario, alla conclusione di ogni salmo o cantico, per rinverdire la percezione di una presenza lievitante e gioiosa, in cui l'io s'immerge nel "noi" della inabitazione Trinitaria[176].

6.5 *Il senso della Chiesa*

Il sacerdozio ministeriale e la santità che gli è propria, che ha il suo fondamento nel radicamento in Cristo, richiama un altro rapporto con la Chiesa e per la Chiesa, sposa di Cristo e suo corpo, che deriva anch'esso dallo stesso sacramento. Il carisma pastorale, conferito dall'ordinazione, produce in chi lo riceve la situazione oggettiva nuova e definitiva del suo incorporamento nella Chiesa come cristiano-ministro-ordinato con il compito di guidare e animare i suoi membri.

Il senso della Chiesa: come "mistero" "Corpo mistico di Cristo", come educatrice sia con la vita religiosa, sia come centro di comunione pastorale per il popolo di Dio; con squisito senso di devozione all'autorità dei Superiori, del Vescovo, il Cardinale Vescovo prima e poi l'umile successore: senza discutere né sollevare inutili difficoltà; anche perché fermo nel suo proposito a restare fedele all'anima della Chiesa, lo Spirito Santo; esempio mirabile di fede e di zelo. Generoso e sollecito ai desideri dei pastori della chiesa locale, spiccò per devozione al Papa e alla chiesa e ne volle estendere le attività mediante i suoi impegni di generosa prestazione e amore[177].

6.6 *Guida Spirituale*

P. Lorenzo, da giovane ancora, è stato ricercato per essere guida spirituale non solo delle Suore, ma dei laici e dei sacerdoti. Infatti, dal 1925 è stato il direttore spirituale di M. Crocifissa Curcio e di una mag-

---

[176] AP, Andrea Pancrazio, Omelia, S. Marinella 17 maggio 1986.
[177] Ibid.

gioranza delle Novizie e delle Suore della Congregazione.

Non solo della Congregazione che ha fondato, ma anche delle altre Congregazioni tanto femminile quanto maschili, come ad esempio il P. Luigi che ci testimonia:

> "Ho conosciuto Padre Lorenzo van den Eerenbeemt a Santa Marinella, nel 1947, quando ero studente di liceo classico, nello studentato in Via Rucellai, e l'ho frequentato fino al 1952, quando noi studenti siamo stati trasferiti a Roma. Era il mio direttore spirituale. Approfittavamo della sua bontà e profonda conoscenza della Sacra Scrittura. Dai colloqui che facevo con lui, mi sono conservato gli appunti di tre concetti fondamentali che sempre mi hanno guidato e mi accompagnano tuttora, e da cui prendo spunto anche quando devo predicare"[178].

Una laica che ha conosciuto P. Lorenzo nel 1942, oltre a testimoniare che era un uomo veramente santo e che prega a lui chiedendo sua intercessione, testimonia: "Ho avuto 6 figli, in quel periodo difficile, soprattutto durante la guerra e dopo guerra. P. Lorenzo era il mio direttore spirituale e lui mi ha insegnato un metodo naturale (Ogino-Knauss) per non concepire tanti figli"[179]. Un'altra testimonianza ci fa percepire come P. Lorenzo riuscivo a mantenere il dialogo con tutte le età e culture:

> "Lo scelsi come padre spirituale perché ebbi modo di conoscerlo negli incontri vicariali. Mi accorsi che era un uomo con cui potevo fare un certo discorso culturale che allora mi interessava e mi affascinava. La sua cultura traspariva dal suo modo di essere e di parlare. Mi riceveva nel suo studiolo a pianterreno e sul suo tavolo vedevo un mare di libri accatastati, fogli e foglietti scritti a mano sparsi ovunque. Lo vedo in mezzo a tutti quei fogli, capace di ascolto mentre gli esponevo la mia coscienza; alla fine poche parole, ma molto precise. Non parlava molto, ma pescava l'aspetto essenziale e la confessione diveniva anche direzione spirituale"[180].

La cura dei sacerdoti: consigliere e confessore apprezzato, ricercato da quanti lo conobbero fino a quando la sua capacità d'efficienza fu evidente, si dimostrò un ispiratore di fede, di zelo, di carità, di una pietà eletta.[181]

---

[178] AP. Test. f. m., LUIGI GALIMBERTI, Roma, 19 maggio 2010.
[179] AP. Test. f. m., MARIA PETRUCCI, S. Marinella 16 marzo 2011.
[180] AP. Test. f. m., GIOVANNI DI MICCHELI, Cesano 21 maggio 1999.
[181] Ibid.

Mons. Valerio testimonia in questi termini:

> "Egli mi apri il suo animo di sacerdote e il suo mondo fatto di interiore bellezza e di infinita serenità. La fiducia completa nella Provvidenza, che ci fa vivere, che ci sorregge, che ci guida, fu un suo insegnamento costante. Egli, che mi dava ogni giorno il Corpo del Signore, mi mostrò, a poco a poco, orizzonti e ideali su cui non avevo mai fermato lo sguardo. Inizialmente fu la sua persona, la sua intelligenza, la sua bontà che mi attrassero, poi fu il suo sacerdozio, finché lui, padre e maestro, mi indicò il Maestro Gesù"[182].

Infatti Mons. Valerio dice di essere stato introdotto nel discernimento vocazionale per il sacerdozio attraverso P. Lorenzo quando era a Castel Giuliano come sfollato. "Era stato lui a farmi pensare al sacerdozio, a lui devo la mia vocazione"[183].

Ma non curava meno il popolo; e per questo volle la Capella della Madonna, che ora funge da Chiesa parrocchiale, perché tutti conoscendo e amando

> "l'amore di Dio (memore di S. Maria Maddalena de Pazzi, Santa Carmelitana che svegliò le Consorelle nella notte per destare nelle anime, come in un possente invito 'l'amore non è amato') trovassero la gioia della vita, della famiglia, del lavoro, della letizia interiore, che congiunge con Dio – Uno e Trino per una vitalità crescente di fede e carità. Le persone restavano conquistate dall'amore dilatante di Cristo, che in lui ferveva. La pastorale non è una tecnica, anche se non può fare a meno di strutture e mezzi; ma è dilatazione di carità, che i fratelli avvertono, perché sopra ogni intendimento umano diviene spirito di nobiltà e di comunione d'amore verso tutti, al di la di ogni difetto e di ogni povertà. P. Lorenzo è un esempio che vale per sacerdoti e religiosi e suore e famiglie"[184].

La maggioranza delle suore appartenenti alla Congregazione da lui fondata sono state introdotte da lui all'amore per il Carmelo, come testimonia sr Erminia, che diventata suora l'ha avuto come direttore spirituale e formatore: "Sentivo un vero trasporto di amore durante le sante messe celebrate da lui, si vedeva che comunicava con il Divino, aiutando a unirci sempre di più a Gesù"[185].

---

[182] Cf. AP, Lt V. VALERI, Roma 7 ottobre 1977.
[183] Ibid., *Ricordi*, Roma 1 luglio 2010, pp. 1 e 4.
[184] Cf. AP, ANDREA PANCRAZIO, Omelia, S. Marinella 17 maggio 1986.
[185] Cf. AP, Test. f. m, ERMINIA D'AGAPITO, S. Marinella 31 maggio 2010.

6.7 Impegno nello studio e aggiornamento

È da ammirare in primo luogo il suo impegno nello studio. Non uno studio di vernice, di superficie, non qualche cosa perché bisogna farlo. Uno studio profondo, appassionato, che andava a fondo delle cose: nella teologia, nella Sacra Scrittura, nelle lingue, nella morale. E questo per servire la Chiesa educando i giovani studenti, per servire il clero che aveva bisogno di illuminazione, per servire le sue figlie spirituali che avevano bisogno di crescere.[186] Sapevo che a S. Alberto era stato docente di Sacra Scrittura, ma lui non ne fece cenno, solo mi fece vedere i suoi libri e notai che era aggiornatissimo.[187] Si sottolinea anche in lui questo aspetto di amore allo studio e in qualche modo costringeva tutti della vicaria ad elevarci. Il tono con lui era alto per tutti. Era un uomo che prima curava l'aspetto formativo e culturale poi anche gli aspetti politici, ma prima dava la formazione e quindi la chiave, i suggerimenti, gli strumenti per operare. Da questo punto di vista P. Lorenzo è un uomo superattuale, che ha molto da dare anche nel dibattito culturale all'interno della Chiesa di oggi[188].

Era un uomo di profonda cultura, specie nell'approfondimento della Bibbia. Colpiva la sua precisione e la sua preparazione. Aveva un'immensa fiducia nell'uomo e nelle sue possibilità ed una visione estremamente positiva della vita, mentre le ideologie di allora, anziché darci una spinta interiore ci incitavano alla conflittualità. P. Lorenzo, invece, m'invitava ad una sorta di eurodialogo e, nel tempo, seguii politicamente questa idea[189].

6.8 "Buono nell'accezione più piena e più bella della parola"[190]

"Per diciotto anni, quasi ogni settimana, ho accostato il "BUON" PADRE LORENZO: buono nell'accezione più piena e più bella della parola. Eppure devo confessare che tanti anni non sono stati troppi per conoscere a fondo la ricchezza spirituale della SUA ANIMA squisitamente religiosa e sacerdotale"[191].

Il termine bene indica tutto ciò che agli individui appare desiderabile e tale che possa essere considerato come fine ultimo da raggiungere

---

[186] Cf. AP, Diego Bona, Omelia, S. Marinella 1 maggio 1986.
[187] Cf. AP, Test. F. m., Stefano Possanzini, S. Marinella 24 gennaio 2000.
[188] Cf. AP, Test. F. m., Giovanni di Michele, Cesano 21.05.1999.
[189] Cf. AP, Test. f. m, Bruno Zampa, Civitavecchia 18 novembre 1997.
[190] Cf. AP, Test. f. m, Giuseppe Nardi, Civitavecchia 20 ottobre 1977.
[191] Ibid.

nella propria esistenza. Il fondamento sta nell'equiparazione di Buono = Bello = Vero. Il volto del Dio cristiano rivelatoci da Gesù Cristo è infatti, oltre che onnipotente e onnisciente, l'essenza della bontà, della bellezza e della verità. Plasmare la vita in Cristo Gesù è appropriarsi di queste virtù procurando similitudine in tutto a Lui che si è dichiarato: "io sono la via, la verità e la vita"[192].

Il tratto di bontà illumina il volto di P. Lorenzo, un uomo veramente di Dio e preoccupato del bene del suo prossimo. Il suo itinerario, semplice ed austero, aperto e fedele, lo portò a vivere solo di Dio ed in Dio. Fu la lezione continua che ci diede, a quanti, figlie e figli, l'amarono e dal suo cuore nascemmo alla grazia, generati nella preghiera e nella sofferenza. E insegnò la vera libertà interiore che nasce dall'adesione alla volontà di Dio, quando e come si manifesta, letta nella S. Scrittura di cui fu Maestro e da cui imparò ad essere Padre. E come Padre ora vive così, per noi[193].

Era un vero padre che non metteva soggezione a nessuno, specialmente ai piccoli che si sentivano sicuri e gli volevano bene: "per i bambini avrebbe dato la propria vita", e i bambini avevano la certezza del suo bene[194].

> "Un anno ci fu una forte epidemia influenzale e lui venne a trovarci a casa, uno per uno, questo per dire quanto era familiare con la gente. Aveva un cuore grande per tutti. Chiunque aveva bisogno di qualcosa, di qualunque genere, trovava in lui un aiuto. Anche mio padre andò da p. Lorenzo per qualche lezione per superare un concorso interno nella ferrovia, nessuno pagava, perché P. Lorenzo faceva questo esclusivamente per amore, e con l'umiltà e la semplicità del sacerdote"[195].

---

[192] Gv 14, 6.
[193] Cf. AP, Lt C. DEL GAUDIO, S. Marinella 8 ottobre 1977.
[194] Cf. AP, Test. f. m, ERMINIA D'AGAPITO, Roma 31 maggio 2010.
[195] AP, Test. f. m, MARCELLA TORAZZI, Santa Marinella 8 gennaio 1990.

II

LE MISSIONI – UN SOGNO, UNA PASSIONE

1. L'influsso dell'ambiente e l'esperienza religiosa

L'esperienza religiosa basata sulla fede cristiana rivela che Dio ha pronunciato la sua Parola incarnandosi in un essere umano nella persona di Gesù di Nazareth che nacque, visse e morì in un determinato periodo storico. La mediazione di Cristo, sacerdote e vittima[1], realizza una volta per sempre un'alleanza capace di rimettere i peccati e di aprire l'accesso a Dio. Il "velo" divisorio è abbattuto, Dio si è fatto accessibile, la via che introduce al santuario celeste è aperta e agibile. La speranza è diventata un dinamismo vitale e vivere gustando nell'intimo le meraviglie del mondo futuro è il privilegio offerto da Dio in Cristo Gesù, attraverso lo Spirito Santo. Immanente nell'uomo, Dio rende abile ciascuno a sperimentare Se stesso nella sua vita intima attraverso il dono della Grazia, lo Spirito Santo.

Il percorso fatto finora da P. Lorenzo van den Eerenbeemt da religioso e sacerdote carmelitano ci ha permesso di percepire l'azione della grazia nell'intreccio dell'operare umano in ogni scelta e decisione presa, al punto tale da arrivare a un'interazione tra fede e vita, che divengono una cosa sola. Infatti P. Lorenzo viveva immerso nella presenza di Dio, ricolmato spiritualmente della Sua vita, in un continuo anelito verso l'Assoluto, verso il Trascendente, condizione che lo portava ad essere ciò che doveva diventare per chiamata di Dio.

Come tante persone che lo hanno preceduto, P. Lorenzo si fa modello e testimone del fatto che l'uomo è il primo degli esseri finiti e dotati di intelligenza, "creati ad immagine e somiglianza di Dio"[2], aperto all'assoluta autotrasparenza dell'essere, la cui apertura condiziona e rende possibile ogni singola conoscenza. Una conoscenza che permette all'uomo di conservarsi autonomo, di comportarsi liberamente nei suoi stessi riguardi e di determinare il suo destino: un essere finito totalmente aperto a Dio.

---

[1] Ebr 8-12.
[2] Cf. Gn 1, 27.

Pensare e relazionarsi con Dio, Essere che non è percepibile, torna possibile solo grazie alla rappresentazione di Dio che ha il ruolo di mediazione psichica organizzata intorno alla concezione di determinate realtà, come processi di memoria, tanto più profondi e radicati quanto più forti sono gli influssi positivi trasmessi dalla famiglia, dalla comunità e dalla società circostante. Se Dio sta all'interno dell'orizzonte del conoscere e dell'agire umano e la religione rappresenta una dimensione fondamentale nella vita umana, questo principio rafforza la necessità di sempre nuove risorse psicodinamicamente connesse con il momento esistenziale ed affettivo per formarsi una rappresentazione di Dio. Pertanto per evocare Dio abbiamo solo rappresentazioni approssimative e provvisorie essendo possibile attingere al mistero della sua rivelazione solo quando il soggetto, a cui si deve dirigere, offre da se stesso a tale possibile rivelazione un orizzonte aprioristico, in cui possa alla fine verificarsi[3], poiché il concetto di Dio non è uno strumento mediante il quale una persona può dominare il Mistero, ma è uno strumento per lasciarsi afferrare dal Mistero che è presente ma anche sempre distante. Da qui l'importanza dell'ambiente che deve favorire lo svolgere di questa dimensione spirituale nel rapporto con il Trascendente come facevano gli ebrei riunendosi in assemblea, quando era necessario, per riaffermare la loro alleanza con Dio[4]. L'origine e la tradizione religiosa erano sempre uno "specchio" che aiutava a discernere il cammino verso il futuro.

"L'ottima educazione religiosa penetrata – direi quasi – fino alle mia ossa", sono parole di P. Lorenzo, che è riconoscente per tutto quello che ha costituito un'opportunità nella sua vita, avvalendosi degli strumenti e delle mediazioni che lo hanno aiutato nelle sue decisioni come protagonista della propria storia. Questo perché la relazione di Dio con gli uomini passa attraverso le vicissitudini delle relazioni umane. Infatti Egli come Essere relazionale si sottomette per "compiacenza" verso l'uomo, agli strumenti relazionali di cui l'uomo dispone. E questo nonostante Dio non sia visibile e sensoriale consente di arrivare a una relazione IO-TU. Di conseguenza la persona che è in cerca di Dio ha bisogno di ricorrere ai mezzi spirituali, alle fonti della Sacra Scrittura, alle preghiere, ad esperti nel discernimento spirituale, ad esempi di santi e di mistici, per conoscere il significato di una esperienza e per collegarsi relazionalmente e religiosamente con la divinità[5].

---

[3] Cf. K. RAHNER, *Uditore della parola*, Borla, Roma 1977, pp. 83-99.
[4] Gs 24, 1-28.
[5] Cf. K. RAHNER, *Teologian of the graced search for meaning*, GEEFFREY K. (ed.), Fortress Press, 1972, pp. 1-372.

1.1 *Memoria storica: identità che si costruisce lungo la storia, nel discernimento della missione personale*

P. Lorenzo si ricorda dei primi anni della sua infanzia e della sua adolescenza e valuta che la sua personalità è stata costruita su base molto solida. Nell'ambiente familiare venivano rispettati i principi religiosi che furono rafforzati da una ottima educazione offerta dalla Scuola che frequentò. L'esperienza vissuta intensamente lo porterà alla definizione della sua missione:

> "Quale sarebbe la fiacchezza umana se non ci fosse una profonda educazione religiosa? Ringrazio la Provvidenza di avermi procurato tanti mezzi di salvezza, mediante la Scuola cattolica diretta dai Frères. Quei continui saggi ammonimenti sono entrati profondamente nella mia anima e la lotta contro la tendenza della natura ha portato pian piano lo spirito a sacrifici più completi, se non sempre duraturi. Esaminando filosoficamente la tendenza umana, osserviamo come incominciando la vita, già vi è la tendenza perché la vita non si spenga, se non in noi, nei posteri: tutte le potenze dei sensi si svegliano, si accendono; è la concupiscenza degli occhi, del tatto: è la fantasia che si riscalda e come in un cinema le immagini più orrende e più palpitanti offuscano lo sviluppo mentale, e mentre il miscredente dà pieno sfogo a tutta la passione, il cristiano lotta accanitamente per sollevarsi da questa miseria. La morbidezza della concupiscenza affascina facilmente e fa subire delle lotte così intense che parrebbero anche innaturali, tanto è la veemenza di esse, se non fosse l'intima e secretissima voce della coscienza che insiste sulla proibizione divina! Quanto è necessario aiutare spiritualmente i primi passi del giovinetto nella vita dei sensi! Grazie a Dio nella mia infanzia e più tardi non mi è mancata la guida dei confessori e dei direttori spirituali"[6].

Se l'uomo è attore principale del suo processo formativo, nel suo insieme, è soggetto coscienziale nella pluralità e unità delle diverse dimensioni e non tende soltanto a ciò che è vero e a ciò che è buono, ma ancor più radicalmente vive un'autotrascendenza affettiva verso un anelito all'amabile e al desiderio di essere amato[7].

---

[6] AP, Ms a, p. 4.
[7] Cf. B. LONERGAN, *Il metodo in teologia*, Queriniana, Brescia 1975, p. 61. Lonergan pone in stretto rapporto con l'esperienza religiosa l'esperienza dell'amore, cioè mette in luce il ruolo dell'affettività e dell'interiorità come elementi costitutivi del vivere umano e del suo sviluppo.

In questa linea insiste Lonergan, se i sentimenti "danno alla coscienza intenzionale la sua massa, il suo movimento, la sua energia, la sua forza"[8], l'amore attiva, compie, sostiene il soggetto. E l'azione formativa non può fermarsi alla promozione del dinamismo coscienziale, bensì deve permettere al soggetto di vivere esperienze di amore e sperimentare la radicale differenza tra capire una realtà e rapportarsi ad essa nell'amore. Infatti, è decisiva la componente intersoggettiva: "La persona è il risultato delle relazioni che un uomo ha avuto con altri uomini e delle capacità che egli ha sviluppato in se stesso di stabilire relazioni con gli altri"[9].

L'intersoggettività porta con sé il ruolo formativo peculiare ricoperto dalle credenze, perché l'uomo "non impara a vivere senza l'uso dei suoi sensi, della sua mente, del suo cuore; tuttavia non esclusivamente mediante questi. Impara da altri, non soltanto ripetendo le operazioni che costoro hanno eseguito, ma per lo più facendo propri i risultati con l'accettare quanto essi dicono"[10]. È la dimensione dell'interiorità coltivata che ha un ruolo importante nell'attuazione consapevole della vita coscienziale.

P. Lorenzo ha saputo tradurre l'esperienza dell'uomo interiore come colui che si auto-appropria, che si pone nel cammino di accogliere, comprendere, amare, sviluppare la propria sensibilità, intelligenza, ragione, responsabilità, intersoggettività, affettività, storicità, non in modo astratto ma nel concreto della propria storia personale: "L'amore invece è un dono di Dio: poter amare, poter godere della persona amata, averla nel cuore, nei pensieri, senza ombra di concupiscenza sensuale! Confesso di aver amato molto e molto amato"[11].

L'incidenza e l'influsso dell'ambiente si fa più rilevante ancora nell'affermazione che segue nell'esempio già accennato nel capitolo precedente:

"Durante quest'anno scolastico mi sembra (o prima?), accompagnai due amici di mio zio Gerardo, fratello di mio padre a vedere Roma: quel poco di francese mi dava un ardire al di sopra quasi della mia natura, così fortemente timida: mi davo l'aria di Cicerone. Condussi questi signori alla Chiesa di S. Andrea delle Fratte per far loro vedere il quadro dell'Immacolata e parlai della visione avuta dal Ratisbonne[12]. Non l'avessi mai detto! Un predicozzo, ch'ero ragazzino, che son sciocchezze da non crederci ... ma queste paro-

---

[8] Ibid.
[9] B. LONERGAN, *Ragione e fede di fronte a Dio*, Queriniana, Brescia 1977, p. 75.
[10] Ibid., *Il metodo in teologia*, op. cit., p. 74.
[11] AP, Ms a p. 5.
[12] Ratisbonne, Marie Theodore (1802-1884), sacerdote, fondatore dei Sacerdoti di Nostra Signora di Sion e delle Suore di Nostra Signora di Sion, a Strasburgo. Ratisbonne appar-

le non solo non mi scossero, ma mi rafforzarono nella fede e nell'amore alla Chiesa: devo dire che questa fede la devo a Dio e mezzo strumentale è stata l'ottima educazione religiosa penetrata – direi quasi – fino alle mia ossa. Ad eccezione di quella sfuriata di cui ho parlato sopra, contro un frère[13], io ho avuto il massimo rispetto per i miei maestri e la loro parola era per me una verità assoluta. In quell'età giovanile, quanto può influire la parola di un maestro! Beati coloro che hanno avuto una buona, retta, santa educazione. E mentre ricordo ben volentieri il Collegio S. Giuseppe per le fisiche sofferenze di freddo e per la perfidia di alunni blasonati, ringrazio il Signore di aver trovato una fonte di principi spirituali, che mai mi hanno abbandonato nella mia vita"[14].

Nell'ottobre 1951, P. Lorenzo dedica una pagina degli "Appunti della mia vita" al P. Filippo Valentini. Il ricordo rimonta al periodo in cui è stato per due anni nel Seminario a Patrica quando aveva appena 12-13 anni di età:

"la sua parola era semplice e comprensiva e l'ascoltavo tanto volentieri: egli raccomandava che ci fosse lo <u>spirito sacerdotale</u>[15]: su questo batteva tanto, che io piccolo ginnasiasta di 2° e 3° anno ho tenuto in mente queste parole e le ricordo ancora. A che servono i Preti se non hanno lo zelo apostolico"? Insensibilmente fin dalla giovinezza mi si è infiltrata nella mente la grandezza, la sublimità del sacerdozio. Certamente lo devo a questi anni passati sotto la guida del Padre e dei suoi collaboratori"[16].

---

tiene a una delle famiglie più influenti della città. Studia diritto e medicina completandoli con la laurea. Non riceve formazione religiosa, ma desideroso di approfondirsi nella religione, assume gratuitamente la direzione della scuola ebraica di Strasburgo, continuando la sua ricerca della verità. Meditando costantemente sulla Sacra Scrittura, Teodoro è vivamente colpito dalle promesse riguardanti l'avvenire del popolo ebraico. Il 20 gennaio 1842, l'Immacolata appare a Roma – nella Chiesa di S. Andrea delle Fratte – al fratello Alfonso. L'illuminazione è tale che in un istante egli comprende tutto il cristianesimo ed entra nella Compagnia di Gesù, diviene sacerdote nel 1848, ma lascerà vari anni dopo con il permesso di Pio IX per unirsi al fratello Teodoro, anch'egli sacerdote, nel movimento religioso di Nostra Signora di Sion (cf. M. D. Gros, Ratisbonne, in in G. Pelicia e G. Rocca (edd.), *Dip*, V. 7, pp. 1214- 1216).

[13] La sfuriata a cui P. Lorenzo si riferisce la racconta negli *Appunti*: "Ero retto e non potevo soffrire ingiustizia: mi sembrò, nella mia imprudenza che un frère della V (De Giovanni, poi uscito) avesse ingiustamente castigato un compagno. Mi alzai per difendere quest'ultimo, ma il frère s'inviperì contro di me – e forse, ora ci penso, – aveva ragione: ma io non ragionavo più. Al cantone dove mi aveva messo scaricai tante parole e stupide minacce" (AP, Ms a, p. 5)

[14] AP, Ms a, p. 8.

[15] La sottolineatura è di P. Lorenzo.

[16] AP, Ms a, p. 18. Padre Valentini segue il suo fondatore S. Vincenzo de' Paoli (1581-1660): agire pregando e pregare per agire meglio. Preghiera che attinge dal Vangelo le ra-

Oramai a sessantacinque anni di età guarda al passato e vede nella coerenza del suo vissuto quanto le testimonianze incidono nella vita di una persona, poiché lui stesso lo ha sperimentato. Ricorda ancora un piccolo episodio mentre era al secondo ginnasio. Durante una permanenza a Patrica bussò alla porta del ufficio di P. Valentini per scambiare con lui qualche parola e tra l'altro gli fece presente di avere una sottana (vestiva da chierico ed era in estate) un po' troppo pesante e il desiderio di poterne avere una più leggera, ma il Padre senza scomporsi gli fece palpare la sua molto più pesante, che portava da anni, sia d'estate sia d'inverno. A questo punto lui non ebbe il coraggio di aggiungere parola, ma edificato, gli baciò la mano e si ritirò[17].

Il percorso fatto da P. Lorenzo ci permette di intravedere chiaramente la prospettiva che considera l'uomo non soltanto destinatario di un'azione formativa, ma soprattutto di soggetto del processo formativo, come metodo della conoscenza e della coscienza[18].

I Padri Redentoristi[19] facevano parte della cerchia di amici della famiglia van den Eerenbeemt quando P. Lorenzo era ancora ragazzino, come pure P. Willem van Rossum, eletto successivamente Cardinale Prefetto della Congregazione Propaganda Fide, anche lui della Congregazione del SS. Redentore. Gli argomenti che trattavano non poteva non vertere sulle diverse realtà delle missioni come cultura, lingua, tradizioni, religiosità del popolo, sulle sfide e soprattutto sulle difficoltà e testimonianze di eroismo dei missionari.

Rileviamo nuovamente, oltre alla realtà della sua famiglia profondamente cristiana, anche la motivazione presente nel momento della de-

---

gioni di amare e di agire. La Congregazione fondata da san Vincenzo venne detta "della Missione" perché ebbe come scopo originario l'evangelizzazione dei poveri attraverso le missioni" (Cf. Luigi Mezzadri e Jose Maria Roman, *Storia della Congregazione della Missione*, I, CLV –Edizione Vincenziane, Roma 1992, pp. 222-233). La società ebbe rapida diffusione e alla morte del fondatore (1660) i Lazzaristi o Padri delle Missioni erano già presenti in Francia, Italia, Irlanda, Tunisia, Algeria, Madagascar, Scozia (Ebridi e Orcadi comprese) e in Polonia. P. Valentini vivendo profondamente lo spirito missionario, dalla comunicazione delle notizie missionarie che arrivavano da tutte le parti dove i Padri erano presenti, si mise al servizio del carisma della Congregazione per preparare non solo i loro missionari, ma formare Sacerdoti secolari che evangelizzassero la gente di campagna. Come pure si dedicò alla predicazione delle missioni popolari, alla predicazione di ritiri ed esercizi spirituali, all'insegnamento e alla direzione di seminari, alle missioni *ad gentes* e all'assistenza per schiavi e forzati. Il Collegio Apostolico Leoniano fondato da P. Valentini continua la sua nobile Missione di educare e formare Sacerdoti destinati ad evangelizzare i poveri e portare ovunque la luce benefica del Vangelo nelle famiglie, nella società, nella Patria (Cf. ANNALI della Congregazione della Missione e della Compagnia delle Figlie della Carità, Tomo XLIX, Anno MCMXXVII, pp. 99-111).

[17] AP, Ms a, p. 18.
[18] Cf. B. Lonergan, *Il metodo in teologia*, op. cit., p. 61.

cisione alla vita religiosa di P. Lorenzo nella sua scelta dell'Ordine: il desiderio missionario.

1.2 *Sotto l'impulso missionario dell'Ordine e della Chiesa*

Lo spirito missionario già si era incarnato in P. Lorenzo fin da piccolo per influsso dell'ambiente. Dopo l'ordinazione sacerdotale il 7 giugno 1912 parte da Oss insieme con un confratello, destinati entrambi a Roma, presso il Collegio Internazionale S. Alberto per completare gli studi accademici di teologia. Frequenta il corso di teologia presso la Pontificia Università Gregoriana e nel 1915 ottiene il dottorato[20] in teologia.

Nel 1916 viene nominato vice-parroco della Parrocchia di S. Maria in Traspontina e per sei mesi lavora per l'archivio della Segreteria di Stato[21]. Nel 1917 viene nominato priore[22] del Collegio Internazionale S. Alberto, frequenta il Pontificio Istituto Biblico e nel giugno del 1919 consegue la licenza in Sacra Scrittura[23]. Nello stesso anno rientra in Olanda e insegna Sacra Scrittura e lingua ebraica nella facoltà teologica di Oss. Coinvolto dallo spirito missionario si iscrive alla Pia Unione Missionaria del Clero, Priester-Missiebond[24], il 19 novembre 1920. In seguito, dal

---

[19] Il fondatore della Congregazione del SS. Redentore fu Alfonso Maria de Liguori (1696- 1787) santo, vescovo, dottore della Chiesa, patrono dei confessori e moralisti, maestro di vita pastorale e riformatore di vita religiosa. La preminenza assoluta della predicazione, attuata mediante le missioni popolari, gli esercizi spirituali, le catechesi, il voto di andare alle missioni estere, porta ad escludere altre attività, tra cui le scuole, e le parrocchie. La sua spiritualità è basata su elementi biblici, patristici e sulla esperienza; è eminentemente cristocentrica con spiccato carattere affettivo. Creata per evangelizzare i poveri e per proclamare loro il Vangelo della liberazione integrale, la Congregazione è stata diffusa gradatamente in Europa. Per la sua pietà eucaristica e mariana, e lo zelo missionario piacque al popolo e ai religiosi riuscendo a sconfiggere nelle coscienze il rigore giansenista (Cf. O. GREGORIO, Alfonso Maria de Liguori, in G. PELICIA E G. ROCCA (edd.), *DIP*, V. 1, pp. 482 – 488).

[20] Cf. AP, Attestati accademici 1913-1919, I.8. a-g.

[21] Cf. AP, Lt ringraziamento per il lavoro svolto, Vaticano 5 febbraio 1918.

[22] Cf. AP, Lt nomina, Roma 7 luglio 1917.

[23] Cf. AP, Attestati accademici 1913-1919, I.8. a-g.

[24] Priester-Missierbond è una pia unione missionaria del clero eretta per iniziativa di Mons. Guido Maria Confort, vescovo di Parma, e approvata il 23 ottobre 1916 da papa Benedetto XV. Diffusa in breve in molte nazioni. La finalità di questa Pia Unione Missionaria del Clero è: a) coltivare le vocazioni per le missioni; b) illuminare i fedeli sulle necessità di soccorso e di solidarietà a favore delle missioni; c) organizzare meglio le azioni a favore delle missioni (cf. AAS 9 [1917], 22). Il clero che apparteneva a questa Pia Unione del comitato olandese, con sede nell'ospizio di S. Michelle nella diocesi di 's Bosch godeva di alcuni privilegi: I. Aflaten (= Indulgenze): Indulgenze plenarie nelle feste: Epifania, SS. Apostoli, S. Michele Arcangelo, s. Francesco Saverio, e "in articulo mortis"; Indulgenza di

priore generale fr. Elias Magennis, riceve una lettera di trasferimento[25] dall'Olanda al Collegio Internazionale a Roma per l'insegnamento.

L'Ordine Carmelitano, accanto all'attenzione per la formazione spirituale, religiosa e accademica, si inseriva in una spinta vocazionale verso le missioni, alimentata non solo dal contesto generale olandese ma anche da una ripresa, allora ancora agli inizi dell'Ordine dopo la sua soppressione. Questo spirito missionario spinge in un primo momento ad accettare e contribuire dal 1904 alla restaurazione della Provincia di Rio de Janeiro, in cui nel 1927 si fecero tentativi missionari lungo il fiume Juruà, Amazonas, su ricchiesta del Nunzio Apostolico del Brasile. Due anni dopo venne ad essi affidata la Prelatura apostolica di Paracatu e il primo Amministratore di essa fu Mons. Eliseo van den Weijer, nominato il 4 agosto 1929.

Dalla Congregazione Propaganda Fide, il Prefetto Cardinale Willem van Rossum indirizza all'Ordine Carmelitano[26] l'invito a intraprendere la missione nell'isola di Giava e di Madura. Il Priore Generale si rivolge allora alla Provincia Olandese[27]. L'inizio del discernimento cominciò nell'ottobre 1921. Il 22 giugno 1922 la Provincia olandese arriva alla decisione. Vengono affidate alle loro missioni 5 milioni di anime che esse designano come indigeni. Il 6 giugno 1923 Clemente van der Pas (superiore), Paschal Breukel e Linus Henckens, si imbarcano sul piroscafo Johan de Witt, diretti a Batavia, capitale di Giava dove sono attesi per lo studio della lingua e per la preparazione alla vita apostolica.

In questo lavoro missionario i Padri Olandesi ebbero un aiuto, nelle scuole e negli ospedali, dalle religiose Orsoline e da altre Congregazioni tanto femminili quanto maschili provenienti dall'Olanda. Per stimolare un maggiore interesse verso questa missione dal 1929 si pubblicò una rivista *Vox* su cui veniva comunicato tutto il lavoro missionario svolto.

In Indonesia (denominata prima Nederlands Oost Indië[28]) fiorisce adesso la realtà meravigliosa costituita dalla Provincia Indonesiana. Altro campo missionario intrapreso dalla Provincia Olandese sarà quello delle Isole Filippine. Questa apertura missionaria verso il Brasile e i paesi asiatici alimenta molte motivazioni nella scelta che veniva fatta dagli

---

100 giorni per ogni opera a favore delle missioni. II. Faculteiten (= Facoltà) per ogni sacerdote iscritto e abilitato alle confessioni, di benedire oggetti sacri, rosari, scapolari (del Carmine, dei 7 dolori, ecc), crocifissi, statue e croci (per chi non può fare la Via Crucis in chiesa). III. Indult (= Indulto) personale dell'altare privilegiato, per 4 volte la settimana. Per le Indulgenze, facoltà e indulto concesse cf. AAS 11 (1919), 22 e 179 (Cf. AP, Originale della Pagellina di iscrizione alla Pia Unione Missionaria del Clero).

[25] Cf. AP, Lt, Priore Generale Elias Magennis, Roma 11 ottobre 1920.
[26] Il Priore generale all'epoca era P. Elias Magennis.
[27] Il Provinciale all'epoca era P. Uberto Driessen.
[28] Denominata all'epoca India Orientale Olandese.

olandesi, durante gli studi superiori, di ricercare missionari per quelle terre. Una scelta che in quasi tutte le circostanze portava a lasciare la propria patria per sempre e a prendere come propria quella della terra di adozione[29].

Il rilevante dinamismo missionario, tipico dei secoli XIX-XX, è favorito soprattutto da circostanze esterne alla Chiesa. L'Europa infatti è presa da una vera e propria febbre di esplorazioni geografiche che risvegliano interesse per le terre lontane e fanno conoscere l'interno del continente africano fino a quel punto totalmente sconosciuto. L'aumento numerico delle missioni e il loro sviluppo sfidano la Chiesa ad una solida organizzazione e ristrutturazione dei vari settori d'attività. Sotto i pontificati di Pio XI, Leone XIII e Pio X si assiste, al rapido moltiplicarsi di territori ecclesiastici, vicariati e soprattutto prefetture apostoliche.

È giustamente nel periodo del Cardinale Prefetto Willem van Rossum che si da una svolta decisiva nella comprensione della missione cattolica segnata dalla lettera enciclica *Maximum illud* del Papa Benedetto XV, ritenuta la magna carta delle missioni moderne. Sono presentati i nuovi criteri fondamentali per un'azione missionaria: promuovere la formazione del clero indigeno, riconoscere il valore delle culture indigene, imparare la lingua del popolo, riconoscere il ruolo della donna consacrata come collaboratrice nell'azione missionaria, guardarsi dalle aberrazioni dell'apostolato (nazionalismo, sete d'oro), tendere alla santità di vita e trattare gli indigeni con tutte le dolcezze della benignità cristiana[30].

Si nota la straordinaria moltiplicazione delle Congregazioni specificamente missionarie[31]. Contemporaneamente in Olanda nasce la Congregazione di Missionarie Serve dello Spirito Santo fondata nel 1889 da Arnoldo Janssen[32].

---

[29] Cf. J. SMET, *The Carmelites - A history of the brothers of our Lady of Mount Carmel*, Carmelite Spiritual Center, Darien-Illinois 1985, vol. IV, pp. 199-204.

[30] BENEDETTO XV, *Maximum illud*, Enchiridion delle encicliche, Edizioni Dehoniane, IV, 883, Bologna 1994, Bologna 1994.

[31] L'unica istituzione missionaria fino ad allora era la Società delle Missioni Estere di Parigi esistente fin dal XVII secolo. Dopo questo, solo nel 1848, nasce in Francia una nuova fondazione: la Congregazione dello Spirito Santo, instituita da François Libermann (1892-1852). Le missioni cattoliche erano quasi esclusivamente gestite dagli uomini: sacerdoti, religiosi e laici. In questo mondo missionario maschile si fanno sempre più presenti le donne. Secondo le statistiche alla fine del XIX secolo il numero delle religiose europee in missione assumeva proporzioni notevoli con la presenza di circa 44.000 suore. La loro presenza in tutti i settori missionari è considerata una novità epocale (Cf. BUTTURINI G., *Storia delle missioni*, in G. PELLICCIA - G. ROCCA (edd.), *DIP*, vol. IX col. 285-306).

[32] Il Janssen (1837-1909), fondatore della Società del Verbo Divino, intuendo l'enorme importanza dell'aiuto femminile nelle missioni, invitava le religiose tedesche alla partecipazione alla missione oltremare. Non trovando le suore disponibili, raccolse alcune gio-

1.3 L'inizio di una nuova fase della vita

Dal 1917-19, P. Lorenzo è professore presso lo Studio Generale dell'Ordine al Collegio Internazionale S. Alberto, è priore della Comunità[33] e accompagna i Chierici nel loro studio e nella prassi pastorale. Dal 1920 al 1930, dopo un anno a Oss, dove insegnava nella Facoltà di Teologia, rimane nel Collegio Internazionale a Roma. Nel 1922 viene nominato esaminatore del clero romano[34]. Gli viene conferito l'incarico di Segretario delle Missioni Carmelitane[35] e si interessa in prima persona delle Missioni di Giava e Madura nell'Indonesia[36], dal momento che egli de-

---

vani desiderose di diventare suore missionarie, e diede loro un'adeguata formazione religiosa e missionaria (Cf. E. KROES, *Missionarie Serve dello Spirito Santo*, in G. PELLICIA – G. ROCCA (edd.), *DIP*, vol. V col. 1634-1637).

[33] Notizia sulla nomina a Priore del Collegio In. S. Alberto, in: "Analecta Ordinis Carmelutanum" 4 (Roma 1917-1922), p. 224.

[34] Nominato dal Cardinale Vicario di Roma il 4 luglio 1922, svolse quest'ufficio fino al 1930, in: "Analecta Ordinis Carmelitanum, 4 (Roma 1917-1922), p. 382.

[35] Come Segretario delle Missioni Carmelitane P. Lorenzo firma diverse lettere 1922-1925. (Cf. LORENZO VAN DEN EERENBEEMT, *I Carmelitani dell'Antica Osservanza*, in "Rivista Illustrata della Esposizione Missionaria Vaticana" n. 7, La Città del Vaticano 1925, p. 213- 217).

[36] Una descrizione sommaria delle notizie pubblicate nel periodico dell'Ordine al riguardo della Missione in Indonesia: "La notizia sarà appresa con giubilo da quanti bramano la dilatazione del regno di Dio sulla terra, e da tutti i figli del Carmelo i quali, con questa importante Missione, affidata loro dalla Santa Sede, potranno essere sicuri dello sviluppo che alle Missioni Carmelitane è assicurato dalla protezione divina e dalla buona volontà dei Missionari e dei loro cooperatori. Il vasto territorio dei tre distretti di Madura, Pasueruan e Bezoeki è quello che è stato affidato ai nostri Missionari. Il territorio ha un'estensione di 23.345 chilometri quadrati. La popolazione dei tre distretti è di cinque milioni di abitanti. (…). Giava, nella sua parte orientale con i due distretti di Pasueruan e Bezoeki è sommamente importante dal lato commerciale ed anche lo è pure dal lato archeologico, poiché sotto questo aspetto essa è per l'Oceania quello che le regioni del Nilo e dell'Atlante sono per l'Africa. Giava è oggi un nome ben caro ai figli del Carmelo in quanto indica il nuovo campo che Iddio ha loro affidato da dissodare, da rendere fecondo con i loro sudori e da ridurre, oggi, *selva selvaggia*, in ameno giardino olezzante delle più belle virtù. Abbiamo detto "selva selvaggia" poiché tra una popolazione di cinque milioni di abitanti, affidati ora alle cure dei nostri Missionari, vi sono soltanto circa tremila cattolici". La religione dominante è l'Islamismo e nelle tribù incolte è ancora in vigore il culto degli spiriti e il feticismo. *Il Monte Carmelo* (9), 1923, p. 55-57. In un altro numero della rivista continua: "Nella vastissima zona della Missione la messe è grande, stragrande, ma le forze sono deboli, gli operai pochi, pochissimi. Giava ha bisogno di Carmelitani. Il terreno è buono, promettente, ma il lavoro cresce e i bisogni aumentano ogni giorno. Sarà immenso il bene che i Missionari potranno fare se altri – e non mancano – andassero a raggiungerli per raddoppiare il loro numero e guadagnare così, in mezzo a una popolazione pagana, nuovi, molti figli alla Chiesa. (…). Nella nuova Missione è stata già aperta una scuola elementare con un maestro indigeno, e istituita la Messa per i bambini prima della scuola: durante la Messa, la chiesa è affollatissima. E numerosi sono anche i bambini che frequentano la dottrina. Ma, se l'evangelizzazione di quei popoli richiede uomini, esige anche denaro, e il P. Clemente fa appello a tutti i buoni perché prontamente e abbondantemente vengano in aiuto delle molteplici necessità" (*Il Monte Carmelo* (10), 1923, p. 255).

siderava ardentemente andare in missione. Infatti è il primo a dichiararsi disponibile. Non ottenendo il permesso orienta il suo desiderio nell'interessamento delle necessità dei confratelli che affrontano tante sfide e che mancano soprattutto tanto di risorse economiche, quanto di personale.

Il 19 giugno 1922, P. Alberto Grammatico[37], Vicario Provinciale dell'Ordine in Sicilia, scrive a P. Lorenzo, Segretario per le Missioni Carmelitane dell'Ordine, a proposito di un appello in favore delle missioni per reclutare vocazioni missionarie femminili:

> "Il generale entusiasmo per l'attività missionaria destinata a produrre preziosi frutti di carità e di fede, ha avuto una particolare manifestazione tra i figli della B. Vergine del Carmine. Un manipolo di anime ferventi si accinge a costituirsi in Terz'Ordine Carmelitano per le missioni. L'opera che all'inizio sembrava ardua ora è già in una prima fase di felice attuazione, in cui è dato di constatare un segno della benedizione di Dio. Anime che amate Gesù Cristo, seguiteci! Nel nome della B. Vergine del Carmine, accorrete anche voi nelle file del pacifico esercito che intende allargare il regno di Dio. Vi sono ancora dei pagani nel mondo, vi sono fratelli nostri che hanno bisogno di esser sorretti nella fede e nelle angustie della vita (qui si riferisce all'assistenza agli emigranti!). È un campo immenso di apostolato che si stende sotto i nostri sguardi. Voglia Iddio che questi appelli suscitino in molti cuori il divino fremito della carità, che ispira l'amore della rinunzia e del sacrificio per la salvezza delle anime"[38].

---

[37] P. Alberto Grammatico nacque a Erice, presso Trapani, in Sicilia il 1 ottobre 1884. Entrato nell'Ordine e compiuto il noviziato a Nocera Umbra, professò l'8 settembre 1903. Studiò filosofia e teologia a Roma presso le Pontificie Università Apollinare e Gregoriana, conseguendo la laurea in entrambe le discipline, in cui era versatissimo. Ordinato sacerdote nel 1907, fu parroco della Traspontina dal 1909 fina al 1920. Negli anni 1920-23 fu vicario provinciale della provincia siciliana di S. Alberto. Insegnò negli anni 1923-60 filosofia e teologia nello studio generale dell'Ordine a Roma, di cui fu anche reggente negli anni 1928-39. Dal 1931 al 1946 fu assistente generale per l'Italia e Malta. Svolse un'ampia attività anche fuori dall'ambito dell'Ordine. Fu consultore di congregazioni romane, (Congr. Sacramenti dal 1918, Congr. Riti dal 1948, Congr. S. Concilio dal 1949) penitenziere straordinario della Basilica Vaticana dal 1941, docente di religione per venticinque anni presso il liceo statale "Terenzio Mamiani" (ove svolse una profonda educazione formativa-religiosa tra la gioventù). Partecipò attivamente a numerosi congressi filosofici in Italia, e strinse amicizia con numerose personalità del mondo della cultura e della politica italiana. Morì, dopo lunga malattia, il 13 maggio 1960 a Roma presso la casa di cura Figlie della Sapienza. Numerosissime sono le sue pubblicazioni (Cf. AOC 13 [1946-48], 62 2 163; 22 e 163 [1960-61], 57-62; B. Xiberta, *Il 50° della ordinazione sacerdotale del p. Alberto Grammatico*, in "L'Osservatore Romano", 24 maggio 1957, n. 121, p. 5).

[38] AP, Lt, P. A. Grammatico. a PL, 19 settembre 1922.

Il testo sopra viene raccomandato da P. Grammatico a P. Lorenzo e se necessario, di redigerne uno più comprensibile.

Lo spirito missionario e lo zelo apostolico ogni giorno si fa più intenso fin dall'inizio della sua decisione vocazionale al Carmelo e P. Lorenzo non si ferma, prende con sé gli studenti chierici e il fine settimana va fuori Roma, raggiungendo Ladispoli e Santa Marinella che all'epoca, 1917, quasi tutta era campagna. Ascoltiamo P. Lorenzo

> "Poco tempo prima, essendosi egli recato alla Curia Vescovile per ottenere la facoltà di predicare e di confessare, si era incontrato da Mons. Grosso con la signorina Persichetti, che perorava la causa della chiesa delle Vittorie. Questo incontro, che poteva sembrare fortuito, fu in realtà l'inizio di una nuova fase nella sua vita, perché d'ora in poi egli non avrebbe più dimenticato Santa Marinella[39]. Il Vicario Generale propose al Rev. do Padre di andare a celebrare la S. Messa ogni domenica nella nuova chiesa ed il Padre, ottenuto il permesso dei suoi superiori maggiori, soddisfece per i due mesi che villeggiò a Ladispoli a questo obbligo. Egli fu risarcito nelle spese dalla popolazione villeggiante che si limitò a pagare a mala pena i viaggi"[40].

Nel giorno stesso, cioè il 14 luglio 1923 giorno della benedizione della Chiesa da S. E. il Card. Antonio Vico, Vescovo Suburbicario della diocesi di Porto S. Rufina, P. Lorenzo si presentò a S. Eminenza nel castello Odescalchi per prendere gli ultimi accordi per le celebrazioni della S. Messa nella nuova chiesa. E la prima messa celebrata da lui fu il giorno seguente come viene descritto:

> "La prima domenica era il 15 luglio: un giorno di luce intensa, cielo, mare e terra con una magnificenza di tinte, con un'aria iodata che apriva i polmoni. Il Padre portò con sé da Ladispoli il calice, il

---

[39] P. Lorenzo nel suo incontro con Mons. Grosso a Santa Marinella registra che sembra colpito già da una previsione del futuro e lo descrive nella Cronistoria della Chiesa di Nostra Signora delle Vittorie: "è un'amena borgata, a 70 km da Roma, che lungo la via Aurelia, per più chilometri, stende le sue graziose ville sul litorale tirreno. la posizione è incantevole: difesa al settentrione da piccole colline, il suo mare è aperto al libeccio e allo scirocco: la spiaggia a scogliera, quasi del tutto priva di sabbia, è ricoperta da un erto strato di alghe che esalano un odore acre e pungente che però, iodificando l'aria la rendono più salubre e singolarmente adatta all'età senile e a quella della puerizia. Nei bei giorni di sole gli sfondi panoramici ricordano sia pur modestamente, la meravigliosa curva del golfo partenopeo: al sud est si delineano in tenue tinta celeste i Colli Albani; più avanti Fiumicino che, col suo faro segna l'estremo limite del golfo; adagiate alla costa Ladispoli, Furbara e S. Severa col suo pittoresco castello; a ponente lo sguardo abbraccia Civitavecchia e nei giorni chiari il monte Argentario, l'isola del Giglio, Giannutri, Montecristo, Pianosa ed altri isolotti della Toscana". (AP, Cron. p. 2).
[40] AP, Cron. p. 7.

vino e persino l'acqua, l'ostia ecc: perché mancava tutto. Fu celebrata in quel giorno la prima Messa in questa Chiesa ed il Padre, ricordando che quella era la vigilia della solenne festa del Carmine, dedicò, nell'intimo dell'anima, alla cara Madre e Decoro del Carmelo quest'umile Chiesa: che venissero i Carmelitani a prender possesso di essa, e che di fronte al gran mare si erigesse una casa, un convento: tale fu il suo primo sogno"[41].

"*Il Monte Carmelo*"[42] era un mezzo di comunicazione, il più veloce per l'epoca, non come sono oggi internet e la televisione, ma le notizie arrivavano ugualmente ovunque, sensibilizzando molti alla solidarietà. Queste espressioni sono frequentissime nelle pagine della rivista:

"Una delle forme con cui i nostri Padri esplicano la loro opera missionaria è la scuola. Dovunque stabiliscono una Missione pensano subito ad aprire una scuola per i fanciulli. E ciò rappresenta un grande vantaggio, giacché in essa insieme alla debita istruzione, infondono nelle loro anime quei germi della Religione, che, sviluppati col crescere degli anni, rimangono poi fermamente radicati nel loro animo, in modo da formare nel seno della famiglia e della società uomini consci dei propri doveri religiosi. Con animo angosciato diciamo che i nostri Padri si trovano quasi nell'impossibilità di poter continuare la scuola per mancanza di Missionari! Sono tante povere anime che aspettano ancora la luce del Vangelo, ma mancano gli operai della vigna! Oh! Ecciti questo pensiero in tutte le anime buone un vivo desiderio operoso di procurare, con ogni mezzo, nuovi sacerdoti per le Missioni"[43].

---

[41] Ibid.
[42] Con lo stimolo dato da papa Benedetto XIV nel settembre del 1914 ad un gruppo di carmelitani, durante un'udienza, ad "amare e diffondere il culto e la venerazione alla Vergine del Carmelo, si rafforzò il progetto, nutrito da tempo da P. Antonino Franco, di una rivista concepita allo scopo e destinata a tutti i membri della famiglia carmelitana. In tempi brevi, con l'appoggio anche del priore generale del tempo, si realizzò il mensile *Il Monte Carmelo*, il cui primo numero uscì nel gennaio del 1915. La finalità fu di diffondere la devozione mariana carmelitana, e la conoscenza dei santi e della vita dell'Ordine. La struttura era divisa in due parti: una prima di carattere generale era destinata alla formazione dei lettori, con articoli e saggi (anche a puntate) su tematiche mariane e spirituali, sulle principali figure del Carmelo, sulla storia di santuari e conventi carmelitani. La seconda suddivisa in rubriche stabili che riguardano le lezioni formative per gli iscritti alla confraternita e al Terz'Ordine Carmelitano, con proposta per la loro riunione mensile, e la cronaca, le necrologie di religiosi, religiose e laici della famiglia carmelitana, e una breve rassegna bibliografica. L'impegno assunto con i lettori fu mantenuto e la rivista ebbe un forte impatto non solo sui laici appartenenti alla famiglia del Carmelo, ma anche sui suoi religiosi e religiose. Purtroppo si dovettero sospendere le pubblicazioni nel dicembre 1951 a causa del forte disavanzo riscontrato negli ultimi anni, nonostante gli sforzi compiuti per evitare tale provvedimento (Cf. E. BOAGA, O.Carm., *I Periodici Carmelitani Italiani*, in Rallegratevi, 3 (2003), p. 11 ss.).
[43] *Il Monte Carmelo* (9), Roma 1923, pp. 55-57.

Nello scenario dell'epoca Teresa del Bambino Gesù, una monaca francese del Carmelo di Lisieux che visse appena 24 anni, incoraggiò una grande spinta missionaria. Dopo due anni dalla canonizzazione il 14 dicembre 1927 viene proclamata patrona principale, al pari di Francesco Saverio, di tutti i missionari, uomini e donne e delle missioni esistenti in tutto il mondo dal Papa Pio XI. L'immagine della Santa è presente in luoghi distanti, impenetrabili e sconosciuti. Come un uragano, la sua fama e il suo incanto aveva conquistato e ispirato tutto il mondo. Ancora prima della sua canonizzazione la sua biografia era stata tradotta in diverse lingue, in un totale di 400.000 esemplari. Corrispondenza, richieste di reliquie, piccole immagini, tutto mobilitava il monastero di Lisieux con intensità e si poteva dire che il Popolo di Dio canonizzò la giovane monaca prima ancora della dichiarazione ufficiale[44].

P. Lorenzo, innamorato di questa piccola e grande santa missionaria che voleva abbracciare tutte le vocazioni[45], sente l'impulso di realizzare il desiderio missionario della nostra Santa con la nascita di un terz'ordine carmelitano, tanto maschile come femminile, consacrato, sotto la sua protezione, che avesse come ispirazione e fecondità carismatica attualizzare nei diversi contesti culturali il suo messaggio e la sua testimonianza.

A questo scopo entra in contatto con diverse Congregazioni femminili e maschili per chiedere preghiere per il progetto di fondazione e di ricerca di vocazioni. In una lettera al sacerdote francese P. L. Monnot P. Lorenzo, oltre che fornire l'indirizzo richiesto, espone il suo desiderio di fondare un istituto missionario femminile e chiede vocazioni:

> "Con la presente ti chiedo un grande favore. Da tanto tempo cerco di formare un ordine terziario regolare femminile per le missioni. In questo momento i miei lavori sono a buon punto. Se tu hai nella tua parrocchia o presso le tue conoscenze delle brave ragazze indirizzale a me che io farò il possibile per averle qui a Roma sperando che in questo anno possano entrare in noviziato. Queste giovani figlie dopo un po' di tempo potrebbero essere delle brave missionarie

---

[44] Qualche bibliografia: A. M. SICARI, *La teologia di S. Teresa di Lisieux, Dottore della Chiesa*, Jaka Book, Milano 1997; H. U. VON BALTHASAR, *Teresa di Lisieux e Elisabetta di Digione*, Jaka Book, Milano 1974; G. GAUCHER, *Teresa Martin*, Paoline, Milano 1987; IDA MAGLI, *Santa Teresa di Lisieux*, Rizzoli, Milano 1984; JEAN GUITON, *Il Genio di Teresa di Lisieux*, SEI, Torino 1995; LORENZO VAN DEN EEREMBEENT, *Vita di Teresa del Bambino Gesù*, stampato ad uso interno, S. Marinella 1926 e 1966. Come fonte abbiamo: S. TERESA DI GESÙ BAMBINO, *Opere Complete*, Ed. Vaticana, Ed. OCD, Roma 1997.

[45] S.TERESA DI GESÙ BAMBINO, *Opere Complete*, Editrice Vaticana e Edizioni OCD, Roma 1997, p. 223.

per le colonie francesi per il Carmelo. Voglia dunque caro Abate che sentano la voce del Carmelo e di questa nuova impresa. Ti ringrazio con le mie preghiere"[46].

Scrive alla Superiora generale delle Terziarie Carmelitane di Torino che risponde a P. Lorenzo di essere spiacente di non poter aderire al suo desiderio[47]. Si rivolge pure alla Superiora Generale delle Carmelitane delle Grazie di Bologna e ripete la richiesta, non avendo ricevuto risposta alla sua prima lettera ove proponeva di accettare vocazioni per fondare un Istituto missionario:

"Avendole scritto diverso tempo fa e non avendo ancora avuto risposta vengo di nuovo a pregare la R.ma V. M. per lo stesso affare che tanto mi sta a cuore. Ho pensato che la R. V. si è forse turbata per la condizione che io misi di dover esser a Roma la prima casa da fondare. Devo avvertire che questa non è assoluta, ma relativa, cioè se le condizioni lo permetteranno se, in una parola, piacerà a Dio. Non vorrei che per questa condizione Lei lasciasse andare questa bell'opera che promette molto. Credo più opportuno aspettare prima di ricevere novizie dalla Spagna e dall'Olanda e me lo dica pure francamente"[48].

P. Lorenzo chiede al cardinale Giovanni Battista Nasalli Rocca[49] un incoraggiamento per realizzare il suo ideale missionario anche fra gli emigranti. Espone in modo chiaro quello che intende per le missioni:

"Il sottoscritto, segretario delle Missioni Carmelitane, desiderando ardentemente fare qualche cosa per le missioni si è rivolto alle Terziarie Carmelitane di Bologna per aver in seguito delle Terziarie missionarie. Per missioni intende non solo quelle tra i pa-

---

[46] AP, Lt P. Lorenzo a P. L. Monnot, lettera senza data, ma che si può dedurre dall'indicazione dell'indirizzo al P. Cyprianus Verbeck, ch'è provinciale nel 1923.

[47] AP, Lt sr Teresa di Gesù, Superiora generale Terziaria Carmelitana, Torino 19 settembre 1923.

[48] AP, Lt PL alla Superiora gen. Carmelitane delle Grazie di Bologna, Roma 5 giugno 1924. La Superiora gen. delle Carmelitane di Bologna risponde a P. Lorenzo di essere spiacente di non poter aderire alla sua proposta di un nuovo Istituto missionario. In sintesi la sua risposta: "Anch'io mi sentirei trasportata alla sua santa iniziativa, ma attualmente non posso aderire, non avendo personale disponibile; siamo ridotte in numero molto esiguo. Tuttavia ne ho fatto parlare al nostro Cardinale e non sembra fuor di proposito, ma al presente, ripeto, non si può"(AP, Lt Superiora gen. delle Carmelitane a PL, Bologna 4 maggio 1924).

[49] Arcivescovo di Bologna e cardinale nel 1923 sotto titolo di S. M. Traspontina.

gani, ma anche quelle nelle Americhe per i nostri emigranti italiani, che sono spesso molto abbandonati. Alla Em. V. con la presente chiede di avere un incoraggiamento spirituale per un'opera così grande, così bella. In Roma i miei Superiori sono favorevolissimi come anche il R. P. Moncini (1920-1928), Parroco di Transpontina"[50].

Dalle Congregazioni P. Lorenzo desiderava la formazione iniziale per le prime giovani candidate, preparandole alla consacrazione religiosa mediante esperienza di vita comunitaria, vita di preghiera e missionaria. Appena un'iniziazione, dopo di che lui stesso avrebbe pensato al resto, cioè alla continuità e all'approfondimento della formazione culturale e all'orientamento alla vita apostolica e missionaria. Le Congregazioni non vogliono essere coinvolte in questa responsabilità. Dicono chiaramente: "potendo, ci mandi qualche giovane di provata vocazione che allora, col tempo, chissà che un giorno, non si possano inviare costì soggetti adatti a tale impresa"[51], o ancora, "riguardo alle due signorine sarei ben contenta di annoverarle tra le nostre Postulanti, ma desidererei saper anzitutto le intenzioni delle giovani; se intendono entrare nel nostro Noviziato seguendo la nostra Regola, oppure abbracciare il Noviziato delle Missioni; il tal caso per ora, non potrei trattare quest'argomento"[52].

P. Lorenzo si aggrappa a tutte le possibilità che gli vengono in mente e si rivolge al vescovo carmelitano della Diocesi di Trapani:

"Ella si meraviglierà molto di ricevere da me una lettera; vengo più a domandarle un grande favore. È da molto tempo ch'io desidero che il nostro primo Ordine e nel terzo regolare si spieghi un'attività più missionaria. [...] Dietro l'indicazione di P. Grammatico, ho pensato di rivolgermi a Lei V.E. affinché nel Terz'Ordine regolare che è venuto a stabilirsi nella sua diocesi s'incammini a coltivare lo spirito delle Missioni e ad accettare postulanti o novizie a questo fine. Io avrei già qui a Roma delle postulanti che volentieri vorrebbero iscriversi ad un Terzo Ordine nostro missionario ma finora non abbiamo un'istituzione che segua questo scopo. [...] La supplico, Ecc.R. per i santi nostri dell'Ordine e per la Beata Teresa, per S. Francesco Saverio a cui in questo giorno mi sono raccomandato d'intraprendere quest'opera"[53].

---

[50] AP, Lt PL a Card. Nasalli Rocca, Roma 5 giugno 1924.
[51] AP, Lt Priora delle Suore delle Grazie a PL, Bologna 4 maggio 1924.
[52] AP, Ibid., Bologna 7 giugno 1924.
[53] AP, Lt PL a Mons. Raiti, Vescovo di Trapani, Roma 13 giugno 1924.

A questa lettera risponde sorpreso Mons. Raiti[54]:

"Non comprendo come P. Grammatico abbia potuto asserire che in Trapani vi sono le Suore del nostro Terzo Ordine regolare. Ricordo che un tempo, quando egli era Provinciale, mi manifestò il desiderio che nostre Suore di Modica nutrivano di venire a Trapani; ma ricordo anche che egli, che avrebbe potuto e dovuto interessarsene, lasciò tutto in aria"[55].

P. Grammatico si trovava allora nel Collegio Santo Alberto come professore, dopo aver finito l'incarico di Vicario provinciale. La conversazione tenuta tra P. Lorenzo e P. Grammatico al riguardo della risposta di Mons. Raiti, fece si che P. Grammatico si ricordasse della lettera che aveva ricevuto un anno prima da una Terziaria di Modica, in Sicilia. Consegnò la lettera a P. Lorenzo. Riportiamo la lettera che si trovava nelle mani di P. Lorenzo:

"Reverendissimo P. Provinciale,

I Suoi venerati scritti mi hanno ispirato una nuova speranza. Per la fondazione di una Comunità a Messina, mi convinsi anch'io che nelle attuali circostanze è difficile, ma al Padre non mancheranno altri mezzi onde non far perire questa famigliola così lottata, anzi ho piena fiducia nella Sua bontà Paterna, che studierà con interesse la salvezza di queste Sue figliuole, che hanno rinunziato a tutto e a tutti, per mantenersi sempre fedeli all'Ordine da loro prescelto sin dalla loro infanzia. La storia di questa piccola istituzione è un po' lunga e complicata, ma sarò breve.
Il mio Confessore e Direttore era Monsignor Blandini, mi conosceva da bambina, e dopo d'aver lungamente studiato e pregato per l'ideale che sentivo ispirarmi, cioè di riunirmi con alcune mie amiche d'infanzia le quali sentivano le mie stesse ispirazioni, di far vita comune per la nostra santificazione e del prossimo, il sullodato Vescovo, di Santa memoria, d'accordo col Rev. P. Gerardo Beccaro, OCD e Monsignor Pio Bagnoli, OCD, col quale ebbi la fortuna di un lungo colloquio, convinti della chiara Volontà di Dio, mi incoraggiarono, malgrado gli ostacoli, di presto cominciare la tanto sospirata convivenza colle mie care amiche anche in casa a pigione. Il mio Padre e vescovo, mi benedisse lungamente assieme alle mie

---

[54] Mons. Francesco Raiti è nato a Linguaglossa (CT) il 7 febbraio 1864. Apparteneva all'ordine dei Carmelitani. Nel 1903 fu eletto Vescovo di Lipari il 22 giugno e ordinato Vescovo a Roma il 28 dello stesso mese. Traslato alla sede di Trapani il 06 dicembre 1906, fece ingresso in Diocesi il 27 gennaio 1907 e morì a Trapani il 1 maggio 1932.
[55] AP, Lt Mons. Raiti a PL, Trapani 17 giugno 1924.

prime compagne augurandoci ogni sorta di celesti favori.
Aveva un grande ideale, questo Santo Vescovo che questo piccolo granello di senapa, così lui lo chiamava, doveva divenire un grande albero da stendere i suoi rami su tutta la Sicilia. Le lotte che si scatenarono contro di me e compagne, per questa nuova riunione furono tante e tali, da convincere il nostro Vescovo di cambiare ambiente e paese. Si trovò subito questa Casa. Era proprio adatta per il nostro ideale, ci fu offerta gratuitamente, con una piccola rendita per il mantenimento di orfanelle. Lietissimo il Vescovo per aver trovato tutto favorevole, per il bene della fondazione della nuova Comunità, domandai la benedizione ai Superiori, ed io stessa mi recai a Firenze, o meglio nella Casa Madre a Campi Bisenzio per trattare l'affiliazione con queste sante Suore Teresiane.
Ma dopo i mille sacrifici che mi costò quel lungo viaggio, le benedette Suore cercarono tante e tali cose impossibili ad attuarsi in principio, sicché fui obbligata di ritornare senza aver ottenuto nulla, solo una penosa malattia causata dalla fredda temperatura di colà. Per colmo, non ebbi più la fortuna di rivedere e parlare col mio amatissimo Padre e Vescovo, onde riferirgli tutto perché anche lui era gravemente infermo, anzi in fin di vita.
Rimase orfana questa lottata famigliola. Esposi tutto a questo attuale Vescovo che mi promise grandi cose, ma la realtà a stata così amara! ... I Padri del mio caro Ordine siete così lontani, ma se in questa Diocesi ci sarebbe qualche Comunità di Carmelitani, certo il nostro difficile problema si risolverebbe più facilmente.
Monsignor Vizzini non ha torto, lui presenta difficoltà convincenti ma se fosse suo ideale come lo era del defunto Blandini, supererebbe tante difficoltà, come del resto li ha sormontate per le Suore Domenicane, per le quali ha molto lavorato, perché le trovò in condizioni tali da volerle sciogliere e distruggere, mentre ora in grazia Sua, sono in ottime condizioni e hanno fondate non poche Case.
Vuole scrivere qualche parola, a Mons. Vizzini, sul riguardo, come accennò nella Sua venerata lettera, faccia come le suggerisce la Sua illuminata prudenza, moltissimi hanno voluto difendere la mia causa, ma nessuno ottiene, il tentare del resto non nuoce, dice un proverbio. Fiduciosa nell'interesse che il Padre spiegherà per queste abbandonate figlie del Carmelo, umilmente prostrata, al bacio del S. Scapolare, implora per sé e per le Consorelle e Convittrici la paterna benedizione.

Della P. V. Rev.ma
Obb.ma figlia in G. C.
Suor Maria Crocifissa Curcio
Modica 29-3-1923"[56].

---

[56] AP, Lt Suor Crocifissa a P. Alberto Grammatico, Modica 23 marzo 1923.

La lettera, indirizzata a P. Grammatico da Suor Crocifissa si trova nelle mani di P. Lorenzo ed è una rilettura fatta da lei degli avvenimenti accaduti durante 14 anni e cioè dal 1909. È un'opportunità unica di "unire gli sforzi" come lui stesso propone per conseguire un fiorente avvenire.

P. Lorenzo non ci pensa due volte, immediatamente si mette a scrivere, esponendo il suo zelo incontenibile per le anime da redimere e la sua infinita fiducia in Dio e nella Madonna:

"Maria.

Roma, 23 giugno 1924[57]

Reverenda Madre Superiora,

> Ho ricevuto il suo indirizzo dal Rev.mo P. Grammatico, professore nel nostro Collegio Internazionale dove anch'io mi trovo.
> È da molto tempo che io ho un desiderio vivissimo di fondare un terz'Ordine Regolare Carmelitano per le Missioni. (Per missioni intendo anche quelle nei paesi dei nostri emigranti). Mi sono rivolto presso le nostre Suore Carmelitane di Bologna per vedere se esse suore volessero abbracciare anche questa nuova attività. Mi hanno risposto che in questo momento non possono accondiscendere a questo mio desiderio e perciò dietro indicazione del P. Grammatico mi rivolgo a Lei per vedere se sia possibile incominciare col suo aiuto questa Santa e pia opera. Per andare alla cosa pratica: probabilmente qui a Roma avrò l'aiuto finanziario e morale d'una persona facoltosa, piissima ed ottima organizzatrice: inoltre ho già due o tre vocazioni certe (e per fortuna non ho timore) più l'appoggio dei superiori e di molti altri sacerdoti romani. Io, perciò, dalla Rev. V. non desidererei che:
> 1) Si mettesse nelle costituzioni la possibilità di mandare delle Suore nelle missioni;
> 2) che nelle costituzioni non si limitasse l'opera delle Suore ad una data attività, come p.e. la scuola, ma a tutti i lavori a cui devono adattarsi le missionarie. Questi lavori, naturalmente, col tempo e con la pratica prudentemente verrebbero meglio determinate in appresso.
> 3) che nel caso in Roma fra pochi mesi abbia l'appoggio (già promesso) dalla persona su indicata, la R. V. mi potesse inviare una suora prudente, saggia e istruita, che potesse iniziare le postulanti e novizie alla vita attiva, religiosa, carmelitana[58].

---

[57] Lt riportata integralmente perché faremo riferimento al suo contenuto nei Capitoli successivi.

[58] Le sottolineature di questa lettera sono di P. Lorenzo.

Rev.ma Madre, ho letto la lettera che Lei indirizzò un anno fa a P. Grammatico. Credo che se Lei unisse i suoi nobili sforzi ai miei, vedrebbe in realtà l'avverarsi dei suoi Santi desideri. Il Suo Terz'Ordine avrebbe nella Chiesa un grande avvenire. Aggiungerei che avendo io molte conoscenze all'estero, facilmente quest'opera diventerebbe internazionale, come internazionale è la Chiesa di Dio. Io spero che la V. R. non mi risponderà di no. Se mi sento spinto a questa istituzione nuova, lo è perché S. Teresa e la piccola Teresa hanno avuto un immenso desiderio di servire Iddio nelle missioni, e perché in realtà vi è tanto bisogno nelle missioni di anime sante. È un anno che scrivo, e raccomando a Dio quest'opera santa, che deve abbracciare tutto il mondo, tutti i popoli ed anche gl'indigeni. La prego perciò di volermi rispondere il più presto possibile, perché nel caso che la R. V. non potesse accondiscendere a questo mio desiderio, avessi tempo per rivolgermi a qualche altra persona o istituto, dovendo fra pochi giorni assentarmi da Roma.
Raccomandi vivamente la grande opera al Signore, alla vergine Nostra Madre, ai Santi tutti dell'Ordine, al glorioso Apostolo Missionario S. Francesco Saverio.
La saluto Rev.da Madre nel Salvatore che è venuto a salvare tutto il mondo e affido questa lettera alla Vergine Maria. Delle Vostre R. um.mo Confratello in G. C.

P. Lorenzo van den Eerenbeemt
Segretario delle Missioni Carmelitane
Esaminatore Apostolico del Clero romano
Professore nel Coll. S. Alberto".

Il progetto missionario concepito da P. Lorenzo da anni già si trova maturo per essere concretizzato perché il tempo è arrivato, cioè l'orizzonte dell'umanità che si apre ai suoi occhi necessita degli operai per mietere il grano che è maturato. Lo sguardo di P. Lorenzo vede tante nazioni, popoli che non conoscono il Dio di Gesù Cristo, un Dio Padre che lui stesso sperimenta nella sua vita nell'espressione più bella di materna e paterna misericordia e profondo amore. Per P. Lorenzo Gesù Cristo che è venuto a rivelare il Padre suo, deve incontrare più persone credenti e disponibili per annunciare il Cristo come ha fatto Paolo apostolo e la Santa di Lisieux che voleva percorrere tutto il mondo fino alla consumazione dei secoli per dire a tutti che il nostro Dio è Amore. Il suo desiderio è di trovare un modo totalmente nuovo, diverso dagli schemi e dalle strutture di vita religiosa nelle quali egli stesso è stato formato, per unirsi alle persone per attualizzare quel modo nuovo che lui stesso ha già concepito nella mente e nel suo cuore. Uno stile di vita missionaria leggero e trasparente, che potesse realizzare l'ordine che Gesù ha dato ai suoi discepoli: "Andate dunque e fate discepoli tutti i popoli, battezzandoli nel nome del Padre e del Figlio e dello Spirito Santo, insegnando loro a osservare tutto ciò che vi ho comandato. Ed ecco, io sono con voi tutti i giorni, fino alla fine del mondo"[59].

2. Padre Lorenzo e Suor Crocifissa

2.1 *Reciproca accettazione del progetto*

Padre Lorenzo preso dallo zelo missionario aspetta con ansia la risposta di Suor Crocifissa e non sa niente al riguardo del gruppo. Crede nella relazione fatta da sr Crocifissa al P. Grammatico e non sa quello che i Vescovi di Noto volevano da lei, cioè assicurare la loro formazione perché senza una base solida culturale e spirituale dicevano: "con queste persone non facciamo altro che fabbricare sulla arena"[60].

Simultaneamente suor Crocifissa aveva scritto pure ai Padri Carmelitani di Catania ripetendo la storia dei 14 anni: "Il mio Vescovo mi incoraggiava sempre, aveva un grande ideale di questo granello di senapa, così chiamava la nascente famigliola, ma che doveva ingrandirsi sino a diventare un grande albero e stendere i suoi rami in tutta la Sicilia"[61]. Non ottenendo nessuna risposta, cerca di rispondere subito a P. Lorenzo.

La Curcio immediatamente fa da cassa di risonanza al desiderio di Padre Lorenzo che, preso dallo zelo apostolico, vuole dare un'impronta missionaria sognando un gruppo internazionale. E così la Curcio che sognava stendere i rami dell'albero in tutta Sicilia, entra nell'orizzonte universale di P. Lorenzo. La risposta è senz'altro di adesione e di grande gioia:

> "Ella, o Rev. Padre, da un anno che scrive, e raccomanda a Dio quest'opera santa che deve abbracciare tutto il mondo, ma io sin dall'infanzia, ho sognato questo grande ideale. Ho sofferto ogni sorta

---

[59] Mt 28, 19-20. Nel prossimo Capitolo faremo riferimento al progetto missionario di P. Lorenzo, sottolineando da principio che il Progetto Missionario da Lui concepito sarebbe come un "germoglio" nuovo nell'unico albero ch'è l'Ordine Carmelitano di Antica Osservanza. P. Lorenzo sarebbe colui che idealizzerebbe e realizzerebbe il Progetto, ma senza staccarsi assolutamente dall'Ordine.

[60] ACVN, Lt Mons. Blandini al Sac. V. Romano, Noto 16 aprile 1912. Riportiamo tutto il paragrafo: "La Curcio è pure una giovane che presenta molte buone qualità, ma è pur troppo attaccata al proprio io, e a me pare che fintanto che una persona non abbia raggiunto l'annientamento della propria volontà, non avrà vero spirito religioso, e noi con tali persone non facciamo altro che fabbricare sulla arena".

[61] AP, Lt suor Crocifissa ai Padri Carmelitani di Catania, 1923.

di lotte e persecuzioni e molto più dai Superiori Ecclesiastici, perché le mie aspirazioni loro chiamano illusioni e cose che non potranno mai avverarsi. Non mi hanno risparmiato ogni sorta di dure prove per stancarmi assieme alle mie buone Consorelle, ma nella preghiera e nella protezione della Vergine S. del Carmelo ho trovato il segreto di perseverare sinora, e di soffrire ancora il loro abbandono. Ho voluto manifestarle in breve le mie aspirazioni sempre contrariate, per volerle chiarire la mia condizione, perché temo che Ella crede di rivolgersi a me perché io rappresenti una Comunità di religiose Carmelitane già formate al vero spirito del nostro S. Ordine.

Da 15 anni circa trovami riunita (col consenso del Vescovo Blandini di s.m. mio Direttore spirituale) con queste mie buone Consorelle. Il vescovo non solo benediva il mio ideale ma era anche suo, poiché mi diceva che era il granellino di senapa, che doveva divenire un grande albero da stendere i suoi rami in tutto il mondo. Questo buon Pastore visse poco dopo la mia riunione, sicché lasciò tutto incompleto e in balia di tempeste di ogni sorta questa famigliola di Maria che sinora persevera sperando sempre!

L'attuale Vescovo di me e Comunità non ha creduto occuparsi perché non vuole creare nella sua Diocesi un'altra Congregazione, perché siamo lontane dai Padri del nostro Ordine, e quindi lasciate in questo penoso abbandono, preghiamo e lavoriamo quasi ogni sorta di lavori domestici.

Se Ella quindi vuole servirsi di questo mezzo spregevole per sì ardua impresa, verrò io stessa accompagnata da qualcuna delle Consorelle, le mie condizioni di salute però non sono floride come per il passato, frutto delle continue lotte, la mia istruzione e abilità assai limitata, i desideri che sinora mi consumavano, perché sempre contrariata, sono immensi, via del resto se Ella si contenta di me, accetto sin da ora, e abbandonandomi nel Cuore S.S. di Gesù e della mia tenera Madre, rispondo "Ecce ancilla Domini ecc., ecc." Potrei servire per dare il principio alla grande Opera, aiutata dalla S. V. Rev. e dai buoni Padri che ho sempre sognato, ma che non ho avuto sinora la fortuna di vedere e conoscere per gustare la grandezza del mio S. Ordine, il resto Ella mi scrive che non ha timore, e ripeto lo stesso anch'io, frutterà il granellino. Iddio si serve delle cose inutili per far risplendere la sua grandezza.

Mi sono state proposte diverse fondazioni, ma sinora non ho accettato perché lontane dai Padri dell'Ordine santo: grande difficoltà diffondere questo Terzo Ordine, attendo un suo riscontro per sapermi regolare, volendo preferire un di Lei progetto, se Ella accetta le mie condizioni. In questi giorni, facciamo speciali preghiere alla nostra cara Santina Beata Teresa, perché ci ottenga dal Cuore S. S. di Gesù il compimento dei Suoi disegni.

Con venerazione bacio il S. Scapolare, lo stesso praticano le mie Consorelle e bimbe tutte. Imploro la Sua Benedizione

figlia indg.ma in G. C.

Suor M. Crocifissa Curcio[62]
Sup. del Conservatorio C. Polara
Modica 28-6-24

P.S. Bacio il S. Scapolare al venerato P. Grammatico.

Lo scenario che possiamo contemplare estraendo i personaggi da queste due lettere si paragona al mistero dell'annunciazione: il mistero dell'incarnazione del Verbo che continua a ripetersi per continuare la storia della salvezza nelle persone che si rendono disponibili alla missione stessa di Gesù Cristo.

L'ansia missionaria di un "si": "spero che la V. R. non mi risponderà di no: se mi sento spinto a questa istituzione nuova, lo è perché S. Teresa e la piccola Teresa hanno avuto un immenso desiderio di servire Iddio nelle missioni, e perché in realtà vi è tanto bisogno nelle missioni di anime sante". A questo appello suor Crocifissa risponde: "Ecce ancilla Domini".

È il momento di agire perché il tempo è maturo. P. Lorenzo va subito alla concretezza dei provvedimenti, pur essendo un idealista: "la R. V. mi potesse inviare una suora prudente, saggia istruita, che potesse iniziare le postulanti e novizie alla vita attiva, religiosa, carmelitana".

La Curcio non esita a rispondere e mettersi a disposizione in prima persona:

> "Se Ella quindi vuole servirsi di questo mezzo spregevole per si ardua impresa, verrò io stessa accompagnata da qualcuna delle Consorelle, le mie condizioni di salute però non sono floride come per il passato, frutto delle continue lotte, la mia istruzione e abilità è assai limitata, i desideri che sinora mi consumavano, perché sempre contrariata, sono immensi, via del resto se Ella si contenta di me, accetto sin da ora".

---

[62] Suor Maria Crocifissa Curcio entra in scena da questo capitolo in poi. È la collaboratrice di P. Lorenzo nella fondazione del Terz'Ordine Carmelitano Regolare femminile per le Missioni. Seppure con voci o termini diversi come: M. Crocifissa, Suor Crocifissa, M. Curcio o ancora la Curcio, è da considerare sempre come la stessa persona: Suor Maria Crocifissa Curcio.

È interessante percepire l'impressione che ognuno vuole produrre reciprocamente nelle presentazioni che si fanno intravedere tra le righe producendo poi la complementarietà a livello di relazione interpersonale, si fa chiaro e evidente nella comunicazione interattiva fin dall'inizio.

P. Lorenzo è ancora giovane e si presenta come Segretario delle Missioni Carmelitane, Esaminatore Apostolico del Clero romano e Professore nel Coll. S. Alberto. Dalla insignificante e sperduta Spaccaforno una donna trova il coraggio di affrontare le sfide mettendosi alla pari pur riconoscendo che la sua istruzione e abilità assai limitata sul modo di esprimersi, però se il Padre si contenta così, lei risponde: *Ecce ancilla Domini!* Lei ha appena la sesta elementare, le altre sono ancora più indietro culturalmente e per questo si offre per venire incontro alla richiesta di P. Lorenzo di "inviare una suora prudente, saggia e istruita".

L'orizzonte del sogno della Curcio arrivava fino alle città della Sicilia. Alla proposta di P. Lorenzo, "quest'opera santa, che deve abbracciare tutto il mondo, tutti i popoli e anche gli indigeni", subito lei fa da cassa di risonanza e risponde: "il granellino di senapa, che doveva divenire un grande albero da estendere i suoi rami in tutto il mondo".

La Curcio fa accenno all'abbandono nel Cuore SS. Di Gesù e, il primo luglio, P. Lorenzo corrisponde alla sua devozione dicendo: "speriamo nell' infinito amore del Cuore di Gesù e nella Vergine nostra cara e dilettissima Madre, che ci farà trionfare di ogni cosa, del resto è opera Sua, e se così vorrà Iddio, quest'opera sorgerà, fiorirà e si moltiplicherà"[63].

2.2 Aspettative, sinergia e interazione

P. Lorenzo e suor Crocifissa non si conoscono. Riescono a capirsi e conoscersi soltanto attraverso l'epistolario. Loro due vogliono intensamente quello che coltivano nel cuore da anni. L'obbiettivo messo in comune risulta in una comunione di ideali che si fanno ogni volta più chiari:

> "Io accetto la sua parola e da parte mia prometto di aiutarla con tutte le mie forze, volendomi dedicare totalmente a quest'opera tanto sublime. Sono molto contento che Lei personalmente vuol venire ad intraprendere questa nuova istituzione, così sarò sicuro del suo validissimo appoggio: se Lei non è più tanto forte in salute, cercherò di non farla strapazzare tanto: mi basteranno la sua anima e le sue parole. Le sue intenzioni, i suoi fini saranno i miei e se io ora vi ho

---

[63] AP, Lt PL a MC, Roma 1 luglio 1924. In appendice 2.1. Da questo momento in poi useremo la sigla PL riferendosi a P. Lorenzo e MC a Madre Crocifissa.

aggiunto il mio particolare delle missioni, dal suo modo di scrivere credo che sia stato sempre il suo. Non ho voluto incominciare da me a fare tutto, ma ho creduto opportuno rivolgermi ad una suora che conosca meglio il carattere femminile, e così il Signore ha voluto mettermi nella sua vita. Sia lode sempre a Dio!"[64].

Nella stessa lettera P. Lorenzo comunica un atto interiore fatto al Signore che offre una sicurezza ancora più forte a suor Crocifissa nella speranza di riuscire a realizzare il suo ideale: "Le aggiungo che questa nuova impresa è per me un obbligo, perché è un voto fatto per una grazia ricevuta: ancora, che i Padri Confratelli non solo non mi sono contrari, ma che fino ad ora abbracciano volentieri i miei disegni"[65].

A questa lettera si intreccia la risposta della Curcio perché pure lei si unisce nell'offerta che ha fatto P. Lorenzo per intraprendere quest'opera:

"Sogno o son desta? Ma no è realtà, è finalmente lo zelo, l'ardore, lo spirito Carmelitano, che io leggo, è il Padre dei miei ideali d'infanzia che così illuminato mi scrive, facendo sue le mie intenzioni, i miei fini.[...]. Gradisca, o Padre, l'olocausto di tutta me stessa perché assieme alle sue sante imprese l'offra all'Autore delle nostre ispirazioni. La mia immolazione, la mia povera preghiera unita alle di Lei preghiere e zelo, spero che affretteranno il compimento dei Divini Disegni, questo solo aiuto posso darLe da lontano (speriamo che questa lontananza sarà breve). Colla mia povera preghiera, col mio spirito le sono sempre vicina, ecco il povero appoggio che posso darLe sin da ora, gli ostacoli che il nemico di ogni bene farà sorgere ci renderanno più forti e ci accresceranno la confidenza in Colui che ciò permette per far risplendere la Sua potenza"[66].

P. Lorenzo riceve una cartolina da suor Crocifissa che dice di trovarsi a Pozzallo: "Trovami a villeggiare per prendere i bagni assieme alle mie consorelle e bimbe in questa ridente spiaggia"[67]. La risposta è di gradimento perché è un'esigenza per la salute:

"Sono contento che anche Lei è andata a respirare un poco d'aria marina in questi giorni estivi, perché quando Iddio vorrà, e speriamo tra breve, avrò un bel po' di lavoro. Fino ad ora, lei capirà, che

---

[64] AP, Lt PL a MC, Roma 1 luglio 1924.
[65] Ibid.
[66] AP, Lt MC a PL, Pozzallo 8 luglio 1924.
[67] Ibid.

io non mi sono messo le mani alla cintola, ma ho cercato alacremente di lavorare per la realizzazione dell'ideale che Iddio mi ha ispirato. In questi giorni si deciderà per il locale perciò la prego di raccomandare alle sue bambine e alle consorelle di volgere qualche buona preghiera al Cuore di Gesù, alla Vergine ed ai Santi dell'Ordine affinché mi aiutino in questa grande e Santa impresa. Intanto ora a Napoli e all'estero cerco dei benefattori che mi aiutino nel primo anno, perché dopo la Provvidenza farà da sé"[68].

Per migliorarsi e realizzarsi nella vita non servono soltanto le sicurezze che offrono le persone, ma è necessario potenziare la sicurezza interiore e per fronteggiare la complessità, l'imprevedibilità bisogna curare la salute fisica, e in questo senso la Curcio vuole aggrapparsi all'opportunità per essere all'altezza del progetto: "Quando le sarò vicina lavorerò alacremente assieme a Lei, o Padre buono, e proprio per essere più forte anche fisicamente quest'anno mi son permessa questa villeggiatura in questa sorridente spiaggia"[69].

La Curcio è decisa e la disponibilità a seguire e lasciarsi condurre da P. Lorenzo a realizzare il disegno amoroso di Dio si fa più intensa: "ho trovato il Padre dei miei ideali, son sicura che mi ha compreso e mi aiuterà sempre, e quindi son pronta a seguirlo a perdere tutto per trovare tutto nella Volontà di Dio!"[70].

P. Lorenzo a sua volta dice: "In questi giorni scriverò in Olanda e nel Belgio per tastare qualche terreno adatto per vocazioni, preghi il Signore anche per questo. Probabilmente avremo in principio anche delle novizie irlandesi, forse (ma forse solamente) anche probande. È un seme che diventerà un grand'albero"[71].

P. Lorenzo continua ad alimentare la speranza della Curcio presentandole quello che a lui sembra possibile:

"a Roma per il momento non sembra possibile avere una casa. Qui a Napoli mi si presenta invece un'occasione veramente splendida: lo stesso convento, dove ora risiedo con i chierici del nostro Collegio di Roma verrebbe ceduto molto probabilmente dal Generale per noviziato e postulantato di questo Terz'Ordine Missionario. Il luogo è splendido, arioso, in montagna, non lontano da Napoli e rimarrebbe sempre sotto la Direzione dei Padri Carmelitani. Le vocazioni a Napoli poi sarebbero in abbondanza, perché il Carmine

---

[68] AP, Lt PL a MC, Napoli 14 agosto 1924.
[69] AP, Lt MC a PL, Pozzalo 21 agosto 1924.
[70] Ibid.
[71] AP, Lt PL a MC, Napoli 14 agosto 1924.

Maggiore è il primo luogo di pellegrinaggio di Napoli. Intanto io preparo per una casa in Roma e cercherò di vincere, a Dio piacendo, ogni difficoltà. Qui verrei spesso da Roma, in modo che Lei non sarebbe mai da me abbandonata"[72].

La Curcio a sua volta manifesta quello che le è possibile, venendo incontro alla necessità spirituale del Padre:

"è più che sicuro che il Suo ideale è stato sempre il mio, e se non mi ha scoraggiato la terribile prova dell'abbandono dei Superiori, immagini ora che ho trovato il Padre al quale l'Autore d'ogni bene, ha affidato questa nascente famiglia Carmelitana! Per rassicurarLa sempre più, Le confido, che la mia offerta di Vittima per questa Istituzione nascente non è semplice desiderio, ma un voto che ho emesso coll'illuminato consenso del mio Santo Direttore. Sia sicurissimo, le difficoltà non solo non mi spaventano ma mi rendono più forte, forza che attingo nella Sorgente dell'Amore Eucaristico"[73].

La ricerca della volontà di Dio e la sua piena accettazione è sempre presente nell'animo di P. Lorenzo che mai si abbandona allo scoraggiamento pur affrontando le prime difficoltà perché "ora non sono solo, perché molti dei miei confratelli condividono la mia idea: certo però che io per primo devo battere la strada, come farebbe un avanguardista di arditi"[74]. La sua arguta sensibilità gli fa percepire ogni movimento della Curcio dicendo: "mi consola oltremodo il suo coraggio e la sua fiducia e specialmente la grande offerta, cioè, il voto che ha fatto"[75] e chiede di inviare un breve sunto della Regola e dell'orario.

La Curcio riprende ogni dettaglio del suo argomento e conclude: "ad un avanguardista di arditi non c'è bisogno di far coraggio, non è vero Padre?! Lo dico a me stessa e a tutta la schiera immensa delle figliuole che seguiranno il Padre, preghiamo e speriamo"[76].

2.3 *Primo Incontro, prime impressioni*

P. Lorenzo desidera l'approvazione dell'Ordine. Desidera un primo approccio con la Curcio e suoi confratelli: "Appena viene il permes-

---

[72] AP, Lt PL a MC, Napoli 6 settembre 1924.
[73] AP, Lt MC a PL, Modica 12 settembre 1924.
[74] AP, Lt PL a MC, Napoli 18 settembre 1924.
[75] Ibid.
[76] AP, Lt MC a PL, Modica 22 settembre 1924.

so dall'Irlanda dove ora è il Generale, noi possiamo subito incominciare. Però, naturalmente lei verrebbe qui a passare qualche giorno per dare un'occhiata all'ambiente e conoscere i nostri Padri ed accordarsi con me e con il Priore del Carmine che favorisce immensamente quest'opera"[77].

In un'altra lettera P. Lorenzo non si contiene dalla gioia di avere ricevuto dall'Irlanda un telegramma di adesione al progetto dal P. Generale"[78].

Però sorgono le prime difficoltà perché P. Lorenzo ha saputo che è impossibile cominciare qualche cosa senza il consenso del Vescovo e d'altra parte la Santa Sede non concederà a un Terz'Ordine di mettersi sotto la giurisdizione di un Prim'Ordine. Per questo dice:

> "consiglierei per il momento di venire lei da sola, perché la casa che mi è stata presentata non ho avuto ancora il permesso del Card. Arcivescovo di Napoli. Per lei il Priore del Carmine ha trovato alloggio presso un convento. Intanto lei visita la casa e parla con noi delle regole e quando il Card. avrà dato il permesso, prenderà possesso di questo convento"[79].

P. Lorenzo, trentasettenne, fa una descrizione di questo incontro in senso umoristico nelle bozze della biografia della Curcio, ormai quasi cinquantenne:

> "La Madre venne accompagnata da un'altra suora che, con i suoi genitori desideravano visitare una sorella delle piccole Suore dei Poveri e dal Rev.do Canonico Beluardo, di Modica, un vero tribolato per persecuzioni e lotte di ogni genere. Alla stazione centrale il primo incontro: prima sfuggevole e vicendevole impressione: due personaggi di poca fisica imponenza ed esteriore parvenza. Come può un giovane, magro, stecchito, di statura mediocre, iniziare un tale lavoro? Così pensò la Madre ... e lo sussurrò al Canonico Beluardo che "stia zitta, le dice che anche se lo dice sottovoce, egli sente e comprende tutto". E così zittì la Madre. "Come può imporsi questa giovane suora un sì arduo inizio spirituale?" Così questo pensiero frullò nel cervello del Padre. [...] Al Carmine dove ci si aspettava per un pranzetto, l'avvicinamento fu più comprensivo e cordiale, e da ambo le parti si accentuò il desiderio di arrivare alla prima pietra"[80].

---

[77] AP, Lt PL a MC, Napoli 6 settembre 1924.
[78] Ibid., Napoli 24 settembre 1924.
[79] Ibid.
[80] Questi appunti sono stati scritti da Padre Lorenzo negli anni 1958-1962 e pubblicati a puntate nel Bollettino della Congregazione "Sorgente di vita".

Questo primo incontro ha fruttato una fiducia scambievole: si sono conosciuti come persone decise, determinate e con idee chiare su quello che volevano raggiungere. Per questo, P. Lorenzo è più che mai deciso ad andare fino in fondo in questa impresa: "ora che ho avuto il piacere grande di conoscerla non temo più. Quantunque scorga molte e molte difficoltà mi è subentrata una grande fiducia: sarà questione di tempo, ma poi si riuscirà"[81].

P. Lorenzo comincia a toccare la ferita oramai trascinata dalla Curcio da quindici anni perché, come ha fatto già capire a tutti, secondo lei, il grosso problema è il Vescovo di Noto:

> "Ho parlato con delle persone bene informate che mi hanno detto essere assolutamente impossibile a cominciare qualche cosa senza il consenso del Vescovo: inoltre sarà estremamente difficile che la Santa Sede conceda ad un Terz'Ordine di mettersi sotto la giurisdizione di un prim'ordine. Così ho pensato di rivolgermi ad un buon e fedele amico della Propaganda Fide che si adopererà per indicarmi una via per appianare gli affari e riuscire nell'intento, sia pure sotto altra forma giuridica, diversa da quella da me proposta. Credo che per il momento bisogna armarsi di santo coraggio e venire ad unica decisione, che, capisco, costerà molto a Lei e questa sarebbe: dopo essersi raccomandata a S. Giuseppe, andare dal Vescovo e domandare il permesso (in iscritto) per poter scrivere all'Ordine per aggregarsi: l'aggregazione è la partecipazione dei frutti delle opere buone, delle indulgenze dell'Ordine. Se lo vede ben disposto può mano mano manifestargli come l'Ordine ora s'interessa delle Missioni. Nel caso che la sua volontà rimanesse inflessibile, Iddio ci aprirà un'altra via: si dovrà cercare un vescovo benigno e là incominciare"[82].

È interessante percepire l'atteggiamento formale delle lettere all'inizio e la fiducia reciproca dopo l'incontro. La Curcio si firma figlia indegnissima in Gesù Cristo nella prima lettera scritta a P. Lorenzo, passando a firmarsi sorella e finalmente, semplicemente suor Crocifissa.

La Curcio reagisce fortemente alla lettera perché pensava di aver superato "la spina" che la faceva soffrire. Le sembra di cominciare tutto da capo. Risponde a P. Lorenzo che il Direttore spirituale proibisce di fare quello che gli è stato chiesto perché è lo stesso che "svegliare il cane che dorme". E domanda di chiedere la mediazione del Generale presso il Vescovo sulla questione Arenella:

---

[81] AP, Lt PL a MC, Roma 3 ottobre 1924.
[82] Ibid.

"Trovare un Vescovo benigno e di là cominciare? [...]. Questo lavoro è suo compito giacché Ella si trova nella grande città di Roma, dove conosce molte cose in mezzo a mille relazioni. Piuttosto insista presso il Generale per ottenerci il convento dell'Arenella e la riconoscenza di questa Casa si farebbe anche dopo, per evitare tante seccature che ci stancano senza conclusione oppure non potendo ottenere il convento di Arenella fare le pratiche per qualche altro locale. Non raccomando a Lei che di ciò s'interessa, dopo aver conosciuto personalmente il Suo fervente zelo per questo ideale"[83].

Un prolungato spazio di tempo senza notizie da P. Lorenzo fa soffrire la Curcio che, dalle esperienze vissute riesce a percepire la reazione delle persone e insiste: "Perché sì lungo silenzio? Di presenza le raccomandai di scrivere spesso e invece si è fatto più raro!" E aggiunge, in modo drammatico, l'impressione avuta nella sua visita al Convento del Carmine a Napoli: "come il Superiore del Carmine a Napoli, che a tutto pensava fuorché a questa novella istituzione, e quel convento se dipende da lui ottenerlo, aspetteremo il giorno del giudizio universale. Non è ideale di quel Priore e quindi è inutile sperare, piuttosto Ella dovrebbe interessarne il Generale"[84].
Intanto soffrono insieme una prima delusione: Arenella[85].

2.4 P. Lorenzo, Confratelli e suor Crocifissa

La missione è di Dio e P. Lorenzo vuole essere soltanto il suo strumento. Fin dall'inizio P. Lorenzo non si colloca mai come protagonista: "noi non faremo per vanagloria, ma per la salvezza delle anime e la gloria sia solamente a Lui che è il Datore di ogni bene e di ogni buon pensiero"[86]. Non si allontana minimamente dal proposito fatto di realizzare soltanto

---

[83] AP, Lt MC a PL, Modica 8 ottobre 1924.
[84] Ibid., Modica 19 ottobre 1924.
[85] P. Lorenzo fa una descrizione di questo fatto nelle pagine di bozza di biografia sulla beata m. Crocifissa dicendo: "Nel Monastero della Croce di Lucca a Napoli, anni e anni fa entrarono due sorelle, bramose di vestire il sacro abito carmelitano e di vivere in clausura. Prima del 1925 avevano donato la loro Villa Avallone al Rev.mo Generale dell'Ordine Carmelitano, con la clausola che, se possibile, trasferisse la proprietà a una comunità di Carmelitane di clausura. Dopo la morte di una di esse rimase Madre Carmela che prese in detto Monastero i suoi voti solenni. I Padri invitarono le Suore di Firenze che però non vollero rimanere. Allora arrivò a P. Lorenzo l'invito di costituire un Terz'Ordine. Madre Carmela che aveva dato la sua parola a P. Lorenzo acconsentendo, ha poi totalmente ritrattato dichiarando di non volere più sentir parlare del Terz'Ordine (AP, cf. Lt PL a MC, Napoli 28 aprile 1925).
[86] Ibid., Roma 1 luglio 1924.

la volontà di Dio. Mettersi all'opera con tutto l'essere, ma aspettare sempre, lasciando il resto alla Provvidenza.

P. Lorenzo si rapporta con le persone come se si avvicinasse a Dio stesso, perché l'immagine di Dio che lui concepisce ha un volto umano, accettando incondizionatamente le persone come un altro Cristo e credendo in loro, diciamo, ciecamente.

Ardeva nel suo cuore il desiderio missionario, pur restando nelle strutture in cui si era formato, vivendo intensamente e radicalmente l'alleanza compiuta con il Signore fin dalla giovinezza con la consacrazione della sua vita a Dio e desiderava da molto tempo costituire un gruppo eminentemente missionario, diverso dai modelli di vita religiosa, volta solo alle opere o alla vita monastica[87].

2.4.1 Povere creature instabili

Dopo aver sofferto la prima delusione conclude:

> "questi giorni sono stati di vera angoscia e dolore: l'unica cosa che ho acquistato è una più perfetta conoscenza degli uomini. Non bisogna fidarsi di nessuno, ma riporre sempre in Dio solo la nostra fiducia perché gli uomini e noi stessi, siamo sempre povere creature instabili. Ciò che oggi è sì, tutto bene, tutto in ordine, domani è una cosa impossibile, illusoria, fantasia, un peso troppo grande e con un solo colpo si vuole abbattere mesi di fatiche e di dolore. I miei Superiori, oppressi da tanti seri affari di dentro e di fuori (e perciò li compatisco), dopo avermi esortato a continuare, rendono la mia opera una lettera morta, e non vogliono, né forse possono per il momento prendere, il minimo interessarsi di me e della mia opera e molto meno sono disposti a fare il minimo sacrificio ed eccomi perciò solo da capo solo senza aiuti umani"[88].

2.4.2 Iddio deve regnare sempre

Aggiungendosi all'ansia missionaria di P. Lorenzo, la fretta di suor Crocifissa che vuole finalmente raggiungere lo scopo del riconoscimento ufficiale del gruppo, più che aiutarlo provoca in lui una negativa pressio-

---

[87] AP, Da verificare nel prossimo Capitolo nella proposta di progetto missionario che P. Lorenzo presenta in una lettera inviata al Capitolo Generale dell'Ordine il 30 settembre 1925.

[88] AP, Lt PL a MC, Roma 24 ottobre 1924. In Appendice 2.2.

ne psicologica. Infatti P. Lorenzo aveva cercato una Congregazione già fondata, con risorse umane pronte, preparate spiritualmente e culturalmente da cui ricevere aiuto e per venirgli incontro nel formare un gruppo di giovani che volessero abbracciare la missione.

Ma sembra che piuttosto che portare aiuto il gruppo avesse bisogno di essere aiutato e certamente i suoi Superiori e i suoi Confratelli avranno capito. P. Lorenzo comincia a capire la situazione:

> "ho poca fiducia nella decisione, perché alcuni della Curia sono decisamente contrari a passarla in mano delle Suore. Qui a Roma è impossibile trovare una casa e degli appoggi: ci sono tanti frati e tante monache! E allora tutto è perduto? No, non lo dica né lo pensi: finché vi sarà una scintilla d'ideale nel mio cuore, non è svanita ogni speranza. Ci arriveremo, ci arriveremo, lasciamo però, lavorando sempre s'intende, la decisione al Signore. Lo adoreremo profondamente nel cuore nostro e ci sottometteremo solamente ed irrevocabilmente ai suoi divini voleri. È Iddio che deve regnare non noi: è la sua divina volontà che deve apparire non la nostra"[89].

2.4.3 In comunione con la Chiesa locale

Alla Curcio intanto P. Lorenzo comincia a offrire i necessari consigli, offrendole le prime istruzioni. La Curcio domanda un parere a P. Lorenzo dicendogli che Il Presidente della reale Commissione del Conservatorio Polara vuole affidarle l'opera a vita[90]. P. Lorenzo risponde di accettarla facendole capire però che pur accettando tutta la responsabilità, ogni tanto deve essere libera di poter passare qualche tempo altrove. Questo perché, come spiega lui, la clausola è contraria alla legge della Chiesa, i canoni del nuovo Codice Ecclesiastico non permettono che la superiora locale lo sia in perpetuo.

P. Lorenzo propone alla Curcio di aiutarlo almeno per un anno: "formato il primo gruppo, Iddio poi penserebbe al resto e Lei potrebbe ritornare a Modica: tutto si accomoderebbe"[91]. Torna a insistere sulla necessità dell'approvazione del Vescovo per qualsiasi iniziativa della Chiesa, pur essendo sotto la giurisdizione del primo Ordine e, come la Curcio aveva accennato su tante richieste fatte dai Vescovi di altre Diocesi, P. Lorenzo suggerisce la via più facile:

---

[89] Ibid.
[90] AP, Lt MC a PL, Modica 19 ottobre 1924.
[91] AP, Lt PL a MC, Roma 24 ottobre 1924.

"Quanto poi al riconoscimento dell'opera missionaria, perdoni se ritorno a ripetere, è necessario in qualsiasi caso anche di giurisdizione nostra, l'approvazione del Vescovo: giacché il suo Vescovo è molto difficile, quando da qualche altra diocesi le sarà fatta una domanda per avere le sue suore, accetti a patto di poter avere questo riconoscimento dell'Opera missionaria e così tutto sarebbe fatto. È difficile? No, non tanto"[92].

2.4.4 Revisione delle Costituzioni

P. Lorenzo studia attentamente le Costituzioni[93] del gruppo della Curcio e le presenta diverse osservazioni:

"ho studiato attentamente le sue costituzioni e ho cercato (non mi è riuscito difficile perché le sue idee sono le mie) d'imbevermi del suo spirito, ma la forma l'ho dovuta interamente cambiare, secondo i regolamenti della Congregazione dei Religiosi e del nuovo Codice Ecclesiastico. In quella forma non può mai ottenere un'approvazione. Con coraggio mi sono messo all'opera ed ora ho pronto tutto il lavoro che però ancora deve essere soggetto ad una minuziosa revisione. Per il momento non posso toccarlo perché ho un lavoro immenso per la scuola, ma quando Dio vorrà, ricomincio da capo a vedere tutto: solamente stia tranquilla che ho conservato tutto lo spirito suo. La Congregazione vuole che le regole siano brevissime, ciò che si deve fare e ciò che si deve omettere: considerazioni morali ed ascetiche devono assolutamente sparire: questa è la regola che noi dobbiamo seguire"[94].

Riguardo a questa revisione il Rossi osserva:

"sebbene P. Lorenzo dica che ha conservato lo spirito della Madre, tuttavia le nuove Costituzioni, almeno per quel che riguarda la natura e il fine dell'Istituto, suonano diversamente. Infatti si afferma che l'Istituto ha come fine la propagazione della Fede ... mediante le opere di attività missionaria. Come si vede non era questo lo scopo principale dichiarato dalla Madre nello Statuto del 1911"[95].

---

[92] Ibid.
[93] Si tratta di un documento normativo denominato Statuto delle Terziarie Carmelitane di Modica "Conservatorio Polara. Faremo riferimento a questo documento posteriormente.
[94] Ibid.
[95] G. Rossi, *Territorio e Congregazioni Religiose*, in Atti Convegno di Studio, Santa Marinella 1990, p. 62.

2.4.5 L'"istituzione vescovile è divina"

Da come P. Lorenzo si rivolge alle persone si percepisce una delicatezza, una riverenza, un rispetto profondo per l'altro, come se dovesse mettersi in ginocchio per entrare nel santuario delle anime. Nel mondo allora molto maschilista, di superiorità intellettuale e di autoritarismo soprattutto nella Chiesa si rimane sorpresi di fronte a questo scenario di gentilezza, di comprensione, di vero e profondo amore. È il profondo amore di Dio che abita il cuore di P. Lorenzo a spingerlo verso le missioni, verso le persone sofferenti, che mancano della testimonianza di questo amore di Dio di cui lui è ricolmo.

Riprende l'argomento che sr Crocifissa cerca di sfuggire da 15 anni: l'obbedienza all'autorità ecclesiastica. Non si scherza e non si prende alla leggera e superficialmente nessuna istituzione ecclesiastica:

> "Una cosa ancora di grande necessità. Quale è la sua posizione personale di fronte al suo Vescovo? Ha fatto Lei il voto solo di castità oppure anche quello di obbedienza? Si ricordi internamente di considerare il suo Vescovo come ministro di Dio: l'istituzione vescovile è divina e toccare quella significa la propria morte: perdoni le mie parole, ma capirà che hanno un senso profondo: io voglio su Lei dal cielo una benedizione profonda"[96].

La reazione della Curcio si fa sentire all'interno della risposta: "Questa questione antica, Ella l'ha saputo prima di scrivermi la prima lettera, come va che mi fa questa domanda ora e aggiunge avvertimenti?"[97]. La risposta della Curcio a P. Lorenzo è di avere emesso i voti nelle mani di Mons. Blandini: "I voti di perpetua castità e obbedienza li ho fatti alla s. m. di Monsignor Blandini"[98].

P. Lorenzo presenta alla Curcio i motivi che lo spinsero a quelle domande:

> "Il motivo è quello, che non solo davanti a Dio, ma anche davanti agli uomini e specialmente all'autorità ecclesiastica, non voglio che si abbia a dire di noi di aver mancato anche nella più minima cosa nel rispetto dovuto all'autorità ecclesiastica. Forse avrà parvenza di scrupolo, non le posso nasconderle, è per me un punto

---

[96] AP, Lt PL a MC, Roma, 24 ottobre 1924.
[97] AP, Lt MC a PL, Modica 18 novembre 1924.
[98] Ibid.

capitale, e perciò è bene avere in iscritto la sua risposta; anche per rispondere attorno a delle insinuazioni che su questo punto si possono fare, perciò la mia raccomandazione forse è troppo insistente"[99].

Troviamo un'altra affermazione contraddittoria di fronte all'affermazione del Vescovo Vizzini:

"Questo attuale Vescovo, mi riconosce Superiora delle terziarie Carmelitane perché accordò la facoltà di istituire il Terz'Ordine secolare ad un Religioso Cappuccino, autorizzato anche dal Generale, questo religioso è morto e siccome il Vescovo cominciò ad ostacolare i miei desideri ed io non potendo assecondare le sue proposte di cambiare Ordine sono rimasta nell'abbandono. [...]. La mia disubbidienza verso il Vescovo è da tutti conosciuta"[100].

Intanto, Mons. Giuseppe Vizzini offre un quadro reale della situazione a P. Lorenzo: "Ciò che Ella mi scrive nella sua del 12 giugno circa le Terziarie Carmelitane di Modica, parte da un falso supposto, ossia che le predette Terziarie siano <u>Regolari</u>, mentre sono state sempre secolari, anzi alcune ricevettero l'abito da un Padre Cappuccino, ora defunto, senza il mio permesso, come prescrive il Diritto Canonico"[101]. Il problema della Curcio con i Vescovi tanto con Mons. Blandini quanto con Mons. Vizzini è che lei insiste nel portare l'abito religioso e farlo portare pure alle altre compagne promuovendo cerimonie di vestizione religiosa. Ai secolari terziari era permesso portare l'abito soltanto nelle feste e nelle grandi celebrazioni, fuori di che vestivano come tutti gli altri.

3. Due modi di essere e di concepire la volontà di Dio messi insieme

Per comprendere con maggiore chiarezza ed estrarre l'apporto carismatico di P. Lorenzo alla Congregazione cercheremo di individuare gli elementi che emergono tanto nelle corrispondenze iniziali fra i due, quanto nei documenti normativi che rispecchiano il carisma originario in P. Lorenzo e in madre Crocifissa.

---

[99] AP, Lt PL a MC, Roma 27 novembre 1924.
[100] AP, Lt MC a PL, Modica 18 novembre 1924.
[101] AP, Lt di Mons. G. Vizzini, vescovo di Noto al P. Lorenzo, Noto 8 luglio 1925.

3.1 Gli elementi che emergono nelle corrispondenze iniziali:

P. LORENZO			M. CROCIFISSA		
LETTERE					
ANNO	DEST.[102]	CONTENUTO	ANNO	DEST.	CONTENUTO
1924	Card. Nasalli Rocca[103]	Il sottoscritto, segr. delle Miss. Carm., desiderando ardentemente fare qualche cosa per le missioni e si è rivolto alle Terz. Carmelitane di Bologna ed in appresso alle Terz. Mission. Per missioni intende non solo quelle tra i pagani, ma anche quelle nelle Americhe per i nostri emigranti italiani, che sono spesso molto abbandonati.[104]	1913	Vicario Generale[105] OC.	Osserviamo la regola del Terz'Ordine Carmelitano per la nostra santificazione e per il bene del prossimo specialmente delle piccole orfane che la Provvidenza divina ci ha affidato.[106]

---

[102] DEST. significa Destinatario/a, cioè ricevente.

[103] Giovanni Nasalli Rocca nacque il 27 agosto 1872 a Piacenza. A quindici anni vestì l'abito ecclesiastico. A Roma si laureò in teologia, in diritto canonico, in diplomazia. Ricevette l'ordinazione presbiterale il 9 giugno 1895 e, nel 1907 l'ordinazione espiscopale a vescovo di Gubbio. Nel 1916 fu nominato Elemosiniere segreto di Bendetto XV e canonico di San Pietro, con il titolo di arcivescovo. Il 4 dicembre 1921 venne nominato arcivescovo di Bologna. Fu nominato cardinale da Pio XI. Per sintetizzare l'intensa attività svolta durante i trent'anni di episcopato bolognese, si può prendere come paradigma la sua volontà testamentaria compendiata in tre grandi amori: la santissima Eucaristia; la cara Madonna; la Chiesa e il Papa. A ottant'anni, si spegneva il 13 marzo 1952 (ENZO LODI, Per gli apostoli del domani cristiano: il Cardinale Giovanni Battista Nasalli Rocca, in ALESSANDRO ALBERTAZZI – GINO STRAZZARI (edd.), In Spem Ecclesiae Il Seminario Arcevescovile di Villa Revedin 1932-1998, Seminario Arcivescovile di Bologna, Bologna 1998, pp. 337-342).

[104] AP, Lt di P. Lorenzo al Card. Nasalli Rocca, Roma 5 giugno 1924.

[105] Il Generale dell'Ordine allora era Giovanni Maria Lorenzoni (1913-1919). Nato a S. Felice Circeo (Latina) il 25 dicembre 1850, professò nel convento di Palestrina l'8 gennaio 1871. Ordinato sacerdote, svolse l'ufficio di maestro dei novizi e prefetto dei chierici nel convento della Castellina presso Firenze, di cui fu anche nominato priore nel 1887. Conseguì il magistero in teologia nel 1889 e fu provinciale titolare di Dacia nel capitolo generale del 1896. Dopo diversi incarichi di responsabilità fu anche penitenziere straordinario nella Basilica Vaticana. Fatto procuratore generale nel 1913 per mandato della Congregazione dei Religiosi, unì quest'ufficio a quello di vicario generale dell'Ordine fino al 1919. Morì nel Collegio internazionale S. Alberto di Roma il 1° gennaio 1941 (Cf. ACG II, 494, 498, 509; AOC 11 (1940-42), 125-127, 609-610; Ventimiglia, Carm. Ital.,suppl. ed. Wessels, 373s.).

[106] AP, Lt MC al Vicario generale O.Carm, Modica 24 maggio 1913.

ANNO	DEST.	CONTENUTO	ANNO	DEST.	CONTENUTO
1924	Mons. Raiti, Vescovo di Trapani	L'Ecc. V. Rev. si meraviglierà molto di ricevere da me una lettera; vengo più a domandarle un gran favore. È da molto tempo ch'io desidero che il nostro primo Ordine e nel terzo regolare si spieghi un'attività più missionaria. Così per quest'ultima ho tentato presso le Suore di Bologna di far ammettere alcune postulanti ma la Superiora mi ha scritto che non può acconsentire pel momento al mio desiderio.[107]	1923	P. Alberto Grammatico Provinciale OC.	L'ideale di riunirmi con alcune amiche d'infanzia le quali sentivano le mie stesse ispirazioni, di far vita comune per la nostra santificazione e del prossimo. [...]. Il piccolo granello di senapa, doveva divenire un grande albero da stendere i suoi rami in tutta la Sicilia.[108]
1924	Suor. M. Crocifissa	Da molto tempo che io ho un desiderio vivissimo di fondare un terz'Ordine Regolare Carmelitano per le missioni. (Per missioni intendo anche quelle nei paesi dei nostri emigranti). Rev.ma Madre, ho letto la sua lettera che Lei indirizzò un anno fa al P. Grammatico: credo che se Lei unisse i suoi nobili sforzi ai miei, ve-	1924	P. Lorenzo	Se Ella quindi vuole servirsi di questo mezzo spregevole per si ardua impresa, verrò io stessa accompagnata da qualcuna delle Consorelle, le mie condizioni di salute però non sono floride come per il passato, frutto delle continue lotte, la mia istruzione e abilità assai limitata, i desideri che sinora mi consumavano, per-

---

[107] AP, Lt PL al Mons. Raiti, vescovo di Trapani, Roma 13 giugno 1924.
[108] AP, Lt MC al P. Alberto Grammatico, Modica 29 marzo 1923.

ANNO	DEST.	CONTENUTO	ANNO	DEST.	CONTENUTO
		drebbe in realtà l'avverarsi dei suoi Santi desideri. Il Suo Terz'Ordine avrebbe nella Chiesa un grande avvenire. Aggiungerei che avendo io molte conoscenze all'estero, facilmente quest'opera diventerebbe internazionale, come internazionale è la Chiesa di Dio. Io spero che la V. R. non mi risponderà di no: se mi sento spinto a questa istituzione nuova, lo è perché S. Teresa e la piccola Teresa hanno avuto un immenso desiderio di servire Iddio nelle missioni, e perché in realtà vi è tanto bisogno nelle missioni di anime sante. È un anno che scrivo e raccomando a Dio quest'opera santa, che deve abbracciare tutto il mondo, tutti i popoli anche gl'indigeni"[109].			ché sempre contrariata, sono immensi, via del resto se Ella si contenta di me, accetto sin da ora, e abbandonandomi nel Cuore S.S. di Gesù e della mia tenera Madre, rispondo "Ecce ancilla Domini ecc., ecc." Potrei servire per dare il principio alla grande Opera, aiutata dalla S. V. Rev. e dai buoni Padri che ho sempre sognato, ma che non avuto sinora la fortuna di vedere e conoscere per gustare la grandezza del mio S. Ordine, il resto Ella mi scrive che non ha timore, e ripeto lo stesso anch'io, frutterà il granellino. Iddio si serve delle cose inutili per far risplendere la sua grandezza.[110]

Nel 1923, P. Lorenzo si è rivolto alle Suore Carmelitane di Bologna e di Torino, ottenendo dalle due Congregazione risposte negative: "La

---

[109] AP, PL a MC, Roma 23 giugno 1924.
[110] AP, MC a PL, Modica 28 giugno 1924.

nostra Congregazione non è ancora abbastanza pronta per poter abbracciare le sante Missioni"[111].

Per P. Lorenzo il cuore di tutte le richieste sono le Missioni, il desiderio di radunare le persone in vista delle Missioni. Per Missioni P. Lorenzo intende missione *Ad Gentes*, però abbraccia altre realtà già evangelizzate come sono le Americhe, con attenzione agli emigrati perché abbandonati e pure agl'indigeni. Anticipando il Vaticano II, concepisce la Chiesa come sacramento di salvezza, senza frontiere, internazionale e pertanto universale. Missione che deve, secondo lui, abbracciare tutto il mondo, tutti i popoli e anche gli indigeni. Gli indigeni rientrano nell'orizzonte missionario di P. Lorenzo da una esaustiva ricerca sulle missioni dei confratelli nel XVI secolo, persino in America Latina, soprattutto in Amazzonia[112]. Infatti, P. Lorenzo rileva: "Ricordiamo che tra i nostri Carmelitani sia Calzati che Scalzi vi furono sempre delle grandi anime missionarie. Tanto gli uni quanto gli altri si sono resi benemeriti in diverse missioni, specialmente in quelle delle Antille, del Brasile e delle Indie"[113].

Animato dal fuoco che brucia interiormente, vuole contagiare altri per concretizzare l'ideale delle missioni che è stato il fulcro degli interessi in Santa Teresa e nella piccola Teresa. P. Lorenzo si assorbe del fervore che ha animato queste due Sante ed ereditando da loro lo spirito missionario, vuole realizzare concretamente questo desiderio servire il Signore nelle missioni.

È importante sottolineare che questo desiderio di P. Lorenzo è coltivato da molto tempo. Desidera offrire il suo contributo per l'avvenire dell'Ordine che è chiamato a rileggere il suo carisma. Per questo dice: "È

---

[111] AP, suor Teresa di Gesù, sup. generale delle Terziarie Carmelitane, Torino 19 settembre 1923.

[112] Cf. FR. LURENTIUS VAN DEN EERENBEEMT, *Documenta Missionis Ordinis Carmelitarum in America spectantia*, in Analecta Ordinis Carmelitarum, Roma 1930- 1931 (7), pp. 79-84; Saggi offre perfino il numero dei Carmelitani a quell'epoca: "e nel Nuovo Mondo, specialmente in Brasile, ove, nel 1606, si trovavano 99 religiosi in 6 conventi" (Cf. L. SAGGI, *Storia dei Carmelitani*, in G. PELLICIA – G. ROCCA (edd.), *DIP*, vol. II, col. 460-476); Wilmar Santin ratifica affermando le missioni carmelitane presso i fiumi Negro e Madeira nelle abitazioni degli indigeni dal 1694 fino al 1755, quando è stato proibito dal governo, l'azione dei missionari presso gli indigeni (Cf. W. SANTIN, *Missioni Carmelitane nel fiume Negro e Solimões*, in Analecta Ordinis Carmelitarum, Roma 2008 (55), pp. 59-87).

[113] AP, Direttorio delle Missionarie Carmelitane, S. Marinella novembre 1925, Quaderno I, p.17. P. Lorenzo elabora il Direttorio delle Missionarie Carmelitane nel novembre 1925. Era composto da 4 quaderni, dei quali 2 ultimi sono andati sperduti. I quaderni 1 e 2 per un totale di 64 pagine manoscritte. Nell'introduzione, P. Lorenzo osserva: "questo Direttorio non abbiamo solamente voluto raccogliere i principi necessari per la formazione spirituale delle Religiose Carmelitane, ma anche abbiamo spiegato, in quanto era necessario, le regole del Diritto Canonico su cui sono state basate le nostre Costituzioni". D'ora in poi Dir.

da molto tempo ch'io desidero che nel nostro primo Ordine e nel terz'Ordine regolare si spieghi un'attività più missionaria".

Totalmente imbevuto dal desiderio della piccola S. Teresa che voleva fare amare l'Amore a tutti quanti, P. Lorenzo si ricorda delle sue ultime parole e dice:

> "Teresa predisse che dopo la sua morte, appena tornata in cielo avrebbe preso sotto la sua protezione i piccoli bambini, che sarebbe andata alle Missioni per aiutare i Missionari, che avrebbe fatto battezzare i piccoli e convertire gli adulti. Le Missioni! Come si può non essere scossi dal pensiero che ben più di un miliardo d'infedeli rimangono fuori della Chiesa senza contare i 120 milioni di scismatici, i 166 milioni di protestanti, i tanti milioni di maomettani e gli undici milioni di ebrei e solo 272 milioni di tutto il genere umano appartengono all'ovile di Cristo"[114].

La realtà è una sfida per P. Lorenzo e i segni dei tempi devono essere letti con cura per corrispondere alla volontà di Dio che parla attraverso questi segni. P. Lorenzo non vuole far passare il tempo, ma deve vivere intensamente ogni momento, come ha fatto la sua piccola Teresa, che ha dato un significato alle sue azioni, cercando di vivere l'alleanza compiuta con il Signore. Quello che muove P. Lorenzo è il desiderio di servire Iddio nelle Missioni, perché egli vede la realtà bisognosa di esempi, di modelli che possano rivelare, manifestare Dio attraverso il servizio, la disponibilità, la donazione di sé stesso. Infine egli cerca di costituire una schiera di anime sante, come dice, realizzazione della promessa di Santa Teresa di Gesù bambino. Quando si riferisce ad anime sante, vuole dire, persone che vivono intensamente dell'amore di Dio, persone di vita spirituale profonda, persone di preghiera e di unione con il Signore. Vuol dire ancora persone che hanno i piedi per terra, che sanno mantenere un rapporto con il popolo, sanno dialogare e accettare le differenze, cioè, sono accoglienti e accettano le altre persone come sono.

Secondo P. Lorenzo il gruppo delle Suore non fa il voto di stabilità. Le suore missionarie devono essere itineranti, com'è stato Gesù, missionario del Padre. Vivono per le Missioni e per questo le suore rispondono alle esigenze delle Missioni. Le Suore non devono chiudersi ad una data attività, come dice lui, ma devono prestarsi ad una molteplicità di forme di servizio al popolo di Dio.

Per madre Crocifissa, che vive insieme alle altre due compagne e svolgono un'opera assistenziale, è quello che costituisce il loro orizzonte.

---

[114] Cf. AP, Dir, p.16.

Desiderano avere l'approvazione della Chiesa per estendersi in tutta la Sicilia com'è stato scritto nella lettera inviata a P. Alberto Grammatico. Alla lettera di P. Lorenzo si dichiara disponibile a collaborare per iniziare la grande opera missionaria proposta.

Passiamo a identificare gli elementi che emergono dai documenti normativi: Statuto e Costituzioni. Facciamo una premessa per capire le Costituzioni che emergono dal dialogo fra i due interlocutori e che segnano l'origine del Terz'Ordine regolare delle Suore Carmelitane Missionarie. P. Lorenzo è consapevole che le missioni sono nelle sue intenzioni e nei suoi fini che si aggiungono alle intenzioni e ai fini della Curcio[115]. Come abbiamo già accennato nei capitoli precedenti, P. Lorenzo e madre Curcio si incontrano per la prima volta a Napoli per conoscersi personalmente e parlare sul futuro del Terz'Ordine regolare. Per questo incontro, P. Lorenzo dice alla Curcio di portare le Costituzioni[116].

Nell'ottobre 1924, lo Statuto "Carmela Polara" del gruppo della Curcio si trova nelle mani di P. Lorenzo. La finezza e delicatezza di P. Lorenzo lo porta ad apprezzare i minimi apporti che possano offrire gli altri e con questi sentimenti risponde alla Curcio:

> "Io ho studiato attentamente le sue costituzioni e ho cercato (non mi è riuscito difficile perché le sue idee sono le mie) d'imbevermi del suo spirito, ma la forma l'ho dovuta interamente cambiare, secondo i regolamenti della Congregazione dei Religiosi e del nuovo Codice Ecclesiastico. In quella forma non può mai ottenere un'approvazione. Con coraggio mi sono messo all'opera ed ora ho pronto tutto il lavoro che però ancora deve essere soggetto ad una minuziosa revisione. [...]. La Congregazione dei Religiosi vuole che le regole siano brevissime, ciò che si deve fare e ciò che si deve omettere: considerazioni morali ed ascetiche devono assolutamente sparire: questa è la regola che noi dobbiamo seguire"[117].

Il desiderio di trovare un appoggio per riuscire ad ottenere l'approvazione della Chiesa per il Terz'Ordine regolare che la Curcio pure desiderava e che accettava il fine missionario, è tutto quello che P. Lorenzo voleva, perché secondo lui è l'unione che fa la forza.[118] Passiamo al quadro che visualizza i due documenti normativi, per accorgerci delle modifiche che sono state fatte e che sono il punto di partenza del gruppo.

---

[115] Cf. AP, Lt PL a MC, Roma 1 luglio 1924.
[116] Cf. Ibid., Roma 14 agosto 1924; Napoli 18 settembre 1924.
[117] Ibid. Roma 24 ottobre 1924.

3.2 Gli elementi che emergono dai documenti normativi

P. LORENZO	M. CROCIFISSA
COSTITUZIONI DELLE MISSIONARIE CARMELITANE ISTITUTO S. TERESA DEL BAMBIN GESÙ[119] S. MARINELLA - 1925	STATUTO CARMELA POLARA[120] MODICA
Parte I - Della natura dell'Istituto	Parte I - Della natura dell'Istituto e dal modo di vivere

Cap 1	Del fine delle Missionarie Carmelitane del T.O._ L'Istituto delle Missionarie Carmelitane del T.O. ha come fine la propagazione della Fede, sotto la protezione del Sacro Cuore di Gesù, della B.V. del Carmine e di S. Teresa del Bambino Gesù; mediante le opere di attività missionaria, specialmente quelle che	Cap 1	Art. 1	Le suore di questa comunità di Modica appartenente al Terz'Ordine Carmelitano venerano come principalissima Patrona Maria SSma del Monte Carmelo. Professano ancora speciale devozione al glorioso Patriarca s.

---

[118] Cf. AP, Lt PL a MC, Roma 1 luglio 1924.

[119] Le prime Costituzioni di quella che oggi è la Congregazione delle Suore Carmelitane Missionarie di s. Teresa del Bambino Gesù, sebbene mai approvate formalmente dall'autorità ecclesiastica, sono una preziosa fonte per la comprensione del carisma della congregazione e della storia di esso, in quanto redatte direttamente da padre Lorenzo tenendo presente lo Statuto delle Terziarie Carmelitane di Modica – Istituto Polara (a sua volta redatto direttamente da madre M. Crocifissa) e il severo Diritto canonico dell'epoca. Tali Costituzioni furono presentate all'Ordinario di Porto – S. Rufina per ottenere la prima approvazione orale *ad experimentum* del nascente istituto religioso.

[120] Questo documento è stato redatto da M. Crocifissa. Si suppone che dal 1915 in poi, dopo che ha ricevuto le Costituzioni dalle Suore Carmelitane di Bologna (1911) e di Campi Bisenzio (1912), come scrive Conti: "Molto probabilmente, madre Crocifissa, nella stesura di tale Statuto avrà avuto tra le mani altri esemplari, in quanto, la maggioranza delle norme ivi descritte è simile a quella di tante altre Congregazioni dell'epoca, non discostandosi affatto nei contenuti dal comune sentire e vivere religioso del tempo. Esso è redatto in forma manoscritta, strutturalmente composto da due parti: Parte prima, sono norme prevalentemente di ordine ascetico/spirituale, ma anche di ordine pratico, fino all'eccesso. Comprende 12 capitoli per un totale di 110 articoli che regolano in maniera dettagliatissima il fine, i componenti, l'ordine delle suore, l'orazione e gli esercizi di pietà, la confessione e comunione, l'acquisto delle virtù, il ritiro dai secolari e il silenzio, il lavoro e l'avere tutto in comune, il vestire, il dormire, la comune refezione, le penitenze e mortificazioni, il Capitolo delle Colpe e le riunioni settimanali, l'orario giornaliero. Parte seconda, comprende gli uffici di Superiora, Assistente e Maestra di lavoro delle fanciulle orfane, Dispensiera e Cuciniera, Portinaia" (AP, Statuto delle Terziarie Carmelitane – Modica "Conservatorio Polara").

Parte I - Della natura dell'Istituto			Parte I - Della natura dell'Istituto e dal modo di vivere	
	riguardano l'educazione delle giovanette del popolo, e massime dell'Infanzia abbandonata.			Giuseppe, ai Santi Profeti Elia ed Eliseo a S. Simone Stock, a S. Alberto di Sicilia, a S. Maria Maddalena dei Pazzi, a S. Teresa e a tutti i Santi dell'Ordine Carmelitano. Avranno speciale culto per il S.S. Cuore di Gesù e per la S.S. Eucaristia.
Cap 12	*Delle Scuole e Missioni.* I° Non accetteranno scuole se non quelle destinate ai figli del popolo più povero. II° Sarà cura delle dirigenti di promuovere la maggiore perfezione didattica tenendo diligentemente conto di ciò che in proposito viene stabilito dalle competenti autorità e suggerito dalle esperienze dei migliori. III° All'Ordinario spetta l'ispezione della scuola e l'approvazione dei testi di Religione. Lo stesso dicasi per i Patronati, laboratori ed Oratori. IV° Tra le opere dell'Istituto sarà in ogni tempo tenuto nella massima considerazione l'opera delle Missioni. Pertanto essa sarà preferita a tutte le altre quando le condizioni dell'Istituto lo consentiranno. V° Per le Missioni dovranno in tutto regolarsi secondo le istruzioni della S. Congregazione di Propaganda.		Cap I	Art. 1	Lo scopo della Comunità è duplice: il primario è la santificazione della propria anima, mediante l'osservanza di tutti quegli esercizi di pietà che le presenti costituzioni propongono di fare. Il secondario è il bene del prossimo coll'educazione cristiana delle *giovinette* in genere e massime di quelle derelitte.
	APPENDICE I° Le Costituzioni delle Missionarie Carmelitane non obbligano per			Art. 3	Conforme quindi al secondario fine le Suore terranno presso di se: 1)

Parte I - Della natura dell'Istituto		Parte I - Della natura dell'Istituto e dal modo di vivere	
	se stesse sotto pena di peccato mortale né veniale a meno che non siano trasgredite per disprezzo, o in materia delle comuni obbligazioni della vita cristiana e dei santi Voti o con scandalo degli altri o per qualunque disordinato motivo. Ma ogni buona Missionaria procurerà di vedere in questa regola quei segni del Divino Volere che seguiti decidono della santità, trascurati, portano a lungo andare alla perdizione dell'anima. II° Per tutto ciò che riguarda, il governo dell'Istituto si seguiranno le norme generali stabilite dal Codice di Diritto Canonico; e delle quali l'Istituto nel primo periodo della sua formazione farà l'esperienza sotto le direttive immediate dalla Superiora Generale.		orfanelle e fanciulle abbandonate dai genitori; 2) signorine a pensione per istruirle nei lavori domestici ecc. e tenerle lontane dalla corrotta società; 3) bambine ecc. ecc.[121]
		Art. 4	Nella comunità v'è una sola classe di Suore tutte godono degli stessi diritti e sono soggette ad una stessa e comune disciplina. Nessuna avrà titoli speciali fuor della Superiora che sarà chiamata dalle Suore, orfane ecc col nome di Madre.
		Art. 5	Affinché poi tutto proceda ordinatamente sarà osservata una certa disposizione d'officio che sarà la seguente. Vi saranno: I) La Superiora; II) L'Assistente e maestra di lavoro, orfanelle ecc e bambine esterne; III) Assistente delle Signorine; IV) L'economa e la cuoca. All'infuori di questi offici le altre suore compiranno quelle disposizioni e quei lavori che la Superiora assegnerà loro.

---

[121] Conforme l'originale.

Nello Statuto delle Terziarie Carmelitane di madre Curcio non appare il carisma dell'Istituto in senso teologico e neppure giuridico. Manca l'aspetto missionario inteso nel senso stretto di 'missione *ad gentes*'. Nell'articolo II Capitolo I parte I³ viene descritto lo scopo del nascente Istituto: "Fine primario è la santificazione della propria anima [...], fine secondario è il bene del prossimo coll'educazione delle giovinette in genere e massime di quelle derelitte". Delle Missioni nessun accenno. Seguendo le opere svolte allora, madre Crocifissa limita il campo di azione rivolto solo alle fanciulle e giovinette in genere, però privilegiando la classe sociale delle emarginate. Questo piccolo spazio lasciato aperto dalla Curcio, P. Lorenzo lo definisce con questa risposta: "solamente, stia tranquilla che ho conservato tutto lo Spirito Suo"[122].

Infatti P. Lorenzo dichiara nelle Costituzioni al capitolo 12: "Non accetteranno scuole se non quelle destinate ai figli del popolo più povero".

Nella lettera sopra accennata del 24 ottobre 1924, P. Lorenzo dice: "La Congregazione vuole che le regole siano brevissime, ciò che si deve fare e ciò che si deve omettere: considerazioni morali ed ascetiche devono assolutamente sparire". Riportiamo il contributo della Conti al riguardo:

"Portando a termine un sistema di codificazione di tipo meramente giuridico, le Normae del 28.6.1901, emanate dalla S. Congregazione dei Vescovi e Regolari, distinguendo tra Costituzioni (legge fondamentale dell'Istituto) e Direttorio – Cerimoniale – Rituale, indicano ciò che le Costituzioni devono contenere e ciò che deve essere escluso. Devono contenere: natura dell'Istituto, voti, membri e modo di vita, regime, noviziato, professione. Devono escludere: prefazioni di vario tipo, introduzioni, notizie storiche sull'Istituto o biografiche sul fondatore; citazioni della S. Scrittura, dei Concili, dei Padri della Chiesa e Regolamenti particolari devono confinarsi nel Direttorio insieme a qualsiasi menzione di leggi civili, questioni teologiche o spirituali"[123].

Queste Costituzioni constano di due parti: Parte I 'Della natura dell'Istituto', comprendente 18 capitoli, per un totale di 110 articoli, e Parte II: ' Degli uffici', comprendente 9 capitoli, per un totale di 32 articoli.

Le novità che emergono sono innanzitutto la denominazione dell'Istituto: Missionarie Carmelitane. Le nuove Costituzioni circa la natura e il fine dell'Istituto sono totalmente diverse dallo Statuto "Polara".

---

[122] AP, Lt PL a MC, Roma 24 ottobre 1924.
[123] G. CONTI, *I fondatori e la storia della Congregazione*, Dispensa ad uso interno, CIAC - S. Marinella 2005, p. 77.

Al Capitolo I leggiamo:

"L'Istituto delle Missionarie Carmelitane del T.O. ha come fine la propagazione della Fede, sotto la protezione del Sacro Cuore di Gesù, della B.V. del Carmine e di S. Teresa del Bambino Gesù; mediante le opere di attività missionaria, specialmente quelle che riguardano l'educazione delle giovanette del popolo, e massime dell'Infanzia abbandonata"[124].

Non era questo lo scopo principale dichiarato dalla Curcio nello Statuto Polara, ma lo ha accettato come abbiamo già accennato: "... ieri ho ricevuto le Costituzioni. Sono rimasta contentissima per la semplicità e illuminata sapienza e prudenza"[125].

Il cuore di queste Costituzioni sono le Missioni che definiscono lo scopo della Congregazione: la propagazione delle fede. Nella prima lettera di P. Lorenzo rivolta alla madre Curcio egli dichiara decisamente di mettere nelle Costituzioni la "possibilità di essere mandate nelle Missioni, e che non si limiti l'opera delle suore ad una data attività, ma a tutti i lavori a cui devono adattarsi le missionarie"[126].

L'argomento viene ripreso in modo specifico al capitolo 12 delle Costituzioni in esame, 'Delle Scuole e Missioni', in cui all'art. 4 leggiamo: "Tra le opere dell'Istituto sarà in ogni tempo tenuto nella massima considerazione l'opera delle Missioni. Pertanto essa sarà preferita a tutte le altre quando le condizioni dell'Istituto lo consentiranno"[127].

Sottolineiamo ancora un altro aspetto relativo al carisma che orienta lo stile con cui bisogna gestire le opere. Il contenuto è dell'art. 1 del capitolo 12, in cui si afferma che "non accetteranno scuole se non quelle destinate ai figli del popolo più povero".

Nella Congregazione come tale, mentre progredisce a chiarire il proprio carisma[128], nelle diverse realtà sparse nei diversi paesi, sono presenti i frutti cui anche P. Lorenzo diede il proprio contributo, vissuti e seminati dalle Suore che sono state capaci di recepire l'impronta missionaria e l'opzione evangelica per i poveri. Questo va chiarito ad evitare una visione limitante: "emerge qui, con tutta la forza, l'attenzione dell'Istituto alla gioventù più diseredata ed emarginata, ed è questa la con-

---

[124] AP, Cost. 1925, art. 1.
[125] AP, Lt MC a PL, Modica 6 maggio 1925.
[126] AP, Lt PL a MC, Roma 23 giugno 1924.
[127] AP, Cost. 1925, art. 4.
[128] A questo scopo resterà decisiva una maggiore conoscenza della figura e l'apporto carismatico di P. Lorenzo van den Eerenbeemt.

notazione, finora mai adombrata, che caratterizzerà l'apostolato educativo della Congregazione"[129]. Possiamo dire che all'inizio, nell'esperienza fondante vi era unito il carisma missionario che ha dato vita alla Congregazione.

4. In vista dell'Anno Santo

In questo periodo il Papa Pio XI, con la bolla *Infinita Dei misericordia* del 29 maggio 1924, promulgava l'Anno Santo per il 1925, che fu concepito come un'occasione di ripresa della spiritualità cristiana. Infatti Pio XI, partendo da una funzione nuova del laicato, proponeva tre grandi obiettivi: riportare la pace nel mondo, stabilire unità tra i cristiani separati e trovare una soluzione definitiva per la Terra Santa contesa tra Arabi ed Ebrei. Così esortò i fedeli a porre una maggiore attenzione alle opere missionarie e a pregare per la pace tra i popoli al fine di lucrare le indulgenze. Era questo il primo anno Santo dopo i furiosi eventi bellici della Prima Guerra Mondiale; fu pure il primo Anno Santo che vide la partecipazione di pellegrini provenienti da paesi lontani, che arrivarono in aeroplano.[130] Facciamo riferimento a questo Giubileo, in modo particolare, "come i diritti sacrosanti del cattolicesimo invocano" e perché l'Ordine Carmelitano, soprattutto la Provincia Olandese teneva a cuore la dimensione missionaria della vita religiosa, accanto al Cardinale Van Rossum, Prefetto della Congregazione Propaganda Fide, che prendeva la direzione di una Mostra[131] Missionaria.

P. Lorenzo partecipa a questa Mostra con un articolo *"I Carmelitani dell'Antica Osservanza"*, facendo un percorso storico dell'Ordine, rilevando soprattutto le sfide affrontate:

> "Il carattere quasi essenzialmente contemplativo dell'Ordine fu una delle cause principali per cui esso non cercò molto l'espansione, ma si contentò piuttosto di una vita severamente claustrale, lontano per quanto fosse possibile dai rumori del secolo. Senonchè le condizioni dei tempi ed il desiderio innato in ogni anima cristiana di lavorare per il bene di altre anime, pian piano indussero l'Ordine a modificare il suo genere di vita e così da eremitico che era, diven-

---

[129] G. CONTI, *I fondatori e la storia*, op. cit., p. 78.
[130] Cf. www.vatican.va/vatican; www.racine.ra.it.
[131] Cf. l'Osservatore Romano del 22 luglio: "la Mostra avrà una parte scientifica, centrale, dove carte geografiche, diagrammi, stampe, pubblicazioni, riviste, ecc. potranno formare oggetto di studio ai dotti e agli specializzati in Missionologia. Saranno disposti locali

tò cenobitico; e, sotto l'influsso di altri Ordini più giovani e più ardenti, si sforzò di schierarsi anch'esso in prima linea. Che questo non sia avvenuto senza lotte e senza contrasti, è facile immaginarlo, perché nelle istituzioni umane non mancano quei conservatori ostinati, il cui spirito si è assopito nell'incomprensione di ogni valore vivente e di ogni necessario sviluppo. Ma la Vergine ha protetto il suo Ordine e non ha permesso che s'impigrisse nel ricordo della sua storia e si distanziasse troppo da quegli ordini più giovani, che animati di zelo ardente, salivano cime inaudite di santità e di eroismo. E così noi oggi *godiamo di poter apertamente testificare* dello spirito santamente missionario che spinse non pochi dei nostri padri a lasciare la pace e la tranquillità del chiostro per portare la luce del Vangelo nei paesi lontani"[132].

L'anno Santo è vissuto intensamente da P. Lorenzo perché già è all'orizzonte il sogno missionario anelato da tanto tempo, di fondare un terz'ordine regolare per le missioni e prega con questa intenzione la Santa delle Missioni, che è canonizzata nel maggio del 1925.

---

appositi per le consultazioni e gli studi, e quelli che li frequenteranno saranno assistiti nelle loro ricerche da scienziati competenti. Una sottocommissione scientifica è incaricata di questo ramo importantissimo della Mostra, che sarà forse il meno appariscente ed attraente per la maggior parte dei visitatori, ma sarà il più importante, e verrà apprezzato e ricercato amorosamente dagli studiosi, e lascerà di sé traccia imperitura nella Biblioteca Missionaria, che si intende fondare e che rimarrà a perenne ricordo della Mostra", in: *Il Monte Carmelo* (10) Roma 1924, p. 201.

[132] AP, L. van den Eerenbeemt, *I Carmelitani dell'Antica Osservanza*, in Rivista Illustrata della Esposizione Missionaria Vaticana n. 7, Citta del Vaticano 1925, pp. 213- 217.

III

LA "VOLONTÀ DI DIO" NELL'ESPERIENZA FONDANTE DEL CARISMA

1. Nel cuore dell'esperienza spirituale e religiosa

C'è nel cuore dell'uomo un'arsura di Dio, come una lancinante ferita. Il senso della sua realtà di creatura assolutamente bisognosa di Lui. L'uomo, come afferma Rahner, è "inserito nell'ordine soprannaturale, depositario dell'auto-comunicazione di Dio nella grazia di Cristo. Dio ama ciascuno su un piano essenzialmente nuovo, con un'unicità assolutamente impossibile nell'ordine della pura creaturalità. Ed allorché Dio ama con l'amore soprannaturale costituito da una comunicazione senza riserve della sua stessa intima vita divina, ci troviamo di fronte ad una azione di Dio, la quale deve venir accolta nel modo più concreto e individuale possibile, se si vuol accoglierla e capirla nel giusto senso e a fondo, attraverso il nostro impegno e abbandono a tale amore e senza riserve. Non desta quindi meraviglia che quest'amore venga rappresentato ed espresso mediante quella sua forma parallela che alla nostra esperienza si presenta come la più individuale ed esclusiva: l'amore sponsale e nuziale"[1].

Le sfide dell'umanità, nell'insieme degli sforzi per appianare i problemi in vista del progresso e dello sviluppo scientifico-tecnologico e le conseguenti condizioni socioculturali influirono fortemente per tacitare questo bisogno fondamentale di Dio. Intanto, nella notte della prova, il cuore dell'uomo spirituale viene ferito dalla voce del "Diletto"[2] che lo rende cosciente della sua creaturalità in ricerca dell'Assoluto.

Nell'itinerario spirituale di P. Lorenzo si è fatta molto chiara, in ogni tappa della sua vita, la sua libera decisione spirituale e personale, non soltanto come adempimento d'una legge universale applicata a un caso particolare, ma come autentica realizzazione di un'individualità spirituale e personale, soprannaturale. Tale individualità spirituale pla-

---

[1] Cf. K. RAHNER, *Missione e Grazia*, Paoline, Roma 1964, p. 144.
[2] Cf. Ct 2, 8.

smata dalla grazia è fatta in obbedienza a un personalissimo richiamo nonché a una vocazione strettamente individuale espressa da parte di Dio.

"Parlerò al suo cuore"[3] indica l'esperienza di Dio promessa al profeta Osea, cioè si riferisce a quegli atti spirituali e religiosi che sgorgano dal nucleo centrale della persona; atti che

> "sono necessariamente qualcosa di molto superiore al mero prodotto dell'educazione, dell'imitazione, della piatta e pignola osservanza d'una legge esteriore generale; atti che mettono in relazione con Dio non soltanto nella loro oggettività, ma anche nella loro trascendenza liberamente accettata dall'uomo; atti che impegnano l'uomo sino in fondo, portandolo a valorizzare seriamente il suo disegno eterno e a tener sempre vivo davanti agli occhi il mistero primordiale che in solenne e maestoso silenzio impera su tutta la sua vita"[4].

P. Lorenzo che ha ascoltato questa voce nel profondo del suo essere, illuminato dalla luce, sperimenta una vita nuova che gli viene direttamente da un ammaestramento interiore, intimo e profondo che lo spinge più "dentro" alla realtà, più "dentro" a se stesso, più "dentro" al mondo. In questa dinamica di fiducia e di abbandono in Dio l'impegno di fondo è quello dell'uscire e dell'entrare: uscire da sé, dai propri schemi e dalle proprie sicurezze per entrare sempre di più nella logica di Dio.

1.1 *Delineamento della fisionomia dell'Istituto e ordinamento della sua vita e azione*

L'epistolario tra P. Lorenzo e M. Curcio che dia l'appoggio per trovare finalmente un punto sicuro e stabile alla famiglia religiosa desiderata tanto dalla M. Curcio quanto da P. Lorenzo, è molto denso e frequente. In posizione di avanguardia c'è P. Lorenzo che con zelo apostolico vuole trovare come concretizzare il progetto di fondazione. Affiancarsi a un'opera di governo potrà essere un punto di partenza. Il Ministro Federzoni offre attraverso P. Lorenzo la direzione amministrativa a 4 Suore in una casa di salute. Le suore, però, devono essere molto intelligenti perché verrebbe loro affidata una grande Cura amministrativa e morale[5]. La risposta della Curcio è di impossibi-

---

[3] Os 2, 16.
[4] K. RAHNER, *Missione e Grazia*, p. 147.
[5] AP. cf. Lt PL a MC, Roma 10 gennaio 1925.

lità perché le Suore sono giovani e inesperte per una così ardua impresa[6].

1.1.1 Le Costituzioni[7]

Le Costituzioni sono state elaborate da P. Lorenzo e riviste da P. Alberto Grammatico e le Suore apprezzano con attenta lettura:

> "Grazie mille della bellissima Regola che leggiamo con grande attenzione, l'ha compilata Lei? Mi pare di leggere in certi capitoli il suo spirito zelante, secondo i nostri attuali bisogni, e che dirle della bellissima rivista Illustrata! Con quale interesse ho letto assieme alla Comunità i suoi preziosi scritti: la prima cosa che volli leggere, e quale immenso gaudio sento nell'apprendere cose che riguardano il mio tanto amato Ordine!"[8].

P. Lorenzo risponde da Napoli: "Ho passato anche nelle mani di Sua Eminenza le Costituzioni di questo nuovo Istituto che insieme al P. Grammatico ho fatto secondo il diritto"[9].

Queste Costituzioni,[10] come abbiamo già detto, sono divise in due parti: Parte I 'Della natura dell'Istituto', comprende 18 capitoli, per un totale di 110 articoli, e Parte II: 'Degli Uffici', comprendente 9 capitoli, per un totale di 32 articoli. La denominazione dell'Istituto: Missionarie Carmelitane, Istituto Santa Teresa del Bambino Gesù.

Al Capitolo 1 leggiamo: L'Istituto delle Missionarie Carmelitane del T.O. ha come fine la propagazione della Fede [...] mediante le opere di attività missionaria, specialmente quelle che riguardano l'educazione delle giovanette del popolo, e massime dell'Infanzia abbandonata. L'ar-

---

[6] AP. cf. Lt MC a PL, Modica 16 gennaio 1925.
[7] In questi Costituzioni appaiono chiarissimamente il fine dell'Istituto: "L'Istituto delle Missionarie Carmelitane del T.O. ha come fine la propagazione della Fede, sotto la protezione del Sacro Cuore di Gesù, della B.V. del Carmelo e di S. Teresa del Bambino Gesù; mediante le opere di attività missionaria, specialmente quelle che riguardano l'educazione delle giovinette del popolo, e massime dell'Infanzia abbandonata" (AP, Costituzioni delle Suore Carmelitane Terziarie di S. Teresa del Bambino Gesù, S.Marinella 1925).
[8] AP. Lt MC a PL, Modica 2 aprile 1925.
[9] AP. Lt PL a MC, Roma 28 aprile 1925.
[10] "La rispondenza del testo alle Normae del 1901 e più ancora quelle del Codice di Diritto Canonico del 1917, dobbiamo dire che questa è perfetta. Non si riscontra un articolo di carattere ascetico-spirituale; non c'è alcun riferimento di ordine morale, neppure nella Parte II, capitolo 3, relativo alla Maestra-Assistente delle fanciulle. Il linguaggio è strettamente giuridico e stringato" (G. CONTI, *I Fondatori e la Storia*, op. cit., p. 78).

gomento viene ripreso in modo specifico al capitolo 12 delle Costituzioni, 'Delle Scuole e Missioni': "art. 4 – Tra le opere dell'Istituto sarà in ogni tempo tenuto nella massima considerazione l'opera delle Missioni. Pertanto essa sarà preferita a tutte le altre quando le condizioni dell'Istituto lo consentiranno". Un altro aspetto relativo al Carisma che sottolineiamo riguarda lo stile con cui bisogna gestire le opere: art. 1 del capitolo 12: "non si accetteranno scuole se non quelle destinate ai figli del popolo più povero". Emerge qui l'attenzione dell'Istituto alla gioventù più diseredata ed emarginata e questa connotazione dovrebbe caratterizzare l'apostolato educativo della Congregazione.

1.1.2 Il Direttorio e il libro di preghiera

P. Lorenzo, inviando alla M. Curcio il testo delle Costituzioni, comunica che il Direttorio e il libro di preghiera saranno elaborati: "Quando l'anno scolastico sarà finito cercherò di fare un direttorio con un libro di preghiera"[11].

Il libro di preghiera consta: preghiera del mattino in dormitorio, in chiesa prima della S. Messa, per la meditazione, prima del lavoro e durante la giornata, a mezzogiorno, prima e dopo il pranzo, Litanie e preghiera della sera[12].

Il Direttorio[13] verrà compilato nel novembre 1925[14]. Le motivazioni sono presentate all'inizio del testo dallo stesso redattore: " In questo Direttorio non abbiamo solamente voluto raccogliere i principi necessari per la formazione spirituale delle Religiose Carmelitane, ma anche abbiamo spiegato, in quanto era necessario, le regole di Diritto Canonico su cui sono basate le nostre Costituzioni"[15]. Troviamo la spiegazione dei canoni del CDC del 1917, riportati nelle Costituzioni e seguita da

---

[11] AP. Lt PL a MC, Roma 2 maggio 1925.
[12] AP, Cf. copia del documento ottenuto dall'ACVPSF. Si tratta di un quaderno contenti 40 pagine, manoscritto, e intitolato "Preghiera dell'Istituto".
[13] Nel secolo XIX il Direttorio si trova già distinto dalle Costituzioni in varie Congregazioni e si presenta come codice prevalentemente giuridico che raccoglie norme di carattere particolare ma direttamente complementari delle norme costituzionali. Le prime prescrizioni canoniche che si riferiscono ai Codici annessi con il nome di Direttorio si trovano nelle Norme del 1901. In esse si dichiara che non devono essere trascritte nelle Costituzioni espressioni desunte dai Codici annessi, tra i quali si nomina il Direttorio, ad evitare che questi Codici siano considerati della stessa natura giuridica delle Costituzioni (Cf. ROCCA G., Direttorio, in *DIP* III, p. 526).
[14] AP, Lt PL a MC, Roma 2 maggio 1925.
[15] AP, Dir p. 14.

commenti di ordine teologico-spirituale. Purtroppo non possediamo il testo completo. I due quaderni che sono stati conservati arrivano al V Capitolo, quando, all'interno degli articoli, P. Lorenzo fa riferimento al Capitolo XII.

P. Lorenzo offre la chiave della spiritualità delle Missionarie Carmelitane: "Come Carmelitano, Maria, la madre di Gesù è al cuore dell'Istituto", ma aggiunge:

> "tra i tutti i numerosi e gloriosi santi del Carmelo ha voluto scegliere la Santa degli ultimi giorni, Teresa del B.G., che con la sua amabile santità ha saputo attirarsi uno stuolo infinito di anime. La via ch'ella ha tracciato per andare al cielo non è scabrosa, non di estasi e d'incomprensibili mortificazioni, ma è la via misteriosa dell'Infanzia Spirituale. Fu sempre vivo desiderio di Teresa di diventare una grande Santa, ma nello stesso tempo comprese che la grazia è tutto dono di Dio e chi aspira a questa grazia deve prima inabissarsi nella comprensione della propria nullità. [...] Per amare Gesù, essere la sua vittima d'amore, più si è deboli e miserabili, più si è adatti alle operazioni di questo amore consumante e trasformante. Ciò che piace a Dio, dice essa, è la cieca speranza che si ha nella sua misericordia. Amiamo la nostra piccolezza ... allora noi saremo poveri di spirito e Gesù verrà a cercarci anche se lontani e ci trasformerà in fiamma d'amore"[16].

P. Lorenzo chiarisce nel Direttorio come leggere le motivazioni delle giovani se sono consistenti o no. Oltre al desiderio di essere santa, di amare profondamente il Signore, queste vocazioni, seguendo le orme della fiducia e abbandono in Dio della piccola Teresa,

> "rinnegando alla fantasia che le muoverà ad opere grandiose e strabilianti, ameranno invece una vita oscura, ordinaria, umile di lavoro e di santificazione interna e pur desiderando di diventare grandi Sante, non ambiranno né a visioni, né ad altri doni carismatici, perfezionandosi invece nell'amore, che è la via più eccellente per arrivare a Dio"[17].

Un'altra motivazione è quella del desiderio di darsi alla vita missionaria o alla vita dell'educazione della gioventù. Questi desideri dice P. Lorenzo "sono santi e suppongono una grande fede"[18].

---

[16] Ibid., p. 15.
[17] Ibid., p. 14; Cf. 1 Cor 12, 31.
[18] Ibid., p. 25.

1.1.3 La Cassa Comune

La cassa comune va pensata: "Ora andiamo alla questione grave delle finanze: [...] da piccole questue ho potuto ottenere un 2 mila lire circa; non è molto, ma con gran fervore continuerò a bussare da tutte le parti. Un frutto della ricerca e promessa: "Il Ministero degli Interni concede un sussidio £ 50.000 richiesta da P. Lorenzo a favore dell'Istituto di S. Teresa del Bambino Gesù, in vista dell'opera altamente benefica che il nuovo Istituto già esplica"[19]. Dice alla M. Curcio che lei può portare con sé tutte quelle giovani che possono per i primi tempi almeno pensare al vitto. Quanto alle suore credo che Lei compresa sarebbe bene che non fossero per il primo momento più di tre, tanto per vedere l'andamento delle cose. Le sarei grato se mi volesse dire di quanto Lei può disporre"[20].

La M. Curcio rivela subito la realtà della comunità: "Per i mezzi finanziari per me non ci pensi, per le altre metteremo assieme quel poco che ha raccolto Lei, o buon Padre, e quel po' di cui può disporre questa comunità a tutto beneficio della nascente e anelata famiglia"[21].

1.1.4 L'autorizzazione dell'Ordine

L'autorizzazione dell'Ordine è nelle mani di P. Lorenzo: "Il Revmo Generale ha ratificato la proposta e con documento scritto mi ha autorizzato a fondare questa nuova Istituzione sull'Arenella"[22].

1.1.5 Denominazione dell'Istituto e definizione del distintivo

L'Istituto ha già un nome: sarà chiamato "Istituto Suor Teresa del Bambino Gesù"[23], perché sarà sotto la sua protezione. Prendono accordo per il distintivo. P. Lorenzo presenta pure il suggerimento del distintivo dell'Ordine: "che ne pensa lei di un medaglione colla Teresa da una parte e con lo stemma dall'altra e le parole *Ignem veni mittere in terram?* Lei mi scriverà apertamente la sua idea su questo punto[24]. La Curcio esprime il

---

[19] AP, Lt Ministero degli Interni a PL, Roma 31 agosto 1925.
[20] AP, Lt PL a MC, Roma 3 aprile 1925. In Appedice 3.1.
[21] AP, Lt MC a PL, Modica 7 aprile 1925.
[22] AP, Lt PL a MC, Roma 3 aprile 1925. Il documento di approvazione del P. Generale fr. Elias Magennis, datato il 31 marzo 1925.
[23] AP, Lt PL a MC, Roma 13 aprile 1925. In Appendice 3.2.
[24] Ibid., Roma 30 maggio 1925.

desiderio di includere il Cuore di Gesù al posto dello stemma[25]. P. Lorenzo è d'accordo: "Giustissima è la sua osservazione sulla medaglia: intanto m'informo come posso fare e quali sono i prezzi"[26].

1.1.6 La spiritualità dell'Istituto

La spiritualità missionaria di Teresa viene approfondita. È il fuoco dell'Amore divino che ardeva nel cuore di Teresa che afferra pure il cuore di P. Lorenzo che cerca di approfondire la spiritualità che animò la Santa: "Nei ritagli di tempo mi dedico allo studio della Piccola Teresa"[27].

1.1.7 Le Vocazioni

Le vocazioni ci sono: "quanto alle mie giovinette, esse sono molto semplici, ma molto buone, poco istruite, ma bene nella religione e ferventissime. Iddio me le ha mandate ed io le accetto volentieri. Non ho per il momento nessuna diplomata, ma Iddio ce la manderà"[28]. P. Lorenzo prepara le sue seguaci per le missioni e loro non vedono l'ora di iniziare il percorso formativo. Esse sono: 1) Giuseppina Scodina, 2) Francesca Boi, 3) Giulia Aroni, 4) Maria Musio, 5) Rosa Scodina e 6) Tommasina Draaisma[29].

Una seconda volta è fallito lo sforzo di trasferire il gruppo a Napoli perché Madre Carmela Vitali ha ritrattato. È un'altra delusione per la Curcio:

> "Immagini che mortificazione per la seconda volta!... Tutto è preparato per la partenza, amici e parenti tutti ne sono a conoscenza ed ora non si sa cosa rispondere per questa sospensione, devo dar conto a mille e mille persone e tante sono le conseguenze che ne derivano e non dico lo stato d'animo mio e della comunità tutta!"[30].

P. Lorenzo incoraggia la Curcio e la comunità: "Coraggio e fiducia e preghiamo Dio. Le ho detto d'aver molta pazienza e sopportare il peso,

---

[25] AP, Lt MC a PL, Modica 4 giugno 1925.
[26] AP, Lt PL a MC, Roma 13 giugno 1925.
[27] Ibid., Roma 30 maggio 1925. In Appendice 3.3.
[28] Ibid., Roma 13 aprile 1925.
[29] Tutte sono diventate Suore Carmelitane ricevendo il nome di religione: 1) Suor Maria Teresa, 2) Suor M. Mercede, 3) Suor M. Carmela, 4) Suor M. Annunziata 5) Suor M. Gabriella, 6) Suor M. Tommasina.
[30] AP, Lt MC a PL, Modica 24 aprile 1925.

che ora non è Suo, ma comune. L'unica cosa che domando a Lei è di aver fiducia nella mia cooperazione: in tutti i principi vi sono delle grandi difficoltà: le difficoltà sono il segno evidente dell'opera divina"[31]. "Su, coraggio, ripeta con me: *Fiat voluntas tua!* Benedetta la volontà del Signore che vuole che le sue cose siano partorite nel dolore e nelle pene"[32]. "Se riusciremo all'intento – e, non dispero, perché infinita è la bontà di Dio, dovremo dire, tanto lei quanto io che non è opera <u>nostra, </u>ma <u>SUA, </u>tutta <u>SUA</u>"[33].

La Curcio manifesta il desiderio di partecipare alla canonizzazione della beata Teresa del Bambino Gesù ed è decisa a trovare un posto dove cominciare la nuova Istituzione, soprattutto perché deve allontanarsi dal suo paese:

> "dovrò assolutamente allontanarmi, e quindi se le cose di questo affare si portano ancora alle lunghe dovrò accettare qualche altra residenza ma voglio prima parlare a Lei di presenza su questo importante affare quando ci rivedremo presto se Ella avrà la pazienza di trovarmi un posto per i giorni della mia venuta a Roma, per la Canonizzazione della Beata Teresa a cui voglio assistere, sarà l'unica gioia che gusterò in vita mia (se a Dio piace) però sarò in compagnia di due Suore"[34].

P. Lorenzo già aveva prenotato: "Per Lei e per le suore ho fatto – già da molto tempo rispetto alla sua lettera, istanza per biglietti di favore"[35].

1.2 *La solenne canonizzazione di S. Teresa di Lisieux e il trasferimento del gruppo a S. Marinella*

P. Lorenzo registra nella Cronistoria della Chiesa di Nostra Signora di Vittoria la cerimonia di canonizzazione di S. Teresa del Bambin Gesù. Tra i numerosissimi pellegrini lui nota una buona Terziaria Carmelitana di Modica con cui si trovava in comunicazione dal 1924:

> "La canonizzazione di S. Teresa ebbe luogo il 17 maggio, il 18 la Superiora delle Terziarie ed il Padre Lorenzo erano a S. Marinella. Tutto uno splendore di primavera si spiegava davanti ai loro occhi

---

[31] AP, Lt PL a MC, Roma 22 aprile 1925.
[32] Ibid., Roma 28 aprile 1925.
[33] Ibid., Roma 2 maggio 1925.
[34] AP, Lt MC a PL, Modica 26 aprile 1925.
[35] AP, Lt PL a MC, Roma 11 maggio 1925.

e profumi di fiori e piante agresti inebriavano l'aria che era tiepida, il cielo terso, azzurro il mare: un incanto che sembrava invitare a rimanere"[36].

Fu deciso di prendere il villino Persichetti, alla Chiaruccia, per un possibile inizio di quest'opera santa in affitto e di mettersi, con fede e fiducia, nelle mani di Dio. Subito P. Lorenzo ha fatto esposto al Card. Vico, Vescovo di Porto e S. Rufina, che fra le altre domande ha chiesto perché il gruppo era così ridotto dopo 15 anni di esistenza: oltre alla M. Curcio, sr Maddalena, sr Nazarena e sr Caterina[37]. Si domandò il permesso all'Ordinario, S. E. il Card. Vico[38] e ai Superiori Maggiori dell'Ordine[39] che erano il R. mo Padre Elia Magennis, Generale, ed il P. Uberto Driessen, Procuratore Generale, e si ottenne e "fu decisa la partenza definitiva per S. Marinella il 3 luglio 1925"[40]. E alle giovani di Roma, P. Lorenzo ha fissato l'inizio della loro formazione a S. Marinella, il 3 luglio 1925[41].

---

[36] Rossi avvertì questa descrizione idilliaca trasfigurata dalla situazione psicologica in cui si trovavano la Curcio e P. Lorenzo. Secondo Rossi S. Marinella rappresentava l'ancora di salvezza, l'occasione propizia dopo i contrasti e delusioni della M. Curcio come pure, quel luogo poteva essere finalmente il centro per lo sviluppo dell'ideale missionario di P. Lorenzo (G. ROSSI, *Territorio e Congregazione Religiose, S. Marinella e lo sviluppo della Congregazione delle Suore Carmelitane Missionarie di S. Teresa del Bambino Gesù*, Atti di Convegno di Studio, S. Marinella 1990).
[37] AP, Lt PL a MC, Roma 30 maggio 1925.
[38] AP, Lt PL a S.E.Rev.ma Cardinale Vico presentando il progetto di fondazione della Congregazione di Terziarie Regolari Carmelitane sotto la protezione di Santa Teresa del Bambino Gesù con voti semplici (secondo il can. 492 § 1) dove afferma: "I Superiori vedono ben volentieri questa nuova Istituzione missionaria carmelitana ed il Rev.mo P. Generale è pronto, a norma del detto can. 492 § 1, ad affiliare l'Istituto all'Ordine, appena V. Eminenza Reverendissima si degnerà accettare questo Terz'Ordine Regolare nella sua diocesi, Roma, 28 maggio 1925". (Cf. AP); in un'altra lettera chiede il permesso di poter officiare fino a novembre la detta Chiesa delle Vittorie. Dopo ottobre, dice di credere che con una parola di S.E. non sarebbe difficile a lui rimanere a S. Marinella. Aggiunge che con un abbonamento ferroviario potrebbe facilmente disimpegnare tutti gli obblighi che ha nel Collegio come professore e al Vicariato come esaminatore e Censore del Caso Morale. Celebrerebbe ogni mattina la Messa e tutte le ore libere consacrerebbe per il bene delle suore e della sua diocesi (Cf. AP, Copia, Roma 23 marzo 1925).
[39] Lettera di richiesta di PL al P. Generale dell'Ordine per trascorrere le vacanze dal mese di luglio fino al 1° novembre in S. Marinella. Nella stessa lettera il consenso del Generale: *Concedetur libenter et juxta preces*. Fr. Elias Magennis, Priore Gen. O.Carm. Roma 3 giugno 1925, ex arch. Diocesi Porto – S. Rufina, in Archivio della Postulazione; in un'altra lettera il Priore Generale scrive: "Avendo sentito il suo progetto, benediciamo il Padre Lorenzo van den Erembeent e gli permettiamo volentieri di occuparsi per la fondazione di un Terz'Ordine Carmelitano Missionario" (AP, Copia, Roma 28 marzo 1925).
[40] AP, LORENZO VAN DEN EERENBEEMT, *Cronistoria della Chiesa di Nostra Signora delle Vittorie*, p. 7, in Segreteria della Parrochia N. Signora del Monte Carmelo, Santa Marinella (Rm). D'ora in poi Cron.
[41] AP, Lt PL a MC, Roma 19 giugno 1925.

Intanto P. Lorenzo provvede al pagamento alla Signorina Persichetti del primo trimestre di affitto[42] e comincia l'iter per l'approvazione dell'Istituto. La decisione della partenza della Curcio con suor Maddalena e sua sorella e un'altra postulante abile nei lavori domestici già è deciso verso il 27 o il 29 giugno[43] nell'indirizzo al Villino Persichetti, S. Marinella, prov. Roma[44]. In questo periodo P. Lorenzo è carico di lavoro: "numerosi esami che devo ascoltare, sia al Vicariato sia in Collegio. Quel mio lavoro sulle missioni non è arrivato a termine, lo lascerò per un'altra occasione"[45]. Con tutti questi sbalzi, sofferenze e sfide da affrontare, il suo senso di ottimismo nell'avvenire è grande e profondo, perché sa di cercare sempre la volontà di Dio. Il suo ideale va ancora oltre, già condiviso con la M. Curcio e che porterà avanti, a meno che la volontà di Dio si esprima in modo molto chiaro. Si tratta del ramo maschile del Terz'Ordine per le Missioni, appena nel pensiero e nel cuore di P. Lorenzo: "Mia buona Madre, Lei vede da ciò che ancora questo desiderio arde nel mio povero cuore ... e vi è ancora un altro desiderio, più difficile e che cova sempre ... se lo ricorda, quello dei missionari?"[46].

1.3 *Farsi "carico" della gente e delle persone che sono al margine*

P. Lorenzo è pieno di zelo per le missioni. Ha partecipato alla Mostra Missionaria per l'Anno Giubilare ed è stato nominato Assistente spirituale. La realtà personale come appartenente all'Ordine e come professore di Sacra Scrittura, il desiderio fortissimo per le Missioni, il gruppo della Curcio e delle sue seguaci che assiste già da tempo, la realtà dell'orizzonte della missione universale della Chiesa che è molto presente nella sua vita, gli fanno approfondire ogni giorno l'esperienza spirituale che lo portano a purificare le sue scelte e le sue decisioni.

Si trova davanti a forze grandemente contrarie. Aveva scritto a Tito Brandsma sul desiderio di fondare una Congregazione di Suore. Al che P. Tito risponde, offrendo il suo parere: il progetto è buono, ma bisogna attendere perché non è il momento. Bisogna avere l'appoggio dei fratelli perché mandino vocazioni. Gli chiede pertanto di attendere ancora[47]. In-

---
[42] Ibid., Roma 13 giugno 1925.
[43] AP, Cf. Lt MC a PL, Modica 16 giugno 1925.
[44] AP, Lt PL a MC, Roma 19 giugno 1925.
[45] Ibid.
[46] Ibid., Roma 27 novembre 1924.
[47] AP, Lt Tito Brandsma a PL, Nimega 2 novembre 1923.

tanto gli dice che "è un peccato che non s'impegni più a fondo negli studi scritturistici per i quali è così portato"[48]. Si incontra con Mons. Vizzini, vescovo di Noto che per il bene di P. Lorenzo lo consiglia di non cominciare niente con la Curcio. Lo scenario è di tale sconcerto per ambedue che P. Lorenzo reagisce dicendo:

> "Io gli ho risposto che le cose sono avviate talmente che non è possibile ritornare indietro. Che per il principio ho bisogno di lei tanto per forma esteriore, ch'io non posso incominciare se non con suore, ma che dopo essendo il fondatore, sarei libero di scegliere una Superiora a mio gusto, ed anzi io avrei bisogno d'una persona che conoscesse le lingue estere, tanto per quietarlo. Inoltre mi ha detto che Lei è caparbia, una volontà tenace che non si piega, che vuol fare ciò che vuole, che non ascolta il suo Vescovo e che avrò da Lei immensamente a soffrire. Appresso: che facciamo? Lei verrebbe qui con le due Suore. Le altre rimarrebbero in casa aspettando la chiamata. Io giuro davanti a Dio, alla Madonna e a S. Teresa del B.G. che farei tutto il mio possibile per richiamarle, perché io non posso abbandonarle! Come le mie figliole le amo tutte, benché non le conosca tutte. Ecco quel che penso e Lei facendo un giorno pubblicamente davanti alla comunità il suo voto di obbedienza avrei avuto in avvenire l'occasione di provarla bene"[49].

La Curcio manifesta il suo desiderio:

> "Sì, sarò la prima ad emettere il mio voto di ubbidienza, castità e povertà innanzi a tutti, e ciò sarà la mia gloria, il mio trionfo: ho anelato tanto un tal momento, sarà il più bello della mia vita e gliene darò prove, come una bambina di pochi anni. Non ho pretensioni di sorta alcuna, Ella di me ne farà ciò che vuole conformemente alle regole e lo spirito religioso del nuovo nostro Istituto. [...] Però sento il dovere ed il bisogno di manifestarle che non sono disposta a subire ancora nuove disillusioni dopo che mi decido a venire definitivamente a Roma. Lei ormai dopo un anno di corrispondenza e conoscenza personale ha potuto valutare le mie energie e quanto io valga. Si serva di me per quel che valgo, ma prima di decidermi definitivamente, m'assicuri, o Padre, che non debba stare nella tormentosa titubanza se possa ancora ritornare indietro. Questo per me sarebbe impossibile da accettare, ne avrei delle dolorosissime

---

[48] Ibid., Nimega 2 febbraio 1924.
[49] AP, Lt PL a MC, Roma 7 giugno 1925. Lettera senza data, ma dedotta dalla risposta della Curcio in data di 10 giugno 1925. In Appendice 3.4. Vogliamo sottolineare che in questa lettera P. Lorenzo già si auto denomina il Fondatore.

conseguenze morali, fisiche ed economiche, che mi farebbero preferire la santa quiete di una vita ritirata presso i miei e quindi abbandonare le mie povere compagne alla stessa sorte"[50].

P. Lorenzo la tranquillizza dicendo: "Mia cara madre, non l'abbandono. Stia tranquilla: non potrei più abbandonare né lei né le mie ragazze. Vivrò con lei le stesse pene e le stesse gioie"[51]. Nella stessa lettera P. Lorenzo comunica ch'è stato richiamato dal Vic. Gen. della diocesi di S. Marinella per il fatto di non aver presentato nessuna lettera del Vescovo di Noto. P. Lorenzo si fa carico del gruppo e cerca di proteggerlo al massimo:

"gli ho risposto che il Vescovo di Noto era stato a Roma e che io lo avevo visitato, che non aveva nulla in contrario e che essendo quest'Ordine soltanto una società di pie donne senza voti pubblici – almeno fino a questo tempo in Modica – non vi era necessità di lettera di raccomandazione. E allora tutto andò bene; quanto ora alla posizione giuridica del nostro istituto davanti alla Chiesa non abbia paura né timori, che è mio dovere di sistemare tutto. Andrà tutto bene, vedrà: solamente per prudenza – e giustamente – esigono una prova di un anno"[52].

E riesce a ottenere il permesso:

"Questa mattina sono stato dall'Em. Card. Vico, con cui ho parlato della nostra Istituzione ed allora infine mi ha dato il permesso per un anno[53] (è un anno di prova). Mi contento anche di questo. Così noi dovremo meritarci con le fatiche e le difficoltà quel che noi tanto desideriamo: del resto non sarà nostro merito, ma di Colui che dall'alto dirige l'universo"[54].

Davanti a tante difficoltà, P. Lorenzo si abbassa ancora di più e si affida alle preghiere altrui per essere meno indegno di meritare le grazie del Signore:

---

[50] AP, Lt MC a PL, Modica 10 giugno 1925.
[51] AP, Lt PL a MC, Modica 19 giugno 1925. In Appendice 3.5.
[52] Ibid.
[53] Nota del Cancelliere vescovile all'epoca, circa il consenso dato a voce dall'Em.mo card. Vico perché le Suore si stabilissero a S. Marinella, e facoltà al P. Lorenzo di assisterle. Non vi fu risposta scritta dell'E.mo Vico; ma vi fu certo la risposta affermativa a voce, poiché le Suore si stabilirono a S. Marinella e il P. Lorenzo ebbe tutte le facoltà per assisterle (AP, ex arch. senza data e senza firma, cancelleria vescovile Porto-S.Rufina).
[54] AP, Lt PL a MC, Roma 1 giugno 1925.

"ho paura che il Signore per colpa mia, per le mie grandi miserie, non compia i suoi desideri, i desideri di lei che ha posto tanta fiducia nella mia povera persona. Non è umiltà, il Signore sa che io dico la verità, dico sempre al Cuore di Gesù, che non guardi a me, ma guardi a loro e a tutte quelle anime buone che verranno e che faranno tanto del bene"[...] Domandi a Gesù che mi faccia realmente e totalmente suo, che si ricordi d'avermi dato il sacerdozio per la salvezza delle anime e della mia, che mi dia una volontà tutta dedita a lui, ma creda che Lei per me deve pregare ancora molto di più. Non si stanchi mai mai"[55].

La Curcio ha ottenuto la prova massima di avere un vero padre, fratello e amico in P. Lorenzo ed esprime il suo gaudio:

"domandavo di essere da Lei, o mio buon Padre, rassicurata riguardo il mio avvenire, non volendo più ritornare in Sicilia, perché sarebbe stata la mia rovina morale. Era questa sicurezza che domandavo per lasciare definitivamente questa casa, la mia patria, parenti e tutto, per trovare tutto nella Volontà di Dio. La sua ultima le ripeto ha dileguato ogni ombra e timore, ed ora eccomi, o mio caro e buon Padre, tutta sua nel Signore, sarò una bambina nelle sue mani, e bramo con impazienza di emettere il voto di ubbidienza, castità e povertà. Sì, sarà la mia gloria un tal trionfo, per prima e innanzi non alle mie sole figliuole, ma innanzi a tutte le creature di questo mondo. Questo sarà il momento più felice della mia vita, il trionfo dopo tante lotte!"[56].

Riconosce pure i suoi limiti, le sue miserie: "Padre mio, è inutile dirle quanto e come prego per Lei che mi è stato assegnato dalla Provvidenza come suo rappresentante, luce, guida e condottiero per il compimento dei Suoi Voleri divini, non si umili lei, o Padre buono, è una vera confusione per me. L'ostacolo, ne son sicurissima, e ne abbiamo i fatti, è dalla parte mia, dalla mia infedeltà, miseria e grande impotenza per si ardua impresa"[57].

1.4 Santa Marinella – culla della nuova Istituzione

Nel libro del registro[58] dei membri della Congregazione organizzato e scritto da P. Lorenzo fino al 1957 si trova l'inizio della Congregazione:

---

[55] Ibid., Roma 19 giugno 1925.
[56] AP, Lt MC a PL, Modica 23 giugno 1925.
[57] Ibid.
[58] Cf. Archivio della Segreteria Generale della Congregazione, Stato Personale – S.P. 1, S 6. D'ora in poi ASGC.

> "nell'anno 1925, il 3 luglio ebbe inizio la nuova Congregazione di Terziarie Carmelitane Missionarie di S. Teresa del Bambino Gesù in Santa Marinella, prov. di Roma, con sr. Crocifissa Curcio, sr. Caterina Pisana e sr. Maddalena Giunta, con l'autorizzazione verbale del Card. Vico, ad esperimentum per un anno. Tutte e tre le Suore emisero i voti di professione semplice, ma privata (non essendo la Congregazione approvata) nelle mani del Padre Lorenzo Cristiano il 19 luglio 1925, in Santa Marinella. Fanno parte della comunità le giovani di Roma che erano sotto la direzione spirituale di P. Lorenzo: Giulia Aroni, Giuseppina Scodina e Maria Musio che cominciano la prima tappa della formazione: il Postulato"[59].

Sono le tre giovani scelte dalla Provvidenza per dare, insieme alle tre Suore compresa la M. Curcio, un indirizzo nuovo all'Istituzione, portando segni di speranza e di vita non solo a S. Marinella, ma nel disegno del Signore, in un'ampia prospettiva missionaria.

Come descrive P. Lorenzo nella Cronistoria: "dal 4 luglio in poi la chiesetta fu aperta quotidianamente al pubblico". Egli cerca di darsi tutto a tutti. La popolazione non gli è indifferente come anche le Suore che accompagnano la fondazione, la formazione delle prime Suore e delle formande, la sistemazione delle singole persone, oltre i doveri che come religioso pesavano sulle sue spalle. E si ricorda con grande gioia le prime cerimonie:

> "Cerimonie importanti che hanno avuto luogo nel sacro luogo, non possiamo che ricordare la solenne prima vestizione delle suore Terziarie: questa si tenne il 27 settembre 1925, e da Roma vennero ad assistere alla sacra funzione il Rev. mo Padre Procuratore dell'Ordine P. Uberto Driessen, il Provinciale dei Carmelitani d'Olanda, Padre Cipriano Verbek ed altri Padri di Malta che rimasero tutti commossi. L'amicizia dei Padri Carmelitani nei primi anni della fondazione fu di grande conforto e di aiuto per il Padre Lorenzo che officiava nella Chiesa: dai Padri ottenne molta cera, il tronetto per il Santissimo, una bella pianeta gotica e buone intenzioni di Messe; questa benevolenza durò fino all'agosto del 1929. Altre vestizioni seguirono ed anche prime comunioni di figli di villeggianti; i villeggianti promisero molto per la chiesa, ma ad eccezione di pochi doni, le promesse rimasero promesse: doni furono la statua di s. Antonio e la statua di s. Teresa e una piccola pisside"[60]. "Hanno preso l'abito, dopo tre mesi di probandato, du-

---

[59] ASGC, SP 1.
[60] AP, Cron. pp. 10-11.

rante la Vestizione tenuta il 27 settembre, le signorine Francesca Boi (Suor Maria Assunta), Maria Musio (Suor Maria Anunziata), Giuseppina Scodina (Suor M. Teresa del Bambin Gesù e Giulia Aroni (Suor M. Carmela)"[61].

1.4.1. Sede della Casa Madre delle Suore Carmelitane

Fin dall'inizio del *dialogo* con la Curcio, P. Lorenzo si è fatto carico del gruppo, povero nel senso materiale e culturale, ma ricco del grande desiderio di servire il Signore e di grande coraggio per affrontare ogni sorta di sfide. Come lui stesso dichiara alla Curcio, oltre alla sistemazione giuridica riguardo alla Chiesa, si prenderebbe cura della loro sistemazione a S. Marinella dove la Congregazione ha preso una casa in affitto[62]. Subito dopo gli accordi fatti con la Curcio per la fondazione di un Terz'Ordine Regolare delle Suore Carmelitane, P. Lorenzo comincia a rivolgersi a tutti gli organi possibili per ricevere donazioni per la fondazione. Fogli e quaderni contenenti i nomi dei benefattori che hanno collaborato e il relativo valore delle offerte in lire e in altri forme come intenzioni di S. Messe sia dai Padri di Malta, Olanda, Stati Uniti, Curia Generale dell'Ordine sia dalla popolazione di S. Marinella, comprovano la partecipazione di tante persone per acquisire il terreno e per l'edificazione della prima parte della Casa Madre. Questi registri riportano le offerte dal 1924 al 1928. La motivazione per le offerte è stata fatta in due momenti: una per la prima tappa della costruzione e l'altra per la continuazione della costruzione volta a consentire lo svolgimento delle opere delle Suore[63]. Dopo il Villino Persichetti, le

---

[61] *Il Monte Carmelo* (11), Roma 1925, p. 311.
[62] AP, Lt PL a MC, Roma 19 giugno 1925.
[63] Per motivare la collaborazione per la prima tappa è stata usata l'immaginetta di Santa Teresa di Gesù Bambino e dietro il messaggio: l'Istituto di S. Teresa del Bambino Gesù, delle Missionarie Carmelitane del Terz'Ordine si propone come fine proprio la Propagazione della Fede nel mondo e l'educazione dei figli del popolo specialmente di quelli abbandonati. L'opera approvata ed incoraggiata dal Rev.mo Padre Generale dell'Ordine Carmelitano, P. Elia Magennis, è una manifestazione dell'ardente spirito di Apostolato che anima i migliori figli della Chiesa, e che fu l'anelito più forte della grande figlia del Carmelo Teresa del Bambino Gesù. La benedizione di Dio e la protezione di S. Teresa del Bambino Gesù saranno preziosa ricompensa a quanti aiuteranno l'opera con le loro preghiere e con le loro elemosine. Per informazioni ed offerte dirigersi al R. P. Lorenzo Cristiano, Carmelitano, Chiesa delle Vittorie. S. Marinella (prov. Roma); oppure alla R. Madre Maria Crocifissa Curcio superiora delle Missionarie Carmelitane. Capo Linaro. S. Marinella (prov. Roma). Con approvazione ecclesiastica. Per la seconda tappa è stata utilizzata una cartolina postale preparata da un ufficio grafico con la foto della Casa edificata a due piani con le suore. C'è scritto: Prima Casa delle Missionarie Carmelitane Santa Marinella (Roma). A Santa Te-

Suore dal 1926 hanno fissato la loro abitazione nel nuovo edificio costruito a Via Nazauro Sauro, oggi Via del Carmelo.

Venticinque anni dopo, P. Lorenzo presenta cenni della storia della Congregazione e facendo una retrospettiva dice: "con una piccola schiera di vergini, il 3 luglio 1925 s'iniziò l'opera santa. Mezz'anno dopo tra la pineta e il mare si scavarono le fondamenta e sorse il nucleo dell'edificio che doveva man mano allargarsi"[64].

1.4.2 La fondazione nell'ambiente laziale – anni '20-40'

P. Lorenzo descrive S. Marinella nel contesto laziale:

> "Santa Marinella è un'amena borgata. Nei bei giorni di sole gli sfondi panoramici ricordano sia pur modestamente, la meravigliosa curva del golfo partenopeo: al sud est si delineano in tenue tinta celeste i Colli Albani; più avanti Fiumicino che, col suo faro segna l'estremo limite del golfo; adagiate alla costa Ladispoli, Furbara e S. Severa col suo pittoresco castello; a ponente lo sguardo abbraccia Civitavecchia e nei giorni chiari il monte Argentario, l'isola del Giglio, Giannutri, Montecristo, Pianosa ed altri isolotti della Toscana"[65].

Il 1925, anno dell'incontro a S. Marinella tra Padre Lorenzo e M. Crocifissa è emblematico di una situazione caratterizzata da forti contrasti perché sono presenti, da una parte il perdurare di condizioni di immobilismo tipico dell'Agro romano, dall'altra le spinte di novità e di sviluppo a livello ideologico e attuativo.

Il regime fascista incomincia a costruire quel 'consenso' che si attuerà non molti anni appresso. Ma non è per nulla spento l'eco del movimento contadino nel Lazio che fino al 1922, cioè fino all'avvento del fa-

---

resa del Bambino Gesù le Missionarie Carmelitane vollero dedicata la loro prima Casa con il proposito di far proprio il vivissimo desiderio di apostolato che assiduamente accese l'anima della grande Figlia del Carmelo. Ed ora che attorno alle umili Suore si affollano le bambine bisognose di educazione e di cure materne, occorre un altro edificio. Sia il prezioso edificio della carità. Date la vostra pietra per l'opera santa: Santa Teresa ve ne sarà grata. Le bambine assistite faranno ogni mese tre Novene a Santa Teresa per i benefattori. Offerta per una pietra: Lire cinque – Inviare le offerte al R. P. Lorenzo Cristiano – Istituto Santa Teresa del Bambino Gesù – Santa Marinella (prov. Roma), ASGC. S3 n.6.

[64] AP, L. van den Eerenbeemt, *Cenni della storia della Congregazione*, S. Marinella 27 giugno 1938.

[65] AP, Cron. p. 1.

scismo, aveva reclamato terra e dignità per il lavoratore agricolo.

Anche S. Marinella risente di questa volontà. Il periodo 1921-'31 vede un rapido sviluppo urbano dal primo dopoguerra. Verso il '25 si delinea con chiarezza la fisionomia attuale della città con la costruzione di ville e villini ad opera della nobiltà, della borghesia romana e della gerarchia fascista[66].

Ma questa descrizione rischia di essere fuorviante perché anche S. Marinella risente di quella situazione dell'Agro che vedrà una trasformazione solo a partire dal secondo dopoguerra. In questi anni, infatti, S. Marinella è pressoché una 'landa deserta', con poche ville aperte esclusivamente per il fine settimana.

La popolazione residente è dedita alla pesca e all'agricoltura. Le grandi estensioni di terreno incolto, quasi un latifondo, richiamano poveri lavoratori agricoli soprattutto dall'Abruzzo, dalle Marche, dall'Umbria e dalla Sardegna, attratti anche dalla prospettiva di lavoro offerta dalla costruzione delle abitazioni signorili; la crescente richiesta di manovalanza giustifica, infatti, la residenza sul territorio di queste popolazioni provenienti da regioni nelle quali si registrano i più bassi salari agricoli d'Italia.

"Ancora nei primi anni del XIX secolo, il Dennis definisce la zona di S. Marinella come una delle più desolate e insignificanti d'Italia"[67].

Le prime abitazioni popolari si concentrarono in gran parte nei pressi di piazza Civitavecchia, ricalcando una tendenza già in atto da circa un secolo, case umili, formate da un unico stanzone nel quale viveva un intero nucleo familiare e dove a proteggere l'intimità notturna dei componenti, venivano tirate pesanti tende che dividevano il locale in vari ambienti. Queste case, destinate al soggiorno permanente, erano prive di acqua corrente e luce elettrica; in alcuni casi provviste di un camino destinato al riscaldamento nei mesi invernali. Nel 1914 il lungomare, nel tratto della vecchia Aurelia ad est della biforcazione con la rettifica della via consolare, allora via Odescalchi, era disseminato di abitazioni, distanziate le une dalle altre.

La crescita del centro rese necessaria nel 1919 la costruzione di una nuova chiesetta, i cui lavori furono terminati nel 1923. L'antica chiesa parrocchiale, che sorgeva nei pressi del castello, era divenuta infatti troppo piccola per accogliere tutti i fedeli di S. Marinella, soprattutto in occasione delle funzioni domenicali estive, quando tutti i villini della località si animavano per l'arrivo dei loro proprietari.

---

[66] Cf. G. Rossi, op. cit., p. 55.
[67] L. Pranzetti, *Avventure in casa*, in: Quarantennale, ottobre 1989-ottobre 1990, Comune di S. Marinella, 1989.

La nuova chiesa, intitolata a *"Santa Maria delle Vittorie"* (oggi *"S. Maria del Carmine"*) in ricordo degli avvenimenti della prima guerra mondiale appena conclusa, fu costruita su un terreno di proprietà della principessa Caracciolo e i lavori vennero finanziati da Enrica Kellerman duchessa di Valmy. "L'ubicazione della chiesa all'estrema periferia ovest, conferma la tendenza della località ad espandersi in questa direzione, anche se in quegli anni si continuò a fabbricare soprattutto in pieno centro"[68]. Giova accennare al culto di S. *Marina* che, con il diminutivo di Marinella ha dato al luogo da 1.000 anni a questa parte (prima S. Marinella corrispondeva ad una Statio della via Aurelia denominata Punicum).

Volendo dare un rapido sguardo alla situazione religiosa negli anni '20-'40 a S. Marinella, dai dati statistici della diocesi di Porto e S. Rufina, si rileva che intorno agli anni '30 e fino agli anni '40 e oltre, in S. Marinella sono presenti i seguenti istituti religiosi: *Frati Ospedalieri dell'Immacolata*, le *Figlie di Nostra Signora al Monte Calvario*, le *Figlie della Carità*, le *Suore del Buon Pastore*, le *Suore del Boccone del Povero*, le *Suore Terziarie Carmelitane Missionarie di S. Teresa del B. G.*, le *Suore della Misericordia*. Non va dimenticato che, in ottemperanza alle prescrizioni del Diritto Canonico, non potevano coesistere nella stessa zona istituti religiosi con finalità e opere simili, inoltre, la distanza tra i vari edifici religiosi doveva essere non inferiore a 300 canne[69]. È nel calarsi in questa realtà fatta di povertà, di sfide e di potenzialità che la Congregazione fa il percorso di transizione e di svolgimento successivo.

2. Proposta di creazione di un Centro Missionario dell'Ordine

L'Istituto delle Suore Carmelitane di Santa Teresa del Bambin Gesù, che diventa una realtà con il primo gruppo che comincia a radicarsi in Santa Marinella, è la realizzazione del sogno della Curcio, ma si tratta appena di una parte del grande progetto missionario, frutto del "pensiero lungamente coltivato" da P. Lorenzo.

Il Progetto Missionario di P. Lorenzo non spunta da un giorno all'altro, come pure, non si trattò di essere stato coinvolto in un'"ondata" del pensiero o dell'azione epocale. Oltre i rapporti tenuti fin dalla giovinezza con i missionari della Congregazione delle Missioni, coi Padri Re-

---

[68] M. Francocci, *Da Roma al mare*, op. cit., pp. 42-53.
[69] Cf. G. Conti, *I Fondatori e la storia della Congregazione*, dispense ad uso interno, Corso Internazionale approfondimento del Carisma – CIAC, S. Marinella 2005, p. 55.

dentoristi e coi suoi cugini che sono diventati missionari nelle diverse Congregazioni, P. Lorenzo, come Carmelitano cerca di trovare la dimensione missionaria nelle radici dell'Ordine. Fa un percorso lungo i secoli per trovare esempi dei suoi confratelli che lo hanno preceduto nello zelo missionario e prepara un excursus ch'è stato pubblicato in Analecta Ordinis Carmelitarum del 1927-1929 e 1930-1931. Questo significa che P. Lorenzo spinto dal desiderio di far conoscere maggiormente l'attività missionaria dell'Ordine dopo il Concilio di Trento, ha fatto una minuziosa ricerca nel Archivio del'Ordine che è stata pubblicata nella rivista ufficiale dell'Ordine. Un primo documento riguarda le missioni nelle Isole Antille e il secondo la missione in America Latina.

La chiamata a una vocazione speciale si faceva sentire nelle sue scelte e lo spirito missionario di S. Teresa di Gesù bambino, di cui P. Lorenzo si è imbevuto profondamente, riceve ora una conferma. Dalla fiamma che già ardeva nel suo cuore, ora si sente ancora più sicuro di quello che il Signore gli ha indicato, dalla ricerca appena finita sull'impronta missionaria dell'Ordine nei fratelli che hanno vissuto profondamente dello zelo missionario nei luoghi di missione *ad gentes*.

Sono trascorsi tre mesi dalle prima esperienza di P. Lorenzo insieme al gruppo della Curcio. Otto sono le persone che ne fanno parte: quattro sono di Modica e quattro sono di Roma. Queste ultime cominciano il loro noviziato. È molto chiaro, almeno da parte di P. Lorenzo l'unione di intenti in questa esperienza così come presenta il fine dell'Istituto nella prima cerimonia religiosa celebrata pubblicamente a S. Marinella: "Celebrò la Messa P. Lorenzo il quale, dopo il Vangelo svolse in brevi parole il fine dell'Istituto, che è quello di preparare le anime che intendono consacrarsi all'opera delle Missioni e dedicarsi alla educazione dei figli del popolo"[70]. Quando Rossi dimostra che Santa Marinella è la nuova Culla della Congregazione, non è in relazione alla categoria tempo-spazio come dice Lui, ma "perché in questo luogo si realizza l'unione dei due ideali della Curcio e di Padre Lorenzo e si chiarifica e si realizza lo specifico, la finalità propria della Congregazione delle Carmelitane Missionarie"[71]. D'altra parte c'è pure da riprendere una riflessione fondamentale che è stata rilevata da Rossi per vedere più chiaramente le differenze tra due realtà: Modica e S. Marinella. Prima di tutto "gli scopi che si prefiggevano erano differenti data la formazione, la mentalità e le idealità dei due protagonisti"[72]. L'esperienza del Conservatorio "Polara" è di vita attiva chiusa, cioè finalizzata a un ambito

---

[70] *Il Monte Carmelo* (11), Roma 1925, p. 312.
[71] Cf. G. Rossi, op. cit., p. 55.
[72] Ibid., p. 60.

dell'apostolato: l'educazione della gioventù più bisognosa, soprattutto delle orfane. Un' esperienza di stampo tradizionale e in fondo senza molta varietà di contenuti[73]. È a S. Marinella, però che decisamente la Congregazione si apre a orizzonti e problematiche nuove, prospetta situazioni totalmente differenti, sollecita risposte immediate e adeguate perché lo scopo di P. Lorenzo era un Terz'Ordine Carmelitano essenzialmente missionario[74].

S. Marinella allora era terra di missione. Se all'inizio P. Lorenzo ha fatto una descrizione idilliaca di S. Marinella, in seguito egli stesso riprende la vera realtà del paese nella Cronistoria; oltre alla povertà, alla malaria e alle paludi che ancora negli anni 1920-1930 infestano buona parte della zona,

> "la popolazione indigena che abitava dietro la pineta, si teneva lontana dai sacramenti e dal sacerdote [...]. Non possiamo negare che questa freddezza fosse d'intima pena per il cuore di P. Lorenzo, tanto più ch'egli non poteva spiegare tutte le sue forze per il bene della popolazione a causa dell'intenso lavoro degli inizi della fondazione e per i doveri che come religioso inesorabilmente provavano le sue spalle"[75].

Trascriviamo la lettera di P. Lorenzo nella sua integrità che riassume in una forma originale il Progetto Missionario da lui concepito. P. Lorenzo dopo tre giorni dalla prima cerimonia nella Chiesa e tre mesi di esperienza dell'ideale condiviso con madre Crocifissa in S. Marinella è incoraggiato a scrivere una lettera in data 30 settembre 1925 al Capitolo Generale dell'Ordine con la domanda di essere preso in considerazione:

> "Maria e Teresa del Bambino Gesù
>
> Venerabili Padri
>
> Sia consentito a me, umile vostro fratello di esprimervi la mia speranza e fiducia che l'opera da voi compiuta nelle vostre sedute romane debba tornare di grandissimo giovamento al rifiorire del N. S. Ordine. Vi scrivo nel giorno di S. Teresa del Bambin Gesù, dopo aver celebrato la sua festa nella sede di una Istituzione che

---

[73] Cf. ibid., p. 59.
[74] Cf. ibid., p.61; cf. AP, Lt PL al Card. Vico, Roma 23 marzo 1925 e 28 maggio dello stesso anno. Lettera in Appendice 3.6.
[75] AP, Cron. p. 2.

sotto la protezione della nostra grande sorella intende dedicarsi all'attività missionaria. E di questa attività – che ora è in cima a tutti i pensieri d'ogni anima apostolica e costituisce l'oggetto prediletto delle cure del S. Padre Pio XI intendo parlarvi, per esprimervi un pensiero lungamente coltivato e per proporvi un progetto la cui attuazione potrebbe essere motivo di grande incremento per l'Ordine, ridestandone le più belle tradizioni che furono largamente missionarie nei secoli passati, come si può confrontare nei documenti dell'Archivio Generale[76]. Le Costituzioni del N. Ordine, stabiliscono che ci dedichiamo oltre alla preghiera, al ministero apostolico, ma innegabilmente, la sua più alta espressione è nelle Missioni. Nasce allora per noi un quesito, che potrebbe es-

---

[76] P. Lorenzo presenta in 25 pagine nell'*Analecta Ordinis Carmelitarum*, documenti riguardanti le Missioni dell'Ordine Carmelitano nelle Isole Antille. I motivi che lo portano a realizzare le ricerche e i contenuti trovati sono: "Dal momento che ai nostri giorni è aumentato l'impegno di ampliare le Missioni a tal punto che è conosciuto anche il desiderio di conoscere le cose fatte una volta presso i non credenti, è da sperare che qualcuno cominci a ricordare le fatiche che i nostri Padri sostennero nel difendere l'impero di Cristo. Infatti molte opere sono state cancellate dalla dimenticanza, pertanto bisogna impegnarsi diligentemente perché le altre non siano consegnate all'oblio: perciò è sembrato ragionevole rendere noti alcuni documenti dall'Archivio dell'Ordine. Anche se questi riferiscono lo stato delle Missioni in modo incompleto e frammentario, dal momento che le relazioni periodiche delle Missioni in nessun modo erano state inviate al Padre Generale, tuttavia contengono notizie chiaramente degne di menzione a tal punto che possono essere di stimolo a raccoglierne altre e a portare a termine la storia. Cominciamo dalle Missioni che la Provincia di Turena istituì nelle Isole Antille a partire dal 1646 fino alla Rivoluzione Francese. Quella Provincia, riformata da P. Filipo Teobaldo, è molto conosciuta come madre di molti uomini che si sono distinti per sapienza e devozione, il cui zelo infiammò le altre Provincie dell'Ordine di ancor più severa ubbidienza. La narrazione più antica dall'inizio della Missione fino al 1650 si trova a Parigi nella Biblioteca Nazionale *Nouvelles acquisitions françaises 9320*, ff. 347. Nell'Archivio dell'Ordine sono state ritrovate due brevi descrizioni, la prima del 1670 c.a. e la seconda fatta sicuramente dopo il 1776, che riferiscono brevemente soprattutto lo stato delle Isole poco dopo l'inizio e poco prima della fine della Missione Carmelitana; per questo abbiamo ritenuto che quelle fossero da pubblicare prima degli altri documenti. Abbiamo tralasciato per brevità le cose che sembravano di minor importanza, per esempio le lettere dei fratelli che chiedono il passaggio alle Isole e le lettere testimoniali. Quasi tutte quelle da pubblicare qui sono prese dal Codice II della Provincia di Turena. Dei fratelli menzionati nei documenti si hanno notizie bibliografiche per lo più nella Biblioteca Carmelitana (FR. LURENTIUS VAN DEN EERENBEEMT, *Documenta Missionis Ordinis Carmelitarum in Insulis Antillis spectantia*, in Analecta Ordinis Carmelitarum, Roma 1927 – 1929 (6), pp. 380 - 409; Il secondo articolo pubblicato è Documenta Missionis Ordinis Carmelitarum in America spectantia. P. Lorenzo dice nell'introduzione che intende pubblicare alcuni documenti che illustrano le primi vicende in America Latina e che non sono conosciuti. Si tratta delle missioni promosse nel XVI secolo da P. Giovanni Baptista Rubeus Priore generale, inviando i missionari nelle Indie America Latina: Peru, Mexico, Florida, Nova Galicia, Nova Granata, Guatemala, Jamaica, Rio della Plata (in Analecta Ordinis Carmelitarum, Roma 1930 – 1931 (7), pp. 79 – 84).

sere formulato così: Considerando che l'attività missionaria richiede un'organizzazione tutta particolare (istruzione, educazione, rapporti con opere esterne: asili, scuole, ospedali ecc), cioè cercare il modo d'inserire nella nostra vita conventuale un nuovo organismo, modellato sugl'istituti missionari moderni, dipendente dall'Ordine ma autonomo nelle sue attività specifiche, propongo una soluzione. Occorre prima di tutto pensare ai religiosi sacerdoti e laici da destinare alle Missioni. Dovrebbe perciò sorgere una casa per le vocazioni missionarie, anch'essa dipendente dall'Ordine, ma dotata di una certa autonomia, tendente ad impedire che i giovani alunni in essa educati, possano essere richiamati dalle rispettive provincie. Tale casa o Istituzione dovrebbe essere affidata ad un Delegato per le Missioni. Potrà essere studiato il modo di disciplinare il passaggio dei Religiosi alla "Delegazione per le Missioni", come l'eventuale uscita da questa; ma perché la nuova organizzazione non soffra degl'influssi della nostra mentalità conventuale, tenutasi troppo lungamente lontana dal pensiero missionario, è necessario che la "Delegazione abbia la sua autonomia di formazione e di attività". Come opera di necessaria integrazione sarà l'aiuto delle Suore; e in particolare mi sia permesso ricordare il felice esperimento fatto già da alcuni mesi nell'Istituto di S. Teresa del Bambin Gesù in Santa Marinella. Un Padre viene incaricato dal Rev.mo P. Generale per assistere nella loro prima organizzazione le Terziarie Carmelitane che intendono consacrarsi alle Missioni. L'Istituto nasce così con carattere diocesano e sotto la protezione dell'Ordine. Si stabilisce così un legame morale tra l'Ordine e l'Istituto; e in conseguenza questo sarà pronto ad assistere le Missioni di quello. Io domando che una Commissione prenda a studiare questo problema particolare e voglia ascoltare da me una illustrazione del progetto pensato in silenzio e divenuto più chiaro e più sicuro quando potei attuarne una sola parte. Ho la ferma fiducia che queste mie parole trovino una buona accoglienza presso di voi. Venerati Padri, per cui tutto l'Ordine nutre, confidando nella grazia divina e nella Protezione della Vergine, le nostre speranze per l'avvenire.

Domandando per me e per la mia opera una Benedizione.

Con sensi di stima e di venerazione

Fr. Lorenzo Cristiano

S. Marinella, 30 settembre 1925"[77].

---

[77] AP. Le sottolineature di questa lettera sono di P. Lorenzo, dall'originale latino. In Appendice 3.7.

Il contenuto della lettera, all'epoca, è un'anticipazione dei tempi. Dal ceppo di un Ordine tradizionale, che ha varcato i secoli, P. Lorenzo propone che vi sia la possibilità di un "innesto" totalmente nuovo. L'esperienza parziale del progetto realizzato con le Suore a Santa Marinella all'inizio dell'Istituto con impostazione tutta conforme alla concezione di P. Lorenzo, gli offre la certezza della possibilità di avverarsi nella sua concretezza il progetto globale come lui lo presenta. Rileviamo alcuni aspetti originali:

2.1 *Sedute dei Capitolari per tornare di grandissimo giovamento al rifiorire dell'Ordine*

Posteriormente allo studio fatto da una Commissione, tutti i Padri Capitolari sono invitati a prendere in considerazione quanto esposto nella lettera e chiede di ascoltarlo per una sua illustrazione. È un progetto che mira a destinare religiosi sacerdoti e laici alle Missioni, poiché le Suore oramai sono state avviate e riescono a vivere il Carisma avendo realizzato la loro stabilità. Questo nuovo germoglio, nella sua freschezza originaria, pur alimentato dalla sana tradizione spirituale del Carmelo allo stesso tempo del suo sviluppo, porterebbe frutti all'Ordine e di conseguenza alla Chiesa per l'espansione del Regno di Dio. Tutto il Carmelo rifiorirebbe per lo scambio di vitalità e di nuove energie che risulteranno dalla specificità della missione. L'imperativo del mandato del Signore: "Andate in tutto il mondo e predicate il vangelo ad ogni creatura"[78] risuona fortemente nel cuore di P. Lorenzo influenzato dalla Santa di Lisieux ch'è stata proclamata nel 1927 patrona principale, al pari di Francesco Saverio, di tutti i missionari, uomini e donne, e delle missioni esistenti in tutto il mondo. La mobilità geografica originata dalla necessità di partire non è fine a se stessa, ma è il primo elemento necessario alla promozione della causa missionaria. Infatti, il gruppo delle Terziarie veniva dalla Sicilia a Roma, e la Curcio domanda a P. Lorenzo sicurezza per lasciare definitivamente la casa dove abitava, la sua patria, parenti e tutto[79].

Il rifiorire del Carmelo è possibile agli occhi di P. Lorenzo perché già lo contempla nelle Suore, nella loro stessa vita, di come la giornata viene impostata all'inizio della fondazione descritta da D. Giorgio Rossi: "la presenza delle suore fu un'effettiva incarnazione nel territorio"[80]. Al-

---

[78] Mc 16, 15.
[79] AP, cf. Lt MC a PL, Modica 23 giugno 1925.
[80] G. Rossi, op. cit., p. 57.

l'inizio, nel 1925, le Suore Carmelitane Missionarie, a S. Marinella, hanno vissuto un'esperienza di inserimento in mezzo al popolo.

La presenza delle Suore fu una risposta alla sfida che S. Marinella ha lanciato a M. Curcio e a P. Lorenzo insieme alle altre suore che intanto si sono radunate. Secondo Rossi c'era il rischio, date le difficoltà, di rinchiudersi in se stessi o di badare soltanto alla salvaguardia dello "spirito" della Congregazione in formazione. Il gruppo sceglie un'altra strada: quella della condivisione e quella dell'attuazione. Non si nasconde; anzi, viene sempre più alla luce. Padre Lorenzo, insieme alla Curcio erano l'anima degli abitanti della contrada, il loro punto di riferimento[81]. "La Curcio e le suore erano il cuore della contrada che stava nascendo; per le ragazze il punto di riferimento era costituito dalla Curcio e dalle suore, mentre per i giovani c'era Padre Lorenzo"[82]. In questo senso P. Cicconetti, rileva l'inserimento di P. Lorenzo in mezzo al popolo per essere chiamato "anima" della contrada. Dice:

> "La contrada Pirgus non offriva una cattedra universitaria, non possedeva scuole e collegi prestigiosi: offriva una vita semplice, difficile a volte, povera di mezzi. Per essere "anima Padre Lorenzo, sacerdote carmelitano, non dovette essere estraneo a questi mondi vitali, al quotidiano della gente: fu veramente 'in mezzo al popolo', ne condivise le ansie e le preoccupazioni del tempo di guerra e ne stimolò, approvò, l'intraprendenza e la laboriosità della ripresa e dello sviluppo; così ne diventa il cuore, l'animatore, l'educatore. Può formare perché condivide; può comunicare con calore perché ama, è vicino, comprende"[83].

2.2 Aspetti fondamentali nell'organismo: la formazione e attività missionaria

P. Lorenzo, attento ai segni dei tempi, riconosce che è chiamato a svolgere una missione tutta particolare e si rende disponibile all'ispirazione di Dio con la forza dello Spirito, usando la creatività necessaria, con il progetto, secondo lui, possibile, nel suo Ordine. Senza tradire la sua origine, cerca di preparare una piattaforma che accolga questa novità per essere all'altezza di rispondere alle sempre nuove sfide dell'evangelizzazione. Per questo fine bisogna pensare alla formazione che deve

---

[81] Cf. Positio SdD, p. 349. D'ora in poi P.
[82] G. Rossi, op. cit., p. 57.
[83] P. C. Cicconetti, Il pensiero del Priore Provinciale della Provincia Italiana dei Padri Carmelitani, in *Inaugurazione del Monumento a Padre Lorenzo*, S. Marinella 31 ottobre 1999, p. 10.

avere un'impostazione per preparare i futuri missionari. Una prima esigenza che viene rilevata è quella delle persone che saranno guida spirituale, i formatori, le formatrici perché sono essi modelli immediati dei missionari e missionarie. Questi devono essere di profonda vita interiore per far comprendere ai novizi e alle novizie che "non si può dare ciò che non si ha, cioè non si può comunicare lo spirito di Dio se non si ha in noi stessi e perciò dovrà spronarli alla perfezione interiore[84].

Spronato dal Cuore di Gesù che racchiude tutto l'amore di un Dio Uomo, P. Lorenzo vorrebbe contagiare il gruppo, perché sa che è su questo gruppo che deve contare: "Non è forse il Cuore di Gesù, il rogo dell'Horeb, la cui fiamma sempre ardeva e non si consumava? Intorno a questo rogo si dovrà concentrare tutta la vita delle Missionarie Carmelitane. La montagna dell'Horeb è il sacro altare dove sotto la specie eucaristica si nasconde la stessa Maestà infinita"[85]. E continua: "Quantunque il Carmelo Missionario abbracci ora anche la più sublime della vita attiva, la vita missionaria, pur tuttavia non è possibile separare il concetto del Carmelo da quello della vita contemplativa e questa vita contemplativa le nostre figliole l'eserciteranno ai piedi di Gesù eucaristico"[86]. Il formatore e la formatrice secondo P. Lorenzo, devono essere pieni di Dio, un "vulcano" dove la fiamma della carità arde, trasbordando nello zelo apostolico che si traduce nella donazione totale della vita spesa al servizio di Dio nei fratelli a nome della Comunità missionaria e della Chiesa. Citando S. Tommaso dice: "la perfezione consiste nella carità, perché è appunto la carità che unisce a Dio, unico nostro fine e chi rimane nella carità, rimane in Dio e Dio è in lui"[87].

Il Carmelo, tanto OCD come OC, presenta una schiera di paradigmi missionari e

> "tra queste anime elette, chiamate a seguire più da vicino il Redentore nelle fatiche dell'apostolato, si dovranno annoverare le nostre Carmelitane. Esse domanderanno perciò al Signore che conceda loro un ardente spirito missionario. Per arrivare a tale scopo si sforzeranno di raggiungere il massimo grado nello spirito di mortificazione, accettando con cristiana rassegnazione, anzi con gioia le piccole contrarietà che s'incontrano nella vita religiosa e che servono ad un graduale allenamento per la lotta più grande, sia fisica sia morale che incontreranno nelle Missioni. Desideriamo che lo

---

[84] AP, Dir, p. 25.
[85] Ibid., p. 3.
[86] Ibid., p. 5.
[87] Ibid., p. 19; Cf. 1 Gv 1,4.

spirito missionario rimanga sempre vivo nel nostro Istituto che considererà le Missioni sempre come suo fine primario. A questo nobilissimo fine il nostro Istituto ne ha unito un altro, per sé non meno nobile: l'educazione della gioventù del popolo e la redenzione dell'Infanzia abbandonata. Questo fine secondario non fa che completare il fine primario, poiché il lavoro delle future missionarie si dovrà svolgere specialmente in favore della gioventù, da cui dipende l'avvenire di una Missione"[88].

P. Lorenzo cerca di avviare tutte le iniziative in piena comunione con i Superiori dell'Ordine, ma consono e in comunione con la Chiesa locale. Nella Chiesa, pur appartenendo a un Ordine religioso, P. Lorenzo è sempre attento alla dimensione ecclesiale della vita religiosa e sacerdotale e la missione non può non essere se non in nome della Chiesa che abbraccia tutti gli Istituti e tutto il Popolo di Dio.

3. Tentativo di fondazione di un Terz'Ordine Regolare Missionario

Come abbiamo visto nelle pagine precedenti, P. Lorenzo aveva in mente un Progetto molto ampio, complesso, ma bene articolato, che potrebbe realizzare il desiderio di S. Teresa di Lisieux che, ora, è il suo desiderio:

> "Vorrei percorrere la terra, predicare il tuo nome e piantare sul suolo infedele la tua Croce gloriosa! Ma, o mio Amato, una sola missione non mi basterebbe: vorrei al tempo stesso annunciare il Vangelo nelle cinque parti del mondo e fino nelle isole lontane ... Vorrei essere missionaria non solo per qualche anno, ma vorrei esserlo stata dalla creazione del mondo ed esserlo fino alla consumazione dei secoli"[89].

Nel novembre 1924 già aveva accennato alla M. Curcio: "e vi è ancora un altro desiderio, più difficile"[90]. Nel novembre 1926 scrive: "Il Generale dopo qualche discorso mi ha dato il permesso di cominciare la mia opera maschile, però senza alcuna responsabilità per l'Ordine. Dunque ... aspettiamo che la Provvidenza mi apra la via"[91]. Alla M. Curcio

---

[88] Ibid., p. 18.
[89] TERESA DE GESÙ BAMBINO E DE VOLTO SANTO, *Opere Complete*, Editrice Vaticana e OCD, Roma 1997, p. 222.
[90] AP, Lt PL a MC, Roma 24 novembre 1924.
[91] Ibid., Roma 21 novembre 1926.

che è rimasta a Nocera Umbra per la sistemazione della Casa insieme alle altre consorelle scrive: "Mi ritiro all'ultima ora di questo giorno, perché tutto intero l'ho occupato nello scrivere il progetto per il Terz'Ordine maschile che voglio presentare a un Monsignore del Vicariato, Presidente di Comitato per vocazioni tardive ecc. ecc. Provo in quanto posso, lasciandolo poi alla Provvidenza"[92].

Dalla conoscenza che aveva fatto a Napoli di un eremita camaldolese, P. Arsenio Costa[93], P. Lorenzo comincia a concretizzare l'ideale di un ramo maschile del Terz'Ordine per le missioni, un ideale lungamente coltivato. Nella Cronistoria P. Lorenzo narra l'inizio di questo raduno:

> "in questi primi anni, avendo voluto raccogliere delle vocazioni maschili, fui costretto ad affittare una casa e fu questa il villino tra quello di Regnani e la casa Romanelli. In questa casa si visse col Padre Arsenio Costa, che era stato vescovo dell'Amazonas nel Brasile. Questi, ritiratosi dalla diocesi, si era fatto camaldolese; da Napoli, per motivi di salute, soffrendo d'asma, era venuto, col permesso dei suoi superiori a convivere col P. Lorenzo. Vi era, insieme a questo vescovo brasiliano, un giovane austriaco, Francesco Kastberger e un giovane di Danzica, Ludovico Potrykus e altri giovinetti romani: questi ultimi, si fu costretti a mandarli via, perché senza vera vocazione"[94].

Questo avvenne nei primi del 1927.

Vedendo il gruppo abbastanza consistente ed essendo l'adesione al Progetto missionario dei membri evidente, P. Lorenzo si rivolge al Consiglio generale dell'Ordine per ottenere in definitiva il permesso per dedicarsi pienamente alle due opere. Presenta l'obbiettivo di questo Istituto:

---

[92] Ibid., Roma 25 novembre 1925.
[93] Mons. Frederico Benicio de Souza Costa nato a Santarem, nello stato di Pará, il 18 ottobre 1875. Il suo curriculum è di aver compiuto gli studi ecclesiastici nel Seminario di S. Sulpizio a Parigi, poi alla Pontificia Università Gregoriana in Roma, conseguendo il dottorato in teologia e filosofia ed è stato ordinato sacerdote nel 1899 a Roma. Nel 1904 venne eletto prelato di Santarem – Brasile, e consacrato vescovo di Manaus due anni dopo. Nel 1914 rinunciò all'espicopato, per realizzare un voto da lui fatto, e entrò nel monastero di Camaldoli a Napoli, dove, con il nome di Don Arsenio, visse per 14 anni, quando per gli indicati motivi passò a S. Marinella. Morto il 26 marzo 1948 in Spagna in odore di santità (cf: Necrologio di Fr. Fredericus Costa di Souza, in "Vinculum Ordinis Carmelitanum" 1, Roma 1948-49, p. 48).
[94] AP, Cron. p. 12.

"Con il consenso del Rev.mo P. Generale e con l'approvazione dell'Em. Card. Vico Vescovo Suburbicario, lo scrivente ha istituito a S. Marinella una casa per la formazione di giovani missionari destinati all'esercizio del S. ministero nell'Agro Romano e nei paesi infedeli. Una analoga istituzione per il ceto femminile – Istituto delle Terziarie Carmelitane di S. Teresa del B. G. – iniziata con il consenso del Rev.mo P. Generale e con l'approvazione del sullodato E. mo Cardinale ha già preso un notevole sviluppo e rende lodevoli servizi alla Chiesa, mentre torna di decoro all'Ordine, avendo oltre il nome, fisionomia assolutamente Carmelitana"[95].

P. Lorenzo sente l'obbligo morale di essere di sostegno, almeno agli inizi della fondazione, alle due opere, cercando di ottenere il dovuto permesso per assicurare che non mancherà la presenza del realizzatore che ha contagiato le persone alla sublimità della vita missionaria e messo le fondamenta per l'avvio delle opere. E motivò al Consiglio la sua richiesta:

"L'opera dei Missionari – anch'essa Carmelitana – è già fondata come Istituto Missionario dei Terziari Carmelitani. L'esperimento felicemente riuscito per il Terz'Ordine femminile e l'altro del Terz'Ordine Maschile, già iniziato sotto ottimi auspici, esigono che la facoltà concessa dal Rev.mo P. Generale allo scrivente sia definitiva e tale che egli, per responsabilità morali assunte e per quelle che è per assumere in ordini alla Direzione a allo sviluppo delle due opere – sappia ufficialmente di lavorare nell'Ordine e senza pregiudizio dei suoi doveri di legittima sudditanza. Domanda al Venerabile Consiglio che a tale scopo si tenga conto della situazione di diritto e di fatto esistente: e si ricorra – ove sia necessario – alla Sacra Congregazione, perché allo scrivente sia consentita la facoltà di un doppio domicilio, uno a S. Marinella – l'altro a Roma, dove intende, seguitare ed impartire, come fino al presente, l'insegnamento della S. Scrittura. Se poi il Ven. Consiglio dell'Ordine volesse assumere come propria, l'opera maschile già iniziata e farne un ramo missionario del Primo Ordine, lo scrivente sarebbe ben lieto di aver cooperato per un'iniziativa tanto salutare ed urgente"[96].

La risposta ottenuta da P. Lorenzo dal Consiglio in data 1 giugno 1927 dice esplicitamente di desistere dall'opera:

"Ti comunico per ufficio che il venerabile Consiglio dell'Ordine presieduto dal Rev.mo P. Generale alla petizione del giorno 30 maggio

---

[95] AP, Lt PL al Consiglio generale dell'Ordine, Roma 30 maggio 1927.
[96] Ibid. Le sottolineature di questa lettera sono di P. Lorenzo.

ultimo scorso da te mandata al Consiglio, nella sessione 31 maggio, ritiene di rispondere: considerato più volte quanto richiesto, poiché non ritiene conveniente l'opera dell'Istituto dei Terziari Missionari iniziata da P. Lorenzo senza sufficiente licenza, domanda allo stesso Padre di desistere. Allo stesso Padre viene dato di continuare ad offrire l'aiuto spirituale *ad tempus* senza pregiudizi di sacri canoni alle Suore Terziarie"[97].

Vogliamo sottolineare l'espressione "senza sufficiente licenza", in quanto inesatta perché la richiesta fu fatta al Capitolo generale del 1925, quando P. Lorenzo dopo 3 mesi dall'inizio della Congregazione, cioè il 30 settembre 1925, espose la proposta di un Centro Missionario.

Nella stessa lettera P. Lorenzo aggiunge: "Allora domandato il permesso al Rev.mo P. Generale il 1 giugno di cooperare all'opera non più come opera mia, ma opera vescovile, diocesana, d'immediata dipendenza vescovile fu risposto dalla Seduta che il Vescovo doveva domandare al Vicario Generale il permesso per la cooperazione mia"[98].

La grande speranza che sosteneva P. Lorenzo in questo lavoro di preparazione, anche se non mancava chi nel paese non vedesse di buon occhio questa comunità maschile, era il grande vantaggio che sarebbe riuscito in tempi brevi per la diocesi: "Questi giovani verranno a riempire le lacune del clero: si muoveranno ad aiutare i Parroci che per l'estensione della Curia Parrocchiale non possono arrivare ai bisogni; chiese non adibite al culto per mancanza di sacerdoti: missioni che potranno fare al popolo"[99].

Per una disponibilità maggiore al servizio del popolo e delle parrocchie i membri dell'Istituto dei Terziari carmelitani seguono una Regola[100] adatta alla vita missionaria, pur conservando tutti i canoni secondo il Diritto Canonico per l'erezione di una casa religiosa e soprattutto attenendosi alla spiritualità del Carmelo. In questo abbozzo, oltre a delineare il carattere di questa congregazione religiosa *juris dioecesani* e pregando il Signore che voglia concedere il titolo di *religio juris pontificii*, P. Lorenzo si concentra nel delineare la natura della consacrazione dei religiosi (che emetteranno solamente i voti semplici), il modo di erigere e sopprimere le case e le province, i titoli spettanti ai vari membri, le ele-

---

[97] AP, Lt del Assistente Generale fr. Joannes Breninnger, Roma 1 giugno 1927.
[98] Archivio Curia Vescovile Porto S. Rufina, d'ora in poi ACVPSR; AP, Lt PL al Priore generale, Roma 1 giugno 1927.
[99] ACVPSR, Lt PL all'Ordinario Portuense, Roma, 22 dicembre 1927.
[100] Cf. AP, appena un abbozzo incompleto, perché sono andati perduti altri fogli, con il seguente titolo: "Regola del 3° Ordine Regolare della B. V. Maria del Monte Carmelo e della B. Teresa del Gesù Infante". Il documento è senza data, probabilmente dell'anno 1925, prima della canonizzazione di S. Teresa del Bambino Gesù.

zioni ai vari uffici (con speciale attenzione per il servizio del Moderatore supremo); la scelta del Cardinale Protettore nella persona di quello cui è affidata la diocesi di Porto s. Rufina, o in mancanza di lui quello della Congregazione di Propaganda Fide.

P. Lorenzo vede questa iniziativa come una benedizione del cielo, soprattutto per la presenza di P. Arsenio come dice lui stesso al Card. Vico:

> "Mons. Costa mena una vita esemplarissima: quando il Parroco ha bisogno, si presta a tutte le funzioni della Parrocchia (mai come Vescovo ma sempre come semplice sacerdote) guida ammirabilmente questi giovani chierici: da loro lezioni spirituali, e li aiuta anche nel latino, nelle sacre cerimonie, di modo che abbiamo da sperare le migliori cose per l'avvenire"[101].

Il gruppo dei giovani veniva avviato a prepararsi in vista di iniziare la sognata fondazione della Congregazione maschile di missionari. P. Arsenio costituiva con la sua spiritualità profonda e la sua preparazione culturale, un grande partner per la fondazione di questo Istituto missionario; soprattutto perché, proveniente dalla Regione missionaria del Nord Brasile sapeva del bisogno grandissimo della presenza della Chiesa in quelle regioni e di missionari disposti, generosi e di grande fede. Nell'avviare così la sognata fondazione della Congregazione maschile di missionari, P. Lorenzo aveva trovato, come per la fondazione delle Suore, il forte incoraggiamento del Vicario generale di quel tempo, che era Mons. Antonio Capettini, già vescovo in Cina e uomo di venerando aspetto e virtù[102].

Finalmente l'8 dicembre 1927, festa dell'Immacolata, ebbe luogo la vestizione dei 6 giovani. P. Lorenzo comunica al Card. Vico riguardo alla vestizione:

> "Avendo avuto immenso lavoro di studi e lavori di Bibbia, non mi è stato possibile di aver potuto dare all'Eminenza Vostra Reverendissima il resoconto della vestizione dei nostri 6 giovani, avuto luogo 8 dicembre. Alle ore 10 Monsignor Costa, Camaldolese, senza alcuna insegna vescovile (cioè senza mitra, senza pastorale, senza anello, senza zucchetto) cantò la Messa (non pontificale). Alla fine della Messa, (senza alcuna insegna vescovile) benedisse con una semplice benedizione, come si trova nel Rituale, gli abiti; poi disse brevi parole e fu data la Benedizione col Santissimo (non a tre, ma ad una sola croce). Presenti alla cerimonia vi erano il Parroco

---

[101] ACVPSR, Lt PL all'Ordinario Portuense, Roma 22 dicembre 1927.
[102] Cf. AP, Cron. p. 12.

(Mons. Ranieri) e molti altri sia del paese, sia della contrada Pirgus, che tutti possono testimoniare della verità di quanto si è scritto in questa relazione. I chierici hanno una semplice toga con una fascia, colletti clericali e berretta"¹⁰³.

A questo riguardo P. Emanuele Boaga aggiunge le sue osservazioni:

"Interessante è notare il forte legame posto da P. Lorenzo con l'Ordine Carmelitano: il titolo mariano dato alla Congregazione a cui si aggiunge quello della B. Teresa di Lisieux, che come protettrice delle Missioni sarà la Patrona delle nostre missioni; il domandare l'aggregazione al Primo Ordine, nei benefici, nelle indulgenze, etc. ma con piena e assoluta autonomia; la condizione che il primo Moderatore supremo sia scelto dall'Ordine Carmelitano per infondere nella nascente Congregazione "affetto alla Madre del Carmelo, l'amore alla meditazione e alla vita interiore, spirituale, che deve essere la base della vita apostolica; la richiesta al Priore Generale dei Carmelitani di poter indossare l'abito carmelitano completo all'interno delle case, e fuori di esse "col collare bianco, con la tonaca, collo scapolare e con la greca". Inoltre "finché la Congregazione non si sarà estesa fuori della diocesi di Porto S. Rufina, a Roma il Procuratore Generale sarà quello dell'Ordine Carmelitano". E infine, nel ricordare l'obbligo di tutti i sacerdoti membri della Congregazione di allargare il Terz'Ordine Regolare Carmelitano con umiltà e guidati "ad una vera perfezione religiosa" da direttori di spirito pieni di zelo e quello di tenere "una volta l'anno una Messa solenne funebre per tutte le consorelle del Terz'Ordine Regolare". Nel cuore di P. Lorenzo risuonava così l'amore al Carmelo e la fratellanza delle due Congregazioni, che in quei mesi stava vedendo nascere in S. Marinella"¹⁰⁴.

Non ottenendo il permesso del Consiglio Generale, e d'altro canto avvertendo che

"non tutti vedevano di buon occhio questa comunità maschile allora, fu d'uopo rimandare a casa i due giovanetti romani che non si comportavano bene e raccomandare gli altri giovani stranieri ai Superiori Carmelitani, che li accetarono senza difficoltà, iniziando il loro noviziato dal luglio 1928 al luglio 1929, sotto la guida del maestro dei novizi, il maltese P. Ilarione Spirteri"¹⁰⁵.

---

¹⁰³ ACVPSR, Lt PL all'Ordinario Portuense, Roma 22 dicembre 1927.
¹⁰⁴ AP, E. BOAGA, *Il tentativo di Fondazione di un Terz'Ordine Regolare Missionario"*, Roma 2009. Si tratta di un solo foglio a esprimere i risultati di una specifica ricerca.
¹⁰⁵ AP, Cron. p. 12.

Il giovane austriaco Francesco Kastberger prese il nome di Elia, come religioso. Nello studio generale del Collegio S. Alberto compì nel 1929-30 il secondo anno di filosofia, e dal 1930 al 1934 il corso quadriennale di teologia, conseguendo il grado di lettore. Venne ordinato sacerdote il 9 luglio 1933. Anche il giovane di Danzica Ludovico Potrykus, come religioso prese il nome di Leonardo. Dopo la professione compì i suoi studi filosofici e teologici, venendo ordinato sacerdote il 15 luglio 1934. Mons. Federico Costa, che nel frattempo aveva umilmente rifiutato l'offerta fatta da Pio XI della Prelatura della Basilica Vaticana, ottenute le dovute licenze dalla Santa Sede, compiva il noviziato al Collegio Internazionale, al termine del quale professava solennemente i voti. Poiché parlava molto bene l'arabo, anch'egli fu mandato a Nablus, nella comunità da poco aperta dalla provincia americana del Purissimo Cuore di Maria. Vi rimase alcuni anni. Passò successivamente al convento di Barcellona, ove, eccetto i tre anni della guerra civile, vi rimase fino alla morte, avvenuta il 27 marzo 1948.[106]

4. Il gruppo fondazionale

Alla nascita di una famiglia religiosa contribuiscono spesso in modo determinante anche altre persone che si affiancano ai fondatori: i primi compagni, quelli che spesso vengono chiamati cofondatori. Per evidenziare questo dato vengono usate espressioni come carisma fondazionale, carisma originario, carisma delle origini. Esso rappresenta lo sviluppo partecipato e arricchito del carisma collettivo dei fondatori che si incarna nella vita dei primi membri, nella loro storia.

Le prime sorelle che costituirono il gruppo fondazionale della Congregazione vissero insieme al P. Lorenzo e alla madre Crocifissa i primi passi dell'inserimento nel territorio di S. Marinella in estrema povertà, ma ricche di fede, di speranza e di carità, non solo all'interno della Congregazione, ma nello svolgimento della missione e si inserirono in mezzo al popolo. Esse fecero parte della prima generazione di sorelle che condivisero la vita con i fondatori P. Lorenzo e madre Crocifissa nel processo di incarnazione del Carisma.

Le prime Suore che emisero la professione privata nelle mani di P. Lorenzo a S. Marinella il 19 luglio 1925:

---

[106] Cf. E. BOAGA, *Il Collegio Internazionale S. Alberto di Roma: 100 anni di storia e di servizio*, in "Analecta Ordinis Carmelitanum", 50, Roma 1999, p. 264, 350; Necrologio in "Vinculum Ordinis Carmelitanum 1, Roma 1948-49, p. 48).

1. Madre Crocifissa (Rosa) Curcio[107] nata a Spaccaforno (oggi Ispica, Rg), il 30 gennaio 1877.
2. Sr Maddalena (Rosa) Giunta[108] nata a Spaccaforno (oggi Ispica, Rg), il 12.10.1890.
3. Sr Caterina (Maddalena) Pisana[109] nata a Rosolini (Sr) il 7.5.1882.

Il secondo gruppo delle Suore che emisero la professione privata nelle mani di P. Lorenzo a S. Marinella il 4 ottobre 1926:

Sr Carmela (Giulia) Aroni[110] nata in Sardegna (non si conosce il nome del paese) il 4 aprile 1908 entrò in congregazione e iniziò il postulato il 15 luglio 1925, iniziò il noviziato il 27 settembre 1925.

Sr Teresa (Giuseppina) Scodina[111] nata a Serrenti (Ca) il 23 marzo 1906; iniziò il noviziato il 27 settembre 1925.

---

[107] Cf. ASGC, Madre Crocifissa (Rosa) Curcio nata a Spaccaforno (oggi Ispica, Rg), il 30 gennaio 1877; emise la professione semplice privata nelle mani di padre Lorenzo il 19 luglio 1925 e i voti semplici perpetui il 23 ottobre 1930 nelle mani del Rev.mo Mons. Luigi Martinelli, Vic. Gen. della Diocesi di Porto e S. Rufina, Delegato dall'Emo Card. Vescovo Tommaso Boggiani – previo ritiro di otto giorni interi, a norma delle Cost. Cap. IX, art. 56; morì a Santa Marinella il 4 luglio 1957.

[108] Cf. ASGC, Sr Maddalena (Rosa) Giunta nata a Spaccaforno (oggi Ispica, Rg), il 12.10.1890; emise la professione semplice privata nelle mani di padre Lorenzo il 19 luglio 1925 e i voti semplici perpetui il 23 ottobre 1930 nelle mani del Rev.mo Mons. Luigi Martinelli, Vic. Gen. della Diocesi di Porto e S. Rufina, Delegato dall'Emo Card. Vescovo Tommaso Boggiani – previo ritiro di otto giorni interi, a norma delle Cost. Cap. IX, art. 56; morì a Santa Marinella il 12 luglio 1984.

[109] Cf. ASGC, Sr Caterina (Maddalena) PISANA nata a Rosolini (Sr) il 7.5.1882. Emise la professione semplice privata nelle mani di padre Lorenzo a Santa Marinella il 19 luglio 1925, i voti semplici perpetui il 23 ottobre 1930 nelle mani del Rev.mo Mons. Luigi Martinelli, Vic. Gen. della Diocesi di Porto e S. Rufina, Delegato dall'Emo Card. Vescovo Tommaso Boggiani – previo ritiro di otto giorni interi, a norma delle Cost. Cap. IX, art. 56, morì a Santa Marinella il 4 febbraio 1971.

[110] Cf. ASGC, Sr Carmela (Giulia) Aroni nata in Sardegna (non si conosce il nome del paese) il 4 aprile 1908 entrò in congregazione e iniziò il postulato il 15 luglio 1925, iniziò il noviziato il 27 settembre 1925, emise la professione semplice privata nelle mani di P. Lorenzo il 1 ottobre 1926 e la professione perpetua il 23 ottobre 1930 nelle mani del Rev.mo Mons. Luigi Martinelli, Vic. Gen. della Diocesi di Porto e S. Rufina, Delegato dall'Emo Card. Vescovo Tommaso Boggiani – previo ritiro di otto giorni interi, a norma delle Cost. Cap. IX, art. 56. Vicaria locale ad Acireale nel 1932 e superiora locale nel 1934; vicaria ed economa a Modica nel 1938; ancora superiora ad Acireale nel 1942; vicaria a Solarino nel 1945; superiora a Fregane nel 1949; superiora a Modica "S. Anna" nel 1958; superiora a Floridia nel 1963; Vicaria a Fregane nel 1970. Morì a S. Marinella il 29 giugno 1977.

[111] Cf. ASGC, Sr Teresa (Giuseppina) Scodina nata a Serrenti (Ca) il 23 marzo 1906; iniziò il noviziato il 27 settembre 1925; emise i voti privati nelle mani di P. Lorenzo il 4 ottobre 1926; emise la professione perpetua il 23 ottobre 1930 nelle mani del Rev.mo Mons. Luigi

Il terzo gruppo delle Suore che emisero la professione privata nella mani di P. Lorenzo a s. Marinella il 7 aprile 1927:
1. Sr Gabriella (Vitalia Rosa) Scodina[112] nata a Serrenti (Ca) l'11 novembre 1896; iniziò il postulato il 15 giugno 1926; il noviziato il 3 ottobre 1926.
2. Sr Giuseppina (Vincenza) Scarso[113] nata a Modica (Rg) il 21 dicembre 1897; iniziò il postulato il 24 settembre 1926; il noviziato il 3 ottobre 1926.
3. Sr Mercede (Francesca) Boi[114] nata a Isili (Nu) il 19 dicembre 1903, entrò in congregazione e iniziò il postulato il 15 giugno 1926; il noviziato il 3 ottobre 1926.
4. Sr Rosaria Migliore[115] nata il 28 dicembre 1897; iniziò il postulato il 24 settembre 1926; il noviziato il 3 ottobre 1926.

Martinelli, Vic. Gen. della Diocesi di Porto e S. Rufina, Delegato dall'Emo Card. Vescovo Tommaso Boggiani – previo ritiro di otto giorni interi, a norma delle Cost. Cap. IX, art. 56. Oltre ad essere maestra delle novizie, ricoprì vari incarichi di responsabilità, morì a Roma il 27 febbraio 1967.

[112] Cf. ASGC, Sr Gabriella (Vitalia Rosa) Scodina nata a Serrenti (Ca) l'11 novembre 1896; iniziò il postulato il 15 giugno 1926; il noviziato il 3 ottobre 1926; emise i voti privati nelle mani di P. Lorenzo il 4 ottobre 1927; emise la professione perpetua il 23 ottobre 1930 nelle mani del Rev.mo Mons. Luigi Martinelli, Vic. Gen. della Diocesi di Porto e S. Rufina, Delegato dall'Emo Card. Vescovo Tommaso Boggiani – previo ritiro di otto giorni interi, a norma delle Cost. Cap. IX, art. 56. Dopo essere passata in alcune comunità italiane fu inviata per alcuni anni in Brasile. Morì a S. Marinella il 24 novembre 1988.

[113] Cf. ASGC, Sr Giuseppina (Vincenza) Scarso nata a Modica (Rg) il 21 dicembre 1897; iniziò il postulato il 24 settembre 1926; iniziò il noviziato il 3 ottobre 1926; emise i voti privati nelle mani di P. Lorenzo il 4 ottobre 1927; emise la professione perpetua il 23 ottobre 1930 nelle mani del Rev.mo Mons. Luigi Martinelli, Vic. Gen. della Diocesi di Porto e S. Rufina, Delegato dall'Emo Card. Vescovo Tommaso Boggiani – previo ritiro di otto giorni interi, a norma delle Cost. Cap. IX, art. 56. Morì a Modica il 26 dicembre 1983.

[114] Cf. ASGC, Sr Mercede (Francesca) Boi nata a Isili (Nu) il 19 dicembre 1903, entrò in congregazione e iniziò il postulato il 15 giugno 1926; iniziò il noviziato il 3 ottobre 1926; emise la professione semplice privata nelle mani di P. Lorenzo il 4 ottobre 1927 e la professione perpetua il 23 ottobre 1930 nelle mani del Rev.mo Mons. Luigi Martinelli, Vic. Gen. della Diocesi di Porto e S. Rufina, Delegato dall'Emo Card. Vescovo Tommaso Boggiani – previo ritiro di otto giorni interi, a norma delle Cost. Cap. IX, art. 56. Superiora a Sarzeau (Francia) nel 1933; superiora a Modica nel 1947; economa generale nel 1957; superiora locale a Fregane nel 1957; superiora a Samminiatello nel 1959; superiora a Modica "S. Anna" nel 1964; vicaria a Sampieri nel 1970; vicaria a Modica "S. Anna" nel 1976; morì a Solarino il 12 novembre 1985.

[115] Cf. ASGC, Sr Rosaria Migliore nata il 28 dicembre 1897; iniziò il postulato il 24 settembre 1926; iniziò il noviziato il 3 ottobre 1926; emise i voti privati nelle mani di P. Lorenzo il 4 ottobre 1927; emise la professione perpetua il 23 ottobre 1930 nelle mani del Rev.mo Mons. Luigi Martinelli, Vic. Gen. della Diocesi di Porto e S. Rufina, Delegato dall'Emo Card. Vescovo Tommaso Boggiani – previo ritiro di otto giorni interi, a norma delle Cost. Cap. IX, art. 56. Morì a Guidonia-Tivoli il 25 settembre 1971.

5. Sr Nazarena Quartarone[116] nata il 3 maggio 1888; iniziò il postulato il 27 marzo 1926; il noviziato il 4 aprile 1926.
6. Sr Concezione Sudano[117] nata il 21 luglio 1886; iniziò il postulato il 27 marzo 1926; il noviziato il 4 aprile 1926.
7. Sr Tommasina Draaisma[118] nata il 4 febbraio 1886 in Leeuwarden – Olanda; iniziò il postulato il 9 gennaio 1926; il noviziato il 4 aprile 1926.

Il quarto gruppo delle Suore che emisero la professione privata nella mani di P. Lorenzo a s. Marinella il 7 ottobre 1928:
1. Sr Rosa (Margherita) Pisciotta[119] nata ad Aversa (Na) il 16 dicembre 1901; iniziò il postulato il 7 luglio 1927; iniziò il noviziato il 2 ottobre 1927.

Il quinto gruppo Il quarto gruppo delle Suore che emisero la professione privata nella mani di P. Lorenzo a s. Marinella il 6 gennaio 1929:
2. Sr Agnese Giunta[120] nata a Modica (Rg) il 29 giugno 1901; iniziò il postulato il 2 settembre 1927; il noviziato l'8 dicembre 1927.

---

[116] Cf. ASGC, Sr Nazarena Quartarone nata il 3 maggio 1888; iniziò il postulato il 27 marzo 1926; iniziò il noviziato il 4 aprile 1936; emise i voti privati nelle mani di P. Lorenzo il 7 aprile 1927; emise la professione perpetua il 23 ottobre 1930 nelle mani del Rev.mo Mons. Luigi Martinelli, Vic. Gen. della Diocesi di Porto e S. Rufina, Delegato dall'Emo Card. Vescovo Tommaso Boggiani – previo ritiro di otto giorni interi, a norma delle Cost. Cap. IX, art. 56. Superiora locale a Cerinola nel 1936, a Modica-Clinica "Giardina" e poi a Nepi. Morì a Cerveteri il 17 gennaio 1962.

[117] Cf. ASGC, Sr Concezione Sudano nata il 21 luglio 1886; iniziò il postulato il 27 marzo 1926; il noviziato il 4 aprile 1926; emise i voti privati nelle mani di P. Lorenzo il 7 aprile 1927; emise la professione perpetua il 25 ottobre 1931. Ricoprì vari incarichi di responsabilità, fu eletta II consigliera e segretaria generale della congregazione al I capitolo generale nel 1945, lasciando l'Istituto nel 1950 .

[118] Cf. ASGC, Sr Tommasina Draaisma nata il 4 febbraio 1886 in Leeuwarden – Olanda; iniziò il postulato il 9 gennaio 1926; il noviziato il 4 aprile 1926; emise la professione perpetua il 23 ottobre 1930. Fu trasferita nella comunità di Carinola in qualità di Superiora e maestra dell'asilo infantile. Nel febbraio 1931 fu trasferita a Cerveteri come maestra d'asilo. Nel luglio di 1932 fu mandata a Lovanio. Per motivo di guerra non è potuta rientrare nell'Istituto, unendosi con sr Adalberta nel 1942 ad Amelunsen in Germania. Nel 1955 passò alla missione di Paranavai e dopo a Graciosa ritornando alla Casa del Padre il 1 gennaio 1977.

[119] Cf. ASGC, Sr Rosa (Margherita) Pisciotta nata ad Aversa (Na) il 16 dicembre 1901; iniziò il postulato il 7 luglio 1927; iniziò il noviziato il 2 ottobre 1927; emise i voti privati nelle mani di P. Lorenzo il 7 ottobre 1928; emise la professione temporanea il 23 ottobre 1930 e quella perpetua il 25 ottobre 1931. Ricoprì molti incarichi di responsabilità a vari livelli, fu la prima insegnante della scuola aperta a S. Marinella dalla fondatrice nel 1927, anche perché era l'unica in possesso di diploma abilitante all'insegnamento. Morì a Castellammare di Stabia (Na) il 10 gennaio 1988.

[120] Cf. ASGC, Sr Agnese Giunta nata a Modica (Rg) il 29 giugno 1901; iniziò il postulato il 2 settembre 1927; iniziò il noviziato l'8 dicembre 1927; emise i voti privati nelle mani di

Gruppo delle Novizie:
Novizia nel 1928
3. Sr Francesca Occhipinti[121] nata a Modica (Rg) il 7 dicembre 1900; iniziò il postulato il 25 febbraio 1928; il noviziato il 7 ottobre 1928

Novizie nel 1929
4. Sr Eliana (Orazia) Spadola[122] nata a Modica il 31 marzo 1903; iniziò il postulato il 24 agosto 1928; il noviziato il 6 gennaio 1929
5. Sr Adalberta (Giuseppina) Laudemberg[123] nata a Kol Nippes (Germania) l'8 dicembre 1898; iniziò il postulato il 28 settembre 1928; il noviziato il 6 gennaio 1929
6. Sr Canisia (Enrica) Popp[124] nata a Zamck L'dàr-Cecoslovacchia Saar in Arce il 27 giugno 1903; iniziò il postulato il 28 settembre 1928; il noviziato il 6 gennaio 1929

Novizie nel 1930

P. Lorenzo il 6 gennaio 1929; emise la professione perpetua il 6 gennaio 1932. Dopo essere nominata maestra delle novizie e superiora locale in alcune comunità italiane, fu inviata con il gruppo di missionarie a Paracatu (MG-Brasile) nel 1948, ove continuò a ricoprire incarichi di responsabilità. Morì a Uberaba il 25 agosto 1986.

[121] Cf. ASGC, Sr Francesca Occhipinti nata a Modica (Rg) il 7 dicembre 1900; iniziò il postulato il 25 febbraio 1928; iniziò il noviziato il 7 ottobre 1928; emise la professione temporanea il 23 ottobre 1930; emise la professione perpetua a Sarzeau-Francia il 23 ottobre 1934. Morì a Solarino il 29 dicembre 1979.

[122] Cf. ASGC, Sr Eliana (Orazia) Spadola nata a Modica il 31 marzo1903; iniziò il postulato il 24 agosto 1928; il noviziato il 6 gennaio 1929; emise la professione temporanea il 23 ottobre 1930; emise la professione perpetua ad Acireale il 23 ottobre 1934. Nel 1948 fu tra le sorelle del primo gruppo inviato in Brasile. Morì a Modica "s. Francesco Saverio" il 5 dicembre 1977.

[123] Cf. ASGC, Sr Adalberta (Giuseppina) Laudemberg nata a Kol Nippes (Germania) l'8 dicembre 1898; iniziò il postulato il 28 settembre 1928; iniziò il noviziato il 6 gennaio 1929; emise la professione temporanea il 23 ottobre 1930; rinnovò i voti per tre mesi a Lovanio-Belgio il 23 ottobre 1933 ed emise la professione perpetua sempre a Lovanio il 6 gennaio 1934. Morì ad Amelunxen (Germania) il 12 settembre 1970. Durante la seconda guerra mondiale, insieme a P. Lorenzo ebbe un ruolo di primo piano nell'opera di mediazione con il comando tedesco per la liberazione dalla morte e dalla deportazione nei campi di concentramento di molti abitanti di Cerveteri e dintorni; cf. ACVPSF, Nel 1955 invia una lettera a S. Santità chiedendo il transito in un altro Ordine Religioso, tramite l'Arcivescovo di Padebon, Germania.

[124] Cf. ASGC, Sr Canisia (Enrica) Popp nata a Zamck L'dàr-cecoslovacchia Saar in Arce il 27 giugno 1903; iniziò il postulato il 28 settembre 1928; iniziò il noviziato il 6 gennaio 1929; emise la professione temporanea il 23 ottobre 1930; emise la professione perpetua a Lovanio-Belgio il 6 gennaio 1934. Superiora locale a Lovanio nel 1931; superiora locale ad Amelunxen (Germania) nel 1952, nel 1957 è stata in Paranavai-Pr, Brasile, uscendo dalla Congregazione nello stesso anno.

7. Sr Assunta Scarso[125] nata a Modica (Rg) il 21 settembre 1907; iniziò il postulato il 12 aprile 1929; il noviziato il 23 ottobre 1930
8. Sr Concetta Pia (Concetta Maria) Musomeci[126] nata ad Augusta (Sr) il 28 novembre 1888; iniziò il postulato il 12 aprile 1929; il noviziato il 23 ottobre 1930
9. Sr Carmelina Iroide[127] nata a Modica (Rg) il 1 gennaio 1905; iniziò il postulato il 12 aprile 1929; il noviziato il 23 ottobre 1930;
10. Sr Concetta Teresa (Concetta) Cavallo[128] nata a Modica (Rg) il 16 ottobre 1910; iniziò il postulato il 12 aprile 1929; il noviziato il 23 ottobre 1930
11. Sr Immacolata (Concetta) Ricca[129] nata a Modica (Rg) il 4 aprile 1908; iniziò il postulato il 12 aprile 1929; il noviziato il 23 ottobre 1930.

Come Istituto Missionario, è presente nel pensiero e nel cuore di P. Lorenzo l'aspetto dell'interculturalità del gruppo. All'inizio dell'organizzazione del gruppo, è presente questo secondo elemento fondamentale che è la costituzione del gruppo internazionale e che fa parte della formazione stessa come un'entità missionaria. La dimensione della missionarietà richiama la dimensione universale della Chiesa, cioè l'apertura alle altre culture, lingue, razze, tradizioni ecc. In seguito al lavoro intenso di pasto-

---

[125] Cf. ASGC, Sr Assunta Scarso nata a Modica (Rg) il 21 settembre 1907; iniziò il postulato il 12 aprile 1929; iniziò il noviziato il 23 ottobre 1930; emise la professione temporanea il 25 ottobre 1931; emise la professione perpetua il 25 ottobre 1934. Morì a Cerveteri l'8 ottobre 1938

[126] Cf. ASGC, Sr Concetta Pia (Concetta Maria) Musomeci nata ad Augusta (Sr) il 28 novembre 1888; iniziò il postulato il 12 aprile 1929; iniziò il noviziato il 23 ottobre 1930; emise la professione temporanea il 25 ottobre 1931; emise la professione perpetua a Lovanio-Belgio il 27 ottobre 1934. Morì a Roma il 13 luglio 1973.

[127] Cf. ASGC, Sr Carmelina Iroide nata a Modica (Rg) il 1 gennaio 1905; iniziò il postulato il 12 aprile 1929; iniziò il noviziato il 23 ottobre 1930; emise la professione temporanea il 25 ottobre 1931; emise la professione perpetua a Lovanio-Belgio il 27 ottobre 1934. Morì a Jesi (An) il 16 febbraio 1989, è sepolta a Moie di Maiolati.

[128] Cf. ASGC, Sr Concetta Teresa (Concetta) Cavallo nata a Modica (Rg) il 16 ottobre 1910; iniziò il postulato il 12 aprile 1929; iniziò il noviziato il 23 ottobre 1930; emise la professione temporanea il 25 ottobre 1931; emise la professione perpetua ad Acireale (Ct) il 25 ottobre 1934. Vicaria ad Acireale nel 1932 e superiora nel 1945; in seguito è sempre stata a S. Marinella come cuciniera.

[129] Cf. ASGC, Sr Immacolata (Concetta) Ricca nata a Modica (Rg) il 4 aprile 1908; iniziò il postulato il 12 aprile 1929; iniziò il noviziato il 23 ottobre 1930; emise la professione temporanea il 25 ottobre 1931; emise la professione perpetua ad Acireale (Ct) il 25 ottobre 1934. Visse tra le comunità di Modica e Solarino ove morì il 23 marzo 1990.

rale vocazionale di P. Lorenzo, rientrano nel primo gruppo sr Tommasina Draaisma (Leeuwarden – Olanda) che inizia il postulato il 9 gennaio 1926; sr M. Canisia Popp (Zanck L'dar – Repubblica Cecoslovacca), che inizia il postulato il 28 settembre 1928; sr Adalberta Laudenber (Colonia – Germania), che inizia il postulato il 28 settembre 1928. Le Suore sono subito inviate a fare altre esperienze di internazionalità nel 1931, dietro la richiesta di P. Lorenzo al Card. Boggiani a nome della Superiora generale. Tre Suore vengono inviate nella Diocesi di Malines nel Belgio e nel 1933 si ottiene il permesso per una presenza delle Suore in Sarzeau – Morbithan in Francia. Riprende l'aspetto dell'internazionalità nel 1948 dall'intesa di P. Lorenzo con Mons. Eliseo van de Weijer, vescovo prelato di Paracatu – MG, Brasile, per una apertura missionaria in quel luogo e nel 1952, con P. Bernard Farrugia per le vocazioni dell'Isola di Malta.

Sono cinque i criteri che orientano la comprensione di P. Lorenzo nei confronti di una Istituzione missionaria.

Il primo è quello della *disponibilità* di andare ovunque la Missione chiama.

Il secondo è quello dell'*interculturalità* espletata nei gruppi internazionali. L'Istituto deve nascere internazionale, pur avendo origine in una data cultura e deve, all'interno della realtà interculturale, aiutare le persone a liberarsi da categorie monoculturali, evitando il rischio di chiudersi nella propria cultura e tradizione. Nell'ideale missionario di P. Lorenzo per essere missionari, cioè chiamati per vocazione a proclamare valori evangelici, ed essere segno di unità e di riconciliazione nella molteplicità dei luoghi, razze, culture, bisogna conformarsi a un principio educativo fondamentale che è quello dell'unità nella diversità. Il processo dell'incarnazione viene fatto all'interno del gruppo multiculturale, dove ogni membro deve spogliarsi del proprio "IO", tradizione e cultura, per formare il "NOI" plurale nell'unità.

Il terzo criterio presente nell'Istituto all'inizio è quello dell'*inserimento nell'ambiente e nella situazione missionaria* cioè solidarizzare con gli ultimi come abbiamo accennato sopra. Infatti l'opzione per i poveri e gli emarginati si fa risentire molto fortemente nel primo gruppo delle Suore come testimoni del Vangelo, facendosi povere per arricchire la gente del popolo della "forza" stessa della Parola di Dio, non soltanto attraverso l'annuncio, ma soprattutto attraverso la solidarietà, la condivisione, la comprensione e l'azione. Come rileva Rossi: nell'"incarnazione con il tempo, lo spazio, gli avvenimenti, le suore vengono viste come "operaie" perché condividevano con le famiglie di allora la difficile realtà del tempo"[130].

---

[130] G. Rossi, op. cit., p. 57.

"Erano Suore semplici, dedite anche ai più umili lavori; le abbiamo viste raccogliere le spighe nei campi dopo la mietitura, e la legna sulle vicine colline, coltivare il grano, fare il pane, allevare una mucca per avere un po' di latte. Rivedo ancora una delle prime Suore, suor Rosaria, modesta, umile e mite, con la corda della sua mucca in mano e nell'altra la corona del rosario, che, a piedi nudi, la conduceva a pascolare nei campi vicini"[131].

Il quarto criterio è quello di *non scindere nell'azione apostolica il sociale e il religioso*. Le uniche Suore che svolgevano un'attività sociale erano le Carmelitane. "La scuola materna che gestivano era aperta a tutti gratuitamente, e ciò costituiva un grande vantaggio per le famiglie che vivevano una situazione di estrema povertà"[132]. Le Suore erano disponibili a trattenere in un laboratorio le giovani con un'occupazione utile alle famiglie. Era un mezzo pure per testimoniare i valori del Vangelo come è stata riportato da una testimonianza: "Finite le scuole elementari, mia madre ci teneva che io venissi dalle Suore ad imparare uncinetto, ricamo, cucito; qui ho imparato le prime cose importanti della vita: la fraternità, la gioia, la carità, la generosità, l'amicizia"[133]. Sr Virginia Murtinu testimonia quello che era consuetudine fare per invitare le persone alle funzioni liturgiche e per la Catechesi: "Quando ero postulante andavo in giro per il villaggio a suonare il campanello per richiamare le persone alla messa, allora c'erano soltanto poche famiglie e la casa cantoniera"[134]. Dal 1925 era consuetudine dell'Istituto percorrere le strade del paese insieme alla Curcio e P. Lorenzo quando potevano, per invitare la gente alla funzione religiosa. La testimonianza che dice "quando ero postulante", si riferisce al 1937, pertanto uno spazio di 12 anni. "Le Suore venivano a prenderci a casa per andare al catechismo in modo che fossimo sempre presenti"[135].

P. Lorenzo, insieme alla Curcio, riesce pian piano a espandere e consolidare la Congregazione delle Suore. Per affrontare le sfide non soltanto delle missioni ma all'interno delle Istituzioni stesse, P. Lorenzo pensa alla globalità del progetto attraverso una proposta consistente e di più spessore, unendo gli sforzi con il coinvolgimento di religiosi sacerdoti e laici da destinare alle Missioni.

Secondo il pensiero di P. Lorenzo non è possibile improvvisare i missionari e le missionarie da mandare alle missioni estere. Questi devo-

---

[131] P, p. 329.
[132] P, p. 329.
[133] P, p. 183.
[134] P, p. 240.
[135] P, p. 50.

no essere formati mirando alla Missione, per un lavoro non chiuso, ma articolato come collaborazione, come complementarietà e come sussidiarietà tra i Sacerdoti, Religiosi, Religiose e Laici. A questo fine rileva la necessità di un Centro Missionario dove si penserebbe alla pastorale vocazionale, alla formazione e all'attuazione missionaria di tutti i membri, sia Suore, Religiosi Sacerdoti e Laici, avendo un sacerdote carmelitano che coordini questo Centro, nominato dal P. Generale per assistere nella prima organizzazione. L'organismo, secondo P. Lorenzo, non è assolutamente staccato dall'Ordine, tuttavia è autonomo, per evitare interferenze reciproche. Secondo P. Lorenzo gli obbiettivi dell'Ordine e del Terz'Ordine sono diversi e così le modalità per raggiungere obbiettivi. Le convergenze si faranno per strade diverse.

Il quinto criterio previsto nel Progetto Missionario è quello del *dialogo con i Superiori dell'Ordine e con la Chiesa locale*, soprattutto da parte della persona che farà la mediazione tra questi tre istanze per il raggiungimento dell'obbiettivo missionario, per vivere nella trasparenza e leggerezza che l'attività missionaria esige nella disponibilità totale di quelli che partono in missione[136]. Tante esigenze, strutture e burocrazie non devono appesantire, ostacolare o ritardare l'urgenza della Missione.

5. L'inizio dell'espansione della Congregazione

Prima ancora che la Congregazione ottenesse l'approvazione giuridica di diritto diocesano, i fondatori P. Lorenzo e madre Crocifissa, presi dalla missione, dagli affari e da tante richieste cominciano a tendere le braccia, muovendosi geograficamente nell'assunzione di nuove opere.

5.1 *Nocera Umbra e Capodacqua*

Troviamo nella rivista *Il Monte Carmelo* la descrizione dell'inizio di una presenza a Nocera Umbra:

"Le Terziarie hanno potuto effettuare una nuova fondazione nella graziosa cittadina di Nocera Umbra, chiamate dalla locale Congre-

---

[136] Cf. AGOC. Purtroppo il Progetto Missionario proposto da P. Lorenzo non è stato preso in considerazione dai Padri durante il Capitolo Generale del 1925. Nel libro degli Atti del Capitolo dell'Archivio Generale dell'Ordine non si accenna minimamente di aver inserito il Progetto come tema di discussione.

gazione di Carità e per particolare interessamento del vice presidente sig. Francesco Marinangeli. Perché l'opera si compisse felicemente si adoperarono anche i confratelli P. Alberto Grammatico e P. Carmelo Pennacchini. Le Suore, in numero di tre, si recarono a Nocera il 15 novembre, accompagnate dal P. Lorenzo Cristiano e dalla M. Curcio. [...] Le Suore hanno preso la direzione dell'orfanotrofio con l'annesso laboratorio ed asilo e presto presteranno anche assistenza nell'ospedale civile. S. Ecc. Mons. Vescovo ha dimostrato grande fiducia nel loro spirito di preghiera e di sacrificio, e le ha incoraggiate e benedette"[137].

La casa fu chiusa nel 1928. Viene aperta una nuova comunità a Capodacqua, poco distante di Nocera, che purtutropo viene chiusa a causa della poca salute di alcune suore e della tubercolosi che non risparmia queste creature generose ed audaci.

5.2 Carinola

Nel 1927 con autorizzazione dell'Ordinario della Diocesi fu decisa una presenza delle Suore a Carinola – Diocesi Sessa Aurunca (Caserta) con lo scopo di mantenere una scuola materna e un laboratorio per ragazze. Iniziativa soppressa il 14 ottobre 1939. Nelle prime aperture di case, P. Lorenzo segue ognuna con cura paterna, avvertendo la Curcio che è rimasta per la prima sistemazione delle cose:

> "Si ricordi di pensare per la sorella di suor Maddalena e per quella giovane che voleva venire. Abbiamo bisogno di <u>rifornire</u> il noviziato. È necessario formare le nostre più giovani a vere maestre di spirito e di lavoro. Ma come è difficile ispirare a loro questi concetti! Vi sono delle debolezze dell'anima ed altre del corpo e perciò bisogna avere pazienza e fiducia in Dio con pieno abbandono nella sua divina volontà"[138].

Si intuisce che tutte le decisioni vengono prese insieme: "Riguardo al Laboratorio, se Lei crede di accettare, accetti pure, anzi ...vi è vera necessità di educare seriamente le nostre figliuole ai lavori. Ho paura che si facciano le cose troppo superficialmente, senza pacatezza"[139]. E insiste

---

[137] AP, *Il Monte Carmelo* (10) 1926.
[138] AP, Lt PL a MC, Roma 28 novembre 1926.
[139] Ibid., Roma 25 novembre 1926.

sull'adempimento della missione di ciascuna suora: "Ed ora bisogna infondere coraggio a tutti e carità vicendevole: non trascuri Suor Maddalena di essere madre per quelle a lei affidate, in tutte le necessità, Suor Concezione di cattivarsi gli animi delle bimbe e delle loro famiglie, Suor Annunziata poi si adatti a tutti i lavori non esclusi quelli della Sagrestia"[140].

5.3 Sviluppo dell'Istituto a S. Marinella

Intanto l'opera apostolica delle Carmelitane Missionarie di P. Lorenzo e M. Crocifissa si sviluppa anche a S. Marinella. In casa già si accolgono le prime orfane, inoltre, nella zona "Pirgus" dove abitano, cominciano a stabilirsi anche le prime povere famiglie di contadini e pescatori; nessuno ha cura dei loro figli. Nel 1927 viene aperta la scuola elementare gratuita per i figli del popolo.

Nella lettera che P. Lorenzo invia al Card. Vico descrive la situazione delle Suore a S. Marinella:

"Ora sono passati tre anni dalla fondazione della Casa di Santa Marinella; qui oltre la cura di 12 orfanelle, una Suora diplomata dirige la scuola inferiore elementare, aperta per i bambini del paese. Col tempo il sottoscritto spera di ingrandire i locali per beneficare sempre più la gioventù del paese; acclude qui le copie degli attestati rilasciati dai Vescovi, nelle cui Diocesi le nostre suore lavorano"[141].

Nel suo realismo P. Lorenzo fa intravedere la sua iniziativa e il marchio verso il futuro:

"Il sottoscritto domandò in iscritto a V. E. il permesso di poter chiamare alcune delle Terziarie Carmelitane di Sicilia, conosciute e stimate da religiosi carmelitani e d'altri Ordini, e fondare una Casa in C. Marinella con lo scopo di aiutare la gioventù femminile di quella zona. V. E. benignamente si degnò annuire a voce ad esperimentum, ed allora con il consenso in iscritto dei Superiori dell'Ordine,

---

[140] Ibid., Roma 21 novembre 1926.
[141] AP, Doc. di cui si conosce soltanto l'anno 1928: Lettera di P. Lorenzo al Card. Vico, Vescovo della Diocesi di Porto e S. Rufina. P. Lorenzo aveva già presentato altre richieste, domandando di approvare canonicamente l'Istituto del Terz'Ordine delle Carmelitane al Card. Vico: "da semplice Pia Società, ch'è stata tuttora sotto l'autorità diocesana, a vera Congregazione di Terziarie Regolari Carmelitane con voti semplici" (ACVPSR, Lettera P. Lorenzo al Card. Vico, Roma 28 maggio 1925).

il 3 luglio 1925, fu aperta la Casa delle Suore Carmelitane Terziarie, a cui fu aggiunto il titolo di Missionarie perché le Suore essendosi messe sotto la protezione di Santa Teresa del B.G. che tanto amava le Missioni, si erano proposte mandare Suore alle Missioni propriamente dette, quando l'Istituzione Terziaria avrebbe preso maggiore sviluppo"[142].

In questa stessa lettera, dopo un esposto riguardante l'Istituzione delle Missionarie Carmelitane Terziarie di Santa Marinella, P. Lorenzo prega il Card. Vico di degnarsi di concedere alla pia Istituzione, se non la definitiva approvazione, che sarebbe di conforto e di grandissimo incoraggiamento a lui, come pure alle Suore, almeno una dilazione dell'*experimentum*. Intanto la Curcio, da Nocera Umbra, propone a P. Lorenzo di trasferire lì tutto il gruppo, persino il noviziato missionario: "qui c'è posto abbastanza per tutte e tutti, e senza lingue che calunniano e mordono, ma con il Vescovo tutto nostro [...], che trova come rimediare di fronte al grande favoloso acquisto"[143]. La risposta di P. Lorenzo è di impossibilità di assumere qualsiasi onere: "quantunque sia tanto bella, pure non mi sembra per il momento attuabile"[144]. La richiesta fatta al Card. Vico di almeno una dilazione del consenso verbale, rimanendo senza risposta, causò sofferenze a P. Lorenzo e alle Suore.

6. La grande prova

Nel 1928, dopo la partenza dei giovani, P. Lorenzo trova un punto di appoggio in un villino, non lontano dalla Chiesa, preso in affitto da Padre Alberto Lokkes, olandese, per recuperare la salute. Secondo quanto racconta P. Lorenzo nella Cronistoria, intanto costruiva la casetta vicino alla chiesa, nel terreno acquistato col denaro comune, cioè costituito da tutte le donazioni e le offerte ricevute da P. Lorenzo e dal denaro proveniente dal lavoro delle Suore. Nel 1929 Padre Adalberto e il P. Lorenzo cominciano ad abitare la casetta:

---

[142] AP, Lt PL al Card. Vico, Vescovo della Diocesi de Porto e S. Rufina, 1928.

[143] AP, Lt MC a PL, Nocera 18 aprile 1928. Questa lettera è illustrazione delle altre lettere in cui M. Curcio introduce l'argomento di trasferirsi a S. Marinella. L'acquisto del quale parla la M. Curcio è di una grande fattoria che sarebbe una forma di occupazione tanto delle suore come dei missionari per assicurare il proprio mantenimento, oltre alle vocazioni del luogo che sono educati al coltivo della terra, secondo come dice il Vescovo. C'è pure una sorgente dell'acqua conosciuta per la villeggiatura di tanti romani ed esteri che pagano molto bene.

[144] Ibid., Nocera 11 aprile 1928.

"Nel mese di maggio venne il Generale dell'Ordine P. Elia Magennis, il R. P. Assistente Ilario Doswald, che fu poi eletto Generale, ed altri Padri ad inaugurare la casa. Il P. Generale sembrò rimanere molto soddisfatto e, chiamato il costruttore, domandò a un di presso il costo per il pianterreno da costruirsi secondo il progetto del Prof. Morigi. Tutto sembrava che portasse ad una decisiva conclusione: non se ne venne a nulla"[145].

P. Lorenzo si trova nuovamente ad un crocevia: l'essere Carmelitano, che significa fedeltà a se stesso e a Dio nella missione a cui è stato chiamato; il dovere di religioso come professore di Sacra Scrittura, Esaminatore del Clero romano; l'ispirazione a cui si è sentito chiamato ad andare oltre attraverso gli Istituti missionari; l'incredulità dei Superiori alle opere per cui si è tanto sacrificato. Si trova davanti all'avvertimento del Superiore generale:

"Una altra volta vi dico, il vostro lavoro sarà invano, perché la Madre è una persona impossibile. Già ha fatto burla dei tanti altri uomini molto capaci, e, se Lei succederà, il tempo per i miracoli non è passato. Ma pensate bene delle povere donne a cui importa tanto il passo. Francamente io mai mai crederò nella Madre Carmela[146] (Crocifissa)"[147].

Nel frattempo, nel marzo 1929 venne a morire S. Eminenza il Card. Antonio Vico:

"la diocesi rimase vacante e come Amministratore Apostolico venne eletto il Vescovo di Civitavecchia, Mons. Cottafavi Emilio. Questi, nella visita che fece alla chiesa e all'istituto sembrò contento e promise il suo aiuto presso il futuro Vescovo Cardinale. Il <u>15 luglio 1929</u>, nel Concistoro optò per la diocesi di Porto S. Rufina <u>S. Eminenza il Cardinale Tommaso Pio Boggiani</u> dei Predicatori, tuttora venerato Vescovo della diocesi"[148].

P. Lorenzo preso dagli affari non si presentò al Cardinale Vescovo nei primi giorni della sua elezione per presentare le sue attività nella Dio-

---

[145] AP, Cron. p. 13.
[146] Abbiamo inserito tra parentesi madre Crocifissa, perché il riferimento dedotto dal contesto della lettera non poteva essere più a riguardo di madre Carmela, già molto lontana nel contesto dell'Arenella. La lettera è del mese di aprile 1929 in risposta a un permesso di P. Lorenzo di assentarsi per alcuni giorni dalla scuola.
[147] AP, Lt P. Generale a P. Lorenzo, aprile 1929.
[148] Ibid.

cesi, come pure per dichiarare la presenza delle Terziarie Carmelitane. Nella Cronistoria P. Lorenzo offre una lunga relazione dell'accaduto. Il Cardinale Boggiani, prendendo visione della Diocesi, non trova regolare la posizione di Padre Lorenzo, perché come religioso deve avere un domicilio. Il sospetto viene dallo scritto di P. Lorenzo:

> "la Curia Vescovile passata non aveva lasciato nessuno dei documenti che il Padre Lorenzo aveva consegnato, dove doveva apparire aver egli il consenso sia del defunto Card. Vico, sia dei Superiori del convento. Il P. Lorenzo risultava un frate che faceva il suo comodo a S. Marinella senza ombra di permessi, calpestando così tutte le regole del Codice Ecclesiastico e della vita religiosa"[149].

Il fatto che i documenti fossero spariti e che fossero apparsi dopo, è messo in luce da P. Lorenzo stesso:

> "Per la verità della cronaca dobbiamo ora accennare, in breve più che possibile, e con somma carità, perdonando e dichiarando di non sentire nel cuore ombra di risentimento e sentimenti di avversione, delle lotte che furono una dura prova sia per il P. Lorenzo, sia per l'Istituto delle Suore. La lotta venne – così vogliamo supporlo – dal fatto che alla Chiesetta del Rosario il Cappellano della Colonia Jolanda[150] aveva raccolto intorno a sé un buon gruppo di persone che pretendevano fare della Chiesetta una seconda e più importante parrocchia. Da qui le lotte di questo cappellano contro il parroco del paese, Mons. Augusto Ranieri e contro P. Lorenzo che, in quanto gli era possibile l'aiutava. Per questi motivi P. Lorenzo fu messo già in cattiva luce presso la Curia vescovile di S. E. il defunto Card. Vico, e tanto il cappellano quanto i suoi amici, profittarono per distruggere l'Istituto e far chiudere la chiesa della Vittoria, dell'elezione del nuovo Vescovo"[151].

Per quattro anni, andando e ritornando da Roma a S. Marinella, P. Lorenzo aveva supplicato i Superiori di aiutarlo a fondare una piccola comunità per i PP. Carmelitani, ma tutto inutilmente. A questo punto P. Lorenzo doveva trovare una soluzione soprattutto per le Suore: "D'altronde la comunità delle Suore era diventata numerosa ed egli per motivi di giustizia non poteva più abbandonarle: lasciarle in balia di loro stesse significava portar loro un immenso danno pecuniario e specialmente

---

[149] AP, Cron. p. 15.
[150] Cf. ACVPSF. Il Capellano della Colonia Iolanda all'epoca era Don Ernesto Corte.
[151] AP, Cron. p.14.

morale"[152]. A questo punto furono tante le dicerie, pure basse, arrivate prima al Card. Vico, come al Card. Boggiani, come pure al Superiore Gen. dell'Ordine e al suo Consiglio, che riuscirono a turbare l'ordine naturale che aveva regnato nel paese.

Il Padre Generale accompagna il P. Lorenzo da S. Eminenza il Card. Boggiani[153] e si prende l'accordo di regolarizzare la situazione: dopo il suo viaggio in Irlanda avrebbe convocato la Curia per una definizione. Intanto P. Lorenzo riceve subito un ordine[154] trasmesso pure al Card. Boggiani:

> "La domenica riceve avviso telegrafico dai suoi Superiori di trovarsi la sera stessa in Collegio per affari: parte per Roma e il Padre generale gli comunica che non intende più lasciarlo a S. Marinella e che perciò doveva definitivamente ritornare in Collegio. Il P. Lorenzo domanda una dilazione di giorni fino a giovedì, che gli fu concessa. Ritornato in Collegio dovette avvisare S. E. che, essendo stato richiamato dai Superiori, non poteva più officiare la Chiesa della Vittoria"[155].

In risposta alla comunicazione del P. Generale, Mons. Martinelli afferma a nome del Card. Boggiani che tale decisione, e specialmente nel tono in cui è redatta, non può essere certamente presentata ciò come corollario logico del colloquio che ebbe con V. Rev.ma. Però ne prende atto, e toglie al P. Lorenzo ogni facoltà di esercitare il ministero nella Diocesi di Porto e S. Rufina"[156].

6.1 *Impasse e conseguenze*

La prima conseguenza riguarda le Suore, secondo quanto riferisce P. Lorenzo:

---

[152] Ibid.

[153] Il Card. Boggiani registra nel pro memoria quanto parlato insieme. "Detto che la posizione non è canonica. Al Generale che raduni il suo Consiglio e poi decida cosa vuol fare e comunichi se vuol aprire una casa in Diocesi. Quanto alle Suore non si parla se prima non è regolata la posizione dei religiosi in S. Marinella", in ACVPSR, 3 agosto 1929.

[154] Lt del P. Generale dell'Ordine al Card. Boggiani. ACVPSR, 7 agosto 1929. Nella stessa lettera il Card. Boggiani registra il suo pro memoria. Udienza il 3 agosto corrente. Il Padre sarebbe assente da Roma 15 a 20 giorni e mi chiese di aspettare il suo ritorno. 7 agosto, 1929, oggi questa risposta. Il Cardinale aveva chiesto al P. Generale dell'Ordine di regolarizzare canonicamente la situazione di P. Lorenzo solo in S. Marinella e a capo di un nuovo Istituto di Suore.

[155] AP, Cron. p. 16.

[156] ACVPSR, Lt di Mons. Martinelli al Priore Generale, 9 agosto 1929.

"Furono mesi di grande angosce per le povere suore che non poterono mai avere più che una messa domenicale, di comunione quotidiana non sì parlava e quando qualche suora di buon mattino si recava al Rosario o alla cappella della Colonia Jolanda, veniva trattata poco urbanamente dal Rettore e Cappellano della chiesetta. Giova qui ricordare un episodio che cagionò molto dispiacere alle suore e che si colloca ai primi giorni dopo la partenza di P. Lorenzo. Avendo egli raccomandato, per evitare problemi o irruzioni notturne, che alcune suore andassero ad abitare nel suo villino, tre suore la sera dormivano nella sua casetta. Poiché la sera la luce trapelava dal villino, questo lo venne a sapere il cappellano del Rosario che ne fece consapevole sua Eminenza, mettendo il sospetto che P. Lorenzo di notte si rifugiasse nella sua casetta e la mattina celebrasse, all'insaputa di tutti, per le suore nella chiesetta delle Vittorie. S. Eminenza ordinò che il giorno dopo si portassero a lui le chiavi della Chiesa. [...]. Veramente fu quella l'ora della grande prova: prova per il sacerdote, prova durissima per le suore, che vedevano l'avvenire sempre più buio"[157].

Intanto l'11 agosto, Don Ernesto Corte si rivolge al Card. Boggiani per significare che "alla Chiesa delle Vittorie procedeva tutto regolarmente e che vi regnava perfetta tranquillità. Si dichiara disponibile a coprire le funzioni liturgiche per la festa dell'Assunta e nelle domeniche successive"[158]. Ugualmente il Sac. Giuseppe Casetta della Parrocchia di S. Giuseppe comunica al Card. Boggiani il 21 agosto 1929 che ha visitato la Chiesina della Vittoria e si è assicurato che non vi era il S.S. Sacramento; ha preso in consegna la chiave della Cappella che avrebbe consegnata all'Arciprete. Aggiunge che ha "raccomandato vivamente alle Suore Carmelitane di stare quiete e tranquille obbedendo unicamente ed umilmente alle disposizioni dell'Em. Rev.ma. Dice di continuare a vigilare perché gli ordini siano integralmente eseguiti"[159].

6.1.1 Cenni sul vissuto delle Suore in questo momento di prova

Riportiamo alcune testimonianze delle persone che hanno vissuto quel drammatico momento. La Curcio scrive al P. Lorenzo:

---

[157] AP, Cron. p. 17.
[158] ACVPSR, Lt E. Corte al Card. Boggiani, S. Marinella 11 agosto 1929.
[159] ACVPSR, Lt G. Carsetta al Card. Boggiani, S. Marinella 21 agosto 1929.

"Abbiamo trascorso la prima notte ... del Giovedì santo ... ieri sera tutte le figlie spontaneamente mi seguirono dopo cena ai piedi del Tabernacolo l'unico conforto che ci è rimasto! Preghiamo ... e speriamo che questa durissima prova ci sia apportatrice di nuove e grandi benedizioni celesti per il maggior incremento di questa istituzione che in questo momento sembra distrutta! [...]. Tutto è amaro, la vita è spezzata!"[160].

"Quando P. Lorenzo fu richiamato dal suo Ordine, lei rimase angustiata e soffrì tantissimo. Da noi non si faceva accorgere, ma qualche volta l'abbiamo vista piangere... Quando è andato via P. Lorenzo, ci hanno levato il Santissimo dalla Cappella e la chiave della chiesa. Siamo rimaste così per circa un mese. Era infatti venuto un sacerdote alle dieci di sera, ci tolse la chiave della chiesa e la consegnò al parroco di S. Marinella. Dopo alcuni giorni il parroco di S. Giuseppe durante la celebrazione della S. Messa ci fece consumare tutte le ostie consacrate... Erano soltanto due quelli che ci sostenevano: il parroco e il vescovo Martinelli"[161].

"Quando sono entrata l'Istituto non era ancora di Diritto Diocesano. Era il periodo in cui a P. Lorenzo fu proibito dai suoi Superiori di continuare a seguire l'Istituto nascente, finché fu costretto ad uscire dall'Ordine per aiutarci. La Serva di Dio soffriva tanto e anche noi; ci voleva rimandare in famiglia per via del futuro molto incerto della Congregazione, ma noi non abbiamo voluto. Ci hanno perfino tolto il SS. Sacramento dalla Chiesa per ostacolarci. In tutte queste sofferenze la Serva di Dio ha mantenuto sempre la fede e ha affrontato tutto con fiducia e abbandono in Dio; tutte piangevamo e ci sostenevamo a vicenda. Lei era sempre in preghiera, sempre assorta... Riusciva a comunicarci la sua fede"[162].

"Spesso la Serva di Dio era angustiata, però, quando ci vedeva tristi, ci dava coraggio. Non ha mai perso la speranza, diceva: 'Passerà tutto, questo vuole il Signore. Nelle fondazioni di istituti ci sono sempre delle prove, ma non perdetevi d'animo che il Signore è con noi"[163].

Sr Concetta dichiara nella sua testimonianza le parole della madre Curcio:

"Quando il Padre Lorenzo se ne è dovuto tornare a Roma, lei diceva: Se noi dovessimo lasciare l'abito religioso, chissà che gioia

---

[160] AP, Lt MC a PL, S. Marinella 9 agosto 1929.
[161] Cf. P, p. 28.
[162] AP, Copia Publica Trans. Proc. Portuen. S. Rufinae S. Vita et Vit., vol. XIII, *test. f. m.*, suor GRAZIA CAVALLO, pp. 2330-2331. D'ora in poi, C.P.
[163] AP, C. P., vol. XIII, *test. f. m.*, suor IMMACOLATA RICCA, p. 2352.

avrebbero i fascisti (che avevano un accampamento nella pineta di fronte a noi), il peggio sarebbe per noi, ma a voi che siete ancora ragazze tutto si potrebbe risolvere perché vi troveremmo una sistemazione in un altro Istituto"[164].

A questo punto possiamo concludere che tutte le Suore del gruppo fondazionale erano coscienti che da sole non sarebbero state mai riconosciute dalla Chiesa come gruppo di vita consacrata e religiosa, tanto che la madre Curcio sapeva che alle Suore avanzate in età sarebbe stato più difficile trovare una sistemazione.

6.1.2 Conseguenze sul popolo

Mario Zito, a nome della Federazione Fascista dell'Urbe, si rivolge al Card. Boggiani per sospendere il provvedimento adottato a carico di Padre Lorenzo Cristiano e fargli riprendere il proprio posto in Santa Marinella, almeno fino al termine della Colonia Marina che ospita due turni, iniziati il 30 giugno u.s. Essa è frequentata da oltre 300 bambini poveri e bisognosi della cura del mare. La colonia cesserà la propria attività il 10 o 12 settembre p.v. Infatti non è possibile sostituire, con l'urgenza reclamata l'intelligente attività del Rev. P. Lorenzo. I bambini ne risentono le conseguenze: 1) imperfetta confezione del vitto; 2) amministrazione della mensa deficiente; 3) mancanza assoluta dell'assistenza spirituale alla quale il Fascismo tiene in modo particolare, specialmente per la gioventù. E, aggiunge: "l'allontanamento del Rev. P. Lorenzo ha molto addolorato tutta la Colonia di Santa Marinella dove egli ha saputo acquistarsi molta stima e simpatia per la attiva volonterosa opera spirituale che in breve volgere di tempo ha saputo esplicare nella località Pirgus che ne era completamente priva[165]. Il Card. Boggiani risponde attraverso Mons. Martinelli chiarendo che l'allontanamento di P. Lorenzo da S. Marinella è dovuto esclusivamente alla disposizione presa dal P. Generale dei Carmelitani dal quale P. Lorenzo direttamente dipende. Il Cardinale fu sorpreso e disgustatissimo della inaspettata misura presa a carico di P. Lorenzo dal P. Generale predetto, al quale in presenza dello stesso P. Lorenzo il Card. aveva chiesto unicamente la regolarizzazione della sua permanenza in S. Marinella, perché in opposizione alle regole e leggi canoniche[166].

---

[164] P, p. 32.
[165] ACVPSR, Lt Mario Zito al Card. Boggiani, S. Marinella 21 agosto 1929.
[166] ACVPSR, Lt Mons. Martinelli al Mario Zito, S. Marinella 23 agosto 1929.

"Intanto la chiesetta solamente la domenica veniva officiata la mattina da qualche padre domenicano o francescano di Civitavecchia. Ciò fino alla venuta del nuovo Vicario generale. Mons. Luigi Martinelli, persona di fiducia di S. Eminenza, a cui fu raccomandato di portare la pace in mezzo alla popolazione che aveva mostrato molte ostilità e che, a dire del maresciallo Moretti dei carabinieri, aveva dato a pensare per l'ordine pubblico, essendosi divisa in quel tempo in due fazioni. Nonostante che P. Lorenzo venisse due volte alla settimana ostentando anche nel farsi vedere pubblicamente, pur tuttavia non mancarono le male lingue che dicevano essere lui fuggito con un'abbadessa, o meglio, con una principessa! [...]. La verità però viene sempre a galla e Mons. Luigi Martinelli, in tutti i mesi che venne a celebrare poté conoscere realmente l'ambiente, la necessità di un sacerdote per quella contrada e la verità sulle dicerie maliziosamente sparse da persone contrarie all'istituto delle Suore e del Padre che le dirigeva"[167].

7. Spogliamento necessario

L'ideale missionario coltivato ancora da ragazzo, che ha spinto tante persone a credere e ad abbracciare questo invito di Gesù e che si è rivelato recentemente nella vita di Teresa di Lisieux e che fa parte ora del tessuto della sua propria vita costituisce una causa per le sue decisioni. Tutte le forze Superiori sembrano totalmente contrarie a questa proposta di innovazione del Carisma dell'Ordine. D'altra parte esiste una minoranza insignificante agli occhi umani, senza credibilità sufficiente persino da parte del Cardinale Antonio Vico che non ha rilasciato l'approvazione giuridica dopo quattro anni dietro tante richieste del P. Lorenzo e ora nella Diocesi si trova il Cardinale Boggiani che non ha accompagnato il percorso del piccolo gruppo di S. Marinella ed è ignaro dell'iter seguito.

P. Lorenzo poteva lavarsene le mani come fece Pilato davanti alla sorte che si accaniva sulla persona di Gesù, pacificando la sua anima e la sua coscienza con il pensiero che le resistenze e le negazioni dei Superiori a quest'opera missionaria potevano essere espressione della volontà di Dio e rientrare nel ritmo giornaliero di Professore, di Esaminatore del Clero romano e di Casi Morali, oltre a seguire i consigli dei compagni di approfondire lo studio della Sacra Scrittura per cui egli era tanto portato. Ma è il concetto di giustizia ch'è primario nel suo rapporto con gli altri, soprattutto per un cammino avviato in nome di Dio che è la Giustizia

---

[167] AP, Cron. p. 19.

assoluta, e che non gli permette di scegliere un'altra via come lui stesso descrive nella Cronistoria: "d'altronde la comunità delle Suore era diventata numerosa ed egli per motivi di giustizia non poteva più abbandonarle; lasciarle in balia di loro stesse significava portar loro un immenso danno pecuniario e specialmente morale"[168].

Ci sono le giovani suore che egli ha formato, le prime espansioni, la disperazione della Curcio che aveva posto fiducia totale in lui, abbandonando il suo paese e le sofferenze di 15 anni senza ottenere nulla nella sua Diocesi, la promessa fatta al gruppo di Suore che non le avrebbe abbandonate mai. Peraltro il gruppo non ha ancora credibilità sufficiente per far fronte da solo davanti all'autorità ecclesiastica per conseguire l'approvazione diocesana dell'Istituto. Risuona nel suo cuore la promessa fatta da cinque anni quando la Curcio aveva manifestato di

"non essere più disposta ancora a subire nuove disillusioni dopo che mi decido a venire definitivamente a Roma e che non debba stare nella tormentosa titubanza se possa ancora ritornare indietro, questo per me sarebbe impossibile poterlo accettare, ne avrei delle dolorosissime conseguenze morali, fisiche ed economiche, che mi farebbero preferire la santa quiete di una vita ritirata presso i miei e quindi abbandonare le mie poveri compagne alla stessa sorte"[169].

Intanto cerca di consolarle e rassicurarle sul fatto che lui non sarebbe stato mai un religioso senza parola:

"In questo giorno tanto caro alla Madre di Dio penso alla cara comunità che ho lasciato nella brama della Divina Provvidenza. Veramente da qui si vedrà che la riuscita di quest'Ordine non è né cosa mia né cosa sua, ma della Divina Volontà – perché se piacerà a Dio tutto si risolverà – altrimenti di nuovo nella lotta. Sono andato ieri mattina dal Cardinale che mi ha accolto affabilmente, ma che giustamente ha messo le cose a posto. Si tratta di questo: o il Generale accetta il convento, o io mi faccio fare dalla Congr. dei Religiosi un permesso speciale – appena io non ci posso più stare, perché vicino a Roma non si può permettere un domicilio fuori dal convento senza un permesso dalla Congr. Del resto devo convenire che i nostri Padri hanno torto e che se volessero potrebbero aiutarmi. Se loro non vogliono formare il convento, sarei obbligato di domandare l'esclaustrazione con tutte le conseguenze specialmente quella di lasciare l'abito religioso: sarebbe duro durissimo per me, ma che dovrei fare? Non rimarrebbe altra via! altra via per non abbandonarvi"[170].

---

[168] Ibid. p. 15.
[169] Cf. AP, Lt MC a PL, Roma 10 giugno 1925.
[170] AP, Lt PL a MC, Roma 19 agosto 1929.

P. Lorenzo si fa carico del gruppo delle Suore e continua a dialogare con i suoi Superiori, come pure con il Cardinale Boggiani:

"Il sottoscritto profondamente amareggiato per non aver potuto in nessuna maniera ricondurre le anime dei suoi Superiori a quel sentimento di una giusta e cristiana pacificazione, con la presente intende indicare a V. E. i sentimenti di fedeltà verso l'opera iniziata, essendo pronto a qualsiasi sacrificio – rimanendo però intangibili il suo stato ed i suoi diritti di religioso – pur di portare aiuto alla comunità nascente, ed anche – come per il passato – alla diocesi di Porto S. Rufina. Non ignorando quanto possa V. E. presso Colui che è il Padre di tutti ed il Gerarca della Chiesa universale, il sottoscritto ha creduto opportuno di fare la suddetta dichiarazione, pregando V. E. di volerla accettare benignamente, come segno di gratitudine per tutto il bene fatto alle Suore"[171].

Al Padre Generale rivolge un'altra supplica:

"Padre Reverendissimo,

Umilmente vengo a supplicarla di volermi esaudire: si tratta anche di dare pace alla mia anima, che è oltremodo amareggiata. V. Paternità non potrà mai figurarsi il dolore che io provo in questi giorni, perché mentre tutto si appiana per le povere Suore, la cosa principale, il Sacerdote che le possa guidare manca. Ed è un immensa rovina, e tanto più grande, quanto più è stata la fiducia che avevano posto in me.
Ora, una sola parola è sufficiente a rimediare a tutto. Le assicuro in coscienza che il Cardinale mi ha detto personalmente che non ha avuto alcuna intenzione di offendere e che è pronto ad aiutare e rimediare a tutto e che mi vedrebbe volentieri lavorare nella chiesetta di S. Marinella, e che concede volentieri che le suore ottengano questa chiesetta dal Principe Ginnetti: in tutti i casi, V. Rev.ma la prego per la Vergine Immacolata del Carmine, non mi neghi questa grazia, perché Essa la compenserà. S. E., che in questi giorni si mostra altrettanto benigno, vorrebbe tanto volentieri parlare con qualcheduno inviato dalla S. V. per aggiustare la guida spirituale della suore di S. Marinella. [Poche righe possono salvare le suore: il Cardinale stesso mi ha detto come si potrebbe fare.
Vi è necessità anche per l'onore del abito sacerdotale e religioso, che si possa celebrare e confessare di nuovo, è necessario, credo per il mio onore di prete, altrimenti tutti crederanno che ci sia un

---

[171] ACVPSR, Lt di PL al Card. Boggiani, Roma 25 novembre 1929.

prete indegno. Consideri, Rev. Padre 4 anni di lavoro di pene e di sacrifici, come forse nessuno del Collegio potrà sognare ed ora che sono sul punto di vederli coronati, le voci fanno di tutto e V. P. vorrebbe strapparmi da quella famiglia spirituale che Dio stesso ha voluto darci? Umilmente la prego di cedere a questa mia istanza, perché lei mi ha promesso di aiutare me e le mie suore e ora è il momento propizio: il suo onore è salvo e avrà immensi meriti davanti a Dio perché quest'opera non è mia ma di colui che ispira come meglio crede.
Il Cardinale ha fatto capire che non è una riparazione ma solamente per trattare da buon frate, perché le ha ripetuto; io sono anche un povero frate. Se poi non volesse inviare nessuno, potrebbe V. P. inviare due righe semplicissime dicendo p. e. di dimenticare il passato come un equivoco e di voler concedere a Padre Lorenzo di amministrare i Sacramenti alle suore di S. Marinella. In appresso si fa la domanda alla Congregazione, questa non per lui, ma per qualche prete intrigante che potrebbe fare del male. Il Cardinale l'appoggerà, rimanendo io sempre suddito nel Collegio e continuando le mie lezioni come per il passato.
R. P. lo faccia per la gloria del Carmelo. La lotta che io ho avuto ha dimostrato che io non ho dato scandalo, ma che ho lavorato facendo onore al mio abito carmelitano. Aggiungo che queste suore potranno aiutarmi con vocazioni anche maschili"[172].

Nell'abbozzo di questa lettera P. Lorenzo ha scritto: "Per tutta risposta, il Generale disse al Proc. P. Antonino: il Padre Lorenzo pensi a secolarizzarsi!"[173].

7.1 La secolarizzazione

Lo scenario del ritorno di P. Lorenzo a S. Marinella è descritta da una suora in questi termini: "Tornò P. Lorenzo con l'abito di sacerdote diocesano: ci sembrava più anziano e soffriva tantissimo"[174].

P. Lorenzo si rivolge al Santo Padre. Posteriormente a una descrizione del vissuto di 4 anni a S. Marinella (1925-1929) con il permesso dei Superiori dell'Ordine di iniziare una Congregazione, si trova in difficoltà perché è stato richiamato a Roma. Descrive la difficoltà del gruppo per ottenere l'approvazione:

---

[172] AP, Lt PL al P. Generale Elia Magennis, Roma 30 novembre 1929.
[173] Ibid.
[174] AP, C.P., vol XIII, p. 2352.

"Il Card. Vescovo dichiara di non poter procedere questo atto con quella dovuta sollecitudine che richiederebbe lo stato di questa Congregazione di Suore, che si è già estesa ad altri tre luoghi, per la mancanza di persona ecclesiastica che possa e che voglia coadiuvare dette Suore nella necessaria sistemazione anche temporale del loro stato. Perciò il sottoscritto che da quattro anni ha iniziato quest'opera e che si troverebbe per le sue referenze in stato di poterla continuare e di condurla alla fine, supplica V. Santità a volergli benignamente concedere la facoltà di rimanere fuori di convento in S. Marinella per due anni"[175].

In data 28 dicembre 1929 P. Lorenzo ha chiesto la secolarizzazione, avendo saputo che non gli verrà concessa l'esclaustrazione per due anni come aveva chiesto.

Il Vicario Generale Mons. Martinelli a nome del Vescovo di Porto e S. Rufina si rivolge alla S. C. dei Religiosi in questi termini:

"Attesa la conoscenza che questa Curia ha dello zelo e delle buone qualità del R. P. Lorenzo v. d. Eerenbeemt dei Carmelitani Calzati, e considerata la ragionevolezza del motivo che lo muove a chiedere la secolarizzazione, l'E.mo Card. Vescovo della Diocesi Suburbicaria di Porto e S. Rufina, dichiara con questa presente che Egli è disposto ad accettare nella sua Diocesi il predetto P. Lorenzo v. d. Eerenbeemt nel caso che egli ottenga la secolarizzazione"[176].

7.1.1 I motivi e gli interrogativi dei Superiori dell'Ordine

Nell'allegato pro-memoria del Procuratore generale, P. Antonino Franco[177], alla richiesta fatta da P. Lorenzo, troviamo la motivazione data

---

[175] AGOC, Lt PL al Santo Padre, Roma 10 dicembre 1929.
[176] ACVPSR, Lt Mons. Martinelli alla S.C. dei Religiosi, Roma 27 dicembre 1929.
[177] Antonino Franco, nato ad Erice (Trapani) il 30 settembre 1886, entrò nell'Ordine nel 1904 e compì il noviziato in Toma presso il Collegio Internazionale S. Alberto. Emise la professione semplice nel 1905 e quella solenne nel 1908. Compiuti gli studi filosofici e teologici, conseguì nel 1910 il dottorato in teologia alla Pontificia Università Gregoriana e, nello stesso anno, fu ordinato sacerdote. Ricoprì vari incarichi: prefetto degli studenti, priore del Collegio Internazionale, insegnante di Teologia fondamentale dal 1920 al 1938 nello Studium Generale. Fu segretario e socio del priore generale Elia Magennis, svolgendo tali funzioni con intelligenza e fedeltà. Nel 1923 venne nominato da Pio XI consultore della Congregazione dei Riti. Fondatore nel 1915 de *"Il Monte Carmelo"*, diresse il periodico per circa trent'anni rendendolo un efficace mezzo di comunicazione, collegamento e formazione di tutti i membri della famiglia carmelitana in Italia, con particolare attenzione ai Terziari. Nominato Procuratore generale nel Capitolo generale del 1925, svolse l'ufficio fino al-

dai Superiori per non concedere l'esclaustrazione e si intravedono gli interrogativi che popolano il loro immaginario.

Alla lettera di P. Lorenzo è allegata un promemoria del Procuratore generale che espone quanto segue:

> "Il motivo per cui i Superiori sono contrari alla sua esclaustrazione è questo: in virtù del can. 639 chi ottiene l'indulto di esclaustrazione rimane in certo modo vincolato all'Ordine. E l'Ordine, dal momento che P. Lorenzo vuole uscirne, non può prendere nessuna responsabilità.
> Quanto alla secolarizzazione, sia P. Generale e la Curia Generalizia sia il P. Provinciale della Provincia d'Olanda, alla quale il P. Lorenzo appartiene, sono parimenti contrari:
> 1. Perché il P. Lorenzo dice di avere vocazione religiosa, e domanda la secolarizzazione solo per non lasciare prive di assistenza religiosa le Suore. Se è così – permettendolo l'E. mo Card. Vescovo di Porto e S. Rufina – egli potrebbe recarsi a S. Marinella due o tre volte la settimana, compresi i giorni festivi, per la Messa, Confessioni e funzioni religiose, ritornando la sera a Roma. Ciò fino a quando la Curia Vescovile non potrà disporre di un Sacerdote libero; poiché le Suore che devono aver denaro se hanno potuto fabbricare una grande casa, e che certamente sarebbero disposte a mantenere P. Lorenzo se ottenesse la secolarizzazione, potrebbero anche pagare lo stipendio a un Sacerdote secolare che prestasse loro l'assistenza religiosa, andando anche ogni giorno a Roma. Quanto alla sistemazione dello stato temporale delle Suore, P. Lorenzo potrebbe continuare a coadiuvarle, purché ciò non pregiudichi le sue condizioni di Religioso.
> 2. Il secondo motivo per cui i Superiori non possono aderire alla domanda di P. Lorenzo, è il fatto che la sua secolarizzazione tornerebbe di grave danno all'Ordine, essendo egli professore in questo Collegio ed anche Esaminatore del Clero Romano"[178].

Gli interrogativi che emergono dal promemoria di fr. Antonino Franco, per chi ha fatto il percorso della nascente Istituzione aiutano a capire gli equivoci dei Superiori dell'Ordine: P. Franco contesta P. Loren-

---

la morte avvenuta l'8 dicembre 1944. Durante la seconda guerra mondiale, il Priore generale, assente da Roma, lo delegava a suo Vicario. In: *Analecta Ordinis Carmelitarum*, Roma 1943-1945 (12) pp. 223-224.

[178] AGOC, Lt del Proc. gen. fr. Antonino Franco al Card. Prefetto della Congregazione dei Religiosi, Roma 28 gennaio 1930.

zo che afferma che nel 1925 "ebbe il permesso dal P. Generale dell'Ordine di iniziare una Congregazione di Suore Terziarie Carmelitane a S. Marinella"; affermando: "Ciò è semplicemente falso". Al riguardo del permesso la contraddizione appare chiara dall'informazione che abbiamo dal Card. Boggiani che risponde alla S. C. dei Religiosi dicendo: "in mio possesso un documento originale firmato dal P. Generale fr. Elia Magennis in data 28 marzo 1925, indirizzato al P. Lorenzo, e di questo tenore:

> "Avendo sentito il suo progetto, benediciamo P. Lorenzo van den Eerenbeemt e gli permettiamo volentieri di occuparsi della fondazione di un Terz'Ordine Carmelitano Missionario". pure presso di me un altro Documento originale dello stesso P. Generale P. Magennis e da lui firmato in data 3 giugno 1925 con cui permette "libenter" al detto P. Lorenzo di fermarsi a S. Marinella per tutte le vacanze – dal luglio a novembre – per dirigere le dette Suore"[179].

Continua P. Franco nel promemoria:

> "Le Suore di cui si parla nell'esposto esistevano molto tempo prima, essendo state istituite in Sicilia da Mons. Blandini Vescovo di Noto. Esse dimorarono fin da principio nella città di Modica, non so per quale motivo nel 1925 da Modica si trasferirono a S. Marinella. È assurdo perciò affermare che il P. Lorenzo abbia avuto dal P. Generale la facoltà di iniziare una Congregazione che già esisteva".

P. Franco, pur essendo originario della Regione Siciliana, non sapeva che il gruppo era semplicemente una associazione di pie donne che desideravano l'abito carmelitano e lottavano per ottenere l'approvazione diocesana, però senza esito sia da Mons. Blandini, sia pure dal Mons. Vizzini suo successore (1910-1925). E esprime il pensiero del Generale:

> "Il P. Generale non ha avuto mai intenzione di iniziare nuove Congregazioni di Terziarie, anche perché ce ne sono troppe. Né si comprende come mai P. Lorenzo per avere tale facoltà si sia rivolto al P. Generale, mentre avrebbe dovuto rivolgersi al Vescovo Diocesano. Si noti poi che il Cardinale Vico, pur avendo permesso a voce la permanenza delle Suore nella sua Diocesi non volle mai rilasciare alcun documento né di proroga, né di approvazione. [...]. Passati sei mesi di arbitraria esclaustrazione, P. Lorenzo, considerando che la sua posizione era irregolare, nulla lasciò intentato perché i Superiori dell'Ordini fondassero una casa sia pure non formata, a S. Mari-

---

[179] ACVPSR, Lt Card. Boggiani alla S. C. dei Religiosi, Roma 9 febbraio 1930.

nella o una villeggiatura per i chierici di questo Collegio. Ciò al solo scopo di poter stabilire la sua posizione giuridica. Ma i Superiori non poterono mai acconsentire ai suoi progetti, perché svantaggiosi per l'Ordine. [...]. P. Lorenzo si diede tutto al servizio delle Suore, delle quali pretende essere fondatore insieme alla Superiora. Si interessò perciò anche dei loro affari temporali, cercò di ottenere sussidi presso le autorità, si fece iniziatore di sottoscrizioni, si sottopose a continui viaggi da S. Marinella a Roma cercando presso le famiglie private lavoro per le Suore. Più volte lo si vedeva per le vie di Roma con fagotti abbastanza grossi in braccio, tanto che coloro che lo conoscono lo chiamavano il "fattore delle Suore". Tutto ciò non saprei quanto possa essere dignitoso per un sacerdote che occupa in Roma l'ufficio di Esaminatore del Clero e di professore. [...]. Che se, per il suo richiamo, le Suore restarono prive dell'assistenza spirituale, la colpa non è certamente dei Superiori dell'Ordine ma di P. Lorenzo, che non avrebbe dovuto eccedere, ma limitarsi a prestare alle Suore e al popolo di S. Marinella solo quella assistenza che non era contraria alle sue condizioni di Religioso"[180].

Vogliamo sottolineare che i Vescovi infatti non avevano alcun interesse a moltiplicare i numeri delle Congregazioni. P. Lorenzo, intanto, voleva una Congregazione diversa, cioè, voleva dare un'impronta missionaria che non era molto comune all'epoca, soprattutto nel ramo femminile. I progetti presentati da P. Lorenzo non sono stati compresi né dal Superiore generale né dal Consiglio che non hanno rilevato lo spirito della proposta. Pur essendo un gruppo culturalmente povero, P. Lorenzo alimentava speranza di poter riuscire ad ottenere l'approvazione diocesana e conciliare contemporaneamente l'obbligo religioso di carmelitano e l'assistenza spirituale alle suore.

7.1.2 Incardinazione nella Diocesi di Porto e S. Rufina

Il Card. Boggiani riceve la lettera del Card. La Puma, Prefetto della Congregazione dei Religiosi con il nulla osta per l'avvio del processo di secolarizzazione[181].

Il Card. Boggiani espone quanto segue alla S. C. dei Religiosi:

---

[180] AGOC, Promemoria di fr. Antonino Franco alla S. C. dei Religiosi, Roma 28 gennaio 1930.
[181] Cf. ACVPSR, Lt Card. La Puma Prefetto S. C. dei Religiosi al Card. Boggiani, Roma 3 febbraio 1930.

"Come ho già dichiarato, dichiaro di nuovo, che se il P. Lorenzo ottiene la secolarizzazione, io sono disposto ad accettarlo ben volentieri e ad incardinarlo subito in questa mia diocesi, perché giudico legittimo e più che giusto il motivo che lo indusse a chiedere la secolarizzazione. Non accetto che egli, rimanendo religioso, si rechi solo periodicamente a S. Marinella per assistere delle Suore, come proporrebbe il P. Procuratore fr. Antonino Franco. [...]. Intanto io ho in diocesi una Congregazione religiosa di una quarantina di persone, 30 religiose e 20 più bambine ricoverate, radunate per opera di P. Lorenzo, e da lui assistite e dirette per oltre 4 anni, con il permesso scritto del suo Superiore Generale, non ancora regolarmente sistemate, né quanto allo spirituale né quanto al temporale, e che non potranno certamente sistemarsi senza l'opera assidua di chi, col permesso del Superiore, le radunò, fondò la Congregazione e le diresse per 4 anni. [...]. Noto infine che P. Lorenzo è un ottimo religioso da tutti stimatissimo, e che quantunque il suo nome van den Eerenbeemt sia olandese, perché di padre olandese (venendo a Roma nel 1870 con la legione straniera a difesa del Papa), egli è però nato a Roma e battezzato in S. Giovanni dei Fiorentini"[182].

Il Cardinale Boggiani rende pubblico il Decreto ricevuto dalla Sede apostolica attraverso il rescritto della S. C. dei Religiosi in data 18 febbraio 1930, concedendo a P. Lorenzo van den Eerenbeemt, Ord. Carm. indulto di secolarizzazione incardinandolo alla sua Diocesi[183].

P. Lorenzo ha emesso il prescritto giuramento davanti a Mons. Luigi Martinelli, Vicario della Diocesi, dall'E.mo Card. Vescovo a ciò delegato e alla presenza dei sottoscritti testimonianze[184].

I Superiori dell'Ordine ebbero comunicazione da Mons. Martinelli con l'invio del Decreto esecutoriale del Rescritto del 18 febbraio, n. 8239/29 della S. C. dei Religiosi, concedente l'indulto di secolarizzazione al Rev.do P. Lorenzo van den Eerenbeemt, incardinandolo nella Diocesi[185].

---

[182] ACVPSR, Lt Card. Boggiani alla S. C. dei Religiosi, Roma 9 febbraio 1930.
[183] Cf. ACVPSR, Decretum - Card. Boggiani, Roma 21 febbraio 1930.
[184] Cf. ACVPSR, Giuramento fatto da P. Lorenzo per l'incardinazione. Curia Vescovile 21 febbraio 1930.
[185] ACVPSR, Lt Mons. Martinelli al P. Generale dell'Ordine, Roma 22 febbraio 1930.

IV

IL FONDATORE, L'IDENTITÀ CARISMATICA, EQUIVOCI DI PERCORSO

1. Conduzione dell'iter per l'approvazione diocesana e le disposizioni formali del Card. Boggiani

Rivolgendo il nostro sguardo al periodo della grande prova che Padre Lorenzo e le Suore hanno affrontato nel 1929 in Santa Marinella, dopo quattro anni di arduo lavoro per lanciare le fondamenta del Carmelo Missionario con i primi segni di espansione del gruppo, nell'imminenza della sua totale distruzione, possiamo capire la strategia usata da P. Lorenzo per non essere obbligato a lasciare l'Ordine Carmelitano, un atto che non rientrava neppure da lontano nel suo pensiero.

P. Lorenzo ha usato tutti i mezzi leciti possibili e immaginabili per avere l'approvazione diocesana dell'Istituto delle Suore, un riconoscimento ufficiale che potesse dargli la sicurezza di aver garantito anche formalmente la continuità dell'opera iniziata, come pure l'espansione della Congregazione. L'esaudimento della supplica purtroppo non è avvenuto come abbiamo visto nel capitolo precedente.

Nel discorso rivolto al Card. Tisserant nel 1964 durante la Celebrazione eucaristica di ringraziamento, P. Lorenzo ringrazia il Signore per il dono del *Decretum Laudis* alla Congregazione nell'ottobre 1963 e ricorda le sofferenze da cui è stato colpito all'inizio della vita dell'Istituto. Il che ci permette di intravedere la dimensione della prova: "Intanto si era dato ai suoi antichi studi babilonesi[1] per quietare lo spirito profondamente ferito"[2].

---

[1] P. Lorenzo si riferisce all'opera *Codex Hamurabi*.

[2] AP, Abbozzo del Discorso tenuto da P. Lorenzo in occasione della nomina a Protettore della Congregazione di. S. Teresa del Bambino Gesù di Sua E. il Card. Eugenio Tisserant, Cappella della Casa Generalizia in S. Marinella, S. Marinella 19 Aprile 1964. Chi ha fatto l'esperienza di questo genere di prova può capire la profondità della sofferenza da cui venne colpito padre Lorenzo, perché la comunanza nel penare crea una sensibilità prima sconosciuta e mette allo scoperto certe "corde" che vengono fatte vibrare solo da chi ha sperimentato un dolore almeno simile.

Tornando indietro nel tempo vediamo P. Lorenzo, richiamato dall'Ordine a Roma nel luglio 1929[3], fino a febbraio 1930[4] quando avviene la sua incardinazione nella Diocesi, egli segue da lontano le Suore, preparando la richiesta per l'approvazione dell'Istituto. Egli si rivolge al Card. Boggiani per assicurare che l'opera non sarà abbandonata e che, pur restando un po' lontano dalle Suore, le avrebbe comunque seguite. Secondo lui il quadro dell'Istituto nel suo insieme, cioè lo stato personale ed economico e le opere, offriva già una credibilità sufficiente per ottenere il riconoscimento ufficiale e perciò egli si fa protagonista della fondazione dell'Istituto.

Nell'esposto presentato il 21 luglio 1929 dice:

"L'Istituto delle Terziarie Carmelitane Missionarie fu fondato da Padre Lorenzo Cristiano van den Eerenbeemt, dei Carmelitani dell'A.O., con permesso esplicito del Rev.mo Padre Generale Elia Magennis – e di S. E. il Cardinale Vico il 3 luglio 1925.[...]. Il fine di quest'Istituto è di realizzare l'ideale di S. Teresa del Bambin Gesù – cioè di un Terz'Ordine (fem.) Carmelitano, il cui principale scopo sarebbe costituito dalle Missioni. Fine secondario l'educazione della gioventù, specialmente la più abbandonata. [...]. Il numero delle Suore, novizie e probande è arrivato in questi pochi anni a 40. [...] l'Istituto possiede quasi sei mila metri quadrati di terreno, con una bella e grande casa, ampi dormitori per le Suore e per le bambine ed una piccola casa separata, vicino alla Chiesa per il Sacerdote, il tutto per un valore di circa £300.000"[5].

Padre Lorenzo umilmente domanda al nuovo Ordinario del luogo, S. E. il Card. Boggiani, l'approvazione ufficiale dell'Istituto affinché esso possa tranquillamente svolgere la sua attività anche in altre Diocesi a favore specialmente dell'infanzia e della gioventù ed accogliere le molte vocazioni che si presentano per questo Istituto dedicato alla gloriosa Piccola Teresa che il Sommo Pontefice, felicemente regnante, ha voluto dichiarare Patrona e speciale Protettrice dei Missionari[6].

Per rafforzare la richiesta P. Lorenzo chiede la mediazione del Senatore del Regno, Edmondo Sanjust. Il Senatore del Regno Sanjust si rivolge al Card. Boggiani perorando per la definitiva approvazione del-

---

[3] Cf. ACVPSF, Lt di fr. Elia Magennis a S. E. Card. Boggiani, Roma 7 agosto 1929.
[4] ACVPSF, Decreto esecutoriale del Card. Boggiani per l'incardinazione di P. Lorenzo alla Diocesi di Porto S. Rufina, Roma 21 febbraio 1930.
[5] ACVPSR, P. Lorenzo al Card. Boggiani, S. Marinella 21 luglio 1929. In Appendice 4.1.
[6] Ibid.

l'Istituto fondato da P. Lorenzo e chiedendogli inoltre di accontentare il povero e zelante religioso[7].

Nel mese di settembre 1929, P. Lorenzo prepara un esposto più minuzioso con l'elenco delle case, delle Suore professe, delle novizie e delle postulanti, delle opere, dello stato economico con la descrizione dei registri esistenti, facendo firmare l'esposto alle Suore che fanno parte del Consiglio: sr Crocifissa Curcio, sr Maddalena Giunta, sr Concezione Sudano e sr M. Rosa Picciotta. Allega all'esposto una lettera in questi termini:

> "Nella persuasione di fare all'E. V. cosa gradita, prostrato al bacio della s. porpora, mi provo a esporle una relazione sull'opera finora svolta da l'Istituto missionario di S. Teresa del B. Gesù nella casa di S. Marinella e nelle case dipendenti da questa fin dal giugno 1925 quando S. E. Card. Vico si degnava di approvare *ad esperimentum* l'Istituto Missionario da me fondato con la cooperazione di Sr. Maria Crocifissa Curcio"[8].

La preoccupazione che affliggeva P. Lorenzo era che fino ad allora non aveva ottenuto l'approvazione dell'Istituto per cui la Curcio aveva lottato in Sicilia per 15 anni e ciò poteva disorientare e portare allo sfacelo delle Comunità, rendendo impossibile gli ideali che avevano condiviso già da quattro anni a S. Marinella. Egli non poteva permettersi di "giocare" con le "cose sacre" tanto più con l'immagine di Dio rappresentata da tutte le persone e soprattutto da persone scelte e chiamate per nome da Lui. Il Dio in cui egli credeva non avrebbe mai permesso diversamente. Con cuore profondamente amareggiato come dice egli stesso al Card. Boggiani per non essere stato capace di ricondurre le anime dei suoi Superiori a quel sentimento di una giusta e cristiana pacificazione, P. Lorenzo alla fine di novembre del 1929 fa una dichiarazione allo stesso Cardinale: "il sottoscritto, con la presente intendo indicare a V. E., i sentimenti di fedeltà verso l'opera iniziata, essendo pronto a qualsiasi sacrificio – rimanendo però intangibili il suo stato ed i suoi diritti di religioso"[9].

Il 9 febbraio 1930 il Cardinale aveva messo al corrente il Card. Prefetto della S.C. dei Religiosi dicendo:

> "Intanto io ho in diocesi una Congregazione religiosa di una quarantina di persone, 30 religiose e 20 bambine ricoverate, radunate

---

[7] Cf. ACVPSR, Senatore del Regno Edmondo Sanjust al Card. Boggiani, Roma 29 luglio 1929.

[8] ACVPSR, Relazione dettagliata sull'Istituto, Santa Marinella 8 settembre 1929.

[9] ACVPSF, Lt P. Lorenzo al Card. Boggiani, Roma 25 novembre 1929.

per opera di P. Lorenzo, e da lui assistite e dirette per oltre 4 anni, con il permesso scritto del suo Superiore Generale, non ancora regolarmente sistemate, né quanto allo spirituale né quanto al temporale, e che non potranno certamente sistemarsi senza l'opera assidua di chi, col permesso del Superiore, le radunò, fondò la Congregazione e la diresse per 4 anni"[10].

Nel mese di marzo ufficializza la richiesta per riconoscere canonicamente l'Istituto di diritto diocesano:

"In conformità delle disposizioni del Can. 492 § 1. Il sottoscritto, avendo deliberato di concedere l'approvazione diocesana all'Istituto religioso delle Terziarie Carmelitane di S. Teresa di Bambino Gesù, fondato nella Parrocchia di S. Marinella, di questa Diocesi Suburbucaria di Porto e S. Rufina, ne informa la Santa Sede agli effetti del canone citato, ed aggiunge i dati richiesti dal Motu Proprio di Pio X, di s.m. del 19 luglio 1906: *Dei Providentis*".

Il Cardinale trascrive in sintesi l'esposto presentato da P. Lorenzo e aggiunge:

"L'istituto religioso delle Terziarie Carmelitane di S. Teresa del Bambino Gesù, fu ideato e fondato dal Rev. P. Lorenzo Cristiano van den Eerenbeemt, Carmelitano dell'Antica Osservanza, in Santa Marinella, nel 1925. [...] Il P. Lorenzo, Segretario delle Missioni Carmelitane, per la sua devozione alla nuova Santa Teresa del Bambino Gesù, ideò la fondazione di una Congregazione di Terziarie Carmelitane Missionarie, sotto la protezione della predetta Santa, e, al primo nucleo della sua fondazione, pose quelle persone che già si erano riunite in Noto per far vita religiosa.[...] Ciò esposto, chiedo a codesta S. Congregazione di poter concedere l'approvazione Diocesana al predetto Istituto"[11].

Il 13 aprile, Domenica delle Palme, 1930, la Congregazione viene eretta canonicamente di diritto diocesano dal Card. Boggiani con un Decreto:

"Viste le ripetute istanze delle Suore Terziarie Carmelitane di S. Marinella, perché Noi erigessimo in Congregazione Religiosa il loro Pio Istituto; visto il maggior bene che ne avranno le supplicanti e le opere alle quali esse attendono; visto il Rescritto della S. C. dei Religiosi del 10 aprile 1930, n. 2314/30; agli effetti del Canone 492 § 1° del Codice di D. C.; col presente Decreto erigiamo in Congre-

---

[10] ACVPSR, Lt Card. Boggiani alla S.C. dei Religiosi, Roma 9 febbraio 1930.
[11] Ibid., Roma 26 marzo 1930. In Appendice 4.2.

gazione Religiosa di diritto diocesano l'Istituto delle predette Suore Terziarie Carmelitane di S. Marinella di questa Nostra Diocesi, col titolo di SUORE TERZIARIE CARMELITANE MISSIONARIE DI S. TERESA DEL BAMBINO GESÙ"[12].

Storicamente l'erezione a Istituto di Diritto Diocesano è in relazione con la stesura e approvazione ufficiale delle Costituzioni, anche se, strettamente parlando, il riconoscimento, a livello ecclesiastico, di una famiglia religiosa non s'identifica con l'approvazione della rispettiva Regola.

Il Card. Boggiani per misura di prudenza vuole lasciare chiara la situazione di P. Lorenzo nella Diocesi e chiede alla S. C. dei Religiosi la facoltà di poter affidare a P. Lorenzo l'assistenza delle Suore, ragione per cui ha chiesto la secolarizzazione[13]. Con un Decreto il Card. Boggiani, a norma dei Canoni 385-386 e 642 § 3° e dalla facoltà concessa dalla S. Congr. Dei Religiosi, nomina Sac. Dott. D. Lorenzo Cristiano van den Eerenbeemt Esaminatore Prosinodale della Diocesi e Assistente delle Suore Carmelitane di S. Marinella[14].

2. Approvazione delle prime Costituzioni e la professione perpetua del primo gruppo

Il Vescovo della diocesi di Porto e S. Rufina, Card. Boggiani, trovando le Costituzioni conformi alle disposizioni canoniche vigenti e ritenendole atte al conseguimento del fine proposto, il 10 luglio 1930, emette il Decreto di approvazione delle Costituzioni delle Suore Carmelitane Missionarie di S. Teresa del B. Gesù, raccomandandone l'esatta osservanza[15].

Il testo delle Costituzioni del 1930, redatto da P. Lorenzo ma sottoposto alle *Normae*[16] si presenta diviso in due parti: Parte I, della natura dell'Istituto, dell'ammissione delle Suore, del metodo di vivere in esso; Parte II, del governo e degli uffici dell'Istituto. Il testo adotta una terminologia esatta e rigorosa, specialmente quanto attiene ai vocaboli come: costituzio-

---

[12] ACVPSR, Decreto di erezione in Congregazione di diritto diocesano dato dal Card. Boggiani alla Congregazione delle Suore Carmelitane Missionarie di S. Teresa del Bambino Gesù, Roma 13 aprile 1930.

[13] ACVPSR, Lt Card. Boggiani alla S.C. dei Religiosi, Roma 21 febbraio 1930.

[14] ACVPSR, Card. Boggiani, Decreto di nomina a D. Lorenzo Esaminatore Prosinodale della Diocesi e Assistente delle Suore, Roma 12 marzo 1930.

[15] AP, Card.Boggiani, Decreto, Roma 10 luglio 1930.

[16] *Normae secundum quas S. Congr. Episcoporum et Regularium procedere solet in Approbandis novis Istitutis votorum simplicium.* Si tratta dell'esemplare standard scritto in latino, al quale tutti gli istituti religiosi dovevano sottostare scrivendo le loro Costituzioni, che è quello della S. C. dei Vescovi e Regolari.

ni, congregazione religiosa, casa, suora. Come contenuti le Costituzioni contemplano: natura dell'istituto, dei voti, dei membri, modo di vita, regime, indole del noviziato, professione con una normativa dettagliata che regola anche i particolari della vita religiosa entro schemi definiti e ordinati.

Il 13 aprile 1930 il Card. Boggiani erige l'Istituto in Congregazione religiosa di diritto diocesano e il 10 luglio 1930 approva le Costituzioni. Il 23 ottobre 1930, nella Chiesa di N. S. della Vittoria in S. Marinella, per le mani del Rev.mo Mons. Luigi Martinelli, Vic. Gen. della Diocesi di Porto e S. Rufina, Delegato dall'E.mo Card. Vescovo Tommaso Pio Boggiani – previo un ritiro di otto giorni interi, a norma delle Costituzioni Cap. IX art. 56 – sono state ammesse alla Professione dei Voti Perpetui[17], le Suore sotto segnate:

1. Suor M. Crocifissa Curcio
2. Suor M. Maddalena Giunta
3. Suor M. Caterina Pisana
4. Suor M. Teresa Scodina
5. Suor M. Carmela Aroni
6. Suor M. Nazarena Quartarone
7. Suor M. Tommasina Draaisma
8. Suor M. Giuseppina Scarso
9. Suor M. Rosaria Migliore
10. Suor M. Gabriella Scodina
11. Suor M. Mercede Boi

Il giorno della professione perpetua del gruppo viene ricordata da Suor Concetta Cavallo che allora era novizia:

"Quando la Madre ha emesso i voti perpetui, si era alla fine di tutte le prove, nel 1930. Al momento di recitare la formula la Madre, per la commozione, non riusciva a pronunciarla. Il vescovo (Vicario Generale) rimase con l'Ostia elevata per tanto tempo durante l'emissione dei voti; sr. Felicita, una suora del Calvario, ossia di un'altra Congregazione, la incoraggiava"[18].

P. Lorenzo comincia la Congregazione con un gruppo in età alquanto avanzata. Infatti M. Crocifissa ha 53 anni, Maddalena Giunta 40 anni, Caterina Pisana 38, Nazarena Quarterone 42 anni mentre le altre sono ancora fra 20 e 30 anni.

---

[17] ASGC, Verbale della Professione Religiosa, firmato dalle religiose professe e dal Can. Luigi Martinelli, Vicario Generale, S. Marinella 23 ottobre 1930.
[18] P, p. 29.

3. Chi semina nelle lacrime mieterà con giubilo[19]

Il 16 luglio 1937, P. Lorenzo riceve l'omaggio per il suo 25° dell'ordinazione sacerdotale. La realtà della Congregazione nel 1937 è di 36 Professe di Voti Perpetui, 13 Professe di Voti Semplici, 7 novizie e 10 Postulanti. La Congregazione è presente a Nocera Umbra[20], Carinola[21], Capodacqua – Frosinone[22], Lovanio (Belgio)[23], Acireale[24], Cerveteri[25], Sarzeau[26] (Francia), Solarino[27], Acireale – Comunità S. Maria degli Ammalati[28], Falciano[29], Roma[30], oltre la Casa Generalizia a S. Marinella[31]. Le Suore, in versi, ricordano il grande sacrificio fatto da P. Lorenzo con la poesia intitolata:

Il Ritorno

1. Come quelle che da dolore afflitte,
   ma da speranza non abbandonate,
   stavan per Te, Signor, le derelitte
   tue vergini, da Te non secondate

2. Quante tacite pene e quanti voti
   Quanti desiri, non partivan dai cori!
   Che non a Te sebbene al mondo, ignoti!
   Ma tu ben li vedesti i lor martiri ...

---

[19] Sl 126, 5.

[20] Cf. ASGC, Eretta il 15 novembre 1926 per dirigere un orfanotrofio, laboratorio e scuola materna. È stata aperta con la presenza di P. Lorenzo e di M. Crocifissa. La casa fu chiusa nel 1928.

[21] Cf. Ibid., 20 ottobre 1927. Finalità: scuola materna e laboratorio per ragazze. Soppressa il 14 ottobre 1939.

[22] Cf. Ibid., 6 maggio 1927. Finalità: Scuola materna e laboratorio. Chiusa nel 1928.

[23] Cf. Ibid., 28 luglio 1931 con finalità di assistere gli alunni del Collegio SS.ma Trinità. Soppressa il 31 luglio 1943.

[24] Cf. Ibid., 22 agosto 1932 per dirigere i servizi di cucina e refettorio del Seminario Vescovile. Soppressa il 1949.

[25] Cf. Ibid., ottobre 1931 per dirigere scuola materna, ambulatorio, laboratorio e collaborazione parrocchiale.

[26] Cf. Ibid., 4 ottobre 1933 con finalità di prestare servizi di cucina e biancheria della chiesa. L'opera fu chiusa nel giugno 1946.

[27] Cf. Ibid., febbraio 1934 per prestare assistenza ai bambini poveri e abbandonati e scuola materna.

[28] Cf. Ibid., 16 giugno 1937 per collaborazione domestica e logistica dei ritiri spirituali per i Sacerdoti, Scuola materna. Sopressa nel 1940.

[29] Cf. Ibid., 10 maggio 1936 per mantenere Scuola materna e laboratorio di ricamo e cucito. Soppressa il 1939.

[30] Cf. Ibid., 1936 con la finalità di mantenere scuola materna, elementare, laboratorio e educandato per bambine bisognose, oltre collaborazione parrocchiale per la catechesi giovanile.

[31] Cf. ASGC, Stato Personale 1937.

3. Orsu dunque l'allieta, o dolce ovile,
   Egli già vien, e dell'afflitte Ancelle
   L'amato Sposo, dolce cor e umile,
   viene a portar per restar con elle.

4. Eccolo già viene, il Padre amato
   Pallido il volto languido lo sguardo,
   da indicibile dolor molt'affannato,
   tal che al camminar sembra più tardo.

5. Ecco già vien, come vincitore
   Che dalle sanguinanti piaghe vinto
   Ma non pur già vinto nell'ardore,
   Ecco già viene, ma non di saio cinto ...

6. Oh! Dolce saio! Ahi quanti sospiri
   Della bell'età! Te desiava il core
   Dell'ebbrezza del mondo e dei deliri
   Dispregiator, bramando il santo Amor.

7. Ma ... no ... Tacito lo sguardo Ti gira
   E di vivida gioia l'occhio brilla:
   delle figlie dilette il drappel mira,
   tal che tacita lacrima scintilla.

8. Per voi, il dovere ha vinto l'amore,
   per voi, figlie tanto a lui gradite,
   per voi la rinuncia del suo core,
   per voi, tante lotte sì patite.

9. Ahi vergini sorelle, qual saria
   Aspro vostro vagar e lungo stato,
   se cotanto eroe il cinto d'Elia
   non avia, malgrado suo, lasciato?

10. Dilette bimbe, chi saria stato
    Padre per voi d'amore e di bontate?
    O tu santa rinuncia, ch'ai donato
    Al nostro cor sì grande santitate!

11. O tu rinuncia santa dall'Eterno
    Voluta e comandata, quante liete
    Da te liberate anime d'inferno
    Cantan per te a Dio lor gioie segrete.

12. O Padre, si amato, deh! Ormai muta
    Il viso di tristezza e dolor pieno,

ch'è il cor donato hai, saluta
con dolce riso lor gaudio sereno.

13. Che se perdut'hai il saio carmelita
Il cor non l'hai anzi la Vergin del cielo,
amor tuo santo, in ciò ti porge aita
che le figlie moltiplichi al Carmelo.

14. Di vergin spose, d'anime innocenti
S'alza la prece a te, Signore santo,
per lui, te, Signor, preghiamo ardenti,
aiuta lui, ch'ha patito tanto.

L'omaggio al P. Lorenzo esprime il vero sentimento del gruppo delle Suore verso il Padre che ha accettato il sacrificio per dare vita alla Congregazione. Le Suore non solo sono state solidali al dolore del Padre, ma sono riuscite a capire il significato e la dimensione del sacrificio: P. Lorenzo ha dovuto spogliarsi, dell'abito carmelitano, dell'identità carmelitana che è diventata propria dal momento che ha compiuto l'alleanza con il Signore.

Il gesto di Padre Lorenzo, capace di affrontare la sfida del sacrificio dimostrandosi che è capace di "dare la vita per gli amici"[32], viene riconosciuto dalle Suore che, nella fede, lo vedono assimilato allo stesso sacrificio redentore di Gesù, che ha dato la vita per portare vita a tutti gli uomini. Le Suore esprimono la loro gratitudine e rendono grazie all'amabile disposizione della divina Provvidenza e non temono di dire che "con il ritorno del Padre, venne in questa pia casa Gesù, Gesù per la prima volta benedisse ed accettò i vostri dolori e le vostre pene"[33].

Le Suore vivono in una intensa sinergia con il loro padre e cercano di ricompensarlo con la fierezza della loro spiritualità e delle opere che sono alimentate dalla testimonianza del sacrificio di P. Lorenzo. Incoraggiano P. Lorenzo dicendo: "L'ora dei dolori e della prova è terminata, la vostra Opera benefica si stende oltre i confini della bella Italia e ovunque reca l'inebriante profumo di una vita pura e santa in un mondo sensuale e miscredente".

Alle Suore è chiaro che il sacrificio ch'è stato consumato per dare vita alla Congregazione, P. Lorenzo lo ha fatto per lo stesso Signore Gesù. Passiamo al discorso preparato da una Suora a nome di tutte e rivol-

---

[32] Cf. Gv 15, 13.
[33] AP, Doc. senza firma: Omaggio 25° anniversario dell'Ordinazione Sacerdotale, S. Marinella 16 luglio 1937.

to al Padre che celebrava il suo 25° di ordinazione sacerdotale. Questo discorso esprime il sentimento di riconoscenza da parte di tutte le Suore:

> "Tornare colla memoria al tempo passato alcune volte è superfluo, alcune volte è utile, alcune volte è doveroso perché noi siamo proclivi a dimenticare o anche a non apprezzare giustamente i sacrifici e le lacrime delle persone che si sono sacrificate per noi o che per noi hanno tutto abbandonato. Commemorando quindi questa sera il ritorno del Padre Lorenzo volgiamo uno sguardo ai tempi così procellosi che hanno preparato nel dolore e nelle lacrime un'opera così rigogliosa, così divinamente utile alla Chiesa e alla società civile. Tutte le opere sante, tutte le opere buone devono trovare ostacoli, inciampi proprio lì dove non dovrebbero essere, quindi in questa lotta aperta ed estenuante noi non vi scorgeremo la malvagità umana o un sentimento gretto d'invidia o di bassezza ma l'amorevole guida della divina provvidenza che tutto sapientemente preordina e amorevolmente e fortemente dirige al proprio fine. Passerò perciò sotto silenzio, o Suore, le vostre ambasce, il dolore che attanagliava le vostre anime, l'abbandono in cui eravate lasciate, che in alcuni momenti, forse, vi fece dubitare della consistenza dell'Istituto a cui avevate dato il nome ed il cuore. Ora quei giorni sono passati, e se qualche cosa esiste in voi è certamente un sentimento di perdono per coloro che vi hanno recato del male. Perdonateli generosamente perché essi sono stati i ciechi strumenti di cui il Signore si è servito per farvi gustare la gioia di questo giorno radioso. La natura tutta partecipò a questa intima letizia di cuore vestendosi di verde e profumandosi di fiori. Il Padre buono ritornò. Eccolo viene, accasciato sotto un fardello inenarrabile di dolori, di ignominie, di lotte, di disprezzi, quasi come un recluso. Quelle amabili pupille portano le tracce recenti di lacrime, su quel volto emaciato e triste si legge l'intera storia delle intime lotte a cui la sua anima sensibilissima e squisitamente religiosa ha dovuto sottostare, il cuore sembra che non ha più palpiti; essi tutti sono restati nel Carmelo. Ha impresso l'ultimo bacio su quel saio benedetto, che è costretto a deporre, l'irrora di lacrime. La porta con un sinistro cigolio si chiude dietro le sue spalle: tutto finito. Ormai il supremo sacrificio è consumato e con questo atto di abnegazione e di amore ha acquistato la vostra vera paternità per cui in un modo tutto spirituale ma innegabile da quel momento è il vostro padre amoroso, il difensore ardente, il fratello buono, l'amico sincero. I vostri cuori sensibilissimi in uno sguardo compresero tutte le intime lotte sostenute e circondarono perciò di un affetto ancora più tenero la sua persona e la sua opera. Amabile disposizione della divina Provvidenza! Con il ritorno del Padre, venne in questa pia casa Gesù; Gesù per la prima volta benedisse ed accettò i vostri dolori e le vostre pene. L'ora dei dolori e della prova è terminata, la

vostra Opera benefica si stende oltre i confini della bella Italia e ovunque reca l'inebriante profumo di una vita pura e santa in un mondo sensuale e miscredente. Permettetemi perciò una espressione sincera e verace: Era necessaria una vittima pura, una vittima santa, provata nel dolore e nel dispregio, una vittima che rinunziasse a tutto: alla gloria, agli onori, agli agi, per immolarsi completamente a Gesù. Padre, il vostro sacrificio immenso, eternamente farà sanguinare il vostro cuore ma esso è stato il sostegno, la difesa di un'opera santa che indubbiamente è destinata a portare i frutti salutari di vita eterna"[34].

Riportiamo tutto il suo contenuto, per sapere chi è stato P. Lorenzo per le prime Suore che hanno vissuto questa esperienza e che cominciavano la vita religiosa nella Congregazione. Sottolineiamo alcuni punti rilevati dalle Suore come la loro profonda riconoscenza; vogliono ricompensarlo con il meglio di loro stesse; egli non porterà l'abito carmelitano, ma renderà possibile a tante Suore di portarlo; il gesto di sacrificio compiuto dal Padre è per loro la prova massima di amore, un sì difficile, il riscatto che gli è costato la sua paternità, diventando d'ora in poi il padre amoroso, il difensore ardente, il fratello buono, l'amico sincero.

Il sacrificio fatto da P. Lorenzo per dare vita alla Congregazione ricordato dalle Suore nel 1937, è ancora molto più espressivo nel ricordo che lui stesso fa nel 1964, durante la Celebrazione solenne avvenuta nella Cappella della Casa Generalizia con la presenza del Cardinale Tisserant nominato dal Papa Paolo VI, Protettore della Congregazione.

Questa cerimonia viene registrata nel quaderno degli Appunti intimi di P. Lorenzo:

"La nostra Congregazione ha per protettore lo stesso nostro Card. Tisserant. Si dice che d'ora in poi non si avranno più questi protettorati, perché vi è la S. Congregazione dei Religiosi, che ha questo scopo di salvaguardare i diritti e difendere le Congregazioni che sono sotto la sua protezione. Il P. Lorenzo in questa occasione ha ricordato tutti: Cardinali, Superiori delle Suore, S. E. il Cardinale Vico, quindi Card. Boggiani, Mons. Martineli e infine il Card. Tisserant, tutti benevoli alla Congregazione"[35].

Nel discorso fatto P. Lorenzo rileva quello che ha significato nella sua vita quella grande prova:

---

[34] Ibid.
[35] AP, Ms b, p. 50.

"Ma qui una pausa dolorosissima, che solo il Signore sa di quali amarezze, sotto tutti gli aspetti. Colui che vi narra queste difficoltà, nel Collegio S. Alberto si era dato ai suoi antichi studi babilonesi[36] per quietare lo spirito profondamente ferito. La Congregazione deve eterna gratitudine a Sua Santità il Papa Pio undecimo, che per mezzo di S. E. il Cardinale Boggiani indicò ciò che lo scrittore di queste righe doveva fare per continuare l'opera dedicata alla Santa di quel tempo, Santa Teresina, lasciando con sommo dispiacere l'abito a Lui caro, si aggregò agli altri Parroci e Sacerdoti della Diocesi. Ricordi cari del passato sono: la Vergine del Carmelo, S. Teresina, ma a lui rimase il nome di Padre Lorenzo"[37].

3.1 Nell'immaginario solidale delle Suore

Riportiamo qualche esempio che ci permette di intravedere le Suore che sono riuscite a capire la situazione e le conseguenze se P. Lorenzo non avesse fatto questo passo e cioè: "quando il Padre Lorenzo è dovuto uscire dell'Ordine Carmelitano, quando eravamo povere di tutto, agli inizi e non si sapeva come sarebbe andata a finire la nostra famigliola carmelitana"[38].

Sr Carmelina testimonia:

"Con quanto eroismo l'ho visto soffrire nel 1932 (1930), per le lotte con il suo Ordine, per rimanere ad assistere la nostra fondazione. Quando in silenzio aveva subito un rimprovero dal P. Generale, lo vidi tornare a casa bianco in viso, silenzioso ed oppresso ... sono sofferenze da non potersi descrivere e sostenere se non con eroismo"[39].

Il primo nucleo fondazionale della Congregazione ha vissuto e sofferto ogni sorta di sfida dei primi tempi insieme a P. Lorenzo. La testimone ha sperimentato il dolore di P. Lorenzo di questa prova negli anni successivi: "Di questo P. Lorenzo soffrì molto , tanto che, tutte le volte che vedeva piangere noi suore a causa di un trasferimento, ci diceva gli occhi pieni di lacrime: "Considerate allora me, che ho dovuto abbandonare l'abito e l'Ordine"[40].

---

[36] AP, P. Lorenzo si riferisce come già notato, all'opera *Codex Hamurabi*.
[37] AP, Abbozzo del Discorso tenuto da P. Lorenzo in occasione della nomina a Protettore della Congregazione di. S. Teresa del Bambino Gesù di Sua E. il Card. Eugenio Tisserant, Cappella della Casa Generalizia in S. Marinella, Aprile 1964. In Appendice 4.3.
[38] P, p. 195.
[39] AP, Test. f. m., CARMELINA IROIDE (senza data).
[40] Ibid.

3.2 *La sofferenza di P. Lorenzo coinvolge i suoi confratelli*

Per P. Lorenzo, l'obbligo di abbandonare l'Ordine, fu una soluzione atrocemente sofferta ma che comunque non lasciò adito da parte sua a malanimo o rancori di sorta verso l'Ordine e i Superiori. Ne furono testimoni soprattutto alcuni fra i suoi confratelli di allora:

"Circa l'esclaustrazione di P. Lorenzo, mi trovavo un giorno in refettorio e sentivo una certa animazione tra P. Lorenzo e P. Antonino Franco, mi pare che si fosse intorno agli anni 1929-1930. Secondo me entrambi avevano ragione perché P. Lorenzo sosteneva giustamente le ragazze che dovevano entrare nella congregazione; P. Antonino opponeva alcune difficoltà che però, io non so bene, anche perché ero presente ma non parte interessata al discorso. Comunque P. Antonino credo difendesse le ragioni dell'Ordine. Ad un certo punto sentii P. Lorenzo esclamare: 'se io debbo uscire uscirò per poter fare ciò che debbo': aveva preso anche degli impegni con le famiglie delle ragazze. Poi P. Lorenzo uscì effettivamente dall'Ordine e fu incardinato nella diocesi di Porto S. Rufina ove si trova S. Marinella. Comunque posso affermare che anche dopo che fu esclaustrato P. Lorenzo mantenne sempre con i confratelli rapporti molto fraterni ed affettuosi, rimasero sempre uniti specialmente P. Catena, P. Luisi e anche P. A. Franco, il quale morì durante la seconda guerra mondiale. I nostri frati andavano spesso a S. Marinella a villeggiare e P. Lorenzo li accoglieva volentieri, anzi ne era molto felice; io stesso vi andavo più volte dalla Traspontina. C'era il desiderio unanime che la questione della congregazione delle suore fosse in qualche modo assunta dall'Ordine; P. Lorenzo ripeteva spesso: 'Io non faccio niente per me', anzi lui avrebbe lasciato anche subito l'accompagnamento e l'assistenza delle suore all'Ordine purché qualcuno se ne facesse carico, perché non aveva interessi personali, ma solo la gloria di Dio e il bene delle anime. Tutte le volte che lo vedevo era sereno ed è rimasto sempre carmelitano nel cuore. Ci ha sempre trattato tutti in modo veramente fraterno"[41].

"Come carmelitano è rimasto sempre tale nel cuore, conservando rapporti di fraternità e amicizia con tutti quelli che erano stati suoi confratelli e nutrendo la certezza che presto o tardi sarebbe rientrato e la sua lontananza dall'Ordine era dovuta soltanto alla necessità di seguire la nascente congregazione delle suore carmelitane. Soffriva per questa cosa ma aveva l'animo tranquillo e sereno, nella consapevolezza di aver sempre fatto quello che gli avevano detto di fare. Spiritualmente in lui non era cambiato niente, ha continuato

---

[41] AP, Test. f. m., ANGELICI MAURIZIO, Roma 20 maggio 1997.

sempre a vivere il carisma del Carmelo, specie nella vita interiore e nell'amore a Maria"[42].

"Nella mia memoria è rimasto impresso il ricordo del mesto saluto o commiato che lui prese da me la sera precedente la sua partenza dal collegio S. Alberto e il trasferimento a S. Marinella. In quella sera, pur essendo ancora molto giovane, mi fu facile cogliere l'amarezza, finanche l'angoscia che stringeva nella sua profondità il cuore del P. Lorenzo"[43].

"Ricordo che si parlava della situazione un po' anomala di P. Lorenzo; i frati parlavano bene di lui, alcuni erano suoi amici e anche se poi ho saputo che c'erano state delle difficoltà con l'Ordine, tuttavia a noi studenti non le facevano trasparire... Ricordo che era un uomo molto pio, osservante, ligio ai doveri del suo stato e attaccatissimo al Carmelo: era più carmelitano dei carmelitani. Non aveva l'abito ma da come parlava e si comportava si vedeva tutto il suo spirito carmelitano. Non si lamentava mai e non si è mai sfogato con me del trattamento ricevuto dall'Ordine, sebbene fossimo in confidenza, e nei confronti di tutti i carmelitani mi è apparso sempre sereno e in pace, senza astio né rancore per nessuno"[44].

"Sebbene fossi molto giovane, P. Lorenzo qualche volta si è confessato con me. Non ricordo il motivo preciso per cui egli lasciò l'Ordine Carmelitano, comunque mi pare che fu per seguire la nascente congregazione; in ogni caso mai parlò male dei frati o dell'Ordine o dei Superiori e mai conservò rancore o sentimenti negativi verso qualcuno ... Ha conservato e custodito sempre lo spirito carmelitano, specie il raccoglimento, la preghiera e lo studio ... Era un uomo pacificato interiormente, pacato, equilibrato e non ha mai fatto vedere o pesare i suoi problemi, preoccupazioni, lotte e prove: era abbandonato in Dio ... È stato un uomo buono, un sacerdote dedito alle cose di Dio e alla sua gloria, un religioso disponibile alla volontà di Dio ad ogni costo"[45].

"L'ho visto al Collegio S. Alberto fino all'ottobre 1929. Tutti abbiamo meditato perplessi sulla situazione nuova che si era creata attorno a P. Lorenzo: il suo allontanamento dall'Ordine, perché lui era un'anima nobile, gioviale, aperto, sempre sorridente ... Noi studenti non abbiamo mai saputo la ragione per cui egli abbandonava l'Ordine, forse non riusciva a curare bene i suoi impegni di professore, contemperandoli con il seguire la nuova fondazione, oppure i Padri dell'Ordine non vedevano bene questo suo interessamento sul versante delle Carmelitane Missionarie, comunque posso affermare che

---

[42] AP, Test. f. m., MAURI MICHELE, S. Marinella 16 giugno 1997.
[43] AP, Test. f. m., CIOLI GIOVANNI TELESFORO, S. Marinella 30 giugno 1997.
[44] AP, Test. f. m., LUCAFERRI MICHELE, Roma 6 novembre 1997.
[45] AP, Test. f. m., LORENZONI REMO, S. Marinella 19 novembre 1997.

lui fu molto restio ad uscire dall'Ordine e ne è prova il fatto che quando lo incontravamo, in seguito, lui era il padre di sempre, affatto mutato nella fraternità e nell'attaccamento all'Ordine... era un perfetto carmelitano tanto è vero che noi studenti spesso ci chiedevamo perché se ne andasse, avevamo una grande stima di lui come carmelitano e non credevamo che riuscisse a lasciare l'Ordine. Questo suo amore al Carmelo ce lo testimonia il fatto che poi rientrò nell'Ordine alla fine della vita e morì da carmelitano... Nelle due o tre volte in cui ebbi modo di rivederlo dalle Carmelitane, ritrovai il fratello e il carmelitano di sempre. È stato mosso dallo Spirito Santo ad aiutare M. Crocifissa, subendo e superando ostacoli e lotte, per poi tornare ad essere alla fine ciò che è sempre stato: un carmelitano"[46].

4. Il Fondatore

4.1 *Ruolo assunto come "volontà di Dio" riconosciuto dall'autorità e dagli altri*

P. Lorenzo, nel discorso fatto nel 1964, accennato sopra, dice chiaramente di non aver avuto l'idea di fondare una nuova Congregazione. La ragione di questa affermazione è che il suo Progetto Missionario[47] era molto più ampio e complesso di un piccolo nucleo di Suore, essendo inclusi non solo le Suore, ma anche i Religiosi Sacerdoti e i Laici. P. Lorenzo non ha avuto il tempo di pensare al coinvolgimento dei Laici, ma aveva già concepito questa possibilità dall'esperienza introdotta a Giava dai P. Carmelitani. Si tratta dell'esperienza del laico Aloysius Wilhelmus Carolus Blijdenstein[48] che fu di grande sostegno nella Missione a Giava.

---

[46] AP, Test. f. m., CONSALVO P. ALBERTO, Napoli 15 marzo 1998.
[47] Abbiamo fatto riferimento a questo Progetto nel capitolo precedente.
[48] Notizie circa l'olandese Aloysius Wilhelmus Carolus Blijdenstein (nome religioso - Marius): nato a Hontenisse (Olanda), il 21 giugno 1879. Dopo aver svolto insegnamento presso un collegio a Maastricht, ancor giovane laico si recò in Indonesia, ove, a sue spese, costruì un ospedale, scuole e chiese. Essendo esperto in agricoltura, introdusse nel 1911 una comunità cristiana nella piantagione di Balearjosari, che alla sua partenza per l'Olanda nel 1933 contava 700 cattolici giavanesi. Tornato in Olanda si fece carmelitano, professando i voti a Boxmeer il 10 settembre 1934. Compiuti gli studi di teologia, venne ordinato sacerdote il 10 luglio 1938, a Merkelbeek. Tornò quindi in Indonesia come missionario e parroco di Jember e Malang. Durante la seconda guerra mondiale, venne deportato in un campo di concentramento giapponese, ove subì duri trattamenti e diede esempio di serenità e amore verso il prossimo, infondendo speranza e anche amministrando i sacramenti. Liberato dalla prigionia e tornato in Olanda, morì il 19 marzo 1959 a Merkelbeek (Necrologio in "Analecta Ordinis Carmelitarum", 21 (1958-59) p. 147).

Egli, infatti, era un imprenditore che applicò il suo talento e le sue risorse per la promozione del popolo giavanese dapprima come missionario laico, e poi come sacerdote carmelitano.

Secondo il suo pensiero, P. Lorenzo sarebbe stato il promotore, quello che avrebbe rinforzato l'amalgama del Carisma Missionario tra i diversi organismi che insieme avrebbero unito gli sforzi per la realizzazione della Missione evangelizzatrice. Secondo il suo pensiero ogni organismo avrebbe avuto autonomia pur essendo coordinato dal Centro Missionario dell'Ordine, con persone carismatiche a capo di ogni gruppo, come già aveva sperimentato Sr. Crocifissa Curcio superiora delle Suore e P. Arsenio Costa responsabile dei Missionari. Inoltre, d'accordo con il Diritto Canonico, P. Lorenzo sapeva che nessuno rimane "in vita" nell'incarico di responsabile o responsabili. Il suo cuore era così infiammato e preso dallo zelo missionario che grande fu la sua delusione quando vide crollare il suo Progetto, completamente vanificato come abbiamo accennato nel capitolo precedente, con il rischio di perdere il seme che aveva piantato e coltivato a S. Marinella da quattro anni, con la collaborazione di madre Crocifissa.

Nel 1964, dopo 40 anni dall'accaduto il suo cuore profondamente ferito ancora sanguina: "solo il Signore sa di quali amarezze, sotto tutti gli aspetti". Allora gli restava nelle mani solo un pezzetto della preziosa "perla" con il rischio della distruzione totale. La Chiesa non avrebbe mai concesso la sua approvazione alla Congregazione delle Suore Carmelitane Missionarie di S. Teresa del Gesù Bambino senza il sacrificio di P. Lorenzo che, come figlio della Chiesa, seguì l'orientamento del Vescovo. Per questo egli ripete: "La Congregazione deve eterna gratitudine a sua Santità Papa Pio Undecimo, che indicò ciò che lo scrittore di queste righe doveva fare per continuare l'opera dedicata alla Santa di quel tempo, Santa Teresina: lasciando con sommo dispiacere l'abito a lui caro"[49].

P. Lorenzo è stato riconosciuto il fondatore della Congregazione dalle autorità ecclesiastiche[50], dai sacerdoti, dalle autorità civili, come

---

[49] AP, Abbozzo del Discorso fatto da P. Lorenzo in occasione della nomina a Protettore della Congregazione di. S. Teresa del Bambino Gesù di Sua E. il Card. Eugenio Tisserant, S. Marinella, Aprile 1964.

[50] Il Card. Tisserant, Vescovo della Diocesi di Porto e S. Rufina, rivolgendosi nel 1948 al Mons. Luca Ermenegildo Pasetto, Segretario della S. C. dei Religiosi così si esprime al riguardo di P. Lorenzo: "Questo ottimo sacerdote (già religioso carmelitano) che è il fondatore e il Direttore dell'Istituto, è superiore ad ogni sospetto" (cf. ACIVCSVA, Card. Tisserant a Mons. Luca Ermenegildo Pasetto, Roma 24 novembre 1948); Nel 1968 l'Arcivescovo di Porto S. Rufina, Mons. Pancrazio, ringraziando P. Lorenzo per aver rimesso nelle mani del Vescovo l'ufficio di Canonico Teologo dice: "è vero che Lei si trovava facilitato per la sistemazione di cui usufruisce data la Sua posizione presso le ottime Suore Carmelitane Mis-

pure dal popolo e all'inizio anche dalle Suore[51] che gli attribuivano apertamente e spontaneamente il titolo di Padre Fondatore, come già abbiamo provato. Aggiungiamo qui che le prime Suore[52] inviate in missione in Brasile, hanno trasmesso a tutte le sorelle di quella che oggi è Provincia Brasiliana della Congregazione una profonda venerazione e riconoscenza verso P. Lorenzo come fondatore della Congregazione[53], senza sminuire la venerazione verso la madre Curcio.

Sono più di duecento, solo dal Brasile, le lettere rivolte al Padre e alla Madre dal 1947 al 1957 in questi termini: **Venerati Superiori**. Dall'Italia fino al 1971 le suore si rivolgono loro chiamandoli ugualmente **Venerati Superiori**. Dalla dipartita della Curcio nel 1957, continuano a rivolgersi loro come Venerati Superiori, sottintendendo di rivolgersi al Padre e a Colei che succedeva M. Crocifissa. Esistono altre lettere che le suore rivolgono a lui chiamandolo "Venerato Padre Fondatore"[54].

Negli appunti di un incontro tenuto dalle Suore con P. Carmelo Luisi[55] il 3 novembre 1983 troviamo il tema trattato: **I nostri Fondatori**. La

---

sionarie di S. Teresa del Bambino Gesù, di cui *è fondatore*, le quali con venerazione e massima attenzione provvedono a quanto Le è necessario per le esigenze quotidiane" (AP, I 26, Let. Mons. Pancrazio a P. Lorenzo, Roma 26 aprile 1968).

[51] "In quel tempo chiamavano la Madre come Madre Crocifissa e dopo il I Capitolo Generale, essendo stata eletta Madre Generale, la chiamavamo Madre Generale e il Padre lo chiamavamo Padre Fondatore" (AP, Test. f. m. di PAOLA BRINCAT, Gozo 12 agosto 2010).

[52] Delle prime Suore inviate in Brasile, due fanno parte del gruppo fondazionale: Sr. M. Agnese Giunta e sr. M. Eliana Spadola. Altre due: sr. M. Grazietta Macauda e sr. M. Virginia Murtinu fanno parte della prima generazione delle Suore formate dopo l'approvazione diocesana della Congregazione, cioè dal 1930 in poi.

[53] AP, Test. f. m., REGINA SILVA, Brasile, Frutal 25 agosto 2010. Sr. M. Regina riferisce nella sua testimonianza quanto ha sentito dire da sr. M. Tommasina Draisma membro del gruppo fondazionale, riguardo P. Lorenzo come un uomo, sacerdote e religioso pieno di zelo e di amore alla Congregazione, come legittimo fondatore che aveva generato la congregazione. Dice ancora della testimonianza missionaria di sr. M. Scolastica Paolino, anch'essa una delle suore delle prime generazioni, la quale ha trasmesso una venerazione profonda al Padre. Si veda la poesia di sr. M. Scolastica Paolino dedicata a P. Lorenzo nel giorno del suo onomastico (ASGC, Corrispondenze varie). In Appendice 4.4.

[54] ASGC, Lt Sr. Grazia Cavallo al PL, Paranavai 1 giugno 1959.

[55] Carmelo Luisi, nato a Laterza (Taranto) il 7 settembre 1909, professò nella Provincia Napoletana il 15 settembre 1927. Fu ordinato sacerdote il 12 marzo 1932. Licenziato in diritto canonico presso la Pontificia Università Gregoriana nel 1935, insegnò dal 1937 al 1965 questa materia presso lo studio generale di S. Alberto. Per dieci anni (1935-45) fu pure professore di matematica e scienze naturali al Collegio Pio XI e direttore del periodico *"Il Monte Carmelo"* dal 1945 al 1951. Ricoprì vari incarichi nella curia dell'Ordine: assistente generale per l'Italia e Malta (1947-59), delegato generale per il Terz'Ordine e le Confraternite dello Scapolare (1949-57), delegato generale per le monache e le suore (1953-65), procuratore generale due volte 1959-65 e 1968-71. Dal 1955 fino alla morte fu anche ufficiale della sezione per le monache di clausura presso la Congregazione dei Religiosi. Morì a Roma il 23 aprile 1985 (in AGOC 21 (1958-59).

sintesi appare in questi termini: "Madre Crocifissa donna di preghiera, di coraggio e di fede. P. Lorenzo uomo della Provvidenza. Il Signore stesso ha voluto il suo incontro con la madre Crocifissa per far sorgere la Congregazione delle Suore Carmelitane Missionarie di S. Teresa del Bambin Gesù"[56]

C'è anche uno scenario che dimostra la paternità di P. Lorenzo, proprio dei fondatori:

> "Mi ricordo che i Superiori (P. Lorenzo, Madre Crocifissa, Madre Vicaria e sr. Maddalena) avevano un tavolo a parte nel refettorio delle professe e nella stanza appresso le novizie. P. Lorenzo ci seguiva pure da dove si trovava e cercava di raccomandare alla maestra di tenere cura di noi novizie, soprattutto quando il cibo non andava bene per qualcuna di noi che aveva dei problemi di salute"[57].

Testimonianze di varie Suore rivelano P. Lorenzo come fondatore: "La Madre Crocifissa era per noi dopo il I Capitolo la Madre Generale e il Padre lo chiamavamo Padre Fondatore"[58]. "Con il termine il Padre ci riferivamo al nostro amato P. Lorenzo"[59].

> "Per tanto tempo lo hanno chiamato padre Fondatore. Anche da bambina io sentivo parlare di lui come padre Fondatore, però arrivato a un certo punto della storia invece ci venne detto che era cofondatore. Non sto qui ad indagare perché, però per noi è sempre stato Padre Fondatore. L'impronta missionaria e l'amore a S. Teresina è di Padre Lorenzo"[60].

Riportiamo alcune testimonianze che provano l'attuazione di P. Lorenzo, il fondatore. Don Tarcisio dice:

> "La mia testimonianza potrà apparire utile per meglio descrivere l'aspetto socio-culturale della S. Marinella di quasi mezzo secolo fa, e per chiarire alcuni punti a riguardo, che meglio forse potranno illuminare la situazione nella quale la Fondazione venne a prodursi e a svilupparsi. Innanzitutto, a comune opinione P. Lorenzo appariva essere, almeno su un fronte esterno, l'effettivo autore della fondazione stessa. In effetti, le suore e la Serva di Dio, dovevano condurre una vita ben ritirata, se già a poca distanza dalla loro residenza sembravano quasi non esistere, se non fossero stati la cura

---

[56] ASGC, I nostri fondatori Fondatori, Appunti Incontro S. Marinella 3 novembre 1983.
[57] AP, Test. f. m., MARIANINA BARBARA, Rabat 14 agosto 2010.
[58] AP, Test. f. m., PAOLA BRINCAT, Rabat 12 agosto 2010.
[59] AP, Test. f. m., LINA HILL, Malta 5 agosto 2010.
[60] AP, Test. f. m., ERMINIA D'AGAPITO, Roma 31 maggio 2010.

e l'accenno verbale che di tanto in tanto il P. Lorenzo mostrava di avere. [...] Mi ricordo comunque che talora P. Lorenzo uscisse in qualche modo dal proprio abituale riserbo e mi riferisse, sia pure in modo abbastanza velato, come tuttora ricordo, di accenni alle "**sue**" suore, come queste erano comunemente chiamate. [...] Un riscontro indiretto di tale confidenza fattami da P. Lorenzo, lo ebbi in seguito colloquiando con il parroco di Fregene o di Cerveteri, ora non mi ricordo bene quale fosse dei due, il quale mi disse: 'Lo sai che adesso in parrocchia ho le suore di P. Lorenzo? L'altra confidenza fattami da P. Lorenzo e riguardante le suore, alla quale ho accennato prima, è l'esclamazione che egli fece dicendo: 'Queste suore hanno bisogno di espandersi, di poter vivere ed operare altrove', significando le sue parole con un gesto eloquente delle braccia allargate. In effetti le suore si sono espanse anche fuori Italia"[61].

Un'altra testimonianza esprime un certo disagio non nascondendo il proprio pensiero:

"In verità posso dire solo di aver incontrato non più di tre volte Madre Curcio, in via del tutto informale, essendomi io recato per servizio diocesano nella casa delle Suore Carmelitane, sita sulla via Aurelia di Roma. In quella occasione ebbi modo, se bene ricordo, di scambiare qualche parola in modo convenevole, con Madre Crocifissa da me all'epoca ritenuta quale prima discepola della Congregazione che sinceramente credevo fosse stata fondata non dalla SdD (madre Curcio) ma piuttosto dal P. Lorenzo"[62].

Il Priore generale Carmelitano, Elia Magennis loda l'iniziativa di fondazione e presenta p. Lorenzo come iniziatore di questa nobile opera[63]. a riguardo della figura di P. Lorenzo sono tante le testimonianze come questa:

"io ricordo di avere sempre riscontrato una grande venerazione verso il P. Lorenzo da parte di tutte le Suore; mi è sempre sembrato che le Suore lo considerassero il loro punto di riferimento, senza che, per questo, venisse meno il loro affetto e tutto quanto le univa alla madre M. Crocifissa. Tutto questo almeno finché il P. Lorenzo è vissuto. Per quello che io ho visto e sentito direi che senza il P. Lorenzo la Congregazione non avrebbe avuto lo sviluppo che ha avuto, partendo dalla stessa casa madre di Santa Marinella"[64].

---

[61] P, pp. 383-385.
[62] P, p. 441.
[63] Cf. AP, Lt Priore Generale a PL, Roma 31 marzo 1925.
[64] AP, V. VALERI, *Ricordi su P. Lorenzo van den Eerenbeemt*, Roma 1 luglio 2010.

Nel 1925 nella rivista *Il Monte Carmelo* lo stesso P. Lorenzo pubblica un articolo per far a conoscere la nuova Istituzione religiosa di S. Marinella, opera sorta per iniziativa della Madre Crocifissa Curcio, coadiuvata dal sottoscritto, come scrive lui, e nel documento di affiliazione all'Ordine la Curcio appare come la fondatrice, come pure P. Lorenzo, in uno degli abbozzi di introduzione alla biografia, cita la Curcio come la fondatrice[65].

Dopo, però che il P. Lorenzo ha dovuto lasciare l'Ordine, in tutte le presentazioni della Congregazione che lo stesso Padre fa appare P. Lorenzo il fondatore[66], oppure in alcuni documenti appaiono entrambi, Padre Lorenzo e Madre Crocifissa come i Superiori della Congregazione e come dire: **i fondatori**. Tradizione che è andata perduta pian piano dopo la dipartita della Curcio, cioè il 1957.

4.2 *Alcuni tratti della sua personalità*

Riportiamo il risultato delle analisi effettuate dall'"Istituto Grafologico G. Moretti" nel 1990, come pure del "Seraphicum" nel 2010, sapendo che l'indagine psicologica non è in grado di vedere l'azione della grazia perché ne trascende le possibilità, ma che si può ipotizzarle nel contesto semiologico di maturità umana, di spiccato superamento delle strettoie dell'io e di amore verso il prossimo.

Il risultato dell'indagine sulle grafie di P. Lorenzo rivela una costituzione di tipo vitale, per ritmo, per dinamismo, per impulso espansivo e dominativo delle situazioni, ma anche per sicurezze personali, determinazione e potere di superamento.

Biotipologicamente di forte equilibrio e potenza dei fattori costituzionali, come frutto di una madre molto vitale e anche dominante nell'ambiente familiare. Dato il tipo vitale che era, questo avrebbe potuto portarlo verso il bisogno e l'ambizione di imporsi e dominare, però presenta anche molta intelligenza, ed è stato capace di sublimare tutto nell'aspirazione verso l'Alto.

---

[65] Cf. *Il Monte Carmelo* (11) 1925; Cf. AGOC, Decreto di Affiliazione, Roma 16 luglio 1925.

[66] Cf. ACVPSR, Memoria del P. Lorenzo, con copia presentato nel 1925 all'E.mo Card. Vico; III G – A. 1, p. 33, al Ministro della Pubblica Istruzione, Roma 14 luglio 1929; III G – A. 1, p. 34, alla Signora dall'Olio (sorella del Card. Pompili), Roma 16 luglio 1929; Cf. AP, libro di corrispondenza III G – A. 1, p. 35, Esposto presentato al Senatore Sanjust, 22 luglio 1929; Relazioni sulla fondazione e sviluppo dell'Istituto fino all' 8 settembre 1929, fatte all'E.mo Card. Boggiani.

Presenta la dinamica e l'armonia del ritmo e delle proporzioni in un forte contesto di nettezza, potenza e fermezza dei tratti della sua grafia. Per questo non mancano indici di una grande energia con movimento progressivo, quindi allocentrico. Quindi la rilevante energia non si esprime a livelli di egoismo e di prepotenza, ma sa mettersi a servizio di una grande intensità e ampiezza di sentimento, senza diminuire il potere introspettivo e la prontezza decisionale.

Nel raffronto con la fisica dispone di forza di spunto, quella che stronca ogni inutile remora, e di forza d'urto, quella che affronta con fermezza ostacoli e difficoltà. In tutto questo c'è anche dell'ardimento, inteso più come coraggio che come avventatezza: indice di autocontrollo e di potere riflessivo. È un autentico lottatore, ma criteriato e cosciente di sé. Sono spiccate le capacità dirigenziali, perché intelligente, padrone di sé e delle situazioni, deciso nelle idee e sempre ben determinato. Il grande dinamismo verso l'esterno non vieta la vita interiore. La grande linearità morale elimina ogni dubbio sulla positività di questa così intensa e dinamica personalità.[67] Questi risultati si trovano in stretto rapporto con la descrizione riportata da un altro Istituto che ha appena riaffermato i dati accennati sopra in altri termini.

P. Lorenzo risulta una persona di alte aspirazioni, sia per sé stesso che per le persone con cui e per cui lavora. Le sue motivazioni hanno sempre origini profonde e vagliate con attenzione. È una persona che non si accontenta di poco, ma desidera il meglio. Per ottenere ciò cui aspira si impegna con grande determinazione perché deciso ad arrivare fino in fondo, ma non lo dimostra necessariamente, perché si presenta agli altri nella maniera che ritiene più utile per ottenere successo. È di animo buono e gentile e cerca di trattare gli altri sempre con molta diplomazia e tatto perché sa di ottenere risultati migliori in questo modo che con la rigidezza del comando e dell'imposizione. È una persona che osserva attentamente tutto ciò che avviene intorno a sé, da cui apprende tutto quanto è utile per la propria vita. In modo particolare presta molta attenzione a ciò che riguarda le relazioni umane. Si tratta di una persona che quando ha un progetto che è chiaro nella sua mente, difficilmente vi rinuncia, perché P. Lorenzo è una persona determinata, dotata di entusiasmo e di grande tenuta nel lavoro. Egli non si scoraggia facilmente davanti agli ostacoli e non ha paura della fatica.

---

[67] Cf. AP, N. PALAFERRI, *Analisi su grafie di P. Lorenzo van den Eerenbeemt*, Urbino 8 ottobre 1990.

4.2.1 Una persona grandemente socievole

Per P. Lorenzo, le attività stanno alla base della necessità di relazionarsi con altre persone, anche quando ciò significa grandi sacrifici e rinunce. Le sue relazioni umane sono serene e costruttive grazie al suo bisogno di ordine esteriore ed interiore e alle sue grandi aspirazioni verso la perfezione in ogni aspetto della sua vita. Risulta una persona che desidera profondamente sviluppare in se stesso e negli altri valori umani e spirituali. È questo il campo più specifico in cui desidera emergere con grande determinazione e riesce ad ottenere buoni risultati grazie alle sue doti di fermezza e determinazione e al notevole desiderio di arricchirsi interiormente ad ogni livello della propria persona. Si sente molto coinvolto nella vita delle altre persone, soprattutto nei confronti dei sofferenti. Normalmente la sua presenza è piacevole e coinvolgente. Quando gli si dimostra riconoscenza per ciò che ha fatto, si sente incoraggiato a fare ancora meglio, ma quando le sue fatiche non vengono apprezzate o quando ne vengono contestati i risultati ne risente molto e può anche manifestarlo esteriormente in maniera garbata, ma ferma, perché questo atteggiamento nei suoi confronti gli crea disappunto in quanto contrasta nettamente con l'impegno con cui si applica nel perseguire le sue aspirazioni. È una persona abile e decisa quando si tratta di affrontare problemi, specialmente quelli che riguardano gli altri. È una persona diplomatica e suadente, ma non arrendevole. Quando è convinto di essere nella posizione giusta, la persegue fino in fondo, senza preoccuparsi di quanto impegno sia richiesto per affermarla.

4.2.2 Una persona di notevole intelligenza

P. Lorenzo risulta una persona dotata di notevoli qualità intellettive, orientate soprattutto alla comprensione delle problematiche umane. Ha un'ampia, profonda e rapida capacità di apprendimento che poi memorizza e assimila bene grazie alle sue capacità elaborative e mnemoniche. Anche i suoi metodi nel fare e nel comportarsi sono originali e gli permettono di essere molto costruttivo e conclusivo. Ha uno spiccato intuito verso la psicologia umana; vive intensamente i problemi degli altri e si lascia prendere dal desiderio e dal fervore di utilizzare i propri talenti per soccorrere le persone che abbiano bisogno del suo contributo. È una persona dotata di un fervido intuito e di una notevole originalità quando si tratta di risolvere problemi, anche complessi. Possiede una capacità riflessiva e controlla i suoi pensieri, però fa molto affidamento sulle sue intuizioni, spesso originali, ma sempre guidate dal buon senso. La chiarezza e l'ordine, non solo di idee, ma anche nel modo di agire, gli permettono di essere apprezzato nei risultati che riesce ad ottenere. Le sue qualità intellettive e temperamentali notevoli lo fanno un eccellente insegnante a qualsiasi livello e grado. Nelle sue attività, sia di tipo intellettivo che pratico, si applica con attenzione, continuità e desiderio profondo di ottenere risultati di buona qualità. Non si accontenta di risultati mediocri. Tutte le sue qualità intellettive e temperamentali sono tese verso un miglioramento continuo di se stesso e del mondo che lo circonda. Risulta una persona dotata di una carica interiore tale da spingerlo ad agire e promuovere continuamente miglioramenti sia in attività intellettive che manuali e pratiche, come pure possiede grandi potenzialità espressive e interpretative dell'arte, grazie alla sua originalità e gusto estetico.

4.2.3 Una persona profondamente spirituale

Da quanto è stato già detto si deduce che P. Lorenzo è una persona profondamente spirituale. Essendo una persona sensibile, i valori spirituali hanno una profonda risonanza nella sua coscienza. P. Lorenzo non vive la sua esperienza spirituale da solo, non ha la personalità dell'eremita, perché ha bisogno di sentirsi intensamente coinvolto nella vita di altre persone sia per un senso di carità verso gli altri, sia per una necessità personale, per sentirsi realizzato come persona. Quando ne vede la necessità, si dedica alla vita spirituale degli altri con molta attenzione e dedizione perché vuole ottenere dei risultati positivi ad ogni costo. Quando vede delle persone soffrire per qualsiasi ragione, inclusa quella spirituale, si sente a disagio. Nelle sue prediche si fa ascoltare volentieri, perché sa toccare le corde giuste per captare l'interesse degli ascoltatori e perché sa esprimersi con un linguaggio convincente e quasi elegante pur se tendente ad una certa pomposità. P. Lorenzo sa avvalersi molto bene di sussidi per apprendere nuove idee che poi elabora e adatta alle situazioni concrete del momento.

P. Lorenzo emerge e afferma se stesso attraverso l'esercizio della carità e l'attenzione verso i bisognosi[68].

---

[68] Cf. AP, A. BONFIGLI, *Analisi grafologica su scrittura di P. Lorenzo van den Eerenbeemt*, Roma 2 febbraio 2010.

5. Le Costituzioni della Congregazione del 1930, i primi articoli e il suo contenuto teologico

Il 1930 rappresenta per P. Lorenzo una grande svolta nella sua vita. È la continuazione dell'esodo che ha intrapreso con l'alleanza celebrata con il Signore quando era ancora giovane. Quando P. Lorenzo ha presentato alla Curcio le prime Costituzioni del 1925 aveva già incluso se stesso per viverle, dicendo: "questa è la regola che noi dobbiamo seguire"[69], pertanto, è una legislazione ispirata da Dio non per gli altri, ma è l'ispirazione che impone a se stesso in prima persona.

La svolta dell'anno '30, per P. Lorenzo significava oltre alla sfida di inserirsi nella vita della Diocesi con i diversi incarichi ricevuti, anche restringersi in un orizzonte di un gruppo povero e piccolo, solo quello delle Suore, cui dare consistenza in tutti i sensi, cioè, non più laici, né preti missionari. La realtà del piccolo nucleo esigeva che i passi fossero fatti nel ritmo dell'evoluzione del gruppo stesso. Questa nuova situazione contingente avrà condizionato P. Lorenzo a ridimensionare i passi, costringendolo ad aspettare ancora per realizzare la sua ansia missionaria, persino nel definire lo scopo primario della Congregazione. Questo spiega pure la brusca svolta nella finalità dell'Istituto, come appare nelle Costituzioni del 1930 diverse da quelle del 1925 dove si stabiliva la missionarietà come fine primario. Un'altra motivazione la troviamo in una lettera di P. Lorenzo rivolta alle Suore del Corpus Christi Carmel nel marzo 1946. Si tratta infatti della fondazione eminentemente missionaria delle Suore di Port of Spain in America Centrale. In questa lettera P. Lorenzo parla delle Costituzioni della Congregazione delle Suore Carmelitane di S. Marinella che sono state redatte dal Card. Boggiani, giurista famoso e Vescovo della Suburbicaria Diocesi di Porto e S. Rufina.[70] Redatte dal Card. Boggiani per modo di dire, perché certamente il Cardinale avrà messo nelle mani di P. Lorenzo un modello delle Costituzioni a cui tutte le Congregazioni dovevano sottostare per ottenere l'approvazione, come abbiamo già accennato. Infatti abbiamo confrontato le Costituzioni del 1930 con lo *Schema Costitutionum* delle *Normae* nelle sue parti Prima e Seconda e nei suoi contenuti sparsi nei Capitoli e Titoli e abbiamo constatato che sono in tutto coincidenti[71].

A quel tempo le Costituzioni riguardavano soprattutto l'inserimento nell'ordinamento giuridico della Chiesa. Quindi dovevano contenere

---

[69] AP, Lt PL a MC, Roma 24 ottobre 1924.
[70] Cf. ASGC, Lt PL alla Sup. generale delle Suore Corpus Christ Carmel, S. Marinella 30 marzo 1946.
[71] Cf. S. C. dei Vescovi e Regolari, *Normae*, op. cit.

essenzialmente i punti che davano l'esatta collocazione nell'ordinamento generale. Erano molto schematiche e rimandavano per quello che riguarda la spiritualità ad altri libri. Si vede che chiedevano soprattutto gli elementi verificabili.

In uno dei sottotitoli del presente capitolo – "Le Costituzioni della Congregazione lungo la storia" – viene visualizzato lo specifico della Congregazione definito nelle Costituzioni del 1925 e che non appare nelle Costituzioni del 1930 come fine primario, ma che invece appare solo nel capitolo XIX, art. 171. Il fatto che non si trovi nei primi articoli non significa che non fosse nell'animo e nelle intenzioni del Fondatore, ma essendo le condizioni reali e concrete non favorevoli, non poteva essere messo in una posizione di obbligatorietà. Infatti la missionarietà sarà una realtà quando le condizioni permetteranno alla Congregazione di avere dei membri con la preparazione necessaria: "Tra le opere dell'Istituto sarà in ogni tempo tenuta nella massima considerazione l'opera delle Missioni, pertanto essa sarà preferita a tutte le altre quando le condizioni dell'Istituto lo consentiranno"[72]. Quello che P. Lorenzo assicura come specifico della Congregazione si trova nel Capitolo II che parla dello spirito dell'Istituto che è quello del Carmelo che si fa garante della formazione delle future missionarie, a cui accenniamo in questo capitolo.

Passiamo a visualizzare questo passaggio:

FINI DELLA CONGREGAZIONE	
COSTITUZIONI 1925	**COSTITUZIONI 1930**
Capo 1° L'Istituto delle Missionarie Carmelitane del T.O. ha come fine la propagazione della Fede [...] mediante le opere di attività missionaria, specialmente quelle che riguardano l'educazione delle giovanette del popolo, e massime dell'Infanzia abbandonata.	Art. 1 Lo scopo primario che si propone questo Istituto è la gloria di Dio e la santificazione e perfezione dei suoi membri, mediante la osservanza dei tre voti semplici di povertà, castità ed obbedienza e delle presenti costituzioni. Lo scopo secondario e speciale dell'Istituto è educare nel santo timor di Dio ed istruire le giovanette del popolo e massime quelle abbandonate, tenendo aperte per questo fine, Scuole, Asili, Patronati, Laboratori, Oratori festivi, e all'uopo anche Case particolari, specialmente nei piccoli centri e nelle campagne

---

[72] AP, Cost., 1930.

Secondo P. Lorenzo, chi bussa alla porta per seguire Gesù più da vicino in una Istituzione religiosa, è qualcuna che "fa supporre che la sua mente già è abituata a volgere lo sguardo interiore nel suo intimo". È qualcuna che domanda per qualcosa in più, come ha fatto il giovane ricco del vangelo[73]. È qualcuna che desidera un itinerario spirituale che la aiuti per essere utile all'Istituto e alla Chiesa. È frutto di un desiderio maggiore di perfezione e di santità. Secondo P. Lorenzo "non viene questo desiderio di perfezione se non in colei che già ha un'idea della nullità del proprio essere [...] e quando scoprirà l'idea di Dio, potrà arrivare alla vita di vero misticismo e contemplazione o di darsi alla vita missionaria o ancora alla vita dell'educazione della gioventù"[74].

La nostra Istituzione, come dice lui, "dovendo servire il prossimo esige dai suoi membri una certa disposizione che riguarda le facoltà dell'intelletto e della volontà. Il criterio di discernimento vocazionale è presentato da P. Lorenzo che fa una descrizione del profilo di persone che non sono adatte all'Istituto: "ottuse di mente, incapaci a qualsiasi lavoro, di una leggerezza smodata, di carattere estremamente scrupoloso, tristi e malinconiche, di una natura eccessivamente collerica, incapace di governarsi, o di una pigrizia o mollezza che non si vogliono assoggettare alla vita mortificata"[75].

P. Lorenzo ricorda i saggi ammonimenti della grande S. Teresa, che nelle sue Costituzioni avverte: "Quanto alle giovinette che si ricevono in monastero si scelgano sempre tali, che ardano di un grande affetto all'orazione e si struggano dal desiderio di salire molto alto nella perfezione, e nel disprezzo d'ogni cosa mondana"[76].

Dopo 13 anni, P. Lorenzo invita tutte le suore a uno sguardo al passato per richiamarle a rendere grazie al Signore. Molto è stato fatto, ma c'è ancora molto da fare, soprattutto per quello che riguarda lo scopo stesso della Congregazione. La Congregazione non è stato un capriccio suo o della madre Crocifissa, ma come dice lui: "Iddio e la Vergine Benedetta del Carmine e la gloriosa Protettrice nostra S. Teresa B. G., hanno voluto il sorgere di questo Istituto, che non è ancora di fatto "missionario", pure, secondo i giudizi di Dio, dovrà esserlo, per corrispondere al titolo oramai riconosciuto dalla Chiesa"[77].

---

[73] Mt 19, 16-22.
[74] AP, Dr, p.25.
[75] Ibid. p.26.
[76] Ibid. p.28.
[77] AP, Circolari di P. Lorenzo a tutte le Suore, s. Marinella 1943. D'ora in poi Circ. In Appendice 4.5.

Di fronte alle sfide imposte dai limiti dei membri della Congregazione di non riuscire a portare avanti le opere e le missioni con efficacia ed efficienza desiderata, P. Lorenzo si sente spronato a non perdere la fiducia di fronte alle difficoltà di ogni sorta.

Davanti a tante sfide, nell'impotenza di fare di più, secondo lui bisognava un'anima privilegiata che potesse spronare più fortemente le Suore coll'esempio e colle parole, ma si convince che il Signore non ha bisogno di nessuno e che spesso usa degli istrumenti più inetti, affinché si riconosca l'opera di Dio. P. Lorenzo abbraccia la croce, ma non lascia di farci intravedere la fatica: "che il guidare il crescente Istituto sia una croce, forse si poteva dubitare in principio, ma ora è chiarissimo per chiunque è alquanto indentro alle nostre cose"[78]. Ma non si scoraggia e continua l'opera della formazione: "Per corrispondere alla bontà del Signore, e per riparare in parte a una forse non del tutto colpevole negligenza nell'educazione spirituale delle Suore, propongo commentare le Costituzioni, affinché le Suore sappiano sempre meglio apprezzare ed amare questo aureo libretto e considerarlo come via sicura di perfezione cristiana e indirettamente alla Vita Eterna. Prima d'incominciare, anzitutto dobbiamo considerare un argomento di natura sua preliminare: la Vocazione"[79].

P. Lorenzo comincia il discorso sulla Vocazione, ricordando la sua chiamata che è stata così chiara per lui, impellente al punto che di essa non può dubitare. Domanda alle suore sulla vocazione, perché egli non sente quello slancio di zelo, di fervore, di generosità, di donazione:

> "Essendosi infiacchito lo spirito, non dovete pensare, mie buone consorelle, che la vostra vocazione sia stata una illusione della vostra gioventù: no, è stata una realtà. Non dubitate, proprio Lui, Gesù, vi ha chiamato. Che se il presente, spesso così lontano dal primo ideale di perfezione cristiana, vagheggiato nei primi tempi di fervore, vi si rappresenta come del tutto contrario allo spirito dello stato religioso, questo dipende, confessatelo, dalla vostra incorrispondenza alla divina chiamata. Lo smarrimento spirituale che si troverà in qualche anima che leggerà queste righe proviene dal non aver ascoltato la Voce che la chiamava"[80].

Egli desidera che nelle suore di Santa Teresina del Bambin Gesù aleggi lo Spirito eletto di questa Santina, modello di vita spirituale, guida sicura delle anime vergini.

---

[78] Ibid.
[79] Ibid.
[80] Ibid.

P. Lorenzo comincia dal primo articolo che è il cuore dell'Istituto per offrire alle suore spunti per una ripresa spirituale: "Lo scopo primario che si propone questo Istituto è la gloria di Dio e la santificazione e perfezione dei suoi membri, mediante la osservanza dei tre voti semplici di povertà, castità ed obbedienza e delle presenti costituzioni".

5.1 *L'Istituto si propone come scopo primario la gloria di Dio*

Comincia la sua riflessione con una domanda:

"Quale può essere il fine principale della vita nostra, dell'universo intero, anzi di tutta la creazione, se non quello assoluto, necessario della gloria di Dio?
La potenza di Dio si rivela in tutta la creazione, che canta la gloria del suo Creatore: mentre ogni creatura irragionevole è soggetta completamente a Dio, nella creatura libera vi è il libero arbitrio, con cui ella può ribellarsi al suo Fattore negandoGli la gloria a Lui dovuta. Il male però si ripercuoterà sull'infelice peccatore, che anche nell'inferno suo malgrado, dovrà rendergli la gloria a Lui usurpata. Ma la fedele creatura non potrà fare a meno di riconoscere il suo gran debito verso il Signore. Se il pio credente, pensando a Dio eleverà i suoi inni di gloria al cielo, molto di più la religiosa e molto di più un Istituto religioso, il cui unico scopo della sua esistenza non può essere altro che la gloria di Dio.
Sia peraltro questo il primo e principalissimo scopo della nostra vita sia individualmente, sia collettivamente: AD MAIOREM DEI GLORIAM. Abbia ciascuno questo stampato nel suo cuore e specialmente le superiore presenti e future, che guidate da questo principio fondamentale, non avranno l'ambizione di fare diventare la Congregazione grande davanti agli occhi del mondo, ma in profonda umiltà si terranno nell'ultimo posto, come ultime venute, cercando nelle fondazioni, non degli scopi terreni, ma puramente la gloria di Dio.
Questa gloria di Dio però si manifesta in un modo più concreto e sopranaturale, nella gloria eterna dei beati nel cielo. I beati cantano eternamente l'infinita misericordia e bontà di Dio: rendere sante, beate le anime è perciò il mezzo più indicato a rendere il nostro dovuto omaggio al Signore. Fare dei santi, portare la perfezione nelle anime che ci circondano! Nelle anime beate rifulgerà un giorno tutta la Divinità! Da questa considerazione ne consegue che i membri del nostro Istituto (come di tutti gli altri) si adopereranno con tutte le loro forze a perfezionarsi e a santificarsi"[81].

---

[81] Ibid.

P. Lorenzo insiste su come le Suore possono rendere gloria a Dio. Se ciascun membro dell'Istituto non cerca di diventare la gloria di Dio in persona non potrà, di conseguenza, realizzare lo scopo principale dell'Istituto. Le attività, le opere sono dei mezzi per raggiungere questo scopo principale. P. Lorenzo insiste su quella trasformazione necessaria alla quale devono arrivare tutte le Suore cercando di plasmare la propria vita su quella di Gesù Cristo. Egli si imbeve della novità che porta Teresa di Lisieux con la spiritualità della "Piccola Via" che capovolge il concetto di perfezione e di santità. E, con lei, concepisce una santità e perfezione che prende distanza dal concepito all'epoca da una maggioranza e che viene descritto da von Balthasar: "Il pericolo del fariseismo, uno dei principali pericoli nella vita conventuale: "cosmesi spirituale" che continuamente e ansiosamente misura, conta, calcola e contempla la propria 'perfezione' e distogliendo da Dio concentra sul proprio Io, sotto pretesto di sensibilità di coscienza e perfino di umiltà"[82].

P. Lorenzo spiega in che consiste la perfezione:

> "La perfezione è la CARITÀ PERFETTA VERSO IDDIO E VERSO IL PROSSIMO. In questa carità, dice Gesù, è compresa tutta la legge e i Profeti. Così noi vediamo che numerosissimi sono i santi, che senza poter seguire i consigli evangelici, pur tuttavia hanno raggiunto nel mondo quel grado di perfezione sufficiente per acquistare il cielo per sempre. La perfezione, dunque non è una distinzione dei religiosi o religiose, ma è un dovere di tutti i cristiani, che sono chiamati alla eterna beatitudine. Gesù però nel suo santo Vangelo, ci rivela i mezzi più adatti per arrivare con più alacrità e facilità alla perfezione: i Consigli Evangelici. La Chiesa nel decorso dei secoli ha elaborato questi Consigli e ne ha formato una norma di vita ha dato loro la forma che ora è la base di ogni Congregazione: i SANTI VOTI"[83].

5.2 *Per salvarsi non vi è obbligo di abbracciare i Consigli Evangelici*

P. Lorenzo vorrebbe che le Suore assumessero con radicalità la propria consacrazione, nello sforzo di imitare lo spirito di S. Teresina. Per P. Lorenzo la vita religiosa e consacrata non deve essere un giogo pe-

---

[82] H. U. Von Balthasar, *Teresa di Lisieux e Elisabetta di Digione*, Jaca Book, Milano 1970, p. 175.
[83] AP, Circ., S. Marinella 1943.

sante. Perché soffrire in una vita se non si sente chiamata? E chiarisce per offrire una tranquillità alle persone scrupolose:

> "Non vi è obbligo per il semplice credente di abbracciare i Consigli Evangelici per salvarsi: ma chi è chiamato da Dio, con vocazione speciale deve fare tutto il possibile per comprendere la parola di Gesù, per studiare questi consigli e metterli in pratica. Le religiose dovranno studiare con tutto l'ardore della loro anima la dottrina sui voti esposta in queste nostre costituzioni e allora si renderà chiaro ciò che è scritto in questo primo articolo: "... la perfezione dei suoi, membri, mediante l'osservanza dei tre voti... " La vita religiosa è uno stato, cioè scuola di perfezione, dove chiunque vi entri, si obbliga davanti a Dio e agli uomini, di tendere alla perfezione, mediante l'osservanza più scrupolosa dei santi voti.
> Gesù ha detto di essere perfetti (di sforzarsi ad essere perfetti), come il Padre, che è nei cieli: dobbiamo dunque cercare d'imitare le perfezione d'un Dio perfetissimo! Grande, unico scopo della vita religiosa! E perché questo precetto ci fosse più intelligibile, ha soggiunto: "Io vi ho dato l'esempio, affinché come Io ho fatto, voi similmente fate". Andiamo dunque e seguiamo Gesù e apriamo gli orecchi, per bene intendere la voce del nostro Redentore, l'immagine, lo specchio dell'Eterno Padre, e avviarci per quell'angusto sentiero che ci deve condurre al Monte Santo, cantato dal grande Carmelitano s. Giovanni della Croce. Il monte santo è il Carmelo: chi arriva alla sua vetta, arriva all'unione con Dio, già sulla terra, unione che protrae per tutta l'eternità nel Paradiso.
>
> Infelice è davvero quella suora che vestita da religiosa, pur non sente le dolci attrattive per la perfezione e col crescere degli anni dimostra chiaramente che non le virtù, ma le passioni dell'anima hanno preso un rigoglio, tanto da soffocare la buona semente, cioè lo spirito della vocazione, che incita l'anima alla perfezione. Il Signore nel Vangelo della Sessagesima ci descrive lo stato del buon seme, soffocato dalle spine delle passioni umane. Tali suore hanno purtroppo l'abito religioso, ma non appartengono alla vita religiosa, perché la loro anima e il loro cuore è lungi da essa.
> Tristissimo è il caso di quella suora, che si adonta per i giusti rimproveri dei superiori, nel caso di trasgressione dei santi voti o delle Costituzioni, la ribellione interna si manifesta allora con pensieri abietti sopra la rettitudine dei Superiori!
> Pensate, o consorelle, la grande responsabilità dei vostri Superiori, che vi devono guidare nell'amore e nell'osservanza dei santi voti e cercate di meditare il grave obbligo imposto col sacro abito e con la santa professione, l'obbligo di santificarvi, come è scritto in que-

sto primo articolo mediante l'osservanza dei tre voti e delle Costituzioni"[84].

5.3 Quello che ci distingue: "Se il fine è comune, non è comune lo spirito"

P. Lorenzo va oltre nell'approfondire per cogliere il vero significato delle Costituzioni e non prendere la vita religiosa e consacrata in modo superficiale.

> "Un duplice problema s'affaccia ancora nella contemplazione di questo primo articolo: quale VALORE MORALE hanno le Costituzioni, e QUALE OBBLIGO impongono alle religiose?
> Le Costituzioni sono le direttive necessarie per l'osservanza dei voti. Siccome i voti non specificano gli atti, cioè non dicono quali atti bisogna fare per adempiere il nostro dovere, questa specificazione viene indicata dalle singole Costituzioni, o Regole, dei diversi Ordini o Congregazioni. Specificazione, che non può essere omogenea, cioè uguale per tutti, ma differisce dall'una all'altra, secondo il fine e lo spirito di ciascuna di essa, e perciò sarebbe stoltizia il fare dei paragoni tra le costituzioni di un Ordine maschile con il nostro femminile, tra le regole di suore di clausura e quelle di vita attiva. Il nostro differenziamento non si basa soltanto nel fatto del fine e dello spirito, ma come ultima causa ha per fondamento la limitazione della natura umana, delle sue facoltà, incapaci di abbracciare in tutta l'ampiezza la dottrina di Gesù, specialmente quello che riguarda i sacri voti, mentre nell'animo si vorrebbe seguire in tutto Gesù, praticamente dobbiamo limitarci nell'imitare alcune delle sue virtù in particolare. Da qui che la Chiesa ammette e permette l'esistenza di tanti svariati Ordini e Congregazioni, che in molte piccole regole accidentali, differenziano tra loro: da qui anche il differenziamento di tanti rami di uno stesso Terz'Ordine religioso. Come nei fiori ammiriamo infinita varietà di colori e di forme, così anche nella Chiesa di Dio assistiamo allo svolgersi e svilupparsi di un numero stragrande di Congregazioni, che talora pur avendo fine specificatamente comune con altre, pur tuttavia da esse differiscono per lo spirito, ugualmente buono, ma diverso dall'altro. Questo diciamo, perché nella mente di qualche religiosa potrà venire l'obbiezione: ma il nostro fine non è forse quello comune a quello di tante altre Congregazioni? A cui si risponderà: se il fine è comune, non è comune lo spirito, e la nostra Congregazione ha per modo di dire collettivamente, un'altra anima differente da quella della altre Congregazioni"[85].

---

[84] Ibid.
[85] Ibid.

5.4 *Lo spirito della Congregazione*

Le indicazioni dello spirito dell'Istituto sono stati dati nel Capitolo 2 delle Costituzioni: "Le Suore ameranno la ritiratezza e porranno ogni studio per vivere delle spirito di orazione e di unione con Dio, di mortificazione, di umiltà, di abnegazione assoluta e di perfetto amore di Dio e del prossimo"[86].

> "E allora quale è lo spirito della nostra Congregazione? Sarebbe pretenzioso già sentenziare il nostro spirito: non si può parlare di esso nei primordi della nostra esistenza: ne parleranno le suore future, quando ne raccoglieranno i frutti, che speriamo copiosi, abbondanti sotto tutti gli aspetti: siamo tutti noi, membri dell'Istituto che lo formiamo. Nella meditazione ed attuazione pratica delle Costituzioni, dallo svilupparsi delle nostre opere, che Iddio ispirerà e che imporranno ulteriori regolamenti, o Direttori, dalle tradizioni disciplinari che ne verranno, nascerà lo spirito della Congregazione: per il momento rimaniamo in attesa, cooperando tutte, affinché le basi di questo spirito siano profonde e solide. Dai Superiori Ecclesiastici già ce ne è stato imposto un abbozzo nel Capo secondo delle Costituzioni: accenneremo inoltre che la nostra Congregazione, essendo un ramo del grande e benedetto Ordine del Carmelo, il nostro spirito non si dovrà discostare dai grandi ideali cha hanno animato questo Ordine, e specialmente dallo spirito della Piccola Teresa, dietro le cui orme vogliamo camminare. È utile accennare che il valore morale delle nostre Costituzioni, procede dal riconoscimento ufficiale dalla parte della Chiesa"[87].

5.5 *Congregazioni religiose – scuole di vita spirituale*

L'Istituto delle Suore Carmelitane Missionarie, secondo il pensiero di P. Lorenzo che lo ha ideato e fondato, dovrebbe essere una scuola di vita spirituale, dove le suore vivrebbero secondo lo spirito di semplicità, di umiltà, di unione con Dio che si rifletterebbe nell'amore reciproco tra i membri. Le Costituzioni non avrebbero altro scopo se non di dare un indicazione sicura a tutti i membri di vivere secondo il Vangelo. Con chiarezza P. Lorenzo illumina il suo discorso:

---

[86] AP, Costituzioni delle Suore Carmelitane Missionarie di S. Teresa di Gesù bambino, S. Marinella 1930. D'ora in poi Cost.
[87] Ibid.

"Riguardo al secondo problema sull'obbligo morale delle Costituzioni, dobbiamo osservare che le Congregazioni religiose sono come delle scuole di vita spirituale, e che perciò necessitano una legislazione: ora le Costituzioni sono appunto queste leggi, che come tali, impongono a ciascuna suora l'obbligo morale di osservarle, per il buon andamento della vita comune.
Le Costituzioni possono talvolta obbligare sotto pena di peccato mortale, quando si tratta di voti, o di altre gravi obbligazioni della vita religiosa, che possono essere imposte, sotto questa grave pena, legittimamente dai legittimi Superiori (vedi art. 91); talora sotto pena di peccato veniale, quando lo richiede la materia stessa dell'articolo, come per esempio, gli articoli che riguardano la carità fraterna. Talora poi non impongono neppure le pene del peccato veniale, come sarebbe la regola del silenzio, ma obbligano a subire la pena imposta dai superiori, in caso di trasgressione. Ma anche in questi casi, ricordiamo, che queste infrazioni alle regole possono portare al peccato veniale, per altri motivi, p. e. , a causa della tiepidezza nel divino servizio, o per negligenza, o per la curiosità specialmente per lo scandalo che si da' alle anime che convivono con noi e che sono ancora giovani.
Gravissimo – così i teologi – è il disprezzo della regola: disprezzo che porta facilmente al peccato mortale. Gravissimo – così tutti i moralisti – è il resistere ai suoi Superiori, nel caso ch'essi punissero infrazioni delle Costituzioni, o che usassero della loro autorità nel comandare. Uno dei più grandi moralisti fa osservare che il disprezzo dei Superiori è colpa gravissima, in quanto va direttamente contro il voto di obbedienza.
Inoltre il trasgredire le Costituzioni con facilità, noncuranza, leggerezza, portano facilmente la religiosa in pericolo prossimo di peccato mortale. Facilmente trasgredirà le più grandi leggi divine. Con la trasgressione continua, la religiosa si pone in stato di contrariare e distruggere in sé la tendenza per la perfezione che Iddio aveva posto nell'anima con la vocazione. Non dimentichiamo poi il grave danno che reca all'Istituto, per il rilassamento, di cui è causa in sé e in altri.
Notiamo infine che alcuni articoli delle nostre Costituzioni di natura disciplinare, non si sono potuti effettuare, non per causa di mancanza di buona volontà, ma perché suppongono un ulteriore sviluppo materiale e spirituale dell'Istituto, oppure un appianamento di circostanze esteriori, indipendenti dalla volontà dei Superiori. Ma essendo l'Istituto, come diocesano, sotto l'immediata dipendenza dei Superiori Ecclesiastici, tocca ad essi a precisare il momento e la possibilità dell'attuazione di tali articoli. Ecco dunque in breve spiegati questi importantissimi quesiti, che nessuna suora deve ignorare: quanto sia necessario per l'Istituto non sfuggirà a nessuno e perciò si comprende la necessità di rileggere spes-

so e attentamente quanto sopra è stato spiegato, per poter sempre meglio comprendere i legami che ci avvincono alla congregazione a cui Iddio ci ha chiamati!

Come nella vita naturale si nasce in una data famiglia, così nella vita spirituale. Cerchiamo ora di amare questa nuova famiglia soprannaturale ancor più di quella naturale. Cerchiamo di aumentare in zelo perché essa diventi sempre più grande davanti agli occhi di Dio e preghiamo assiduamente per la nostra santità e per quella dei membri della Congregazione. Non diffidiamo della Bontà Infinita di Dio e per quanto ci possiamo internamente sentire piene di miserie, pur tuttavia non cesseremo d'innalzare le nostre preci a Dio, affinché si degni esaudirci e concederci la perfezione.

Da nostra parte mettiamo tutta la buona volontà nell'osservare più scrupolosamente possibile ciò che la regola prescrive. Amiamo i santi voti e l'osservanza delle nostre Costituzioni, e la via della Perfezione si presenterà a noi ben più facile di quel che avremmo supposto. Con l'aiuto della grazia, intercedendo per noi la Vergine del Carmelo, e la Piccola Teresa, vinceremo gli ostacoli ed arriveremo alla santità, voluta da Dio, e la nostra vita non sarà stata inutile su questa terra"[88].

6. Linee portanti del Carisma in P. Lorenzo

Dal solco evangelico della Chiesa e dall'interno del Carmelo fluisce una corrente di vita che ha il suo punto di partenza storica nella persona di P. Lorenzo, e il cui contenuto è un'esperienza di Dio che comporta una nuova esperienza di umanità e che offre un modo di essere nella Chiesa alle Suore Carmelitane Missionarie di S. Teresa del Bambino Gesù.

La forza della grazia, lo Spirito che spinge P. Lorenzo appare chiaramente nelle Costituzioni, in tutti gli scritti e nelle tracce che ha lasciato nel cuore di tante persone affascinate dall'influsso del suo carisma di fondatore, come in quelle persone che hanno goduto della sua azione pastorale. È il traboccare di una vita spirituale profonda, cioè, l'unione con Dio vissuta da P. Lorenzo in modo straordinario nell'ordinario della quotidianità della vita. Vogliamo rilevare che la Congregazione delle Suore Carmelitane rappresenta un patto di amore fatto con il Signore come dice lui: "questa nuova intrapresa è per me un obbligo, perché è un voto fatto per una grazia ricevuta"[89].

---

[88] Ibid.
[89] Purtroppo non sappiamo di quale voto o di quale grazia si tratta.

La dinamo della vita di P. Lorenzo è quella che ha la sua origine nella fonte comune di tutti i cristiani mediante il battesimo, con peculiarità Carmelitana che privilegia alcuni aspetti e dimensioni. Profondamente identificato con il Carmelo si è fatto una cosa sola tra quello che credeva e il suo vissuto. Si è fatto la personificazione del "fuoco" dell'amore che riusciva ad assorbire dalla sua unione con il Signore, suo Dio, che lo trasformò in parola di Dio vivente ad esempio della Piccola e grande S. Teresa del Bambino Gesù.

6.1 *La sua esperienza di Dio*

Come carmelitano ha tenuto presente lo scopo primario del Carmelo, cioè di " vivere in ossequio di Gesù Cristo e a Lui servire fedelmente con cuore puro e retta coscienza, meditando giorno e notte la legge del Signore e vigilando in preghiera"[90]. Cercando di essere fedele all'itinerario spirituale offerto dall'Ordine è toccato dalla grazia e la sua vita diventa un inno di gloria al Signore. Quello che gli importava è vivere la volontà di Dio che si manifesta nell'intreccio degli avvenimenti che si succedono nel quotidiano[91].

Il suo desiderio di lodare e magnificare il Signore, il suo desiderio di sempre compiere solo la volontà di Dio in tutto, il suo desiderio di stare nella solitudine e lo zelo perché tutti arrivassero a conoscere il Signore sono state tutte manifestazioni di questo tocco di Dio. Il suo zelo per la salvezza degli altri cresce a dismisura[92]. Il fervore missionario in P. Lorenzo non è altro che espressione della sua passione per il Signore, della conoscenza esperienziale di Gesù Cristo che ha plasmato la sua vita. Questa esperienza parte dall'itinerario della maturazione della fede attraverso i mezzi che non sono stati messi da parte malgrado la fatica e le difficoltà ad essi inerenti. È lui stesso che ci racconta come si è sentito privilegiato in questo rapporto con il Signore:

"La meditazione di Dio essendo molto astratta, non può essere lunga, se non viene qualche profonda lucidità di pensiero, come una

---

[90] Regula Ordinis Fratrum Beatissimae Virginis Mariae de Monte Carmelo, cap. X, Edizioni Carmelitane, Roma 2007, pp. 11 e 27.
[91] Sono abbondanti le lettere nelle quali P. Lorenzo ripete le due parole: gloria di Dio e volontà di Dio ad esempio come questa espressione: "Non faremo per vana gloria, ma per la salvezza delle anime e la gloria sia solamente a Lui che è il Datore di ogni bene e di ogni buon pensiero" (AP, Lt PL a MC, Roma 1 luglio 1924).
[92] Cf. S. TERESA DI GESÙ, *Il Castello interiore*, V, 2, 2-4, in *Opere*, Postulazione Generale OCD, Roma 1985, pp. 833-840.

volta l'ebbi a Oss[93], tanto che il pensiero di Dio m'illuminò per anni la mente. Il pensiero di Dio è Amore, perché l'attività delle tre persone è attività eterna, infinita, ed è attività di Amore: non è la sostanza di Dio, ma – per noi povere creature, è la sua attività interiore, mentre nell'esteriore, cioè nella creazione è Amore misericordioso, verso i tapini. Così la meditazione di Gesù fatto uomo ci è più facile, perché è un fatto storico, vero, assoluto: un Dio fatto uomo, non per spaventare, ma per Amare col cuore umano questa nostra povera umanità! Quanta consolazione col pensiero di tanta squisitezza del pensiero di Dio nella seconda persona fatto uomo! E la sua santa umanità con la santa divinità unita è in aspettativa che incontri sentimenti di fede, speranza e di Amore"[94].

Un altro momento forte di preghiera è descritto da P. Lorenzo:

"Spero che il giorno della mia morte possa avere simile conforto di preghiera e meditazione come ho avuto in quei giorni di clinica[95], in cui prima della Comunione ho seguito in spirito le Sante Messe celebrate ovunque. [...]. Il pensiero, così comune, che Gesù è Dio, mi è parso sublimemente altissimo considerando la sua Passione: un Dio in Croce per salvare il mondo, per salvare l'anima mia"[96].

La fede, per P. Lorenzo, è un dono di Dio, ma che rientra nella collaborazione dell'uomo. È la grazia che esige dall'uomo corrispondenza alla medesima e per questo insiste:

"il culto interiore è l'adorazione che consiste nell'atto della mente che riconosce Dio, specialmente per mezzo della fede, adorare la SS. Trinità, Amore Infinito, perché la generazione del Figlio è un atto infinito d'amore e lo Spirito è Amore. L'adorazione è un atto della mente con la collaborazione della volontà, perché la fede è atto della volontà"[97].

Nell'esperienza di Dio in P. Lorenzo non si riesce a scindere quando è esperienza trinitaria e quando è cristologica, perché secondo lui Dio

---

[93] P. Lorenzo si riferisce al periodo della sua formazione teologica in Olanda, cioè il 1909-1912.
[94] AP, Ms b, p. 32.
[95] Negli Appunti intimi che abbiamo identificato come Ms b, P. Lorenzo parla di un problema di salute per cui è stato sottoposto a una operazione. Questo è avvenuto nel mese di agosto di 1951. Riferendosi a questo problema dice che il patire è la via più chiara per meditare ciò che Gesù ha sofferto per noi.
[96] AP, Ms b, p. 13.
[97] AP, Ms b, p. 32.

che è Trino, è Amore, e Gesù Cristo non è che l'espressione di questo Amore fatto uomo.

6.1.1 Dio che è Amore

Nell'ambiente religioso dell'epoca, la teologia e la spiritualità di allora risentirono ancora dell'influsso del giansenismo[98]. L'immagine di Dio era quella della Giustizia che ha bisogno di vittime, esigendo i sacrifici e la penitenza di tutti per purificarsi e credersi meno indegni del Dio molto lontano. In questo periodo tante suore, preti e laici erano incoraggiati ad offrirsi vittime di espiazione per i propri e altrui peccati.

Da questa spiritualità P. Lorenzo prende le distanze, cercando di vivere e di presentare alle sue Suore un'immagine di Dio molto diversa da quella concepita dalla maggioranza dei suoi contemporanei. Dio, come concepito da lui è Giudice, ma è Padre, è il Dio di misericordia, un Dio d'Amore: "Iddio è Amore benigno e misericordioso e nelle sue braccia misericordiose dobbiamo noi peccatori gettarci con piena fede"[99].

In P. Lorenzo l'esperienza di Dio è l'atteggiamento proprio della creatura davanti al suo Creatore, creata a Sua immagine e somiglianza. P. Lorenzo arriva ad instaurare un rapporto proprio della creatura con il

---

[98] Il giansenismo risale al XVII secolo dal vescovo fiammingo Giansenio d' Ypres. Secondo E. Pacho una convinzione molto generalizzata presenta il giansenismo come una visione rigoristica della vita cristiana. Il fulcro della discussione è la relazione tra la grazia divina e la libertà umana o più genericamente, tra la trascendenza di Dio e condizione umana. Da questo problema basilare e radicale deriva una concezione della vita cristiana caratterizzata da un certo pessimismo che porta a proposte marcatamente rigoristiche nel comportamento del cristiano. La realtà del peccato originale e la coscienza della colpevolezza collocano l'uomo in una tensione vitale tra la giustizia e la misericordia di Dio. Accettando che la santità cristiana si realizza nell'amore puro di Dio, il giansenismo giunse frequentemente ad una visione pessimistica insistendo sul valore emotivo del timore fino a dare la sensazione di stabilire opposizione, più che relazione, tra timore e amore. Molte volte ciò che si presentava come carità ed espressione d'amore verso Dio e il prossimo, nascondendo atteggiamenti egoistici, portò ad insistere eccessivamente sul timore di Dio e sull'esigenza di purificazione per avvicinarsi a lui, anche attraverso i sacramenti. Questo atteggiamento di timore, portò pure ad una posizione diffidente e chiusa davanti al mondo. Se da una parte esaltò la presenza di Dio nella storia e negli avvenimenti, dall'altra esaltò la *fuga mundi* come esigenza di vita cristiana e non solo delle persone chiamate alla vita religiosa. Quello che prevale sempre è la nozione della distanza molto grande tra Creatore e creatura, tra Dio e l'uomo decaduto e incline al peccato. La restrizione o prevenzione al misticismo si fece risentire fortemente dal giansenismo (cf. E. Pacho, Giasenismo, in L. Borriello – E. Caruana – M. R. Del Genio – N. Suffi (edd.), *Dizionario di Mistica*, Editrice Vaticana, Città del Vaticano 1998, 558- 560).
[99] AP, Ms b, p. 25.

suo Creatore e anticipando i tempi supera la dicotomia anima e corpo, materia e spirito, sacro e profano: "in Lui siamo, operiamo ci moviamo! Chi più intimo con noi se non Iddio?".

Per P. Lorenzo Dio è presente nella storia umana. Dio si trova negli affari umani, interviene attivamente nella vita e nelle fatiche degli uomini:

> "Dio é <u>imperscrutabile ed invisibile</u>. Parlare con Iddio non significa poter aspettare le sue parole: non illudersi perciò nella meditazione e preghiera. L'invisibilità di Dio non si intende solamente con gli occhi, ma specialmente con la mente: gli oggetti della mente provengono dalla fantasia, da cui si ricavano i principi intellettuali, tra i quali la sicurezza dell'esistenza necessaria dell'Ente supremo. Presi come siamo da mille pensieri anche fatui, anche colpevoli, ci è raramente dato di poter pensare a Dio filosoficamente, ma la benignità di Dio ci ha dato un mezzo più semplice e soprannaturale per cui noi nella pace, nel silenzio e nella tranquillità di coscienza, possiamo rendere – in certo modo – visibile l'Invisibile alla nostra mente e questa è LA FEDE in Lui: <u>Credo in Deum.</u>
> Perciò nella meditazione non dobbiamo sforzarci di immaginare un Dio, ma – eliminando possibilmente gli scherzi feroci dalla malsana fantasia, scacciando ogni altro pensiero – gettarci davanti a questo Dio invisibile con pienissima fede della sua presenza. Quale presenza? Non quella esteriore, cioè non come fosse davanti agli occhi nostri, ma come lo è realmente in noi, secondo le parole dell'apostolo: 'Non sapete che siete tempio di Dio e che lo Spirito di Dio abita in voi? O non sapete che il vostro corpo è tempio dello Spirito Santo che è in voi e che avete da Dio, e che non appartenete a voi stessi?[100]".

6.1.2 Adorare il Signore nell'intimo dell'anima

Allontanandosi da tante forme devozioniste di allora, P. Lorenzo vive l'esperienza personale di incontro con il Signore, proponendola pure alle sue suore. Il cammino spirituale è faticoso e difficile, soprattutto perché si deve attraversare il velo dell'umanità. L'uomo spirituale cerca Dio che è puro Spirito:

> "È giusto che noi Lo adoriamo profondamente nell'intimo della nostra anima: il vero nostro essere è nell'anima, ch'è l'immagine e la similitudine di Dio secondo le parole di Dio stesso, nell'atto della creazione: perciò è il nostro spirito che si trova davanti al purissimo Spirito che è Dio: viene quasi necessario il chiudere gli occhi a tutti gli

---

[100] 1 Cor 3, 16; 6, 19; AP, Ms b, p. 2.

oggetti circostanti e riconcentrarsi – senza sforzo eccessivo – in se stesso: Iddio vede le più intime pieghe della nostra mente e della nostra volontà. Noi non ci conosciamo bene e sappiamo scusarci magnificamente anche in noi stessi, ma Iddio è la vera bilancia ed è il nostro Giudice, che ci giudica eternamente; l'anima allora si trova nella sua nudità così vergognosa che sente tutto il peso dell'immensa Maestà di Dio: ed allora – se non fossero altre verità della Fede – lo spirito umano ne verrebbe atterrito a morte. Perciò crediamo opportuno ogni tanto rievocare la grande verità rivelata di "Abba – Pater".
Dio é Creatore Signore, Giudice ma anche è il nostro "Padre".
L'adorazione di un Dio <u>invisibile</u> ed inafferrabile può riuscire pesante, perché sono le nostre facoltà che lavorano sole – così sembrerebbe ma non lo è, poiché Egli talora manifesta ed illumina la mente in un modo sorprendente sopra o l'uno o l'altro dei suoi attributi: si direbbe opera del cervello, specialmente, di quella degli uomini studiosi, ma invece la vivacità e la profondità del pensiero è tale che dobbiamo ammettere l'opera vera di Dio in noi: del resto siamo con la preghiera nel campo soprannaturale e perciò – da noi niente possiamo.
Ottimo è ripetere in umilissima preghiera: *illumina vultum tuum, Domine, super nos et misereatur nostri*. Sei invisibile o Dio, ma se tu illumini il Tuo volto, allora Ti vediamo, cioè se Tu accendi la nostra fede in modo che la fede ora più che conoscenza umana e ragionamento umano, allora l'intelletto gode di questa soavissima presenza di Dio.
Non bisogna scoraggiarsi se non sempre possiamo sentire, non dico il gusto, ma lo spirito della preghiera. Come dice un autore, non è da credersi che sia facile <u>elevarsi a Dio</u>, come riporta la formula catechistica della preghiera che dovrebbe essere un'elevazione della mente a Dio. Bisogna quasi passare più di una ventina di minuti per sbarazzarsi di tutte le fantasie che rendono difficilissima questa elevazione: le immagini si susseguono a film e riprendono presto il sopravvento.
Talora accade che una umana debolezza commessa ci sia tanto pesante e tanto grave da allontanarci dalla preghiera – come questa fosse una <u>menzogna,</u> da parte nostra, di fronte a Dio: non ci resta in questo caso che umiliarci profondamente e invocare il suo aiuto di grazia per un'altra volta"[101].

6.1.3 Chi più intimo con noi se non Dio?

Secondo P. Lorenzo, l'esperienza di Dio è fatta come hanno fatto tutti quelli che sono stati toccati dalla grazia di Dio, cioè il tocco della

---

[101] AP, Ms b, p. 2.

grazia sperimentato nell'intimo, nel più profondo di se stessi. Pertanto, distingue le cose secondo lo spirito e secondo la carne, come faceva Paolo apostolo. L'esperienza che avviene nel profondo dell'essere non ha niente a che vedere con i sentimenti o emozione che i sensi possono produrre:

> "Il corpo umano è sublime creazione di Dio. Noi lo portiamo e non sappiamo in pieno i suoi segreti: ma come materia si disfà lentamente senza accorgersene.[...]. Il pensiero dell'anima è qualche cosa che ci confonde. È più facile intuire la sua immortalità che ragionarci sopra. Più breve e più potente è il pensiero espresso dalle S.S. nella Bibbia: Iddio creò l'uomo ad immagine e similitudine sua. Questa immagine dobbiamo prenderla nel senso dell'anima. Se vi è qualcosa di divino in noi è nell'anima, e il suo involucro, il corpo, compartecipa a questo splendore dell'anima, specialmente se consideriamo sempre con spirito di fede la natura di grazia del primo uomo, Adamo.
> Nell'anima troviamo prima uno specchio, la mente. L'intelligenza, specchio di Dio, immagine di Dio, fonte del pensiero, ma questo specchio è tenuto in una camera chiusa, il nostro corpo, ed allora non può se non giudicare le cose che sono nella camera, attraverso, cioè i nostri sensi. Solamente quando ne sarà libero, potrà liberarsi nella contemplazione delle idee in sé, senza passaggio: mi sembra che anche Kant abbia afferrato questo pensiero, pur divagando in mille errori. Difatti egli, se non mi sbaglio, aspettava il momento di poter entrare nell'altra vita per contemplare i suoi... Quanta difficoltà abbiamo per fissare le idee su Iddio stesso. Non siamo sempre presenti davanti al suo purissimo spirito: in Lui siamo, operiamo ci moviamo! Chi più intimo con noi se non Iddio?"[102].

6.1.4 La Divinità è essenzialmente Trinità

P. Lorenzo sembra arrivare a una tale profondità della sua unione con il Signore che vive immerso nel seno della Trinità. Uomo contemplativo, faceva risplendere la sua unione con il Signore in modo visibile dal suo atteggiamento che non è più suo, ma carico di Dio dalla fede profonda. Dalla conoscenza formale attraverso la fede sembra essere uno solo con il Signore: "il Figlio e il Padre verranno a lui e prenderanno dimora in lui[103] e queste parole del vangelo diventano assolutamente chiare. Se-

---

[102] Ibid., p. 2.
[103] Gv 14, 23.

condo i mistici, questa esperienza non è frutto di studio, ma della grazia di Dio e della fedeltà dell'uomo alla grazia"[104]. Questa esperienza è paragonata da P. Lorenzo alla fiamma del roveto del Sinai. Continuiamo accompagnandolo nella sua meditazione:

> "Il Padre genera il Figlio da tutta l'eternità. Iddio non può essere se non un purissimo Spirito, cioè dal tutto privo di materialità e uno a sé, principio assoluto dell'essere: principio, cioè Base eterna dell'essere: il nulla non esiste, perché negazione dell'essere. Questo essere-esistenza comprende in sé il tutto nello spirituale, cioè pienezza intellettiva, essenzialmente attiva e di conseguenza emanativa infinitamente generativa: da qui il Verbo generato *ab aeterno*. Ma questo Verbo sia <u>personalità</u> distinto dal Padre, questo è il grande mistero. Ma chi vede il Figlio vede il Padre, secondo la Parola del vangelo secondo S. Giovanni.
> Più difficile per la nostra mente è la processione dello Sp. Santo: terza Persona. Ma come grande, anzi infinito è l'amore del Padre al Figlio e viceversa! Veramente la nostra intelligenza adora credendo anche alla 3ª Persona, che è Amore, Fuoco inestinguibili.
> Queste considerazioni, che possono essere puramente intellettive meditando, direi quasi, contemplando, riempiono l'anima di ogni fervore. Frutti di meditazione, tutto è vanità, fuorché Dio! Andare in Dio, voler lasciare il mondo tutto, per vedere l'infinita Bellezza che è la SS. Trinità. Noi piccoli vermi della terra, oggi ci siamo e domani non più (col corpo) eppure siamo frutti di un amore divino. Iddio mi ama e desidera il mio amore.
> Non è possibile decifrare la natura divina con trina personalità. In base a quel che ci dice la Scrittura, cioè che il Padre genera il Figlio da tutta l'eternità, dobbiamo affermare – mi sembra – che la natura della trina personalità in una divinità sia l'Amore. Un amore spirituale, infinito per cui il Figlio eternamente riceve la natura divina dal Padre. Comprendo che le mie parole non sono giuste, teologicamente errate, ma provo difficoltà ad esprimermi diversamente. Considero la definizione della natura delle Divinità, definizione limitata al nostro concetto di divinità, ma è quale è in se stessa, cioè distinta = essenzialmente Trinità. La Divinità è essenzialmente Trinità.
> Umilmente – mi avvicino al pensiero della sostanza, essenza della SS. Trinità. Naturalmente neppure le schiere angeliche, di propria natura, potranno entrare nel mistero come esso è. Ma una similitudine possiamo trovarla... nel fuoco, ardore e luce. *Lux aeterna luceat eis Domine*. La fiamma del roveto sul Sinai. Ma nello stesso

---

[104] AP. Ms b, p. 2.

tempo la prima persona è generante ed eterno generante, come il Figlio eterno *genito*, o meglio per togliere confusione, viene eternamente generato: eterno Amore scambievole, da cui (cioè dal Padre e dal Figlio) procede l'Amore – Spirito, fiamma... Capisco che le mie parole possono risultare poco chiare. Il Padre, prima persona in origine, ha dato tutto il suo Essere al Figliuolo e il suo Essere è eterno, infinito immenso, come l'Amore che procede dal Padre e dal Figliuolo. Solamente per la Fede abbiamo potuto sapere non solo la Personalità del Verbo, ma anche la Personalità dello Spirito e accettiamo il mistero della SS. Trinità, il quale mistero è essenziale per comprendere la Divinità. Molto umanamente parlando con Dio che nello stesso tempo fosse una sola persona (ciò che dopo la Rivelazione) sarebbe la più forte eresia, e potrebbe suscitare nella mente un senso di Fato, Destino, e quasi quasi di una necessità della creazione, come sfogo naturale di un'eterna solitudine. La creazione di Dio nel campo filosofico proviene a posteriori, cioè dagli effetti alla causa, che rimane sempre invisibile.

La meditazione consiste nell'adorazione del Dio Uno e Trino presente nell'anima mia. La presenza di Dio non è nel cuore, ma nello spirito, nell'anima, nella parte più ascosa del nostro essere spirituale dove nessun altro essere può entrare. La sostanza nostra spirituale è pervasa da Dio dell'Amore, e l'Amore misconosciuto, disprezzato porta alla Divina Giustizia. In questi giorni l'anima mia è più compresa dell'idea di Dio che è dentro di noi"[105].

Alle sue suore insisteva: "La suora è sposa del Signore, perciò a Lui ed a Lui solo il pensiero, l'affetto del cuore, della mente e di conseguenza di distacco dalla famiglia. [...] Quante volte al giorno il pensiero di Dio? Almeno una volta ogni ora, non con la sola recita di una giaculatoria, ma con lo sforzo di volontà di vederci di fronte a Lui, centro di profonda spiritualità e di vera comprensione di ciò che si denomina Amore di Dio"[106].

6.2 *La grazia di essere uno dei più intimi amici di Gesù*

L'esperienza religiosa vissuta da P. Lorenzo è un'esperienza cristiana, cioè, un'esperienza di Dio in Cristo, con riferimento antonomastico all'Umanità del Signore. Si nutre del costante ritorno al Cristo storico del Vangelo, come pure del Cristo glorioso.

---

[105] Ibid., p. 49.
[106] AP, Ringraziamento ed esortazione all'unione con Dio, Circolare, S. Marinella 16 agosto 1961.

6.2.1 Il mistero pasquale e l'Eucaristia

Le testimonianze[107] delle Suore affermano che P. Lorenzo era completamente assorto nel mistero pasquale durante le Celebrazioni Eucari-

---

[107] AP, Test. f. m.: 1) "Per me era una persona molto unita con Dio, concentrato nella preghiera e attento alla liturgia e alla parola di Dio", sr Carmem Bonnici, Gozo 13 agosto 2010; 2) "Quando P. Lorenzo celebrava o pregava, vedevamo che lo faceva con tanta devozione e con tanta fede che aiutava anche noi a pregare meglio", sr Marianina Barbara, Gozo 14 agosto 2010; 3) "Mi piaceva molto quando P. Lorenzo celebrava Messa. Vedevo che lui era talmente concentrato sul mistero che il suo volto si trasformava", sr Maria Concetta Dye, Gozo 13 agosto 2010; 4) "Conservo tanti ricordi del Padre, ma quel che mi ha sempre colpito più di tutto era la sua unione con Dio. Quando pregava, si sentiva veramente quel Carmelitano contemplativo che lo faceva un vero carmelitano. Ancor più mi colpiva il suo volto al momento della consacrazione nella Santa Messa. Il suo volto si circondava di una luce inspiegabile. In quel momento lui era veramente in unione con Gesù Eucaristia", Lina Hill, Malta, 5 agosto 2010; 5) "Ricordo che era un'anima di preghiera. Si notava l'unione intima con Dio e si percepiva quando pregava, che il suo essere si trasformava", sr Liliana Floridia, Castellamare di Stabia 23 giugno 2010; 6) "Era un uomo di preghiera che profittava di tutte le situazioni per rivolgere il pensiero a Dio e alla Madonna", sr Matilde Savarino, Castellamare di Stabia 20 giugno 2010; 6) "P. Lorenzo era un'anima di Dio, aveva gli occhi di cielo. Questa sua santità la trasmetteva con la sua presenza", sr Sabina Rattà, Solarino 2 novembre 2009; 7) "Viveva costantemente in unione con Dio, era una persona di profonda preghiera. Quello che mi colpiva di più era la sua autenticità in ciò che professava nella sua vita di cristiano, sacerdote e religioso", Concettina Carbonaro, Pozzalo 22 giugno 2010; 8) "Per me P. Lorenzo è un'anima esemplare, di preghiera, di raccoglimento e di mansuetudine" sr Vittoria Denaro, Modica 3 novembre 2010; 9) "Prima di celebrare la messa ci diceva di prepararci scrupolosamente per importante incontro con il Signore. Lo ripeteva in tutte le conferenze: figliole la santa messa deve essere per noi il cuore della giornata, il pieno dell'energia spirituale, siate pietre vive", sr. Gemma Assenza, Napoli 21 giugno 2010; 10) "La vita di P. Lorenzo era una dolce e continua preghiera. Vedere e sentire P. Lorenzo era come incontrare un essere celestiale. Ci faceva notare che la Parola di Dio è Gesù e Gesù si trova nei fratelli e nei bambini" sr Adelaide Massani, Castellamare di Stabia 20 giugno 2010; 11) "La sua vita di preghiera era intensa. Era come vedere una persona immersa in Dio. Era una gioia partecipare alla celebrazione eucaristica perché vedevo la sua persona trasformarsi. Ti dava una carica interiore molto forte. Significava partecipare intensamente al sacrificio eucaristico che rappresentava il centro della giornata. Anche durante l'adorazione eucaristica il suo sguardo, il suo volto era immerso nell'ostia santa. Non faceva movimento, stava sempre in ginocchio nonostante la sua età e anche la sua sofferenza fisica. Era una gioia vederlo pregare perché veramente si aveva la sensazione di vedere come pregano i santi", sr Elisa Poidomani, Pozzalo 22 giugno 2010; 12) "Viveva una spiritualità incarnata, era tutt'uno con il suo Dio che definiva continuamente Padre buono e misericordioso. Passava diverse ore in meditazione soprattutto le prime ore del mattino dietro i vetri della sua finestra osservava l'alba e distingueva i diversi pianeti, da queste osservazioni si immergeva nella grandezza di Dio, presente nelle grandi opere del creato e qualche volta cercava di comunicare anche a noi, senza la presunzione di grande maestro di spirito, ma con la semplicità del bambino carico di meraviglie per la grandezza del papà. L'Eucaristia era per il Padre il più grande dono e spesso diceva, mostrandoci le sue mani, queste mani toccano Gesù vivo e vero come lo hanno toccato i suoi discepoli e voi dovete pregare per la purezza dei sacerdoti che debbono compiere questo grande miracolo d'amore ed essere degni di toccarlo", sr Beatrice Minieri, Castellamare di Stabia 23 giugno 2010.

stiche e durante altri momenti di preghiera. Infatti è lui stesso che registra questi momenti:

> "Nel memento – dei vivi mi figurò Gesù (la testa e le sue braccia) quasi sull'altare e gli domando: perché Gesù, il tuo *sitio*? Immensi popoli senza idea di Dio! Come vuoi che entrino in cielo? Ma tu puoi. Vi sono chi sa quanti che riceveranno un barlume di verità, di desiderio di fare ciò che Dio vuole, un battesimo di desiderio. Chi sa quanti si convertono! Sono i predestinati del cielo! Predestinati per i meriti di Gesù Cristo e per le nostre umilissime preghiere!"[108].

6.2.2 Cuore Eucaristico di Gesù – nuovo rogo dell'Horeb

P. Lorenzo, mirando sempre a rendere gloria al Signore a compiere perfettamente la volontà di Dio senza guardare a se stesso, sull'esempio di S. Giovanni della Croce, sembra essere arrivato a quell'unione trasformante di cui parla il mistico:

> "quando l'anima si dispone (come avviene allorché allontana da sé ogni velo e macchia di creatura) viene subito illuminata e trasformata in Dio, Il quale le comunica il proprio essere soprannaturale in tal modo da sembrare che ella sia Lui e possieda quel che Egli possiede. Quando il Signore elargisce all'anima questa grazia soprannaturale, avviene un'unione tale che le cose che appartengono a Dio e l'anima diventano un'unica cosa in trasformazione partecipante. L'anima allora sembra più Dio che anima ed è anzi Dio per partecipazione"[109].

In una tale unione l'anima viene elevata a una conoscenza che supera ogni comprensione. Per P. Lorenzo Gesù ci ha amato con cuore umano, che però non ha conosciuto lo sfacelo della morte. Secondo lui "dopo sepolcrale silenzio, ha ripreso in pienezza di vita il suo ritmo misterioso, il Cuore di Gesù, <u>Cuore di Dio</u>, palpita di Amore infinito per la gloriosa risurrezione di questo nostro povero cuore di carne"[110]. Citando le parole dell'Apostolo agli Efesini: "Che il Cristo abiti per mezzo della fede nei vostri cuori, e così, radicati e fondati nella carità, siate in grado di comprendere con tutti i santi quale sia l'ampiezza, la lunghezza, l'altezza

---

[108] AP, Ms b, p. 23.
[109] Cf. Giovanni della Croce, *La salita al monte Carmelo*, II, 5, 7 in *Opere*, Roma 1975, pp. 78-83.
[110] AP, Circ., senza data. In Appendice 4.6.

e la profondità, e di conoscere l'amore di Cristo che supera ogni conoscenza, perché siate ricolmi di tuta la pienezza di Dio"[111], P. Lorenzo conclude: "Sede di questo infinito Amore di Cristo è il suo Cuore"[112]. Alla conoscenza di Dio talmente profonda e intima, capace di produrre una gioia profonda e ineffabile, che nessun linguaggio può esprimere, P. Lorenzo vuole spronare le sue Suore, come diceva lui, per gustare di questa esperienza indicibile. Arrivare a questo stato perché Dio possa comunicare se stesso profondamente all'anima e riesca a fare esperienza di Dio in modo veramente sublime:

> "Il Sacro Cuore di Gesù! Questo cuore che racchiude tutto l'amore di un Dio-Uomo. Voler sentire i suoi palpiti, i suoi affetti, i suoi lamenti, [...] che palpita sempre sotto le specie sacramentali. Questo sarà l'anelito supremo delle nostre Carmelitane. A questo cuore inesauribile di acqua viva verranno le Missionarie a dissetare gli ardori interni che dovrà consumarle in vita: in questa fornace ardente verranno a rintuzzare il loro amore. Non è forse il Cuore di Gesù, il rogo dell'Horeb, la cui fiamma sempre ardeva e non si consumava? Intorno a questo rogo si dovrà concentrare tutta la vita delle Missionarie Carmelitane. La montagna dell'Horeb è il sacro altare dove sotto le specie eucaristiche si nasconde la stessa maestà infinita: vicino al sacro altare, in adorazione davanti al Cuore Eucaristico di Gesù passeranno le nostre Carmelitane tutte le ore disponibili, esercitandosi in continui atti di amore, di riconoscenza, di ringraziamento, di riparazione"[113].

Il Carmelo Missionario, anche se ora abbracci la più sublime della vita attiva, la vita missionaria, pur tuttavia non è possibile separare il concetto del Carmelo da quello della vita contemplativa e questa vita contemplativa le nostre figliole l'eserciteranno ai piedi di Gesù eucaristico[114].

6.2.3 Purificato dalla fiamma dell'Amore e vivendo del suo santo Sacerdozio

Per P. Lorenzo il cuore è simbolo reale dell'unità interna, profonda e originaria di corpo e di anima, come abbiamo citato sopra. È il nostro centro nascosto, irraggiungibile dalla nostra ragione e dagli altri: solo lo Spirito di Dio può scrutarlo e conoscerlo. È il luogo della deci-

---

[111] Ef 3, 17-19.
[112] AP, Circ., senza data.
[113] AP, Dir, p.3.
[114] AP, ibid., p. 5.

sione, che sta nel più profondo delle nostre facoltà psichiche. È il luogo della verità, là dove scegliamo la vita o la morte. È il luogo dell'incontro, poiché, ad immagine di Dio, viviamo in relazione: è il luogo dell'alleanza. Possiamo dire che, essendo vicino ai teologi contemporanei, per P. Lorenzo il Cuore di Gesù è simbolo reale di tutto l'amore di Cristo per l'uomo[115]. È per lui la sede dell'intelligenza e della volontà in cui vuole identificarsi:

> "Ho pregato in questi mesi per entrare nel Cuore di Gesù, in modo tale da vivere con l'intelligenza e la volontà di Gesù. É questa la grande grazia che domando dal Signore: vivere intimamente con l'anima Sua. Vivere del suo santo Sacerdozio! Essere uno dei più intimi amici di Gesù!"[116]. Giacché il Signore vuole che noi Gli domandiamo le grazie per l'anima nostra, e che non scarseggiamo nel domandare, L'ho pregato affinché mi tenesse con i suoi più intimi, durante questa mia vita mortale, nel Suo Cuore e che io possa morire nel suo Cuore, e che nella partenza da questo mondo, la mia povera anima si sprofondi nell'Abisso dell'Amore, il suo Cuore, e là venga purificato dalla fiamma dell'Amore. Sento, mentre scrivo, ancora l'ambascia nel mio cuore[117].
> Meditando brevemente prima della Messa la Passione del Signore, le sue piaghe delle mani e dei piedi... Impressione dolorosa di quest'uomo Crocifisso! Uomo peccatore? Come il buon ladrone? La sua pena non ci farebbe impressione. Ma qual male ha fatto Gesù? É veramente l'Uomo-Dio che si sacrifica per noi, per me! Ecco il mistero profondo. Pensavo questa mattina al dolore atrocissimo dei poveri i cui piedi non possono muoversi. Chi potrà descrivere tanto strazio!"[118].

6.3 *La sua esperienza mariana*

Alla esperienza teologale e cristologica di P. Lorenzo si somma la sua esperienza mariana. L'esperienza mariana di P. Lorenzo è esperienza della Vergine evangelica, che ascolta la parola e la compie. La piattaforma di base è quella della verità nell'umiltà che rende Maria, come dice P. Lorenzo, la Nuova Arca del Testamento, la Foederis Arca:

---

[115] Cf. A. POMPEI, Cuore, in L. BORRIELO – E. CARUANA – M. R. DEL GENIO – N. SUFFI (edd.) *DM*, pp. 385-388.
[116] Cf. AP, Ms b, p. 17.
[117] Ibid.
[118] Ibid., p. 23.

"L'umiltà è la negazione della superbia e mentre la superbia ci gonfia a farci credere superiori agli altri, sia pure relativamente nel nostro piccolo ambiente, rendendoci ciechi nello spirito, l'umiltà illumina l'intelletto dandoci a conoscere l'assoluta nostra nullità di fronte all'Unico Ente Creatore e Datore d'ogni cosa. L'umiltà è allora indiscutibile verità. Come scintilla dagli occhi di Maria l'umiltà della sua anima che non lascia trapelare anche alle persone più intime la sua ascesa al primo gradino della creazione e all'insondabile Divino Amore che rende diamantino il suo spirito e ne fa dimora prediletta della Triade infinita! La Vergine purissima, Madre del Figliuolo divino, riconobbe in tutta la sua profondità l'Opera divina operata in lei. E come nell'Antica Arca era riposta gelosamente una manciata del miracoloso cibo del deserto, così era raccolto in lei, in un piccolo, minuscolo Essere Vivente, plasmato dallo Spirito Creatore della stessa materna sostanza, la nuova Manna celeste, il Vero futuro Pane quotidiano dei credenti. Da qui il profondo sentimento di umiltà della Vergine nel confronto del proprio nulla con l'accesissima fiamma d'amore che in Lei così misteriosamente operava. […]. Il concetto che Maria aveva della sua nullità forma ora la sua gloria e Maria lo confessa: tutti i credenti fino alla fine dei secoli canteranno lodi di gloria a Lei la privilegiata Madre del Signore e la chiameranno Beata. Umiltà è verità, è obbedienza, ed è l'unica via per arrivare a vedere un giorno la gloria di Dio e la gloria della più umile tra le creature: MARIA"[119].

Per P. Lorenzo Maria è "specchio di giustizia", cioè specchio di santità. In Maria rifulge l'infinita santità di Dio ed i suoi raggi misteriosi si riflettono sulle creature che seguono i suoi passi, che si regolano, secondo l'esempio ammirabile dato da Lei.

Tanto alle responsabili delle comunità quanto alle altre suore P. Lorenzo ripete con ostinazione di cogliere l'esempio di Maria nella sua maternità spirituale. Secondo lui è conseguenza logica dello stato di verginità consacrata. Verginità non costretta dalle circostanze della vita, ma verginità offerta coscientemente e liberamente al Signore. Questa verginità porta alla Maternità spirituale, perché, come dice lui: "Lo Spirito Santo è lo Spirito di Amore e l'amore discende sulle anime vergini di corpo, ma più di spirito"[120]. È lo stesso Spirito annunciato dall'angelo Gabriele nel giorno dell'incarnazione e che è disceso in Maria. I raggi di santità, presente in modo profondo nell'anima verginale devono trasfondersi trasformando le superiore e le suore in modello di preghiera, esempio di meditazione, esempio di carità, esempio di mitezza, esem-

---

[119] AP, Circ., Domenica in Albis 1958.
[120] AP, Circ., maggio 1948.

pio di bontà e esempio di imparzialità. Insiste a guardare in questo specchio:

> "Ma guardate al grande esempio di Maria santissima, il grande specchio di santità. Gesù è asceso al cielo ha lasciato agli apostoli una madre. E' lei che dirige quella bella comunità di uomini, la sua voce soavissima penetra nei loro cuori: quanta mitezza, quanto tatto materno, tutti si rivolgono a lei fiduciosi nelle loro difficoltà, per tutti ha una parola di conforto, di sollievo, d'incoraggiamento"[121].

Con tutta la forza della sua fede P. Lorenzo afferma: "Iddio e la Vergine benedetta del Carmine hanno voluto il sorgere di questo Istituto"[122]. La Vergine secondo P. Lorenzo è più Madre che Regina e insiste:

> "Sarà nostro obbligo di evocare presso tutte le nazioni, a cui Iddio ci destinerà, la cara memoria della nostra Madre Maria e la gloria del suo santo scapolare. [...] A Maria, dopo Gesù, le Carmelitane dimostreranno un affetto filiale. Con tutte le potenze dell'anima cercheranno di conoscere le grandi glorie, di comprendere la sublimità a cui Iddio ha voluto innalzare questa celeste creatura, sino ad eleggerla a Madre del Verbo. Con che ardore invocheranno la Vergine esse che sono state elette a spose del Figliuolo divino: nelle sue mani metteranno le loro opere, i loro lavori, le loro speranze e l'avvenire del nostro santo Istituto. Potrà la Vergine abbandonare le sue figliuole che con tanta fiducia hanno voluto mettersi sotto la sua protezione ed indossare l'abito a Lei sacro?"[123].

6.4 Nella piccola via di Teresa di Lisieux, la sua esperienza di Dio proposta alle Carmelitane Missionarie

Dio è il centro propulsore della vita di P. Lorenzo e di tutte le sue ricerche. Il Suo sguardo penetra profondamente ogni istanza dove possa trovare un grande o piccolo segno della presenza di Dio, e si aggrappa con tutto l'essere quando qualcuno indica un cammino per arrivare a Lui. Giovane ancora, trova nella Santa di Lisieux un esempio più vicino. Si è innamorato di lei e fa sua la piccola via e su questa via vuole vedere tutte le anime che faranno parte di questa schiera di anime scelte, di anime elette. P. Lorenzo si ritrova nella intuizione di Teresa.

---

[121] Ibid.
[122] AP, Circ. il fine 1942 o inizio del 1943.
[123] AP, Dir, p. 8.

E per questo afferma con convinzione: "Iddio e la Vergine benedetta del Carmine e la gloriosa Protettrice nostra s. Teresa di Gesù bambino hanno voluto il sorgere di questo Istituto"[124].

6.4.1 La piccola via

La denominazione dell'Istituto è di Santa Teresa del Bambino Gesù:

> "Il nuovo Istituto tra tutti i numerosi e gloriosi santi del Carmelo ha voluto scegliere la Santa degli ultimi giorni, Teresa del B. G., che con la sua amabile santità ha saputo attirarsi uno stuolo infinito di anime. La via che ella ha tracciato non è scabrosa, non di estasi o di incomprensibili mortificazioni, ma è la via misteriosa dell'Infanzia spirituale"[125].

Se il modello di umiltà è Maria, Vergine e Madre, P. Lorenzo trova la risposta concreta di una proposta di santità in Teresa di Lisieux: "Fu sempre vivo desiderio di Teresa di diventare una grande Santa, ma nello stesso tempo comprese che grazia è tutto dono di Dio e chi aspira, a questa grazia deve prima inabissarsi nella comprensione della propria nullità"[126].

P. Lorenzo cerca di estrarre l'essenziale dal messaggio dottrinale di Teresa di Lisieux e desidera con tutta la forza del suo carisma di fondatore di imprimere nelle prime suore l'esperienza che lui, in prima persona, cerca di fare.

Riportiamo il contenuto presentato nel Direttorio:

> "La sua Via d'Infanzia Spirituale fu il cammino della fiducia e totale abbandono in Dio. Questo fu il segreto della sua santità. Nella sua autobiografia non troviamo trattati astrusi e profondi, ma tutto è semplice, di una semplicità che non spaventa le anime. È una santità che si può affermare, una santità direi quasi alla portata di tutti. E tutti devono tendere alla santità, perché Gesù impone a tutti l'obbligo di cercarla: 'Siate perfetti, com'è perfetto il vostro Padre celeste'. È un dovere dunque, una necessità per chi vuole entrare nel regno dei cieli, di acquistare questa perfezione. E Teresa del B. G. nella sua dottrina e nella sua vita perfetta dimostrò il carattere di questa san-

---

[124] AP, Circ., fine anno 1942 o inizio anno1943.
[125] Cf. AP, Dir, p. 9.
[126] Ibid., p. 10.

tità comune. [...] Teresa afferma che non desiderò mai grazie straordinarie e visse nell'oscurità della fede. Non si permise mai aspre macerazioni, anzi raccomandò la moderazione in tutto, perché nelle mortificazioni entra ben spesso più la natura che le virtù"[127].

6.4.2 Nel perfetto amore di Dio

Per raggiungere la santità P. Lorenzo ritiene che non servano le grandi penitenze, calcolare quantitativamente le preghiere e le giaculatorie, ma è indispensabile l'amore verso Dio e il prossimo, che si estrinseca nell'adoperarsi per il suo bene. Rilevando il carattere dell'ordinarietà dell'azione fatta con amore dalla piccola Teresa, P. Lorenzo insiste sulla necessità di venire incontro ai bisogni immediati di chi ci circonda.

> "Affinché tutte le anime potessero imitarla Teresa del B. G. non volle nella sua vita che le cose ordinarie. La sua santità fu informata da un immenso e perfetto amore di Dio, adempiendo così il grande precetto della legge divina: 'Tu amerai il Signore Iddio tuo, con tutto il cuore, con tutta l'anima, con tutte le tue forze, con tutto il tuo spirito'[128].
> "Si adoperò perciò in tutte le sue azioni, anche nelle più insignificanti di agire per amore a Dio. 'Gesù incontra solo degli ingrati e degli indifferenti tra i discepoli del mondo e tra i suoi propri discepoli; trova, ahimè, pochi cuori che si abbandonino a lui senza riserve, che comprendano tutta la tenerezza del suo Amore infinito"[129].

I suoi desideri d'amore verso Dio diventavano perciò per lei un vero martirio. L'amore, diceva la Santa, rinchiude in sé tutte le vocazioni. La sua vocazione era l'amore[130]. Il più piccolo movimento di puro amore è più utile alla Chiesa che tutte le altre opere riunite insieme[131].

> "Non volle vincersi nei suoi difetti per arrivare all'amore, ma imbevuta d'amore lasciò eroicamente che la grazia di Dio, senza contrasto, potesse vincere in lei la natura ribelle. Intensificandosi in lei l'amore, diventò un angelo di pazienza, una religiosa esemplarissima nell'osservanza delle regole minime dell'ordine. Tutta la sua vita fu uno sforzo incessante a rimanere nell'amore e a obbedire prontamente ed ef-

---

[127] Ibid.
[128] Mc 12,29.
[129] TERESA DI GESÙ BAMBINO E DEL VOLTO SANTO, *Opere Complete,* Editrice Vaticana e OCD, Città del Vaticano 1997, p. 218.
[130] Cf. Ibid., p. 223.
[131] Cf. Ibid., p. 226.

ficacemente a tutti gli impulsi dell'amore e montare continuamente fino ad arrivare alla più alta cima di esso. Vedendosi così piccola davanti a questo ideale così sublime non titubò, ma fiduciosa nella sua fede, si abbandonò totalmente nel suo Signore. Ciò che piace a Dio è la cieca speranza che si ha nella sua misericordia. La santità, secondo Teresa, progredisce a ragione del progresso nello spirito d'infanzia. Dovete comprendere, dice ella in una lettera, che per amare Gesù, essere la sua vittima d'amore, più si è deboli e miserabili, più si è adatti alle operazioni di questo amore consumante e trasformante. Amiamo la nostra piccolezza ... allora noi saremo poveri di spirito e Gesù verrà a cercarci anche da lontano e ci trasformerà in fiamme d'amore. È dunque un totale abbandono all'onnipotenza di Dio, che la Santa inculca a tutti i suoi lettori, una necessità di volgere la nostra anima verso l'anima santissima del Redentore, il nostro cuore verso il Cuore Sacratissimo. Essa ha scritto: da Dio si ottiene tanto quanto si spera. Dalle proprie forze, dalla propria virtù nulla vi è da sperare, tutto invece possiamo sperare da Dio e perciò ella umilmente pregava: O mio Dio, ti prego, non permettete mai che io vi sia infedele. Il suo più gran timore era di svincolarsi dall'amore di Dio e perciò tutta compresa di una vera e solida umiltà rimaneva sempre una piccola infante davanti ai suoi occhi. Non ha forse il Salvatore insegnato che dopo aver lavorato bisogna poi confessare di non essere se non servitori inutili? Ella si credette sempre troppo piccina per fare grandi cose, ma la sua follia, come ella si espresse, fu di sperare che Dio, nel suo infinito amore l'accettasse a sua vittima"[132].

6.4.3 Legione di piccole vittime d'amore

Il desiderio di S. Teresa di rivolgere la propria attenzione e le proprie cure verso il prossimo, frutto del raggiungimento del bene ultimo che è Dio, non deve restare come lettera morta ma deve trovare chi con amore si adopererà per questo scopo. Nel pensiero di P. Lorenzo le Suore Carmelitane fanno parte della legione di piccole vittime d'amore che seguiranno l'insegnamento di S. Teresa.

"E non volle esser sola nell'olocausto: Io ti supplico, così pregava, di scegliere nel mondo una legione di piccole vittime degne del tuo amore. Iddio tra le numerose vittime del suo amore ha voluto scegliere le nostre Carmelitane. Ricordando che il Signore nasconde i tesori della sua saggezza ai saggi della terra e li manifesta ai fan-

---

[132] AP, Dir, p. 11.

ciulli, ai quali è destinato il regno dei cieli, imiteranno la Santa Carmelitana nel suo grande amore verso Dio e nella sua umile infanzia spirituale. Rinnegando perciò alla fantasia che le muoverà ad opere grandiose e strabilianti, ameranno invece una vita oscura, ordinaria, umile di lavoro e di santificazione interna e pur desiderando di diventare grandi santi, non ambiranno né a visioni, né ad altri doni carismatici, perfezionandosi invece nell'amore, che come dice S. Paolo[133] è la via più eccellente per arrivare a Dio"[134].

6.5 *Lo zelo per la tua casa mi divora*[135] – *il suo senso ecclesiale*

P. Lorenzo, pieno di fervore, vorrebbe che il fuoco che infiamma il suo essere contagiasse tutte le persone e domanda:

"Chi amando Cristo non si sente affascinato dall'opera stupenda della Redenzione? Redimere il mondo, salvare le anime, ecco il sogno, l'ideale delle anime più nobili e più ardenti. Ma come fare per essere umili coadiutori di Cristo nella sua sublime opera della Redenzione? [...] Le vie della Provvidenza sono innumerevoli. Dio non chiama tutte all'austerità dei Carmeli di stretta clausura. Il Signore ha creato altri Carmeli, dove Egli vi trova anche le sue delizie perché in questi Carmeli vi si vuole seguire Gesù nelle vie della Palestina e della Samaria, si vuole imitare Gesù nella vita sua apostolica. 'La vostra missione è veramente bella, così scriveva la nostra Santa ad un missionario, perché l'ha scelta per primo Nostro Signore'[136]. Con la vita missionaria, le nostre Carmelitane realizzeranno il grande ideale della piccola Teresa, che nella sua ultima malattia offriva le fatiche del passeggio per alleviare le pene e le fatiche di qualche missionario lontano. Le Missioni! Come non si può essere scossi dal pensiero che ben più di un miliardo d'infedeli rimangono fuori della Chiesa senza contare, 120 milioni di scismatici, 166 milioni di protestanti, di maomettani e milioni di ebrei. Solo 272 milioni di tutto il genere umano appartengono all'ovile di Cristo. È proprio vero che i figlioli delle tenebre sono più prudenti dei figliuoli della luce. I commercianti difatti, i servi dei governi per un lucro temporale attraversano oceani e deserti, mentre relativamente ristretto è il numero di coloro che per desiderio di lucrare le anime, vogliono di buona volontà muovere un passo fuori del posto in cui sono nati. Tra questi anime elette, chiamate a seguire più

---

[133] Cf. 1 Cor 12, 31.
[134] AP, Dir, pp. 9-14
[135] Sl 68, 10.
[136] Cf. TERESA DI GESÙ BAMBINO E DEL VOLTO SANTO, *op. cit.*, pp. 553-554.

da vicino il Redentore nelle fatiche dell'Apostolato, si dovranno annoverare le nostre Carmelitane. Esse domanderanno perciò al Signore che conceda loro uno spirito ardente missionario e per arrivare a tale scopo si sforzeranno di raggiungere il massimo grado nello spirito di mortificazione, accettando con cristiana rassegnazione anzi con gioia le piccole contrarietà che s'incontrano nella vita religiosa e che servono ad un graduale allenamento per la lotta più grande, sia fisica, sia morale che le aspetta nelle Missioni. Ricordiamo che tra i nostri Carmelitani sia Calzati che Scalzi vi furono sempre delle grandi anime missionarie. Tanti gli uni quanto gli altri si sono resi benemeriti in diverse missioni, specialmente in quelle delle Antille, del Brasile e delle Indie. Ed è appunto questo santo spirito missionario che desideriamo rimanga sempre vivo nel nostro Istituto che considererà le Missioni sempre come suo fine primario. A questo nobilissimo fine il nostro Istituto ne ha accoppiato un altro, per sé non meno nobile: l'educazione della gioventù del popolo e la redenzione dell'Infanzia abbandonata. Questo fine secondario non fa che completare il fine primario, poiché il lavoro delle future missionarie si dovrà svolgere specialmente in favore della gioventù, da cui dipende l'avvenire di una Missione. Inoltre quelle Suore, che per disposizione dei Superiori, verranno destinate a rimanere nei paesi civilizzati, mentre da una parte si faranno un grave obbligo di fomentare in loro e negli altri lo spirito missionario con la preghiera e la parola, troveranno una santa ed utile occupazione ove spendere santamente il tempo che loro rimane dopo aver adempito i loro obblighi verso Dio"[137].

6.6 L'umanesimo in P. Lorenzo

L'esperienza religiosa che implica un'esperienza del mistero di Dio, porta con sé una nuova esperienza di ciò che è umano. Immergere nell'esperienza di missione di Gesù è mettere al centro della missione il Padre e i poveri.

P. Lorenzo consegna questo duplice versante della vita: esperienza del Padre fatta da Gesù e esperienza della povertà insieme ai poveri. Non sa come scindere l'esperienza del Padre in Gesù e i poveri[138], come non si

---

[137] AP, Dir, pp. 14-18.
[138] AP, Test. f. m., CONCETTINA CARBONARO: "Mi colpiva il suo grande desiderio di missioni tra i poveri", Pozzallo 22 giugno 2010; AP, Test. f. m. di GIACOMINA MACAUDA: "Il padre ci spronava per avere dentro di noi il senso della missionarietà, lavorando specialmente con la gente povera, avendo un cuore materno, per prepararci alle nuove situazioni che si potevano trovare in terre straniere, perché lui diceva: la carità ci fa aprire il cuore a tutte e a tutti, senza fare distinzione tra le persone".

può scindere l'amore di Dio e l'amore del prossimo. "Lo spirito dell'Istituto come viene definito nelle Costituzioni privilegia la ritiratezza, spirito di orazione e di unione con Dio, di mortificazione, di umiltà, di abnegazione assoluta e di perfetto amor di Dio e del prossimo"[139].

Nelle Costituzioni del 1925, al Cap. XI, sul tema della Carità P. Lorenzo rileva l'esempio di S. Teresa del Bambin Gesù per attuare almeno in parte gli aneliti della sua ardentissima carità e dice: "le nostre Suore si studieranno di eccellere nella pratica di questa virtù. E continua: "Sia pertanto la carità oggetto delle loro preghiere e delle letture spirituali. Cerchino di promuoverla in comunità con il reciproco rispetto, quale conviene ad anime consacrate a Dio e al bene del prossimo; fughino ogni più lieve offesa a questa, che è la regina delle virtù[140]. La carità che ha sua origine in Dio Amore e che trova la sua prassi nei rapporti tra le persone deve essere il motore della missione delle Suore nelle missioni, nelle opere per le fanciulle povere e abbandonate; nel catechismo ai bambini del popolo[141].

La parola missionaria, dice P. Lorenzo, "abbraccia tutte le possibili attività filantropiche, sociali, sigillando tutte con la carità di Cristo"[142]. Se la missione delle Suore è di rivelare il volto del Padre a tutti i poveri, continua P. Lorenzo: "Le doti necessarie alle suore si compendiano in una vera carità cristiana, che fa vedere in queste anime a loro affidate l'immagine stessa di Dio, che ci fa doverle perfezionare nell'amore di Dio e della Chiesa[143]".

La compassione che dimostra P. Lorenzo ai poveri: "bisogna che le Suore ben comprendano la necessità di riempire il vuoto che sentono queste giovani anime, che generalmente non hanno goduto la vita familiare. La Suora deve prendere il posto di madre, di madre cristiana che sa moderare l'affetto e condividerlo con assennatezza a tutti i suoi figlioli. Per questa vera carità la suora eviterà con tutte le sue forze a prendere un aspetto intransigente, duro, arcigno, da terrorizzare le bambine. La religiosa deve essere armata di santa pazienza, deve entrare più attentamente nelle anime per trovare ben presto un modo di plasmare santamente queste creature"[144].

P. Lorenzo supplica le Suore di ascoltarlo: "Accettate, mie buone suore queste mie parole, per il bene vostro, sia sulla terra, sia nel cielo, se voi non diventate piccoli, non entrerete nel regno dei cieli, ha detto il

---

[139] Cf. AP, Cost., p.7.
[140] Ibid., p. 9.
[141] Ibid.
[142] AP, Circ., S. Marinella 1948.
[143] Ibid.
[144] Ibid.

Signore. Ed io vi dico che non diventate piccole coi piccoli, voi chiuderete a questi piccoli, la via del cielo"[145]. Per lui, le missioni, le opere, che sono espressioni della sovrabbondanza dell'amore di Dio nei cuori delle persone consacrate devono essere compiute con gioia, bontà e amore gratuito; invece, la grande maggioranza di queste persone è triste, avara, superba, ambiziosa. E ritorna a ripetere:

> "Il mandato del Signore! L'amore vicendevole tra i cristiani. E amore profondo al prossimo esige il Signore, amore simile al suo! Dove troveremo questo amore predicato da Gesù? Certamente dovrebbe esserlo nei monasteri, nelle case religiose. Ma non ci illudiamo, anche in questi non brilla, se non molto imperfettamente questo amore. Che volete far del bene al prossimo se non si ha tra voi l'amore che Gesù c'impone a fare regnare nel nostro cuore? Raccomandiamo vivamente perciò la carità di Cristo: *caritas urget nos*"[146].

6.6.1 La cultura è importante

L'influsso dell'Ordine al riguardo dell'importanza della preparazione culturale dei suoi membri è stato profondamente impresso nella vita di P. Lorenzo, così hanno testimoniato le Suore, come i laici: "la sua regola di vita era la semplicità, pur essendo un mostro di scienza"[147]. Desiderava Suore preparate culturalmente per meglio servire nelle Missioni. L'insistenza sulla necessità della cultura alle suore è abbondante in quasi tutte le testimonianze: "figlie, studiate, studiate perché senza un pezzo di carta non si può far niente"[148].

Tutte le Suore hanno sentito ribadire questa frase da P. Lorenzo, tanto era il desiderio di avere suore preparate: "studiate, studiate figliole"[149]. "Ci teneva molto alla promozione umana attraverso lo studio. Voleva le suore preparate per la missione"[150].

Ci fa intravedere come P. Lorenzo seguiva tutte le Suore e le aspiranti e si interessava nella preparazione culturale di tutte: "Curiosa l'insistenza di sr. Agnese[151] a Paranavai, per non mandare ai corsi le giovani

---

[145] Ibid.
[146] AP, Circ., S. Marinella aprile 1949.
[147] P, p. 331.
[148] AP, Test. f. m., EMERENZIANA CARPENZANO, S. Marinella 25 gennaio 2011.
[149] AP, Test. f. m., CARMEN BONNICI, Gozo 13 agosto 2010.
[150] AP, Test. f. m., LILIANA FLORIDIA, C. di Stabia 23 giugno 2010.
[151] Si tratta di sr Agnese Giunta, del gruppo fondazionale della Congregazione, Delegata della Superiora generale in Brasile, 1959- 1964.

aspiranti: vediamo come le cose si metteranno"[152]. A questo riguardo vale la pena trascrivere una lettera di P. Lorenzo rivolta alle Suore brasiliane:

> "Scrivo queste poche righe per spronarvi sempre più nella vita apostolica missionaria. Ricordatevi che senza istruzione non vi è possibilità di andare avanti, perché tutte le giovani suore devono fare il possibile per ottenere dei diplomi: siccome è quasi impossibile che dall'Italia, si parta con i diplomi, che oggigiorno si richiedono in tutte le nostre case, è necessario che ci pensiate voi con le giovani novizie e con le aspiranti. Perciò aumentate le giovani vocazioni e fate che queste siano pronte a tutti gli studi superiori. <u>O sr. Maddalena</u>[153]! continua bene negli studi e cerca delle buone giovinette che siano capaci a seguirti negli studi"[154].

Da diverse testimonianze orali e alcune scritte si fa risalire una tensione tra il pensiero della M. Crocifissa e del P. Lorenzo: "Mi ricordo che è stato P. Lorenzo a farci scuola. Lui voleva che studiavamo tutte, ma la maestra di noviziato ci faceva tralasciare gli studi e ci imponeva di studiare le Costituzioni. Il Padre si dispiaceva di tutto questo e si mostrava severo, quando non riuscivamo ad eseguire i compiti e ci esortava alla nostra responsabilità"[155]. Un'altra testimonianza mette in luce questa tensione: " Lui (P. Lorenzo) voleva che noi studiassimo, ma lei (M. Crocifissa) faceva difficoltà, perché temeva che dopo lo studio in molte avremmo lasciato la Congregazione, il Padre tuttavia rispondeva: "Non importa. Anzi, lo studio se lo ritroveranno nella vita, ovunque saranno"[156].

6.6.2 Reciprocità del femminile/maschile[157]

Un altro aspetto dell'umanesimo di P. Lorenzo, anticipando i tempi, è il suo vissuto che costruisce ogni giorno la reciprocità del femminile/maschile nel fondare, nel seguire e nello spogliarsi totalmente per dare

---

[152] AP, Ms b, p. 45.
[153] La sottolineatura è di P. Lorenzo e si riferisce a suor Madalena Tada.
[154] AP, Lt di PL alle Suore brasiliane, S. Marinella 7 maggio 1963.
[155] AP, Test. f. m., M. Augusta Colombo, Modica 27 ottobre 2009.
[156] P, p. 154.
[157] C. Cicconetti, Il pensiero del priore provinciale della Provincia Italiana dei Padri Carmelitana, in *Inaugurazione del Monumento a Padre Lorenzo*, numero speciale, S. Marinella 31 ottobre 1999.

vita al Carmelo missionario regolare, nuovo frutto della plurisecolare ricchezza spirituale del Carmelo, come è stato il suo sogno.

7. Le Costituzioni della Congregazione lungo la storia

Nelle prime Costituzioni del 1925, e durante i primi quattro anni dell'Istituzioni P. Lorenzo aveva ribadito che lo scopo del Terz'Ordine era la propagazione della Fede, mediante le opere di attività missionaria, preparando le persone che dovevano andare in Missione. Quando si trova davanti alla crudele realtà di essere stato mutilato in tutti i sensi, rimanendo soltanto con una particella del progetto, si offre con tanta sofferenza di lasciare l'Ordine per non perdere tutto, ma non poteva più alzare il volo come lui aveva concepito, dovendo adattarsi alla realtà del piccolo nucleo che gli era restato e indossare la sua nuova identità di sacerdote diocesano, per cominciare, da buon missionario dalla realtà stessa della Diocesi e delle Suore e delle persone che gli sono accanto.

Tutto è cambiato per P. Lorenzo. Ha molto da imparare dalla nuova realtà che ha assunto essendo stato obbligato a lasciare l'Ordine. Pertanto, nelle Costituzioni del 1930, pur essendo redatte da P. Lorenzo, le Missioni che sono il cuore della sua donazione totale al Signore, appaiono nel Capitolo XIX, nell'articolo 171 come opere dell'Istituto: "Tra le opere dell'Istituto sarà in ogni tempo tenuto nella massima considerazione l'opera delle Missioni. Pertanto essa sarà preferita a tutte le altre quando le condizioni dell'Istituto lo consentiranno. Per le Missioni dovranno in tutto regolarsi secondo le istruzioni della S. Congregazione di Propaganda"[158].

Vogliamo sottolineare però che le Missioni sono rimaste come appaiono nelle Costituzioni del 1925 (Cap. XII, IV°), nelle Costituzioni del 1930 (Cap. XIX, art. 171), nelle Costituzioni del 1967 (Cap. XXI, art. 180) e nelle Costituzioni del 1986 (Cap. 1, 4.1 e 4.2). "Tra le opere dell'Istituto sarà in ogni tempo tenuta nella massima considerazione l'opera delle Missioni, pertanto essa sarà preferita a tutte le altre quando le condizioni dell'Istituto lo consentiranno".

Nel quadro sinottico che presentiamo delle Costituzioni possiamo avere uno sguardo cronologico dei cambiamenti fondamentali che sono stati fatti lungo la storia in alcuni articoli che riguardano i fini e i Fondatori e che esigono dai membri coscienza sufficiente per saper rileggere la storia della Congregazione e discernere l'avvenire. Tra i Capitoli generali del 1963, 1970, 1976, 1979 e 1986 ci sono delle deliberazioni da cui emergono le mo-

---

[158] ASGC, Cost. 1930.

difiche riguardanti sia l'esigenza stessa della Congregazione come gruppo, come pure l'adeguamento al Magistero della Chiesa con i documenti specifici per l'aggiornamento della vita consacrata. Ci sono testi delle Costituzioni *ad sperimentum* che si rispecchiano nei testi del 1967 e 1986.

Cost. 1925	Cost. 1930	Cost. 1967	Cost. 1986
Fini della Congregazione			
Capo 1° L'Istituto delle Missionarie Carmelitane del T.O. ha come fine la propagazione della Fede [...] mediante le opere di attività missionaria, specialmente quelle che riguardano l'educazione delle giovanette del popolo, e massime dell'Infanzia abbandonata.	Art. 1 Lo scopo primario che si propone questo Istituto è la gloria di Dio e la santificazione e perfezione dei suoi membri, mediante la osservanza dei tre voti semplici di povertà, castità ed obbedienza e delle presenti costituzioni. Lo scopo secondario e speciale dell'Istituto è educare nel santo timor di Dio ed istruire le giovanette del popolo e massime quelle abbandonate, tenendo aperte per questo fine, Scuole, Asili, Patronati, Laboratori, Oratori festivi, e all'uopo anche Case particolari, specialmente nei piccoli centri e nelle campagne.	Art. 1 Il fine generale che si propone la Congregazione delle Suore Carmelitane Missionarie di S. Teresa del Bambino Gesù è la gloria di Dio e la santificazione e perfezione dei suoi membri, mediante la osservanza dei tre voti semplici di povertà, castità ed obbedienza e delle presenti Costituzioni. Art. 2 Il fine speciale è di educare nel santo timor di Dio ed istruire le giovanette del popolo e massime quelle abbandonate, tenendo aperti per questo fine educandati, scuole, asili, patronati, laboratori, oratori festivi, specialmente nei piccoli centri, nelle campagne e nei paesi di missione.	2.2 Primo e particolare dovere, per noi Carmelitane è la contemplazione delle verità divine e la costante unione con Dio. Art. 3.1 Realizziamo la nostra missione specifica nella Chiesa mediante l'apostolato educativo e assistenziale ai bambini e alla gioventù in genere, soprattutto povera o comunque bisognosa, preferibilmente nei piccoli centri e nelle zone disagiate, per mezzo di scuole, educandati e laboratori. 3.2 Poniamo particolare attenzione alla catechesi della gioventù nelle parrocchie, perché tale opera è stata attivamente svolta fin dall'origine della Fondazione.

Cost. 1925	Cost. 1930	Cost. 1967	Cost. 1986
Scuole e Missioni			
Cap. XII IV° Tra le opere dell'Istituto sarà in ogni tempo tenuta nella massima considerazione l'opera delle Missioni, pertanto essa sarà preferita a tutte le altre quando le condizioni dell'Istituto lo consentiranno. V° Per le Missioni dovranno in tutto regolarsi secondo le istruzione della S. Congregazione di Propaganda.	Cap. XIX Art. 171 Tra le opere dell'Istituto sarà in ogni tempo tenuta nella massima considerazione l'opera delle Missioni, pertanto essa sarà preferita a tutte le altre quando le condizioni dell'Istituto lo consentiranno. Per le Missioni dovranno in tutto regolarsi secondo le istruzione della S. Congregazione di Propaganda.	Cap. XXI Art. 180 Tra le opere dell'Istituto in ogni tempo tenuta nella massima considerazione l'opera delle Missioni, pertanto essa sarà preferita a tutte le altre.	Cap. 1 4.1 Nutriamo il desiderio di collaborare all'espansione del Regno di Dio tra le genti e sostenere le iniziative della Chiesa nel campo dell'evangelizzazione, in conformità allo spirito missionario della Fondatrice [...]. 4.2 Le Superiore maggiori, pertanto, favoriscano la nostra presenza nei territori di missione o bisognosi di religiose.
Del Noviziato (I Superiori)			
Art. IV 1° Il Noviziato s'interrompe e però bisogna incominciarlo da capo e compierlo interamente, se la novizia, licenziata di Superiori, sia uscita dalla Casa; oppure l'abbia lasciata senza permesso, per non ritornarvi, oppure ne sia rimasta fuori per qualunque motivo ed anche con licenza dei Superiori e col proposito di ritornarvi per oltre 30 giorni	Art. 39 In virtù del diritto comune, il Noviziato viene interrotto e deve incominciarsi nei seguenti casi: [...]. C) se la Novizia fosse rimasta fuori della casa di Noviziato per più di trenta giorni, sia continui, sia ad intervalli per qualunque motivo, sia pure con licenza dei Superiori.[...]. I Superiori non concedano il permesso	Art. 53 In virtù del diritto comune, il Noviziato viene interrotto e deve incominciarsi nei seguenti casi: [...]. C) se la Novizia fosse rimasta fuori della casa di Noviziato per più di trenta giorni, sia continui, sia ad intervalli per qualunque motivo, sia pure con licenza dei Superiori.[...]. I Superiori non concedano il permesso	

Cost. 1925	Cost. 1930	Cost. 1967	Cost. 1986
continui o discontinui (can. 556 I). § 2 Se la novizia sia rimasta fuori del recenti della casa, sotto l'ubbidienza, col permesso dei Superiori, o obbligata dalla forza, oltre quindici giorni, ma non oltre i trenta anche discontinui, per la validità del Noviziato è necessario e sufficiente supplire, i giorni passati in tal modo; se questi non furono più di quindici, il supplemento può essere prescritto dai Superiori, ma non è necessario per la validità (can. 556 §2). V° Se la novizia venga dai Superiori inviata in un'altra casa di Noviziato, questo non s'interrompe (can. 556 § 4). VI° I Superiori non concedano se non per giusta e grave causa la licenza di rimanere fuori del luogo del noviziato (can. 556 §3).	di soggiornare fuori del luogo di Noviziato, se non per giusta e grave causa. Se la Novizia venga dai Superiori mandata da una casa di Noviziato ad altra casa di Noviziato della stessa religione, il Noviziato non rimane interrotto.	di soggiornare fuori del luogo di Noviziato, se non per giusta e grave causa. Se la Novizia venga dai Superiori mandata da una casa di Noviziato ad altra casa di Noviziato della stessa religione, il Noviziato non rimane interrotto.	

Cost. 1925	Cost. 1930	Cost. 1967	Cost. 1986
\multicolumn{4}{c}{**Voto di Obbedienza (I Superiori)**}			
Capo VII 1° Il voto di obbedienza importa il dovere di obbedire ai legittimi Superiori in tutto ciò che riguarda le presenti costituzioni, oltre che il Comandamenti di Dio e della Chiesa. La perfezione di questo voto consiste nel conformare la propria volontà a quella dei Superiori. IV° Per esercitare la virtù dell'obbedienza tutte le Religiose presteranno ai loro legittimi Superiori e Superiore il dovuto rispetto, vedendo in essi la persona di Gesù Cristo; ed accetteranno in simile atteggiamento le correzioni.	Art. 89 Col voto di obbedienza assume la religiosa l'obbligo di obbedire al precetto dei legittimi Superiori, in tutte quelle cose che toccano direttamente o indirettamente la vita dell'Istituto, cioè l'osservanza dei voti e delle Costituzioni. Art. 90 Per la virtù dell'obbedienza la religiosa si studia non solo di osservare il più perfettamente possibile le Costituzioni e gli ordini dei Superiori, ma ancora di sottomettere loro con ogni docilità il proprio giudizio e la propria volontà. Art 91 Allora solo la Suora è tenuta ad obbedire in forza del voto, quando legittimi Superiori le comandano espressamente in virtù di santa obbedienza, o sotto formale precetto, o in altri termini equivalenti sempre però a norma delle	Art. 108 Col voto di obbedienza la religiosa assume l'obbligo di obbedire al precetto dei legittimi Superiori in tutte quelle cose che toccano direttamente o indirettamente l'osservanza dei voti e delle Costituzioni. Art. 111 Per la virtù dell'obbedienza la religiosa studia di osservare nel modo più perfetto le Costituzioni e di eseguire tutti gli ordini e le disposizioni dei Superiori, non considerando soltanto l'adempimento materiale di ciò che viene ordinato, ma sottomettendo e conformando con ogni docilità il proprio giudizio e la propria volontà. Art. 109 1) La suora è tenuta ad obbedire in forza del voto, quando legittimi Superiori le comandano espressamente in virtù di	

Cost. 1925	Cost. 1930	Cost. 1967	Cost. 1986
	Costituzioni. Art. 93 Le Suore non considereranno soltanto l'adempimento materiale di ciò che loro viene ordinato, ma si sforzeranno di praticare la virtù dell'obbedienza, in forza della quale, d'altronde sono tenute ad osservare, come si è detto qui sopra, le Costituzioni e gli ordini dei Superiori, che non sono dati sotto formale precetto. Art. 102 [...] tutti i disordini grandi, che hanno rilassata la disciplina in alcune religioni, hanno avuto principio dalla tolleranza dei Superiori circa i difetti piccoli.	santa obbedienza, o sotto formale precetto, o in altri termini equivalenti sempre però a norma delle Costituzioni.	
Superiori:	P. Lorenzo e	Madre Crocifissa	Art. 1.1. La Congregazione fondata da m. Crocifissa

La parola Superiori riguarda la persona dei Fondatori, cioè P. Lorenzo van den Eerenbeemt e M. Crocifissa Curcio e si ripete 9 volte nelle Costituzioni del 1925, 8 volte nelle Costituzioni del 1930, 6 volte nelle Costituzioni del 1967. Nel 1986 tanto P. Lorenzo come madre Crocifissa già non esistevano più, però nella Congregazione P. Lorenzo viene totalmente escluso dal contesto congregazionale facendo accenno nelle Costituzioni soltanto a M. Crocifissa Curcio come fondatrice della Congregazione attenendosi ai suoi pensieri e scritti e P. Lorenzo viene considerato solo come saggia guida e senza alcun apporto, quando invece lui è stato il protagonista principale dell'esistenza della Congregazione[159]. La constatazione si deduce pure dalle Circolari inviate a tutte le Suore che sono redatte da P. Lorenzo e firmate "i vostri Superiori", come pure le Suore che si rivolgono a loro con i termini "Venerati Superiori". La parola Superiori si riferisce ancora all'obbedienza al Superiore Supremo, al Romano Pontefice e agli Ordinari dei luoghi[160].

Gli aspetti rilevati non concernono gli articoli che sono stati aggiornati tenendo presente il grande evento della Chiesa col il Concilio Vaticano II e i documenti post-conciliari che hanno invitato tutte le Congregazione religiose a "ritornare alle fonti di ogni vita cristiana e all'ispirazioni primigenia degli istituti, e l'adattamento di questi alle mutate condizioni dei tempi"[161]. Quello che vogliamo sottolineare è la questione che riguarda il Carisma e i Fondatori.

Se fino al 1983 P. Lorenzo e M. Crocifissa erano considerati i Fondatori per una maggioranza delle Suore della Congregazione, nell'elaborazione delle Costituzioni del 1986 emerge appena la figura della madre Crocifissa Curcio e il patrimonio spirituale di essa, scomparendo invece completamente la forza del Carisma e della spiritualità di P. Lorenzo.

8. I primi Capitoli generali

8.1 *I capitolo generale (1945)*

M. Crocifissa e P. Lorenzo convocano il primo Capitolo generale della Congregazione, il 16 luglio 1945, ricordando il Ventennale della fondazione della prima casa in S. Marinella il 3 luglio 1925, anno della canonizzazione di S. Teresa del Bambino Gesù. L'evento si effettua nella prima quindicina del mese di ottobre 1945.

8.1.1 Obiettivo

L'obiettivo della celebrazione del Capitolo viene presentato nella lettera di convocazione:

---

[159] Cf. ASGC, le Costituzioni delle Suore Carmelitane Missionarie di S.Teresa del Bambin Gesù 1925, 1930, 1967 e 1986.
[160] Cf. ASGC, Cost. 1930, art. 196.
[161] Perfectae Caritatis n. 24, in *Documenti sulla vita religiosa*, Elle di Ci, Torino, 1990, p. 27.

"Doverosa era questa convocazione sotto tutti gli aspetti: sentire le proposte e le osservazioni di tutte le Suore professe di Voti perpetui, rivedere i frutti di tutti i lavori delle Suore, render più vivo nella mente e nella pratica lo scopo principale indicato dalle costituzioni e sentire più vicino la cooperazione di tutte le suore"[162].

Si tratta del primo grande momento di verifica e di confronto, un momento di vitale importanza per una maggiore consapevolezza di ciò cui si è chiamati ad essere nella Chiesa, in costante attenzione ai bisogni e alle esigenze attuali, quelli che in seguito Giovanni XXIII tradurrà come 'i segni dei tempi'.

8.1.2 Numero dei membri e delle Case

Le Case sono 9, essendo di 49 il numero delle Suore in tutta la Congregazione.

8.1.3 Governo generale eletto

L'elezione della Superiora generale e del Consiglio ha portato il seguente risultato:
Sup. generale. sr M. Crocifissa Curcio
1ª Cons. e Vicaria: sr Maria Giunta
2ª Cons. generale: sr M. Concezione Sudano
3ª Cons. generale: sr M. Angela Grammatico
4ª Cons. generale: sr M. Caterina Pisano
Segretaria: sr. M. Concezione Sudano
Economa generale: sr Maddalena Giunta

8.1.4 Deliberazioni Capitolari

Le deliberazioni prese nelle sedute capitolari riguardano le spese permesse alla Superiora locale e la proibizione dei doni da fare e da ricevere. A livello spirituale viene deliberato il ritiro annuale che le suore dovranno fare nella Casa Madre e nel capitolo delle colpe la lettura di un brano di galateo religioso che verrà comunicato dalla Madre generale. Non si rilevano altre deliberazioni degne di nota. L'importanza del capitolo si trova esattamente nell'aver dato il via ad un modo di legife-

---

[162] AP, Circ. convocazione CG, S. Marinella 16 luglio 1945.

rare collegiale. Un Capitolo che dal punto di vista del contenuto risulta molto povero.

8.2 *Il Capitolo generale (1952)*

Il secondo Capitolo è tenuto a Roma, convocato nel mese di settembre 1951, ma procrastinato fino alla fine febbraio 1952 a causa del restauro dell'edificio[163].

8.2.1 Obiettivo

Nella lettera di convocazione al secondo Capitolo risalta la necessità di rinnovazione dello spirito in tutta la Congregazione attraverso il rinnovamento di ciascun membro: più santi saranno i membri, più fiorirà la Congregazione. A questo fine si indica una guida sicura: Spirito del Carmelo come ricerca di vita interiore, vita di unione con il Signore e con la Vergine, Madre amorosa. Aggiunge che i grandi mistici del Carmelo, S. Giovanni della Croce e S. Teresa di Gesù hanno toccato le vette più alte della mistica unione, ma la loro profonda dottrina, elaborata da una vita di sacrificio e di vittima, ci è stata presentata in un modo più comprensivo, più abbordabile dalla Santina nostra Protettrice Santa Teresa del Bambino Gesù, nell'ammirabile "Via dell'Amore". L'alimento spirituale di tutti i membri deve essere l'amore: uno slancio d'amore a Gesù, perché ci siamo radunati in vita per vivere di Dio[164].

8.2.2 Numero delle Suore e delle Case

Le Suore sono 78, sparse nelle diverse comunità e le formande sono 30 tra novizie, postulanti e aspiranti.

8.2.3 Governo generale eletto

Sup. generale. sr. M. Crocifissa Curcio
1ª Cons. e Vicaria: sr. Maria Giunta
2ª Cons. generale: sr M. Maddalena Giunta
3ª Cons. generale: sr M. Rita Giannone

---

[163] AP, Cf. Ibid., S. Marinella 17 ottobre 1951.
[164] Cf. AP, Ibid, S. Marinella 14 settembre 1951. In Appendice 4.7.

4ª Cons. generale: sr M. Teresa Scodina
Segretaria: sr M. Filomena Cucco
Economa generale: sr Rosina Savarino

Sr. M. Crocifissa è stata nominata Superiora generale nel 1930 dal Card. Boggiani. Nel 1952 già aveva compiuto 75 anni, e rimase nell'incarico di Superiora generale fino alla morte.

8.2.4 Deliberazioni

Le deliberazioni capitolari vengono pubblicate dai Superiori in una circolare. I punti principali toccano esattamente la questione della localizzazione più adatta alla Curia generalizia e alla formazione. Le motivazioni sono date con fermezza e chiarezza:

> "Desideriamo che tutte le Suore siano compenetrate della necessità di cooperazione con la Casa Madre che d'ora in poi si sposta da S. Marinella a Roma. Roma pertanto, come per tutti gli Ordini e Congregazioni è il centro della cristianità e da qui nasce il concetto presso la Gerarchia Ecclesiastica del valore di ogni Istituto. Che nessuno perda di mira questa nostra osservazione: vi possiamo assicurare che presso la Congregazione dei Religiosi e il Vicariato di Roma godiamo di una buona fama, di un buon nome: anche in questi ultimi giorni abbiamo avuto una testimonianza chiarissima del sentimento che ha verso di noi lo stesso Segretario della Congregazione dei Religiosi"[165].

Come le Suore potranno collaborare viene esplicitato nella circolare: "La vostra collaborazione perciò deve essere in questo senso:

a) Procurare <u>giovani</u> vocazioni: possibilmente che queste abbiano fatto la quinta elementare: avvicinare giovanette che abbiano istruzione media.

b) Provarle un dato tempo per conoscerne lo spirito. Non è questa una cosa facile, anzi raccomandiamo in tal caso di supplicare S. Teresina che ci aiuti a conoscere le elette ad essere del suo gruppo.

c) Non smarrirsi se qualcuna nel probandato o noviziato non fa una buona riuscita: nella storia di Gesù quel buon giovinetto chiamato da Lui ad essere suo discepolo si negò per amore al denaro. "Molti sono i chiamati, pochi gli eletti". Non siamo certamente noi che mandiamo indietro le vocazioni: il voler credere alle ciarlatanerie di chi ritorna e mancare di fiducia ai Superiori Maggiori, è giudizio temerario.

---

[165] AP, Circ. "dopo il II Capitolo generale", S. Marinella primo venerdì di marzo 1952.

d) La grande maggioranza delle probande non possono portare il necessario per il mantenimento: d'altronde la casa di Roma se ha dato un grande contributo durante l'Anno Santo, non ha redditi sufficienti per supplire anche al probandato: è dovere di ogni casa di continuare ad aiutare in tutti i modi questa nostra romana istituzione da cui si avranno Suore con titoli di studio per il bene di tutta la Congregazione.

Di notevole importanza l'insistenza del nostro fondatore P. Lorenzo non solo al futuro della famiglia religiosa, ma della Chiesa e del mondo: mirare ad una seria formazione delle religiose, proponendo di stabilire uno studentato a Roma, e ad un altrettanto qualificata preparazione professionale, in vista dell'attività che esse saranno chiamate a svolgere. A tale scopo propone che molte di esse conseguano il diploma magistrale o infermieristico[166].

8.3 *III Capitolo generale (1957)*

Con la dipartita della Superiora generale M. Crocifissa Curcio il 4 luglio 1957, la Vicaria generale sr M. Grazietta Giunta inoltra richiesta di Nulla Osta all'Ordinario del luogo Card. Eugenio Tisserant e convoca il terzo Capitolo generale a norma dell'articolo 201 delle Costituzioni[167]. Il III Capitolo generale si è svolto a S. Marinella dal 27 al 29 ottobre 1957.

8.3.1 Obiettivo

La Congregazione ha proposto di eleggere la nuova Superiora generale e il Consiglio.

8.3.2 Numero dei membri e delle Case

Sono 79 Suore di voti perpetui, 32 Suore di voti temporanei, 7 novizie, 3 postulanti e 13 aspiranti. Un totale di 134 membri tra profes-

---

[166] Le deliberazioni Capitolari che riguardano al trasferimento della Curia generalizia da S. Marinella a Roma non è stato eseguito come pure l'avvio delle formande e delle Suore giovani allo studio per una qualificata preparazione culturale (Cf. ASGC, Atti dei Capitoli generale 1957).

[167] Cf. AP, Circ. convocazione del III° Capitolo generale, S. Marinella 18 luglio 1957.

se e formande. Numero di case: 2 in Brasile, 1 a Malta e 16 in Italia, in totale 19.

8.3.3 Governo generale eletto

Sup. generale. sr M. Grazietta Giunta
1ª Cons. e Vicaria: sr. M. Rosina Savarino
2ª Cons. generale: sr M. Maddalena Giunta
3ª Cons. generale: sr M. Filomena Cucco
4ª Cons. generale: sr M. Rita Giannone
Segretaria: sr M. Filomena Cucco
Economa generale: sr Mercede Boi

8.3.4 Deliberazioni

In questo Capitolo non ci sono novità o espressioni di rilievo a livello di proposte e innovazioni. Ci si limita a chiedere a ogni Suora che abbia il libro stampato, ad uso personale, per le preghiere comuni; che gli esercizi spirituali siano annuali per tutte le Suore in un luogo diverso da quello di residenza; che veli e soggoli abbiano un unico modello; che le Suore siano periodicamente trasferite da una comunità all'altra.

Nessun documento o circolare che accenni il percorso del nuovo governo. L'attuazione di P. Lorenzo diretta e incisiva nei due primi Capitoli generali, non lascia alcuna traccia nel terzo Capitolo.

8.4 *IV Capitolo generale (1963)*

Il IV Capitolo generale tenutosi a S. Marinella dal 27-29 ottobre 1963 nella piena effervescenza del II Concilio Vaticano II, non lascia alcuna traccia che rispecchi il momento ecclesiale. Dalle relazioni sulle istanze e proposte pervenute al Capitolo e discusse in assemblea tra questioni che riguardano l'amministrazione si trova una che riguarda le missioni: "Si desidera con tutto il cuore che sia amato e coltivato nelle suore lo spirito missionario"[168]. Si deduce che è stata una risonanza al contenuto della nota lasciata da P. Lorenzo che ricorda lo scopo della Congregazione e i 16 anni dell'apertura missionaria[169].

---

[168] ASGC, Verbale del IV Capitolo generale, S. Marinella 27 a 29 ottobre 1963.
[169] Cf. In Appendice 4.8.

9. P. Lorenzo a Castel Giuliano nel periodo bellico

Dalla Cronistoria di Nostra Signora delle Vittorie, fedelmente annotata da P. Lorenzo, apprendiamo notizie per conoscere lo sfollamento a Castel Giuliano, un piccolo borgo sopra Cerveteri, considerato, per la sua posizione all'interno più protetto rispetto alla costa. È in nostro possesso pure una dettagliata relazione fatta da Mons. Valerio Valeri che ha vissuto, quando era ancora ragazzino, questa esperienza di sfollamento a Castel Giuliano, dove si trovò con la sua mamma nello stesso Castello e descrisse con molta passione l'attuazione pastorale di P. Lorenzo presso la popolazione e la sua azione di mediazione tra il popolo e i soldati tedeschi. C'era un'unica parrocchia dedicata a S. Filippo Neri per una popolazione allora incipiente di un centinaio di famiglie.

La descrizione di Castel Giuliano è fatta da P. Lorenzo:

> "Castel Giuliano è un vecchio castello, costruito a quanto sembra, da Giuliano Orsini; secondo quel che dicono gli abitanti, è appartenuto a Beatrice Cenci da secoli. In seguito andò in mano ai Marchesi Patrizi. L'aspetto del caseggiato non è lieto, però magnifica la pineta e splendidi i boschi, in cui serpeggiano numerosi ruscelli che vanno tra le gole delle montagne congiungendosi dopo aver formato delle graziose cascatelle. Nel passato deve essere stato più esteso, ora la popolazione non supera i mille: gente buona, di campagna, con grandi sentimenti di umanità e di cristiana pietà"[170].

Il 23 settembre 1943, agli abitanti di S. Marinella viene dato avviso di sfollamento provocando un turbamento generale. P. Lorenzo cerca di inviare le Suore e le ragazze assistite a Cerveteri e di là a Castel Giuliano. Nella Casa Madre a S. Marinella sono rimaste soltanto due suore sr Rosaria e sr Veronica, sacrificate mesi e mesi per non lasciare la casa vuota[171]. Prima di arrivare a Castel Giuliano le ragazze corrigende, una cinquantina, insieme ad alcune suore sono andate sui monti perché bisognava allontanarsi circa 5 km dalla spiaggia. Sono rimaste due giorni

---

[170] AP, Cron. p. 115.
[171] Nella relazione presentata da P. Lorenzo sulla Vicaria di N. S. Delle Vittorie all'Amministratore della Diocesi, Mons. Martinelli, viene rilevato da lui il coraggio delle Suore in questi termini: "Chi potrà enumerare e descrivere i loro grandi sacrifici, il loro coraggio, la foro fede in Dio e nella Vergine, tra innumerevoli mitragliamenti, bombardamenti, persecuzioni da parte di alcuni intransigenti tedeschi, che le volevano assolutamente scacciare dalla casa, obbligarle e sfollare, per occuparne poi il locali" (AP, copia Let. senza la data, ma si suppone sia del luglio 1944, dopo essere tornato da Castel Giuliano il 28 giugno 1944).

fuori, perché la casa di Roma era stata pure danneggiata dalle bombe lanciate nella Valcannuta.

La vita a Castel Giuliano da ottobre 1943 a giugno 1944 viene descritta da P. Lorenzo in questi termini:

> "La vita del Vic. Curato[172], diventato per necessità Parroco di Castel Giuliano, è stata di preghiera e di scuola: di preghiera in quanto che per diversi motivi difficili a scriversi in queste pagine, ha creduto che in questi tempi sarebbe rimasto vittima dei comunisti; di scuola, dando lezioni ad un ottimo giovane, Valerio Valeri, giovane con forti tendenze sacerdotali, e a un altro chierico ancora troppo giovane per poter congetturare una felice riuscita, pur tuttavia, nella sua età, con desiderio di vita ecclesiastica. La chiesa dedicata al grande apostolo di Roma, S. Filippo Neri, con una pittura del santo tutta rovinata, fredda, umida, non è indipendente, ma padronale. Le feste del S. Natale con messa solenne, del Capodanno, dell'Epifania hanno riempito la chiesa fino all'orlo: il popolo è stato contentissimo dell'attività svolta in chiesa, si è manifestato come un grande risveglio religioso che ha trovato il suo culmine con la S. Pasqua, dove gli uomini quasi nella totale maggioranza, si sono avvicinati alla S. Comunione, con grande soddisfazione del popolo: si noti che il Vic. Curato ha tenuto le prediche di preparazione come era solito fare in tempi passati a Santa Marinella. Piaciute a tutti le piccole rappresentazioni teatrali sia in chiesa sia nel garage del Marchese. La popolazione agricola ottima: gente buona, sincera, che ben guidata potrebbe formare veramente un buon nucleo di vita cristiana: le loro misere case, senza acqua e senza luoghi comodi, ambiente di un feudalismo poco cristiano e perciò profonde ingiustizie sociali! Vale più un cavallo puro sangue britannico che i poveri figli di coloro che per primi hanno il diritto su quelle terre, perché bagnate col sudore dei loro padri. Possa levare queste ignominie sociali il Signore e non il comunismo. Sul comunismo ha predicato spesso il Vicario, cercando di alienare gli spiriti da questa tendenza"[173].

È in questo contesto di sfollamento che P. Lorenzo introduce il ragazzo Valerio Valeri nel suo discernimento vocazionale:

> "Ero un giovane di 17 anni. Mi sentivo felice di avere la sua amicizia e avevo per lui ammirazione e venerazione, gli volevo bene, era

---

[172] Vicario Curato è la denominazione dell'incarico di P. Lorenzo presso alla Chiesetta di N. S. delle Vittorie.
[173] AP, Cron. p. 115.

un buon sacerdote. Un giorno mi disse: ' Ma tu hai pensato a quello che vorrai fare da grande?' Gli risposi che non avevo deciso nulla, pensavo solo a studiare. Però mi fece riflettere e in seguito, entrai in Seminario. Durante le nostre passeggiate mi parlava spesso dei suoi progetti per le suore: mi diceva che le suore dovevano studiare, prendere i diplomi per insegnare, fare l'Università; pensava in grande. Mi parlava anche del suo desiderio avuto fin da giovane di andare missionario in Indonesia"[174].

La mediazione di P. Lorenzo tra la popolazione e i soldati tedeschi fu decisivo per la sua capacità di comunicare, perché aveva imparato la lingua tedesca, quando era novizio carmelitano a Zenderem: "per molti mesi il Vic. Curato, conoscendo il tedesco ha potuto tener lontano i soldati tedeschi dal Castello, sotto vari motivi, l'afflusso dei vari reggimenti tedeschi che avrebbero trovato un facile alloggio, comodissimi garages ed una certa tranquillità, data la posizione del castello, in mezzo ai boschi e vicino alla pineta"[175]. Questa mediazione a favore della popolazione viene confermata da Mons. Valerio nei suoi ricordi:

"il capo che parlava spesso con P. Lorenzo gli disse: "Noi dobbiamo partire domani perché gli americani sono vicini (e noi vedevamo gli aerei che passavano e che bombardavano la strada di Bracciano e sentivamo le esplosioni); io ho qui un magazzino di roba con tante munizioni. Ho l'ordine di far saltare tutto quello che è qui. Devo distruggere tutto, però se lo faccio anche il paese andrà distrutto, tuttavia, se gli uomini di questo paese mi aiutano, potrò salvare il paese; però io ho l'ordine di distruggere tutto e questo devo fare". P. Lorenzo parlò con la gente e gli uomini si misero a disposizione: si trattava di trasportare tutto quello che era in quel grande magazzino, materiale esplosivo pesantissimo e molte altre cose, nella parte a valle di Castel Giuliano e di farlo esplodere in più volte, perché altrimenti anche da lontano una sola esplosione avrebbe potuto arrecare danni al paese. Inoltre, i soldati tedeschi dissero che per sicurezza tutta la gente doveva allontanarsi dal paese. Alcune persone di Castel Giuliano proposero a quei soldati di restare e di nascondersi nelle case di Castel Giuliano e di aspettare la fine della guerra o di darsi prigionieri. Essi non vollero, anzi, per poter raggiungere la loro retroguardia avevano pregato P. Lorenzo di aiutarli e lui si era rivolto ad un certo Sig. Meloni che aveva una fattoria e questo Sig. Meloni aveva promesso un carrozzino con cavallo se quei tre soldati

---

[174] AP, V. VALERI, *Ricordi*, Roma 1 luglio 2010, p. 1.
[175] AP, Cron. p. 122.

tedeschi avessero salvato Castel Giuliano. Verso il mezzogiorno, terminate le esplosioni P. Lorenzo disse a me e ad un altro ragazzo di andare di corsa ad avvertire il Sig. Meloni che era giunto il momento per il carrozzino. Io e l'altro ragazzo corremmo alla fattoria del Meloni attraverso una stradina dove incontrammo molti soldati tedeschi che ci guardarono sorpresi; pensai che ci avrebbero potuto sparare, ma stavano seduti a terra, stanchi, sfigurati, erano gli ultimi soldati tedeschi in ritirata: mi fecero molta pena, gli americani erano ormai vicinissimi. Ritornando a Castel Giuliano incontrai P. Lorenzo con i tre soldati tedeschi ai quali egli disse che il carrozzino era pronto. Essi lo salutarono e partirono; non conosceremo mai, realmente, come andò a finire. Poco dopo, forse mezz'ora, arrivò una camionetta con i soldati americani e poi altre ancora. P. Lorenzo andò a parlare anche con loro, ma questi erano diversi e tutta la gente fu intorno a loro, dimenticando i pericoli corsi e, forse, anche l'opera generosa svolta dal buon P. Lorenzo. Castel Giuliano e le sue case e la sua gente furono salvi per merito del P. Lorenzo. P. Lorenzo parlava la lingua tedesca e questo gli facilitava ogni cosa. Certo egli si esponeva sempre, anche in maniera pericolosa quando andava a parlare con i soldati tedeschi"[176].

P. Lorenzo non era solo nell'apostolato di mediazione tra i soldati e la popolazione perché c'era vicino una sua chiamata alla vocazione del primo gruppo fondazionale: sr Adalberta Laudemberg, tedesca, che attirava la simpatia di tutti. Secondo Mons. Valerio era coraggiosissima, aveva una grande fede:

"Aiutò moltissimo le varie comunità delle suore; se doveva andare a Roma o a Santa Marinella o a Cerveteri e viceversa saliva sui camion dei militari tedeschi e si faceva portare dove voleva. A Cerveteri ha salvato la vita di persone che i soldati tedeschi volevano fucilare. Parlava con i soldati tedeschi senza alcun timore anche talvolta sgridandoli e dicendo loro di vergognarsi se facevano del male. Senza il suo coraggio e la sua generosità le varie comunità sarebbero rimaste completamente isolate in quel periodo difficile della guerra"[177].

Il bene che ha fatto P. Lorenzo a questa popolazione viene ricordato dalle testimonianze, mettendo in evidenza anche la persona di sr Adalberta, ma sempre in connessione profonda con lui, come se fosse una sua stessa estensione:

---

[176] AP, V. VALERI, *Ricordi*, Roma 1 luglio 2010, p. 3.
[177] Ibid. p. 4.

> "mi preme ricordare anche l'opera di suor Adalberta Laudenberg, una suora tedesca portata in Italia da padre Lorenzo e formata da lui, che durante la guerra qui a Cerveteri, salvò molti abitanti dalla fucilazione dei tedeschi, tra i quali Annibale Vaia, per il quale fece una grande opera di mediazione offrendosi lei stessa al posto di questo giovane e parlando con i tedeschi riuscì a salvarlo. In seguito, per ricordare questa sua generosità le abbiamo intestato qui a Cerveteri una strada"[178].

La stessa mediazione di sr Adalberta risulta pure da un'altra testimonianza:

> "Ma ciò che intendo testimoniare riguarda soprattutto sr Adalberta Laudenberg. Una suora tedesca, portata in Italia da p. Lorenzo, la quale mi salvò la vita e alla quale sono perennemente grato e quindi, implicitamente, anche a p. Lorenzo. Infatti, durante la guerra fui protagonista di un episodio che mise in pericolo la mia vita. Durante la ritirata tedesca riuscii ad avere in mano un mitra e sparai alcuni colpi. I tedeschi pensarono si trattasse di un'azione partigiana, allora mi portarono al palazzo del principe a Cerveteri dove mi interrogarono volendo conoscere i nomi degli altri, ma io non sapevo nulla perché era stata una mia azione personale. Venne sr Adalberta a parlare con i comandanti tedeschi, ma essi non mollarono, allora mi portarono in un canalone ed erano pronti ad uccidermi e mi avevano già messo il morso in bocca, mi avevano fatto inginocchiare e mi frustravano perché dicessi il nome dei partigiani. Allora tornò ancora sr Adalberta, forse per più di 10 volte ad intercedere per me presso i tedeschi. Allora desistettero dall'uccidermi ma mi portarono a Palo Laziale, da dove avevano intenzione di trasferirmi poi in Germania, ma di lì, di notte riuscii a fuggire e mi salvai"[179].

10. Graduale presa di coscienza sulla figura di P. Lorenzo e ripresa nel cuore della vita della Congregazione come Fondatore.

10.1 *OASI – Corso annuale di formazione permanente*

Il Capitolo generale del 1991 inaugura una nuova fase nel cammino della Congregazione avviando una seria presa di coscienza della base circa l'identità carismatica dell'Istituto per acquisire una fisionomia specifi-

---

[178] AP, Test. f. m., SALVATORE CAPPONI, Cerveteri 14 gennaio 1998.
[179] AP, Test. f. m., ANNIBALI VAIA, Cerveteri 20 gennaio 1998.

ca che ci qualifichi all'interno della Chiesa come carmelitane missionarie di S. Teresa del Bambin Gesù. La tematica di questo Capitolo generale riguarda l'identità missionaria dell'Istituto per rivitalizzare il Carisma dei Fondatori, secondo le istanze e le prospettive della Chiesa, in vista del terzo millennio.[180] La Commissione preparatoria presenta la proposta e il Governo generale approva facendo da cassa di risonanza all'ansia della base. In questo periodo comincia ad apparire la parola i Fondatori, cioè la Congregazione non è frutto soltanto della madre Crocifissa.

È però il marchio della ripresa ufficiale a fare accenno alla figura di P. Lorenzo, data la realizzazione del XI Capitolo generale 1997 che si sforza di dare una maggiore chiarezza e definizione del carisma della congregazione, affrontando un cammino più qualificato e sistematico in ordine alla riflessione teologico-spirituale in vista dell'acquisizione di una fisionomia ed un'identità nitida e trasparente, anche se le realizzazioni concrete non tengono affatto il passo con quanto deciso e scritto sulla carta. Infatti, tra le linee operative il Capitolo delibera: n. 19 "Promuovere una volta l'anno un corso della durata di almeno un mese fra le religiose di tutte le circoscrizioni per la ricerca e lo studio sul nostro carisma"; n. 20 "Stimolare la promozione di iniziative di formazione sul carisma in tutte le circoscrizioni".

Dal 1998 al 2003 sono stati promossi Corsi Internazionali di Formazione Permanente con un indirizzo particolare sul Carisma, con una programmazione stretta di 3 settimane di studio con l'aiuto degli esperti. Il Corso annuale viene denominato OASI[181].

Una delle relatrici rileva la difficoltà del cammino percorso, pur partendo da un desiderio della maggior parte delle Suore: "Purtroppo, la

---

[180] Cf. ASGC, Documento del X° Capitolo generale 1991.

[181] "Il Capitolo generale del 1997 ha approvato una delibera che diceva: "Promuovere una volta l'anno un corso della durata di almeno un mese fra le religiose di tutte le circoscrizioni per la ricerca e lo studio sul nostro carisma". Dopo il Capitolo si sono divise le responsabilità tra le Consigliere e allora la formazione è stata affidata a Sr Mariassunta Colombo e l'approfondimento a Sr Alice Rodrigues. Siccome il corso internazionale riguardava la formazione sull'identità carismatica, il coordinamento di questo è stato affidato ad ambedue. A loro sono state affiancate altre tre suore: Beniamina Barbesin, Josephine Bascones e Katarina Hilonga. Il corso è stato programmato in modo da abbracciare tutti gli elementi del carisma: la spiritualità carmelitana, particolarmente quella di S. Teresina, il carisma dei nostri Fondatori, facendo emergere la figura di P. Lorenzo, la spiritualità del Cuore di Gesù e la riparazione, la missionarietà e l'inculturazione. Questo corso aveva come obbiettivo offrire alle partecipanti l'opportunità di fare una esperienza di interculturalità nella fraternità carmelitana missionaria. Ha avuto la durata di tre settimane, anche se nell'ultimo anno è stato ridotto di alcuni giorni. Sono stati invitati come relatori diverse persone esperte nei diversi argomenti. Alla fine l'equipe è stata ridotta a tre elementi a causa del trasferimento delle altre suore. Dal riscontro che abbiamo sentito da tutte le parti, il

maturazione di una nuova coscienza e mentalità carismatica non fa parte del pensiero di tutti i membri, in quanto gran parte della base oppone in alcuni casi una certa resistenza, in altri indifferenza, in altri ancora uno sterile e nostalgico ancoraggio a un passato glorioso che si vorrebbe ripristinare in toto"[182].

10.2 Nella "Pirgus" una luce[183]

La commemorazione tenutasi il 30 ottobre 1999 del 50° anniversario della Parrocchia dedicata alla Beata Vergine Maria del Monte Carmelo a S. Marinella, nella Diocesi di Porto e S. Rufina, ha mosso tanti parrocchiani che non hanno mai dimenticato P. Lorenzo in qualità di fondatore e suo primo parroco, a realizzare vari progetti per mettere la parola fine all'oblio e al silenzio che troppo a lungo hanno caratterizzato la figura di P. Lorenzo. È stata pure un'opportunità perché le "sue Suore", come amava chiamarle P. Lorenzo, potessero recuperare la memoria attraverso la conoscenza di questa figura e il suo vero significato all'interno della Congregazione stessa. La spinta è stata data dal popolo, dai laici che si sono organizzati come un'Associazione denominata Comitato "P. Lorenzo", costituendo il Comitato Cittadino[184] per raggiungere l'obbiettivo e le diverse mete che sono state indicate.

10.2.1 Primo raduno dei "Ragazzi di P. Lorenzo"

L'obbiettivo del Comitato è stato di preparare nel migliore dei modi, una giornata di commemorazione, conoscenza e approfondimento

---

corso ha raggiunto l'obbiettivo con grande soddisfazione delle partecipanti. Il capitolo ha approvato anche un'altra deliberazione che richiedeva "l'approfondimento della nostra identità carismatica mediante un cammino culturale sistematico, al fine di far emergere nella vita quotidiana gli elementi essenziali della nostra spiritualità". A questo fine la stessa equipe ha elaborato quattro schede di studio per lo studio delle comunità. Ed anche ha fatto una ricerca sui fondatori e ha elaborato due schede per chiarire le linee di fondo del carisma" (ASGC, cf. Documenti del Convegno "Far Rifiorire il Carmelo, Formazione Permanente sul Carisma, Settore Carisma Sessenio 1977- 2003; ALICE RODRIGUES COSTA, Oasi, Corso Internazionale, S. Marinella 13 dicembre 2010).

[182] ASGC, G. CONTI, I Fondatori e la storia, op. cit., p. 175.

[183] Quaderno pubblicato dal Comitato "P. Lorenzo" che raccoglie le relazioni e le testimonianze della 1ª Giornata di raduno dei "Ragazzi di Padre Lorenzo" realizzato a S. Marinella il 3 maggio 1998.

[184] Il Comitato P. Lorenzo ha voluto dar vita ad un Comitato Cittadino pro Monumento a P. Lorenzo, rappresentativo di tutta la popolazione di S. Marinella, per realizzare un monumento in onore a P. Lorenzo.

della figura e dell'opera di apostolato svolta a S. Marinella da P. Lorenzo van den Eerenbeemt. Sono stati realizzati due raduni dei "Ragazzi di Padre Lorenzo".

La 1ª Giornata di raduno si è svolta il 3 maggio 1998 in due momenti: il primo momento è stato una tavola rotonda, presso l'Istituto delle Suore Carmelitane, moderata dai giornalisti Luca Liguori e Sandro Capitani, nell'ambito della quale, attraverso le testimonianze[185] di alcuni cittadini che lo avevano personalmente conosciuto e che avevano avuto modo di vivergli accanto per vari anni, cioè, quelli che erano stati i suoi ragazzi di allora, negli anni 1925 – 1960, si è cercato di delineare e proporre al numeroso pubblico presente la figura e l'azione pastorale di P. Lorenzo.

Tra le diverse personalità importanti sia civili che ecclesiastiche, vi partecipò la Principessa Elettra Giovanelli Marconi, figlia di Guglielmo Marconi, con il quale P. Lorenzo ebbe rapporti di amicizia durante la sua permanenza a S. Marinella dal 1924 al 1937.

Nel secondo momento, svolto presso il salone della parrocchia del Carmelo, è stata allestita un'interessante mostra fotografica su s. Marinella e sulla presenza di P. Lorenzo nella cittadina. La Giornata si è conclusa con una solenne celebrazione eucaristica è stata distribuita a tutti i presenti una pubblicazione su P. Lorenzo dal titolo "Nella Pirgus una luce".

La sintesi di questo primo raduno dei "Ragazzi di P. Lorenzo" è stata comunicata da Pietro Cuccu uno dei membri dello Comitato Esecutivo:

"rivalutare e proporre alla nostra società una figura come quella di P. Lorenzo significa offrire alle donne e agli uomini del nostro tempo un segno chiaro, innanzitutto dal punto di vista di una radicale

---

[185] Le testimonianze sono state introdotte dopo l'ascolto di un brano evangelico, che, come hanno espresso i "Ragazzi di P. Lorenzo", non solo illumina la figura di questo sacerdote carmelitano, ma riconduce al Padre di tutti, al quale solo va resa ogni gloria: "Voi siete la luce del mondo; non può restare nascosta una città collocata sopra un monte, né si accende una lucerna per metterla sotto il moggio, ma sopra il lucerniere perché faccia luce a tutti quelli che sono nella casa. Così risplenda la vostra luce davanti agli uomini, perché vedano le vostre opere buone e rendano gloria al vostro Padre che è nei cieli (Mt 5, 14 – 16). Le testimonianze che saranno riprese nei capitoli susseguenti insieme ad altri, e proferite allora sono di: Pietro Cuccu, uno dei 'Ragazzi di P. Lorenzo' fra i più agguerriti; Bruno Zampa, Procuratore della Repubblica della città dei ragazzi di Civitavecchia, già sindaco di S. Marinella; Silvio Caratelli, giornalista-pubblicista, già sindaco di S. Marinella; Carla Salerni, che ha conosciuto P. Lorenzo negli ultimi anni della sua vita; intrepido ragazzo di P. Lorenzo, Enzo Stella, dirigente d'Azienda; Franco Leone Squaglia, letta da Maurilio Manfredi; Marinella Mei e del fratello Enzo Mei che è stata letta da Saverio Santi; Don Giovanni di Micheli, parroco di Cesano, sacerdoti della Diocesi di Porto S. Rufina che con P. Lorenzo ha avuto un profondo rapporto di confidenza e di amicizia; P. Nazareno Mauri, parroco succeduto a P. Lorenzo nella parrocchia del Carmelo, prima di ripartire per la missione di Butembo.

testimonianza di vita come uomo, religioso e sacerdote. Inoltre, brillano in lui una grande fortezza nella disponibilità a pagare con un prezzo altissimo per la coerenza e la fedeltà alle proprie scelte; una cultura dai vasti orizzonti, umanamente sacrificata sul fronte del successo e della carriera personale per aderire ai progetti di Dio, che l'ha voluto dalla parte degli ultimi di questo allora estremo ed abbandonato lembo di costa laziale; uomo profetico, anticipatore di tempi nuovi e, come tutti i profeti, destinato all'incomprensione e al silenzio nell'attesa operosa e paziente dei tempi lunghi di Dio". Noi, Ragazzi di P. Lorenzo, riaffermiamo che ormai i tempi sono maturi perché la luminosa figura di P. Lorenzo esca definitivamente dall'oblio e dal silenzio. Oblio e silenzio probabilmente determinati da atteggiamenti che non possono sottrarsi ad un giudizio storico quanto meno di superficialità"[186].

Oltre alle iniziative di avviare l'iter amministrativo per ottenere dalle competenti autorità comunali che due vie venissero intestate rispettivamente a P. Lorenzo e M. Crocifissa, con coraggio e determinazione il Comitato P. Lorenzo costituisce un apposito comitato cittadino, superando non poche difficoltà. Nasce così finalmente il monumento a Padre Lorenzo.

Pietro Cuccu, a nome del Comitato, dice:

"siamo consapevoli di aver avviato un importante processo che deve mettere la parola fine all'oblio e al silenzio che troppo a lungo hanno caratterizzato la figura di P. Lorenzo. Vogliamo credere che i tempi lunghi di Dio siano terminati e che a questo umile e grande Padre Carmelitano siano finalmente riconosciute le dimensioni religiose, culturali, storiche e sociali che di diritto gli competono"[187].

10.2.2 L'inaugurazione del Monumento Padre Lorenzo[188]

Il 31 ottobre 1999, durante la celebrazione del 50° anniversario di costituzione della parrocchia del Carmelo ha luogo l'inaugurazione del

---

[186] AP, P. CUCCU, *Comunicazione del Comitato P. Lorenzo*, S. Marinella 27 maggio 1999.
[187] Ibid.
[188] Scheda tecnica del Monumento: Disegno del bozzetto: Prof. Bruno Zampa (Santa Marinella – Rm); Basamento e ambientazione: Arc. Ugo E Manuel Cavallero (Santa Marinella – Rm); Altezza della statua: m. 1,70; Fusione: lega di bronzo; Scultore: Maestro Giancarlo Buratti (Pietrasanta – Lu); Società commissionaria: Società Italiana di Arte Sacra (Marino – Rm).

Monumento a Padre Lorenzo nell'area adiacente alla chiesa parrocchiale delimitata da via del Carmelo.

Chi riesce ad offrire una bellissima sintesi del significato del monumento a P. Lorenzo è il parroco della parrocchia, P. Mario Bianchi:

> "l'immagine di P. Lorenzo nell'atto di accompagnare un ragazzo sulle strade della vita avvolgendolo col suo mantello, costituisce uno sprone e un invito pressante a seguirne le orme sforzandoci di essere anche noi, ognuno per la sua parte "modelli del gregge", guide discrete e sicure, compagni fedeli di viaggio, pastori autentici la cui paternità più vera per le giovani generazioni consiste nella testimonianza di una vita donata con semplicità e amore, giorno per giorno, fino alla fine, proprio come ha fatto lui"[189].

Pietro Cuccu, rappresentante del Comitato Cittadino consegna alla Diocesi di Porto S. Rufina, alla Parrocchia del Carmelo e alla Città di S. Marinella il Monumento, scaturito da una chiara e spontanea volontà popolare, e dice:

> "un segno tangibile di un periodo storico, ancora tutto da interpretare, che ha iniziato nel lontano 15 luglio 1923, quando nell'allora sperduta chiesetta delle Vittorie l'umile Padre Carmelitano, celebrò per la prima volta la S. Messa; periodo storico durante il quale, senza clamori, nel silenzio, nell'umiltà, nella riservatezza, nella sofferenza, si è andato realizzando un progetto che nel tempo ha assunto e sta assumendo dimensioni sulle quali tutti dobbiamo seriamente riflettere. [...]. Oggi, con questo bronzo, affidiamo alle generazioni future l'immagine visibile di un uomo, di un religioso, di un sacerdote, di un vero pastore che è vissuto in questo luogo e qui ha operato per il bene di tutti. Il monumento a P. Lorenzo è quindi, per i secoli che verranno, testimonianza ed esaltazione di due importanti realtà, che qui sono nate per S. Marinella e per il mondo intero: la parrocchia del Carmelo e la Congregazione delle Suore Carmelitane Missionarie di S. Teresa del B. Gesù"[190].

Continuando il suo discorso, Pietro afferma:

---

[189] M. BIANCHI, Il pensiero del Parroco, in *Inaugurazione del Monumento a Padre Lorenzo*, S. Marinella 31 ottobre 1999.

[190] Nella testimonianza su M. Crocifissa, Pietro Cuccu parla più di P. Lorenzo che della Curcio. "Guardando lo sviluppo di questa Congregazione a distanza di 60 anni, [...] mi chiedo come la SdD (madre Curcio) avrebbe potuto superare certe difficoltà se non avesse avuto l'appoggio tecnico, legale, amministrativo, oltre che spirituale di questo grande sacerdote, quale è stato P. Lorenzo. Io ho potuto rendermene conto perché ho visto e vissuto queste cose da vicino e ho potuto vagliare la dimensione della loro fede" (P, p. 332).

"Il monumento ha trovato la sua naturale e storica collocazione accanto a questa chiesa, che è stato il fulcro su cui si è incentrata tutta l'attività pastorale di P. Lorenzo e con la quale egli ha insegnato alla gente del suo tempo e alle generazioni successive, prima con l'esempio e poi con la parola, i fondamenti per essere veri cristiani. L'uomo Padre Lorenzo è passato, ma la sua opera resta e resterà per sempre"[191].

In questa occasione, il Vescovo della Diocesi Porto S. Rufina applica a P. Lorenzo il brano della lettera di San Paolo ai Tessalonicesi[192] dicendo:

"non ho potuto fare a meno di pensare che in fondo quella era la più bella espressione per indicare il ruolo che Padre Lorenzo ha avuto in mezzo a voi. Sono parole che potremmo sentircele ripetere da lui: Siamo stati amorevoli in mezzo a voi come una madre nutre ed ha cura delle proprie creature, così affezionati a voi avremmo desiderato darvi non solo il Vangelo di Dio, ma la nostra stessa vita perché ci siete divenuti cari"[193].

P. Cicconetti, allora Priore Provinciale della Provincia Italiana dei Padri Carmelitani, rileva pure il binomio Chiesa e Congregazione inseparabili nel pensiero e nella vita di P. Lorenzo. Ricordando l'amore sofferto e perseverante di P. Lorenzo al Carmelo ha paragonato la sofferenza di essere privato del suo abito al dolore del parto, per permettere la nascita di una nuova creatura nella discendenza del Carmelo:

"Il parto di una nuova creatura chiede sempre di essere accompagnato da qualche dolore. Si trattava di un sacrificio che permettesse la nascita e l'accompagnamento di un nuovo frutto della plurisecolare ricchezza spirituale del Carmelo. La sua separazione era solo una realtà giuridica, esterna, perché egli continuò a vivere profondamente e a comunicare lo spirito del Carmelo, a far conoscere i suoi santi e le sue vie alle suore e ai laici che egli incontrava. [...]. Già da prima che incontrasse la madre Crocifissa, desiderava un Carmelo missionario in aiuto ai Padri"[194]. Riferendosi al cinquante-

---

[191] P. CUCCU, Il pensiero del Commitato pro Monumento a P. Lorenzo, in *Inaugurazione del Monumento a Padre Lorenzo*, S. Marinella 31 ottobre 1999, p. 4.

[192] I Tes 2, 7-9.13.

[193] A. BUONCRISTIANI, La parola del Vescovo, in *Inaugurazione del Monumento a Padre Lorenzo*, S. Marinella 31 ottobre 1999, p. 6.

[194] C. CICCONETTI, Il pensiero del Priore Provinciale della Provincia Italiana dei Padri Carmelitani, in *Inaugurazione del Monumento a Padre Lorenzo*, S. Marinella 31 ottobre 1999, pp. 10-11.

simo della parrocchia e al monumento aggiunge: "Il monumento a Padre Lorenzo van den Eerenbeemt, carmelitano, nel 50° della creazione di questa parrocchia è un atto di gratitudine, e insieme un pubblico riconoscimento a un uomo che ha interpretato la vita come dono di sé agli altri. [...]. La sua fede e i suoi convincimenti spirituali raggiungono tramite l'aiuto al clero, ai religiosi della diocesi, agli uomini e donne che incontra, i cantieri ove si costruisce visibilmente e invisibilmente la città e si intessono le relazioni umane e i legami del popolo"[195].

Gloria Conti ha prestato una marcata collaborazione al Comitato Esecutivo facendosi portavoce delle Suore Carmelitane come Vice-Postulatrice e facilitandone ogni ricerca per favorire la conoscenza di P. Lorenzo attraverso le informazioni che aveva a portata di mano. Infatti è lei che favorisce l'accesso al materiale disponibile. Gli anni di ricerca l'hanno fatta diventare esperta sul tema P. Lorenzo. Ella lascia il suo messaggio:

"P. Lorenzo: un uomo che ha compreso e testimoniato che non si può parlare dei poveri o ai poveri, ma 'bisogna mettersi sulla pelle la camicia dei poveri'. Un uomo che, sulle orme di Isaia si è fatto sentinella nella notte, capace d'intravedere la luce prima ancora che spunti, attendendola con amore paziente e con animo sgombro. Certamente i suoi ragazzi di allora che fin dallo scorso anno hanno dato vita alla Giornata annuale di Raduno dei 'Ragazzi di P. Lorenzo' e quest'anno si sono costituiti in Comitato pro Monumento a P. Lorenzo, hanno compreso fino in fondo l'amore, la passione e lo spessore dell'uomo, del religioso e del sacerdote. A 50 anni dalla realizzazione del progetto di Dio, lungamente atteso e maturato nel crogiuolo della sofferenza, porre un monumento accanto alla 'chiesetta bianca' del Carmelo di S. Marinella, che indichi a chiunque passa quest'umile pastore e padre, è molto più che un ricordo: è un 'narrare' alle giovani generazioni che solo l'amore rimane: è eterno"[196].

10.3 *Ratio Istitutionis – Progetto formativo della Congregazione*

Nel 2002 viene alla luce la Ratio Istitutionis della Congregazione. Nell'introduzione la Commissione che ha lavorato sulla Ratio sottolinea il punto di partenza dal 1968 della maturazione del pensiero sull'importanza della formazione, in sintonia con il processo di rinnovamento in-

---

[195] Ibid.
[196] G. CONTI, Padre Lorenzo e il Carmelo a Santa Marinella, in *Inaugurazione del Monumento a Padre Lorenzo*, S. Marinella 31 ottobre 1999, p. 18.

nescato dal Concilio Vaticano II. Infatti il tema della formazione è stato una vera sfida per la Congregazione, essendo un oggetto di speciale attenzione nel susseguirsi dei Capitoli generali. Due decenni di studio e di attese per presentare finalmente il testo ufficiale realizzato con una metodologia di coinvolgimento di tutte le circoscrizioni e delle singole comunità.

Nella Ratio enfatizzando il fatto che gli scritti di madre M. Crocifissa e P. Lorenzo saranno tenuti in conto come fonti d'ispirazione perché delineano l'identità, la specifica fisionomia e missione della Congregazione nel cuore della Chiesa e dell'umanità, madre M. Crocifissa rappresenta il modello ispiratore "per la sua speciale missione di fondatrice è colei che ha ricevuto per prima il dono del carisma"[197]. Padre Lorenzo nel Progetto formativo della Congregazione viene descritto: "Questi è l'uomo che rimane umilmente nell'ombra, consapevole d'essere partecipe di un grande dono per la Chiesa"[198]. Nel definire i contenuti nelle diverse tappe della formazione, la Ratio determina la "Vita dei Fondatori"[199], "le vicende personali e spirituali dei nostri fondatori"[200], "lettere dei Fondatori sulla missione"[201], "la promozione sociale in madre M. Crocifissa e padre Lorenzo"[202], "la dimensione pasquale e oblativo – riparatrice in madre M. Crocifissa e padre Lorenzo"[203], "la missione come restaurazione dell'umanità negli scritti dei Fondatori"[204], "lettere e scritti pastorali di madre M. Crocifissa e padre Lorenzo"[205], "diario spirituale di madre M. Crocifissa e lettere di padre Lorenzo"[206]. In nessun momento però viene esplicitamente detto P. Lorenzo il Fondatore. È ancora timida l'assunzione di P. Lorenzo come fondatore insieme alla Curcio.

L'introduzione della terminologia "I Fondatori" nella Ratio viene minuziosamente spiegata da una commissaria che testimonia a nome delle altre. Rappresenta un tentativo di avere l'approvazione delle autorità costituite su una coscienza comune proveniente dalla base che si accorgeva che per questioni di giustizia si doveva prendere in considerazione il vero ruolo di P. Lorenzo nella Congregazione. De Simone Nerina ci presenta lo svolgimento del lavoro della Commissione per la Ratio:

---

[197] ASG, *Ratio Istituzionis*, S. Marinella 16 luglio 2002, p. 61.
[198] Ibid. p. 62.
[199] Ibid. p. 86.
[200] Ibid. p. 100.
[201] Ibid. p. 109.
[202] Ibid. p. 110.
[203] Ibid. p. 122.
[204] Ibid. p. 123.
[205] Ibid. p. 132.
[206] Ibid. p. 134.

"nella Congregazione e specialmente fra le sorelle che hanno conosciuto di persona il Padre, andava crescendo con evidenza la consapevolezza che egli avesse avuto, per volere divino, un ruolo ben maggiore. La richiesta delle sorelle brasiliane ne è testimonianza chiara. Come la reazione quasi unanime dei membri della commissione a quella richiesta: favorevole, accolta con gioia e pienamente condivisa. La commissione, da parte sua, procedendo nel lavoro di redazione della *Ratio Institutionis* percepiva con chiarezza che essa avrebbe potuto avere un ruolo importante nella Congregazione, trattandosi del primo documento ufficiale riguardante il carisma, pubblicato dopo l'inizio della causa di beatificazione della Fondatrice e degli studi relativi, che stavano facendo scoprire una realtà spirituale e carismatica quasi insospettata fino a poco tempo prima. [...] Dopo molta riflessione, avendo ripreso più volte il dialogo sull'argomento, esaminato con attenzione sotto vari aspetti, quasi tutte le commissarie erano ben convinte che l'enunciato delle *Costituzioni*, per quanto autorevole, doveva essere messo in discussione con serietà in quanto non attribuiva il titolo di "Fondatore" a padre Lorenzo, mentre anch'egli, secondo l'intuizione comune che si andava facendo sempre più chiara, dovrebbe essere considerato "Fondatore" con la Beata. Verso la fine del lavoro, i membri della commissione erano ormai ben coscienti di avere il dovere morale di compiere un passo per contribuire al progresso ulteriore dell'auto-coscienza della Congregazione: come ogni famiglia che si rispetti, siamo "figlie di una madre e di un padre", di madre M. Crocifissa e di Padre Lorenzo, ed entrambi hanno diritto a essere riconosciuti Fondatori delle Suore Carmelitane missionarie di s. Teresa b. G. Tutte erano consapevoli anche del fatto che, proprio per la delicatezza dell'argomento, vi sarebbero state delle giustificate resistenze all'adozione piena del titolo di fondatore per il Padre. Si decise, comunque, di tentare, pur sapendo di rischiare qualche autorevole rimprovero: nel testo della *Ratio Institutionis* venne sistematicamente utilizzata la formula "i Fondatori" per indicare assieme madre M. Crocifissa e Padre Lorenzo. Il testo così elaborato era sempre passibile di richieste di modifica o miglioramento, perché doveva passare prima di tutto al vaglio del Consiglio generale. Quello sarebbe stato il primo banco di prova: se la nuova terminologia fosse stata accolta o almeno fosse passata inosservata, lo studio del nuovo testo da parte delle comunità avrebbe dato una risposta definitiva sulla sensibilità dell'Istituto in questo campo. La nuova versione della *Ratio Istitutionis* fu accolta senza problemi dalla Superiora generale e dal suo Consiglio e, poi, nell'uso che fino ad oggi ne viene fatto dalle formatrici e dalle comunità quasi nessuna sorella ha mostrato di non condividere il fatto che abbiamo "i Fondatori" e non la sola 'Fondatrice'"[207].

---

[207] N. DE SIMONE, "I Fondatori" una terminologia non scontata, in *Filo diretto* 1 (2011) pp. 6-7. In appendice 4.9.

10.4 CIAC – Corso Internazionale di Approfondimento sul Carisma

Il XII° Capitolo generale 2003, per la prima volta ha affrontato la questione dell'autorità a servizio della fraternità e della missione e ha elaborato ed assunto un Progetto di Congregazione che copre l'arco del sessennio. Un Progetto costruito insieme con attiva partecipazione di tutti i membri della Congregazione. Nella presentazione del Progetto la Superiora generale di allora, sr Tarcisia Carbone sottolinea l'importante momento del passaggio da una forma cristallizzata del gestire gerarchico del governo, ad una forma fraterna che intende promuovere la comunione e la partecipazione, novità che richiede da parte di ogni membro molta saggezza:

> "Le novità fanno parte della crescita e del 'narrare' la storia di Dio nella storia umana; si integrano nella vita esistente svanendo la passività e l'individualismo e proponendo un cammino unitario capace di perseguire la convivialità e la comunione, segni profetici che rifondano la vita consacrata e riproducono l'icona della SS.ma Trinità, facendoci passare da una visione personale a quella comunitaria, donando spessore storico e carismatico alla nostra presenza missionaria"[208].

Il progetto diviso in diverse aree operative proponeva possibilità di un lavoro pianificato e articolato tra le diverse aree.

L'equipe dell'area Carismatico – formativa è riuscita a promuovere il Corso annuale dal 2005 al 2008 per approfondire la figura e il ruolo di P. Lorenzo nella Congregazione insieme alla M. Crocifissa. Infatti nella stessa presentazione del Progetto della Superiora generale allora viene rafforzato il ruolo di P. Lorenzo come Fondatore, ruolo che negli anni precedenti era stato messo in ombra completamente:

> "Chiedo a tutte una lettura orientativa che porti ad acquisire un unico stile di vita nella missione specifica che il Padre buono ci ha affidato, non stancandoci di tenere viva la diversità delle espressioni e della interculturalità, nella certezza che i nostri Fondatori Madre Crocifissa e Padre Lorenzo non cessano di inviare dal cielo 'frutti nuovi', consapevoli però che la legge del chicco che muore e 'produce molto frutto' continua ad essere la strategia fondamentale che siamo chiamate a perseguire"[209].

---

[208] ASGC, T. Carbone, *Una generazione narra all'altra le opere del Signore*, Presentazione del Progetto di Congregazione, S. Marinella 2004-2009, p. 4.
[209] Ibid.

La proposta del CIAC è stato di approfondire il carisma, risvegliandolo innanzitutto in se stesse: 1) darsi una motivazione per conoscere il pensiero dei fondatori; 2) adeguare il proprio pensiero a quello dei fondatori; 3) sentire con il cuore dei fondatori. Dopo decenni di oblio, di P. Lorenzo, vengono presentate ad ogni gruppo del CIAC le dispense: I Fondatori e la Storia della Congregazione. Nell'indice un richiamo: Il volto dei Fondatori, appare l'immagine di P. Lorenzo van den Eerenbeemt e l'immagine di M. Crocifissa Curcio[210].

È in questo periodo che è stato dato rilievo alla figura di P. Lorenzo mettendo a fuoco la sua identità nella Congregazione che non è semplicemente di "saggia guida", ma come qualcuno che "si offre tutto intero per generare, far crescere e promuovere la Congregazione"[211].

10.5 *Il XIII Capitolo generale – 2009*

Il percorso che ha fatto la Congregazione sfocia nell'espressione di una maggioranza delle Suore cioè di conoscere la verità su P. Lorenzo e il suo vero ruolo nell'Istituto. Questo desiderio ha che fare con il Carisma congregazionale perché è dono che Dio ha concesso alla persona di P. Lorenzo a beneficio non solo della Congregazione ma della Chiesa e di tutta l'umanità. E per una questione di giustizia alla sua persona, il Tredicesimo Capitolo generale, ha deliberato di: 1. Favorirne la conoscenza; 2. Preparare il lavoro per la causa di beatificazione; 3. Avviare uno studio scientifico su padre Lorenzo a livello di licenza e di dottorato. E, per creare spazi a questa conoscenza, ha definito come linee operative di realizzare gli Incontri formativi nelle varie circoscrizioni e organizzare un convegno di conoscenza e studio su P. Lorenzo.

---

[210] G. Conti, *I Fondatori e la storia*, op. cit., p. 18.
[211] E. Ribeiro, Gli echi di un silenzio – 120 anni dalla nascita di P. Lorenzo van den Eerenbeemt, in *Filo Diretto* n. 2 Aprile/giugno 2006, pp. 6-15.

Documentazione fotografica

I familiari

I genitori di p. Lorenzo
Pietro van den Eerenbeemt e Giovanna Negri

I fratelli e le sorelle di p. Lorenzo con i genitori (seduti: il padre Pietro, la sorella Emma, la mamma Giovanna in piedi, dietro: i fratelli Guglielmina ed Enrico)

P. Lorenzo da giovane e altri fratelli

P. Lorenzo a 19 anni di età

Il fratello Ubaldo

Il fratello Emilio (fratel Leobaldo)

Parenti missionari

Sr. Alphonse van den Eerenbeemt

P. Andreas missionario in Guatemala

P. Jan Missionario di Scheut in Cina

Jeanna, cugina Suora delle Coorstraat
missionaria in Cina

P. Harry e P. Bernard van den Eerenbeemt, missionari redentoristi

Lo zio Ferdinand, con i figli Bernard, Andres e Jan

P. Lorenzo Dauwe, pronipote di P. Lorenzo, religioso del Sacro Cuore, ordinato sacerdote il 15 marzo 1964. È stato missionario nella Diocesi di Kole (Congo)

Sr. Fernand in Tanzania

Formazione in Olanda

Convento di Zenderen dove P. Lorenzo ha studiato la filosofia per due anni

Convento di Oss dove P. Lorenzo ha studiato la Teologia

P. Lorenzo Carmelitano

P. Lorenzo Carmelitano

...con i confratelli

...con i confratelli

Il Cammino della Congregazione nelle fotografie

Santa Marinella all'inizio dell'anno 1925

Villa Persichetti nel 1925 e come appare oggi
Prima abitazione delle future suore a Santa Marinella.

Raccolta di fondi per la costruzione della Casa delle Suore e delle bambine bisognose

L'Istituto di S. Teresa, del Bambino Gesù, delle Missionarie Carmelitane del Terz'Ordine si propone come fine proprio la Propagazione della Fede nel mondo e l'educazione dei figli del popolo specialmente di quelli abbandonati.

L'opera approvata ed incoraggiata dal Rev.mo Padre Generale dell'Ordine Carmelitano, P. Elia Magennis, è una manifestazione dell'ardente spirito di Apostolato che anima i migliori figli della Chiesa, e che fu l'anelito più forte della grande figlia del Carmelo Teresa del Bambino Gesù.

La benedizione di Dio e la protezione di S. Teresa del Bambino Gesù saranno preziosa ricompensa a quanti aiuteranno l'opera con le loro preghiere e con le loro elemosine.

Per informazioni ed offerte dirigersi al R. P. Lorenzo Cristiano, Carmelitano, Chiesa della Vittoria. *S. Marinella* (prov. di Roma); oppure alla R. Madre Maria Crocifissa Curcio superiora delle Missionarie Carmelitane. Capo Linare. *S. Marinella* (prov. di Roma).

Con approvazione ecclesiastica

Con questa motivazione cominciava a costruire la sede delle Suore Carmelitane Missionarie di S. Teresa del Bambino Gesù

PRIMA CASA DELLE MISSIONARIE CARMELITANE
SANTA MARINELLA (ROMA)

A Santa Teresa del Bambino Gesù le Missionarie Carmelitane vollero dedicata la loro prima Casa con il proposito di far proprio il vivissimo desiderio di apostolato che assiduamente accese l'anima della grande Figlia del Carmelo.

Ed ora che attorno alle umili Suore si affollano le bambine bisognose di educazione e di cure materne, occorre un altro edificio. Sia il prezioso edificio della carità.

Date la vostra *pietra* per l'opera santa: Santa Teresa ve ne sarà grata. Le bambine assistite faranno ogni mese tre Novene a Santa Teresa per i loro benefattori.

Offerta per una pietra: Lire Cinque. — Inviare le offerte al *R. P. Lorenzo Cristiano*, Carmelitano - Istituto di Santa Teresa del Bambino Gesù - Santa Marinella (prov. di Roma).

P. Lorenzo e M. Crocifissa

Le prime bambine accolte nell'Istituto

> se così vorrà Iddio,
> quest'opera sorgerà e fiorirà ...
> noi non faremo nulla per vanagloria,
> ma per la salvezza delle anime
> e la gloria sia solamente a Lui
>
> p. Lorenzo, 1 luglio 1924

Le prime Suore e le aspiranti

Alla sinistra: sr. Concetta Pia, sr. Concetta Teresa, sr. Carnisia Popp.
Alla destra: sr. Carmelina Iroide, Sr. Concetta e sr. Adalberta Laudemberg

La Pastorale

P. Lorenzo e una bambina di prima comunione

Chiesa N. Signora delle Vittorie, oggi Parrocchia della Madonna del Carmine completamente ristrutturata.

Davanti: Sr. Maddalena Giunta, sr. Mercede Boi, P. Lorenzo, sr. Grazietta Giunta e sr. Cecilia Giusti. *Dietro:* Sr. Giulia Emiliani, sr. Paulina Madro, sr. Rita Giannone, sr. Michelina Marino, sr. Chiara Mariano e sr. Brigida Denaro e le aspiranti

P. Lorenzo e le Madri cristiane – iniziative pastorale della Parrocchia

P. Lorenzo monsignore

P. Lorenzo con il nuovo parroco
P. Nazzareno Mauri

La presenza della Congregazione nel mondo
Le Suore Carmelitane Missionarie
di Santa Teresa del Bambino Gesù nel mondo

Italia, Brasile, Canada, Malta, Africa, Filippine, Romania.

Lo scopo dell'Istituto è di accogliere la gioventù, non solo per istruirla, ma per accendere nei cuori dei piccini e dei grandi, un amore senza confini.
P. Lorenzo, 10 agosto 1968

V

P. LORENZO E LA MISSIONARIETÀ DELLA CONGREGAZIONE

In questo capitolo vogliamo accennare al significato del termine "carisma" e "carisma del fondatore" per sintonizzarci sulla ragion d'essere della vita consacrata nella Chiesa e nel mondo. Come conseguenza logica del carisma missionario rilevato nei capitoli precedenti come eredità del Fondatore, tenteremo un primo approccio sul Progetto di vita essenzialmente missionaria in linea col magistero della Chiesa. Esso è il DNA che ci identifica e costruisce lungo la storia il volto delle Carmelitane Missionarie.

Diversi sono stati gli scenari che hanno dipinto le tappe della vita del nostro Fondatore. Andando sempre contro corrente, la sua fede si è fatta certezza e profonda convinzione e lo ha tormentato tutta la vita spingendolo a incoraggiare se stesso e a spronare le Suore per arrivare all'ideale.

Il nostro fondatore, P. Lorenzo, sapeva di compiere una missione tutta particolare ricevuta da Dio. Egli sapeva che tutti gli avvenimenti e le conquiste non erano opera sua, ma c'era sempre stata la mano misteriosa di Dio a compiere tutto: "No, non è opera nostra, bensì del Signore; non è lavoro delle nostre mani, e giacché l'opera è ufficialmente riconosciuta come diocesana, dobbiamo affermare e credere che Iddio e la Vergine Benedetta del Carmine e la gloriosa Protettrice nostra s. Teresa B. G., hanno voluto il sorgere di questo Istituto"[1].

Non usa il termine carisma, allora sconosciuto, ma sottolinea lo specifico di ogni Istituzione religiosa:

> "Il nostro differenziamento non si basa soltanto sul fatto del fine e dello spirito, ma come ultima causa ha per fondamento la limitazione della natura umana, delle sue facoltà, incapaci di abbracciare in tutta l'ampiezza la dottrina di Gesù, specialmente per quello che riguarda i sacri voti, mentre nell'animo si vorrebbe seguire in tutto

---

[1] AP, Circ., S. Marinella febbraio 1943.

Gesù, praticamente dobbiamo limitarci nell'imitare alcune delle sue virtù in particolare. Da qui che la Chiesa ammette e permette l'esistenza di tanti svariati Ordini e Congregazioni, che in molte piccole regole accidentali, si differenziano tra loro: da qui anche il differenziamento di tanti rami di uno stesso Terz'Ordine religioso. Come nei fiori ammiriamo infinita varietà di colori e di forme, così anche nella Chiesa di Dio assistiamo allo svolgersi e svilupparsi di un numero stragrande di Congregazioni, che talora pur avendo fine specificatamente comune con altre, pur tuttavia da esse differiscono per lo spirito, ugualmente buono, ma diverso dall'altro"[2].

Volgiamo uno sguardo sintetico su che cosa è il carisma e sulla necessità di attualizzarlo sempre rileggendo le ispirazioni fondamentali che hanno mosso i nostri fondatori a dar vita all'Istituto per costruire col tempo e nei tempi l'identità del gruppo nella fedeltà dinamica all'origine.

1. Carisma dei fondatori come esperienza dello Spirito

Il termine carisma è giunto a essere l'espressione della profonda convinzione dei religiosi che i loro fondatori siano stati guidati dallo Spirito Santo e che la loro iniziativa sia frutto di un'esperienza dello e nello Spirito. Dall'*Evangelica testificatio* in avanti assistiamo a un progressivo e costante sviluppo della riflessione teologica sulla dimensione carismatica della vita religiosa. Il discorso sulla vita religiosa si muove in un ampio contesto di presenza e azione dello Spirito nella Chiesa. Il fondatore ha la consapevolezza di aver concepito e attuato la nuova famiglia in un'esperienza spirituale secondo la volontà di Dio[3]. Nell'identità della vita religiosa, basata essenzialmente sui tre voti, si distinguono tanti carismi più specifici e particolari quanti sono i doni di grazia che si ritiene possano differenziare un istituto dall'altro.

Il carisma e la spiritualità di una Congregazione religiosa sono in stretto rapporto. Carisma è la parola maggiormente usata oggi nell'ambito della vita consacrata per indicare il dono particolare dello Spirito che ha animato ogni fondatore e fondatrice e che continua ad animare i membri dei rispettivi istituti religiosi. In esso è inclusa la spiritualità, come tutte le altre dimensioni della vita interna ed esterna di tutto l'istituto, di ciascuna sua parte e anche – in gran parte – di ogni suo membro,

---

[2] Ibid.
[3] Cf. F. Ciardi, *I Fondatori uomini dello Spirito*, Città Nuova, Roma 1982, pp. 41-48.

perché nel carisma "come in una sintesi, si trovano raccolte tutte le altre istanze"[4].

È interessante percepire il circuito della vita consacrata a partire dal dono del carisma, partendo dalla chiara affermazione che "la vita religiosa è un modo particolare di partecipare alla natura sacramentale del popolo di Dio"[5]. Ciardi nel suo studio che è una pietra miliare nella comprensione del concetto e della funzione del carisma nella vita consacrata, sottolinea il ruolo di strumento della vita consacrata nei confronti dello Spirito mediante il quale la Chiesa può adempiere l'opera affidatale da Cristo.

I fondatori come uomini dello Spirito sono portatori di una missione particolare, da Lui suscitata per portare la Chiesa verso la santità e collaborare con essa a svolgere la sua missione di universale sacramento di salvezza perché l'umanità e l'universo intero raggiungano la loro finale e definitiva vocazione[6].

La spiritualità dell'Istituto, determinata dal carisma, è l'espressione del modo in cui i membri comprendono in profondità la propria esistenza religiosa in rapporto con Dio e con la loro specifica missione. La spiritualità segna il cammino spirituale di ogni membro e di ogni comunità secondo lo stile di vita proprio della Congregazione.

Possiamo dire che sostanzialmente il carisma non è un oggetto, non si descrive e non si racchiude in una espressione, ma è una realtà vivente. Per questa sua proprietà non può essere mai chiaramente indicato in sé, dovendo essere espresso nei suoi riferimenti. Ciardi chiarisce che

> "parlare di carisma del fondatore è parlare di qualcosa di vivo e dinamico. Non si tratta di una definizione astratta, verbale. La percezione del carisma coinvolge la lettura non di un mito o di un ideale, ma la concretezza di una vita, di una persona, il fondatore. Il carisma è qualcosa di vivo che non può essere rinchiuso in schemi artificiali. Va quindi capito dal di dentro, quasi per una consonanza. Va vissuto piuttosto che elaborato concettualmente e anche quando deve elaborarsi concettualmente occorre saperne mostrare la genesi e l'evoluzione storica, proprio perché si tratta di una esperienza"[7].

---

[4] *Vita Consecrata* n. 71, esortazione apostolica, Elle di CI, Torino 1996, p. 428.
[5] Sacra Congregazione per il Religiosi e gli Istituti Secolari – Congregazione per i Vescovi, Criterio direttivi sui rapporti tra i vescovi e il religiosi nella chiesa, Mutuae Relationes, n. 10.
[6] Cf. Ibid.
[7] F. CIARDI, Teologia del carisma degli Istituti, in *Vita Consacrata* n. 22 (1986), pp. 844-857.

Il carisma del fondatore/trice permane nella storia attraverso la vita di coloro che, come discepoli, prolungano e gradualmente attualizzano l'originaria esperienza del fondatore/trice[8].

Estendendo la comprensione del termine carisma nel tempo e nello spazio, possiamo dire che è l'identità vocazionale espressa dall'intera comunità, incarnando in tempi e modi differenti le stesse intenzioni 'fondanti' del fondatore/trice. L'esortazione apostolica VC già insisteva a riguardo:

> "Gli Istituti sono dunque invitati a riproporre con coraggio l'intraprendenza, l'inventiva e la santità dei fondatori e delle fondatrici come risposta ai segni dei tempi emergenti nel mondo di oggi. Questo invito è innanzitutto un appello alla perseveranza nel cammino di santità attraverso le difficoltà materiali e spirituali che segnano le vicende quotidiane. Ma è anche appello a ricercare la competenza nel proprio lavoro e a coltivare una fede dinamica alla propria missione, adattandone le forme, quando è necessario, alle nuove situazioni e ai diversi bisogni, in piena docilità all'ispirazione divina e al discernimento ecclesiale. Deve rimanere, comunque, viva la convinzione che nella ricerca della conformazione sempre più piena al Signore sta la garanzia di ogni rinnovamento che intenda rimanere fedele all'ispirazione originaria"[9].

Per questo si richiede ad ogni Istituto attenzione per le mutevoli circostanze e di continuare ad essere fedele all'origine pur in constante e dinamico rinnovamento[10].

Mainka sottolinea ancora che ciascun membro è responsabile in prima persona dello sviluppo o del ritardo del carisma dell'Istituto nella storia, il quale si arricchisce e sviluppa solo se rimane vivo e viene costantemente approfondito al di là delle fragili interpretazioni sottoposte alle leggi della storia[11]. Il carisma missionario di P. Lorenzo pertanto, varcherà i tempi soltanto attraverso una fedeltà dinamica da parte delle Suore Carmelitane missionarie di S. Teresa del Bambino Gesù, cioè una fedeltà ancorata alle origini, però aperta ai segni dei tempi, capace di mantenere l'antica identità in un rinnovato progresso.

---

[8] Cf. A. ROMANO, *I fondatori profezia della storia. La figura e il carisma dei fondatori nella riflessione teologica contemporanea*, Ancora, Milano 1989, p. 162 s.

[9] *Vita Consecrata* n. 37, esortazione apostolica, Elle di CI, Torino 1996, p. 386.

[10] Cf. R. MAINKA, *Carisma e storia nella vita religiosa*, in Bollettino UISG n. 58 (1982), p. 11.

[11] Ibid.

2. Nella forza del carisma fondazionale siamo chiamate alle Missioni, oggi

Nei capitoli precedenti abbiamo seguito lungo la storia della Congregazione le tappe del consolidamento del carisma missionario spronato dal Fondatore lungo la storia della Congregazione e lui già anziano accompagnava ancora da vicino i cambiamenti tanto della società quanto della Chiesa nell'evento del Concilio Vaticano II. A quasi 80 anni di età, ringraziando il Signore per il *Decretum Laudis* della Congregazione, mentre il Concilio è in pieno svolgimento, continua la propria missione di spronare le Suore a non fermarsi mai nel cammino intrapreso. Scrive: "Ed ora? Dobbiamo riposarci sui nostri allori? No, no, mie care consorelle: è dovere nostro di aiutare la Chiesa nei suoi grandi scopi di evangelizzare tutto il mondo! Grandioso movimento mondiale per scuotere tante anime e spingerle a riconoscere e ad entrare nella Chiesa cattolica. Cosa dobbiamo fare noi a questo scopo?"[12].

Questa domanda si ripercuoterà lungo i secoli, perché in ogni epoca alle Suore Carmelitane toccherà sintonizzarsi con le grandi questioni della Chiesa ed offrire il loro apporto, compiendo la missione affidata loro.

P. Lorenzo voleva una Congregazione di Suore per le Missioni, aggiungendo al suo scopo il desiderio di M. Crocifissa che era quello della missione apostolica attraverso l'educazione. Egli voleva Suore pronte per dedicarsi a collaborare alla prima evangelizzazione e altrettanto disposte e adatte a lavorare al consolidamento dei risultati del primo annuncio cristiano, disponibili a lavorare seguendo il movimento intercontinentale delle migrazioni, aperte al minuto lavoro di collaborazione con i sacerdoti tanto quanto ad assumersi le pesanti responsabilità di grandi opere educative, pronte al servizio del vangelo e della Chiesa, sempre con lo stesso spirito umile, totale e intelligente dedizione all'unica causa: come Gesù, "portare il fuoco sulla terra"[13].

Riepilogando il suo pensiero missionario sparso nei diversi capitoli, vogliamo sottolineare il carattere di "trasparenza" e di "leggerezza" che ci permettono di individuare l'asse su cui ruotava il suo progetto missionario secondo come egli voleva impostarlo, partendo dalla convinzione che gli proveniva dal mistero di Dio, Uno e Trino in cui si era immerso.

---

[12] AP, Circ., S. Marinella dicembre 1963.
[13] Il cartiglio che il Padre impose al primo stemma della Congregazione riportava in latino la frase evangelica di Luca 12, 49: "ignen veni mittere in terran".

2.1 Un progetto di vita missionaria "trasparente"

La parola trasparenza è una estensione metaforica del significato della parola "trasparente". In ambito fisico, commerciale e sociale, la trasparenza è verificata attraverso le cose che permettono di far vedere meglio. In ambito religioso possiamo applicarla alle persone, quando queste riescono a rivelare una realtà spirituale profonda vissuta in modo intenso, cioè riescono a fare trasparire quella realtà interiore che muove i loro pensieri, i loro sentimenti e le loro azioni. Questa realtà interiore per il cristiano è determinata dall'incarnazione di Dio, dalla stessa esistenza concreta di Cristo Salvatore. Allora possiamo indicare l'autenticità esistenziale in senso più pregnante come ciò che si riferisce alla nostra vera interiorità, al di là di quello che vogliamo apparire o crediamo di essere. In questo senso possiamo dire che la verità stessa della persona consiste nella coerenza perfetta tra il vissuto e i valori nei quali si crede.

Nel cristianesimo la verità è una persona: Gesù di Nazareth. Infatti Gesù si autodefinisce: "Io sono la via, la verità, la vita"[14]. La verità ci viene offerta da Dio nella persona di Gesù e in lui il cristiano riconosce la fedeltà di Dio.

> "Nella 'proesistenza' del Cristo si rivela, in chiara trasparenza, l'essere per noi di Dio: del Dio-Abbà, nella forza dello Spirito, il quale conduce al Cristo e mediante Cristo unisce, introducendo nella comunione con il Padre e si pone egli medesimo come principio, inabitante nell'uomo, del "cammino" cristiano: dell'esistenza e della storia cristiana, nelle loro dimensioni soggettive e oggettive"[15].

Se il raggiungimento della verità cristiana avviene nella concreta umanità di Cristo che si fa realtà e prende forma in quell'esistenza e in quella storia determinata, concreta, singolare espressa nel simbolo della croce, la profonda verità su Dio e sulla salvezza degli uomini, per mezzo di questa rivelazione, risplende per noi nel Cristo, il quale è insieme il mediatore e la pienezza di tutta la rivelazione. La verità è una storia donata da Gesù che ha amato e per amore si è donato in gesto supremo di compassione: la proesistenza[16].

Tante scintille di Dio sono visibili in P. Lorenzo perché l'attenzione nel configurarsi con la persona di Gesù Cristo è stata talmente presa

---

[14] Gv 14,6.
[15] C. SCILIRONI, Verità, in: G. BARBAGLIO, G. BOF E S. DIANIC (edd.) *DT*, p. 1898.
[16] Cf. Ibid. Proesistenza significa esistere come dono, come oblazione, e non esistere per l'autoaffermazione.

sul serio che testimonia con il suo essere l'interazione profonda tra fede e vita, arrivando a poter dire con s. Paolo, "non sono più io che vivo, ma Cristo vive in me"[17]. Questo avvenne perché P. Lorenzo si è contrapposto alla tendenza dei tempi in cui il soggettivismo e l'idealismo aveva dominato il pensiero e la cultura occidentali come teorizzazione dell'egoismo.

Il realizzarsi, l'essere accolti e stare nella verità cristianamente significa collocarsi in essa, intonare, configurare su di essa la propria esistenza, assumerla come orientamento. In altri termini stare nella verità significa stabilire un rapporto peculiare con Gesù: "Chi dunque mi riconoscerà davanti agli uomini, anch'io lo riconoscerò davanti al Padre mio che è nei cieli"[18]; e questo, dal momento che Gesù è venuto a portare la "spada", comporta ed esige riconoscimento e discernimento di valori, impegno, prassi: l'assumere una collocazione storica determinata; scegliere una parte diversa e forse in conflitto con altre parti; prendere partito[19]. E l'opzione di P. Lorenzo per Gesù si è fatta molto chiara nell'opzione per gli emarginati e per i poveri.

Nel conformare la sua vita a quella di Gesù, P. Lorenzo non si scosta dall'esigenza della ricerca costante della verità, con il confronto vitale con la Parola di Dio e con la realtà circostante. Il rapporto instaurato da P. Lorenzo con i suoi Superiori, con le autorità, con le Suore, con i laici, coi parrocchiani fu di trasparenza, marcata da un rispetto verso le persone nel senso più profondo.

Coinvolto nel mistero profondo di Dio, cercava un'unica cosa, cioè compiere il bene. Promuovere il bene di tutti, senza distinzione. Quello che maggiormente appare come un punto rilevante che caratterizza il modo di rapportarsi di P. Lorenzo con tutti, tanto con i laici come con le Suore, è la sua imparzialità. Il suo sguardo paterno è stato uguale per tutti.

La sua umiltà fu così profonda che nessuno aveva soggezione di venire a trovarlo per qualsiasi necessità. La sua bontà risplendeva nel suo modo sempre delicato e gentile di rapportarsi con le persone con disponibilità senza condizione.

Per capire quale fosse l'idea della missione in P. Lorenzo bisogna considerare il suo percorso spirituale fatto in modo straordinario. Per lui già da carmelitano, ancora giovane chierico, la teologia non è stato uno studio arido, puramente intellettuale, ma piuttosto lo ha

---

[17] Gl 2, 20.
[18] Mt 10, 32.
[19] Cf. C. SCILIRONI, Verità, op. cit., p. 1898.

aiutato a compenetrarsi nel profondo del proprio essere attraverso un'esperienza di preghiera, di contemplazione nel suo rapporto intimo con Dio. Una esperienza così forte, intensa, che lo ha aiutato a spalancare gli occhi, a guardare il mondo con gli occhi di Dio, per riempirsi di compassione verso gli altri, soprattutto i poveri e ad aprire gli occhi per contemplare la bellezza del creato, arrivando al punto di non riuscire a contenersi se non condividendo con gli altri la ricchezza e il tesoro che portava dentro. Aveva scoperto la chiave della vita: l'amore di Dio verso tutti gli uomini. Infatti il Figlio di Dio Gesù Cristo, che per mezzo della propria vita ha dato la salvezza a tutti, deve essere da tutti conosciuto come Datore della vita e di ogni bene. Insisteva sempre richiamando le Suore a concentrarsi sull'unico e necessario:

> "La nostra vita di carmelitane deve essere una unione profonda, una unione profonda col Redentore. Non rimaniamo fredde, senza amore: aumentatelo, vi prego, abbiate più profondo amore! Il momento più propizio per fare crescere l'amore per Gesù lo troviamo nel santo Sacrificio; <u>che la vostra comunione sia una intimità dell'anima</u> che sovrasti ogni altro pensiero del vostro intimo. Lo scopo dell'Istituto è di accogliere la gioventù, non solo per istruirla, ma specialmente per accendere nei cuori dei piccini e dei grandi un amore senza confini. Giusto e santo è lavorare per la gioventù, ma noi abbiamo uno scopo sorpassante ogni altro scopo: <u>amare, amare, amare profondamente Gesù</u>"[20].

In un'altra lettera insiste: "Il vostro compito è: Amare il Signore, condurre anime a Dio"[21].

P. Lorenzo cerca di premunirsi dal pericolo dell'istituzionalizzazione dell'Istituto in forma chiusa, come un ghetto, ruotando soltanto intorno a sé stessa e insiste: "Svegliatevi dal torpore egoistico dei vostri piccoli affari ed aprite gli occhi ai grandi affari che interessano la Chiesa e le anime. Chiudete un momento gli occhi alle cose del mondo e gettate uno sguardo all'aldilà".[22] Insiste sulla necessità della coerenza tra il pensiero, l'affetto e la volontà in un'articolazione dinamica di questi livelli in vista dello scopo stesso della vita consacrata nella missione:

---

[20] AP, Circ., S. Marinella, 10 agosto 1968. In Appendice 5.1.
[21] AP, Circ., S. Marinella, 3 maggio 1970.
[22] AP, Ibid., Quaresima 1956.

"La vita missionaria della nostra Congregazione non consiste nel predicare e impartire lezioni di filosofia o di lingue straniere; sebbene, come amico degli studi, spero che in avvenire vi sia tra le nostre suore un progresso anche in questo campo per renderle più capaci ed aggiornate nel movimento moderno di studio e di cultura. Per questo mi faccio un dovere di ripetere: chi studia non deve insuperbirsi – lo studio deve servire solamente per portare le anime a Cristo! Però vedo che il Signore ci vuole in un contatto più spirituale con la gioventù femminile. Dovete far di tutto, mie buone suore, per attirare le anime giovanili. Ci vuole, a questo scopo, oltre lo studio, grande finezza di spiritualità e tra di voi grande amore, pace, carità e massimo rispetto!"[23].

La missione, pertanto, per P. Lorenzo non è soltanto stare in mezzo al mondo, non è partire lontano per occuparsi di mille affari, non è essere trasmettitore di un messaggio qualunque. È piuttosto far conoscere Gesù, aiutare ad incontrarlo ed instaurare con Lui una relazione profonda come il significato ultimo, la ragione della vita stessa, il senso ultimo della propria vita. Secondo P. Lorenzo le scuole, gli orfanotrofi, i laboratori e l'ospedale sono tutti luoghi sociali e teologici necessari per l'educazione, l'assistenza agli anziani e agli ammalati di cui il missionario, la missionaria, deve servirsi per dare il messaggio più importante che è lo scopo della propria scelta, cioè testimoniare l'amore di Dio. Fare sì che tutti credano in Dio, Lo amino, e Lo vogliano amare e servire nelle persone che sono loro accanto.

Vivendo l'unione con Dio, P. Lorenzo vuole indurre le Suore e i suoi parrocchiani a fare questa esperienza, perché è cosciente dell'importanza della testimonianza che contagia e che si propaga. Infatti P. Lorenzo dice: "non si può dare ciò che non si ha, cioè non si può comunicare lo Spirito di Dio se non Lo si ha in noi stessi". Egli dice chiaramente in altri testi che lo Spirito di Dio è già in noi. La preghiera e la contemplazione non sono altro che un esercizio per prendere consapevolezza di questa presenza. Il cammino per entrare nel profondo del nostro essere per contemplare il volto di Dio è purificare il santuario da tanti idoli scolpiti da noi stessi e che ci impediscono di arrivare a quel punto dove si trova Dio nel più profondo di ogni essere umano.

Seguendo le orme di Gesù Cristo come ha fatto la Santa di Lisieux, la santità e la perfezione prendono il sapore della semplicità e della povertà dei piccoli che hanno capito che solo la grazia basta. Pertanto riescono ad abbandonarsi nelle braccia di Dio con grande fiducia, cercando

---

[23] AP, Ibid., 10 agosto 1965.

l'unica cosa necessaria: il perfetto Amore verso Dio e verso il prossimo. Come per la Santa di Lisieux che niente faceva se non per puro amore verso Dio, così per P. Lorenzo l'amore deve essere lo stampo di tutte le opere e le attività svolte dalle Suore, che devono fare convergere tutto alla gloria di Dio, solo per Dio, con Dio e in Dio. In questo senso possiamo dire che la passione missionaria in P. Lorenzo scaturisce dalla sua unione profonda con Dio paragonata da lui al rogo del Horeb che gli ardeva sempre nel petto.

2.2 *Un progetto di vita missionaria "leggero"*

Quando abbiamo qualificato il Progetto Missionario di P. Lorenzo con il termine leggero, volevamo sottolineare la libertà interiore di tutti i missionari e missionarie che avrebbe raggiunto nell'unione profonda con il Signore e che caratterizzerebbe la fluidità con cui potrebbero essere svolte le Missioni. Il punto di partenza è la promessa stessa di Gesù: "La verità vi farà liberi"[24].

Il concetto di libertà che vogliamo sottolineare in questo contesto è quello nel senso cristiano, cioè libertà liberata, partendo dalla convinzione che l'uomo non nasce libero, ma viene liberato per diventare servo[25] e per diventare figlio[26]. È la consapevolezza dell'agire libero come frutto dell'educazione all'amore e l'aspirazione alla verità, da cui scaturisce la vera libertà e la costruzione della storia umana nel gioco tra la libertà divina e libertà umana nel Dio che si fa partner dell'uomo. È la libertà che rientra nel processo di liberazione che comincia dall'esodo dall' Egitto alla Terra promessa[27] ritualizzata nella Pasqua, nella conquista della libertà di poter servire Dio: liberi per servire[28]. Si tratta del processo dello spogliamento necessario per mettersi alla sequela del Cristo risorto. Dall'uscita dall'Ordine P. Lorenzo continua un percorso fatto di purificazione e di conversione. Libertà come riconoscimento della fragilità dell'uomo ma anche come ricerca di percorssi creativi nuovi. Questo è il senso della conversione come fatto individuale e collettivo: rottura di standardizzazioni e delimitazioni e la ricerca di vie d'uscita.

---

[24] Gv 8, 32.
[25] Cf. Tm 6, 22 ss.
[26] Cf. Rm 8; Gal 4.
[27] Cf. Dt 26, 5-9.
[28] Cf. Es 19, 4ss.

2.2.1 La necessità della conversione personale

La grazia divina della conversione è all'origine della Vita. Infatti la conversione ha capovolto lo schema di tanti "luminari" dell'umanità che hanno lasciato un'eredità spirituale da incidere sulla società in vista del Regno di Dio. Parte sempre da una realtà che interpella, ma che incide su chi è stato interpellato: "fammi ritornare ed io ritornerò"[29], per portare a una verifica vitale del "cuore nuovo e spirito nuovo"[30] nella conformazione a Gesù Cristo, via, verità e vita. Se è nell'intreccio dei rapporti umani che si esprime concretamente la fede, vivere nella fede comporta una conversione costante dal modo non "giusto" che ostacola la necessaria adesione all'incontro integrale con Dio e al suo regno annunciato da Cristo.

Il desiderio missionario ha capovolto la vita di P. Lorenzo nell'esodo dall'Ordine Carmelitano, dai Circoli degli intellettuali, dai grandi studiosi, per confinarsi in un paesello all'epoca di pochi abitanti, per dare vita a un incipiente gruppo di Suore, per la maggioranza grandi in età e senza tanta cultura.

P. Lorenzo lascia progressivamente il "suo" mondo per arrivare alla fine all'annientamento totale di sé perché come dice Gesù: "se il chicco di grano caduto in terra non muore, rimane solo; se invece muore, produce molto frutto"[31].

Servire Dio nella Chiesa nel servizio ai poveri è l'obiettivo di P. Lorenzo facendosi povero in prima persona, nella sequela di Colui che è la Verità vivente, Cristo, il salvatore del mondo, puntando sulla comunità fraterna e itinerante. Poiché la verità, in quanto è congiunta con la libertà, apre possibilità e, dunque, non può non generare l'apertura al pluralismo, alla tolleranza ed al dialogo; in questo senso l'umanesimo di P. Lorenzo ha anticipato il Concilio Vaticano II.

Come uomo di relazioni ampie sapeva accogliere, tendere la mano e farsi dono a tutte le persone indistintamente. Alcune testimonianze rivelano questo equilibrio e saggezza di P. Lorenzo:

> "P. Lorenzo aveva una fiducia nell'uomo e nelle sue possibilità ed una visione estremamente positiva della vita, mentre le ideologie di allora, anziché darci una spinta interiore ci incitavano alla conflittualità. P. Lorenzo, invece, m'invitava ad una sorta di eurodialogo e, nel tempo seguii politicamente questa idea. Nell'esortami al dia-

---

[29] Ger 31, 18.
[30] Ez 18, 31.
[31] Gv 12, 24.

logo, mi diceva di essere al di sopra di qualsiasi lotta e violenza. È stata una di quelle persone che con la sola carica umana costituiva un punto di riferimento sicuro e certo quando, qualche volta, coglieva la disperazione. P. Lorenzo è stato determinante nella mia vita politica"[32].

Un'altra testimonianza evidenzia il pensiero sull'ecumenismo:

"Ho conosciuto p. Lorenzo dopo la guerra, quando venni a S. Marinella e qui mi sistemai. I miei rapporti con lui erano piuttosto rari a causa del mio lavoro, ma quando c'incontravamo ne veniva fuori un uomo di eccezionale cultura che sapeva parlare di tutto. Parlavamo soprattutto di cultura classico-umanistica, adorava Dante e dal punto di vista religioso mi aiutò tanto perché illuminò i miei dubbi di giovane, e soprattutto era un uomo molto moderno, aperto. Mi parlava di ecumenismo, della necessità di unire i cristiani delle varie confessioni, era il suo sogno, il suo desiderio e in questo è molto vicino al Papa attuale"[33].

P. Lorenzo era un uomo di dialogo e promotore della pace. Nessun motivo giustifica per lui la guerra, la separazione, le distanze tra le persone, tra i popoli e, in questo testimonia ancora Ilario:

"Uscivamo dalla seconda guerra mondiale e egli diceva che la causa generante di tutte le guerre era la mancanza d'amore e il suo cruccio era la pace. Non concepiva di potere essere nemico di un buddista o di un ebreo e questo era l'aspetto che mi colpiva di più in lui e aiutò anche me ad aprirmi e a pensare la religione come strumento di comunione tra i popoli"[34].

Rileviamo ancora con questa testimonianza l'apertura di P. Lorenzo che non gli permetteva di confinarsi nel mondo delle sue idee e delle sue convinzioni:

"Mio padre che insegnava alla scuola Pirgus e che si professava ateo, pur essendo uomo di grandi valori, aveva con p. Lorenzo una grande amicizia. Papà era un uomo di grande cultura, si professava anticlericale, forse perché rimproverava alla storia della Chiesa di aver in qualche modo modificato il senso della religione o comunque prezzolato infatti spesso si rifaceva all'episodio di Gesù che caccia i mercanti dal tempio. Però, p. Lorenzo era il suo più grande

---

[32] AP, Test. f. m., BRUNO ZAMPA, S. Marinella, 18 novembre 1997.
[33] AP, Test. f. m., ILARIO ROSARIO, S. Marinella, 9 gennaio 1997.
[34] Ibid.

amico ed entrambi sono stati due punti di riferimento dal punto di vista culturale, e non solo, per S. Marinella, e per questo e per il suo alto senso di solidarietà e gratuità si trovavano molto bene insieme. Per cui, al di là di una possibile divergenza di idee, li legava un alto senso morale e religioso della vita. Papà era un grande ammiratore di p. Lorenzo, mi ricordo le lunghe discussioni che ascoltavo quando veniva a casa nostra"[35].

2.2.2 L'orizzonte della missionarietà in P. Lorenzo[36]

a) una missione che deve abbracciare tutto il mondo, tutti i popoli ed anche gl'indigeni;
b) le Suore sono inviate nelle missioni;
c) non limitare le opere delle Suore ad una attività ma a tutti i lavori a cui devono adattarsi le missionarie.

"La parola 'missionaria' abbraccia tutte le possibili attività filantropiche, sociali, sigillando tutte con la carità di Cristo. Giusto dunque questo pensiero: la missionaria deve prodigarsi in tutte le attività necessarie della Missione. Le doti necessarie alle Suore si compendiano in una vera carità cristiana, che fa vedere nelle anime a loro affidate l'immagine stessa di Dio, che ci fa comprendere di doverle perfezionare nell'amore di Dio e della Chiesa"[37].

2.2.3 Presenza missionaria con minime strutture

Nella radice della formazione di P. Lorenzo c'è l'ordine Carmelitano, che nella sua origine apparteneva agli Ordini Mendicanti che avevano introdotto nella Chiesa il principio dell'itineranza comunitaria e della povertà. Come mendicanti non potevano accumulare beni.

P. Lorenzo rivive a S. Marinella l'esperienza di itineranza e di povertà che camminano insieme. E chi vuole andare per il mondo non potrà mai portare con sé case, proprietà e beni. Infatti l'evangelista Matteo ci presenta gli atteggiamenti richiesti da Gesù ai suoi primi missionari: "non procuratevi oro né argento né denaro nelle vostre cinture, né sacca di viaggio, né due tuniche, né sandali, né bastone, perché chi lavora ha diritto al

---

[35] AP, Test. f. m., ENZO STELLA, S. Marinella, 8 marzo 1998.
[36] Cf. AP, Let PL a MC, Roma 23 giugno 1924.
[37] AP, Circ., S. Marinella ottobre 1948.

suo nutrimento"³⁸. Il missionario deve essere libero per sfidare la realtà missionaria con la promozione dei valori del Regno annunciato da Gesù: la condivisione, la comunione e l'accoglienza. Il missionario secondo P. Lorenzo deve essere totalmente libero per servire Dio nelle diverse realtà delle chiese locali, aprendosi così alla dimensione universale. E insiste:

> "Il primo e principale scopo della nostra vita sia individualmente, sia collettivamente: AD MAIOREM DEI GLORIAM. Abbia ciascuno questo stampato nel suo cuore e specialmente le Superiore presenti e future che, guidate da questo principio fondamentale, non avranno l'ambizione di fare diventare la Congregazione grande davanti agli occhi del mondo, ma in profonda umiltà si terranno nell'ultimo posto, come ultime venute, cercando nelle fondazioni non degli scopi terreni, ma puramente la gloria di Dio"³⁹.

La gloria di Dio per P. Lorenzo si manifesta in modo concreto nella promozione integrale di tutti chiamati a una perfezione nella carità verso Dio e verso il prossimo. Le religiose sono chiamate a vivere profondamente di questa carità per contagiare il mondo dell'amore di Dio. La carità ha un indirizzo primario: i poveri. Per questo P. Lorenzo insiste: "in profonda umiltà si terranno nell'ultimo posto" perché nell'ultimo posto ci sono i poveri.

Per essere coerente a questa opzione, le altre scelte devono convergere a questo principio. Possedimenti e privilegi ci staccano dalle comunità dei poveri e ci impediscono il pellegrinaggio apostolico.

L'itineranza è atteggiamento del cuore libero; di conseguenza sempre disponibile, generoso e gratuito. È "leggerezza" dell'essere nella missionarietà e nella spiritualità della veglia pasquale. L'atteggiamento richiesto a ciascuna suora è di prontezza e P. Lorenzo insiste: "<u>generosità perseverante</u>, ecco quello che dovrebbe essere il marchio d'ogni nostra Teresina"⁴⁰.

2.2.4 Farsi povero per farsi "carico" dei bisogni delle persone e arrivare a tutti per fare del bene

P. Lorenzo arriva a un grado di sensibilità umana e allo stesso tempo ad un grado di misticismo tale che si convince che chi ama Dio non

---

³⁸ Mt 10, 6-10.
³⁹ AP, Circ., S. Marinella febbraio 1943.
⁴⁰ AP, Circ., S. Marinella luglio 1947. "Teresina" è un modo affettuoso di P. Lorenzo di chiamare tutte le Suore che vorrebbe tutte piene di amore di Dio, di zelo per le Missioni e di profonda carità. In Appendice 5.2.

può non amare il prossimo, soprattutto i bisognosi, i poveri in cui Gesù si identifica[41]. La sua opzione per i poveri è fondata in Gesù di Nazareth, nei suoi insegnamenti, nella sua prassi e nel suo stile di vita. Infatti il modello è Cristo che rivolge il suo interesse verso ciascuno, per quanto piccolo e insignificante sia considerato nel suo ambito sociale; l'uomo sofferente ed emarginato è la prima realtà di cui egli si preoccupa.

La fede cristologica conferisce a P. Lorenzo il senso ultimo e inesauribile di questa scelta fatta. D'altronde i vangeli evidenziano il confronto fra i Farisei e Gesù al riguardo delle relazioni che quest'ultimo instaura con gli esclusi dalla società e dalla religione e a loro conferisce il diritto della dignità dei figli di Dio. Gesù è stato riconosciuto un profeta itinerante, quello che portava a tutti la speranza di vita nuova, soprattutto per i poveri e per quelli che erano messi fuori dal sistema sociale e religioso.

Per P. Lorenzo tutti gli uomini rappresentano l'immagine di Dio. Essere fratello significa essere restauratore di questa immagine di Dio attraverso l'apporto che lui può offrire al suo simile in nome di Dio. Farsi fratello, "essere sottomesso a tutti per Vangelo" nel servizio per il Regno, nella disponibilità e nella gratuità totale è stato realizzare la sua vocazione di sacerdote e di ministro di Dio.

"Dove c'è lo Spirito del Signore, c'è la libertà"[42]. Secondo l'esempio di Paolo apostolo, P. Lorenzo esplicita la libertà dello Spirito nella dimensione sociale. È la libertà a dargli la possibilità della diaconia verso tutti, egli diventa servo di tutti[43]. Abbiamo insistito sul fatto che la libertà nel senso cristiano fa riferimento all'amore e così conduce alla reciproca diaconia, visione contrastante con l'interpretazione individualistica che predomina nella società odierna.

Le testimonianze sono abbondanti a questo riguardo: "P. Lorenzo era una persona umile e mite che non ha fatto sentire la sua superiorità in nessun senso, parlava con l'operaio come con il professore, sapeva mettersi alla portata di tutti. Ricordo la sua povertà proprio come scelta di vita, infatti ricordo che per scrivere usava l'interno delle buste, non sprecava nulla"[44].

La disponibilità e la gratuità in P. Lorenzo sono state notevoli:

"Egli mi ha accompagnato in tutti gli anni dall'adolescenza e giovinezza fino all'età adulta; non ricordo mai che avesse perso la pazienza né con me né con gli altri, quasi sembrava al di fuori del

---

[41] Mt 25, 35-36.
[42] 2 Cor 3, 17.
[43] Cf 1 Cor 9, 19.
[44] AP, Test. f. m., GAETANO GENTILUCCI, S. Marinella 25 gennaio 1998.

mondo, nel senso che viveva di un'intensa vita spirituale; ciò che colpiva in lui era l'estrema fiducia nel Signore che tutto avrebbe risolto. Nei confronti della gioventù, all'inizio, poiché eravamo poca gente in zona, si trattò solo di un rapporto personale con alcuni, negli anni dopo la guerra, invece ci furono gruppi di giovani che lo frequentavano. Come uomo di cultura, era uomo di grande vastità e profondità, conoscitore di varie lingue, si offriva nel dare gratuitamente ripetizioni a tanti giovani della zona ma anche di fuori. Aveva pochissime esigenze con un sobrio stile di vita"[45].

P. Lorenzo accompagnava la vita di ogni persona della parrocchia. Sapeva che non poteva raggiungere le persone soltanto negli atti liturgici con la predicazione o i sacramenti. Usava della strategia di missione evangelizzatrice a partire dai bisogni di ciascuno. Tutti usufruivano della preparazione culturale di P. Lorenzo, contagiandosi della sua umiltà e della sua bontà, secondo queste testimonianze:

> "Chiunque aveva bisogno di qualcosa di qualunque genere trovava in lui un aiuto. Anche mio padre andò da p. Lorenzo a farsi dare qualche lezione per poter fare un concorso interno in ferrovia, e così chiunque, e nessuno pagava, perché p. Lorenzo faceva questo esclusivamente per amore, e con l'umiltà e la semplicità del sacerdote"[46].

P. Lorenzo ha raggiunto una maturità spirituale tale che ci fa intravedere da queste testimonianze che quello che lui doveva fare, era servire il prossimo. L'importante era seminare il bene senza preoccuparsi dei frutti. La sua serenità nell'affrontare persino le ostilità è dimostrata da prove:

> "Come uomo mi colpì la grandezza del suo cuore; cercava di aiutare tutti il più possibile in tutti i campi, spirituale, morale e anche materiale, con una larghezza per cui non pensava che alcuni potevano anche approfittare di lui. Dalla gente ho sentito sempre verso P. Lorenzo affetto, ricordo grande stima e riconoscenza per tutto il bene che aveva fatto, oltre che con la scuola, anche aiutando casi particolari di povertà (specialmente nel dopoguerra). E in alcune situazioni qualcuno sottolineava la grande generosità di P. Lorenzo che nel campo della carità non ha mai fatto distinzioni di alcun genere. E, sebbene alcune persone da lui aiutate, nei momenti forti della vita politica del dopo guerra, schierandosi a sinistra, lo ave-

---

[45] Ibid.
[46] AP, Test. f. m., Marcella Torazzi, S. Marinella 8 gennaio 1998.

vano poi criticato e osteggiato, P. Lorenzo, non reagì mai, lasciando pazientemente che le cose si appianassero"[47].

Insisteva fortemente con le Suore al riguardo della povertà. P. Lorenzo testimoniava in prima persona lo stile sobrio di vita, senza nessuna esigenza per mangiare o per vestirsi e per essere liberi. Per lui quello che avanzava nell'economia dell'Istituzione apparteneva ai poveri. La ragione dell'insistenza:

> "è un privilegio poter emettere il voto di povertà che ti fa simile al Divin Maestro, ma come l'intendi tu? Ami avere tutti i tuoi comodi? Forse nei primi tempi eri fervorosa, eri distaccata da tutto.[...] Ora ti sembra la vita Carmelitana troppo povera ed umile e guardi con certo senso d'invidia quegli Ordini che hanno più comodità, più beni terreni, più mezzi e più libertà di spendere. Del mangiare, forse ora ti lamenti, se hai a disposizione del denaro, compri intingoli e dolciumi e sprechi la sacra moneta dei poveri". Fate un buon proponimento di vera povertà, davanti alla grotta di Betlemme. Seguiamo Gesù in questa santa virtù, così non sarà di peso lasciare l'Italia per chi sarà chiamata ad andare nelle missioni"[48].

Nella sequela Christi, per P. Lorenzo i consigli evangelici sono i mezzi per plasmare la vita sulla vita di Gesù. Secondo lui la povertà corrisponde allo spogliamento necessario delle cose materiali per arrivare allo svuotamento totale di se stessi per riempirsi di Dio. Per questo insiste:

> "Le suore che hanno abbracciato la Santa Povertà per amore di Colui che è nato e vissuto povero fino alla Croce, devono amare il loro Voto. Voto e virtù di povertà non devono essere d'impedimento, ma anzi un aiuto divino alla nostra felicità anche terrena. Fondamento di questa felicità è la necessità di essere poveri in spirito, cioè nello spirito dobbiamo non solo essere distaccati dalle ricchezze, ma anche dal disporre delle ricchezze per i poveri"[49].

Gli anni passano ma per P. Lorenzo la fedeltà all'Alleanza è rinnovata sempre:

> "La nostra Congregazione è nata nella povertà. Negli ultimi anni si è ingrandita anche nelle costruzioni, e i mezzi non sono mai man-

---

[47] AP, Test. f. m., NAZARENO MAURI, S. Marinella 12 giugno 1997.
[48] AP, Circ., S. Marinella dicembre 1945.
[49] AP, Circ., S. Marinella febbraio 1949. In Appendice 5.3.

cati. La Provvidenza ci ha in questo benedetti, ma ricordatevi! Non per noi allarghiamo le tende, ma per la gioventù bisognosa. Rimaniamo poveri, poverissimi in ispirito, non desideriamo per noi se non il giusto necessario. Siamo legati col voto di povertà e di fronte a Gesù – povero – rinnoviamo questo voto, staccandoci da tutti i beni della terra, eliminando nelle nostre case ciò che è superfluo, mondano ed inoculiamo nelle giovinette che dobbiamo educare, lo spirito di grande semplicità, che è spirito di povertà"[50].

Vivere da povere, amare la povertà era il modo di conformarsi a Gesù:

"Il denaro non deve conservarsi gelosamente negli scrigni, ma con prudenza deve essere impiegato al miglioramento delle nostre opere, e per una più facile accettazione delle vocazioni. Chi ha una chiara idea del voto di povertà ringrazia il Signore del privilegio che ci ha dato di poter rassomigliare a Lui che non ebbe né casa, né tetto: esaminiamoci su questo voto e conserviamo in noi lo spirito di una giusta economia che non deve in nessun modo ledere la carità fraterna"[51].

Il mondo del consumismo che invade le case religiose preoccupa il Padre che insiste:

"La prima e grande lezione del Salvatore del mondo: disprezzo delle ricchezze, amore alla povertà! E la povertà di Gesù in questo primo giorno di esistenza della sua natura nell'umano consorzio ha commosso tanti cuori che gli hanno dedicato la propria vita per imitarlo specialmente nella sua povertà. Anche noi abbiamo emesso il voto di povertà. E questo voto ci obbliga a nuotare contro la corrente impetuosa dei tempi odierni dove un progresso sconosciuto nel passato ci spinge quasi a sorpassare ogni più piccolo disagio e a cercare le comodità e la libertà nell'acquisto e nell'uso dei beni naturali e fittizi di questo mondo egoistico. In nome di Gesù povero cerchiamo di frenare le smanie della compra e di controllare davanti a Dio ogni piccola spesa: il centuplo che il Signore anche in questa vita ci concede sia a favore dei poveri, della gioventù bisognosa"[52].

2.2.5 Comunità missionaria – oasi di pace dove regna il diritto e la giustizia

Per P. Lorenzo la comunità delle Suore missionarie deve essere un laboratorio dove queste vivono il vangelo, prima di tutto all'interno della

---

[50] AP, Circ., S. Marinella Natale 1956.
[51] AP, Circ., S. Marinella 1943.
[52] AP, Circ., S. Marinella 13 dicembre 1957.

comunità, per testimoniare al mondo che l'amore è possibile. Nel quotidiano, le ambivalenze si fanno sentire nei quadri comunitari, per questo, l'esigenza della misericordia e del perdono.

P. Lorenzo non scinde l'amore di Dio dall'amore verso il prossimo. Le differenze culturali, etniche, cronologiche o altre, non devono condizionare le fondamenta di una comunità missionaria che è l'Amore. Le difficoltà di relazione, l'incompatibilità di carattere, i problemi di relazione interpersonale nel campo dell'attuazione della missione che cominciano da piccoli malintesi, tutte queste difficoltà sono superabili solo nell'ultima istanza che è il Signore con la prova massima del suo amore: morire in croce. Solo Cristo nella croce e Cristo risuscitato può esaudire tutte le rivendicazioni. Per questo P. Lorenzo insiste: "Dove regnerà l'amore, la ritiratezza, il silenzio, la prudenza nel parlare, l'affetto e la comprensione della Regola, l'osservanza delle disposizioni dei superiori, sarà quella la casa di Nazareth, la santa casa dove Gesù con Maria e Giuseppe, e quelle famigliole saranno veramente di Gesù: piccoli Carmeli di Maria!"[53].

P. Lorenzo insiste sulla carità fraterna, fondamenta delle comunità: "Voglio ricordare le parole di Gesù che lasciò un testamento ai discepoli: "amatevi l'un l'altro". È il precetto del Signore: perciò se vi amate, avrete la pace; se vi amate, vi perdonate subito; se vi amate, frenate la vostra lingua mordace, dissolutrice di ogni unione, di ogni pace"[54]. Solo una persona che vive profondamente dall'amore di Cristo, può essere uno strumento di comunione e di pace in una comunità:

> "Per amare prima di tutto è necessario aver nel profondo dell'anima il desiderio intensissimo di vivere la vita di Cristo, di imitare Gesù nelle sue infinite virtù. Bisogna perciò che consideriamo e meditiamo con massima attenzione le sue parole: 'questo è il mio comandamento: che vi amiate gli uni gli altri, <u>come io vi ho amati</u>, amatevi gli uni gli altri. Da questo tutti sapranno che siete miei discepoli, se avrete amore gli uni per gli altri'[55].

E di nuovo vicino all'Orto degli Ulivi ripete: 'Amatevi gli uni gli altri'[56]. Il mandato del Signore! L'amore vicendevole tra i cristiani! E amore profondo, intimo esige il Signore dai cristiani, amore simile al suo!"[57].

---

[53] Cf. AP, Circ., S. Marinella dicembre 1946. In Appendice 5.4.
[54] AP, Circ., S. Marinella aprile 1948.
[55] Gv 13, 34-35.
[56] Gv 15, 17.
[57] AP, Circ., S. Marinella aprile 1949.

L'esperienza dei primi mesi a S. Marinella (1925) con il piccolo gruppo ha permesso a P. Lorenzo di sognare nel possibile rifiorire del Carmelo con la moltiplicazione di tante comunità di persone caritatevoli, fervorose, modeste, generose, ubbidienti e aperte alla popolazione nell'inserimento nella realtà del luogo, condividendo, nella povertà, tutto ciò che avevano. Comunità veramente missionaria che lavorasse per il bene della popolazione.

La carità verso il prossimo si estende a tutte le persone che vivono dove le religiose compiono la loro missione:

> "La carità verso il prossimo ci costringe a dimenticare noi stessi e a non vedere se non il bene materiale e spirituale altrui. Conseguenza di ciò: e sia questo scolpito nel vostro cuore, e sia questo il frutto pasquale per eccellenza – esercitatevi a vedere nei vostri uffici il bene del prossimo, dimenticando totalmente voi stesse. Ognuno si sforzi nel lavoro affidatogli dalla Provvidenza, di contentare le persone a cui deve servire. "Charitas Chiristi urge nos". La carità di Cristo ci urge, ci spinge a fare tanto bene, più che si può, a tutti. Che ve ne fate di quelle suorine che, tutte attente ai loro straccetti, lasciano di fare del bene agli altri, soddisfacendo solamente alle proprie voglie? Vita religiosa? No, no, vita egoisticamente parassitaria. Il mondo intero esige santità, lavoro e sacrificio dalle Suore"[58].

La comunità missionaria, secondo P. Lorenzo, deve essere un segno di profezia, prima di tutto non accumulando i beni, perché quello che avanza nell'economia appartiene ai poveri: la "sacra moneta dei poveri" deve avere un indirizzo: i poveri.

La comunità missionaria deve essere promotrice di comunione con tutti senza escludere nessuno. Tutte sono sorelle e quelle che hanno gli incarichi li hanno per servire secondo le Costituzioni e non per comandare: "La Superiora deve essere molto spirituale e deve manifestare questo profondo spirito religioso: viso pieno di mitezza (il dolce sorriso di S. Teresina), parole garbate, ammonimenti pieni di prudenza, un conversare lieto di buona sorella maggiore ..., in una parola le Superiore dovrebbero vivere per le Suore e non per governare"[59].

La comunità missionaria deve essere un segno di profezia in questa realtà mondiale e locale segnata dalla divisione tra i ricchi e i poveri, dall'accumulazione dei beni, dalla concorrenza e dalla esclusione dei po-

---

[58] AP, Circ., S. Marinella aprile 1948.
[59] AP, Circ., S. Marinella Pasqua 1955.

veri. La comunità missionaria deve essere nella Chiesa la sua dinamo, il suo cuore, come diceva la Piccola e grande Teresa, per rivelare a tutti che non vive per se stessa, ma nella Chiesa, per servire i popoli e il mondo, promuovendo l'accoglienza, la condivisione e la solidarietà. Per essere questo segno di profezia P. Lorenzo insisteva sullo spazio della fraternità missionaria che deve essere sostenuto da 3 pilastri: preghiera, contemplazione, silenzio: "Il Carmelo Missionario abbraccia ora anche la più sublime della vita attiva la vita missionaria. Pur tuttavia non è possibile separare il concetto del Carmelo da quello della vita contemplativa e questa vita contemplativa le nostre figliuole l'eserciteranno ai piedi di Gesù eucaristico"[60].

3. Una Congregazione che deve rivelare il suo volto missionario

La Congregazione delle Suore Carmelitane Missionarie di S. Teresa del Bambino Gesù nasce dall'unione di due ideali, cioè l'ideale missionario di P. Lorenzo e l'ideale dell'assistenza e educazione delle bambine e giovani di M. Crocifissa. Fin dall'inizio questi due ideali sono espressi molto chiaramente dalle attività che ognuno già svolgeva. Basta riprendere le prime corrispondenze fra i due protagonisti: "Se lei unisse i suoi nobili sforzi ai miei, vedrebbe in realtà l'avverarsi dei suoi santi desideri"[61].

Nelle prime Costituzioni del 1925 è molto chiaro lo scopo dell'Istituto: "la propagazione della Fede mediante le opere di attività missionaria, specialmente quelle che riguardano l'educazione delle giovanette del popolo e massime dell'Infanzia abbandonata". Infatti nella richiesta presentata nel 1925, al Card. Vico per l'approvazione dell'Istituto, P. Lorenzo ribadisce:

> "Il sottoscritto, nutrendo da molti anni il desiderio di fare qualche cosa per le missioni, pensò di rivolgersi prima alle Terziarie Regolari Carmelitane di Bologna, che però avendo la cura di molte scuole non poterono abbracciare il santo ideale missionario. Ricorse allora al Rev.do P. Grammatico, ex provinciale di Sicilia ed ora professore nel Coll. S. Alberto, il quale mostrando una lettera della Madre di Modica, in data di marzo 1923, gli disse che questa suora sarebbe stata la persona più adatta allo scopo. A Napoli gli fu presentata una casa per incominciare, ma a causa delle volubilità della donatrice, le cose andarono tutte a monte. Fu in questa città che il

---

[60] AP, PL Dir, p. 4.
[61] AP, Lt PL a MC, 23 giugno 1924.

sottoscritto ebbe il piacere di conoscere la suora e di parlare con lei per parecchi giorni e di ammirare in lei, oltre ad una vera modestia religiosa, un ardente desiderio di dedicarsi all'educazione della gioventù femminile, specialmente del popolo. Così vennero uniti i due ideali della missione e dell'educazione della gioventù, i quali non sono contrari, ma completandosi a vicenda, danno agio ad una vera e seria preparazione missionaria e prestano un'ottima occasione per coltivare le vocazioni missionarie".

Il pensiero che impregna tutta la vita di P. Lorenzo: "Santa Teresa e la piccola Teresa hanno avuto un immenso desiderio di servire Iddio nelle missioni e perché in realtà vi è tanto bisogno nelle missioni di anime sante". P. Lorenzo vorrebbe moltiplicare i numeri di "Teresina", cioè avere un grande numero di Suore piene di zelo, piene di amore verso Dio e verso il prossimo, Suore che sappiano farsi carico delle necessità altrui, capace di donarsi pienamente e conseguentemente capace di affrontare i sacrifici se necessario e che sappiano testimoniare a tutti l'amore di Dio verso di loro. Nelle missioni non c'è bisogno di persone egoistiche, persone che pensano solo al proprio tornaconto, ma di persone veramente piene di Dio, persone sante. Abbiamo accennato le diverse biografie redatte da lui come delle traduzioni sia degli articoli come delle opere che riportavano la spiritualità di S. Teresa del Bambino Gesù allo scopo di favorire la formazione delle novizie e delle Suore. Nella scia luminosa tracciata da s. Teresa del Bambino Gesù l'umile pastore guida il piccolo drappello di vergini carmelitane consacrate all'amore misericordioso nell'ideale missionario, P. Lorenzo presenta una biografia della Santa di Lisieux e nell'introduzione dice:

> "Nuova vita di Santa Teresina? Non è nostra intenzione ricalcare gli scritti abbondanti che, con tanto successo hanno reso omaggio alla nascosta santità della giovane carmelitana, ma nostro desiderio è spronare il piccolo drappello teresiano di vita attiva, ad una vita ancora più intima col Dio d'amore, inondando, a sua volta, d'amore, altri fiorellini dei campi della chiesa. Meditando, scrivendo, leggendo la vita della Santa, si assimila l'amore a Dio, preparando così la propria e altrui anima all'eterno connubio nella gloria del cielo"[62].

Sono passati tanti anni ma ancora ci si ricorda della sua passione missionaria con tanta vivacità:

---

[62] L. VAN DEN EERENBEEMT, *Vita di S. Teresa del Bambino Gesù*, dattiloscritto ad uso interno, S. Marinella 1948.

"Rientriamo alquanto nei primordi di questa nostra piccola fondazione Carmelitana. Era il tempo della beatificazione e canonizzazione della nostra protettrice S. Teresa del B. G. Colui che scrive ora queste righe, in quel tempo segretario delle Missioni del Carmelo, aveva nel suo animo una pena per non poter anche lui sorpassare l'oceano, e andare con tanti suoi confratelli nelle Indie Olandesi, dove un miscuglio di popoli asiatici di molteplici favelle aspettavano l'aiuto degli operai della grande Vigna divina. Non gli fu dato di poter partire, ma quando sentiva i lamenti dei Missionari che non trovavano Suore adatte per i loro lavori missionari, Suore che comprendessero le loro necessità spirituali ed anche materiali, fu assillato da un pensiero che non gli dette più pace: bisognava trovare un terz'Ordine che fosse missionario"[63].

In questa stessa lettera P. Lorenzo sottolinea l'unione dei due ideali: "Cercare dunque un Terz'Ordine che svolgesse tutte le sue forze a questo fine ... e S. Teresina, la santa delle Missioni, ci pensò e fu lei che nell'anno della sua canonizzazione condusse il piccolo nucleo da Modica e da Roma a S. Marinella per le vie misteriosamente misericordiose della Provvidenza".

P. Lorenzo svolgeva nella Congregazione oltre alla formazione delle novizie e delle suore con riunioni giornaliere, l'elaborazione di diversi sussidi che furono pubblicati o stampati come abbiamo accennato nei Capitoli precedenti. Sulle piste di Santa Teresina che voleva che estraesse il suo spirito, P. Lorenzo ha preparato diversi sussidi pedagogici per facilitare l'assimilazione dei suoi contenuti. Oltre a tradurre libri dalla pubblicazione tedesca con il titolo "Lo spirito di Santa Teresa del Bambino Gesù", ha scritto la biografia di *Teresa, Teresa in domande e risposte* e altri articoli.

Come Santa Teresina aveva chiaro l'indirizzo di tutte le azioni, così P. Lorenzo ammonisce le Suore: "Cerchiamo tutte di essere generose, non volendo noi stesse in ogni cosa, ma fermamente aspirando che solo Iddio regni tra noi e nei nostri cuori. Sia il nostro desiderio e fatica chiamare anime a condividere la nostra sorte, a portare luce e vita, in tutti i Continenti per amore di Cristo che vi ha scelto spose"[64].

3.1 *Una sfida costante - la formazione delle missionarie*

Abbiamo visto che nelle Costituzioni della Congregazione del 1925 nel Cap II, IV, del 1930 nel Cap XIX art. 171 e del 1967 nel Cap XXI art.

---

[63] AP, Circ., S. Marinella, luglio 1947.
[64] Ibid.

180 si sostiene come regola che "Tra le opere dell'Istituto sarà in ogni tempo tenuta nella massima considerazione l'opera delle Missioni, pertanto essa sarà preferita a tutte le altre quando le condizioni dell'Istituto lo consentiranno". Una delle prime sfide nella formazione delle Suore è riuscire a creare all'interno del gruppo internazionale l'accettazione reciproca, la comunione, l'accoglienza dell'altra nella sua diversità culturale.

P. Lorenzo cerca di proiettare il ramo missionario appoggiandosi sulle due comunità delle Suore in Francia e in Belgio, esattamente a Lovanio[65] e a Sarzeau[66], costituendo un noviziato apposito per la formazione delle future missionarie:

> "Ma cosa sono venuto a fare in Olanda? Ebbene madre mia, io credo che proprio S. Teresa ne abbia voluto, vi sono vocazioni olandesi non certo per S. Marinella, ma possibilmente per Lovanio. Certamente io ora comprendo che non è possibile averle da noi. Il contrasto è troppo forte, e giacché il fine dell'Istituto sono le missioni e giacché qui non si hanno le stesse condizioni e istituzioni, formandosi a Lovanio un noviziato, si potrebbero avere buone vocazioni per le missioni olandesi. Non pensi che si tratti di staccare un ramo dall'albero, anzi, vi si trarrebbe gran profitto. Io sono pieno di fervore per questo fine e così dopo poco tempo si potrebbe avere qui tutte le suore missionarie, anche perché le italiane non sanno parlare il francese e non riescono a mettersi nello spirito di questi paesi"[67].

La moltiplicazione delle presenze delle Suore nelle diverse aperture di case, poiché il loro numero accresce sempre di più le sfide, lo fa concludere in questi termini: "Che il guidare il crescente Istituto sia una croce, forse si poteva dubitare in principio, ma ora è chiarissimo per chiunque è alquanto indentro nelle nostre cose"[68]. L'unico atteggiamento che si richiede è non scoraggiarsi, come dice lui, è curvare il proprio capo alla volontà di Dio, abbracciando la santa croce che il Signore ha posto sulle sue spalle e portarla fino a quando a Dio piacerà.

In questa stessa lettera P. Lorenzo ricorda che sono passati 13 anni dall'approvazione; sprona tutte le Suore, ricordando che la Congregazione è opera divina perché "Iddio e la Vergine benedetta del Carmine e la gloriosa Protettrice S. Teresa B. G., hanno voluto il sorgere di questo Istituto". Manifesta il suo desiderio che non è stato esaudito e insiste: "Se la

---

[65] Cf. ASGC, Decreto di apertura, Card. Boggiani, Roma 7 settembre 1931.
[66] Cf. ASGC, Decreto di apertura n. 227/33, Card. Boggiani, Roma 4 agosto 1933.
[67] AP, Lt PL a MC, Olanda 13 ottobre 1937.
[68] AP, Circ., S. Marinella, febbraio 1943.

Congregazione non è ancora di fatto "missionaria", pure, secondo i giudizi di Dio, dovrà esserlo per corrispondere al titolo ormai riconosciuto dalla Chiesa"[69]. Trova una strategia per arrivare al cuore di M. Crocifissa e delle Suore attraverso le poesie, profittando delle date significative com'è la data del genetliaco: Missioni[70].

> Ricorda, o Madre, i giovani tuoi anni,
> per le missioni fiero il cor battea,
> cercavi allora nei tuoi grandi affanni
> chi nel tuo intento aiutar potea.
>
> Ed ora che il settanta hai già passati,
> volgi lo sguardo attorno e ammira i volti
> delle tue suore, i cui pensieri alati
> passan gli oceani, in un sol fin raccolti.
>
> Esse bramano andar in altri lidi
> e spiegar ai piccini l'Evangelo,
> porgendo aiuto ai ministri fidi.
>
> Suvvia, armiamoci di santo zelo!
> Cerchiamo in nuove terre ardenti nidi
> Pel Salvatore e poi voliamo in cielo!

P. Lorenzo non si scoraggia e cerca di chiarire che il suo richiamo ha fondamento sull'origine della vita del Carmelo:

> "L'Ordine conta con molti santi. Soffermiamoci sui due Riformatori del Carmelo S. Giovanni della Croce e Santa Teresa di Gesù. In loro ammiriamo lo spirito missionario che li spinse a promuovere le missioni dell'Ordine degli Scalzi. E S. Teresina, la Protettrice del Piccolo nostro Istituto, ha desiderato ardentemente la vita missionaria e se non ha scelto un Ordine prevalentemente dedito alle Missioni, fu perché lo Sposo la chiamava a più intimi colloqui con Lui. Ma la Chiesa l'innalzò a Protettrice delle Missioni. Perciò non è contrario al sentimento della Chiesa, al sentimento dell'Ordine l'affermarsi il valore della VITA MISSIONARIA, affinché non si venga

---

[69] Ibid.
[70] AP, L. van den Eerenbeemt, *Sdruccioli poetici nell'inverno della Vita fatta in casa* - "Missioni", S. Marinella 30 gennaio 1947, p. 129. In un quaderno contenente centosessantaquattro pagine P. Lorenzo ha cominciato redigere le sue poesie il 24 agosto 1936 fino all'aprile 1962, per un totale di 35.

meno allo scopo per cui è sorto il nostro Istituto, le Suore lo ricorderanno con ardore. È l'amore all'Istituto che ci deve spingere alle Missioni"[71].

3.2 La conquista - Apertura alla missione ad gentes

Per P. Lorenzo la missione era una necessità perché la missione consiste nel comunicare la Buona Novella, come per Paolo apostolo che aveva identificato il vangelo con la sua vita: "Non è infatti per me un vanto predicare il vangelo; è un dovere per me: guai a me se non predicassi il vangelo!"[72].

La missione ad extra è una precisazione della missione Ad gentes. Per P. Lorenzo, all'origine della missione c'è Gesù che è stato mandato dal Padre: 'Come il Padre ha mandato me, anch'io mando voi'[73]. Gesù è il modello di tutti i missionari. L'esempio degli antenati carmelitani che sono andati nelle Missioni è ben presente nella memoria di P. Lorenzo. Tanti furono i Missionari che attraversarono gli Oceani per recarsi sia nelle Americhe, sia nelle Indie Orientali. Il modello vicino alla realizzazione del mandato di Gesù è la piccola e grande Teresa con il suo motto: 'Missionaria sino alla consumazione dei secoli'.

Diverse corrispondenze sono scambiate tra P. Lorenzo, la Provincia Olandese, Mons. Gabriel Couto e il Mons. Eliseo Van de Weijer, vescovo Prelato di Paracatu[74], in Brasile per una prima presenza missionaria all'estero. P. Lorenzo vede realizzarsi il suo ideale missionario:

---

[71] AP, Circ., senza data. In Appendice 5.5.
[72] 1 Cor 9, 16.
[73] Gv 20, 21.
[74] Paracatu è un Municipio di Minas Gerais. In 1744 i "bandeirantes" Felisberto Caldeira Brant e José Rodrigues Frois comunicarono alla corona la scoperta delle miniere della valle di Paracatu. Dopo questa scoperta, non sorse nello scenario delle Minas Gerais alcuna nuova regione aurifera di importanza. Ma, "L'ultima grande scoperta aurifera di Minas Gerais avvenne nella Vale del Rio Paracatu agl'inizi del secolo XVIII". L'effimera ricchezza immediatamente si dissipò e il declino produttivo dell'oro alluvionale provocò la decadenza economica del villaggio. Dai tempi della gloria, la città preservò due chiese costruite nel secolo XVIII – registrate dal patrimonio storico – che accoglievano una grande collezione di immagini sacre dei secoli XVIII e XIX. Fino alla metà del secolo XX, cominciando col periodo del 1957-60 era un municipio completamente isolato, povero, ancora con casi di schiavitù che furono ben intensi ma, con la costruzione di Brasilia, la regione prese nuovo impulso e Paracatu fu favorita coll'essere ai margini della strada BR 040. La modernità arrivò provocando innumerevoli trasformazioni, che vanno dalla crescita economica fino al cambiamento di mentalità che comprese nuovi valori, una nuova architettura e un nuovo stile di vita (Cf. C.TADA, *Accenno alla storia della presenza delle Suore Carmelitane missionarie di Santa Teresa del Bambino Gesù in Brasile*, San Paolo, luglio 2009).

"Sono passati già tanti anni. Abbiamo attraversato delle bufere interne e angosciose, delle bufere esterne incruente e cruente, l'ideale missionario si era quasi sbiadito per le continue lotte e le circostanze contrarie. Siamo arrivati sino a questo giorno, ma ecco che un'aurora lenta ci annunzia un sogno tardivo sì, ancora non spuntato, ma sicuro... verrà e non tarderà. Si apriranno finalmente le missioni, tra non lungo tempo: confortatevi, non temete, anzi pregate, pregate tanto, perché le missioni saranno pietra di prova per il nostro Istituto"[75].

Secondo P. Lorenzo tutte le Suore sono chiamate alle Missioni perché esse hanno accettato di entrare nell'Ordine delle Missionarie Carmelitane. Devono vivere di questo spirito missionario pur non essendo obbligate a uscire dalla Patria: "Non obblighiamo se non quelle che volontariamente hanno dato il loro nome e verranno giudicate atte a questo straordinario lavoro".

La convocazione alla missione è stata fatta sempre a tutte, ma alcune persone sono state colte all'improvviso come è il caso di sr Virginia. Sr Virginia Murtinu[76], una delle protagoniste della 1ª apertura missionaria descrive come è stata invitata a fare parte del primo gruppo missionario:

"L'apertura della missione in Brasile avvenne in modo semplicemente straordinario. Abitavo a Cerveteri e la SdD mi mandò a chiamare a S. Marinella. Mi disse: "è venuto il vostro confessore di Roma, mons. Couto, e mi ha chiesto 4 suore per aprire una missione in Brasile. Vedi lì il foglio bianco. Nessuno ha voluto metterci la sua firma. Tu che ne pensi? Se tu firmi per prima, forse qualche altra ti seguirà". Io presi il foglio, lo girai, poi lo posai. Chiedendo ed ottenendo il permesso di recarmi in famiglia dopo 10 anni, impugnai la penna e col pensiero di essere carmelitana missionaria scrissi il mio nome"[77].

Infatti dopo la firma di sr Virginia, altre tre hanno fatto parte del primo gruppo: Sr Agnese Giunta, sr Eliana Spadola e sr Grazietta Macauda, che partirono nel mese di novembre 1947, arrivando a Paracatu il 6 gennaio 1948.

P. Lorenzo pensa alla complementarietà e alla reciprocità nel lavoro missionario tra missionari e missionarie. Venire incontro alle necessità

---

[75] AP, Circ., S. Marinella, luglio 1947.
[76] Cf. V. MURTINU, *Diario Missionario – 1947-1955, Viaggio dall'Italia e primi anni*, Suore Carmelitane Mis.STBG, S. Marinella, 2009. Pubblicazione in portoghese il 1991.
[77] AP, P, p. 241.

spirituali dei missionari è lo scopo di questa collaborazione. Infatti P. Lorenzo esprime in questi termini l'aiuto che le Suore dovrebbero offrire:

> "l'aiuto che dovrebbero dare le Suore per attirare le giovinette, le bambine e i bambini, sia con le scuole, asili, con congregazioni mariane, riunioni catechistiche, oratori, ricreatori. Per le necessità materiali: il pio ufficio di Maria con l'ufficio di sagrestana, per la pulizia dei sacri arredamenti, dei sacri vasi, per la manifattura delle ostie, ecc. Suore capaci per gli ambulatori e, nelle circostanze, per l'ufficio caritatevole negli ospedali"[78].

È Pietro Cuccu che esprime il sentimento di P. Lorenzo in questa prima apertura missionaria:

> "Quando partirono le prime Suore per il Brasile, P. Lorenzo mi disse: 'Vedi Pietro, quello che io ho ipotizzato si realizza'. Io ne parlavo a casa con i miei perché questi suoi progetti mi sembravano assurdi, considerando che allora non c'era un alto grado di cultura, l'obbligo delle scuole si limitava alla quinta elementare, ma molte suore non avevano neppure questa; c'erano inoltre difficoltà di comunicazione, di lingua, difficoltà economiche. Mi impressionava la felicità di P. Lorenzo: era felice perché il progetto a lungo coltivato insieme alla SdD, partiva; per loro due non esistevano le difficoltà, perché le consideravano parte integrante del progetto, avevano già tutto preventivato"[79].

Nella Cronistoria troviamo la descrizione della grande gioia per questa conquista. P. Lorenzo registra il percorso fatto dalle prime missionarie:

> "Un fatto di particolare importanza per l'opera diretta dal R. Vicario Curato: la partenza di <u>quattro suore per Paracatu</u> (Brasile, estado Minas Gerais, Paracatu è un piccolo affluente del S. Francisco) nella prelazia di S. E. Mons. Eliseo van de Wejer dell'Ordine dei Carmelitani. I Carmelitani della provincia d'Olanda sono circa 90 che si sono recati nel Brasile per ovviare alla mancanza di sacerdoti. Quale migliore fiducia si può avere che le Suore Carmelitane Missionarie trovino aiuto, guida spirituale se non proprio questi ottimi Padri pronti ad iniziare un'opera così bella, là dove non esistono suore? È stata fatta una solenne funzione nella chiesa delle Vittorie e fu consegnata loro la Croce dei Missionari, par-

---

[78] AP, Circ., S. Marinella, luglio 1947.
[79] AP, P, p. 331.

tirono poi a Napoli, accompagnate da Suor Vicaria e da Suor Rosina, furono bene accolte dai PP. Carmelitani del Carmine Maggiore. Il 24 novembre salpavano da Napoli con vapore italiano: il tempo non poteva essere peggiore ed ebbero molto a soffrire, tutta la traversata del Mediterraneo sino all'Atlantico. Passato lo stretto di Gibilterra si fermarono alle Canarie da dove arrivò il primo avviso del viaggio, quindi, traversato l'equatore arrivarono a Rio De Janeiro dove trovarono i Padri Carmelitani e le Suore Cappellone che furono loro di guida per la città. Da Rio partirono in treno fino ad una città di Minas Gerais, da dove per automobile si accinsero ad un viaggio di più di 300 chilometri attraverso foreste e abitazioni rudimentali di negri, con mille peripezie arrivarono finalmente a Paracatu. Col cantico del Te Deum si è chiuso anche quest'anno con un desiderio di pace universale, sogno chimerico in questo mondo senza Dio!"[80].

3.3 L'apertura missionaria – una sfida permanente

La missione per P. Lorenzo non è una conquista per fermarsi. La missione è la dinamo che deve continuare a dare senso alla vita della Congregazione. Come per Santa Teresina, la missione avrà il suo percorso sino alla consumazione dei secoli.

P. Lorenzo fa da cassa di risonanza a tante situazioni che richiedono la presenza di missionari. Continua la sua missione di tornare all'origine dell'Istituto nato per le Missioni:

"Quanto è bella la vita religiosa passata nella calma, nella pace di una vita tranquilla, senza noie, senza turbamenti, senza fatica. Bella è questa vita ma non conforme all'esempio dato da Gesù Cristo, e una buona suora che desidera imitare in tutto Gesù, non può fare a meno di vivere una vita di apostolato. Non possiamo negare che dando uno sguardo all'attitudine di tutte le suore d'intorno a noi, la grande maggioranza di esse vivono questa faticosa vita di apostolato: giovinette, bambine, asili. Non possiamo lamentarci davvero: poi vi è anche questo, che più si lavora e più accresce il lavoro. Si apre una casa, ed ecco la necessità d'inviare altre suore per l'abbondanza di lavoro. E allora? Le buone suore dicono: 'Le Missioni sono da farsi in Italia', e con questa bella frase si chiude gli occhi, le orecchie, la bocca e la volontà per quello che è incisivo nella vita della nostra Congregazione: LE MISSIONI"[81].

---

[80] AP, Cron. p. 138.
[81] AP, Circ., S. Marinella 1953. La sottolineatura è di P. Lorenzo.

Per chi è appassionato per la causa del Regno, gli inciampi, le sfide, le difficoltà di ogni genere non devono permettere di sconfiggere quegli che militano per il Signore. Servono appena per rinvigorire ancora di più il loro zelo. Così P. Lorenzo utilizza di tutti i mezzi possibili per continuare a spronare le Suore. È nelle ricorrenze importanti che si trasmette il suo messaggio come nella poesia intitolata 'Indonesia'[82]:

II – Dal ciel mandati Carmeliti ardenti
Gettaron luce nell'oscuro immenso,
luce di fede, di speranza e amore:
il sacro fonte rinnovò lo spirito
e Cristo allor regnò nel cuor di molti!

Grande la messe, biondeggiava il grano:
i falciator mietevano contenti
dagli angeli guidati e dall'amore;
mancavano però le donne pie,
che s'unissero a lor nel gran lavoro.

E Teresa, la piccola regina,
dal ciel si mosse per aprir la strada,
alle future, buone verginelle
ch'ella sceglieva tra le più devote
della Beata Vergin del Carmelo

E fu donata allor la casa santa
Che raccogliesse le anime prescelte
Per l'ardua meta della grande messa:
Madre di tutte Madre Crocifissa
L'ideal santo infuse nel lor cuore.

III - Suvvia, sorelle, non sentite il grido
 Dell'Indonesia che vi chiama a frotte
Per aiutar i messitor del cielo?
Riempite il vostro cuor di santo ardore
Per la messe divina che vi aspetta.

In questo giorno di letizia e affetto,
nel compleanno della cara Madre,

---

[82] Cf. AP, Poesia "Indonesia", 30 gennaio 1953. In Appendice 5.6.

una prece per Lei, per l'Istituto
e un desiderio immenso di missione
e di guidare al ciel anime tante.

Riempitevi di zelo e di fervore
Con la speranza di salpar per l'India
E donne e verginelle e bimbi e bimbe
Chiedon dal ciel ferventi il vostro aiuto!
Suvvia, sorelle, andiamo ad aiutarli.

IV - Verrà con voi un vecchio giovinetto,
mentre la Madre vi seguirà col cuore,
e Dio benedirà le vostre imprese:
e sorgeranno nuove vocazioni,
e Giava fiorirà di bianchi gigli.

Con lo stesso zelo, impegno e interesse di quando si era giovani, P. Lorenzo è attento ad ogni notizia proveniente dalle Missioni Carmelitane:

> "è da poco la visita fatta alla Congregazione dal Vescovo di Malang (Giava), S. E. Mons. Albers dei Carmelitani. Egli ha parlato della necessità di aiutare le Missioni per salvare le anime; è specialmente la puerizia e la gioventù che hanno bisogno di grande aiuto spirituale. Non solo da Giava, ma anche dal Brasile la voce di suor Agnese si fa sentire: 'mandatemi tre altre suore, che potremo avere (in un altro luogo) una vera messe di vocazioni. Dunque il Signore ci vuole fuori, ci spinge fuori, ci chiama ad una vita prodigiosamente fruttifera. Il Signore esige da noi uno sforzo: bisogna che noi prepariamo un gruppo di suore per le Missioni"[83].

P. Lorenzo usa un'ultima risorsa, quella della forza morale dei genitori:

> "Per le missioni noi non obblighiamo nessuno, anzi esigiamo una pienissima, liberissima volontà di partire. La messe è pronta: e se i mietitori sono pronti, dove le mietitrici? Padre e Madre devono a Giava il desiderio avuto di formare la nostra Congregazione. Come noi, Padre e Madre potremo chiudere tutti i due gli occhi tranquilli per l'eternità se prima non vediamo assicurata oltre a quella del Brasile, anche la missione a Giava? Aiutateci voi buone sorelle a

---

[83] AP, Circ., S. Marinella 1953. In Appendice 5.7.

questo grande scopo, ed allora vedremo fioccare le vocazioni da ogni parte, che per noi sarà il segno, il sigillo visibile del beneplacito divino sopra la Congregazione"[84].

Il pensiero di P. Lorenzo oltrepassa gli Oceani: "Perché mi sento infervorato per l'Africa? Certo anche noi dobbiamo pensarci, nè ci dobbiamo sgomentare delle difficoltà: se S. Teresina lo vuole, faremo una fondazione di africane"[85]. La sua preoccupazione costante erano le vocazioni: "Perché abbiamo tanto poche vocazioni dai paesi dove ci sono le suore? È vero, può essere a causa della sventatezza della gioventù odierna, ma spesso anche per il cattivo esempio che vedono tra noi. Pregate, pregate anche il Beato Pio X che ci ottenga tante vocazioni, e tra queste, molte vocazioni missionarie"[86]. "Raccogliamo più giovinette che possiamo, perché lasciando gli scherzi, dobbiamo seriamente pensare alle missioni in Etiopia"[87].

Le vocazioni rappresentano la benedizione di Dio per una Congregazione. P. Lorenzo continua corrispondere con diverse persone tra i quali P. Bernard Farrugia per le vocazioni maltesi. Nel 1951, P. Bernardo Farrugia[88] OC, allora provinciale dei Carmelitani a Malta si incontra con P. Lorenzo che già conosceva quando questi insegnava nel Collegio S. Alberto. P. Lorenzo invogliò P. Bernardo a fare pastorale vocazionale, cercando delle ragazze maltesi per unirsi alla Congregazione con lo scopo di andare nelle Missioni. P. Bernardo invaso dallo spirito missionario ha preso a cuore questa missione. Nel 1952 partono le prime tre ragazze accompagnate da lui. P. Lorenzo desiderava vocazioni di lingua inglese perché aveva intenzione di inviarle nelle missioni all'estero. Intanto P. Farrugia già pensava ad una presenza a Malta.

---

[84] Ibid.
[85] AP, Lt PL a MC, senza data.
[86] AP, Circ., S. Marinella 1953.
[87] AP, Lt PL a MC, senza data.
[88] "P. Bernardo Farrugia OC è nato a Birgu il 3 dicembre 1892 da Carmelo Farrugia e Maria Antonia nee Gellel. Al battesimo gli hanno dato il nome di Giovanni. Dopo la scuola elementare a Birgu ha frequentato le classi medie nel convento dei P. Carmelitani a San Giuliano. A 18 anni ha abbracciato l'Ordine Carmelitano. Ha fatto la prima professione il 21 ottobre 1912 e quella solenne il 30 giugno 1916. A Roma ha preso la laurea in filosofia e teologia all'Università Gregoriana. È stato ordinato sacerdote nella Capella di Santa Orsola, La Valletta e il 12 marzo 1921 quando aveva 28 anni. È stato insegnante di latino, italiano, filosofia per gli studenti carmelitani e per lunghi anni professore di Teologia morale. È stato priore della comunità di San Giuliano per molti anni, consigliere, delegato per il Capitolo generale del 1937 e segretario dello stesso capitolo. Tra il 1949 e il 1955 è stato Provinciale della provincia maltese. L'opera più grande di P. Farrugia è l'apertura della comunità delle suore carmelitane a Gozo. Dopo una lunga vita di 91 anni, il giorno 12 giugno 1984 è ritornato al Padre Celeste" (KAN. KARM BORG, *Xita tà Ward*, Ghawdex, 2007).

In quel periodo le famiglie maltesi erano numerose e i genitori non trovavano difficile l'offrire una delle loro figlie al Signore come religiosa. Profondamente religiose, le famiglie lo vedevano come una predilezione e benedizione di Dio. Ogni anno, un gruppetto di ragazze erano inviate da P. Farrugia e questi le accompagnava da vicino. Le vocazioni maltesi erano orientate già dall'inizio a far parte di una Congregazione Missionaria e pertanto erano piene di zelo per andare in missione, come testimonia sr Carmen Bonnici:

> "Personalmente posso dire che P. Lorenzo mi voleva molto bene e godeva del mio entusiasmo di andare alle missioni. [...] Quando sono stata in missione nel Brasile, venendo per le vacanze a S. Marinella, a lui piaceva molto sentire raccontare quello che si faceva in Brasile. Quando ero in missione tanto P. Lorenzo, quanto P. Bernard raccomandavano a sr Agnese Giunta che era la Superiora in Brasile che mi facesse studiare, tanto era il desiderio di avere suore preparate. Queste erano sempre le sue parole: studiate, studiate figliole. Sentivo che lui mi voleva bene e aveva fiducia in me e una volta ha scritto: "questa è la missionaria che vuole seguire Santa Teresina"[89].

Nell'Italia il discernimento per le opere missionarie ha un indirizzo certo come nel caso di Castellamare di Stabia: i poveri.

> "Castellamare è una missione voluta da Dio e da S. Teresa. Sarà una casa di benedizioni: è una casa dove si è molto pregato S. Teresina, che ha pensato di farla sua. [...] Per l'avvenire questo paese credo sarà di grande bene per il nostro scopo: i bambini più abbandonati. Bisogna che le suore siano convinte che il nostro lavoro principale è di salvare la gioventù più spiritualmente bisognosa. Insieme a questo scopo possiamo attrarre molte altre persone"[90].

4. Il volto missionario delle Carmelitane Missionarie

Per delineare il volto missionario delle Carmelitane dobbiamo risalire al Direttorio delle Carmelitane Missionarie redatto da P. Lorenzo nel novembre di 1925. Dalle tipologie delle vocazioni che P. Lorenzo si augura per questa Congregazione Missionaria, possiamo dedurre le tracce della personalità che sono richieste e che si adeguano al Progetto missionario concepito da lui. Possiamo visualizzarle in due quadri, cioè il

---

[89] AP, Test. f. m., CARMEM BONNICI, Gozo 13 agosto 2010.
[90] AP, Lt PL a MC, C. di Stabia 4 giugno 1953.

positivo che esprimerebbe le vocazioni ideali per la vita missionaria e il negativo per cui non dovrebbero essere ammesse.

Positivo	Negativo
La giovane chiamata deve avere <u>Retta Intenzione.</u> Le motivazioni vocazionale che sono segni di retta intenzione: 1) Desiderare di abbandonare il mondo; 2) È spinta alla vita religiosa. Vita religiosa è vita di penitenza, una vita di continuo martirio. 3) Desiderio di perfezione: essere santa. Queste anime fanno supporre che la loro mente già è abituata a volgere lo sguardo interiore nel suo intimo. Non viene nell'animo questo desiderio di perfezione se non in colei che già ha un'idea della nullità del proprio essere. 4) Desiderio di darsi alla vita missionaria e alla vita dell'educazione della gioventù. Questi desideri sono santi e suppongono una grande fede.	Motivazioni inconsistenti: • cercare comodità per vivere una vita tranquilla senza essere disturbata • una vita senza troppo affaticarsi • una vita per sfuggire le noie di famiglia e simili.
• I membri devono essere intelligenti • Capaci a qualsiasi lavoro • Prudenti e attenti • Ottemperanti • Allegre e felici • Miti • Attivi e generosi • Umili	• Non accettare le candidate ottuse di mente • Incapaci di qualsiasi lavoro • Di una leggerezza smodata • Estremamente scrupolosa • Tristi e malinconiche • Eccessivamente collerica • Di una pigrizia o mollezza • Superbe e orgogliose

Riferendosi al quadro positivo P. Lorenzo afferma: questi e simili motivi sono la prova di una retta intenzione.

Riferendosi ai caratteri delle persone P. Lorenzo osserva: "La nostra Istituzione, dovendo servire il prossimo, esige dai suoi membri una certa disposizione che riguarda le facoltà dell'intelletto e della volontà". P. Lorenzo punta su una comunità ideale perché secondo lui nelle missioni si richiedono virtù raddoppiate, soprattutto spirito di sacrificio e mortificazioni.

Le persone di carattere difficile e negative renderebbero pesante la vita della comunità che, secondo P. Lorenzo, deve essere un continuo e fervoroso slancio verso il Cielo. Tutte queste esigenze si richiedono, perché le vocazioni devono essere sane di corpo e di spirito, le persone pertanto devono essere altamente positive, cariche di energie da spendere per il servizio del prossimo.

Il realismo di P. Lorenzo porta ad una posizione ferma e chiara e non vuole illudere nessuno addolcendo l'esigenza della sequela: "Chi vuol seguirmi rinneghi se stesso, prenda la sua croce e mi segua"[91]. La sequela è preceduta dalla chiamata e il discepolo infatti non sa cosa gli sarà riservato seguendo Gesù.

Per P. Lorenzo la chiamata alla vita missionaria è molto esigente e "rischiosa" rispetto alla vita conventuale che è protetta da una struttura di vita comunitaria diversa da quella di chi è nell'esercizio della diaconia in mezzo al popolo. Dopo aver effettuato una rottura con il mondo, staccandosi dalla famiglia e abbandonandosi esclusivamente a Dio, sono rinviate al mondo per portare a tutti il Dio di Gesù Cristo nell'annuncio della Buona Novella.

Il volto della missionaria è quello rispecchiato nella contemplazione di Gesù Crocifisso. Il modello è quello di Santa Teresina che è stata colpita dalla mano sanguinante di Gesù Crocifisso che per lei e per la sua anima fu una vera rivelazione e si avvicinò in spirito per ascoltare il suo ardente *Sitio*, ho sete, sete di anime.

Come per Paolo apostolo, se la croce è stoltezza per quelli che si perdono, per quelli che si salvano è potenza di Dio[92], così per P. Lorenzo l'umiltà della Croce è l'unico movente della sua vita spesa nella sua passione missionaria. Come Paolo che annuncia Cristo crocifisso[93], P. Lorenzo insiste:

> "La Croce è uno dei supplizi se non forse il più crudele certamente il più abietto che mai diabolica mente abbia potuto inventare: il supplizio riservato ai poveri schiavi ed a quelli che non erano cittadini romani. E Gesù, infinita Sapienza, il Verbo Eterno del Padre, ha prescelto questa morte sì ignominiosa; tale era la volontà dell'Altissimo.[...] Mie buone consorelle, desidererei che contemplaste anche voi, per pochi istanti prima della S. Messa, ogni giorno, la condanna a morte dell'Ecce homo – coronato di spine, col manto rosso e la canna tra le mani, la pesante Croce che curva le Sue spalle, il dorso tutto piagato dall'orrenda flagellazione, quel Sacro Volto insanguinato dalle spine e sputacchiato, e poi l'amarissima cro-

---

[91] Mc 8, 34.38; Mt 16, 24.
[92] Cf. 1 Cor 1, 18.
[93] Cf. 1 Cor 1, 23.

cifissione, steso sull'albero impalato a due tronchi: il chiodo ficcato a colpi di martello al polso tra le due ossa del braccio; e il sangue che sprizza fuori dalle vene, dalle arterie. Inchiodate le mani, inchiodati i piedi, con un panno ai lombi. La Croce, con quel sacro peso, esposta all'obbrobrio, al ludibrio dei farisei e dei nemici ... Ma, mi direte, come è possibile pensare a tutti questi misteri in pochi minuti? Certo non si può meditarli tutti insieme: or l'uno, or l'altro. Per S. Teresina è stato lo squarcio d'una sola mano del Crocifisso, per sentirsi piena d'amore e di pena per Gesù. E voi potrete pensare o alla corona di spine o al dorso così duramente flagellato ed insanguinato, o a qualche altro episodio della Crocifissione, purché voi v'infiammiate del grande mistero: l'umiltà della Croce"[94].

P. Lorenzo cerca di compenetrare le suore della centralità dell'Eucaristia celebrata nella S. Messa come un unico sacrificio del Calvario.

L'eucaristia è la sorgente dove tutti i giorni le suore devono attingere la forza e le ragioni della speranza e dell'amore nel servizio al prossimo:

"Imitiamo, o care consorelle, la nostra Protettrice nell'intenso amore per le anime: salviamo le anime per il prezioso Sangue del nostro Redentore. La missione di S. Teresa per le anime sia la nostra missione, la nostra vita. Siamo umili, per l'umiltà della Croce. Dedichiamoci totalmente a Gesù Crocifisso, per godere poi della Sua e della nostra futura redenzione"[95]

5. Il caso "Dello Russo"[96]

P. Lorenzo che aveva costruito l'edificio della Casa generalizia a S. Marinella e aveva eseguito tutto il lavoro di riforme nelle strutture delle case della Congregazione a Roma e a Cerveteri non ha mai avuto questioni con le imprese di costruzioni perché aveva trattato sempre con persone oneste. Prima della guerra avendo pensato di ingrandire la piccola Casa di Roma, progettò una nuova costruzione collegata con la vecchia. D'accordo con le Suore P. Lorenzo firmò un contratto con l'impresa di costruzione "Dello Russo" il 5 giugno 1949.

Proseguendo i lavori, la ditta, per sostenerli, contrasse degli accordi con varie persone ricevendo da esse una somma cospicua da rimborsare entro determinati tempi. La ditta fece firmare a P. Lorenzo due di-

---

[94] AP, Circ., Pasqua 1956. In Appendice 5.8.
[95] Ibid.
[96] ASGC, Processo "Dello Russo".

chiarazioni[97]. La prima nel novembre 1949 per una cambiale con scadenza il 3 luglio 1950 per la somma di un milione e mezzo; la seconda il 5 luglio 1950 per il rinnovo della stessa cambiale con l'aggiunta di trecentosessanta mila lire di interessi.

In seguito avvenne che la ditta, mentre riceveva tutta la somma dovuta prima della fine del lavoro e del relativo collaudo della casa di Via Alibrandi, non soddisfaceva i suoi debitori. Continuando la ditta a chiedere i soldi alle Suore, P. Lorenzo nel giugno 1951 verificò con le Suore econome di S. Marinella e Roma la situazione nei confronti della ditta e di fronte ad ulteriori richieste da parte della ditta protestava con forza in quanto la somma dovuta per i lavori era già stata pagata. Nel frattempo i debitori della ditta tentavano inutilmente di ricevere il pagamento delle cambiali firmate da esse e anche da P. Lorenzo. In particolare la signora Norina Grilli vedova Caselli citò in tribunale sia la ditta Dello Russo sia P. Lorenzo per truffa, aggravata dal danno patrimoniale di rilevante entità ai suoi danni. Dopo l'udienza preliminare nella prefettura di Civitavecchia, il procedimento penale si svolse nella 5ª Sessione Penale del Tribunale di Roma. Dopo molte udienze si giunse finalmente il 9 aprile 1954[98] alla sentenza che per P. Lorenzo fu di piena assoluzione per mancanza di colpa e quindi assolto con formula piena con riconoscimento totale della sua innocenza.

P. Lorenzo scrivendo il 20 dicembre 1954 all'avvocato per ringraziarlo di quanto aveva fatto nei suoi riguardi, aggiungeva: "auguro a tutti coloro che mi hanno trafitto nel mio onore sacerdotale il perdono di Dio e la pace nell'anima".[99]

6. Missione - croce e morte in P. Lorenzo

6.1 *Il desiderio di ritornare al Carmelo*

Un punto interrogativo inquietava la mente di tante suore che da lontano ammiravano P. Lorenzo, soprattutto per il suo zelo e per il suo ardore missionario, ma che dimostrava sempre delle reticenze intorno alla domanda: Come mai P. Lorenzo pieno di zelo, che non conosceva fa-

---

[97] Chiarimenti al riguardo Lt di PL all'avvocato, in Appendice 5.9.
[98] Cf. ASGC, Caso "Dello Russo". Comunicazione dell'avvocato Antonio Carbone. Pr. Processo penale contro Dello Russo Giuseppe e Giacchino, nonché contro Don Lorenzo: Tribunale di Roma, Sez. 5 penale: Udienza del 9.4.1954; Presidente D'Agostino; P.M.: Felicetti: Relatore: Borselli: La vicenda giudiziaria in oggetto (complessa e laboriosa) si è conclusa con la piena assoluzione di Don Lorenzo "perché il fatto non costituisce reato".
[99] Tutte le informazioni sono stati strati dai documenti Processo "Dello Russo".

tica per lavorare per le anime come a lui piaceva chiamarle, non si è scostato mai dall'ambito dell'Europa? Era lui il protagonista per appianare tutte le difficoltà per le aperture delle case, accompagnava e decideva da vicino tutte le vicende dell'inizio e del consolidamento delle opere insieme a M. Crocifissa. Guardando da vicino la passione missionaria che egli ha speso nel tentativo di contagiare le Suore e le altre persone, si può capire la profondità del suo martirio, il morire lentamente, sottomesso alla volontà di Dio che si manifestava attraverso i suoi Superiori.

Partendo dal significato del termine martire come testimone, colui che da testimonianza di ciò che egli sa o come colui che attesta una verità di cui è convinto, possiamo dire che P. Lorenzo è un martire, nel sacrificio incruento, conseguente dalla convinzione forte e vitale che aveva della missione. È stato il prezzo dell'Alleanza compiuta con il Signore, partecipando al mistero della croce, inserendosi nella dinamica del Risorto e sperimentando l'unione mistica con le divine Persone per continuare a costruire la Chiesa per portare la salvezza al mondo.

Abbiamo accennato come il suo cuore sanguinasse ancora solo a ricordare dopo 35 anni, cioè nel 1964, la grande prova che aveva subito: "Ma qui una pausa dolorosissima, che solo il Signore sa di quale amarezza, sotto tutti gli aspetti. Colui che vi narra queste difficoltà, nel Collegio S. Alberto si era dato ai suoi antichi studi babilonesi per quietare lo spirito profondamente ferito". Non era infatti sua intenzione uscire dall'Ordine. Desiderava introdurre nell'Ordine le novità a cui lo Spirito lo spingeva, senza abbattere le strutture secolari, ma collaborando con il soffio nuovo della prospettiva missionaria. Appena un "innesto" per il rifiorire del Carmelo. Infatti, dopo due anni di intenso lavoro per la sistemazione delle Suore e delle opere, P. Lorenzo esprime al Priore generale dell'Ordine Carmelitano il suo desiderio di essere riammesso nell'Ordine:

> "Egli, due anni or sono, si sentì obbligato a lasciare l'Ordine, per vero sentimento di giustizia di fronte alle Missionarie Carmelitane, con cui, dietro esplicita autorizzazione dei suoi Superiori, aveva assunto degli impegni che lo legavano anche di fronte all'autorità civile. Avendo il Signore in questi due anni voluto appianare molte difficoltà, il sottoscritto ha creduto essere ora il tempo opportuno per rientrare nel Carmelo, facendo osservare che egli ha conservato per esso sempre un doveroso affetto. Egli ricorda a V. Paternità Rev.ma ch'egli passando al Clero Secolare, ha dovuto assumere l'impegno dell'Assistenza delle Missionarie Carmelitane e della Vicaria di N. S. delle Vittorie. Ora egli può assicurare V. Paternità Rev.ma delle buone disposizioni di S.E. Cardinale Boggiani, che è sempre pronto a riattivare l'amicizia religiosa col sacro Ordine del Carmelo, e che è disposto a voler trattare con V. Paternità in riguardo agli obblighi as-

sunti dal sottoscritto. D'altra parte egli si fa garante della volontà delle Suore che volentieri cedono all'Ordine la casa e il terreno di loro proprietà adiacente alla Chiesa, sono dispostissime ad essere guidate ed aiutate dal Padre che V. Paternità si degnerà destinare. Il sottoscritto, da parte sua è pronto a mettersi con piena fiducia nelle mani della V. Paternità Rev.ma dichiarando di voler molto partire per le Missioni, sia di Palestina, sia dell'America, sia di Giava, preferendo le più difficili, secondo le disposizioni di V. P.. Aggiunge che unico motivo è la sua salute eterna, per cui Egli ha voluto, fin da giovane, lasciare il mondo e abbracciare la vita religiosa"[100].

P. Lorenzo ribadisce che l'uscire dall'Ordine è stato un atto di sentimento di giustizia. Non poteva fare diversamente. Ormai il suo spirito allenato alle sofferenze e al sacrificio, mosso dal fuoco che bruciava dentro, desidera "le missioni più difficili". Lo spazio umano e geografico a S. Marinella è troppo piccolo e limitato in confronto allo "spazio" missionario che il suo fervore si prospettava come orizzonte.

Deve, intanto, un'altra volta quietare il suo spirito e continuare la missione intrapresa perché il Card. Boggiani dice NO. Troviamo questa disposizione del Card. Boggiani nel secondo tentativo di P. Lorenzo di rientrare nell'Ordine. Scrive al P. Ilario Doswald che è stato rieletto generale: "Vostra paternità si ricorderà come già io avessi fatto la domanda per il ritorno al Carmelo a S. E. il Card. Boggiani e come ottenni un reciso rifiuto: ora abbiamo un nuovo Vescovo nella persona del dottissimo Card. Tisserant, che come uomo di grande comprensione spero non si rifiuti di aiutarmi: egli già è al corrente di tutto"[101].

In questa lettera esprime nuovamente il suo dolore per aver dovuto lasciare l'Ordine: "Vostra Paternità si ricorderà quanto dolore mi costò dover lasciare l'Ordine tanto amato; ciò feci per vero sentimento di giustizia, non potendo gettare sul lastrico tante povere suore!"[102].

Il pensiero di P. Lorenzo va in questa linea, non perché voglia lasciare le Suore che ormai sono diventate veramente un gruppo internazionale, ma perché vuole assicurare una presenza carmelitana che dia continuità al lavoro di assistenza spirituale verso le Suore. Se si ottiene la presenza di una comunità religiosa è ben diverso della presenza di una singola persona. Sente i primi acciacchi dell'età e, previdente come è, provvede in anticipo.

D'altra parte le comunità sono già consistenti in numero e opere e indipendenti economicamente. Le Suore sono state avviate ad assumere

---

[100] AP, Lt PL al P. Ilario Doswald, S. Marinella 26 marzo 1932.
[101] AP, Ibid. S. Marinella 16 aprile 1946. In Appendice 5.10.
[102] Ibid.

le responsabilità e la conduzione di P. Lorenzo comincia a declinare come incidenza sul gruppo rispetto a come era stato all'inizio.

La sua attività nella Parrocchia e nella Forania continua in modo intenso, però la nostalgia della dimensione fraterna del Carmelo gli manca e dice: "Io ritorno al convento con un forte desiderio di vita più interiore e per prepararmi al gran passo per il Cielo. Però non è un semplice frate che ritorna, ma è uno che ha seco una famiglia spirituale, non estranea all'Ordine, anzi ad esso attaccatissima"[103].

Per il senso profondo di povertà P. Lorenzo ha registrato a nome delle Suore il terreno comprato attiguo alla Chiesa, dove ha fabbricato la casa parrocchiale. A qualsiasi decisione del Padre le Suore non si opporrebbero: "le mie suore, nel caso, cederebbero volentieri all'Ordine, terreno e casa attigua, che sono registrati sotto il loro nome. Lavorando per questa Chiesa, il mio pensiero è stato sempre di avere i Padri Carmelitani per successori"[104].

Nuovamente rinnova il suo proposito:

"ho già 60 anni e se il Signore vuole concedermi un po' d'anni posso rendermi utile ancora: un solo difetto fisico: non sopporto il freddo invernale a causa dei bronchi un po' deboli, ma a questo si può rimediare, inviandomi nelle missioni del Brasile, o delle Indie Olandesi, o in Australia, o in Terra Santa. Completamente mi metterei a Sua disposizione"[105].

Nel mese di agosto del 1947, P. Lorenzo ripresenta di nuovo la sua domanda di rientrare al Carmelo, proponendo di costituire una comunità di Carmelitani per prendere in carico la conduzione della Parrocchia. Ripete nuovamente che ha avuto sempre la vocazione al Carmelo e insiste: "Se ho dovuto abbandonare l'Ordine, ciò è stato contro la mia volontà e per motivo di GIUSTIZIA verso questo incipiente Istituto, per la cui fondazione si aveva ottenuto il duplice consenso: dell'Ordine e della Diocesi"[106]. Il motivo che espone è sempre quello della vita religiosa contemplativa che ha tanto gustato nei Carmeli di Olanda. Il suo desiderio di andare in missione è sempre presente: "desidererei essere di nuovo iscritto alla Provincia Olandese, o meglio ad una delle Provincie Missionarie dei Padri Olandesi, come sarebbe quella del Brasile. Questo per gratitudine e giustizia, lasciando però al Rev.mo P. Generale che disponga come meglio crede"[107]. Il suo pensie-

---

[103] Ibid.
[104] Ibid.
[105] Ibid.
[106] AP, Lt PL al P. Ilario Doswald, S. Marinella 1 agosto 1947.
[107] Ibid.

ro si rivolge sempre alle Suore che hanno ancora bisogno di assistenza spirituale, e aggiunge: "chi dovrà guidare, dovrà avere un poco d'esperienza della vita, molta pazienza e comprensione della psicologia femminile. In compenso i PP. Carmelitani potranno trovare in appresso un grande aiuto nelle Suore che sono piene di dedizione e di sacrificio per le opere di Dio"[108].

P. Lorenzo riceve una risposta positiva dal Consiglio nella 11ª sessione che approva il suo rientro nell'Ordine potendo continuare a rimanere nella città di S. Marinella, senza però, avere intenzione di mandare qualche padre a sostituirlo[109].

Altri motivi sono tenuti presenti come accenna P. Melsen:

"Voglio dare un'opinione personale che, come credo, è anche quella degli altri membri della curia. Prima di tutto le suore non vogliono volentieri lasciarti andare via, non vogliono restare senza di te a Santa Marinella. E poi non sarebbe facile per te di rientrare nella piena vita regolare dell'Ordine. Inoltre credo, che non esiste sufficiente prospettiva a S. Marinella per fondare un convento di Carmelitani. Ci sono già in Italia tanti monasteri e anche io avrei delle esitazioni di aggiungere una piccola nuova fondazione di Carmelitani. Si potrebbe domandare; ma l'Ordine non ha un'attenzione speciale per la vostra congregazione? Certamente, però, questa verrebbe espressa pienamente se la Casa Madre si trasferisse a Roma. Però, questi sono tutti affari che devono essere anche regolati specialmente quando il tuo rientro sarà completamente realizzato"[110].

Il suo desiderio che si trasformava ogni volta in una sofferenza, faceva parte della dinamica stessa del dolore di continuare a "generare" le missionarie, cioè assumerne la paternità e sentire la realizzazione del suo desiderio nelle figlie:

"Mistero della bontà dalla parte di Maria: ricordo di quasi aver pianto nello stesso convento dei Padri nel 1924, cioè 27 anni fa, perché considerando il gran bene che si poteva fare in quella contrada, non si faceva nulla, nulla! Ed ecco che la Vergine ha ascoltato il mio desiderio: per mezzo delle mie Suore, posso fare del bene ai bimbi, alle bimbe, alle giovinette. Deo gratias! Che la Madonna stenda il suo manto sulle quattro suore destinate a questa Missione d'Amore!"[111].

---

[108] Ibid.
[109] Cf. AP, Lt SG a PL, Roma 17 ottobre 1947.
[110] AP, Lt P. G. Melsen a PL, Roma 19 ottobre 1947.
[111] AP, Ms b p. 9. Questo ricordo fa riferimento all'apertura della Casa a Napoli nel giorno 14 febbraio 1951.

Come pure testimonia Mons. Josè Cardoso:

> "Ho conosciuto P. Lorenzo, appena sacerdote novello, nel '57. Ogni fine settimana venivo a S. Marinella, o con i Padri, a volte si pranzava insieme dalle suore. Inoltre, quando padre A. Grammatico fece il 50° di sacerdozio e padre Lorenzo venne a pranzo per l'occasione al collegio S. Alberto, fece un discorso e tra l'altro disse una frase che mi colpì molto e che ancora ricordo: parlò delle missioni e con gioia e orgoglio disse: "le mie figlie spirituali arrivano dove io non posso". Queste poche parole davano la misura del suo grande zelo missionario"[112].

A sr Eliana scrive incoraggiandola: "Coraggio suora, ho 70 anni, se no sarei volato per stare con voi ... ma non siamo più quelli di prima"[113].

6.2 *La mancanza di corrispondenza, le incomprensioni e le calunnie*

All'inizio della fondazione (1925-40), P. Lorenzo insieme a M. Crocifissa ha sofferto ogni sorta di sospetto, calunnia e come diceva lui nella Cronistoria, ogni tipo di basse dicerie[114]. Accuse gravi sono state rivolte a loro, non solo da alcune persone all'infuori della comunità delle suore, provocando l'intervento delle istanze superiori. Per questo si esprime in questi termini: "dopo vent'anni di lavoro, credo che nessuno dei Padri possa dubitare della mia retta intenzione"[115].

Espressioni come queste ci fanno intravedere il suo lento martirio condiviso con M. Crocifissa:

> "se il Padre di natura non è tanto proclive a scrivere separatamente a ciascuna suora, pur tuttavia egli ha il pensiero per ciascuna, pensiero che talora però si muta in amarezza, perché purtroppo constata che non tutte vivono secondo lo spirito della Santa vocazione. Sì, confesso di sentirmi spesso molto triste, sapendo che in parecchie comunità non vi regna carità"[116].

"In mezzo ai dolori di nostra vita, per motivi di apprensione e dispiaceri ci è toccato tacere, ed ora riprendiamo la penna per augurarvi buone feste Natalizie di S. Fine e Buon Principio d'Anno"[117].

---

[112] AP, Test. f. m., JOSE CARDOSO, S. Marinella 4 ottobre 2000.
[113] AP, Lt PL a sr Eliana Spadola, s. Marinella 6 novembre 1955.
[114] Cf. AP, Cron. p. 19.
[115] AP, Lt PL al P. Ilario Doswald, S. Marinella 16 aprile 1946.
[116] AP, Circ., S. Marinella agosto 1947.
[117] AP, Circ., S. Marinella 10 dicembre 1952.

"la circolare del nuovo anno 1949 intende incoraggiare le Suore di buona volontà che intendono amare e difendere l'Istituto nel suo onore, sia da persone di fuori che ne vogliono lo sterminio, sia contro qualche suora non degna dell'abito nell'opera diabolica di denigrazione dei Superiori e Consorelle. Dobbiamo innanzi tutto metterci d'accordo per bandire con tutte le nostre forze la maldicenza, cancro delle comunità, e far proposito di non parlare a scapito dell'Istituto con persone estranee, siano pure sacerdoti o religiose"[118].

"Noi, che non altro bramiamo se non il progresso spirituale e temporale dell'Istituto, ci rammarichiamo nel profondo dell'anima, di non esser compresi da quelle che noi consideriamo figlie e consorelle in G. Cristo"[119].

"Sono stato molto tempo a pregare questa mattina, ma intanto la fantasia cavalca e si reca a destra e a sinistra per giustificarsi presso il S. Ufficio o presso la Congregazione dei Religiosi. La Vergine Immacolata per la sua grande bontà, che difenda anche oggi l'Istituto come lo ha difeso altre volte!"[120].

6.3 *Nella totale consegna di sé*

Alla fine del suo tragitto terrestre P. Lorenzo può dire con l'evangelista Luca: "Siamo servi inutili. Abbiamo fatto quanto dovevamo fare"[121].

Il 30 ottobre 1949 la Vicaria Curata viene eretta a parrocchia. L'antico desiderio della presenza dei Carmelitani a S. Marinella si fa risentire e nel 1953, P. Lorenzo riesce a ottenere la presenza dei Carmelitani per assumere la conduzione della parrocchia:

"Colui che scrive queste linee ha avuto sempre in pensiero due cose: che la chiesetta delle Vittorie diventasse della Madonna del Carmelo e che la chiesetta venisse in mano dei Padri Carmelitani. Fin dall'acquisto della chiesetta, o meglio del terreno adiacente e della costruzione della casetta per il sacerdote, nel 1929, il suo pensiero era stato per l'Ordine del Carmelo. Quali ringraziamenti egli non deve rendere per essere così provvidenzialmente esaudito a suo tempo, in queste circostanze dalla Vergine Madre, Mediatrice di grazie?"[122].

---

[118] AP, Circ., S. Marinella gennaio 1949.
[119] AP, Circ., senza data, ma si deduce del 1950.
[120] AP, Ms b, p. 7, 18 dicembre 1950.
[121] Lc 17, 10.
[122] AP, Cron. p. 178.

Il Provinciale di allora, mons. Telesforo Cioli, conferma quanto scrive P. Lorenzo nella Cronistoria:

> "Si trattava di assumersi la responsabilità della Parrocchia, fino allora retta da P. Lorenzo; quindi la costruzione della sede parrocchiale compresa l'abitazione per la Comunità. Trovandoci concordi nelle intenzioni e nei progetti, l'attuazione del progetto non trovava ostacoli; si trattava piuttosto di far presto, data anche la fretta di P. Lorenzo di potersi liberare della responsabilità parrocchiale per potersi invece dedicare integralmente alla soluzione dei problemi concernenti l'Istituto delle Suore"[123].

Ora P. Lorenzo è sereno anche perché ha piena fiducia nel giovane parroco, P. Nazareno Mauri al quale è stata affidata la parrocchia. Questi infatti dichiara:

> "Quando gli sono succeduto come parroco, oltre che consigli e confessione, e assistenza spirituale, lo vedevo sempre attento nel seguire il bene spirituale della parrocchia, senza invadenze, anzi con tanto rispetto, umiltà e distacco. Mi ha incoraggiato sempre a fare ciò che ritenevo opportuno, manifestandosi sempre soddisfatto e contento dei risultati del mio ministero. Soprattutto era contento del fatto che ora poteva stare tranquillo perché un sacerdote giovane stava in questa parrocchia"[124].

Tutte le aperture delle case e delle missioni sono state fatte attraverso le abbondanti corrispondenze di P. Lorenzo con i Cardinali, Vescovi, Preti e autorità civili fino alla dipartita di M. Crocifissa. Loro due prendevano le decisioni sempre insieme. Le frequenti corrispondenze tra P. Lorenzo e M. Crocifissa comprovano questo reciproco impegno attraverso lo scambio di idee e di pareri. L'indirizzo di provenienza delle lettere permettono di vedere che P. Lorenzo e M. Crocifissa si spostavano frequentemente e a lungo nelle comunità delle Suore. Dalla dipartita di M. Crocifissa nel 1957, prima ancora che il suo stato di salute si aggravasse, piano piano vediamo P. Lorenzo scomparire dalla vita della Congregazione. Le generazioni dal '50 in poi, non sanno chi è stato P. Lorenzo nella vita della Congregazione come testimonia sr Emerenziana:

> "Conosco P. Lorenzo da quando sono entrata nella Congregazione il 25 settembre 1956, a S. Marinella. In un primo momento non mi è stato presentato P. Lorenzo come Fondatore, forse per la mia gio-

---

[123] AP, Test. f. m., TELESFORO CIOLI, S. Marinella 30 giugno 1997.
[124] AP, Test. f. m., NAZARENO MICHELLE MAURI, S. Marinella 12 giugno 1997.

vane età, o perché si dava per scontato perché c'erano le altre prima di me in noviziato e, sicuramente, già conoscevano la storia di P. Lorenzo. Ho cominciato a conoscerlo facendo esperienza personalmente. Vedevo questo santo sacerdote all'altare per la celebrazione della S. Messa che celebrava con tanta devozione e serietà che mi faceva pensare di stare di fronte a un santo uomo. Tutte le mattine, dopo la colazione, ci radunavamo di nuovo in cappella e lui stesso ci leggeva qualche capitolo dell'Imitazione di Cristo, faceva una brevissima esortazione e poi ci vedevamo la sera, prima della compieta per la sua benedizione e la buona notte"[125].

A novembre del 1956 P. Lorenzo rivela il suo stato d'animo:

"Risultato della meditazione è stata la percezione chiara della mia impotenza ad avere uffici d'importanza: oltre lo stato fisico e lo stato psichico del mio carattere che è stato uno dei più antipatici sia a me sia agli altri. Allora ringrazio Dio che mi ha dato questa soluzione: rimanere nell'oscurità, guidando il piccolo gregge delle Novizie con la lettura spirituale e lasciando la guida della Congregazione quasi completamente alla M. Vicaria sr. Maria Giunta"[126].

La conformazione alle sofferenze di Cristo è presente in P. Lorenzo, ma le circostanze esigono da lui totale spogliamento, una povertà assoluta. Anche se aveva lavorato per la Diocesi per più di trenta anni, l'unico sussidio gli era stato ritirato per morire come se fosse un assistito dalle Suore. È lui stesso a dircelo:

"Siamo ad avvicinarci all'agosto 1968. Quanti cambiamenti e quante amarezze in questi ultimi tempi. Prendiamo la Croce! Nuovi Superiori. Non più il Cardinale Tisserant, ma un Arcivescovo Mons. Andrea Pancrazio. Prese possesso della Diocesi il 16 aprile 1967. Venuto dal sottoscritto due mesi fa, ha domandato il mio Canonicato, che volentieri ho ceduto, ma è stato causa di gravi questioni. Il sottoscritto si è totalmente ritirato, preparandosi per l'eternità"[127].

Mons. Pancrazio si è accorto del turbamento, pur espresso superficialmente, causato a P. Lorenzo, e lascia nella sua testimoniaza:

"Ci fu una questione delicata che, mi è sembrato che gli sia stata piuttosto spiacevole dovetti chiedergli di rinunciare al canonicato che gli era stato conferito molti anni prima dal card. Tisserant, per la neces-

---

[125] AP, Test. f. m., EMERENZIANA CARPENZANO, S. Marinella 25 gennaio 2011.
[126] AP, Ms b, p. 37.
[127] AP, Ms a, p. 40.

sità di provvedere ad un altro sacerdote privo di altre fonti d'entrate. Al primo cenno mi parve piuttosto turbato, ma poi, avendogli fatto notare che lui era ben sistemato presso le suore carmelitane che provvedevano ad ogni sua necessità, e che era impossibilitato ormai a partecipare alle funzioni della diocesi ha accolto anche se, a mio parere un po' a malincuore, di firmare la rinuncia al canonicato"[128].

In rapporto alla Congregazione scrive: "Le Suore hanno preso possesso di tutto l'indirizzo della Congregazione, così il Padre è ora in pieno riposo e si prepara per l'eternità"[129].

Il 13 settembre 1968 esprime il suo desiderio: "Ora vorrebbe riunirsi con l'Ordine Carmelitano e spero ritornare da semplice sacerdote"[130].

6.4 *"Io resto quieto e sereno, come un bimbo svezzato è l'anima mia"*

La storia della salvezza si condensa nell'evento decisivo della Pasqua del Figlio dell'Uomo che muore e risorge: così l'evento nuovo è un uomo nuovo dal cuore puro, dal volto luminoso e dalla mano aperta. Egli è il Figlio di Dio che scandaglia il cuore umano e ne scioglie la durezza. Egli ha un volto luminoso e lo offre come specchio perché il volto mascherato dell'uomo finalmente perda la propria menzogna e si specchi nella immagine esemplare di Lui. È colui che si consegna nelle nostre mani. È lui che viene aggredito e gettato via. Egli ha mani aperte, da povero, mani del Crocifisso e Risorto. È questo povero che libera il cuore umano. Il cuore umano deve essere spaccato per non difendersi più arroccandosi in se stesso, così lo sguardo non si leva con superbia, non si muove per realizzare eventi spettacolari, per manovrare e manipolare, e si arrende. Sono occhi che hanno riconosciuto il Signore sofferente e la sua bellezza indicibile che viene dal Padre.

Nello sguardo fisso su Gesù crocifisso e sofferente, simbolo di tutti i mali praticati dagli uomini, segnato dal dolore, piagato e orrendo, coperto da ogni vergogna umana, P. Lorenzo ha vissuto la sua storia di salvezza, aprendo i suoi occhi a pietà e compassione. Nel percorso permanente di riconciliazione con sé stesso e con il Signore la sua vita si è svolta nel continuo riconciliarsi con i fratelli e le sorelle in un atteggiamento di fiducia e di abbandono nelle mani di Dio. Infatti l'abbandono fiducioso nelle braccia di Dio è la via che P. Lorenzo ha trovato come una via si-

---

[128] AP, Test. f. m., ANDREA PANCRAZIO, Roma 4 giugno 1997.
[129] Ibid.
[130] Ibid.

cura, perché sperimentato da S. Teresa del Bambino Gesù, modello tenuto vicino per sé e per il cammino spirituale della Congregazione.

La fiducia e l'abbandono è atteggiamento proprio di chi si "abbassa", nel senso che i doni, i talenti e tutte le capacità non portano la persona sulle alture, ossia nei luoghi degli idoli. "Non si inorgoglisce il mio cuore" può dire P. Lorenzo perché non ha cercato la propria verità e la propria grandezza al di fuori dell'unico vero Dio. Non confidava mai nelle proprie capacità e nei propri sogni a meno che non appartenessero ai disegni di Dio. La sua parola d'ordine fu sempre: "cercare di realizzare sempre e unicamente la volontà di Dio".

Questo atteggiamento P. Lorenzo lo coltivava già da giovane, come testimonia un suo confratello:

> "Avevo appena emessa la professione religiosa il 10 ottobre 1923 nel Convento di Albano Laziale, ove avevo compiuto l'anno canonico di Noviziato quando, approdando al Collegio internazionale S. Alberto di Roma, lo trovai facente parte del gruppo di professori, docente di scienze bibliche. Tra gli altri, mi colpì il suo comportamento, soffuso di gentilezza, di affabilità e di amabilità, tanto che ben presto lo scelsi come confessore ordinario. Posso dire che, pur non avendo particolari problemi da risolvere, fu una scelta felice, tanto da restargli sempre fedele. La gentilezza, l'affabilità, in sintesi, le doti umane, che non mancano di riflessi esterni, si tradussero in fiducia e confidenza"[131].

Il 18 settembre 1968, P. Lorenzo rivolge nuovamente la sua domanda per reintegrarsi nell'Ordine Carmelitano. Ad 81 anni di età scrive: "Il sottoscritto, umilmente domanda al Rev.mo Padre generale di poter essere reintegrato nell'Ordine Carmelitano, da cui ha dovuto sciogliersi per motivi indipendenti dalla sua volontà"[132]. L'Assistente generale e segretario comunica la decisione del Consiglio generale: "Il Consiglio dell'Ordine è stato unanime nel dare un sì cordiale alla richiesta della P. V. e si è deciso di fare tutto presto e bene e senza recar danno all'opera e all'attività sua"[133]. In questa stessa lettera P. Claudio Catena giustifica i suoi confratelli:

> "la presente mi da l'occasione di esprimere i sentimenti profondi verso la Persona di V. P. e la decisione che ha preso la quale viene a coronare una vita spesa per il Nostro Ordine e che le ha fatto provare tante amarezze. Io provo e anche Lei un grande rispetto anche per quelle perso-

---

[131] AP, Test. f. m., TELESFORO CIOLI, S. Marinella 30 giugno 1997.
[132] AP, Lt PL al P. Kyliano Healy, priore generale dell'Ordine, S. Marinella 18 settembre 1968.
[133] AP, Lt di P. Claudio Catena a PL, Roma 21 settembre 1968.

ne che furono occasione, credo involontaria, delle amarezze e difficoltà che Lei ha provato. Tutti credevano di dare gloria a Dio. Loro già son passati da tempo nel Cielo e ora si rallegrano con Lei e la vedono tornare nel suo e loro Ordine non a mani vuote, ma con uno stuolo di numerose Vergini che per suo merito hanno arricchito il Carmelo"[134].

La cerimonia della professione è stata celebrata nella Cappella della Congregazione delle Suore il 5 ottobre 1969 a S. Marinella. P. Lorenzo riceve l'ubbidienza dal Priore generale di rimanere con le Suore. Egli continua pertanto a svolgere la sua missione di direttore spirituale e di confessore di tanti sacerdoti della Diocesi che già lo cercavano come tale, come pure delle Suore delle Congregazioni e della gente che lo conoscevano. Le Suore che gli erano vicine testimoniano che egli continuò fino alla fine dei suoi giorni nel suo apostolato celebrando la santa messa non nella cappella, ma nel suo studio, seduto e aiutato da qualche suora, prodigando agli altri i tesori della sua generosità e tenerezza di padre diventato come un bambino buono. Egli si estinse serenamente senza essere colpito da alcuna malattia, mantenendo sempre la sua autosufficienza e parzialmente la sua lucidità mentale. Egli mantenne la sua capacità deambulazione. Solo due giorni prima di tornare al Padre Celeste non sentì più la forza di lasciare il letto. Come testimonia sr Beatrice, la sua stanzetta divenne una piccola chiesa. Gli ultimi giorni sono stati un epilogo degno della sua vita[135].

Solo alla fine della vita, P. Lorenzo - icona della passione missionaria – sembra essere stato inchiodato in uno schema dell'Ordine, della Congregazione delle Suore Carmelitane Missionarie, della Diocesi e di Santa Marinella che lo hanno mantenuto con "le mani e piedi legati" per morire in questa "prigione" in un "fallimento totale". Però, è dall'albero della Croce che fiorisce la Pasqua. Come nel mistero pasquale tutto sembra soggiacere alla legge della morte e nell'apparente annientamento si nasconde il germe della vita, così per P. Lorenzo tutto ha un senso, tutto è teso al suo obbiettivo: "non sia fatta la mia, ma la tua volontà"[136]. Associato al mistero pasquale, egli celebra l'unica Eucaristia nell'offerta della sua vita, in conformità alle sue esigenze: "Se il chicco di grano, caduto in terra, non muore, rimane solo; se invece muore, produce molto frutto"[137]. Possiamo dire che P. Lorenzo si è dato come pane, vivendo la gratuità del dono di sé in tutte le sue forme. Si è impegnato con tutto se stesso per far crescere nel mondo il lievito del Vangelo e del Regno di Dio. Nella radicalità con cui ha

---

[134] Ibid.
[135] Cf. AP, B. MINIERI, *Il declino*, Castellamare di Stabia, 31 maggio 2011.
[136] Lc 22, 42.
[137] Gv 12, 24.

vissuto la sua fede nella donazione totale di sé, possiamo dire, P. Lorenzo ha vissuto una vita veramente eucaristica. Senza questo dono di sé, senza eucaristia non possiamo mai capire la missione e neppure il cristianesimo.

La Missione è stata il suo respiro, la sua vita, ma allo stesso tempo la sua croce e ad essa P. Lorenzo si adegua, abbracciandola con amore ma con tanta sofferenza e amarezza, per consegnare finalmente la sua anima a Dio. Fino alla fine tenacia e ferma decisione, "non si faccia la mia volontà, ma la volontà di Dio".

Negli ultimi anni quando non poteva più sostenere un discorso, le Suore che con lui avevano vissuto conservavano nella memoria il suo dito che puntava il cielo, come per dire pensate a Dio, il cielo è il luogo che ci aspetta. È quello che rispecchia la sua vita, una preparazione intensa e costante per il connubio eterno con Dio:

> "Precipitano le ore, i giorni e gli anni. Gran movimento nel mondo: scompaiono gli eserciti e gli uomini tutti! Anche noi ci assecondiamo e poi scompariamo. La nostra vita ha un futuro che ci aspetta, futuro di gioia infinita. Volgiamo uno sguardo all'Amore Infinito, che ci prepara un'eterna gioia. Cerchiamo di perfezionarci interiormente per essere sempre più pronte ad un Atto di AMORE, senza fine. Coraggio, sorelle: osserviamo le stelle del cielo! Lassù in alto ci attende il Signore! Bacceremo le Sacre Piaghe del Redentore: ci uniremo con i santi e gli Angeli eternamente. Tale il pensiero soave che allieta il nostro spirito e con l'aiuto dell'Altissimo, cerchiamo di sollevare il nostro spirito in un futuro di gioia imperitura. Siate pronte ad ogni sacrificio, per guadagnare il Cielo che ci aspetta. Nostra speranza è ritrovarci un giorno, tutti nell'Eterna Gloria a cantare e gioire, tutti nell'Eterna Gloria. VI BENEDICO E VI RINGRAZIO DI TUTTO IL CUORE"[138].

Dall'albero di questa croce P. Lorenzo entra "nella vita"[139], nella comunione eterna nel seno della Trinità il 7 ottobre 1977 e il suo spirito rimane nelle sue figlie del passato, del presente e del futuro: Chiamate ad essere Apostole dell'Amore per amare Gesù e farLo amare.

7. Chiamate ad essere Apostole dell'amore: amare Gesù e farLo amare

"Chiamate ad essere Apostole dell'amore per amare Gesù e farlo amare" è l'espressione che il nostro Fondatore amava usare richiamando

---

[138] AP, Circ., S. Marinella 3 maggio 1969.
[139] Espressione usata da S. Teresa del Bambino Gesù riferendosi alla sua morte.

le Costituzioni e che sintetizza tutto un programma di vita delle Suore Carmelitane approvato dalla Chiesa. In forza del Carisma le Suore Carmelitane sono chiamate a sviluppare il grande desiderio di S. Teresa del Bambino Gesù: la conversione del mondo intero.[140] L'espressione "conversione del mondo intero" viene riferito dal Fondatore per significare la passione missionaria della Santa di Lisieux di "amare Gesù e farlo amare" da tutti. Significa dare a conoscere Gesù, poiché "in nessun altro c'è salvezza; non vi è infatti, sotto il cielo, altro nome dato agli uomini, nel quale è stabilito che noi siamo salvati"[141].

Diventare essenzialmente le apostole dell'amore per continuare a realizzare il desiderio missionario di S. Teresa del Bambino Gesù di far amare il buon Dio come lei l'ha amato, nel volto di Dio contemplato nel Figlio Gesù, è la missione delle Suore Carmelitane Missionarie nella Chiesa e nel mondo. L'asse su cui ruotava la vita di S. Teresina rivelata al seminarista Bellière: "in cielo desidererò la stessa cosa che ho desiderato sulla terra: amare Gesù e farlo amare"[142] si è fatto pure l'asse della vita del nostro Fondatore che, imbevuto da questo spirito, desiderava insistentemente infonderlo nelle sue figlie. Infatti insisteva: "coltivare l'amore di Gesù nelle anime dei piccoli, dei giovani e di quanti incontrerete nel vostro apostolato, ecco, lo scopo della nostra vita religiosa"[143]. Le necessità della realtà locale che determina la diaconia delle Suore non deve limitarsi al servizio solo dell'insegnamento o di altre cure particolari, ma deve consistere anche nell'impegno di realizzare la missione specifica di consacrate come dice P. Lorenzo: "è bello fare scuola, impartire lezioni di musica, canto, ginnastica, ma se nel cuore non nasce il desiderio profondo di far conoscere ed amare Gesù a che vale la nostra vita?"[144].

P. Lorenzo non si stancava mai di ripetere che lo "scopo dell'Istituto nostro è missionario: il desiderio di S. Teresina si manifesta nei suoi scritti; anima veramente grande che abbracciava i secoli"[145]. Le motivazioni dell'insistenza con cui ribadiva ogni volta questo punto fondamentale si trovano nel significato profondo del messaggio e della dottrina di S. Teresa del Bambino Gesù, capace di realizzare la vocazione missionaria nel seguire l'itinerario spirituale da lei percorso. P. Lorenzo crede impossibile ai nostri giorni che si possa divenire santi ed essere missionari senza passare per la via di questa meravigliosa giovinetta, la via dell'in-

---

[140] Cf. Ap, Circ., Natale 1962.
[141] At 4, 12.
[142] TERESA DEL BAMBINO GESÙ, LT 220, 24 febbraio 1897.
[143] AP, Circ., S. Marinella 15 ottobre 1968. In Appendice 5.11.
[144] Ibid.
[145] AP, Circ., S. Marinella 20 agosto 1963.

fanzia, della semplicità e della confidenza in Dio. Infatti, diciamo che S. Teresa del Bambino Gesù è la versione semplificata, popolare, ma con lo stesso spessore e contenuti dei grandi mistici secondo P. Lorenzo:

> "I grandi mistici del Carmelo, S. Giovanni della Croce e S. Teresa di Gesù hanno toccato le vette più alte della mistica unione, ma la loro profonda dottrina, elaborata da una vita di sacrificio e di vittima, ci è stata presentata in un modo più comprensivo, più abbordabile dalla Santina nostra Protettrice Santa Teresa del B. G nell'ammirabile "Via dell'Amore"[146].

L'essere apostole oggi come conseguenza del discepolato fa risalire alla tradizione della Chiesa che ha la sua origine dalla azione evangelizzatrice di Gesù e degli Apostoli. Nel linguaggio cristiano infatti il termine "apostolo" trasmette anzitutto l'idea di inviato per una missione. Il contenuto della missione è Gesù, l'inviato dal Padre che a sua volta invia i suoi discepoli.

Il termine "apostolo" richiama ancora la funzione di quanti hanno il compito di mantenere il legame tra Cristo e i destinatari dell'annuncio evangelico nella realtà di " Chiesa che resta nel mondo, mentre il Signore della gloria ritorna al Padre"[147], significando così la figura del testimone autorevole perché autorizzato[148]. È in nome della Chiesa, della comunità di fede alla quale appartiene che l'apostolo missionario si fa porta-voce dell'annuncio.

7.1 *Vivendo intensamente di Cristo e dei suoi sentimenti*

L'autorevolezza cui accenniamo sopra non proviene soltanto dal potere esterno, ma dall' "interiore" di ogni persona consacrata così come insisteva il nostro Fondatore, perché questa ha origine dalla presenza dell'Altro nel più profondo di ogni essere umano, e viene riconosciuta dalla comunità cristiana come testimone credibile: "La vita della Suora è una vita di doveri, doveri verso Iddio e verso il prossimo. <u>Doveri verso Iddio</u>: Il Signore che scruta l'intimo del nostro essere vuole che noi ci sforziamo a renderci simili a Lui. Diventare simili a Dio! e come mai? Non saremo simili a Lui se non coltiviamo intensamente lo spirito interiore, la vita intima di preghiera, di sacrificio della nostra fantasia, della nostra volontà, dei nostri desideri"[149].

---

[146] AP, Circ., S. Marinella 14 settembre 1951.
[147] Evangelii Nuntiandi n. 15.
[148] Cf. G. CANOBBIO, Apostolicità, in: G. BARBAGLIO, G. BOF E S. DIANIC (edd.) *DT*, op. cit. p. 110.
[149] AP, Circ., S. Marinella dicembre 1952.

La vita interiore di cui parla il Fondatore è una questione di atteggiamento più che chiusura o isolamento, una sensibilità che si acquista dalla concentrazione necessaria per instaurare quel dialogo intimo con il Signore: "siate più raccolte, più attente alla voce interiore di Dio: Dio parla a chi lo vuole ascoltare, parla non con parole, ma illuminando l'intelletto ed eccitando l'amore"[150]. Come per S. Teresa del Bambino Gesù, il raccoglimento la portava all'unione con Dio nella consapevolezza dell'amore di Dio a tutta l'umanità donando il suo Figlio Gesù per la salvezza di tutti, così tanti apostoli e santi hanno sperimentato l'amore di Dio nella propria vita. L'amore con amore si paga così insiste P. Lorenzo: "Iddio è amore; l'amore ci ha creato, l'amore supplica il nostro amore: rispondiamo, come meglio possiamo col nostro amore"[151].

P. Lorenzo, alimentando l'ideale di fondare un Terz'Ordine missionario femminile, sognava una legione di tante Teresine che percorresse il mondo. Il suo desiderio diventava una preghiera per scuotere tutte le Suore: "oh nostra Teresina, che hai capito tanto bene questa verità! Seguite, o Suore, la dottrina della nostra protettrice. Vivete l'amore: tutto il resto è secondario"[152]. Coltivare intensamente lo spirito interiore, come dice il nostro Fondatore, non è altro che compiere quell'invito di Gesù ai suoi discepoli perché stessero con lui e poi andassero per il mondo a predicare con il potere di scacciare i demoni[153].

Attingere poi alla fonte dell'amore che è Dio stesso rivelato in Gesù Cristo, diventa condizione per diventare apostole dell'amore. L'amore è un dono che va conquistato ogni giorno con una ricerca perseverante. Come dice il nostro Fondatore, le apostole dell'amore devono coltivare il dono dell'amore:

> "Per amare prima di tutto è necessario avere nel profondo dell'anima il desiderio intensissimo di vivere la vita di Cristo, di imitare Gesù nelle sue infinite virtù. Bisogna perciò che desideriamo e meditiamo con massima attenzione le sue parole dopo l'ultima Cena. Uscito il traditore dal Cenacolo, Gesù aprì il suo cuore e manifestò ai suoi apostoli la pienezza del suo affetto, e come padre affettuoso esordì il suo discorso finale, con questo attributo di tenerezza: 'Figlioli, figlioletti: ancora un poco sono con voi ... vi lascio un comandamento: che vi amate l'un l'altro come io vi ho amato, così amatevi tra voi. In questo vedranno tutti che siete miei disce-

---

[150] AP, Circ., S. Marinella dicembre 1955. In Appendice 5.12.
[151] Ibid.
[152] Ibid.
[153] Cf. Mc 3, 14-15.

poli, se vi amerete' "¹⁵⁴. Dobbiamo amare il prossimo - <u>come Gesù ha amato noi</u>"¹⁵⁵.

Il nostro Fondatore non si stanca di insistere sull'amore:

"insistiamo molto nello studio accurato dell'Amore verso Dio e verso il prossimo, seguendo le orme della Santina dell'Amore, che abbiamo creduto opportuno considerarla come Protettrice della nostra Congregazione, la Santa dell'Amore, Santa Teresa del Bambino Gesù. Mie buone figliuole in Cristo, cerchiamo che nel nostro cuore non regni altro che l'AMORE A DIO"¹⁵⁶.

Il simbolo dell'amore per la Santa di Lisieux è il cuore, e nel cuore della Chiesa trova il suo posto, la sua vocazione, così per il nostro Fondatore questo cuore infiammato d'amore è il "rogo dell'Horeb" che continua ad ardere in modo inestinguibile. Questo fuoco che arde è lo stesso della fornace ardente del Cuore di Gesù, Cuore di Dio:

"Nella vita dello spirito vi è una fornace, unica nel suo genere, inimitabile, la fornace dell'amore dell'uomo Dio, figura di quell'insondabile abisso che è Iddio stesso. Iddio ama le sue creature, che se fedeli diventano predestinate: e tra le predestinate, se fedeli alla vocazione dell'amore, diventano i serafini dei cieli, cioè coloro che eternamente s'inebrieranno del vino di fuoco, che sorgente inesauribile riempirà il cielo d'infiniti ruscelli d'amoroso ardore. [...]. Ma il cuore umano può chiudersi ed aprirsi a volontà; mistero di creazione in noi: possiamo amare, possiamo odiare, possiamo essere vicini al più grande Amore e tenere il cuore chiuso, impermeabile chiuso ad Esso, mentre può aprirsi agli amori, agli affetti terreni, agli attaccamenti a sé stesso, alle creature ragionevoli; alle cose effimere di questa terra. O cuore umano perché ti pasci di queste minuzie quando vicino a te, vi è quest'ardente fornace di carità? [...]. Siate gelose del vostro cuore: a Lui, ed a Lui solo deve esso appartenere"¹⁵⁷.

Il cammino per arrivare a questa fornace è quello del mistero pasquale. Infatti l'esortazione apostolica Vita Consacrata afferma:

"La persona consacrata, nelle varie forme di vita suscitate dallo Spirito lungo il corso della storia, fa esperienza della verità di Dio-

---

[154] Gv 13, 34-35.
[155] AP, Circ., S. Marinella aprile 1949. In Appendice 5.13.
[156] AP, Circ., S. Marinella 28 dicembre 1960.
[157] Ibid.

Amore in modo tanto più immediato e profondo quanto più si pone sotto la Croce di Cristo. Colui che nella sua morte appare agli occhi umani sfigurato e senza bellezza, tanto da indurre gli astanti a coprirsi il volto[158], proprio sulla Croce manifesta pienamente la bellezza e la potenza dell'amore di Dio"[159].

La logica della Croce com'è stata compresa da S. Teresa del Bambino Gesù nel suo itinerario spirituale, come povertà di spirito nell'atto del totale spogliamento, si intreccia alla consapevolezza del nostro Fondatore che l'ha voluta come modello di santità per sé e per la Congregazione. Al riguardo della povertà radicale della Santa di Lisieux, Benedetto XVI esplicita: "l'affermazione di Santa Teresa di Lisieux, secondo cui ella sarebbe un giorno comparsa davanti a Dio a mani vuote e le avrebbe protese aperte verso di Lui, descrive lo spirito di questi poveri di Dio: giungono con le mani vuote, non con mani che afferrano e tengono stretto, ma con mani che si aprono e donano e così sono pronte per bontà di Dio che dona"[160]. La radicalità proposta da tanti autentici cristiani non è vocazione di tutti, come afferma ancora Benedetto XVI, ma la Chiesa per essere la comunità dei poveri di Gesù,

> "ha sempre bisogno di persone che sappiano compiere grandi rinunce; ha bisogno di comunità che le seguano, che vivano la povertà e la semplicità e mostrino così la verità delle Beatitudini per scuotere tutti affinché intendano il possesso solo come servizio, affinché si contrappongano alla cultura dell'avere in nome della libertà interiore e creino in questo modo i presupposti della giustizia sociale"[161].

Il modo e la misura dell'amore come Dio ha rivelato in Gesù, viene ancora messo in luce da Benedetto XVI nell'enciclica "Dio è amore": "Nella sua morte in croce si compie quel volgersi di Dio contro se stesso nel quale Egli si dona per rialzare l'uomo e salvarlo — amore, questo, nella sua forma più radicale. È la contemplazione del fianco squarciato di Cristo che ci fa capire che cosa sia l'amore e in esso il cristiano trova la strada del suo vivere e del suo amare"[162].

Gesù ci mostra che il dinamismo vero dell'amore, nel quale l'uomo trova il compimento del proprio essere, è costitutivamente attraversato

---

[158] Cf. Is. 53, 2-3.
[159] *Vita Consecrata* n. 24, esortazione apostolica, Elle di CI, Torino 1996, p. 370.
[160] BENEDETTO XVI, *Gesù di Nazaret*, Rizoli, Roma 2008, p. 100.
[161] Ibid p. 101.
[162] BENEDETTO XVI, Enciclica *Deus Caritas Est*, n. 12.

da un momento di morte, di dono di sé, di perdita della propria vita. Un momento de kenosi. In questo senso Ciardi afferma:

> "Il mistero pasquale, nella sua componente kenotica, fonda e definisce la comunità[163]. Infatti l'elemento kenotico è presente nel comandamento nuovo, ed è dato da quel "come io vi ho amati". Gesù ha amato fino a dare la vita per gli amici, ha amato fino al segno estremo della morte e della morte in croce[164], fino alla perdita della propria identità, al non essere, nella perdita del rapporto con il Padre. [...] Non possiamo amare cristianamente se non per mezzo di Gesù e in Gesù. L'amore fraterno è reso possibile dall'amore con cui Cristo ci ama"[165].

7.2 Vivendo la comunione – "Gesù in mezzo"

Stare con Gesù oggi come discepole è vivere in comunità:

> "Accanto alla missione di predicare il Vangelo ad ogni creatura, il Signore ha invitato i suoi discepoli a vivere uniti, perché il mondo creda che Gesù è l'inviato del Padre al quale si deve dare il pieno assenso di fede. Il segno della fraternità è quindi di grandissima importanza, perché è il segno che mostra l'origine divina del messaggio cristiano e possiede la forza di aprire i cuori alla fede. Per questo tutta la fecondità della vita religiosa dipende dalla qualità della vita fraterna in comune"[166].

Il Signore, Gesù risorto, è lo Spirito[167]. Egli vive ormai un tipo di presenza nuova tra i suoi discepoli: è presente nello Spirito nella comunità da lui originata. Vivere poi in comunità è esprimere per il mondo una sorta di sacramento. Afferma Ciardi: "è garantire la presenza di Gesù. La vita comune vissuta con spirito di carità totale è una scintilla di cui difficilmente si può fare a meno per accendere il fuoco con coloro che ci circondano"[168].

Per il nostro Fondatore nella comunità religiosa deve risplendere questo fuoco che è l'amore a Dio e al prossimo, essendo il suo progresso di vantaggio alla Chiesa stessa: "Se vogliamo veramente amare l'Istituto

---

[163] F. CIARDI, *Koinonia, itinerario teologico-spirituale della comunità religiosa*, Città Nuova, Roma 1996, p. 225.
[164] Cf. Gv 13, 1.
[165] Cf. F. CIARDI, *Koinonia*, op. cit., pp. 225 e 226.
[166] *Vita Fraterna in comunità*, in Documenti sulla Vita consacrata 54, Elle di CI, Torino 1996, p. 105.
[167] Cf. 2 Cor 3, 17.
[168] Cf. F. CIARDI, *Koinonia*, op. cit. p. 226.

e desiderare il suo progresso è necessario che c'incamminiamo ma molto seriamente nella via della virtù, dell'amore a Dio e al prossimo"[169]. Quanto poteva lui insisteva sulla carità: "la carità deve avere il primo posto nel vostro cuore, affinché in ogni comunità regni il Signore, il quale vi rimarrà se vi è carità e amore scambievole"[170].

L'esortazione apostolica Vita Consecrata sintetizza come amare concretamente le persone che ci circondano:

> "L'amore ha portato Cristo al dono di sé fino al sacrificio supremo della Croce. Anche tra i suoi discepoli non c'è unità vera senza questo amore reciproco incondizionato, che esige disponibilità al servizio senza risparmio di energie, prontezza ad accogliere l'altro così com'è senza giudicarlo (cf. Mt 7, 1-2), capacità di perdonare anche settanta volte sette (Mt 18,22)"[171].

Per P. Lorenzo che non scinde l'amore a Dio e al prossimo, non si può amare Gesù senza amare il fratello, la sorella. E chi ha concretizzato secondo lui la dottrina dell'amore di S. Giovanni della Croce è ancora la piccola Teresa:

> "bisogna che le Suore della nostra Congregazione mettano ogni impegno per entrare nella piccola ma ascendente via dell'amore di S. Teresina! Amore verso Dio che è pura, infinita Carità: amore verso il prossimo, sopportando con pazienza i difetti altrui, perdonando se vi fosse stata qualche incomprensione, aiutandosi con delicatezza di sorelle nelle necessità spirituali e materiali"[172].

A questo proposito continua a insistere:

> "O mie buone Suore, abbiamo indossato il sacro abito religioso per entrare nella piccola, ma ascendente via dell'amore, ma l'amore verso Dio non si acquista se prima non si ha l'amore verso il prossimo. E chi è il nostro prossimo? Prima di tutto sono le nostre consorelle, indubbiamente. Chi non ama sinceramente in Dio la propria consorella, non potrà amare Dio. Se il nostro cuore è duro verso la consorella, è segno che nel nostro cuore non vi esiste affatto neppure l'amore a Dio"[173].

Il nostro Fondatore prendeva sul serio la sua carità verso il prossimo perché in ogni persona contemplava l'immagine di Dio che lo porta-

---

[169] AP, Lt alla comunità di Solarino, S. Marinella 7 maggio 1956.
[170] AP, Circ., S. Marinella 3 maggio 1972. In Appendice 5.14.
[171] *Vita Consecrata* n. 42, doc. cit., p. 392.
[172] AP, Circ., S. Marinella 10 agosto 1965.
[173] AP, Circ., Pasqua 1960. In Appendice 5.15.

va ad accogliere tutti senza distinzione, perché diceva lui: "siamo tutti e tutte di razza divina"[174]. A questo riguardo Ciardi afferma:

> "Il fratello o la sorella ci sono donati al pari della Parola e dell'Eucaristia, quale mediazione dell'amore di Dio. [...]. Come si potrebbe vivere la comunione senza i fratelli? La koinonia trinitaria è rapporto tra le tre divine Persone. Per vivere a modo della Trinità, la comunità religiosa necessita della molteplicità delle persone. Il fratello è la possibilità concreta e la necessità insopprimibile per vivere il comandamento dell'amore reciproco, che per sua definizione esige appunto la reciprocità. Il fratello è la possibilità di attingere alla presenza di Cristo tra noi"[175].

"Come non si può prescindere dall'umanità di Cristo nel cammino di accesso al Padre e alla vita trinitaria, così non si può eludere il fratello, perché Cristo si è identificato con gli apostoli, con ogni fedeli e più ancora con ogni uomo. [...]. D'ora in poi, non si potrà più amare Dio senza la mediazione del fratello"[176].

7.3 *Nella reciprocità maschile/femminile*

Abbiamo accennato nei capitoli precedenti che la Congregazione delle Suore Carmelitane Missionarie è frutto di unione di due ideali. L'ideale di P. Lorenzo di fondare un Terz'Ordine regolare carmelitano femminile per le Missioni e quello di M. Crocifissa dell'assistenza all'infanzia e alla gioventù. L'orizzonte missionario di P. Lorenzo era molto ampio perché intendeva fondare un Terz'Ordine maschile per le Missioni, come pure integrare i Laici nel progetto missionario. Le contingenze esterne ed interne, abbiamo visto, hanno reso difficoltoso lo slancio di questi ideali, rendendoli parzialmente impossibili ad avverarsi. Questo risultato però non ha fermato P. Lorenzo nel suo ideale di fondare un Terz'Ordine femminille per collaborare con i padri. Infatti diverse opere che sono state aperte, la cooperazione tra i preti e religiose si sono sempre fatti presenti pur non raggiungendo l'esito finale di tutte le iniziative comune. L'assenza di una formazione impostata sulla complementarietà e la collaborazione tanto da parte dei religiosi come delle religiose produssero dei risultati come quella della missione delle Suore in Brasile che, dopo un primo momento, si sono sentite costrette a cercare

---

[174] AP, Lt. Alla Maestra delle Novizie, S. Marinella 16 giugno 1964.
[175] F. CIARDI, op. cit. p. 247.
[176] Ibid. p. 248.

una via di uscita, desiderando abitare lontano da loro[177]. La reciprocità maschile/femminile intanto pur non trovando ancora una piattaforma ideale nelle nostre realtà rimane un interrogativo alle generazioni del presente e del futuro perché si possa rispondere adeguatamente in rapporto ai tempi e all'esigenza evangelizzatrice della Chiesa.

La Congregazione delle Suore Camelitane Missionarie è figlia pertanto di due distinti doni dello Spirito che il P. Lorenzo e M. Crocifissa, prima ancora di conoscersi, portavano ciascuno nel cuore. L'amore di Cristo ha dovuto creare tra loro una intima fusione di intenti carismatici perché nascesse questa e non una creatura diversa. Nel suo spirituale DNA il nuovo Istituto porta indistinti i "geni" di un padre e di una madre che Dio ha unito mediante il suo Spirito. Lo studio storico è in grado di ripercorrere le tappe di tale incontro e persino può tentare di ricostruire gli elementi propri dell'una e dell'altro. Ma, come nella generazione naturale, il risultato finale porta in sé l'elemento materno e quello paterno talmente indistinti da farne una creatura assolutamente differente da quella che P. Lorenzo da una parte e Madre Crocifissa dall'altra avevano nutrito per lunghi anni.

Il benessere psicologico e quello spirituale di una nuova creatura ha tutto da guadagnare dalla presenza affettiva ed effettiva di entrambi i genitori. Analogamente, può dirsi, si verifica per questa Congregazione. La reciprocità maschile-femminile è al "principio" nella Creazione[178] come radice di comunità e riflesso "della comunione interpersonale d'amore che costituisce la misteriosa vita intima di Dio uno e trino"[179]. Giovanni Paolo II ne trae per la famiglia naturale la conseguenza che essa come tale partecipa alla missione della Chiesa "secondo una modalità comunitaria", in quanto famiglia.[180]. Dimenticare o mettere da parte uno dei due elementi originari potrebbe privare di slancio e fecondità spirituale i membri e l'insieme della Congregazione.

Il Carmelo è il punto di riferimento comune, P. Lorenzo vuole donargli nuovo slancio con una nuova componente missionaria e Madre Crocifissa desidera cooperare nella missione: l'esito non è totalmente quello che ha sognato inizialmente il Padre. Il fiume che sgorga dal Monte Carmelo e attraverso i secoli giunge fino a P. Lorenzo e Madre Crocifissa, rivelandosi in una nuova vitalità e modalità di risposta ai bisogni della Chiesa e dell'umanità, porta in sé i frutti del femminile del maschile

---

[177] Cf. V. MURTINU, *Diario Missionario 1947-1955*, Stampato nel Tipolito Salesiano, Roma 2009, p. 65.

[178] Cf. Gn 2,18.

[179] GIOVANNI PAOLO II, esortazione apostolica possinodale *Christifideles laici n. 51*, Paoline, Milano 1989 p. 85.

[180] Cf. Ibid.

nella sua spiritualità. I Santi del Carmelo spesso richiamati, perché amati, da P. Lorenzo e M. Crocifissa, ne sono conferma.

Nella nuova creatura convergono sostanzialmente entrambi i carismi e le ispirazioni personalmente ricevute. Vi è riconoscibile l'orizzonte di universalità, intraprendenza e un certo sapore di avventura tipico dell'elemento maschile, che si sposa alla naturale attenzione femminile al domestico, al bisogno concreto delle persone vicine, alla tenerezza e compassione per i piccoli.

Gesù unisce i cuori, le personalità, le intenzioni dei due Fondatori nella "vicendevole carità" crescente, nella reciprocità di un'amicizia femminile-maschile radicata nell'"Autore del Puro Amore".

Un'amicizia "spirituale" non disincarnata, possibile e più naturale in un uomo e una donna come vediamo molto spesso nella storia di tante realizzazioni nella Chiesa. Per fermarci ai più noti e vicini a noi in Francesco e Chiara d'Assisi, Teresa e Giovanni della Croce, Giovanni Bosco e Domenica Mazzarello.

La Congregazione eredita pertanto la reciprocità femminile/maschile come DNA che la contraddistingue e che ha fatto parte del sogno di P. Lorenzo come intuizione profetica da essere svelata. Si tratta soprattutto di un segno dei tempi che va maturando sotto la spinta del Concilio. Possiamo dire una profezia della Chiesa odierna, che vede il segreto di una nuova fecondità spirituale del Vangelo nella reciprocità uomo-donna, nelle varie famiglie spirituali e nella complementarietà dei vari stati di vita e doni carismatici.

7.4 *Privilegiando la gioventù*

Dall'unione di intenti dei nostri Fondatori la gioventù è una opzione fondamentale per la Congregazione fin dall'inizio del dialogo di P. Lorenzo e M. Crocifissa che ebbe luogo nel 1924. Se M. Crocifissa svolgeva attività di assistenza alle bambine e ai giovani disagiati, secondo P. Lorenzo, nelle missioni si sarebbero potuti privilegiare i giovani che sono più bisognosi della formazione, costituendo un'età nella quale si consolida la personalità.

Facendo una rilettura della sua vita a 64 anni di età, P. Lorenzo si rivede nella sua età giovanile e constata come è importante l'influsso non soltanto della famiglia, ma soprattutto della Chiesa e delle scuole: "Ringrazio il Signore che oltre alla buona scuola avuta dai Carissimi, la mia famiglia mi ha dato l'esempio di religione, non mancando mai in quegli anni giovanili alle Sante Messe"[181].

---

[181] AP, Ms a, p. 11.

La società di allora si incentrava sulla famiglia che dava le basi di una educazione sociale e religiosa ai giovani, infatti l'impostazione di una buona educazione costituiva le fondamenta per instillare i semi dei valori perenni. Per questo P. Lorenzo, ringraziando, insiste sull'importanza delle mediazioni:

> "devo dire che questa fede la devo a Dio, e mezzo strumentale è stata l'ottima educazione religiosa penetrata – direi quasi – fino alle mie ossa. [...] Io ho avuto il massimo rispetto per i miei maestri e la loro parola era per me una verità assoluta. In quell'età giovanile, quanto può influire la parola di un maestro! Beati coloro che hanno avuto una buona, retta e santa educazione. [...] Ringrazio il Signore di aver trovato una fonte di principi spirituali, che mai mi hanno abbandonato in vita"[182].

Lo scopo dell'Istituto è stato ricordato sempre senza sosta: "Lo scopo dell'Istituto è di accogliere la gioventù, non solo per istruirla, ma specialmente per accendere nei cuori dei piccini e dei grandi un amore senza confini"[183]. E la pedagogia per accedere ai cuori dei giovani è quella dell'amore che si manifesta nell'atteggiamento di bontà, di gentilezza, di accoglienza senza distinzione, di ascolto alle loro necessità, di provvedimento a tutti con profonda cristiana carità.[184] Tutti gli esempi servivano al nostro Fondatore per indicare i principi psicopedagogici per entrare nel cuore dei giovani:

> "nella nuova casa aperta a Iesi, le Suore hanno potuto ammirare la guida materna e famigliare di persone secolari, verso le povere creature che non hanno la gioia di avere una madre. Raccomandiamo vivamente alle nostre Suore, questa guida materna, senza debolezza, ma con un cuore <u>materno</u>. Amare in Dio la gioventù! Salviamo la gioventù dalle mire del mondo e del demonio! Infondiamo nel loro cuore un senso profondo per il Signore!"[185].

Già nel 1960 il nostro Fondatore percepiva i grandi cambiamenti della società nel mondo moderno. Se ha insistito sulla formazione fin dall'inizio della fondazione come una necessità pressante per svolgere le missioni, i segni del tempo nei cambiamenti del pensiero moderno lo ha portato a insistere ancora più fortemente sulla necessità della preparazione culturale: "Ricordate la nostra missione "l'educazione della gioven-

---

[182] AP, Ibid., p. 8.
[183] AP, Circ. Il Carmelo, Festa di S. Lorenzo 1968.
[184] Cf. AP, Lt PL ad una figlia, senza data.
[185] AP, Circ., dicembre 1952.

tù": ai tempi d'oggi si esige molto studio e una buona preparazione culturale. Quindi, chi è chiamata allo studio non perda tempo, ma vi si dedichi con cosciente responsabilità e sia così di aiuto per svolgere santamente la nostra grande missione sulla terra"[186].

Secondo il nostro Fondatore le Suore missionarie che sono al servizio del popolo di Dio nelle diverse situazioni e contesti devono essere a conoscenza del linguaggio del mondo in cui si vive, per questo insiste sempre sulla preparazione non solo di se stesse ma della gioventù di cui si occupano:

> "Ricordiamo però a tutte le nostre Suore che ai nostri giorni, più che nel passato, si ha la necessità di essere istruite anche nelle scienze profane, perciò bisogna far tutto per far conseguire alle giovani suore una cultura, anche superiore a quella comune, per poter aprire scuole di ogni tipo, oggi così contese agli Istituti religiosi. Una buona istruzione è, oggi giorno, una necessità, e noi nella nostra esperienza abbiamo dovuto costatare che una giusta scienza delle cose naturali aiuta molto alla formazione spirituale delle Suore"[187].

Verso le persone responsabili delle comunità il nostro Fondatore aveva sempre una parola per spingerle ad affrontare con coraggio le diverse situazioni, come pure per saperle discernere con saggezza, perché le strutture o l'impostazione della vita comunitaria e lo svolgimento delle missioni siano rivolti sempre a profitto della Chiesa e di tutti: "Sii un po' larga di idee e d'intraprese, guarda lo scopo delle missioni e volgi tutte le attività a questo scopo, non tralasciando però la preghiera e gli atti della comunità"[188]. Come in questo caso pure: "Raccomandiamo però di non sterilizzare la vita spirituale delle consorelle, richiudendola in una esteriorità gretta di un pietismo inattivo e sconfortante. Siano esse invece le prime ad inoltrarsi con prudenza, è vero, alla sublime conquista delle anime"[189].

Le Suore erano invitate a stare con i giovani, farsi giovani con loro, ma con un obbiettivo molto preciso. Lo scopo della Congregazione non finisce nelle opere: Scuole, Oratorio ecc. Il coinvolgimento delle Suore con i bambini e i giovani non finisce nel rapporto formale di maestre, di professoresse, di assistenti o ancora di direttrici. Nel programma da svolgere d'accordo con le legge di educazione del Paese, la religiosa ha uno scopo, una missione molto particolare che è quella della ragion d'essere Carmelitana Missionaria:

---

[186] AP, Ibid., 1960.
[187] AP, Ibid., 1962.
[188] AP, Lt. PL a sr Agnese Giunta, S. Marinella 27 luglio 1950.
[189] AP, Circ., Natale 1960.

> "Voi suore avete una vocazione divina: lavorare nelle anime con l'amore a Gesù e alla Madonna; cercare il modo di attrarre la gioventù non solo per educarla, ma per guidarla nella via del cielo! Lavorate dunque con l'ideale di portare in cielo le anime affidate alle vostre cure. Avete tanta facilità di arrivare ai cuori dei piccoli inculcando il pensiero di un Dio Buono, cercando di far loro comprendere la bontà di Gesù e di Maria, indirizzando le giovani alla scelta dello stato di vita secondo la divina volontà! Questo lavoro è difficile, ma con l'aiuto del Signore potrete fare tanto, tanto bene"[190].

Oltre l'influsso del cambiamento fisico e psichico del quale sono passivi i giovani, dagli scenari descritti all'inizio del capitolo che sintetizzano la realtà del mondo ormai globalizzato e che segnano il cambiamento di un'epoca, le nuove generazioni sono le più soggette ai capricci della modernità. Essere giovani oggi è una realtà sempre più relativa, cioè uno stato ogni volta meno legato alla biologia e più dipendente dalla cultura e dalla società. I cambi strutturali che si succedono sono la ragione più profonda delle trasformazione dei valori, dei modi di vivere e di comportarsi propri della popolazione giovanile. Le forme di vita dei giovani hanno subito modifiche drastiche come le occupazioni, le relazioni, le possibilità, i bisogni.

Rimane la domanda della gioventù di sentirsi utile, di vivere in solidarietà, amicizia e amore in ogni epoca; perciò le Suore Carmelitane Missionarie devono essere in grado di farsi compagne in questo pellegrinaggio per essere di sostegno e per sapere affrontare con saggezza ogni sfida con loro.

7.5 *Nel dialogo e inculturazione*

Abbiamo accennato nel quarto capitolo ai due elementi fondamentali che hanno costituito parte dell'esperienza fondante del carisma: l'imperativo del mandato del Signore come primo elemento necessario alla promozione della causa missionaria e la costituzione del gruppo internazionale. Infatti abbiamo rilevato questi aspetti fondamentali proprie di una Istituzione missionaria. Come Istituto missionario, la Congregazione in forza del carisma missionario fa sua la vita, la santità e la missione della Chiesa, Popolo di Dio. Nella misura della consapevolezza della propria missione cerca di occupare il posto indicato dalla Protettrice S. Teresa di Gesù bambino: il cuore stesso della Chiesa come elemento decisivo per la sua missione.

Il nostro Fondatore si atteneva all'orizzonte della Chiesa che è universale, volta alla realtà escatologica e le sue figlie, quali figlie della Chie-

---

[190] AP, Ibid., Pasqua 1966.

sa come S. Teresa d'Avila e S. Teresa Lisieux, devono essere spinte "oltre l'orto di casa" per vivere in comunione universale con tutto il popolo cristiano, come conseguenza stessa della conoscenza di Cristo. Questa apertura all'universalità non è stata una conquista facile per la Chiesa stessa che ha dovuto cambiare di mentalità secondo quanto ispirava lo Spirito attraverso i segni del tempo. Infatti se pensiamo all'inizio del cristianesimo questo è stato il primo dilemma che ha messo in crisi la comunità madre di Gerusalemme e ha visto per un po' di tempo contrapposti Pietro e Paolo. Il nome di questo problema si chiama inculturazione. È possibile cogliere il segreto di ciò se si pensa al carisma come fermento, sale all'interno di un impasto sia essa di grano o di segala o altro, il cui compito non è di cambiare la "massa" ma di lievitarla e darle sapore.

L'impronta iniziale del gruppo fondante della Congregazione deve essere ripresa come un marchio della missionarietà congregazionale pur provocando sfide per la missione, il carisma, la comunione e la vita di comunità. Infatti abbiamo visto quali sfide per portare avanti il percorso missionario della Congregazione. Riportiamo i tentativi che sono stati fatti da P. Lorenzo per realizzare una convivenza fraterna e di comunione tra i membri di diverse culture e di provenienza, quando non potendo alimentare più speranze di avere un gruppo internazionale di fronte alle difficoltà volle aprire un noviziato a Lovanio: "formandosi a Lovanio un noviziato, si potrebbero avere buone vocazioni per le missioni. Io sono pieno di fervore per questo fine e così dopo poco tempo si potrebbe avere qui tutte le suore straniere, anche perché le italiane non sanno parlare il francese e non riescono a mettersi nello spirito di questi paesi"[191]. L'espressione "mettersi nello spirito di questi paesi" è una forma concreta che ha trovato il nostro Fondatore, che corrisponde all'esigenza di inculturazione oggi. Infatti la terminologia inculturazione emerge alla riflessione di tutti dopo il Concilio. Se il Vangelo va incarnato in una cultura, prendendo forme espressive di una cultura, così le Congregazioni multiculturali sono invitate pure ad aprirsi per vivere l'esigenza dell'interculturalità.

Alle prime Suore inviate al Brasile il nostro Fondatore scriveva: "Apostole del Signore in terra straniera, imparino bene la lingua del luogo e parlino con le giovani. Che si formino breve un Carmelo Teresiano delle brasiliane"[192]. Il desiderio di P. Lorenzo ci fa intravedere un Carmelo Teresiano con il volto della cultura brasiliana, cioè, un carisma congregazionale inculturato. Le prime suore missionarie dovevano passare per un processo di acculturazione, cioè imparare la lingua e immergesi nella cultura e nella realtà del popolo.

---

[191] AP, Lt PL a MC, Olanda 13 ottobre 1937.
[192] AP, Lt PL alle Suore brasiliane, S. Marinella 19 gennaio 1948.

In questo P. Lorenzo anticipa i tempi. Infatti l'esortazione apostolica VC al numero 25 rileva il compito specifico delle comunità internazionali, chiamate a tessere la spiritualità della comunione e ad essere il primo annunzio del Vangelo, rendendole segno leggibile e visibile dell'universalità della Chiesa nelle situazioni locali. Solo l'apertura all'universalità della Chiesa può rendere possibile alle varie forme di vita consacrata, di rivelarsi un ambiente favorevole per un'autentica inculturazione del Vangelo e delle comunità cristiane.

A riguardo dell'identità di un istituto di vita consacrata che deve cambiarsi in forza dell'esigenza dell'inculturazione, Midali esplicita:

> "Tutti gli istituti di vita consacrata hanno una data di nascita. Da allora si sono sviluppati, si sono variamente estesi o contratti, articolati e configurati giuridicamente, adattati a culture e generazioni. Tutte le componenti della loro identità reale ed espressa hanno subito delle variazioni, che non possono sorprendere e molto meno scandalizzare. Al contrario, per vivere e progredire hanno avuto bisogno di rinunciare, in forme e misure differenti, a un fissismo mortale; hanno dovuto prendere parte alla realtà storica in costante evoluzione, assumerne le espressioni culturali o ricollocarsi di fronte a esse, condividerne o meno i valori"[193].

Come l'identità di ogni istituto di vita consacrata viene rivestita da una cultura determinata, con il tempo può assumere forme culturali derivanti dai differenti luoghi in cui sono vissuti e hanno operato i seguaci dei Fondatori. Infatti afferma Midali: "Il carisma e lo spirito di un istituto sono sempre inculturati, ovvero rivestiti di forme culturali di ieri e di oggi, e, come tali, sottoposti alla dinamica dell'inculturazione, cioè, all'esigenza di inserirsi nella varie culture e di assumerne criticamente le forme e i valori"[194].

7.5.1 Il processo dell'inculturazione

Come accade con inculturazione del Vangelo che è accolto e assimilato da una cultura e che a sua volta viene riespresso da detta cultura ed anche arricchito di nuovi valori, così accade pure con l'inculturazione dell'identità carismatica e spirituale degli istituti di vita consacrata. Si intende il processo attraverso il quale una persona o una comunità assimila la cultura di un gruppo etnico per fecondarlo evangelicamente at-

---

[193] M. MIDALI, Inculturare l'identità carismatica e spirituale di un istituto di vita consacrata, in *Vita Consacrata* 1 (1996) p. 54.

traverso il carisma di cui è portatore. Secondo Midali tale processo di inculturazione prevede tre momenti:

> "il rendersi presenti in un contesto culturale; l'inserire la propria esperienza carismatica e spirituale in una data cultura, che ne risulta più o meno profondamente modificata; il rinnovare la propria esperienza carismatica e spirituale, assumendo in maniera critica i valori di detta cultura e riformulando la propria identità con le espressioni di questa stessa cultura"[195].

Afferma ancora Midali che l'identità carismatica e spirituale si è incarnata in tanti aspetti culturali, che sono in larga parte contingenti e per questo destinati a mutare, lasciando posto ad altre forme culturali. Quando ciò non accade diventano ostacoli e peso e se non vengono rimossi possono condurre all'estinzione stessa della fondazione. Il fine dell'inculturazione del carisma e dello spirito dell'Istituto è di renderli significativi e credibili nella diversità di ambiente, razze e culture e in vista dell'evangelizzazione di queste culture[196].

7.5.2 Criteri teologici dell'inculturazione

L'inculturazione dell'identità carismatica e spirituale dell'istituto della vita consacrata si radica nel mistero stesso dell'Incarnazione e della rivelazione del Verbo che, assumendo la natura umana, ha fatto propria la cultura del suo popolo in tutto, fuorché nel peccato.
La dinamica dell'inculturazione richiede spogliazione delle sicurezze culturali e grande capacità di confronto e di valutazione sulle fondamenta della sequela che devono essere distinti dalle sovrastrutture culturali e storiche. È in questo senso che Midali afferma:

> "In ogni epoca storica, quanti si mettono alla speciale sequela del Risorto compiono un cammino di avvicinamento alle culture per innestarvi i valori evangelici e per accogliere i possibili valori di tali culture, pur denunciandone i limiti, gli errori e gli aspetti comunque disumanizzanti. Tale processo di inculturazione va compiuto nella linea della kenosi di Gesù di Nazaret fino al dono della vita, in modo che, andando incontro con rispetto e amore alle persone diverse per cultura e mentalità, si dimostri con la vita la forza

---

[194] Ibid., p. 57.
[195] Ibid., p. 59.
[196] Cf. ibid., p. 58.

umanizzante del Vangelo che viene annunziato come salvezza per tutti"[197].

La vita consacrata infatti diventa così espressione e realizzazione storica dell'universalità e trascendenza del messaggio evangelico. "Il Vangelo, e quindi l'evangelizzazione, non si identificano certo con la cultura, e sono indipendenti rispetto a tutte le culture. Tuttavia il Regno, che il Vangelo annunzia, è vissuto da uomini profondamente legati a una cultura, e la costruzione del Regno non può non avvalersi degli elementi della cultura e delle culture umane"[198].

7.5.3 Formazione all'interculturalità, una esigenza

Una delle esigenze fondamentali dell'interculturalità è il rispetto dovuto a tutti gli esseri umani che godono della stessa dignità, tutti creati ad immagine di Dio. Questo rispetto che sgorga dalla forza trasformante della Buona Novella sta alla base di ogni formazione delle future missionarie e deve spingerle all'amore oblativo verso tutti, specialmente verso gli ultimi.

Un altro punto da rilevare nel processo formativo è che ogni forma di vita consacrata è espressione e realizzazione storica del messaggio evangelico e il Vangelo è destinato a tutti i popoli e prende corpo in ogni cultura pur trascendendo tutte le culture. Pertanto nessuna cultura può pretendere di esaurirne la ricchezza[199]. La Chiesa ha bisogno del contributo di tutte le culture per intuire, chiarire e comprendere le potenzialità contenute nel Vangelo.

Si impone l'esigenza di una formazione iniziale e permanente capace di abilitare i membri tutti a stabilire un sincero e costruttivo dialogo interculturale volto a favorire una pluriforme configurazione culturale dell'identità dell'Istituto. La missione ci spinge oggi all'incontro dialogico, al rispetto e alla comprensione delle differenze, alla riconciliazione, all'integrazione e alla convergenza verso l'unità, evitando il rapporto di dominio e la tentazione dell'esclusione.

Una formazione verso l'internazionalità che diventi ogni giorno di più tessuto propositivo e spiritualità di comunione, che impegna ciascuna a scoprire ciò che c'è di positivo nel mondo culturale dell'altro e riconoscerlo come dono di Dio. L'esigenza che è stata ribadita da Mons. Tobin:

---

[197] Ibid.
[198] Evangelii Nuntiandi n. 20.
[199] Ibid.

"Soprattutto gli Istituti Internazionali, in quest'epoca caratterizzata dalla mondializzazione dei problemi e insieme dal ritorno degli idoli del nazionalismo, hanno il compito di tener vivo e di testimoniare il senso della comunione tra i popoli, le razze, le culture. In un clima di fraternità, l'apertura alla dimensione mondiale dei problemi non soffocherà le ricchezze particolari, né l'affermazione di una particolarità creerà contrasto con le altre né con l'unità. Gli Istituti Internazionali possono fare questo con efficacia, dovendo essi stessi affrontare creativamente la sfida dell'inculturazione e conservare nello stesso tempo la loro identità"[200].

La contemplazione del mistero del Dio trinitario di Gesù Cristo, la familiarità con la parola di Dio, una conoscenza approfondita della civiltà e della storia del popolo in cui è presente, un amore sincero e illimitato per la gente con cui si vive e per la quale si opera, costituiscono la via della carità per renderci capaci di farci tutto a tutti.

Riepilogando quanto esposto in questo capitolo possiamo ribadire che la missionarietà della Congregazione dipenderà sempre dall'incarnazione del carisma lasciato dal Fondatore dalle sue discepole come è avvenuto nel passato. La Congregazione conserva nella memoria storica quale coscienza collettiva nelle consorelle che hanno compreso il messaggio del Fondatore, lasciando a loro volta i semi della missionarietà nelle successive generazioni. Il sottotitolo "chiamate ad essere Apostole dell'amore: amare Gesù e farLo amare" possiamo dire che, le Suore Carmelitane Missionarie di S. Teresa del Bambino Gesù di oggi e di domani, abbiamo ed avremmo modo di essere fedeli al carisma congregazionale se riusciremo ad esaudire i desideri paterni del nostro Fondatore:

"Si legga, si studi, si mediti lo spirito di S. Teresina. Tutte le suore devono non solo conoscere e vivere la Piccola Via d'infanzia, ma diffonderla con le parole e con l'esempio. Le suore della nostra Congregazione mettano ogni impegno per entrare nella piccola ma ascendente Via dell'Amore di S. Teresina – Amore verso Dio, pura, infinita carità; Amore verso il prossimo, sopportando con pazienza i difetti altrui, perdonando le incomprensioni, aiutando con delicatezza ogni necessità spirituale e materiale. Conquistare con l'esempio e la parola le anime più adatte all'Amore Divino: svegliare nei cuori delle giovanette l'idea della vocazione, dello splendore verginale. La Congregazione fiorirà sempre più quanto

---

[200] J. TOBIN, *"Far crescere la spiritualità della comunione" La Vita Consacrata tra mondializzazione e nazionalismo*, Relazione fatta in Assemblea Generale USMI e CISM, Diocesi di Porto e Santa Rufina, 26 marzo 2011.

più intimo sarà da parte delle suore l'amore per Gesù, più sincero l'amore per le consorelle, quanto più saranno lontane da qualsiasi affetto mondano[201]. Tutte le nostre comunità religiose diventino centro di attrazione per le giovani, e queste siano coltivate con la buona parola, con il dolce sorriso di bontà e carità di S. Teresina! Il vostro Padre. P. Lorenzo"[202].

Fiorire e rifiorire sono espressioni che sono state molto care a P. Lorenzo, espressioni sparse nei suoi scritti, sia Circolari, lettere, poesie e negli articoli. La prima volta che egli riferisce la parola "rifiorire" si trova nel contesto della domanda di permesso rivolta al Consiglio generale dell'Ordine, poiché l'esperienza di tre mesi con il primo gruppo di Suore a S. Marinella gli offriva il supporto per sognare un ramo maschili per le Missioni: "Sia consentito a me, umile vostro fratello di esprimervi la mia speranza e fiducia che l'opera da voi compiuta nelle vostre sedute romane debba tornare di grandissimo giovamento al rifiorire del N. S. Ordine".

Rifiorire del Carmelo, rifiorire delle comunità, fiorire delle Missioni sono stati riferiti sempre come conseguenza, risultato di un'azione, di un'iniziativa che richiede grande coraggio e generosità perseverante. Per P. Lorenzo non sarebbe questo lo scopo, ma conseguenza di uno scopo ben maggiore e con un indirizzo certo: la Congregazione, la comunità, il paese, la chiesa locale, ovunque regni Gesù nell'amore reciproco tra le persone, tradotto nel bene promesso gli uni verso gli altri, non ha come non fiorire, cioè espandersi in numero e nella qualità dei protagonisti come dei soggetti beneficati. P. Lorenzo, consapevole che il termine Carmelo abbraccia la realtà degli Scalzi, è rimasto nel contesto del suo Ordine, cioè: *rifiorire del nostro santo Ordine*. La sua umiltà non gli avrebbe mai permesso riferirsi con il termine Carmelo nel senso generale.

Il legame con queste espressioni risale al significato dato dalla Santa di Lisieux alla parola "fiore" che applica a Gesù stesso, il Fiore dei campi, il Giglio della valle[203]. Se Gesù è il fiore, dove c'è Gesù in mezzo, tutto rifiorisce.

Questo capitolo apre la conclusione della nostra ricerca e vogliamo aprirla con l'espressione del nostro Fondatore che sintetizza la vita che ci ha proposto come modello: "S. Teresa di Gesù Bambino è una piccola, fragile creatura dal cuore di fuoco, dalla volontà di ferro, è un'anima forte, coraggiosa, generosissima, piena di grandi sentimenti e di audaci desideri ..."[204].

---

[201] La sottolineatura è nostra.
[202] L. VAN DEN EERENBEEMT, *La vita di S. Teresa del Bambino Gesù*, dattiloscritto ad uso interno. Senza data, però le bozze sono state adoperate nel verso dei fogli distribuiti agli elettori della Democrazia cristiana il 6 marzo 1948. Si deduce sia del 1948.
[203] Ms A 35 v., p. 131.
[204] L. VAN DEN EERENBEEMT, *La vita di S. Teresa del Bambino Gesù*, op. cit., p. 25.

CONCLUSIONE

Ci siamo addentrate nella storia della vita di una persona che conoscevamo superficialmente, di cui avevamo qualche informazione accidentale e, pur avendone visto e constatato tanti riflessi nelle consorelle, sue discepole, abbiamo compreso lo spessore dei suoi doni soltanto dopo l'incontro più diretto col il nostro protagonista, come è accaduto ai discepoli di Emmaus che hanno riconosciuto Gesù solo dopo aver dialogato con lui percorrendo le Scritture e solo dopo avere spezzato il pane.

L'obbiettivo di presentare P. Lorenzo van den Eerenbeemt come Fondatore della Congregazione delle Suore Carmelitane Missionarie di S. Teresa del Bambino Gesù, facendo emergere il suo carisma alla luce della Teologia della Vita Consacrata, è stato raggiunto, considerando i tre momenti fondamentali della sua vita, uno scaturito dall'altro. Conoscendo la sua biografia, abbiamo delineato la figura del fondatore, apostolo dell'amore e il carisma ereditato da lui. Si tratta dello spiegamento naturale di una vita profondamente mistica nel compimento dell'alleanza con Dio, nell'impegno di plasmare la propria vita come quella del maestro Gesù Cristo, nel travaglio per eseguire una missione particolare ricevuta da Lui, fino a identificarsi nel sacrificio e nella donazione totale della vita, trasformata in vita eucaristica.

All'inizio della ricerca la nostra attenzione è stata volta a costruire la biografia del Fondatore tenendo presente l'ambiente familiare e sociale, cercando di intravedere il consolidamento della sua personalità negli influssi avuti e nelle situazioni vissute. Abbiamo constatato che le prime tappe dell'infanzia, come è stata vissuta dal fondatore, hanno inciso profondamente sul suo carattere e sulla sua personalità, come pure hanno determinato le sue scelte successive. Nella "provocazione" originata dal suo manoscritto autobiografico "Appunti della mia vita", abbiamo sottolineato l'importanza delle mediazioni nel suo percorso formativo, come misure psicopedagogiche necessarie, che non sono state spese invano ma che sono state recepite non solo da una brillante intelligenza, ma dall'apertura all'azione della grazia che si è fatta evidente nell'assimilazione del contenuto formativo. Ciò ha inciso in forma determinante sul suo intelletto, sulla sua volontà e sulla sua affettività, che sono stati tradotti in atteggiamenti coerenti nel rapporto istaurato con se stesso, con gli altri, con Dio e con il mondo circostante. Si è potuto percepire il processo delle fasi di evoluzione umana in un'interazione tra ragione e fede, in una sintesi armoniosa della natura e della grazia. Su tutto questo, possiamo dire, ha influito l'iniziazione cristiana alla fede che egli ha avuto, su cui è stato sostenuto ma anche sfidato, non solo dai familiari ma anche dagli amici e parenti che egli frequentava.

Abbiamo rilevato l'asse su cui ha ruotato la vita del nostro Fondatore che è quello della formazione che ha avuto un inizio ma che non l'ha mai lasciato fino alla fine della sua vita, che è stata caratterizzata da una costante ricerca di adeguarsi al suo tempo e di capirne i segni che richiedevano delle risposte non scontate. Della riuscita della formazione del fondatore abbiamo messo in risalto la necessaria attenzione di risvegliare il dinamismo della coscienza che si configura nel contesto di vita, tenendo presente l'integrazione dei diversi livelli attraverso la sua strutturazione armonica e progressiva che si manifesta negli atteggiamenti e nella condotta delle persone.

Come un *modus vivendi* la retta intenzione, coltivata da lui fin dall'infanzia, lo ha reso trasparente nella sua coerenza, elargendo fiducia a tutti per la fedeltà nella relazione con se stesso, con gli altri e con Dio in un atteggiamento di onestà e di purezza di intenti pur costandogli molti sacrifici. La rettitudine è stata la chiave d'oro che ha aperto il suo mondo interiore per vivere sempre alla presenza di Dio, vivendo già qui in terra il suo Cielo con le sue convinzioni che si sono fatte sempre più chiare.

Proseguendo la nostra ricerca abbiamo individuato, possiamo dire, una simbiosi fra la vita di P. Lorenzo e quella della Santa di Lisieux. La Parola di Dio che si è fatta carne nella vita della Santa per la sua relazione instaurata con Lui, evidenziata nei suoi rapporti d'amore con le persone, è stata letteralmente assimilata da P. Lorenzo come modello di configurazione a Cristo, perché è una Via, una Dottrina non teorica, ma vissuta e sperimentata che Lei stessa aveva definito come una via che conduce sicuramente a Dio. L'illustrazione di come P. Lorenzo concepiva la Santa di Lisieux viene descritto nel 1951. Quando P. Lorenzo, convoca le Suore per il II Capitolo generale insieme a M. Crocifissa, dice che i grandi mistici del Carmelo, S. Giovanni della Croce e S. Teresa di Gesù avevano toccato le vette più alte della mistica unione, ma la loro profonda dottrina, elaborata da una vita di sacrificio e di vittima, è stata presentata in un modo più comprensibile, più abbordabile dalla Santina nostra Protettrice Santa Teresa del Bambino Gesù, nell'ammirabile "Via dell'Amore".

P. Lorenzo si attacca alla proposta della nuova mistica, la piccola Via dell'Infanzia spirituale, perché è Vangelo vissuto. Come discepolo della Santa la fiducia e l'abbandono all'amore misericordioso di Dio ha costituito la sua forza motrice, alimentando il desiderio di realizzare l'ideale missionario.

L'ideale missionario di P. Lorenzo si riallaccia al contesto storico e religioso del secolo XIX-XX in cui egli ha vissuto. La Chiesa è stata sfidata per una più solida organizzazione e strutturazione delle Missioni e l'Ordine cui apparteneva P. Lorenzo aveva intrapreso diverse missioni all'estero. Infatti abbiamo messo in risalto un *excursus* preparato da lui per confrontare le radici missionarie dell'Ordine con la sua ansia missionaria. Ma la spinta decisiva per il salto missionario è stata data dalla Santa di Lisieux. In questo periodo l'approvazione della Chiesa per la canonizzazione della Santa è stata per P. Lorenzo una conferma autorevole come proveniente da Dio stesso per il suo desiderio missionario. Non aveva più dubbi di trovarsi sulla giusta via.

Lo zelo missionario riempie il cuore, la mente e la volontà di P. Lorenzo. La richiesta, non esaudita dai Superiori, di andare in missione a Giava, ha fatto sì che egli trovasse un'alternativa per quietare la sua passione missionaria. Professore di Sacra Scrittura, esaminatore del clero romano, grande studioso, ingegnosamente ha concepito un Progetto Missionario articolato da una fondazione regolare delle Suore Terziarie, da una fondazione dei Terziari missionari e dal coinvolgimento dei Laici, premunendosi delle autorizzazioni necessarie sia della Chiesa locale come dell'Ordine, progetto parzialmente realizzato a causa delle contingenze rilevate.

La abbondante corrispondenze con i Superiori e confratelli dell'Ordine, coi Cardinali, coi Vescovi, coi Sacerdoti, con le Congregazioni delle Suore e con persone influenti della società ci ha permesso di intravedere il processo di discernimento di P. Lorenzo fino ad arrivare ad una decisione. La mano previdenziale di Dio ha permesso l'unione dei due ideali: l'ideale missionario di P. Lorenzo e l'ideale dell'assistenza all'infanzia e ai giovani di M. Crocifissa. L'inizio della fondazione della Congregazione delle Suore con il permesso scritto dal Superiore dell'Ordine e con l'autorizzazione verbale dal Vescovo della diocesi ha spinto l'animo di P. Lorenzo a tentare la fondazione di missionari. Richiesta non esaudita dalla Diocesi e neppure dall'Ordine. La grande prova e le sofferenze affrontate per ottenere l'approvazione diocesana della Congregazione delle Suore è stato il prezzo che costò a quest'uomo di Dio mantenere la sua parola e pagare di persona l'ideale missionario.

Nella conclusione della nostra ricerca verifichiamo che tutti i requisiti di fondatore richiesti per essere riconosciuto tale, sono stati soddisfatti nella persona di P. Lorenzo che ha dato vita alla Congregazione come uomo dello Spirito, coniando un modello particolare di santità. Infatti lui ha concepito e delineato la fisionomia della Congregazione nei suoi tratti caratteristici, ordinandone la vita e l'azione. La prova più concreta della sua paternità si trova nell'aver lasciato l'Ordine a cui apparteneva per generare la nuova famiglia religiosa affiliata all'Ordine del Carmine. Per le Suore egli è rimasto il Padre che ha lasciato la finalità, la spiritualità e l'ordinamento di vita nelle Costituzioni e nel Direttorio redatti da lui, come pure nell'abbondante Epistolario pur non riuscendo ad avere tutte come vere discepole, nel senso di riuscire a capire il cuore del suo messaggio. Figura ricca di fascino, sia spirituale sia intellettuale è stato uomo dalle relazioni ampie, di comunicazione intensa, di grande intraprendenza in vista delle varie vocazioni e dell'espansione della Congregazione. Un profondo mistico che ha vissuto l'esperienza di Dio Amore, facendosi specchio del Figlio Gesù Cristo e rivolgendo a tutti i membri un appello alla santificazione. L'originalità di P. Lorenzo è l'attaccamento a Cristo che lo ha portato ad amare profondamente la Chiesa – sposa di Cristo che a sua volta doveva espandersi e allargare la conoscenza di Cristo in molti uomini e donne di tutte le parti del mondo. L'unione in Cristo assume in lui la forma di una risposta all'appello missionario della Chiesa per l'evangelizzazione del mondo e la salvezza delle anime. Da qui la sua passione missionaria.[1]

Lo scenario iniziale della Congregazione espresso nell'esperienza fondante del carisma missionario è stato individuato come un vero ed effettivo inserimento di P. Lorenzo e delle Suore nel territorio. Le Suore del gruppo fondazionale hanno vissuto un'esperienza di inserimento in mezzo al popolo. La vita del popolo non era una realtà a parte, distaccata dalla vita di P. Lorenzo e delle Suore Carmelitane, perché essi attuavano e condividevano tutto con tutti. Il servizio – una delle dimensioni dell'evangelizzazione – era attuato nell'urgenza della promozione umana di tante persone nelle realtà sociali bisognose di supporto per mantenere la propria dignità. Come terra di missione il campo era vasto e l'attuazione delle altre dimensioni evangelizzatrici si fece molto eloquente nell'intuizione di P. Lorenzo che aveva anticipato i tempi.

Dai Manoscritti autobiografici, dall'Epistolario, dalle Costituzioni e dal Direttorio abbiamo compreso l'identità carismatica della Congregazione. La spiritualità dell'Infanzia, ossia dello *svuotamento*, della *kenosi* è appositamente stata fatta emergere e accennata come spogliamento perché merita di essere approfondita. Abbiamo fissato la nostra attenzione sul carisma missionario consapevole che non poteva essere distaccato dalla spiritualità soggiacente. Sottintendendo questa piattaforma neces-

---

[1] Cf. E. GAMBARI, J. LOZANO, G. ROCCA, Fondatore, in G. PELLICIA – G. ROCCA (edd.), *Dizionario degli Istituti di Perfezione*, Edizioni Paoline, Roma 1975, vol. III, pp. 96-101.

saria, abbiamo sottolineato alcuni criteri presenti nella comprensione del Fondatore riguardo a un Progetto di vita specificatamente missionaria: l'internazionalità, l'interculturalità, l'inserimento nell'ambiente e nelle situazioni missionarie e nel dialogo nel senso più ampio. L'impronta di una Istituzione missionaria come la voleva lui, è stata rafforzata con insistente richiamo alla necessità della continua formazione, con la vita fraterna e colla vita profondamente spirituale.

A nostro modesto parere, trattandosi di una prima ricerca del genere pur consapevoli di avere attinto in minima percentuale alle fonti disponibili, riteniamo che la presentazione, alla luce della Teologia della Vita Consacrata, rappresenta una ricostruzione della memoria storica per scandagliare il nostro carisma donato dallo Spirito per mezzo del nostro Fondatore non solo a noi Suore, ma alla Chiesa per il bene del mondo. In linea di principio non ci sono dubbi che il discernimento e l'incarnazione sempre nuova del dono dello Spirito implichi il dialogo tra presente e passato. Infatti è questo dialogo che attiva e alimenta un processo ermeneutico dinamico e creativo, generatore di senso. L'importanza del nostro passato per affondare le nostre radici in vista di un'identità collettiva ci ha condotto a sintonizzarci con l'oggi della storia, attenendoci a quello che il Perfectae Caritatis n. 2 già proponeva a tutti gli Istituti religiosi: "il continuo ritorno alle fonti di ogni forma di vita cristiana e alla primitiva ispirazione degli istituti e nello stesso tempo l'adattamento degli stessi alle mutate condizioni dei tempi". Lo stesso invito ribadito nell'Istruzione Ripartire da Cristo n. 20 con riferimenti brevi ma incisivi e che mira a valorizzare il patrimonio storico spirituale dei religiosi sollecitandoli non solo a custodirlo ma anche ad approfondirlo e svilupparlo, perché anche oggi lo Spirito Santo domanda disponibilità e docilità alla sua azione sempre nuova e creativa e sostiene in questo lavoro data l'importanza di questa ricerca. Solo Lui può mantenere costante la freschezza e l'autenticità degli inizi e, nello stesso tempo infondere il coraggio dell'intraprendenza e dell'inventiva per rispondere ai segni dei tempi. Dal vissuto del nostro Fondatore che si è fatto un'esegesi vivente del vangelo ad imitazione di Santa Teresa del Bambino Gesù, abbiamo trovato la ragion d'essere del progetto di vita missionaria proposto a noi Suore Carmelitane per continuare quale memoria vivente del modo di esistere e di agire di Gesù. Questo è stato il movente per l'accenno sul Progetto missionario "trasparente" e "leggero" *conditio sine qua non*, secondo il nostro parere, della realizzazione personale delle missionarie nelle missioni e dell'esito delle missioni a loro affidate. Si basa sulla sequela di Gesù Cristo, primo missionario del Padre.

L'originalità del carisma missionario di P. Lorenzo che siamo riuscite ad individuare è che, pur unendo e privilegiando l'opera dell'educazione delle giovani di M. Crocifissa, l'orizzonte dell'ideale missionario oltre ad essere universale, si trova nelle forme di attuazione delle Suore che erano invitate ad abbracciare le realtà emergenti ed urgenti. Nel suo pensiero tutta la Congregazione non doveva limitarsi ad un'opera, cioè dedicarsi solo alle scuole o agli orfanotrofi. Quello che definiva l'azione, l'operare delle Suore era sempre la risposta ad una realtà bisognosa dell'attuazione missionaria a servizio del bene che dovevano prestare alle persone, cercando di trasformare la realtà del luogo attraverso la promozione umana integrale. La realtà bisognosa delle persone deve sempre dettare e definire l'azione delle Suore in quella determinata circostanza tenendo sempre presente l'esigenza dell'acculturazione delle missionarie nella cultura del popolo per intraprendere un'attività missionaria contestualizzata e assumendo il ruolo di facilitatrici dell'inculturazione del vangelo.

L'istanza ribadita dal Vaticano II sulla formazione iniziale e permanente dei religiosi è stata marcatamente segnata, come ha insistito il nostro Fondatore, perché consapevole che per provocare un'incidenza dell'azione evangelizzatrice delle religiose negli evangelizzandi si richiederebbe una preparazione molto accurata. La preparazione culturale doveva essere rispondente con la cultura del popolo, promuovendo un dialogo continuo, essendo le suore portatrici dell'annuncio del vangelo, mediando il tessuto della cultura del popolo, intingendo di valori evangelici la costruzione della cultura di giustizia e di pace, attraverso l'accoglienza, la condivisione, la solidarietà e la comunione.

La passione missionaria del nostro Fondatore si esprime nel suo testamento spirituale che sono le Suore Carmelitane Missionarie chiamate ad essere apostole dell'amore, amando Gesù e facendoLo amare, che diventa la ragion d'essere della Congregazione. Questo obbiettivo condensa tutto un progetto di vita ereditato dal Fondatore costituendo la missione delle Suore del passato, presente e del futuro nella Chiesa e nel mondo.

Il nostro lavoro costituisce un nuovo apporto scientifico alla spiritualità cristiana in generale, a quello della vita religiosa in particolare e, allo stesso tempo, un contributo necessario per lo studio del carisma specifico delle Suore Carmelitane Missionarie di S. Teresa del Bambino Gesù. Questo studio apre un ventaglio all'esigenza di nuovi studi e piste di ricerca. Il primo campo che dovrebbe essere ripreso e studiato a fondo è la storia dell'Istituto delle Suore Carmelitane Missionarie di STBG, qui circoscritto solo al periodo fondazionale e alla prima espansione e lo studio del vissuto spirituale delle prime missionarie Carmelitane.

Il carisma missionario è l'altro argomento da studiare in profondità con il supporto teologico ed esperienziale, specifico delle Carmelitane

Missionarie, facendo emergere la dimensione sociale e politica in P. Lorenzo.

La nostra ricerca lascia ancora alcune indicazioni per ulteriori studi sulla spiritualità di P. Lorenzo profondamente carmelitana in grande sintonia con S. Teresa del Bambino Gesù. Si dovrebbero scrutare a fondo tutti gli scritti editi e inediti di P. Lorenzo per portare alla luce nuovi aspetti della sua spiritualità. La spiritualità della vita consacrata, missionaria, eucaristica e mariana rimangono aperte ad un necessario approfondimento.

L'apporto del nostro lavoro è di aver presentato un primo studio sulla figura del Fondatore elaborato con metodo scientifico dopo 85 anni dalla fondazione della Congregazione nel lontano 1925 e 34 anni dalla sua dipartita nel 1977. Con questo lavoro viene messa in luce la biografia del fondatore, parte della storia dell'Istituto e il carisma congregazionale.

Abbiamo scelto di scrivere questa tesi in lingua italiana perché le fonti la maggior parte delle fonti sono tutte in italiano, che purtroppo non è la lingua della autrice, rendendo, per questo, il nostro lavoro limitato nel linguaggio e nelle espressioni. Abbiamo seguito, intanto, il Fondatore che, pur essendo un "pozzo" di cultura, nei suoi scritti ha lasciato il sapore della semplicità del linguaggio non ricercato, ma che sapeva comunicare con tutti e trasmettere il suo spirito.

Durante la stesura della tesi abbiamo sperimentato fortemente lo spirito del Fondatore che ci ha condotto ogni momento e, possiamo dire, siamo state coinvolte con la ragione ma molto più intensamente col cuore. Le righe sono trapassate da una carica forte perché presente il fuoco della passione missionaria trasmessaci dalle fedeli seguaci di P. Lorenzo che hanno inteso il suo messaggio e ci hanno lasciato questo dono da essere portato avanti con S. Teresa del Bambino Gesù, fino alla fine dei tempi.

APPENDICI

Appendice 1

 1.1 Lettera di Ubaldo van den Eerenbeemt a P. Lorenzo, scritta il 3 maggio 1958.
 1.2 Cardinale Willen Van Rossum – Prefetto della Congregazione per la Propagazione della Fede
 1.3 Lettera di P. Lorenzo rivolta ai suoi familiari nella ricorrenza della sua Ordinazione Sacerdotale, Oss, giugno 1912.
 1.4 Lettera di Pierre Christian van den Eerenbeemt, padre di P. Lorenzo, nella ricorrenza della Ordinazione Sacerdotale, Mont-Rond, 31 maggio 1912
 1.5 Lettera di Giovanna Negri a suo figlio P. Lorenzo nella ricorrenza della sua Ordinazione Sacerdotale, Roma 25 dicembre 1911.

1.1 *Lettera di Ubaldo van den Eerenbeemt a P. Lorenzo, scritta il 3 maggio 1958.*

 72° anniversario della nascita di mio fratello Ettore (padre Lorenzo)

  La nascita del beniamin fratel canto
  e cantar voglio per molti anni ancora
  quel bel dì del tre maggio fausto giorno
  di primaverili profumati fiori adorno.
  Se genial poeta io fossi oh allora
  alle Muse domandar vorrei un tanto
  ai estro poetico e di leggiadre rime
  ricordar vorrei i tuoi lieti eventi.

  Il tuo battesimo alla chiesa dei Fiorentini
  l'esimio tuo padrino, ingegner Genuini
  nostro padre ricco e stimato infine
  rispettato come l'era da tutte le genti.
  La sua scelta a tuo compare per la cresima
  di un certo uomo cospicuo, il Tesorone
  un banchier napolitano, un barone
  e la generosità del quale era infima
  l'uno e l'altro, di te si son dimenticati
  poiché tutti noi eravamo rovinati.

Solo padri redentoristi olandesi, amici cari
ci han risparmiato e miseria e giorni amari
mi ricordo ancora come fosse ieri
le nozze d'argento dei nostri genitori
era il sette gennaio del novantanove
senza un soldo in casa e tutt'altro che fieri
aspettavam visite d'uscieri e fornitori,
quando al tocco di mezzogiorno, per Giove!
Suona e risuona ancor il campanello
la porta aprendo restò stupito nostro fratello
nel vedere squisiti cibi e vini
ed in più frutta, paste e liquori fini.
i padri Domen e van Rossum se n'eran ricordati
quando tutti ci fuggivano, poveri abbandonati
e quel giorno fu per noi una grande festa
noi che ce l'aspettavamo triste e mesta.

Poi il padre van Rossum fu elevato a cardinale
essendo egli riconosciuto di valor eccezionale
molto più tardi morì il cardinale olandese
il doglio fu grande in quel nostro bel paese.
Che la sua memoria sia sempre venerata
già fu la sua anima da Dio ricompensata.
Oh! Cardinal van Rossum, nostro protettore
sii ancora per noi, come in vita fosti, il benefattore
guarda da su nel Cielo, l'aspra lotta
che combatton i figli del tuo amico Cristiano
che navighin sempre ben sulla buona rotta
e diano alle loro famiglie, esempio sano.

Rivedo ancor Parigi la bella città
Nei primi anni di mia primavera
Tu due anni dopo mi seguisti
Oh dolci rimembranze d'amistà
Sei Signori Lamaire, Aubry ricordo ogni sera
Malgrado da tanti anni non più visti
Te ne ricordi anche te con emozione
Anche dell'altro Signore? Che buone persone!

Poi un bel dì, l'attrazione di Bosco Ducale
del nostro padre allora vivente città natale
fu tanto volente e conoscemmo la famiglia olandese

noi che non sapevamo che l'italiano ed il francese
qualche tempo più tardi arrivar doveva meglio di me lo sai
entrasti al convento e prete carmelitano eri tu ormai.

In Roma ritornasti già ordinato
ti occupasti della nuova Congregazione
e la prima Madre generale ora defunta
aiutasti dei tuoi consigli ed al suo lato
schiere di suore entrarono in funzione
e la meta già prefissa era raggiunta.
La Congregazione è ora fiorente
non solo a Roma, a Santa Marinella
ma anche in America nel Brasile
e chissà fra breve nel prossimo oriente
per condurre a Dio la gioventù bella
ed allontanarla dal mondo così vile.

Le suore riconoscono quel che sei per loro
ad esse innumerabili bambine fan coro
per festeggiar come si deve il Padre,
il Padre Lorenzo, da loro tanto amato
e rimpiangon la scomparsa della prima Madre
che dal Ciel, su di lui, volge sguardo beato
e la famiglia poi senza eccezione
augura al settantaduenne di viver
molti ancora senza malanni
ed esser più sempre accorto nell'azione
onde evitar degli imbroglioni gl'inganni
e viepiù lo sviluppo del suo ordine veder.

Ad multos annos, caro fratello
per noi l'avvenire è bello
ma non c'illudiam, siamo due vecchietti
e alla nostra età per il mondo, siam esseri inetti.

1.2 *Cardinale Willen Van Rossum – Prefetto della Congregazione per la Propagazione della Fede*

Nato il 3 settembre 1854 a Zwolle in Olanda, van Rossum entrò a far parte dei Redentoristi.
Il 17 ottobre 1879 ricevette gli Ordini Sacerdotali. Egli fu prima

Professore di Dogmatica e poi dal 1886 Prefetto agli Studi e dal 1893 Rettore della Scuola dell'Ordine a Wittem.

Nel 1894 venne scelto per la Missione in Brasile, che era stata presa in cura dai Redentoristi poco tempo prima. Ma il Superiore Generale lo trattenne dal partire e lo nominò Consultore al Capitolo Generale a Roma. Van Rossum ha servito il Vaticano sotto quattro Papi, coprendo l'arco dal 1896 a 1932. Nel 1896 Leone XIII nominò van Rossum Consultore del Sacro Ufficio. Pio X assunse van Rossum inoltre nella Commissione per la preparazione del nuovo Diritto Canonico.

Dal 1914 al 1917 il Redentorista olandese fu l'esperto di questa Commissione per le questioni teologiche ed in particolare dogmatiche. Al Concistoro del 27 novembre 1911 Pio X assunse van Rossum nel Collegio Cardinalizio. L'anno seguente lo nominò Membro della Congregazione Propaganda.

Durante il Congresso Eucaristico Mondiale a Vienna nel 1912 van Rossum rappresentò il Papa come Legato; altrettanto fece durante il Congresso Eucaristico Mondiale del 1924 ad Amsterdam. Nel 1914 divenne Presidente della Commissione Biblica e il giorno 1 ottobre 1915 Grande Penitenziere. Il 12 marzo 1918, Papa Benedetto XV lo nominò Prefetto della Sacra Congregazione per la Propagazione della Fede, spesso chiamata Propaganda Fide, o semplicemente Propaganda. A Pentecoste nel 1918 lo consacrò Vescovo, poiché van Rossum doveva essere, secondo le parole del Papa, un 'Prefetto perfetto' poichè essendo preposto ad un gran numero di Vescovi Missionari, egli stesso fosse Vescovo.

L'elenco dei suoi sforzi specifici è impressionante:

1) Ha accuratamente selezionato i nomi dei delegati apostolici in campi di missione.

2) Ha supervisionato con successo gli sforzi di raccolta di fondi per la formazione dei seminaristi nativi.

3) Egli ha centralizzato la gestione delle Pontificie Opere Missionarie, sotto l'autorità del Vaticano nel 1922.

4) Ha organizzato il 300° anniversario della Congregazione di Propaganda Fide nel 1922.

5) Ha organizzato e curato la Mostra Missionaria Internazionale in Vaticano nel 1925.

6) A lui si deve l'istituzione della Domenica per la Missione Mondiale come giorno di preghiera e le altre iniziative per le terre di missione nel 1926.

7) Ha provveduto all'ordinazione, a Roma, di Vescovi provenienti dalle terre di missione in tutto il mondo. Tra questi: quindici Vescovi cinesi tra il 1926 e il 1932, un Vescovo giapponese nel 1927, tre Vescovi di

India tra il 1928 e il 1931, un Vescovo etiope nel 1930, e un vietnamita nel 1933. Inoltre, nel 1930 in India l'Arcivescovo Mar Ivanios e i suoi seguaci fecero la loro professione di fede in quanto cattolici, in unione con Roma. Lo stesso Arcivescovo nel 1932 venne stabilito da Pio XI come capo del rito Syro-Malankarian.

8) Ha diretto il trasferimento nel 1929 del Pontificio Collegio Propaganda, l'Urbanianum, da Piazza di Spagna al Gianicolo vicino al Vaticano. Poi egli procedette a sovrintendere alla costruzione della magnifica struttura attuale dell'Urbanianum.

9) Ha dato il suo pieno sostegno alla missione dell'Unione dei Preti Missionari nei Paesi Bassi. Questo era un gruppo di sacerdoti diocesani che aveva fortemente sostenuto con successo il lavoro missionario. Secondo Josef Metzler, Archivista Vaticano, l'incremento statistico ha avuto luogo negli anni in cui van Rossum è stato prefetto di Propaganda Fide 1919-1932: Campi di missione da 352 a 498; Sacerdoti Missionari da 16.000 a 16.050; Suore Missionarie da 30.000 a 38.504; Fratelli missionari da 5.000 a 7.305; Catechisti da 25.000 a 74.127; Insegnanti da 20.000 a 61.756. Afferma Josef Drehmanns che van Rossum è l'autore principale delle due encicliche Maximum illud (1919) e Rerum Ecclesiae (1926).

Quindi non si può non notare l'accento posto sulla efficiente organizzazione e gestione all'interno del campo della missione. Egli fu inoltre il più importante collaboratore di Benedetto XV e di Pio XI in tutte le questioni riguardanti le Missioni.

Egli fu un deciso oppositore del Colonialismo, ed aiutò a prepararne la fine, relativamente a quanto riguardava la Chiesa e le Missioni; egli fu anche oppositore dell'"Europeismo' nelle Missioni, dal quale mise in guardia i missionari in numerosi decreti; egli sostenne nuovi principi nella questione dell'adattamento e fondò i presupposti per l'abolizione della questione dei riti, questo irritante e secolare ostacolo alla Professione della Fede e all'Impianto del Cristianesimo nell'Estremo Oriente Asiatico; egli realizzò i punti essenziali del Programma della Congregazione che Ingoli aveva posto e invano cercato di mettere in pratica 300 anni prima; l'appoggio in tutto il mondo del Clero indigeno e la formazione di gerarchie locali (OTTO WEISS, *Der glaubensw chter van Rossum Willem Marinus im heiligen offizium un in der indexkongregation*, in Spicilegium Historicum Congregationis SSmi Redemptoris – SHCSR 58 (2010) 85-138 , JOOP VERNOOIJ, *Cardinal Willem van Rossum, c.ss.r.- The Great Cardinal of the small Netherlands*, in Spicilegium Historicum Congregationis SSmi Redemptoris – SHCSR 55 (2007) 347-400; *Sacra Congregationis de Propaganda Fide – Memoria Rerum, 1922-1972*, a cura et studio J. Metzler, Herder, Roma, Vol.II/2, in Archivio Storico della Congregazione per l'Evangelizzazione dei Popoli, Roma).

1.3 *Lettera di P. Lorenzo rivolta ai suoi familiari nella ricorrenza della sua Ordinazione Sacerdotale, Oss, giugno 1912.*

Rispettosa Famiglia,

In occasione di questa Prima Santa Messa nella città natale di mio padre, sono stato colpito dall'affetto, che voi mi avete dimostrato.

Ancora più gradito è, che ho l'onore della chiamata al sacerdozio, eletto del mio Signore e mio Dio, Gesù Cristo.

Da parte mia senza alcun merito Gesù ha eletto la mia anima per essere Suo sposo.

Cinque anni fa, Lui concluse con me un'alleanza eterna e nel giorno della mia professione, diventai Suo sposo per l'eternità. Ma incoraggiato dall'Amore di Dio, chiedevo a Gesù un ancora più grande privilegio; dal giorno, che pronunciai i 3 voti, non ho sognato allora altra felicità, che essere unto a sacerdote del mio Dio. E ora, è sceso in me Gesù, lo Santo Spirito, e Lui ha impresso nella mia anima il segno di sacerdozio e alla mia parola ha comunicato la sua creativa onnipotenza.

E ora, che Gesù mi ha donato il potere sul Suo Santo Corpo e Sangue; ora, che Gesù mi ha incaricato di sacrificarlo in remissione dei peccati, ora, la mia anima, colma di gioia, non può trovare altre parole di ringraziamento, che le parole, che un tempo uscivano della bocca della Beata Vergine Maria nella casa di Elisabeth: "Anima mia, glorifica il Signore." Possa Lei, la regina dei sacerdoti, la Madre e Splendore del Carmelo – con la Sua protezione la mia anima è giunta ad un posto sicuro e quieto – infiammare il mio cuore con il suo fuoco d'Amore verso Gesù.

Ora vi invito tutti, con me, nel Vostro cuore, a intonare quello stesso cantico, perché grandi cose mi ha fatto il Signore.

E adesso, grazie mille a voi tutti, che avete partecipato con amore alla mia gioia. Grazie ai Padri, che mi hanno accompagnato fino all'altare del Signore, e che mi hanno assistito durante la Santa Messa.

Grazie a Voi tutti, che avete faticato per far celebrare questa festa con splendore cristiano.

Grazie, soprattutto a Lei, Cara Zia: nella sua casa Dio si è degnato di chiamarmi; nella sua casa io ho trovato una seconda madre, tanto mi ha insegnato nel silenzio. Devota, mi ha fatto amare la devozione, presso di lei, negli anni più difficili della mia vita, negli anni di sofferenza e dolorosa incertezza, ho trovato conforto e incoraggiamento.

Quanta felicità ho sentito, nel giorno dei Sacri Ordini e anche quando questa mattina celebravo il Santo Sacrificio per lei, per la buon'anima dello Zio Henri, per i vostri figli e nipoti. Questa è senza dubbio la migliore e la più prolifica riconoscenza, a cui mai potevo sperare.

Possa ora il pegno della gioia eterna, Gesù Cristo, che ho avuto la fortuna di darvi questa mattina, spesso essere nei vostri cuori; sempre uno con Lui in questa vita e un giorno nella Sua gloria.

's-Hertogenbosch 6 junio 1912.
P. Laurentius van den Eerenbeemt

NB: Traduzione dall'olandese all'italiano fatta da Teresa Murkens.

1.4 *Lettera di Pierre Christian van den Eerenbeemt, padre di P. Lorenzo, nella ricorrenza dell'Ordinazione Sacerdotale, Mont-Rond, 31 maggio 1912.*

Mio caro e Reverendo figlio

I miei auguri più affettuosi in occasione della tua Ordinazione, e anche le mie più affettuose felicitazioni ai tuoi confratelli che hanno avuto la grande felicità di partecipare con te.

Ricordo di averti scritto una lettera a Patrica (credo il giorno in cui hai deciso di lasciare l'abito talare), una frase presa dall'imitazione di G. C. "quando il prete celebra, onora Dio, raggiunge gli angeli, edifica la chiesa, la vivifica, procura riposo ai morti e si rende partecipe di tutto ciò che è bene e buono".

Il potere cha hai ricevuto di consacrarti a Dio sull'altare vuol dire che Egli s'incarna, per così dire, in virtù della tua parola. Hai il potere di unirti agli angeli e porti l'eccellenza della tua dignità al di sopra di tutti quelli che non hanno il carattere dell'ordinazione. Questo potere ti associa al Padre Eterno e per tutta l'eternità ti unisce al Verbo che produci per tutti i tempi. Questo potere ti fa partecipare alla Verginale fecondità della Madre di Dio, poiché tu hai la facoltà di identificare nell'altare lo stesso figlio di Dio che il Padre ha generato per l'eternità in Maria, il fiore del Carmelo, in tutti i tempi. Come le mani devono essere pure e la tua lingua senza macchia! Perché le une immolano il corpo del Verbo Incarnato e l'altra è bagnata dal suo Sangue e il cuore riceve tutto ciò che è buono.

Ti prego di ricordare durante il sacrificio della messa i tuoi parenti, i fratelli e la tua famiglia. Pensa anche quando visiterai il Santuario di Loreto a tuo fratello Emilio che hai incontrato a Roma.

Tuo Padre, affezionatissimo,
Pierre Christian

NB: Traduzione dal francese all'italiano fatta da Enza Monti.

1.5 *Lettera di Giovanna Negri a suo figlio P. Lorenzo nella ricorrenza della sua Ordinazione Sacerdotale, Roma 25 dicembre 1911.*

Ettoruccio mio carissimo

Non puoi immaginare quanto abbia gradito la tua bella lettera e soprattutto la bella notizia della celebrazione della prima messa. Alla fine ti rivedrò dopo anni di lontananza chissà come cresciuto in persona e in doti morali! Alla fine rivedrò il mio caro Ettoruccio, un'arca di scienza, un reverendo al quale bacerò le mani, e tu rivedrai la tua vecchia mamma invecchiata sotto il peso degli anni e delle fatiche ma con un cuore ancor giovine tutto affetto per i suoi figlioli.

Sono contenta di saperti in ottima salute e contentissimo dello stato che hai scelto, almeno nella nostra famiglia non mancheranno le benedizioni per le preghiere di due figlioli ministri di Dio.

Le condizioni nostre sono sempre le stesse come Emma ti ha scritto. Bisogna armarsi di pazienza e di rassegnazione affinché le nostre sofferenze, che sono tante, siano compensate ad usura nel Paradiso. Delle mie due figliuole non ho da lagnarmi sono buonissime ed affettuose ed accettano le loro situazione con una rassegnazione ammirabile. In questo devo proprio lodarle; non ti dico poi la loro onestà, ne devo proprio ringraziare il buon Dio, che fa tanto per me.

La salute nostra è buona abbastanza, l'appetito è eccessivo specialmente per Guglielmina e Emma che sono due vere lupette, dipenderà anche perché non si prende mai roba di sostanza per conseguenza bisogna di mangiare di più. Infine ti faccio i più sinceri auguri per S. Natale e Capodanno, ti invio mille baci e benedicendoti affettuosamente,

Tua Madre, affezionatissima
Giovanna Negri

Appendice 2

2.1 Lettera di P. Lorenzo a Suor Crocifissa Curcio – 1 luglio 1924
2.2 Lettera di P. Lorenzo a Suor Crocifissa Curcio – Roma, 24 ott. 1924

2.1 *Lettera di P. Lorenzo a Suor Crocifissa Curcio – 1 luglio 1924*

Reverenda Madre Superiora,
Sia lode al Cuore di Gesù che Le ha suggerito una sì bella rispo-

sta: essa mi ha confortato tanto e mi ha riempito il cuore di gioia. <u>Io accetto la sua parola e da parte mia prometto di aiutarla con tutte le mie forze</u>, volendomi dedicare totalmente a quest'opera tanto sublime. Sono molto contento che Lei personalmente vuol venire ad intraprendere questa nuova istituzione, così sarò sicuro del suo validissimo appoggio: se Lei non è più tanto forte in salute cercherò di non farla strapazzare tanto: mi basteranno la sua anima e le sue parole. Le sue intenzioni, i suoi fini saranno i miei e se io ora vi ho aggiunto il mio particolare delle missioni, dal suo modo di scrivere credo che sia stato sempre il suo. Non ho voluto incominciare da me a fare tutto, ma ho creduto opportuno rivolgermi ad una suora che conosca meglio il carattere femminile, e così il Signore ha voluto mettermi nella sua vita. Sia lode sempre a Dio!

Come le scrissi la prima volta io non posso aver casa qui a Roma per loro se non fra pochi mesi, perché la buona e santa persona che mi ha promesso il suo aiuto (è una convertita dal giudaismo) si trova presentemente a Napoli. Io devo predicare la novena del Carmine in Roma: il 17 Luglio poi devo partire, perché così vuole il Generale, per Napoli con i chierici, fino a Settembre: così avrò l'occasione di vedere questa persona e d'intavolare le trattative necessarie e le pratiche per questa santa impresa. A Napoli poi i Padri mi promettono delle serie vocazioni. Io terrò la R. V. sempre al corrente di tutto ciò che accadrà in questi mesi: senza dubbio, con l'aiuto del Sacro Cuore di Gesù e di Maria Santissima, spero di aver pronta la casa in Roma e allora la V. Rev. verrà con qualche Compagna, e così a Dio piacendo, vedrà il compimento dei suoi e dei miei desideri. Credo però opportuno, giacché la R. V. me lo domanda, <u>per il momento</u> di non sperperare le forze che sono a sua disposizione.

Reverenda Madre, continui in questo tempo a pregare molto il Signore, e pregare la grande e la piccola Teresa: Lei sa d'esperienza che per le buone imprese non mancano difficoltà e quantunque ora sembra che tutto vada a vele gonfie, pur tuttavia mi aspetto che il nemico di ogni bene venga a crearci qualche impiccio. Ma speriamo nell'infinito amore del Cuore di Gesù e nella Vergine nostra cara e Dilettissima Madre, che ci farà trionfare di ogni cosa, del resto è opera Sua, e se così vorrà Iddio, quest'opera sorgerà e fiorirà e si moltiplicherà: noi non faremo per vana gloria, ma per la salvezza delle anime e la gloria sia solamente a Lui che è il Datore di ogni bene e di ogni buon pensiero.

Le aggiungo che questa nuova intrapresa è per me un obbligo, perché è un voto fatto per una grazia ricevuta: ancora, che i Padri Confratelli non solo non mi sono contrari, ma che fino ad ora abbracciano volentieri i miei disegni.

A Lei, alle sue buone consorelle, alle sue bimbe la mia benedizione Sacerdotale.

Della R. V. dev.° servo in G. C.
P. Lorenzo van den Eerenbeemt

N. B. Il P. Grammatico si trova presentemente per qualche tempo a Palermo.

2.2 *Lettera di P. Lorenzo a Suor Crocifissa Curcio – Roma, 24 ott. 1924*

Molto Rev.da Madre,

Lei ha bene indovinato: la ragione del mio silenzio non poteva essere altro se la grande difficoltà dell'impresa. Anzi non le nascondo che per me questi giorni sono stati di vera angoscia e dolori: l'unica cosa che ho acquistato è una più perfetta conoscenza degli uomini. Non bisogna fidarsi di nessuno, ma riporre sempre in Dio solo la nostra fiducia perché gli uomini e noi stessi, siamo sempre povere creature instabili. Ciò che oggi è sì, tutto bene, tutto in ordine, domani è una cosa impossibile, illusoria, fantasia, un peso troppo grande e con un solo colpo si vuole abbattere mesi di fatiche e di dolore. I miei Superiori, oppressi da tanti seri affari di dentro e di fuori (e perciò li compatisco), dopo avermi esortato a continuare, rendono la mia opera una lettera morta, e non vogliono, né forse possono per il momento, prendere il minimo interesse di me e della mia opera e molto meno sono disposti a fare il minimo sacrificio ed eccomi perciò solo – da capo senza aiuti umani.

Il Padre <u>Ciampa Andrea, priore del Carmine Maggiore di Napoli</u> (questi è l'indirizzo) doveva essere qui da diverso tempo per avere o per ottenere dalla curia nostra una decisione sull'Arenella, ma ancora non si fa vedere: del resto ho poca fiducia nella decisione, perché alcuni della Curia sono decisamente contrari a passarla in mano delle Suore. Qui a Roma è impossibile trovare una casa e degli appoggi: sono tanti frati e tante monache! E allora tutto è perduto? No, non lo dica né lo pensi: finché vi sarà una scintilla d'ideale nel mio cuore, non è svanita ogni speranza. Ci arriveremo, ci arriveremo, lasciamo però, lavorando sempre s'intende, la decisione al Signore: lo adoreremo profondamente nel Cuore nostro e ci sottometteremo solamente ed irrevocabilmente ai suoi divini voleri. È Iddio che deve regnare non noi: è la sua divina volontà che deve apparire non la nostra.

Quanto alla proposta che L'è stata fatta, mi sembra che Lei deve accettare: la clausola però è contraria alla Chiesa, perché i canoni del nuovo Codice Ecclesiastico <u>non</u> permette che la superiora <u>locale</u> sia in perpetuo: è scopo perciò far capire che Lei accetta tutta la responsabilità, ma che però ogni tanti anni deve essere libera di poter passare qualche tempo (un anno più o meno) altrove, per dopo riprendere la direzione del suo orfanotrofio. In questo modo si salverebbe tutto e sarebbe tutto conforme allo spirito del Codice Canonico. Così, quando Iddio ci darà l'occasione, Lei potrebbe aiutarmi, sia anche per un anno; formato il primo gruppo, Iddio poi penserebbe al resto e Lei potrebbe ritornare a Modica: tutto si accomoderebbe. Sono troppo facile? Non bisogna troppo imbrogliarsi per future contingenze: Iddio aiuta: l'opera sua non rimarrebbe così <u>locale</u> e <u>temporaria</u>, ma <u>universale</u> e <u>duratura</u>.

Quanto poi al riconoscimento dell'Opera missionaria, perdoni se ritorno a ripetere, è necessario in qualsiasi caso anche di giurisdizione nostra, l'approvazione del Vescovo: giacché il suo Vescovo è molto difficile, quando da qualche altra diocesi le vi sarà fatta una domanda per avere le sue suore, accetti a patto di poter avere questo riconoscimento dell'Opera missionaria e così tutto sarebbe fatto. È difficile? No, non tanto.

Io ho studiato attentamente le sue Costituzioni e ho cercato (non mi è riuscito difficile perché le sue idee sono le mie) d'imbevermi del suo spirito, ma <u>la forma</u> l'ho dovuta interamente cambiare, secondo i regolamenti della Congregazione dei Religiosi e del nuovo Codice Ecclesiastico. In quella forma non può mai ottenere un'approvazione. Con coraggio mi sono messo all'opera ed ora ho pronto tutto il lavoro che però ancora deve essere soggetto ad una minuziosa revisione. Per il momento non posso toccarlo perché ho un lavoro immenso per la scuola, ma quando Dio vorrà, ricomincio da capo a vedere tutto: solamente stia tranquilla che ho conservato tutto lo <u>spirito</u> Suo. La Congregazione vuole che le regole siano brevissime, ciò che si deve fare e ciò che si deve omettere: considerazioni morali ed ascetiche devono assolutamente sparire: questa è la regola che noi dobbiamo seguire.

Ora è una cosa che mi sta tanto a cuore: non abbandoni le vocazioni sue e mie: faccia ogni sforzo, ogni sforzo: è la nostra speranza. Difficoltà vi saranno di tutte le specie, ma come facciamo se abbandoniamo coloro che vengono a rifugiarsi da noi. Noi saremo i parafulmini ma loro devono stare al sicuro. Cerchi, cerchi tutti i mezzi: io dalla mia parte, (giova il ripeterlo!) farò tutto il possibile sempre, sempre. Vuole che la sua opera rimanga una cosa locale e temporanea, oppure deve essere l'alberetto di senapa che cresce cresce? Ora si avvicina l'inverno: tutto muore ma è una morte che è vita.

Ho avuto dei momenti tremendi di abbattimento, ma grazie a Dio è ritornata la calma, e la fiducia in un futuro, forse non tanto lontano.

Una cosa ancora di grande necessità. Quale è la sua posizione <u>personale</u> di fronte al suo Vescovo? Ha fatto Lei il voto solo di castità oppure anche quello di <u>obbedienza</u>? Si ricordi internamente di considerare il suo Vescovo come il ministro di Dio: l'istituzione vescovile è divina e toccare quella significa la propria morte: perdoni le mie parole, ma capirà che hanno un senso profondo: io voglio su Lei dal cielo una benedizione profonda.

Alle sue bimbe, a Suor Maria Maddalena, alla sua comunità sempre e volentieri la mia Benedizione. A Lei in special modo un *Fiat voluntas Tua* sempre e sopra ogni cosa.

Suo dev^{mo} in X^{to}
P. Lorenzo

Appendice 3

 3.1 Lettera di P. Lorenzo a M. Crocifissa – Roma, 3 aprile 1925
 3.2 Lettera di P. Lorenzo a M. Crocifissa – Roma 13 Aprile 1925
 3.3 Lettera di P. Lorenzo a M. Crocifissa – Roma 30 Maggio 1925
 3.4 Lettera di P. Lorenzo a M. Crocifissa – si suppone dal 5 al 7 giugno 1925 dalla risposta ottenuta il 10 giugno.
 3.5 Lettera di P. Lorenzo a M. Crocifissa – Roma 19 giugno 1925.
 3.6 Lettera di P. Lorenzo al Cardinale Vico, Vescovo della Diocesi di Porto e S. Rufina – 23 maggio 1925.
 3.7 Lettera di P. Lorenzo al Capitolo generale – Roma 30 settembre 1925.

3.1 *Lettera di P. Lorenzo a M. Crocifissa – Roma, 3 aprile 1925*

Mia buona Madre,
Ora Le scrivo con un po' più di calma: Le assicuro che l'emozione di gioia, di letizia m'impediva in questi giorni di esternare i miei sentimenti. Ma Lei mi avrà capito ed io mi posso immaginare quale gioia quella notizia avrà apportata al suo buon cuore. Deo gratias! Io non so come ringraziare il Signore: sentivo nei giorni passati che sulle labbra mi rivenivano le parole del salmista: quoniam bonus, quoniam in saeculum misericordia ejus!

Ho ricevuto ieri alle 2 ½ dopo pranzo il suo telegramma e la ringrazio. Ciò che è successo, mia buona Madre, <u>ha del miracolo</u>! Io non c'entro mi creda, sono state delle anime sante che hanno pregato in questi ultimi tempi Iddio ed i santi per quest'opera ed il miracolo è successo, grande, strepitoso, perché io non pensavo più all'Arenella e mi sforzavo di lavorare a Roma per il nostro fine imbattendomi dappertutto a gravi difficoltà. Dell'Arenella non sentivo parlare che come di un luogo dove vi erano mille impicci, mille difficoltà da tutte le parti e per tutti: era perciò inutile pensarci. Il 26 marzo ricevo una raccomandata dalla Madre Carmela (che sarebbe la donatrice del Convento) che m'invitava a venire a Napoli per parlare con Lei, col P. Giuseppe Ricci, l'antico priore dell' Arenella e con un altro sacerdote allora abbiamo combinato come io Le scrissi, cioè: Direzione ed amministrazione totalmente indipendente. Lei potrà dunque agire in pienissima libertà ed incominciare la nostra Santa opera. Inoltre vi sono dei beni non grandi, ma buoni: così avremo una piccola rendita, di modo che possiamo contar su qualche cosa. Non è estremamente incoraggiante? Avremo dopo altre difficoltà: io e Lei le accolleremo pazientemente sulle nostre spalle, e l'opera non morirà. Noi non ci attaccheremo mai a <u>nessuna casa</u>, ma solamente all'opera.

Se la Provvidenza non vorrà che noi rimaniamo in una casa, ne andremo in un'altra senza confonderci né turbarci. L'unico pensiero è di avere delle buone educande e delle buone novizie: dar loro una vera e religiosa educazione: al resto Iddio provvederà.

Le avverto che Suor Carmela, col tempo, per ragioni di salute domanderà dispensa per dimorare da noi per qualche mese: ebbene noi l'accetteremo volentieri e avremo la massima cura per Lei e la tratteremo come Madre e cercheremo di prevenirla in tutte le sue necessità e Dio ci benedirà.

<u>Il Padre Rev.^{mo} Generale ha ratificato la proposta e con documento scritto mi ha autorizzato a fondare questa nuova Istituzione sull'Arenella.</u>

Ora andiamo alla questione grave delle finanze: naturalmente io confesso che questa notizia inaspettata mi ha prodotto un po' di sconvolgimento perché non ci pensavo: da piccole questue ho potuto ottenere un 2 mila lire circa: non è molto, ma con gran fervore continuerò a bussare da tutte le parti.

Lei può portare con sé tute quelle giovani che possono <u>per i primi tempi almeno</u> pensare al vitto. Quanto alle suore credo che Lei compresa sarebbe bene che non fossero per il primo momento più di tre, tanto per vedere l'andamento delle cose. Le sarei grato se mi volesse dire quanto Lei può disporre. All'Arenella poi vi sono delle persone che mi hanno promesso del lavoro, cosichè un po' la rendita, un po' il lavoro, si potrà per i primi mesi tirare avanti. In tutti i casi io sarei di opinione che <u>in caso estremo</u> si potrebbe fare anche qualche debito per le prime spese: le prime difficoltà sono sempre le più grandi. Ma coraggio! possiamo temere ora che Iddio ci ha aperto così ammirabilmente la porta?

Fino a Lunedì dopo Dom. in Albis io sono a Roma estremamente occupato e fino a quel tempo mi sarà impossibile lasciare la città. Del resto prima di aprire la casa <u>ufficialmente</u> bisogna che parliamo bene insieme a Napoli, non è vero? Avrei l'intenzione di celebrare ufficialmente l'apertura per il giorno del Patrocinio di S. Giuseppe, che noi Carmelitani ancora festeggiamo la terza Domenica post Pascham. In questo frattempo mi dedico ad ottenere i dovuti permessi delle diverse Curie e Congregazioni: poi ci vuole l' approvazione delle Costituzioni, etc. ecc. e poi infine parleremo dell'ammissione delle mie giovinette.

Per il momento mi fermo qui: se vi fosse qualcosa di nuovo, qualche cambiamento glielo farò sapere subito. Preghiamo il Signore ed i Santi ardentemente che il diavolo non ci metta la coda. Mettiamoci totalmente nelle mani di Dio, perché è Lui che ci deve guidare ed è Lui che con la sua santa grazia ci deve arrivare a far vincere ogni altra difficoltà.

BenedicendoLa di cuore e benedicendo S. Mar. Mad. e le altre suore e le care sue bambine, mi creda sempre

Suo dev.mo in Cristo
P. Lorenzo

3.2 Lettera di P. Lorenzo a M. Crocifissa – Roma 13 Aprile 1925

Molto Reverenda Madre,
Ho ricevuto la sua lettera ed il suo augurio e La ringrazio sempre tanto.

Questa mattina ho parlato col Rev.mo P. Generale e gli ho esposto il mio desiderio di andare a Napoli il Martedì 21 Aprile per consegnare le chiavi il mercoledì 22 alla mia buona Madre che aspetto a Napoli per quel giorno in mattinata. Lei mi scuserà tanto se io mi sento obbligato di affrettare quest'apertura, la quale non avrà un carattere ufficiale. Il motivo di tanta fretta è questo: <u>è meglio premunirsi contro ogni intrigo</u>, quando le suore avranno le chiavi in mano, la cosa è sempre più sicura. Il documento che Lei giustamente domanda in iscritto, desidero che sia fatto a Lei, cosicché la Madre Carmela potrà essere sicura che la casa è e sarà sempre di Suore Carmelitane.

Essendo così lontano e non conoscendo tutte le sue circostanze in Modica, le mie lettere potranno talora contenere delle apparenti contraddizioni, ma Lei non ci badi: più vicini potremmo parlare meglio e combinare meglio, perché sono sicuro che il vincolo della carità ci unirà in un perfetto accordo nel Cuore SS. di Gesù.

Quanto ai mobili, non ci sono che quattro letti, ma manca la biancheria, cosicché nei primi tempi è uopo portar seco la biancheria. Il P. Generale mi promise che avrebbe ammobiliato la casa: ma è molto prudente pel momento non domandargli niente essendo molto preoccupato con mille affari.

Io dunque l'aspetto a Napoli Mercoledì mattina 22 Aprile con due sue consorelle (se Lei crede). E se Lei crede opportuno portar con sé altre novizie e postulanti, che possano per i primi tempi pensare al vitto, faccia pure; quanto ai letti si potranno subito comprare a Napoli per poco danaro ± 180 lire, perciò non sarà una difficoltà. Quanto agli arnesi di cucina, ci aiuterà un po' il Carmine Maggiore.

Mi perdoni di questa fretta cara Madre, ma parlando insieme Lei vedrà che la sola prudenza mi obbliga ad agire così.

Io porterò 2000 lire: quanto alle mie giovinette, esse sono molto semplici, ma molto buone: poco istruite, ma bene nella religione e ferventissime: Iddio me le ha mandate ed io le accetto volentieri. Non ho per il momento nessuna diplomata, ma Iddio ce le manderà.

Ora scrivo direttamente a Napoli per informarli della mia decisione: caso mai nascesse qualche difficoltà, Le manderò subito un telegramma così conciso: "Non venga aspetti lettera". Per il momento non mi sembra che vi siano altre difficoltà: preghiamo la piccola Teresa che ci aiuti sempre.

La casa sarà chiamata: Istituto Suor Teresa del Bambino Gesù. Sotto la protezione della Santa non avremo a temere.

Ringrazio Iddio sempre per quest'immensa gioia che ha inondato i nostri cuori.

Il Signore che ha cura degli uccellini dell'aria e che ci ha aperto la porta dopo che abbiamo bussato, non ci abbandonerà.

Ho scritto al P. Cappuccino da diversi giorni. Io starò a Napoli per pochi giorni, tanto per sistemare un poco le cose, poi dovrò ritornare a Roma, avendo qui troppi gravi impegni.

Benedicendo Lei, Suor Mad., la Comunità, le sue care bambine, mi creda sempre

Suo dev.mo in Cristo

P. Lorenzo

Così ho l'intenzione da fare il nostro stemma: sopra il Carmelo il cuore di Gesù. Con le parole Ignem veni mittere in terra.

3.3 *Lettera di P. Lorenzo a M. Crocifissa – Roma 30 Maggio 1925*

Mia buona e Reverenda Madre,

Dopo la sua partenza ho dovuto mettermi di buon animo al lavoro per la scuola, perché a dire la verità, ero molto arretrato: felicemente ora sono a posto.

Ho fatto l'esposto al Card. Vico Vescovo di S. Marinella: inutilmente ho domandato qualche rigo dal nostro Padre Reverendissimo (mi ha promesso però che avrebbe parlato a viva voce) e lo feci portare dal Padre Antonino Franco Priore del Collegio, per far vedere che i Superiori erano qui consapevoli del fatto. Vi andò Giovedì, ma il Cardinale che era molto stanco, lo pregò di aver pazienza: io passerò da S. E. Lunedì. Gli fece diverse domande fra le altre il perché erano tanto poche dopo 15 anni di esistenza (l'ho scritto però nell'esposto) e poi propose la difficoltà del sacerdote dopo il mese di Ottobre: ma su questo parlerò io a viva voce Lunedì. Dica intanto alla Piccola Teresa che spiani questa difficoltà.

Quanto al distintivo dell'Ordine, che ne pensa lei di un medaglione colla Teresa da una parte e con lo stemma dall'altra e le parole «Ignem veni mittere in terram?» Lei mi scriverà apertamente la sua idea su questo punto.

Appena partita lei, al Sig. Sanna fu fatta un'offerta per una casa in un paese molto vicino a Roma con 40 camere e 1.700 lire al mese di affitto: ne parleremo al suo ritorno. Intanto abbandoniamoci alla divina Provvidenza.

Qui – fortunatamente – ha lasciato un gran vuoto. Dico fortunatamente perché a noi <u>perciò</u> incombe l'obbligo di riempirlo: tutte quelle che l'hanno avvicinata sentono un bisogno di rivederla. Grazie a Dio, alla Vergine e a Teresina, la sua presenza ha destato un dolce entusiasmo per l'opera. Qualcheduna ha mosso sul suo carattere qualche difficoltà: troppo buona. Fortuna! perché per Superiora io non voglio un carabiniere, ma una madre; non è vero? Non reggere col tortore ma con un'immensa carità di Cristo.

Da diverse settimane si è messa sotto la mia direzione una signorina di 38 anni che suona nei cinema di Roma e che conosce le lingue: non ha però nessun diploma e neppure mezzi, ma in contraccambio sente un gran desiderio di diventare missionaria. Non le nascondo che una persona seria di età di <u>molta</u> esperienza non mi dispiacerebbe tantoppiù che col tempo si dovrebbe pensare alle superiore delle future case, che il buon Dio ci degnerà dare. Le ho parlato della nostra Istituzione senza però in nessuna guisa impegnarmi perché toccherà a lei giudicare di essa. Per il momento l'ho consigliata a fare delle economie, preparare un corredo e la dote a forza di risparmio.

Raccomandi questa signorina e <u>Maria Odoardi</u> (l'ultima che venne Lunedì) alla piccola Teresa. Preghi per me, perché ho un bisogno intensissimo di volare molto alto per non precipitare molto in basso. Lunedì compio 13 anni di sacerdozio!

Salutando Lei, Suor Gertrude, Nazzarena e M. Maddalena di tutto cuore impartisco a Lei e a tutta la sua comunità la mia Sacerdotale benedizione.

Suo dev.mo in Cristo

P. Lorenzo

N.B. Nei ritagli di tempo mi dedico allo studio della Piccola Teresa.

3.4 *Lettera di P. Lorenzo a M. Crocifissa – si suppone dal 5 al 7 giugno 1925, dalla risposta ottenuta il 10 giugno*

Molto Reverenda e Cara buona Madre,

Ancora non ho avuto per iscritto il permesso, ma spero che tutto fra breve sarà in ordine: però siccome io le ho detto di scrivere tutto, così abbia la pazienza di ascoltarmi dopo aver recitato una buona Ave Maria.

Sono andato da Mons. Vizzini! In breve gli ho esposto tutte le cose, ma egli ne è rimasto sconcertato e <u>per il mio bene</u> mi ha sconsigliato di non incominciare con Lei. Io gli ho risposto che le cose sono avviate talmente che non è possibile tornare indietro: che per il principio ho bisogno di lei tanto per la forma esteriore ch'io non posso incominciare se non con suore, ma che dopo essendo il fondatore, sarei libero di scegliere una Superiora a mio gusto, che anzi io dopo avrei bisogno d'una persona che conoscesse le lingue estere tanto per quietarlo.

Ma allora devono andare tutte via da Modica? Non ci deve rimanere neppure una. Questa scappata francamente mi ha oppresso! E come facciamo? Dove le mettiamo? Io sarei pronto a riceverle ma, dove? Lei lo sa meglio di me, ora che è stata a Roma.

L'ho supplicato che avesse pazienza per un anno, ... ma da come sembra neppure questo vorrebbe. Vuole che nella sua diocesi non si parli più della sua opera e di lei. Mi ha parlato del Cappuccino Gondrand, della sua predica con elogio funebre, ciò che era proibito, cioè dell'Arciprete Romano che aveva fatto passare l'Orfanotrofio in mano del Governo, delle sue proposte per aggregarle alle altre Suore Carmelo a Busti ... (il nome non me lo ricordo preciso) poi dei suoi sforzi per erigere canonicamente l'Orfanotrofio, e benché non l'abbia detto mi ha fatto capire che non vuole sentir d'un Terz'Ordine Carmelitano. Inoltre mi ha detto che lei è caparbia, una volontà tenace che non si piega, che vuol fare ciò che vuole, che non ascolta il suo Vescovo e che ci avrò da lei immensamente a soffrire.

Ecco la pittura che ha fatto della sua persona. E cosa ne penso io? Io penso che se le sue suore che ho conosciuto hanno un tale affetto verso di lei e che se le sue suore le erano rimaste fedeli, lei non deve essere così cattiva come la dipingeva il suo Ordinario. E che in tutti i casi lei facendo un giorno pubblicamente, cioè davanti alla comunità, il voto di obbedienza avrei avuto in avvenire l'occasione di provarla ben bene.

Di tutto questo che le scrivo, come anche di un fatto a cui Lui ha accennato con parole oscure, di un prete compromesso per suo motivo (e di cui lei mi scriverà chiarissimamente in appresso) non voglio che lei dica parola a nessuno, fuorché al suo Direttore spirituale, se vuole, in confessione ed in segreto giurato.

Appresso: che facciamo? Io direi questo. Siccome gli ho accennato che mi dia almeno il tempo di un anno per trovare posto per le altre Suore, se lo darà tanto meglio, si farà il possibile in un anno si troverà un tetto. Se non vuole, almeno 6 mesi: se non vuole sei mesi si potrebbe tentare dall'Amministratore di aver pazienza per qualche tempo ed intanto le suore metterebbero da parte la tonaca, il soggolo ecc, e contentandosi d'un velo nero, leverebbero così ogni insegna di abito religioso per impedire qualsiasi difficoltà dalla parte ecclesiastica. Intanto si cercherebbe in tutte le maniere di salvare la situazione e portare le suore qui, lontane dalla persecuzione. Se caso mai lei vedesse delle difficoltà in queste cose, le mandi tutte a casa (fuorché M. Maddalena e Nazzarena). L'opera deve andare avanti. Lei verrebbe qui con le due suore. Le altre rimarrebbero in casa aspettando la chiamata. Io giuro davanti a Dio, alla Madonna e a S. Teresa del Bambino Gesù che farei tutto il mio possibile per richiamarle, perché io non vi posso più abbandonare! Come mie figliuole le amo tutte benché non le conosca tutte. Ecco quel che penso.

Capisco: sarà come un fulmine a Ciel sereno questa lettera, ma che vuole. Ora preghi solamente che Mons Vizzini non intralci l'opera davanti al Cardinal Vico o davanti al mio Generale, perché allora che fare? Preghi quanto può giorno e notte, perché il demonio si serve di tutto. Quando verrà Mons. Vizzini a Noto vada se può col sacerdote che dice di essere amico del Vescovo e cerchi di persuaderlo con molta umiltà ad avere un po' di pazienza.

Io benedico lei e tutta la sua comunità e preghi per la povera anima mia.

Suo in Cristo sempre

P. Lorenzo

Conservi questa con lei, perché per la fretta non ne ho fatto la copia come ne ho in consuetudine, per ricordarmi di ciò che ho promesso.

3.5 *Lettera di P. Lorenzo a M. Crocifissa – Roma 19 giugno 1925.*

Mia buona Rev.da Madre,

Ho letto tra le righe e mi sono accorto che la mia buona Madre deve essere molto afflitta e travagliata. A mio gran dispiacere la sua lettera del <u>10</u> non mi è arrivata: il demonio se l'ha rubata nel viaggio. L'ultima che ho ricevuto è del 4, ed in questa non vi è nulla a cui debbo rispondere, perché in essa il suo cuore si espandeva in dolci e care speranze.

Non le posso nascondere che in questi giorni ero molto triste, non ricevendo nessuna lettera dalla mia buona Madre e quest'ultima del 16 mi arriva oggi che è la Festa del Sacro Cuore: mi scriva subito che cosa lei voleva sapere da me nella lettera del <u>dieci.</u>

Ieri Giovedì sono andato, perché chiamato, dal Vic. Gen. della diocesi di S. Marinella che mi ha domandato il perché non avessi nessuna lettera del Vescovo di Noto: gli ho risposto che il Vescovo era stato a Roma e che io lo avevo visitato: che non aveva nulla in contrario e che essendo quest'Ordine soltanto una società di pie donne senza voti pubblici – almeno fino a questo tempo in Modica – non vi era necessità di lettera di raccomandazione. E allora tutto andò bene: quanto ora alla posizione giuridica del nostro Istituto davanti alla Chiesa non abbia paura né timori, che è mio <u>dovere</u> di sistemare tutto. Andrà tutto bene, vedrà: solamente per prudenza – e giustamente – esigono una prova di un anno. Il Vicario mi conosce bene e – devo dirlo – mi rispetta. È una vera grazia di Dio che non abbia troppo insistito sulla lettera del Vescovo, perché, mia buona Madre, e mi dispiace doverle ripetere, il codice nuovo, dà <u>piena potestà</u> ai Vescovi sulle Suore, perciò Lei capirà i miei timori, le mie paure per il suo Vescovo.

Se Lei avesse visto, mia buona Madre, come era agitato, quando io gli parlai di quest'affare! Che vuole: sono rimasto anch'io molto agitato, non perché mi fosse venuto dei dubbi sulla persona della mia buona Madre, no e poi no, ma solo per il timore che lui potesse farle del male, a Modica, perché un Vescovo può fare molto in qualsiasi senso, e tanto più il suo Vescovo che ha un buon nome qui a Roma, essendo stato Professore, etc. Io perciò gli scrissi nel senso indicato nella mia ultima lettera, perché è meglio pigliarlo con le buone affinché non metta bastoni tra le ruote. Da parte mia Lei è assolutamente libera di andare da lui o di non andare: io sono troppo lontano dal luogo per poter giudicare di tutte le circostanze: però io scrissi a S. E. che lei <u>personalmente</u> sarebbe venuta ad ossequiarlo per parlare di questo affare: cerchi Lei di scusarsi, ma di far trattare la cosa da una persona di giudizio che sappia salvare anche ciò che ho detto al Vescovo. Veda un poco Lei: perché io credetti opportuno agire così, per il timore ch'egli stesso a Roma si recasse, o, presso la Congregazione dei Religiosi, o, presso il Cardinale Vico, o presso il nostro P. Generale, e allora la partita era perduta! Grazie a Dio, la piccola Teresa ci ha salvato! Quando ieri fui chiamato dal Vicario di S. Mar. credevo che il Vescovo avesse già fatto qualche ricorso, ed il cuore si consolò quando vide che non era successo nulla. Lei mi dirà che io sono molto pauroso ed io lo confesso francamente perché so troppo di simili fatti e poi perché, lasci che glielo dica schiettamente – ho paura che il Signore <u>per colpa mia, per le mie grandi miserie</u>, non compia i suoi desideri: i desideri di lei che ha posto tanta fiducia nella mia povera persona. Non è umiltà, il Signore sa che io dico la verità; dico sempre al Cuore di Gesù, che non guardi a me, ma guardi a loro e a tutte quelle anime buone che verranno e che faranno tanto del bene. Mia madre, Le scrivo in mezzo a mille occupazioni, perciò mi deve scusare, se salto di palo in frasca – ma ho un' urgentissima domanda egoistica – <u>è necessario</u> che Lei moltiplichi le sue preghiere al Cuore di Gesù per la mia persona. Non si stanchi di pregare per me, ho necessità estrema, estrema. Preghi anche per lei stessa perché mi deve accompagnare nella vita, perché desidero lavorare insieme a lei alla salvezza delle anime. Iddio, è vero, col sacerdozio mi ha scelto per suo istrumento, ma se Lei sapesse che istrumento sono io!

Quanto alle Suore è desiderio del Cardinale Vico che siano 3, lei e due altre: piena ed assoluta libertà nella sua scelta: e volentieri la sua prediletta probanda.

Quanto alle mie, oggi ho dovuto dare a Giuseppina e a Francesca, a causa dei loro obblighi – una data ed ho fissato il 3 Luglio. Come dovevo fare? Quelle povere ragazze non possono rimanere in mezzo alla strada e devono licenziarsi diversi giorni prima. Maria e Giulia passando col treno hanno sorriso – così mi hanno scritto – vedendo S. Marinella. Io scriverò ora per avere le carte ai rispettivi Vescovi: come vede la <u>sua</u> venuta è indispensabile, venga quando può, il più presto possibile.

Quando stiamo vicino sembra che le nuvole si dileguano: più ci allontaniamo e più vengono le burrasche!

Madre, lei vuole una manifestazione mia? Io l'assicuro che la desidero per cominciare quest'opera. Sento il mio niente, ma il Cuore di Gesù avrà pietà dei nostri desideri, dei suoi in specie! Perché teme l'avvenire? Non è forse sempre tutto in mano di Dio? Su coraggio: lo dico a lei e a me.

Se nella lettera del 10 mi domandava qualche permesso <u>faccia tutto quel che crede</u> con piena libertà: io sarò conforme in tutto: solamente è che alle giovani non posso più negare di entrare per Luglio (le 4 di Roma e l'altra di Sanremo). Venga <u>presto presto</u> più che può: dalla Sanna dopo il 25 vi è posto abbastanza: perciò insieme potremo combinare.

Abbiamo sempre una grande fiducia in Dio, anche in mezzo a tante contrarietà. Certo che a S. Marinella non ne mancheranno, ma come le ho detto altre volte, Lei ed io bisogna che ci accolliamo tutto il peso sulle nostre spalle ed il meno possibile far accorgere le nostre pene a chi abita con noi.

Qui il peso del lavoro è aumentato a causa dei numerosi esami che devo ascoltare sia al Vicariato sia in collegio. Quel mio lavoro sulle missioni non è arrivato al termine: lo lascerò per un'altra occasione.

Domandi a Gesù che mi faccia realmente e totalmente Suo, che si ricordi d'avermi dato il Sacerdozio per la salvezza delle anime e della mia, che mi dia una volontà tutta dedita a Lui, ma creda che Lei per me deve pregare ancora molto di più. <u>Non si stanchi mai mai</u>.

Ora cerchi di combinare col Vescovo, perché io non intendo più scrivergli e cerchi di venire più presto che può anche per le nostre figliuole, che, come capirà, a Roma, passata quella data, rimarrebbero in grande imbarazzo.

Quanto all'indirizzo per le casse da spedirsi potrà mettere in questo modo:

Superiora Missionarie Carmelitane
Villino Persichetti
S. Marinella
(prov. di Roma)

Ma probabilmente toccherà a noi a prenderle alla stazione: ma non importa perché abbiamo per S. Marinella un ottimo spedizioniere che ci aiuterà a prezzi miti.

Mia cara Madre, non l'abbandono: stia tranquilla: non potrei più abbandonare né lei né le mie ragazze. Vivrò con Lei le stesse pene e le stesse gioie: dunque coraggio. Che anche il suo Mons. Blandini dall'alto del Cielo ci sostenga tutti e due e che la nostra Madre Maria e la nostra dolce protettrice Teresina ci proteggano dal cielo.

A Lei e a tutta la comunità i più fervidi auguri e la mia Sacerdotale Benedizione.

Suo sempre dev.mo in Cristo

P. Lorenzo

3.6 Lettera di P. Lorenzo al Cardinale Vico, Vescovo della Diocesi di Porto e S. Rufina – 23 maggio 1925

Eminenza Reverendissima

Nutrendo da molto tempo un vivo desidero per il bene delle anime, ho voluto intraprendere, insieme a delle nostre Terziarie Carmelitane Regolari, la fondazione di un Istituto dedicato alla Santa Carmelitana, S. Teresa del Bambin Gesù, il cui scopo sarebbe la vita missionaria, non solo nelle Missioni propriamente dette, ma anche nel nostro Continente. Questa vita missionaria si svolgerebbe specialmente a profitto della gioventù abbandonata o povera, per mezzo del catechismo e scuole di lavoro.

A causa di molte circostanze, troppo lunghe a descriverle, non potendo aprire una casa a Napoli, come era il primo progetto, ho l'intenzione di prendere in affitto, con il permesso e la Benedizione speciale di V. Eminenza, una casa a Santa Marinella, non molto distante dalla Chiesetta della Madonna delle Vittorie. Ma siccome le suore non potrebbero rimanere sole senza l'aiuto spirituale, così domando umilmente a V. E. il permesso di poter ufficiare fino a Novembre la detta Chiesa delle Vittorie. Prenderei alloggio nella casetta vicino, che accomoderei a proprie spese. Dopo Ottobre, credo, che con una parola di V. E. non mi sarebbe difficile rimanere a S. Marinella con un abbonamento ferroviario potrei facilmente disimpegnare tutti gli obblighi che ho nel Collegio come Professore e al Vicariato come Esaminatore e Censore del caso Morale. Ogni mattina a S. Marinella si avrebbe la Messa e tutte le ore libere le consacrerei per il bene delle suore e della sua diocesi.

Avendo io già parlato con la Superiora delle Terziarie, che si trova presentemente in Roma, al Reverendissimo Padre generale, egli non solo è disposto, ma anzi sarebbe molto contento di poter favorire V. E. Reverendissima sia con l'aiuto della mia persona, sia con quello delle nostre Suore Terziarie.

Quanto alle spese V. E. non avrebbe nulla a pensare, perché a questo ci si è pensato prima di fare questo esposto.

Sperando che V. E. vorrà benignamente concedere quanto qui sopra si domanda, Le bacio riverentemente la sacra Porpora.

Di V. E. Reverendissima
Umilissimo servo in G.C.
P. Lorenzo Cristiano van den Eerenbeemt, Carmelitano

3.7 *Lettera di P. Lorenzo al Capitolo generale – Roma 30 settembre 1925.*

Venerabiles Patres,

Fas esto mihi humillimo fratri vestro spem et fiduciam exprimere fore ut opus cui modo incumbitis vere in Ordinis nostri splendorem restituendum proficiat.

In festo S. Theresiae a Puero Jesu, dum adhuc resonans movet animum quae simplex at suavis fuit celebratio, ad vos scribo, in parva domo ubi recentissimus sororum coetus sub tutela insignis Sororis nostrae missionibus se dicavit.

Equidem de missionibus vobiscum agere cupio, quae cujusvis vere apostolici pectoris sunt maxima sollicitudo, potissimum quidem S. P. nostri Pii Papae XI, ut vobis consilium diu mea mente agitatum pandam, quod maxime fovere valet Ordinis nostri incrementum, cum aptum sit ad nostram traditionem missionariam resuscitandam, quae anteactis saeculis fuit vere lata et excellens, prout comperi dum Archivi Generalis vetera monumenta consulerem.

Ordinis nostri Constitutiones statuunt ut praeterquam orationi, apostolico ministerio vacamus; sed apostolatus praecipuum opus sunt missiones ad infedeles.

Exurgit itaque quae sequitur quaestio.

Cum missionaria quae dicitur actio exigat peculiarem organizationem (scientifica institutio, educatio, relationes cum aliis operibus, quae sunt asyla, scholae, nosocomoia etc.) quaeritur quomodo inseriri possit vitae nostrae conventuali novus <u>organismus</u>, qui structuram habeat recentiorum institutionum a missionibus, quique ad ordine dependeat sed simul propria polleat activitate.

Proponam solutionem.

Requiruntur ante omnia religiosi – sacerdotes et laici – missionibus destinandi.

Sit in hunc finem domus vocationibus missionariis excolendis, ab Ordine fundata et dependens, sed <u>autonomia</u> disciplinari simul gaudens, eo tendente ne alumni in ea educati ullo modo valeant in proprias provincias a suis provincialibus revocari.

Hujusmodi domui praesit "Delegatus ad missiones".

Ulterius, scrutandus manebit modus disciplinandi admissionem religiosorum ad "Delegationem pro missionibus", et qui contingere potest ad ipsa exitum.

Sed ne nostra <u>conventualis mens</u>, quae missionibus colendis non plene assueta est, influxum negativum exerceat in "Delegationem" valde curandum erit ut ista autonomia provideat suorum alumnorum institutioni et regimini.

Ad opera religiosorum integranda opus erit auxilio sororum; et speciminis gratia liceat proponere experimentum quod jam ab aliquot mensibus videre est in Instituto "di S. Teresa del Bambino Gesù" ad "S. Marinella" – Religiosus sacerdos deputatur a R.mo P. Generali ad auxilium praestandum sororibus tertiariis nostris quae novam domum fundant in finem Missionum, opus ita oritur ut <u>institutum</u> quidem dioecesanum sed simul sub Ordinis protectione: quo fit ut sit moraliter paratum ad missionarios nostros adjuvandos, idque sibi statuat.

A vobis postulo ut peculiaris coetus seu commissio hoc quod proposui schema perpendat et simul velit a me oralem explanationem audire consilii, quod diu cogitavi, quodque firmius apparuit cum partim in praxim reduxi.

Spero vos benevolenti animo quae scripsi acceptoros, vestramque benedictionem tum mihi tum operi nuper a me incepto largituros.

Addictissimus in Christo
p. f. Lorenzo Cristian
S. Marinella, 30 Sett. 1925.

Appendice 4

4.1 Esposto di P. Lorenzo al Card. Boggiani – Santa Marinella 21 luglio 1929

4.2 Lettera del Card. Boggiani alla S.C. dei Religiosi, Roma 26 marzo 1930

4.3 Discorso pronunciato dal P. Lorenzo in occasione della nomina a Protettore della Congregazione di s. Teresa del Bambino Gesù di Sua Eminenza il Cardinale Eugenio Tisserant il Aprile 1964, nella Cappella della Casa Generalizia.

4.4 Poesia di sr. Scolastica Paolino in omaggio a P. Lorenzo nel suo onomastico, 10 agosto 1960.

4.5 Circolare di P. Lorenzo a tutte le Suore – S. Marinella febbraio 1943.

4.6 Circolare "Cuore di Dio", senza data.

4.7 Circolare di convocazione al II Capitolo generale S. Marinella 14 settembre 1951.

4.8 Nota fatta da P. Lorenzo per il IV Capitolo generale, S. Marinella 27 a 29 ottobre 1963.

4.9 Articolo sull'uso del termini "Fondatori" nella Ratio Istitutionis della Congregazione

4.1 *Esposto di P. Lorenzo al Card. Boggiani – Santa Marinella 21 luglio 1929.*

L'Istituto delle Terziarie Carmelitane Missionarie, fu fondato dal Padre Lorenzo Cristiano van den Eerenbeemt, dei Carmelitani dell'A.O, con permesso esplicito del Re.mo Padre Generale Elia Magennis – e di S. E. il Cardinale Vico il 03 Luglio 1925.

Quest'ultimo, dopo essersi informato minuziosamente dal R.mo Padre Antonino Franco, Proc. Gen dell'Ordine e Consultore della s.c dei Riti, della persona del Padre, del primo núcleo di Terziarie e della Regola, il 1 Giugno 1925 concesse benignamente il permesso per la fondazione – ad annum – Passato l'anno di prove, alle frequenti visite fatte dal P. Lorenzo e dalle Suore presso S. E., il Cardinale si mostrò benigno e benedisse l'impresa lasciando che l'Istituto lentamente si sviluppasse con l'aiuto della Provvidenza. Il permesso è vero fu dato oralmente, ma il P. Lorenzo trattandosi della parola data da un Cardinale, non ha creduto opportuno averlo per scritto.

I Superiori dell'Ordine, nella pienissima cognizione dell' autorizzazione dalla parte dell'Ordinario non hanno mai ostacolato, anzi hanno sempre incoraggiato l'attività del P. Lorenzo, e con le loro frequenti visite collettive ed individuali, di fronte al Clero ed al popolo hanno dimostrato di condividere pienamente i sentimenti del detto Padre e di volergli essere d'aiuto nella sua ardua impresa.

Il fine di questo Istituto è di realizzare l'ideale di S. Teresa del Bambin Gesù – cioè di un Terz'Ordine (fem.) Carmelitano, il cui principale scopo sarebbero le Missioni. Fine secondario l'educazione della gioventù, speciemente la più abbandonata: a questo fine in S. Marinella, dai diversi Enti Statali e privati, ha ricevuto una 30na di bambine, orfanelle la maggior parte, che vengono istruite ed educate per la vita di famiglia.

Il numero delle Suore, novizie e probande è arrivato in questi pochi anni al n° di 40. Lo sviluppo dell'opera fu di grata sorpresa a S. E. il Cardinale Vico, che nonostante le voci invidiose dell'incremento, promise al Padre Lorenzo più volte di voler assicurare all'Istituto un avvenire canonico, senonchè ne fu impedito dalla tarda età, dalle frequenti malattie ed infine dalla morte.

Dall'altra parte, da questo stato di cose, S. E. Card. Vico ne trasse un profitto non dispregievole, imperocchè il P. Lorenzo quotidianamente ha ufficiato da quattr'anni (e prima per diversi anni, con grave incomodo, tutte le Domeniche dell'estate) la Chiesa della Vittoria, senza alcun compenso dalla parte dell'Ordinariato di Porto S. Rufina.

Vista l'ubicazione della Chiesa – all'estremo lembo di S. Marinella –, la necessità assoluta di un sacerdote per le numerose colonie marine (del Fascio, delle Salesiane ed in parte delle Suore di S. Vincenzo), per i numerosi villeggianti, della contrada Pirgus, si crede opportuno fare osservare il grande e reale servizio che si è reso alla Diocesi di Porto S. Rufina, tantoppiù che il P. Lorenzo non ha potuto nè voluto trascurare i suoi uffici di Professore di S. Scrittura nel Collegio di S. Alberto e di Esaminatore del Clero Romano, con l'obbligo perciò di continui viaggi sia d'inverno sia d'estate.

Inoltre il detto P. Lorenzo ha creduto doveroso come Sacerdote, in quanto glielo hanno permesso il tempo e le forze, di aiutare il Rev.mo Mons. Ranieri, Parroco di S. Marinella, e di difenderne ovunque l'autorità ed il prestigio. Il detto Parroco, a fondo di tutte le questioni, può dare ampie informazioni sull'attività, sullo spirito, sulla morale del P. Lorenzo e delle sue Suore.

L'Istituto possiede quasi sei mila metri /2 di terreno, con una bella e grande casa, ampi dormitori per Suore e bambine ed una piccola casa separata, vicino alla Chiesa per il Sacerdote, il tutto per un valore di circa L 300.000.

Ora, il Padre Lorenzo umilmente domanda al nuovo Ordinario del luogo, S. E il Card. Boggiani, l'approvazione ufficiale dell'Istituto affinchè esso possa tranquillamente svolgere la sua operosità anche in altre Diocesi a favore specialmente dell'infanzia e della gioventù, ed accogliere le molte vocazioni che si presentano per questo Istituto dedicato alla gloriosa Piccola Teresa, che il Sommo Pontefice, felicemente regnante, ha voluto dichiarare Patrona e speciale Protettrice dei missionari.

P. Lorenzo Cristiano van den Eerenbeemt
Carmelitano dell'A.O

4.2 Lettera del Card. Boggiani alla S.C. dei Religiosi, Roma 26 marzo 1930

All'E.mo e Rev.mo Card. Prefetto della S. Congregazione dei Religiosi

In conformità delle disposizioni del Can. 492 § 1°, il sottoscritto, avendo deliberato di concedere l'approvazione diocesana all'Istituto religioso delle Terziarie Carmelitane di S. Teresa del Bambino Gesù, fondato nella Parrocchia di S. Marinella, di questa Diocesi Suburbicaria di Porto e S. Rufina, ne informa la Santa Sede agli effetti del canone citato, ed aggiunge i dati richiesti dal Motu Proprio di Pio X, di s. m., del 15 luglio 1906: "Dei Providentis".

1°) L'Istituto religioso delle Terziarie Carmelitane di S. Teresa del Bambino Gesù, fu ideato e fondato dal Rev. P. Lorenzo Cristiano van den Eerenbeemt, Carmelitano dell'Antica Osservanza, in Santa Marinella, nel 1925. Le persone che servirono di nucleo a questa fondazione, si erano già insieme riunite per far vita religiosa nel 1909 nella Diocesi di Noto, col consenso dell'allora Vescovo di quella Diocesi, Mons. Blandini. Esse non avevano però avuto regolare approvazione diocesana; e sorte poi difficoltà col successore del Blandini, dovettero uscire da quella Diocesi ed emigrare altrove.

Fu allora che il sullodato P. Lorenzo, Segretario delle Missioni Carmelitane, per la sua devozione alla nuova Santa Teresa del Bambino Gesù, ideò la fondazione di una Congregazione di Terziarie Carmelitane Missionarie, sotto la protezione della predetta Santa, e, al primo nucleo della sua fondazione pose quelle persone che già si erano riunite in Noto per fare vita religiosa.

I Superiori del P. Lorenzo l'autorizzarono, con lettera del 28 marzo 1925, a curare questa fondazione, e il fu Card. Antonio Vico, allora Vescovo di questa Diocesi Suburbicaria, permise a voce e di fatto che essa avesse luogo in S. Marinella.

2°) Il titolo è quello delle Suore Carmelitane Missionarie di S. Teresa del Bambino Gesù.

3°) L'abito è quello delle Suore Carmelitane, nella sua integrità.

4°) Le opere alle quali l'Istituto si dedica sono:

Primariamente, l'educazione cristiana della gioventù femminile più abbandonata;

Secondo le altre opere analoghe di carità, a vantaggio della stessa gioventù. L'intento dell'Istituto è di esercitare la sua opera specialmente nelle campagne.

5°) L'Istituto vive con gli introiti delle scuole, con i sussidi che ha dall'Opera Nazionale "Maternità e Infanzia", da altre fonti morali e dalle persone benefiche.

6°) In Diocesi non esiste alcun'altra istituzione consimile.

L'Istituto possiede anche in s. Marinella un terreno di circa 6000 mq. con due fabbricati, del valore complessivo di lire 300.000. Ivi è la Casa Madre con il probandato ed il Noviziato.

Inoltre l'Istituto – come esige il can 492 § 1° – è stato regolarmente aggregato all'Ordine Carmelitano dell'Antica Osservanza, con atto del 16 luglio 1925, rilasciato dal Generale P. Elia Magennis.

Noto ancora che l'Arciprete di S. Marinella, il Procuratore Generale dei Carmelitani dell'A.O., e Mons. Cottafavi, Vescovo di Civitavecchia, e già Amministratore di questa Diocesi, diedero ottime informazioni sul buon spirito di queste religiose il che debbo confermare anch'io.

Esse sono presentemente, fra Suore, Novizie e Postulanti in numero di 34. Hanno in S. Marinella scuola ed asilo ed un internato di oltre 20 bambine abbandonate, delle quali hanno cura.

L'Istituto ha pure una casa filiale in Carinola, Diocesi di Sessa Aurunca, con asilo e laboratorio.

Ciò esposto, chiedo a codesta S. Congregazione di poter concedere l'approvazione Diocesana del predetto Istituto, mentre ho l'onore di professarmi

Di V. Em.za Revma
Roma, 26 marzo 1930.
+ T. P. Card. Boggiani
Vescovo Sub. Di Porto e S. Rufina

4.3 *Discorso pronunciato dal P. Lorenzo in occasione della nomina a Protettore della Congregazione di s. Teresa del Bambino Gesù di Sua Eminenza il Cardinale Eugenio Tisserant, il Aprile 1964, nella Cappella della Casa Generalizia.*

Eminenza Reverendissima,

Giorno di solenne importanza per la nostra Congregazione, giorno in cui le nostre Suore sono state presentate a Vostra Eminenza, non tanto come – Protettore – difensore, ma piuttosto come figlie di un Padre, che dal 1946, ha dimostrato vera paternità spirituale verso di loro.

Questo giorno rappresenta per la Congregazione un grande passo d'intimità spirituale, e la Madre Superiora Generale e le consorelle che formano il Consiglio Generalizio, in nome di tutte le altre Suore, hanno espresso i loro sentimenti di piena sottomissione al Venerando Porporato, che pur sopportando gravi incombenze nella S. Romana Chiesa, non ha voluto sottrarsi, ma di tutto cuore, ha accettato volentieri questo altro incarico a favore delle Carmelitane di Santa Teresina.

Colui che fino ad oggi, ha guidato il piccolo gregge in mezzo alle tormente immancabili lotte di fondazione, ora espone, con semplicità il suo pensiero nei riguardi del nuovo ramo del grande albero del Carmelo, ora debitamente riconosciuto come tale.

Egli confessa di non aver avuto l'idea di fondare una nuova Congregazione: alcuni dei suoi cari amici olandesi, partiti missionari in Indonesia, lo pregarono d'inviare delle Suore Carmelitane a Giava, perché li aiutassero nella conversione di donne, giovinette e bambine. Come Segretario per le Missioni egli si adoperò di buon cuore e scrisse subito alle Case di Terziarie Carmelitane che accettarono con entusiasmo questo ideale religioso, ma che ben presto si ritirarono tutte.

Dobbiano al P. Grammatico, di santa memoria, in quel tempo Provinciale della Sicilia, l'incontro con la Venerabile Madre Maria Crocifissa Curcio (1924-1925), in quel tempo, semplice Terziaria Carmelitana, che aveva già attirato a sé parecchie giovinette a Modica. Non è nostra intenzione di rievocare tutti i misteri gaudiosi e dolorosi: ma dirò brevemente come la Madre fosse favorita di doni eccezionali spirituali e come presente a Roma, il giorno della canonizzazione di S. Teresina del B.G, abbia goduto di una eccezionale visione nei riguardi della futura fondazione. Fatto sta, che ella volle vedere a tutti costi Santa Marinella, dove i Superiori avevano obbligato colui che narra queste vicende, a celebrare la S. Messa, tutte le domeniche da Maggio a Ottobre, dietro insistenza del Cardinale Vico, allora Vescovo di Porto e S. Rufina. In un giorno non festivo si partì con la Madre con altre due figlie spirituali: splendida natura, mare scintillante, ondata di profumi di piante selvagge, graziosa cappellina e futura Parrocchia, tra un mare tranquillo e collinette più indietro, come aveva già sognato la Madre in quei giorni. Così fu fondata la prima casa ed accettato il primo nucleo di aspiranti: tutto ciò con esplicito permesso di S. E. il Cardinale Vico.

Quattro anni di relativa pace in cui si venne a formare il primo nucleo della Congregazione. Con la morte di S. E. il Cardinale Vico fu nominato al suo posto S. E. il Cardinal Boggiani che sinceramente lo affermo – si dimostrò d'un affetto sincero e paterno, che sempre rimarrà impresso nel mio cuore.

Ma qui una pausa dolorosissima, che solo il Signore sa di quale amarezza, sotto tutti gli aspetti. Colui che vi narra queste difficoltà, nel

Collegio S. Alberto si era dato ai suoi antichi studi babilonesi per quietare lo spirito profondamente ferito.

La Congregazione deve eterna gratitudine a Sua Santità il Papa Pio undecimo, che per mezzo di S. E. il Cardinale Boggiani indicò ciò che lo scrittore di queste righe doveva fare per continuare l'opera dedicata alla Santa di quel tempo, Santa Teresina, lasciando con sommo dispiacere l'abito a lui caro, si aggregò agli altri Paroci e Sacerdoti della Diocesi. Ricordi cari del passato sono: la Vergine del Carmelo, S. Teresina, ma a lui rimase il nome di Padre Lorenzo.

Cari ricordi: tra questi l'indimenticabile figura di Monsignor Martinelli che più che Superiore, mi fu carissimo confratello in Cristo: Pace all'anima sua!

E finalmente gratissima ci fu la nomina a Vescovo della nostra Diocesi di Vostra Eminenza Reverendissima, che ha dimostrato tanta materna bontà verso la nostra Congregazione e verso il sottoscritto.

Una parola di gratitudini al solerte suo Vescovo ausiliare, tanto caro al suo cuore e tanto caro alla Congregazione, sempre da lui aiutata con tante difficoltà.

Durante il Vescovado di Vostra Eminenza, la nostra Madre Maria Crocifissa è entrata nell'eternità, ma noi abbiamo la ferma fiducia che essa goda già la vita eterna, in cielo, in compagnia di Santa Teresina specialmente.

Voglia la nostra cara Madre in questo giorno invocare la Vergine affinché il nostro Venerato Presule goda molti e molti e molti anni di vita e di benedizione per le due Diocesi e per la Congregazione.

Profittando di questa occasione il sottoscritto si augura che tutte le Suore abbiano lo spirito del grande Papa Giovanni XXIII, così bene descritto da V. Eminenza, che ha voluto rievocare il suo grande amore per la povertà, vita laboriosissima, gran desiderio dei beni celesti, di spirito semplice che vede il bene e dimentica il male: così sia anche lo spirito della Congregazione.

Ed ora, ringraziando il Signore per l'alta vostra nomina a Protettore, voglia accettare i nostri auguri di santa longevità a profitto della vita spirituale della Chiesa, delle due Diocesi suburbicarie e della nostra Congregazione.

Che la piccola e grande Santa Teresa, in questo fausto giorno, venga in spirito in questa nostra santa cappella a sollevare le nostre anime verso la gloria del cielo. E che la Vergine Santissima del Carmelo assista sempre Vostra Eminenza nell'arduo compito da Dio a Lei affidato, mentre noi imploriamo da Vostra Eminenza una soave benedizione che accenda il nostro spirito al desiderio di santità e di riconoscenza al Datore di ogni grazia. Ad multus, ad multus annos!

4.4 *Poesia di sr. Scolastica Paolino in omaggio a P. Lorenzo nel suo onomastico, 10 agosto 1960.*

Viva il nostro Padre, il nostro Fondatore Nel suo onomastico – 10 agosto 1960	Viva il nostro Padre, il nostro Fondatore Nel suo onomastico – 10 agosto 1960
Nel Giardino del Carmelo tu coltivi molti fiori l'incammini verso il cielo ed elevi a Dio i cuori Li trapianti con amore nel Cuore di Gesù perché tu, un giorno, speri di goderne insiem lassù!	Nel Giardino del Carmelo tu coltivi molti fiori l'incammini verso il cielo ed elevi a Dio i cuori Li trapianti con amore nel Cuore di Gesù perché tu, un giorno, speri di goderne insiem lassù!
Oh! Venerado nosso Padre O nosso Fundador No dia de S. Lourenço Quero cantar com amor:	Oh! Venerato nostro Padre il nostro Fondator nel giorno di San Lorenzo voglio cantare con amor:
as tuas virtudes, ò fundador a tua S. Caridade por nós todas tuas filhas cheio tu foste de humildade,	le tue virtù, o fondatore la tua S. Carità per noi tutte tue figlie pieno tu fosti di umiltà,
cheio de S. Ardor não pensaste no sofrimento e formastes a familiazinha e deixastes o teu convento.	pieno di S. Ardor non pensasti al soffrimento e formasti la famigliuola e lasciasti il tuo convento.
Era bem grande desejo Uma famiglia de Carmelitas Que seguir te pudesse ao céu Muitas almas pequenitas.	Era tuo grande desiderio una famiglia di Carmelite che seguirti potesse al cielo molte anime piccoline.
E por isto tu sofrestes E o sofrer è um sinal Não o martirio de S. Lourenço, mas um martirio espiritual.	E per questo tu soffristi e il soffrir è un segnale nel martirio di San Lorenzo un martirio spirituale.
Eu sei ó Padre, quanto Por nós sofreste E muitas vezes por nós A Deus te ofereceste.	Io so, o Padre, quanto per noi tu soffristi e molte volte per noi a Dio tu offristi.

E eis que as tuas filhas Cresceram e efetuou-se o teu sinal No Brasil nós estamos: dialogar con os protestantes è o sogno.	Ed ecco, le tue figlie sono cresciute e fatto proprio il tuo segno nel Brasile noi stiamo: dialogare con i protestanti è il nostro sogno
Os espiritas e os maçons Nós querelo levar ao céu Esta è a vontade de Deus E tambem o desejo teu.	Gli spiritisti e i massoni noi vogliamo portare in cielo questa è la volontà di Dio e anche il desiderio tuo.
O Senhor por tua humildade Nos concede muitas vocações Boas santas cheias de humiladade Como as desejam os nossos corações.	Il Signore per la tua umiltà ci conceda molte vocazioni buone sante piene di umiltà come le desidera il nostro cuore
Para ira o Mato Grosso Nós delas precisamos Junto com os indios A Deus nós rogamos	Per andare al Mato Grosso noi abbiamo bisogno di loro insieme agli indios a Dio noi preghiamo.
Quando nós juntas Com eles formos ao céu Aos pés da Rainha E com o Carmelita meu	Quando noi unite con loro si va in cielo ai piedi della Regina e con il Carmelitano vero.
Padre Lourenço nosso amado A estrela do Instituto Jamais menor do que os outros Carmelitas, brilha em tudo.	Padre Lorenzo nostro amato la Stella dell'Istituto più piccolo degli altri Carmelitani, brilli in tutto.
Parabéns Venerado E abençoe de coração O Carmelo nosso amado Nós te rogamos con gratidão!	Auguri Venerato benedici di cuore il Carmelo nostro amato noi ti preghiamo con ardore.

O veneratissimo Padre, non so perché mi è venuto in mente di fare una poesia Portoghese; fu pure perché son certa che Lei conosce la lingua perché fece una grammatica in portoghese. La metrica so che non dà, ma sono i sospiri del cuore dell'ultima delle sue figlie, accetti e ci scriva che siamo molto desiderose delle sue lettere.
  Mi benedica, o Padre mentre genuflessa le bacio la Ve.^{ma} destra
               Sr. Scolastica Paolino

4.5 *Circolare di P. Lorenzo a tutte le Suore – S. Marinella febbraio 1943*

Alle reverende Suore Carmelitane Missionarie di Santa Teresa del Bambin Gesù

Dando uno sguardo al tempo passato, cioè ai quasi 13 anni di vita del nostro Istituto, non è possibile non rivolgere i nostri sentimenti d'infinita gratitudine verso Iddio, che ci ha guidato e sorretto in questi anni con bontà illimitata e con Provvidenza ammirabile. A Lui solo sia gloria ed ai suoi santi: da parte nostra sentiamo tutta la debolezza della nostra umanità e non dobbiamo far altro che umiliarci davanti al Datore d'ogni cosa. No, non è opera nostra, bensì del Signore; non è lavoro delle nostre mani, e giacché l'opera è ufficialmente riconosciuta come diocesana, dobbiamo affermare e credere che Iddio e la Vergine Benedetta del Carmine e la gloriosa Protettrice nostra s. Teresa B. G., hanno voluto il sorgere di questo Istituto, che se non è ancora di fatto "missionaria", pure, secondo i giudizi di Dio, dovrà esserlo, per corrispondere al titolo ormai riconosciuto dalla Chiesa.

È Dio dunque che ha voluto l'Istituto: come ha voluto tanti Ordini, tante Congregazioni, così negli eterni decreti, ha stabilito che nell'immensa oasi di questa terra, vi fosse questa aiuola, dove Egli stesso verrebbe a seminare suoi fiori prediletti.

Questa considerazione della Mano Santissima del nostro Creatore, in quest'opera, è della massima importanza non solo per colui che scrive queste righe ma anche per le Suore a cui sono indirizzate. Per il vostro Assistente Ecclesiastico essa è di grande aiuto, in quanto che lo sprona a non sfiduciarsi di fronte alle difficoltà d'ogni sorta: non sarebbe certamente a lui di giudicare questo piccolo gregge: ci vorrebbe una di quelle anime privilegiate, di cui è tanto ricca la Chiesa, che potrebbe portare coll'esempio e dare colle parole un impulso più spirituale nelle anime da Dio chiamate: ma egli è convinto che il Signore non ha bisogno di nessuno e che spesso usa degli istrumenti più inetti, affinché si riconosca l'opera Sua: a Lui perciò tutto l'onore. Il povero Assistente di conseguenza, non è altro che un istrumento nelle sante mani di Dio. Alla volontà di Dio egli curverà il suo capo, abbracciando la santa croce, che il Signore ha posto sulle sue spalle, e che dovrà portare fino a quando a Dio piacerà. Che il guidare il crescente Istituto sia una croce, forse si poteva dubitare in principio, ma ora è chiarissimo per chiunque è alquanto indentro nelle nostre cose.

Per le Suore che leggeranno poi questo scritto, sarà questo pensiero di Dio, un motivo di forte incoraggiamento e forse anche di resipiscenza, se lo spirito si è lasciato andare, abbattere dalle tempeste della vita; di fiducia nell'avvenire, di gratitudine per Colui, che dal mondo perverso, ha voluto trarle a salvamento, per mezzo della vocazione religiosa.

Non è qui il luogo di ricordare tutte le vicende nello sviluppo dell'Istituto, ma certo è che le persone di fuori che ci hanno conosciuto negli inizi, si meravigliano altamente del nostro stato attuale e sono esse le prime a riconoscere la Mano di Dio. Saremo noi indietro ad esse? Non canteremo noi un inno di gloria e di lode al Signore?

Spesso però la natura umana limitandosi a considerare mie le proprie imperfezioni, sia le altrui, non sa e forse è incapace di afferrare l'idea grandiosa del complesso: e così 'può' avvenire che non una delle nostre Suore credendosi nella vita spirituale molto indietro e non scorgendo nelle consorelle i raggi della santità, ch'essa aspettava vedere nella vita religiosa, non si senta attirata ad ammirare l'opera di Dio in noi e si mantenga in uno stato d'apatia. Ma l'Assistente Ecclesiastico avverte che non vi è da meravigliarsi dell'umana debolezza e che nonostante i difetti dei Superiori e dei sudditi, è dovere per tutte le suore di riconoscere e ringraziare la Divina Provvidenza per i molteplici e segnalati aiuti prestati all'Istituto.

Per corrispondere alla bontà del Signore, e per riparare in parte a una forse non del tutto colpevole negligenza nell'educazione spirituale delle Suore, l'Assistente si propone di commentare le Costituzioni, affinché le Suore sappiano sempre meglio apprezzare ed amare questo aureo libretto e considerarlo come via sicura di perfezione cristiana e indirettamente alla Vita Eterna.

Prima d'incominciare, anzitutto dobbiamo considerare un argomento di natura sua preliminare: la Vocazione.

LA VOCAZIONE

Abbiamo avuto una vocazione, cioè una vera chiamata del Signore? Il vostro Assistente ricorda la sua: fu talmente chiara, impellente che di essa non può dubitarne. Hanno avuto le Suore una tale chiarezza? In quanto può giudicare lo stesso Assistente, la chiamata vi è stata più o meno evidente: ognuna di esse potrà facilmente rievocare le diverse fasi della propria vocazione e potrà con un poco di buona volontà, riconoscere che non "motivi umani" l'hanno indotta ad abbracciare la vita religiosa. Fu Gesù che ha invitato ciascuna di voi a lasciare i parenti, i possedimenti e tutta sé stessa, per una dedizione totale, completa a Lui, al vero Sposo dell'anima, che soavemente, sì, ma inesorabilmente, pretende e vuole il pieno possesso di tutte le facoltà del corpo e principalmente dell'anima.

Possiamo supporre che "motivi umani" siano stati i moventi della vocazione di qualche suora? No, non vogliamo neppure pensarlo, solamente dobbiamo osservare che talvolta, spento il primo fervore, nell'anima a Dio consacrata, si è indotti anche nella vita religiosa, a vivere seguendo motivi talmente umani da far credere agli altri che solo questi, e non una chiamata divina, siano stati la causa dell'ingresso alla vita religiosa.

Essendosi infiacchito lo spirito, non dovete pensare, mie buone consorelle, che la vostra vocazione sia stata una illusione della vostra gioventù: no, è stata una realtà. Non dubitate, proprio Lui, Gesù, vi ha chiamato. Che se il presente, spesso così lontano dal primo ideale di perfezione cristiana, vagheggiato nei primi tempi di fervore, vi si rappresenta come del tutto contrario allo spirito dello stato religioso, questo dipende, confessatelo, dalla vostra incorrispondenza alla divina chiamata. Lo smarrimento spirituale che si troverà in qualche anima che leggerà queste righe proviene dal non aver ascoltato la Voce che la chiamava.

Chiama ancora queste anime la voce misteriosa di Dio? Senza dubbio. L'accoramento interiore, il vuoto tremendo dell'anima, il dubbio sul vostro futuro, sono tutti richiami del Buon Pastore all'anima smarrita. Bisogna che la pecorella smarrita ritorni all'ovile. Ecco dunque che l'anima ansiosa dell'eterna salvezza, si ripara di nuovo nell'ovile della vita religiosa praticando le Costituzioni; ricuperando i dolci legami dei voti, si fortifica nelle virtù accennate nel libro che è la guida per tutte le vostre anime: meditando la santa legge, che il Signore ha dato alle religiose, essa arriverà al possesso della corona promessa alle vergini spose: "Veni sponsa Christi, accipe coronam".

A questo lavoro di ripristinazione interiore, vi aiuterà il vostro Assistente. Egli studierà per primo le leggi che devono governare il vostro spirito, e procurerà di spiegarle del suo meglio, affinché non vi sia più alcuna suora che rimanga indietro nella via di perfezione, affinché aleggi nelle suore di Santa Teresina del Bambino Gesù, lo spirito eletto di questa Santina, modello di vita spirituale, guida sicura delle anime vergini.

CAPITOLO PRIMO

Dallo scopo dell'Istituto e dei celesti suoi Patroni
Articolo 1°: Lo scopo primario che si propone questo Istituto è la gloria di Dio e la santificazione dei suoi membri, mediante l'osservanza dei tre voti semplici di povertà, castità, obbedienza e delle presenti Costituzioni.

Quale può essere il fine principale della vita nostra, dell'universo intero, anzi di tutta la creazione, se non quello assoluto, necessario della gloria di Dio?

La potenza di Dio si rivela in tutta la creazione, che canta la gloria del suo Creatore: mentre ogni creatura irragionevole è soggetta completamente a Dio, nella creatura libera vi è il libero arbitrio, con cui ella può ribellarsi al suo Fattore negandoGli la gloria a Lui dovuta. Il male però si ripercuoterà sull'infelice peccatore, che anche nell'inferno suo malgrado, dovrà rendergli la gloria a Lui usurpata. Ma la fedele creatura non potrà fare a meno di riconoscere il suo gran debito verso il Signore. Se il pio credente, pensando a Dio eleverà i suoi inni di gloria al cielo, molto di più la religiosa e molto di più un Istituto religioso, il cui unico scopo della sua esistenza non può essere altro che la gloria di Dio. Sia peraltro questo il primo e principalissimo scopo della nostra vita sia individualmente, sia collettivamente: **AD MAIOREM DEI GLORIAM**. Abbia ciascuno questo stampato nel suo cuore e specialmente le superiore presenti e future, che guidate da questo principio fondamentale, non avranno l'ambizione di fare diventare la Congregazione grande davanti agli occhi del mondo, ma in profonda umiltà si terranno nell'ultimo posto, come ultime venute, cercando nelle fondazioni, non degli scopi terreni, ma puramente la gloria di Dio.

Questa gloria di Dio però si manifesta in un modo più concreto e sopranaturale, nella gloria eterna dei beati nel cielo. I beati cantano eternamente l'infinita misericordia e bontà di Dio: rendere sante, beate le anime è perciò il mezzo più indicato a rendere il nostro dovuto omaggio al Signore. Fare dei santi, portare la perfezione nelle anime che ci circondano! Nelle anime beate rifulgerà un giorno tutta la Divinità! Da questa considerazione ne consegue che i membri del nostro Istituto (come di tutti gli altri) si adopreranno con tutte le loro forze a perfezionarsi e a santificarsi.

Sorge allora una delle più grandi questioni della vita religiosa, agitata dai più grandi teologi che, con assoluta unanimità, rispondono affermativamente: "esiste un obbligo per i religiosi e religiose di tendere alla perfezione? Certamente e gravissimo. Il canone 488 del Diritto canonico dice che i membri di ogni Istituto, tendono all'acquisto della perfezione.

Per essere però più precisi, spieghiamo ora in che consista la perfezione. La perfezione è la **CARITÀ PERFETTA VERSO IDDIO E VERSO IL PROSSIMO**. In questa carità, dice Gesù, è compresa tutta la legge e i Profeti. Così noi vediamo che numerosissimi sono i santi, che senza poter seguire i consigli evangelici, pur tuttavia hanno raggiunto nel mondo quel grado di perfezione sufficiente per acquistare il cielo per sempre. La perfezione, dunque non è una distinzione dei religiosi o religiose, ma è un dovere di tutti i cristiani, che sono chiamati alla eterna beatitudine. Gesù però nel suo santo Vangelo, ci rivela i mezzi più adatti per arrivare con più alacrità e facilità alla perfezione: i Consigli Evangelici. La Chiesa nel decorso dei secoli ha elaborato questi Consigli e ne ha formato una norma di vita e ha dato loro la forma che ora è la base di ogni Congregazione: i SANTI VOTI.

Non vi è obbligo per il semplice credente di abbracciare i Consigli Evangelici per salvarsi: ma chi è chiamato da Dio, con vocazione speciale deve fare tutto il possibile per comprendere la parola di Gesù, per studiare questi consigli e metterli in pratica. Le religiose dovranno studiare con tutto l'ardore della loro anima la dottrina sui voti esposta in queste nostre costituzioni e allora si renderà chiaro ciò che è scritto in questo primo articolo: "... la perfezione dei suoi membri, mediante l'osservanza dei tre voti... "La vita religiosa è uno stato, cioè scuola di perfezione, dove chiunque vi entri, si obbliga davanti a Dio e agli uomini, di tendere alla perfezione, mediante l'osservanza più scrupolosa dei santi voti.

Gesù ha detto di essere perfetti (di sforzarsi ad essere perfetti), come il Padre, che è nei cieli: dobbiamo dunque cercare d'imitare le perfezioni d'un Dio perfettissimo! Grande, unico scopo della vita religiosa! E perché questo precetto ci fosse più intelligibile, ha soggiunto: "Io vi ho dato l'esempio, affinché come Io ho fatto, voi similmente fate". Andiamo dunque e seguiamo Gesù e apriamo gli orecchi, per bene intendere la voce del nostro Redentore, l'immagine, lo specchio dell'Eterno Padre, e avviarci per quell'angusto sentiero che ci deve condurre al Monte Santo, cantato dal grande Carmelitano s. Giovanni della Croce. Il monte santo è il Carmelo: chi arriva alla sua vetta, arriva all'unione con Dio, già sulla terra, unione che si protrae per tutta l'eternità nel Paradiso.

Infelice è davvero quella suora che vestita da religiosa, pur non sente le dolci attrattive per la perfezione e col crescere degli anni dimostra chiaramente che non le virtù, ma le passioni dell'anima hanno preso un rigoglio, tanto da soffocare la buona semente, cioè lo spirito della vocazione, che incita l'anima alla perfezione. Il Signore nel Vangelo della Sessagesima ci descrive lo stato del buon seme, soffocato dalle spine delle passioni umane. Tali suore hanno purtroppo l'abito religioso, ma non appartengono alla vita religiosa, perché la loro anima e il loro cuore è lungi da essa.

Tristissimo è il caso di quella suora, che si adonta per i giusti rimproveri dei superiori, nel caso di trasgressione dei santi voti o delle Costituzioni, la ribellione interna si manifesta allora con pensieri abietti sopra la rettitudine dei superiori!

Pensate, o consorelle, la grande responsabilità dei vostri superiori, che vi devono guidare nell'amore e nell'osservanza dei santi voti e cercate di meditare il grave obbligo imposto col sacro abito e con la santa professione, l'obbligo di santificarvi, come è scritto in questo primo articolo mediante l'osservanza dei tre voti e delle Costituzioni.

Un duplice problema s'affaccia ancora nella contemplazione di questo primo articolo: quale VALORE MORALE hanno le Costituzioni, e QUALE OBBLIGO impongono alle religiose?

Le Costituzioni sono le direttive necessarie per l'osservanza dei voti. Siccome i voti non specificano gli atti, cioè non dicono quali atti bisogna fare per adempiere il nostro dovere, questa specificazione viene indicata dalle singole Costituzioni, o Regole, dei diversi Ordini o Congregazioni. Specificazione, che non può essere omogenea, cioè uguale per tutti, ma differisce dall'una all'altra, secondo il fine e lo spirito di ciascuna di essa, e perciò sarebbe stoltizia il fare dei paragoni tra le costituzioni di un Ordine maschile con il nostro femminile, tra le regole di suore di clausura e quelle di vita attiva. Il nostro differenziamento non si basa soltanto nel fatto del fine e dello spirito, ma come ultima causa ha per fondamento, la limitazione della natura umana, delle sue facoltà, incapaci di abbracciare in tutta l'ampiezza la dottrina di Gesù, specialmente quello che riguarda i sacri voti, mentre nell'animo si vorrebbe seguire in tutto Gesù, praticamente dobbiamo limitarci nell'imitare alcune delle sue virtù in particolare. Da qui che la Chiesa ammette e permette l'esistenza di tanti svariati Ordini e Congregazioni, che in molte piccole regole accidentali, si differenziano tra loro: da qui anche il differenziamento di tanti rami di uno stesso Terz'Ordine religioso. Come nei fiori ammiriamo infinita varietà di colori e di forme, così anche nella Chiesa di Dio assistiamo allo svolgersi e svilupparsi di un numero stragrande di Congregazioni, che talora pur avendo fine specificatamente comune con altre, pur tuttavia da esse differiscono per lo spirito, ugualmente buono, ma diverso dall'altro. Questo diciamo, perché nella mente di qualche religiosa potrà venire l'obiezione: ma il nostro fine non è forse quello comune a quello di tante altre Congregazioni? A cui si risponderà: se il fine è comune, non è comune lo spirito, e la nostra Congregazione ha per modo di dire collettivamente, un'altra anima differente da quella delle altre Congregazioni.

E allora quale è lo spirito della nostra Congregazione? Sarebbe pretenzioso già sentenziare il nostro spirito: non si può parlare di esso nei primordi della nostra esistenza: ne parleranno le suore future, quando ne raccoglieranno i frutti, che speriamo copiosi, abbondanti sotto tutti gli aspetti: siamo tutti noi, membri dell'Istituto che lo formiamo. Nella meditazione ed attuazione pratica delle Costituzioni, dallo svilupparsi delle nostre opere, che Iddio ispirerà e che importanno ulteriori regolamenti, o Direttori, dalle tradizioni disciplinari che ne verranno, nascerà lo spirito della Congregazione: per il momento rimaniamo in attesa, cooperando tutte, affinché le basi di questo spirito siano profonde e solide. Dai Superiori Ecclesiastici già ce ne è stato imposto un abbozzo nel Capo secondo delle Costituzioni: accenneremo inoltre che la nostra Congregazione, essendo un ramo del grande e benedetto Ordine del Carmelo, il nostro spirito non si dovrà discostare dai grandi ideali cha hanno animato questo Ordine, e specialmente dallo spirito della Piccola Teresa, dietro le cui orme vogliamo camminare.

È utile accennare che il valore morale delle nostre Costituzioni, procede dal riconoscimento ufficiale da parte della Chiesa.

Riguardo al secondo problema sull'obbligo morale delle Costituzioni, dobbiamo osservare che le Congregazioni religiose sono come delle scuole di vita spirituale, e che perciò necessitano una legislazione: ora le Costituzioni sono appunto queste leggi, che come tali, impongono a ciascuna suora l'obbligo morale di osservarle, per il buon andamento della vita comune.

Le Costituzioni possono talvolta obbligare sotto pena di peccato mortale, quando si tratta di voti, o di altre gravi obbligazioni della vita religiosa, che possono essere imposte, sotto questa grave pena, legittimamente dai legittimi Superiori (vedi art. 91); talora sotto pena di peccato veniale, quando lo richiede la materia stessa dell'articolo, come per esempio, gli articoli che riguardano la carità fraterna. Talora poi non impongono neppure le pene del peccato veniale, come sarebbe la regola del silenzio, ma obbligano a subire la pena imposta dai superiori, in caso di trasgressione. Ma anche in questi casi, ricordiamo, che queste infrazioni alle regole possono portare al peccato veniale, per altri motivi, p. e. , a causa della tiepidezza nel divino servizio, o per negligenza, o per la curiosità specialmente per lo scandalo che si da' alle anime che convivono con noi e che sono ancora giovani.

Gravissimo – così i teologi – è il disprezzo della regola: disprezzo che porta facilmente al peccato mortale. Gravissimo – così tutti i moralisti – è il resistere ai suoi Superiori, nel caso ch'essi punissero infrazioni delle Costituzioni, o che usassero della loro autorità nel comandare. Uno dei più grandi moralisti fa osservare che il disprezzo dei Superiori è colpa gravissima, in quanto che va direttamente contro il voto di obbedienza.

Inoltre il trasgredire le Costituzioni con facilità, noncuranza, leggerezza, portano facilmente la religiosa in pericolo prossimo di peccato mortale. Facilmente trasgredirà le più grandi leggi divine. Con la trasgressione continua, la religiosa si pone in stato di contrariare e distruggere in sé la tendenza per la perfezione che Iddio aveva posto nell'anima con la vocazione. Non dimentichiamo poi il grave danno che reca all'Istituto, per il rilassamento, di cui è causa in sé e in altri.

Notiamo infine che alcuni articoli delle nostre Costituzioni di natura disciplinare, non si sono potuti effettuare, non per causa di mancanza di buona volontà, ma perché suppongono un ulteriore sviluppo materiale e spirituale dell'Istituto, oppure un appianamento di circostanze esteriori, indipendenti dalla volontà dei Superiori. Ma essendo l'Istituto, come diocesano, sotto l'immediata dipendenza dei Superiori Ecclesiastici, tocca ad essi a precisare il momento e la possibilità dell'attuazione di tali articoli.

Ecco dunque in breve spiegati questi importantissimi quesiti, che nessuna suora deve ignorare: quanto sia necessario per l'Istituto non sfuggirà a nessuno e perciò si comprende la necessità di rileggere spesso e attentamente quanto sopra è stato spiegato, per poter sempre meglio comprendere i legami che ci avvincono alla Congregazione a cui Iddio ci ha chiamati!

Come nella vita naturale si nasce in una data famiglia, così nella vita spirituale. Cerchiamo ora di amare questa nuova famiglia soprannaturale ancor più di quella naturale. Cerchiamo di aumentare in zelo perché essa diventi sempre più grande davanti agli occhi di Dio e preghiamo assiduamente per la nostra santità e per quella dei membri della Congregazione. Non diffidiamo della Bontà Infinita di Dio e quantunque ci possiamo internamente sentire piene di miserie, pur tuttavia non cesseremo d'innalzare le nostre preci a Dio, affinché si degni esaudirci e concederci la perfezione.

Da nostra parte mettiamo tutta la buona volontà nell'osservare più scrupolosamente possibile ciò che la regola prescrive. Amiamo i santi voti e l'osservanza delle nostre Costituzioni, e la via della Perfezione si presenterà a noi ben più facile di quel che supponevamo. Con l'aiuto della grazia, intercedendo per noi la Vergine del Carmelo, e la Piccola Teresa, vinceremo gli ostacoli ed arriveremo alla santità, voluta da Dio, e la nostra vita non sarà stata inutile su questa terra.

P. Lorenzo

4.6 Circolare "Cuore di Dio", senza data

Congegno delicatissimo di fibre striate a rete, ricoperto di pericardio, con orecchiette e ventricoli donde il sangue si effonde e diffonde in calore e vita nell'estreme molecole con le sue quasi impercettibili arterie, risucchiandosi poi nelle vene e purificandosi al contatto dell'aria per ricominciar poi al ritmico scatto di diastole e sistole, il suo lungo giro vitale.

Sensibilissimo alle onde di passioni, si agita in ritmi tempestosi, si dilata nella gioia, si restringe nel dolore, tenta quando lo spirito di Dio invade l'anima con la sua fiamma e l'eleva ad un Amore trascendente, di sprigionarsi dal corpo.

O cuore, sei invero la più grande visibile divina creazione! Sede stessa della vita e dell'amore, batti e ribatti per giorni, per anni e talora per secoli, poi ti arresti e cadi in polvere e nella polvere aspetti la tromba che ti richiami a vita, e sussultando risusciti di amorosa gioia tra gli amplessi nel cielo.

E un cuore che non ha conosciuto lo sfacelo della morte, che dopo breve sosta in sepolcrale silenzio, ha ripreso in pienezza di vita il suo ritmo misterioso, il Cuore di Gesù, <u>CUORE DI DIO</u>, palpita di Amore infinito per la gloriosa risurrezione di questo nostro povero cuore di carne.

Chi potrà mai pennellare lo splendore del Cuore di un Uomo – Dio! O materialismo accecante che ci fa misurare l'abisso di Amore col decimetro della nostra impotenza. Il cuore di Gesù è vulcano immenso di fiamma, calore, vita ed Amore: è il misterioso atomo che nel seno purissimo della Vergine, irrorato dal soffio divino, spazia ora e per sempre nell'infinito, illuminando i cieli angelici e le anime dei santi in terra.

Possenti parole dell'Apostolo agli Efesi (III, 17 ssg.): ... "affinché Cristo abiti per mezzo della fede nei vostri cuori, affinché radicati e fondati nella carità, possiate comprendere con tutti i Santi la larghezza, la lunghezza, l'altezza e la profondità, e <u>conosciate l'amore di Cristo</u> che sorpassa ogni conoscenza, di sorte che siate riempiti della pienezza di Dio ...". Sede di questo infinito Amore di Cristo è il Suo Cuore.

Domandò Gesù il cuore alla sua prediletta, a Margherita Maria e preso glielo fece vedere come atomo in fornace ardente, e nel ridarglielo, il cuor della Santa era come cuore foggiato a fiamma.

Una volta era il Cuore Divino come assiso in trono dardeggiante d'immenso fuoco, risplendente d'ogni lato, più fulgido del sole e trasparente come cristallo e appariva l'apertura della lancia, la corona di spine, e la croce di sopra.

A lei prostrata ai piedi del tabernacolo, Gesù un giorno apparve: altrettanti soli le sue cinque piaghe, mentre raggi celestiali s'irradiavano da tutta la sua umanità; e aprendo il petto, apparve alla veggente la viva fonte di quelle fiamme, l'amatissimo Suo Cuore!

In un'altra visione il Cuore di Gesù era il centro d'adorazione angelica più splendido del sole, in mezzo a fiamme di puro amore gli angeli intorno cantavano:

> L'amore trionfa, l'amore gioisce
> si rallegra del Sacro Cuore l'amore

il Cuore di Gesù è oceano abissale: la Santa sul punto di lasciare la terra, per l'accesa fiamma che le ardeva nel petto, pregò la Superiora che non chiamasse più il medico: "Madre mia, non ho più bisogno che di Dio, e d'inabissarmi nel Cuore di Gesù". Poco dopo l'abisso di fiamme attirò a sé la vigile fiammella.

O Apostola fedele del Cuore Sacro e Santo del Dio-Uomo, Ministra dei Segreti divini, tu ci hai insegnato i **NOVE PRIMI VENERDI DEL MESE**, e la **CONSACRAZIONE**, come pegno di salvezza e d'infinite grazie.

Nell'11 giugno 1899 il Vegliardo del Vaticano, Leone XIII consacrava la Chiesa Universale al Cuore di Gesù, e fu questa consacrazione d'innumerevoli ritorni alla Madre Chiesa: "Sia lode a quel Cuore Divino, da cui venne la nostra salute: a Lui sia onore e gloria nei secoli".

Benedicendo di cuore – I Superiori

4.7 Circolare di convocazione al II Capitolo generale S. Marinella 14 settembre 1951

A tutte le Rev.^{de} Suore della Congregazione

Per la seconda volta la nostra Congregazione si riunisce in Capitolo Generale: è una necessità tanto proficua voluta dal Diritto Canonico, a cui volentieri noi ci sottomettiamo, nonostante il nostro piccolo numero.

Come gli abitanti di un dato castello, si accingono la sera a rimontare l'ardua montagna, dove sulla cima troneggia l'avito castello, munito e sicuro, così la nostra Congregazione – come tutte le altre – deve salire il ripido monte, a cui Iddio l'ha destinata nella vita sociale cattolica.

La vita già trascorsa tra bagliori di luce e oscure tenebre, non deve farci perdere il coraggio: le debolezze e le miserie, direi quasi, collettive ci umiliano profondamente, ma non ci lasciano dubitare dell'infinita Misericordia divina.

È necessaria la rinnovazione dello spirito in tutta la Congregazione, ma questa non è possibile, se non si rinnova in ciascuno dei membri, lo spirito di pietà e di sacrificio: più santi saranno i membri, più fiorirà la Congregazione.

Nella nostra vita spirituale, oltre ai doveri imposti dai tre voti di ubbidienza, povertà, castità, troviamo una sicura guida di santificazione nello <u>Spirito del Carmelo</u>, che è spirito di vita interiore, vita di unione con il Signore e con la Vergine, nostra Madre amorosa.

I grandi mistici del Carmelo, S. Giovanni della Croce e S. Teresa di Gesù hanno toccato le vette più alte della mistica unione, ma la loro profonda dottrina, elaborata da una vita di sacrificio e di vittima, ci è stata presentata in un modo più comprensivo, più abbordabile dalla Santina nostra Protettrice Santa Teresa del B. G., nell'ammirabile "<u>Via dell'Amore</u>"

Il nostro alimento spirituale deve essere l'amore: saremo pieni di venialità, ma dobbiamo pur tuttavia amare Dio fino ai limiti della possibilità.

Non possiamo non vivere d'amore: l'amore deve diventare una necessità: senza amore, moriremo di rachitismo spirituale.

Nessuna delle Suore può lasciare sfuggire un solo giorno senza aver offerto con pieno sentimento il suo cuore a Dio – Redentore -. Almeno una volta al giorno un vero intimo, ben compreso, fortemente voluto, slancio d'amore a Gesù, possibilmente nella S. Comunione.

<u>Ecco il nostro dovere</u>: e questo slancio deve crescere ogni giorno più e ci deve distaccare da ogni cosa terrena, fino al giorno in cui, in sincerità di animo, potremo dire al Signore "Signore lascio volentieri questa terra per unirmi con Te".

Questo è il nostro pensiero nell'apertura di questo Capitolo Generale: ci siamo radunati in vita per vivere di Dio: amiamoLo sempre più e Lui solo sia l'ambito premio delle nostre fatiche e sacrifici. Viviamo del Suo Amore, affinché chiusi gli occhi per sempre alle cose terrene, possiamo aprirli immediatamente immersi nel Divino Amore per tutta l'eternità.

In profondo sentimento di Materno e Paterno affetto,
in X.^{to} vi benediciamo

4.8 *Nota fatta da P. Lorenzo per il IV Capitolo generale, S. Marinella 27 a 29 ottobre 1963*

PER LE MISSIONI

Poiché la nostra Congregazione porta il nome di Carmelitane Missionarie, è necessario che si coltivi e si sviluppi lo spirito missionario nelle suore.

Se le terre civili, come alcuni paesi d'Italia si dice che sono veri luoghi di missioni, s'immagini cosa c'è nei luoghi dove ancora non è stata sviluppata la civiltà ed il cattolicesimo.

Sono 16 anni che la nostra Congregazione ha aperto le porte alle missioni, e con grandi sacrifici abbiamo ormai un patrimonio proprio della Congregazione in terra di missione. Sarà possibile che 16 anni di duri e pesanti sacrifici siano serviti a nulla a motivo che non si trovano anime generose disposte ad aiutare lo sviluppo di questa grandiosa opera missionaria?

Mi si dirà che ci vogliono vocazioni acquistate in terra di missione stessa. Rispondo che le vocazioni ci sono state, e buone vocazioni, tanto che alcune di queste si trovano in altre Congregazioni; perché?

Per la poca comprensione delle suore, le quali, forse per gelosia, molto per ignoranza, non fecero scrupolo di maltrattarle e di conseguenza, di disgustarle, fino al punto di costringerle a lasciare la nostra Congregazione.

Rivolgo quindi un appello di dare vita alle case già aperte, mandando alle missioni suore che abbiano un poco di istruzione e spirito di comprensione ed umiltà.

Se i Vescovi vi chiamano le suore perché siano di aiuto nei vari lavori della Diocesi, le suore devono limitarsi solo ad alcune attività dello spirito della Congregazione e negarsi ad altri lavori, come aiutare per i seminari?

Facendo così si obbligano i Vescovi di richiamare altre Congregazioni, e ben si comprende che ne verremmo a soffrire noi, molto più limitate nel numero, poiché verremmo a mancare di quella indispensabile protezione del Vescovo, tanta necessaria in paesi di missioni.

4.9 *Articolo sull'uso del termini "Fondatori" nella Ratio Istitutionis della Congregazione*

"I Fondatori": una terminologia non scontata
un passo verso una maggiore comprensione del carisma e della storia della nostra Famiglia

Succede periodicamente, nella vita comune, di soffermarsi a guardare il passato e fare qualche bilancio. Non succede sempre di trovarsi soddisfatti di ciò che si è fatto, ma io voglio raccontarvi qui qualcosa che mi fa sentire contenta di ciò che ho vissuto circa dodici anni fa.

Accadde così.

Essendo necessario rivedere completamente il testo del documento di base per la formazione nella Congregazione (la *"Ratio Institutionis"*), la Superiora generale nominò una commissione internazionale che si riunì a Santa Marinella, nella Casa madre, verso la metà del 1999. Ne facevano parte una Consigliera generale e altre sorelle che rappresentavano tutte le circoscrizioni della Congregazione e la Casa madre; ciascuna di esse era dotata di specifiche competenze utili al lavoro da svolgere: psicologia, scienze della formazione e della formazione vocazionale, teologia (soprattutto spiritualità e teologia della vita consacrata), storia e spiritualità di madre M. Crocifissa e padre Lorenzo. Le sessioni di lavoro della commissione si protrassero fino alla pubblicazione della *Ratio Institutionis*, nel 2001.

Il lavoro si svolgeva sulla base di un testo sperimentato negli anni precedenti e sottoposto nel tempo a varie verifiche, ma anche a quanto man mano veniva emergendo dagli studi per preparare la *positio* per la beatificazione di madre M. Crocifissa (avvenuta poi nel 2005), alla crescente autocoscienza del nostro specifico carisma che si andava diffondendo fra tutte le sorelle e alle richieste e suggerimenti che da varie parti la commissione riceveva.

Fin quasi dai primi passi, le commissarie si trovarono davanti a una scelta piccola ma importante: come parlare di madre M. Crocifissa e padre Lorenzo? Con quali termini indicarli?

Era un problema delicato. Non un mero cambio di parole.

Si trattava, in sostanza, di scegliere fra l'attenersi alla "dottrina ufficiale" enunciata nelle *Costituzioni* e il tentare di dare voce a quanto la migliore conoscenza della storia stava rendendo evidente. Inoltre, una specifica richiesta delle comunità della Provincia Brasiliana riguardava proprio il riconoscimento di padre Lorenzo van den Eerenbeemt come fondatore.

Le *Costituzioni* attualmente ancora in vigore, all'art. 1.1, recitano: «*La nostra Famiglia religiosa, fondata da Madre Maria Crocifissa Curcio, sotto la saggia guida del Padre Lorenzo van den Eerenbeemt O. Carm., ed aggregata all' Ordine Carmelitano, è denominata «Suore Carmelitane Missionarie di Santa Teresa del Bambino Gesù*». La "dottrina ufficiale", quindi, afferma che il Padre è stato un personaggio fondamentale nella nascita della Congregazione, ma non ha avuto il ruolo determinante di fondatore che, invece, è stato soltanto di madre M. Crocifissa: il dono divino del carisma sarebbe stato elargito da Dio soltanto attraverso di lei. Non dimentichiamo che si tratta di un testo redatto nei primi anni '80 e approvato nel 1987, quando, cioè, la ricerca dei documenti e gli studi su madre M. Crocifissa, padre Lorenzo e il nostro carisma non erano ancora iniziati davvero!

Ciò nonostante, nella Congregazione e specialmente fra le sorelle che hanno conosciuto di persona il Padre, andava crescendo con evidenza la consapevolezza che egli avesse avuto, per volere divino, un ruolo ben maggiore. La richiesta delle sorelle brasiliane ne è testimonianza chiara. Come la reazione quasi unanime dei membri della commissione a quella richiesta: favorevole, accolta con gioia e pienamente condivisa.

La commissione, da parte sua, procedendo nel lavoro di redazione della *Ratio Institutionis* percepiva con chiarezza che essa avrebbe potuto avere un ruolo importante nella Congregazione, trattandosi del primo documento ufficiale riguardante il carisma pubblicato dopo l'inizio della causa di beatificazione della Fondatrice e degli studi relativi, che stavano facendo scoprire una realtà spirituale e carismatica quasi insospettata fino a poco tempo prima.

Fra le "scoperte" dovute al lavoro per la beatificazione di madre M. Crocifissa si doveva annoverare quella del testo completo del suo diario spirituale, che infatti venne pubblicato nel 2002. In esso è possibile scoprire quanto fosse profonda e radicata nel disegno divino l'unione di azione e d'intenti fra la Madre e il Padre. Solo un esempio, dalla pagina di martedì 27 ottobre 1925, i primissimi tempi della residenza della Madre e delle sue prime compagne a Santa Marinella: «*Mentre il Padre si comunicava sentii unirmi a lui intimamente nel Cuore di Gesù, è proprio l'Autore del Puro Amore che così ci ha unito per il bene della nascente famiglia, e quasi sempre in questo giorno sento accrescermi questa vicendevole carità, così intimamente uniti nell'Ostia Candida. Compresi in quel momento di amore e di luce i grandi disegni che la divina bontà ha disposto del padre. [...] La sera dopo aver recitato il S. Rosario, mentre Gesù dal suo Ciborio benediceva i suoi figli, sentii una dolce voce che mi fece uscire dai sensi: "Assicura il padre tuo che è volontà mia l'istituzione Missionaria delle donne e degli uomini". Non sono certo parole causate da immaginazione, era un momento che assolutamente non pensavo nè pregavo per questi, anzi ero un pò distratta. Ma quando parla Dio lascia all'anima la sicurezza della sua divina Voce, tranquillità e grande raccoglimento e tanti altri beni immensi che possono facilmente capire chi gusta tali favori».*

Dopo molta riflessione, avendo ripreso più volte il dialogo sull'argomento, esaminato con attenzione sotto vari aspetti, quasi tutte le commissarie erano ben convinte che l'enunciato delle *Costituzioni*, per quanto autorevole, doveva essere messo in discussione con serietà in quanto non attribuiva il titolo di "Fondatore" a padre Lorenzo, mentre anch'egli, secondo l'intuizione comune che si andava facendo sempre più chiara, dovrebbe essere considerato "Fondatore" con la Beata.

Verso la fine del lavoro, i membri della commissione erano ormai ben coscienti di avere il dovere morale di compiere un passo per contribuire al progresso ulteriore dell'auto-coscienza della Congregazione: come ogni famiglia che si rispetti, siamo "figlie di una madre e di un padre", di madre M. Crocifissa e di padre Lorenzo, ed entrambi hanno diritto a essere riconosciuti Fondatori delle Suore Carmelitane missionarie di s. Teresa b. G. . Tutte erano consapevoli anche del fatto che, proprio per la delicatezza dell'argomento, vi sarebbero state delle giustificate resistenze all'adozione piena del titolo di fondatore per il Padre.

Si decise, comunque, di tentare, pur sapendo di rischiare qualche autorevole rimprovero: nel testo della *Ratio Institutionis* venne sistematicamente utilizzata la formula "i Fondatori" per indicare assieme madre M. Crocifissa e padre Lorenzo. Il testo così elaborato era sempre passibile di richieste di modifica o miglioramento, perché doveva passare prima di tutto al vaglio del Consiglio generale. Quello sarebbe stato il primo banco di prova: se la nuova terminologia fosse stata accolta o almeno fosse passata inosservata, lo studio del nuovo testo da parte delle comunità avrebbe dato una risposta definitiva sulla sensibilità dell'Istituto in questo campo.

La nuova versione della *Ratio Institutionis* fu accolta senza problemi dalla Superiora generale e dal suo Consiglio e, poi, nell'uso che fino ad oggi ne viene fatto dalle formatrici e dalle comunità quasi nessuna sorella ha mostrato di non condividere il fatto che abbiamo "i Fondatori" e non la sola "Fondatrice".

Oggi, dopo tanti anni, vedo che fra di noi si parla senza difficoltà di "Fondatori" in riferimento al Padre e alla Madre, mentre fino a un decennio fa questo modo di parlare non era affatto né comune né tanto pacifico!

Si tratta di un caso di applicazione di quel "senso soprannaturale della fede di tutto il popolo" che è espressione della nostra partecipazione di Battezzate alla missione profetica di Cristo, di cui parla la costituzione *Lumen Gentium* (n. 12) ? Ringrazio comunque il Signore di aver fatto parte di quel gruppetto di sorelle che azzardò qualcosa, pur di far crescere la comune consapevolezza che il dono del carisma che da vita alla nostra Famiglia ci è pervenuto tramite un canale formato dall' "abbraccio" santo di madre M. Crocifissa e padre Lorenzo.

sr Marianerina de Simone cmstgb

Appendice 5

5.1 Circolare, S. Marinella 15 ottobre 1968.
5.2 Circolare P. Lorenzo "Generosità perseverante" S. Marinella luglio 1947.
5.3 Circolare P. Lorenzo, "Povertà" , S. Marinella febbraio 1949.
5.4 Circolare P. Lorenzo "La vera famiglia", S. Marinella 10 dicembre 1946.
5.5 Circolare P. Lorenzo "L'amore all'Istituto" (zelo zelatus sum) – senza data.
5.6 Poesia di P. Lorenzo "INDONESIA" – S. Marinella 30 gennaio 1953.
5.7 Circolare P. Lorenzo "Vita Missionaria", Festa dei Santi Carmelitani (senza l'anno).
5.8 Circolare P. Lorenzo "l'umiltà della Croce", Pasqua del 1956.
5.9 Lettera di P. Lorenzo all'avvocato Antonio Carbone.
5.10 Lettera di P. Lorenzo a Superiore Generale dell'Ordine – S. Marinella 16 aprile 1946.
5.11 Circolare, S. Marinella, 15.10.1968.
5. 12 Circolare P. Lorenzo "Per l'anno 1956", S. Marinella dicembre 1955.
5.13 Circolare P. Lorenzo – "Carità" – S. Marinella aprile 1949.
5.14 Circolare – s. Marinella 3 maggio 1972.
5.15 Circolare P. Lorenzo – S. Marinella – Pasqua 1960.

5.1 – *Circolare, S. Marinella 15 ottobre 1968.*

Figlie carissime in Cristo
La maggior parte del mondo è profondamente sconvolta da violente passioni: rivalità, odio, egoismo, brama di denaro, ecc.

Il mondo intero è ben lontano dall'Amore che Gesù è venuto a portare nei cuori degli uomini. Siamo noi che dobbiamo comprendere e diffondere ovunque il dono dell'Amore infinito.

Comunicare ai credenti il grande dono del signore è la specifica missione del sacerdote: ma è anche dovere delle nostre suore, ad imitazione di S. Teresina che ha prescelto e seguito la via dell'Amore offrendo totalmente il suo cuore a Gesù, di far conoscere – in modo particolare alle anime delle giovani – il grande segreto dell'Amore del nostro divin Redentore.

Quale sarà allora, care suore, lo scopo della vostra vita religiosa ben compresa e soprattutto bene amata? Ecco: coltivare l'amore di Gesù nelle anime dei piccoli, delle giovani e di quanti incontrerete nel vostro apostolato.

È bello fare scuola, impartire lezioni di musica, canto, ginnastica, ma se nel cuore non nasce il desiderio profondo di far conoscere ed amare Gesù a che vale la nostra vita? Ogni giorno, perciò, aumenti in voi il desiderio di amare e far amare Gesù sempre più, sempre più!

Purtroppo, ai nostri tempi si nota il pericolo di una vita più libera, più indipendente e in certo modo più attaccata ai propri comodi.

Come mie care suore, evitare un tale pericolo dalla vostra vita? Ecco il rimedio che vi garantirà la vittoria. Desiderate sempre più di unire il vostro cuore con Gesù nel Sacramento dell'Eucaristia. E quando riceverete l'Ostia Santa, risvegliate il desiderio di vivere intimamente con Gesù. Pregate con Gesù e insieme a Gesù lavorate: godrete così l'intima unione quale preannuncio di quella gioia che avremo nella nostra futura abitazione nel cielo!

È questo l'augurio che invio di cuore a ciascuna con la mia preghiera offerta quotidianamente nel divin sacrificio.

Vi benedico tutte di cuore!
Vostro Padre in X.to
P Lorenzo

5.2 Circolare P. Lorenzo "Generosità perseverante" S. Marinella luglio 1947

Di nuovo ritorna la festa carissima della nostra Madre celeste: la Madonna del Carmelo, la Madre di quei Santi Eremiti, che tanto l'onorarono nel Monte Carmelo. Fu Lei, la Vergine che li assicurò della sua protezione fino alla fine del secoli: fu la Vergine che a S. Simone Stock diede il pegno sicuro della salvezza: il SANTO SCAPOLARE.

Voi Terziarie appartenete con tutti i diritti a questo grande Ordine del Carmelo, avete però anche dei doveri che vi legano al Santo Vessillo di Maria. E quali sono questi doveri?

Rientriamo alquanto nei primordi di questa nostra piccola fondazione Carmelitana. Era il tempo della beatificazione e canonizzazione della nostra protettrice S. Teresa del B. G. Colui che scrive ora queste righe, in quel tempo segretario delle Missioni del Carmelo, aveva nel suo animo una pena per non poter anche lui sorpassare l'oceano, e andare con tanti suoi confratelli, nelle Indie Olandesi dove un miscuglio di popoli asiatici di molteplici favelle, aspettavano l'aiuto degli operai della grande Vigna Divina. Non gli fu dato di poter partire, ma quando sentiva i lamenti dei Missionari che non trovavano Suore adatte per i loro lavori missionari, Suore che comprendessero le loro necessità spirituali ed anche materiali, fu assillato da un pensiero che non gli dette più pace: bisognava trovare un terz'Ordine che fosse missionario.

Necessità spirituale dei missionari è l'aiuto che dovrebbero dare le Suore per attirare le giovinette, le bambine e i bambini, sia con le scuole, asili, con congregazioni mariane, riunioni catechistiche, oratori, ricreatori: necessità materiali, il pio ufficio di Marta con l'ufficio di sagrestana, per la pulizia dei sacri arredamenti, dei sacri vasi, per la manifattura delle ostie, ecc. Suore capaci per gli ambulatori, e nelle circostanze, per l'ufficio caritatevole negli ospedali.

Questo era l'ideale: cercare dunque un terz'Ordine che svolgesse tutte le sue forze a questo fine ... e S. Teresina, la santa delle Missioni, ci pensò e fu lei che nell'anno della sua canonizzazione condusse il piccolo nucleo da Modica e da Roma a S. Marinella per le vie misteriosamente misericordiose della Provvidenza.

Sono passati già molti anni: abbiamo attraversato delle bufere interne e angosciose, delle bufere esterne incruenti e cruenti, l'ideale missionario si era quasi sbiadito per le continue lotte e le circostanze contrarie: siamo arrivati sino a questo giorno, ma ecco che un'aurora lenta ci annunzia un sogno tardivo sì, ancora non spuntato, ma sicuro ... verrà non tarderà.

Si apriranno finalmente le missioni, tra non lungo tempo: confortatevi, non temete, anzi pregate, pregate tanto, perché le missioni saranno pietra di prova per il nostro Istituto.

Sono tutte le nostre Suore chiamate alle Missioni? In linea generale sì, perché esse hanno accettato di entrare nell'Ordine delle Missionarie Carmelitane. Però non obblighiamo se non quelle che volontariamente hanno dato il loro nome e verranno giudicate atte a questo straordinario lavoro. Le altre dovranno rimanere ai loro posti, cercando con il buon esempio, col sacrificio quotidiano della vita religiosa, col lavoro, con le sofferenze fisiche sopportate con santa rassegnazione, senza lamenti e senza pretensione di cure che appena appena i grandi ricchi possono fare, di attrarre altre anime generose al vero e totale sacrificio di loro stesse, vere vittime espiatorie per i peccati del mondo.

<u>Generosità perseverante</u>, ecco quello che dovrebbe essere il marchio d'ogni nostra Teresina. Cerchiamo dunque tutte di essere generose, non volendo noi stesse in ogni cosa, ma fermamente aspirando che solo Iddio regni tra noi e nei nostri cuori. Il santo scapolare è un pegno di salvezza, datoci dalla Vergine: sia nostro desiderio e fatica chiamare anime a condividere la nostra sorte, a portare luce e vita, in tutti i continenti per amore di Cristo che vi ha scelto spose e della Vergine Santissima, Madre benigna, affettuosa di tutti e tutte che vestono il sacro abito del Carmelo. Benedicendovi nel Signore

I vostri superiori

5.3 *Circolare P. Lorenzo, "Povertà", S. Marinella febbraio 1949*

Chi di voi, o buone suore, non pensa a quel che intorno vede, la smania cioè mai soddisfatta in tante anime, di ricchezze, della roba altrui? Ohimè, è diventata una dottrina, tanto più pericolosa, quanto più ci allontana dall'unico vero desiderabile bene che è <u>GESÙ CRISTO</u>.

Gesù ci ha indicato invece un gran tesoro che porta pace e serenità alle anime, tesoro che ci distacca, già viventi, dalla terra e dai suoi beni: il tesoro cioè della <u>Povertà</u>.

Il giovine del Vangelo che pur era stato fedele ai comandamenti di Dio, non ebbe il coraggio di abbandonare le sue ricchezze e perdette il vero tesoro della povertà, a cui Gesù stesso l'aveva chiamato.

Le suore che hanno abbracciato la Santa Povertà per amore di Colui che è nato e vissuto povero fino alla Croce, devono amare il loro Voto.

Voto e virtù di povertà non devono essere d'impedimento, ma anzi un aiuto divino alla nostra felicità anche terrena. Fondamento di questa felicità è la necessità di essere <u>poveri di spirito</u>, cioè nello spirito dobbiamo non solo esseri distaccati dalle ricchezze, ma anche dal disporre delle ricchezze, siano pure queste rappresentate dal frutto di elemosine, come nella vita religiosa poiché per il religioso i denari sono pure elemosine che servono per le necessità della vita sua, dei confratelli (consorelle) e degli altri poverelli di Cristo.

Il maneggio stesso del denaro è pericoloso: non è forse da ricordarsi l'ultima scena finale di colui a cui fu affidata la borsa col denaro della comunità apostolica? E quante volte nelle comunità il disporre dei denari ha portato a rovina tanti religiosi e religiose?

Per dire il vero noi abbiamo sempre timore che il furbo demonio riesca ad annebbiare la mente delle nostre Suore su questo Voto e chiamiamo perciò l'attenzione in alcuni punti della Regola, affinché le anime siano alleggerite da ogni peso che viene dal denaro: che rimarrà sempre il mammone dell'iniquità.

1° – Non è lecito alle Suore di ricorrere ai parenti per farsi nuovi indumenti o cose simili, se non col consenso dei Superiori; se da essi ricevono liberamente qualche indumento, abiti, scarpe, libri, esse non hanno il diritto di usare se non dopo il consenso esplicito dei Superiori. Tutto ciò che si riceve, si riceve per l'Istituto a norma dell'art. 65, se non nel caso indicato dalle nostre Costituzioni – art. 64.

2° – Evitare di accumulare indumenti di qualsiasi genere, le Suore fuori di quel che richiede la necessità – art. 76 – useranno stoffe semplici e senza pretensioni di vanità, nè pretenderanno farsi figurine con l'abito religioso.

3° – In tutte le case senza eccezione vi sarà l'Economa. Superiora ed Economa devono essere d'accordo: non può l'Economa fare le spese o scrivere il registro, che lo faccia pure la Superiora, però chiamando in propria camera l'Economa e con essa giornalmente spiegando le proprie spese. E l'Economa a sua volta spiegherà tutto alla Superiora, notando subito le spese sul registro; alla fine d'ogni mese verranno fatti i conti e si confronterà con la cassa, Superiora ed Economa insieme. Questa decisione – già fatta nel passato – la riconfermiamo con la presente, intendendo assicurare che non è per motivo di sfiducia, ma affinché anche i Superiori abbiano piena fiducia nel buon andamento spirituale (ciò specialmente nei riguardi del Voto di Povertà) ed economico della casa.

4° – Si nota in qualche casa un sentimento non religioso, ma egoistico, nei riguardi della Casa Madre: si hanno talora dei generi in abbondanza, si preferisce farne spreco che inviarli alla Casa dove si ha tutto il peso del Noviziato e Probandato. Ci auguriamo che la presente apra il cuore di queste suore, una migliore comprensione della carità e povertà.

Ed ora chiudiamo questa circolare nutrendo la speranza che questa venga attentamente letta durante la lettura spirituale e che le suore individualmente abbiano l'occasione ed il tempo per spesso consultarla, cercando di corrispondere con le opere a detta lettura.

Con la nostra benedizione,

5.4 Circolare P. Lorenzo "La vera famiglia", S. Marinella 10 dicembre 1946

L'invito di Gesù è: "sequere me: seguimi": la voce è stata chiara, evidente e noi ancora sentendo l'eco dell'invito divino abbiamo lasciato i nostri parenti e siamo andati dietro a Gesù per diventare le pie donne che non abbandonano mai più il Divin Maestro. È bene ora considerare quanto il Signore ha raccomandato ai suoi seguaci, ai suoi discepoli, certo anche alle pie donne, nei riguardi nella famiglia in cui si è nati.

<u>Per molte e molte anime la propria famiglia è un ostacolo alla perfezione evangelica, per alcune, anzi, l'amore smodato[1] ai suoi congiunti è un vero pericolo di perdere la vita eterna.</u>

Né si dica esagerazione perché le parole di Gesù sono talmente chiare che sarebbe mancare di fede, storpiando il senso delle divine parole: <u>"Credete ch'io sia venuto a portare pace sulla terra? No, vi dico, ma separazione: che d'ora in poi saranno cinque in casa divisi, tre contro due e due contro tre. Il padre si dividerà dal figlio e il figlio dal padre, la madre dalla figlia e la figlia dalla madre"</u> (Luc. XII, 51 seq.).

Raramente chi si dedica a Dio, trova anche i più stretti parenti (padre e madre) favorevoli alla vocazione religiosa. Intorno a noi abbiamo visto anime candide, che sarebbero state delle sante suore, tremendamente combattute e impedite a sì grandi ideali dai propri genitori e gettate nel vortice[2] del mondo. Alle parole di Gesù, riportate da S. Luca, Matteo vi aggiunge: <u>"i nemici degli uomini saranno i propri domestici: chi ama suo padre e sua madre più di me non è degno di me ... e chi non prende la sua croce e non segue me, non è degno di me. Chi ha cara la sua vita la perderà e chi avrà perduto la vita per amore mio, la troverà ... ecc."</u> (Matt. X, 36, sq.).

È necessario, volendo essere suoi discepoli, che dopo aver abbandonata la propria casa, <u>prendiamo la croce della vita religiosa</u>. E che sentimento di discepole di Cristo possono avere quelle religiose che alla minima difficoltà, alla minima osservazione dicono: "Me ne torno a casa?". Non sono queste interne, intime difficoltà della vita religiosa la <u>croce predetta da Dio</u> ai suoi discepoli? <u>Chi ama la propria vita, cioè quel benessere naturale e materiale della vita familiare, perderà la vita eterna</u>. Le persone del mondo, anche delle nostre famiglie non possono comprendere le nostre croci, e le nostre chiacchere con quei di famiglia, portano sempre al dispregio della vita religiosa al disprezzo delle proprie consorelle, dei propri Superiori e infine al richiamo in famiglia. Povere anime perdute! Andate pure in famiglia, ma come vi troverete davanti a Dio nel giudizio sia particolare, sia universale? La suora se deve essere Suora, non deve interessarsi degli interessi della famiglia: non può interessarsi a sistemare i nipoti, a trovarsi a girare per le città per affari che non riguardano l'Istituto, gettando un discredito profondo su

---

[1] Nell'originale: snodato.
[2] Nell'originale: vertice.

tutto l'Istituto. Il popolo mal sopportano queste Suore girovaghe, vagabonde.

Questo indebito affetto per la famiglia fa dimenticare i voti di obbedienza, di povertà e anche di castità nel senso che l'animo s'invaghisce delle cose di mondo e rischia le orecchie alle impudiche conversazioni umane.

La Regola è chiara su questo punto (V. art. 153), e i Superiori se finora hanno dovuto indulgere per motivi delle note circostanze passate, dovranno far presente, come lo fanno con questa circolare, alle Suore l'obbligo assoluto, perentorio di osservanza di questo articolo tanto importante della vita religiosa.

Ed ora quale è la nostra famiglia? È la famiglia spirituale in cui viviamo. Quale tenore di vita menano queste piccole famigliuole che dovrebbero essere la famigliola di Dio? Se le suore saranno linguacciute, pettegole, egoiste, inosservanti delle Regole, senza carità nel parlare e pensare, pigre, allora quelle case non saranno di Dio, ma di chi saranno? A voi la risposta. Dove regnerà l'amore, la ritiratezza, il silenzio, la prudenza nel parlare, l'affetto e la comprensione della Regola, l'osservanza delle disposizioni dei superiori, sarà quella la casa di Nazareth, la santa casa di Loreto dove Gesù ha vissuto con Maria e Giuseppe, e quelle famigliuole saranno veramente di Gesù: piccoli Carmeli di Maria!

A voi Superiore ad attendere che nelle case a voi affidate regni Iddio e non il demonio: siano benedetti i vostri sforzi e le vostre pene per mantenere la santità, la sublimità della vocazione in voi e nelle vostre sorelle.

Ed ora che da lontano s'avvicina il dolce canto del Gloria in excelsis, ora che l'animo di tutti i cristiani, e specialmente il nostro aspira alla venuta del caro Bambino, voi tutte che ascoltate la lettura di queste righe, animate il vostro spirito, non di paroline inzuccherate che nulla fanno alla volontà, ma dell'esempio ammirabile dello Sposo, nascosto nei sacri sembianti infantili, che ubbidisce al Padre, vive delle povertà del Presepio, e gode della purezza castissima della Vergine Madre e del glorioso Patriarca Giuseppe, e intimamente con Dio nel cuore, a Dio nella presenza eucaristica, rinnovare con accesa volontà i Sacri Voti che ci vincolano in eterno con Lui.

A voi tutte i nostri auguri di Santa Vita religiosa e di abbondanze infinite di grazie in questa solennità Natalizia – e di Circoncisione.

I SUPERIORI

5.5 *Circolare P. Lorenzo "L'amore all'Istituto" (zelo zelatus sum) – senza data*

O Suora, che vesti il Sacro Abito del Carmelo, ricorda il privilegio a cui Iddio e la Vergine ti ha voluto ornare: abito santo, voluto dalla Madre di Dio, amato dai Patriarchi, da innumerevole stuolo di uomini santi e Vergini intemerate, che tanto hanno onorato la Chiesa.

L'Ordine del Carmelo rimonta i secoli e arriva al Patriarca Elia e al Patriarca Eliseo, due grandi Profeti dell'Antico Testamento, difensori acerrimi della Santa Religione. I Crociati che si mossero alla volta della Palestina rimasero meravigliati dei Carmelitani che vivevano negli ermi del Carmelo e vollero seguirli nella via della Contemplazione e della solitudine. Ma i Saraceni con la scimitarra costrinsero i santi monaci a lasciare la Palestina e a rifugiarsi nei paesi dell'Europa, e sorsero così in Inghilterra, in Francia e in Italia nuovi conventi carmelitani. Quindi ottenuto il permesso di poter svolgere la propria opera a favore del popolo, si diedero pieni di zelo a spargere ovunque la parola di Dio. E quando la Vergine SS. in un momento di grave afflizione per l'Ordine volle mostrare il suo amore per i figli del Carmelo col Santo Scapolare, allora viepiù si accese la fiamma dei Carmelitani verso la Vergine, e così nacque anche nel cuore di Sante Vergini il desiderio di potersi dedicare ad una vita di profonda preghiera ed intimità con Dio. E quando con l'andar dei tempi si vide la necessità di lavorare per le Missioni, abbondarono i religiosi che attraversarono gli Oceani per recarsi sia nelle Americhe, sia nelle Indie Orientali.

L'Ordine conta molti Santi: soffermandoci sui due Riformatori del Carmelo S. Giovanni della Croce e Santa Teresa di Gesù in loro ammiriamo lo spirito missionario che li spinse a promuovere le missioni dell'Ordine degli Scalzi. E S. Teresina, la Protettrice del Piccolo nostro Istituto, ha desiderato ardentemente la vita missionaria e se non ha scelto un Ordine prevalentemente dedito alle Missioni, fu perché lo Sposo la chiamava a più intimi colloqui con Lui. Ma la Chiesa l'innalzò a Protettrice delle Missioni.

Perciò non è contrario al sentimento della Chiesa, al sentimento dell'Ordine l'affermarsi e il volere la VITA MISSIONARIA: affinché non si venga meno allo scopo per cui è sorto il nostro Istituto le Suore lo ricorderanno con ardore. È l'amore all'Istituto che ci deve spingere alle Missioni. L'Istituto nostro, è vero, è un piccolo ramo del grande Ordine Carmelitano, pur tuttavia desidera collaborare coi suoi più grandi fratelli: non farà cose strabilianti, ma mosso dallo zelo e dall'amore per l'Ordine, ispirerà negli animi di coloro che avvicineranno le nostre Suore un vero ardore di amare Iddio, di venerare la Vergine del Carmine, di ricordare le glorie della Santina Protettrice, ovunque la voce dell'Obbedienza le invieranno.

PROPOSITO: Amiamo l'Istituto, mettiamo tutte le nostre forze a diffonderlo come meglio possiamo, acquistando a lui anime generose.

Pratichiamo la carità fraterna, cercando di aver modi garbati con le consorelle, di modo che il nostro comportamento interno sia di edificazione per le persone di fuori.

5.6 Poesia di P. Lorenzo "INDONESIA" – S. Marinella 30 gennaio 1953

In Oriente un'isola risplende
di cocco e palme, di datteri e banane,
ritessuti di fiori e di verzura:
brillante il sole, scintillante ardente,
di vita e gioia l'isola ricolma.

Giava è la perla dell'oceano Indiano,
ricca di terre e d'uomini feconda,
ricca di storia e monumenti antichi
d'antiche fiabe e false religioni:
Budda, Maometto e idoli pagani.

Gente dell'India, Cina e del Giappone
e di Sumatra e d'isole vicine,
coi giavanesi formano un fermento
di razze e popoli a color diverso
di strani accenti e orribili favelle.

Il gran serpente dalle fauci aperte
ingoia l'anime e nel tristo fondo
del cupo inferno soddisfatto ei getta;
e chiuso è il ciel all'anime dei bimbi,
che numerosi cadono nel Limbo.

E mugge sotto il florido terreno
la nera acqua dell'orrido Acheronte:
ruggiscono i demoni alla gran preda:
piangono gli angeli per la triste inedia
di chi non pensa alla salute eterna.

Dal ciel mandati Carmelitani ardenti
gettaron luce nell'oscuro immenso,
luce di fede, di speranza e amore:
il sacro fonte rinnovò lo spirto
e Cristo allor regnò nel cuor di molti!

Grande la messe, biondeggiava il grano:
i falciator mietevano contenti
dagli angeli guidati e dall'amore;
mancavano però le donne pie,
che s'unissero a lor nel gran lavoro.

E Teresa, la piccola regina,
dal ciel si mosse per aprir la strada,
alle future, buone verginelle
ch'ella sceglieva tra le più devote
della Beata Vergin del Carmelo.

E fu fondata allor la casa santa
che raccogliesse le anime prescelte
per l'ardua meta della grande messe :
Madre di tutte Madre Crocifissa
l'ideal santo infuse nel lor cuore.

Suvvia, sorelle, non sentite il grido
dell' Indonesia che vi chiama a frotte
per aiutar i messitor del cielo ?
Riempite il vostro cuor di santo ardore
per la messe divina che vi aspetta.

In questo giorno di letizia e affetto,
nel compleanno della cara Madre,
una prece per Lei, per l'Istituto
e un desiderio immenso di missione
e di guidare al ciel anime tante.

Riempitevi di zelo e di fervore
con la speranza di salpar per l'India
e donne e verginelle e bimbi e bimbe
chiedon dal ciel ferventi il vostro aiuto !
suvvia, sorelle, andiamo ad aiutarli.

Verrà con voi un vecchio giovinetto,
mentre la Madre vi seguirà col cuore,
e Dio benedirà le vostre imprese:
e sorgeranno nuove vocazioni,
e Giava fiorirà di bianchi gigli.

5.7 *Circolare P. Lorenzo "Vita Missionaria", Festa dei Santi Carmelitani (senza data)*

Quanto è bella la vita religiosa passata nella calma, nella pace di una vita tranquilla, senza noie, senza turbamenti, senza fatica. Bella è questa vita ma non conforme all'esempio dato da Gesù Cristo, e una buona suora che desidera imitare in tutto Gesù, non può fare a meno di vivere una vita di apostolato.

Non possiamo negare che dando uno sguardo all'attitudine di tutte le suore d'intorno a noi, la grande maggioranza di esse vivono questa faticosa vita di apostolato: giovinette, bambine, asili. Non possiamo lamentarci davvero: poi vi è anche questo, che più si lavora e più accresce il lavoro: si apre una casa, ed ecco la necessità d'inviare altre suore per l'abbondanza di lavoro. E allora? Le buone suore dicono: "Le Missioni sono da farsi in Italia": e con questa bella frase si chiudono gli occhi, le orecchie, la bocca e la volontà per quello che è <u>incisivo</u> nella vita della nostra Congregazione: LE MISSIONI.

È da poco la visita fatta alla Congregazione dal Vescovo di Malang (Giava), S. E. Mons. Albers dei Carmelitani. Egli ha parlato della necessità di aiutare le Missioni per salvare le anime; è specialmente la puerizia e la gioventù che ha bisogno di grande aiuto spirituale.

Non solo da Giava, ma anche dal Brasile la voce di suor Agnese si fa sentire: "mandatemi tre altre suore, che potremo avere (in un altro luogo) una vera messe di vocazioni.

Dunque il Signore ci vuole fuori, ci spinge fuori, ci chiama ad una vita prodigiosamente fruttifera. Il Signore esige da noi uno sforzo: bisogna che noi prepariamo un gruppo di suore per le Missioni.

È qui il grattacapo dei Superiori: dove trovare le suore? Le suore ci sarebbero e si potrebbe subito rimediare qualcosa se tutte le suore fossero animate da santo zelo, da un santo spirito di sacrificio, se tutte lavorassero indefesse nelle comunità a cui sono iscritte. Ma ohimè, non è cosi; vi sono suore che risparmiano e che adducono cento scuse per non fare ciò che l'obbedienza loro impone. La Madre Vicaria nel suo viaggio ufficiale dovrà avvertire queste suore ribelli, neghittose, pigre ed anche ... insolenti e capricciose ... Auguriamoci che tutte l'accoglieranno non solo con esteriori sentimenti di rispetto, ma bensì interiormente mosse dalla grazia divina a sentire i suoi avvertimenti e in alcuni casi di mutare vita e di tornare ad una condotta più esemplare ...

La condotta esemplare!!!! Perché abbiamo tante poche vocazioni dai paesi dove ci sono le suore? È vero, può essere a causa della sventatezza della gioventù odierna, ma spesso anche per il mal esempio che vedono tra noi, mentre con preghiera continua, col buon esempio, con una vera vita di pietà e sacrificio; qualche anima bella verrebbe volentieri: le parole commuovono, ma gli esempi attraggono. Perché ogni suora non fa il proposito di procurare un'altra suora, un'altra vocazione in famiglia, tra le conoscenti del proprio paese, tra le giovanette che assistiamo? ... Però ripetiamo, più che belle parole ci vuole il buon esempio ... <u>Dateci suore, delle buone vocazioni</u>.

Pregate, pregate anche il Beato Pio X che ci ottenga tante e tante vocazioni, e tra queste, molte vocazioni missionarie. Per il Noviziato dell'anno venturo 1954 ci vorrebbero almeno dieci novizie ... ed allora si potrebbero mettere insieme due bei gruppetti da inviare, suore provette, ubbidienti, umili e devote; uno per le missioni in Giava, l'altro per il Brasile.

Per le missioni noi non obblighiamo alcuno, anzi esigiamo una pienissima liberissima volontà di partire. La messe è pronta: e se i mietitori sono pronti, dove le mietitrici? Ricordate: Padre e Madre devono a Giava il desiderio avuto di formare la nostra Congregazione. Come noi Padre e Madre potremo chiudere tutti e due gli occhi tranquilli per l'eternità se prima non vediamo assicurata oltre a quella del Brasile, anche la missione di Giava?

Aiutateci voi buone sorelle a questo grande scopo, ed allora vedremo fioccare le vocazioni d'ogni parte, che per noi sarà il segno, il sigillo visibile del beneplacito divino sopra la Congregazione.

Vi benedicono di cuore.

I vostri Superiori

5.8 *Circolare P. Lorenzo "l'umiltà della Croce", Pasqua del 1956*

S. Teresina, ancor giovinetta, una domenica, fu colpita dalla mano sanguinante di Gesù Crocifisso, che sporgeva da un'immaginetta del libro chiuso di preghiere. Fu una vera rivelazione per la sua anima e si avvicinò in ispirito al Crocifisso Signore, per ascoltare il suo ardente – Sitio – <u>ho sete, sete di anime</u>.

Quando la presente circolare vi arriverà, speriamo sia ancora nella Settimana Santa, così potrete prendere a cuore quel che vi voglio comunicare, sull'umiltà della Croce, questo profondo mistero del Dio fatto uomo!

La Croce è uno dei supplizi se non forse il più crudele certamente il più abietto che mai diabolica mente abbia potuto inventare: il supplizio riservato ai poveri schiavi ed a quelli che non erano cittadini romani.

E Gesù, infinita Sapienza, il Verbo Eterno del Padre, ha prescelto questa morte sì ignominiosa, e per renderla ancora più amaramente spregevole, tra due ladroni, certamente assassini, briganti; tale era la volontà dell'Altissimo. Non fu forse il primo frutto del cruento Sacrificio, l'anima del cosiddetto – <u>Buon</u> Ladrone – che commosso dal vedere un giusto, un innocente sulla Croce, domandò la Sua intercessione presso il Padre quando Egli sarebbe entrato in Paradiso? E la risposta del Redentore a quell'anima redenta col Suo Sangue, fu: "Oggi sarai meco in Paradiso"!

Il pensiero del Crocifisso ha fatto i Santi: "humiliavit semetipsum usque ad mortem, mortem autem crucis": la mano inchiodata, il – Sitio –

angosciato di Gesù ha risvegliato nell'anima della giovinetta Teresina, ad un proposito fermo di pregare incessantemente per la redenzione delle anime, ed il Signore le ha dato ben presto un'anima da salvare, il Pranzini, uomo sanguinario, condannato alla ghigliottina per i suoi enormi delitti. Teresina ha pregato Gesù e il Pranzini all'ultima ora si è convertito a Dio, baciando per ben tre volte il Crocifisso e ricevendo l'assoluzione Sacerdotale. La vita di S. Teresina è la vita di continui piccoli sacrifici, fatti con lo scopo di piacere a Gesù e salvare le anime redente dal Suo Sangue.

Mie buone consorelle, desidererei che contemplaste anche voi, per pochi istanti prima della S. Messa, <u>ogni giorno</u>, la condanna a morte dell' – Ecce homo – coronato di spine, col manto rosso e la canna tra le mani, la pesante Croce che curva le Sue spalle, il dorso tutto piagato dall'orrenda flagellazione, quel Sacro Volto insanguinato dalle spine e sputacchiato, e poi l'amarissima crocifissione, steso sull'albero impiallato a due tronchi: il chiodo ficcato a colpi di martello al polso tra le due ossa del braccio; e il sangue che sprizza fuori dalle vene, dalle arterie: inchiodate le mani, inchiodati i piedi, con un panno ai lombi; la Croce, con quel Sacro peso, esposta all'obbrobrio, al ludibrio dei Farisei e dei nemici ... Ma, mi direte, come è possibile pensare a tutti questi misteri in pochi minuti? Certo non si può meditarli tutti insiemi: or l'uno, or l'altro. Per S. Teresina è stato lo squarcio d'una sola mano del Crocifisso, per sentirsi piena d'amore e di pena per Gesù: e voi potrete pensare o alla corona di spine o al dorso così duramente flagellato ed insanguinato, o a qualche altro episodio della Crocifissione, purché anche voi v'infiammiate del grande mistero: l'umiltà della Croce.

La S. Messa è il Sacrificio incruento sì, ma è tutt'uno col sacrificio del Calvario: nostro dovere di assistervi con più devozione. Durante la S. Messa seguite il Messalino: però nell'Offertorio offrite il Sangue prezioso di Gesù all'Eterno Padre: al memento dei vivi date uno sguardo in ispirito a Gesù, mentre dice: – Sitio – ricordando i moribondi e pregando in ispecial modo per l'Istituto e la gioventù affidata ad esso, affinché tutti e tutte siano iscritte nel Sacro Libro della Predestinazione.

Imitiamo, o care consorelle, la nostra Protettrice nell'intenso amore per le anime: salviamo le anime per il prezioso Sangue del nostro Redentore: la missione di S. Teresa per le anime sia la nostra missione, la nostra vita: <u>siamo</u> umili, per l'umiltà della Croce: dedichiamoci totalmente a Gesù Crocifisso, per godere poi della Sua e della nostra futura redenzione.

Gesù risorge dai morti! Giubiliamo con la Madre Santissima: Regina coeli laetare alleluia. Alleluia nei cuori di tutti i redenti. La nostra carne verrà umiliata anch'essa con la morte, ma allo squillo della tromba risorgeremo anche noi e i nostri occhi si fisseranno negli occhi del Redentore e della Sua Vergine Madre, e i nostri corpi gloriosi godranno anch'essi, nell'intima unione con l'anima, della visione della SS. Trinità, per l'infinito numero dei secoli dei secoli.

Il nostro augurio: che la nostra anima sia sempre pronta a qualsiasi ora, a qualsiasi momento, all'eterno amplesso con Dio Benedetto.
Benedicendovi di cuore

I Vostri Superiori

5.9 *Lettera di P. Lorenzo all'avvocato Antonio Carbone*

Preg.mo Signor Avvocato
Sono stato accusato dei seguenti fatti che dovrebbero dimostrare la mia volontà di truffare la Sig.ra Norina Grilli ved. Caselli.

I – Mi si dice che sono andato mediante artifici e raggiri in casa di questa vedova Caselli per indurla a prestare denaro a mio profitto per i lavori delle Suore nella casa di essa a Roma.

La verità è che mai sono andato a casa della Signora Caselli né l'ho mai veduta. Mai ho domandato un soldo a nessuno né per me, né per le suore: perciò questa è una nera calunnia. Il signor Gioacchino Dello Russo, che teneva l'amministrazione dell'impresa "Dello Russo", si è presentato da me, nella mia casetta a S. Marinella, vicino alla Chiesa, ad ora tarda, quasi notte, con due o tre signori da me completamente sconosciuti (non mi ricordo né numero, né nome) pregandomi di ottenere una mia firma per ottenere un milione in prestito dalla signora ved Caselli. Alle mie obbiezioni per timore di cose mai fatte ed essendo ignaro delle leggi commerciali, il Dello Russo mi rispose che non dovevo temere, perché la mia firma serviva solo a dimostrare fiducia nell'Impresa Dello russo, perché raccomandata da ottime persone, e perché era riuscita, con forti raccomandazioni persino la nuova costruzione per il tempio a Nettuno di Maria Goretti, firmai stanco dalla fatica del giorno non feci tanto attenzione alla lettura del documento, sicuro dell'onestà del Dello Russo.

II – Un'altra calunnia: La Madre Superiora era presente alla firma del documento.

La Madre Superiora non è stata mai messa a cognizione di questa firma, perché anziana e molto malandata per il diabete, non è stata affatto presente a questa firma, né nessun'altra donna.

III – Il debito è stato prolungato, e dietro calda istanza del Dello Russo ho assicurato con lettera nel ottobre del '50 che avrei fatto tutto il possibile per la scadenza luglio 51, di racimolare, naturalmente presso le Suore, il denaro che le spettava. Questo infatti era la mia seria e vera intenzione, impedita poi dalle amare circostanze che me lo hanno impedita.

IV – Che ha fatto il Dello Russo nel frattempo? Nei mesi antecedenti il luglio 51, continuamente il sabato, con aria pietosa, veniva a spillare denaro sia presso le Suore di Roma, sia di S. Marinella, e mentre si assicurava che gli dovevamo ancora parecchi milioni, Gioacchino e gli altri dell'impresa riuscirono a carpire esattamente ciò che gli si doveva.

V – Nei mesi di maggio, giugno e luglio ero immerso in un lavoro stragrande per la Chiesa parrocchiale, e le povere suore avevano mille lavori per colonie e bambine. Quando le suore mi misero un po' d'allarme, mi precipitai a Roma e con le suore e con Dello Russo padre e figlio facemmo i conti e risultò che loro non avevano più a domandare da noi. Li pregai per favorire la sig. ved Caselli, ed essi mi risposero che tutto era in ordine. Io però cominciai seriamente a temere sulla loro onestà, perché avevano fermato ogni lavoro e fu allora che mi rivolsi al preg.mo avv. Antonio Carbone per tutta sicurezza.

VI – Potevo insistere ora sulle Suore ed ottenere che pagassero per la seconda volta il milione? Il prestito fatto a Dello Russo dalla ved Caselli era completamente a favore del Dello Russo, non delle suore.

VII – Ora il legale della Caselli mi cercò a S. Marinella e voleva discutere con me, ma io lo pregai di correre al mio legale. Egli rispose minacciandomi di truffa: ciò che fece prima alla Curia Vescovile di Porto S. Rufina che respinse l'accusa di truffa, giustamente affermando che si trattava d'un affare commerciale, da giudicare secondo le leggi civile, non penale.

Egli ora ha infierito contro di me, cercando di togliermi ciò che è più prezioso do l'anima per l'uomo, l'onore.

La mia posizione di fronte alle Suore.

Sono io che ho istituito questa Congregazione di Suore, per salvare la gioventù femminile più abbandonata. Ventisette anni di vita laboriosa sacrificata per questo fine e intemerata.

Per le Suore e per le bambine tutti i miei lavori, fatiche, risparmi tutto per loro: per loro sono stato un padre, un amico fedelissimo, una guida sincera. Da loro sono molto rispettato e la mia parola è tenuta in grande conto.

Come possono mai denunciarmi per truffa ed intrighi con Dello Russo, quando proprio questi mi ha fatto tante soffrire per le tante ingiustizie verso le Suore, per la sua mancanza di onestà commerciale. Io di stirpe olandese, ho vissuto nella mia giovinezza in Olanda dove non si sospetta sulle persone: anch'io fino all'ultimo ho creduto nell'onestà della fam. Dello Russo, e la grande disillusione mi ha riempita la vita di profonda amarezza: essi avranno sulla coscienza fino all'eternità il peccato di aver ingannato un Sacerdote che li credeva onesti!

S. Marinella, 1952.
D. Lorenzo van den Eerenbeemt

5.10 *Lettera di P. Lorenzo a Superiore Generale dell'Ordine – S. Marinella 16 aprile 1946*

Rev.do Padre Ilario Doswald – Generale dei Carmelitani

Avendo appreso il suo arrivo a Roma, è mio dovere prima di tutto avvertiLa che avevo spedito una lettera di ringraziamento per la considerevole somma inviata a favore delle Suore Carmelitane. Se quella lettera non Le è arrivata, voglia gradire la rinnovazione dei sentimenti di gratitudine da parte mia e da quella delle Suore.

Ed ora un benvenuto di cuore: ho aspettato molto la sua venuta, perché è venuto il tempo della mia decisione. Si ricorderà come già una volta io avessi fatto la domanda di ritorno al Carmelo a S. E. il Card. Boggiani ed ottenni un reciso rifiuto. Ora abbiamo un nuovo Vescovo nella persona di S. E. il Card. Tisserant, che come uomo di grande comprensione spero non si rifiuti di aiutarmi: egli è già al corrente di tutto.

Io ritorno al convento con un forte desiderio di vita più interiore e per prepararmi al gran passo per il Cielo.

Però non è semplice frate che ritorna, ma è uno che ha seco, una famiglia spirituale, non estranea all'Ordine, anzi ad essa attaccatissima.

Voglia osservare bene la mia situazione: ho la cura di una Chiesa, redenta da me, comprando il terreno attiguo, dove ho fabbricato il piccolo rifugio dove abito, che Vostra Paternità ricorda certamente. Fu questo fatto col consenso del Rev.mo P. Magenni, che poi disconobbe il mio agire. Vostra Paternità si ricorderà quanto dolore mi costò dover lasciare l'Ordine tanto amato; ciò feci per vero sentimento di giustizia, non potendo gettare sul lastrico tante povere suore!

Dopo vent'anni di lavoro, credo che nessuno dei Padri possa dubitare della mia retta intenzione.

Ora io domando umilmente a Vostra Paternità, che accettando me, accetti – d'accordo con Sua Eminenza, la cura della Chiesa della Vittoria, che praticamente, anche nella mente del popolo, è diventata la chiesa del CARMINE; le mie suore, nel caso, cederebbero volentieri all'Ordine, terreno e casa attigua, che sono registrati sotto il loro nome. Lavorando per questa Chiesa, il mio pensiero è stato sempre di avere i Padri Carmelitani per successori. So anche che parecchi Padri non sarebbero contrari di avere una casa a Santa Marinella.

Nei riguardi della mia persona: ho già 60 anni e se il Signore vuole concedermi un po' d'anni, posso rendermi utile ancora. Un solo difetto fisico: non sopporto il freddo invernale a causa dei bronchi un po' deboli, ma questo si può rimediare, inviandomi nelle missioni del Brasile, o delle

Indie Olandesi, o in Australia, o in Terra Santa: come completamente mi metterei a Sua disposizione.

Dopo aver consultato il Rev.mo Consiglio Generalizio, Vostra Paternità voglia avere un abboccamento con sua Eminenza il Card. Tisserant, che indubbiamente l'aspetta per concludere questa pratica.

Voglia aiutarmi anche per motivo di carità verso di me.

Baciando, come figlio dell'Ordine, la mano di Vostra Paternità,

dev.mo suddito
Lorenzo van den Eerenbeemt

5.11 *Circolare, S. Marinella, 15.10.1968*

Figlie carissime in Cristo

La maggior parte del mondo è profondamente sconvolta da violente passioni: rivalità, odio, egoismo, brama di denaro, ecc.

Il mondo intero è ben lontano dall'Amore che Gesù è venuto a portare nei cuori degli uomini. Siamo noi che dobbiamo comprendere e diffondere ovunque il dono dell'Amore infinito.

Comunicare ai credenti il grande dono del Signore è la specifica missione del sacerdote: ma è anche dovere delle nostre suore, ad imitazione di S. Teresina che ha prescelto e seguito la via dell'Amore offrendo totalmente il suo cuore a Gesù, di far conoscere – in modo particolare alle anime delle giovani – il grande segreto dell'Amore del nostro divin Redentore.

Quale sarà, allora care suore, lo scopo della vostra vita religiosa ben compresa e soprattutto bene amata? Ecco: coltivare l'amore di Gesù nelle anime dei piccoli, delle giovani e di quanti incontrerete nel vostro apostolato.

È bello fare scuola, impartire lezioni di musica, canto, ginnastica, ma se nel cuore non nasce il desiderio profondo di far conoscere ed amare Gesù, a che vale la nostra vita?

Ogni giorno perciò, aumenti in voi il desiderio di amare e far amare Gesù sempre più, sempre più! Purtroppo, ai nostri tempi si nota il pericolo di una vita più libera, più indipendente, e in certo modo più attaccata ai propri comodi.

Come, mie care suore, evitare un tale pericolo dalla vostra vita? Ecco il rimedio che vi garantirà la vittoria: desiderate sempre più di unire il vostro cuore con Gesù nel Sacramento dell'Eucaristia. E quando riceverete l'Ostia Santa, risvegliate il desiderio di vivere intimamente con Gesù. Pregate con Gesù e insieme a Gesù lavorate: godrete così l'intima unione quale preannuncio di quella gioia che avremo nella nostra futura abitazione nel cielo!

È questo l'augurio che invio di cuore a ciascuna con la mia preghiera offerta quotidianamente nel divin sacrificio.
Vi benedico tutte di cuore

Vostro Padre in X.to
P. Lorenzo

5.12 *Circolare P. Lorenzo "Per l'anno 1956", S. Marinella dicembre 1955*

Tramonta il '55, arriva veloce il nuovo anno, apportatore d'un torrente di grazie per chi è in amicizia con Dio, per chi non desidera altro che la Sua gloria, che è l'espansione del Suo Regno sulla terra.

E noi, che progetti abbiamo? I progetti di aperture di altre Case, di restauri a destra e a sinistra, di compre ed acquisti ... ma no. Questi, anche se necessari, li rimettiamo a suo tempo nelle mani di Dio, ma quello che veramente più interessa è il progresso della vita interiore. Fine della vita Carmelitana è la vita dello spirito, della preghiera, della contemplazione. Non vi turbi questa parola, credendo che la contemplazione siano le estasi, i ratti, le visioni, le stimmate ecc. ecc. No, no, vi è una contemplazione a cui tutti possiamo e dobbiamo arrivare per corrispondere allo scopo per cui Iddio ci ha chiamato alla vita religiosa: la nostra vita dev'essere un legame continuo con Dio, legame dello spirito, legame dell'intelligenza e della volontà.

Ditemi buone suore, quale è il vostro pensiero dominante? Gli affari di casa, di costruzioni, di studio, di lavoro, è forse questo che tiene il vostro cervello, la vostra volontà legata troppo fortemente alle cose di questa terra? Oppure la mattina appena alzate, sentite la necessità di occuparvi di Lui che è in noi, che scruta ogni pensiero, ogni azione, che vuole un nostro – grazie – per gli infiniti doni di cui ci arricchisce ogni giorno? Il pensiero di Dio! Solo questo dovrebbe essere il pensiero dominante, supremo, su cui deve poggiare ogni altro pensiero.

Ma, voi direte, noi diciamo bene le preghiere del mattino e meditiamo! È vero, la preghiera orale è necessaria per ogni Comunità, ma di sua natura è superficiale: la meditazione fatta proprio con tutta l'anima, questa sì che ci conduce a Dio. Il pensiero di adorare, ringraziare Iddio, odiando le nostre passioni, promettendo al Signore più amore, più sollecitudine per Lui ... questo sì, questa è la via in cui dobbiamo incamminarci: una meditazione fatta bene, un pensiero che ci colpisce, mette radice nel nostro cuore per tutta la giornata: l'anima parla con Dio, consulta Iddio, supplica Iddio, vive di Lui e tutte le possibili attività esteriori vengono canalizzate alla fornace di amore che è Iddio.

Sentiamo talora dei lamenti: se la nostra Superiora fosse fuoco, saremo anche noi fuoco. E allora rispondiamo: il fuoco è sempre acceso, hai proprio bisogno della Superiora per andarci? Sei ancora tanto bambina nella vita interiore, che ancora hai bisogno di chi ti spinga più oltre? Altre suore hanno bisogno di Sacerdoti che parlino, che spieghino le cose di Dio. È vero che è officio proprio del Sacerdote portar le anime a Dio, ma ... non si può sempre avere questi aiuti. E allora? Non vi diciamo: arrangiatevi, ma diciamo: siate più raccolte, più attente alla voce interiore di Dio: <u>Dio parla</u> a chi lo vuole ascoltare: parla non con parole, ma illuminando l'intelletto ed eccitando l'amore.

Oh nostra Teresina, che hai capito tanto bene questa verità! Seguite, o Suore, la dottrina della nostra protettrice. Vivete l'amore: tutto il resto è secondario.

Direte. Ci è impossibile, perché siamo troppo occupate. Noi diciamo: Molte preoccupazioni ce le carichiamo noi sulle spalle, quando ci piacciono! La Beata Bertilla in mezzo ai soldati, ai medici, ai bambini malati, ha saputo vivere d'amore. E perché noi no?

Preoccupiamoci, o buone Suore, di questo amore che dobbiamo acquistare, a tutti i costi: se no, arriveremo con le mani vuote all'eternità.

Iddio è amore; l'amore ci ha creato, l'amore supplica il nostro amore: rispondiamo, come meglio possiamo col nostro amore.

Sia il proponimento di questo nuovo anno: vivere d'amore, per morir d'Amore, quando un dato anno sarà quello della definitiva nostra partenza per l'eternità.

Benedicendovi di tutto cuore
I Superiori

5.13 *Circolare P. Lorenzo – "Carità" – S. Marinella aprile 1949*

Dopo l'ultima Cena, uscito il traditore dal Cenacolo, Gesù aprì il suo cuore e manifestò ai suoi apostoli la pienezza del suo affetto, e come padre affettuoso esordì il suo discorso finale (Giov.), con questo attributo di tenerezza: "<u>Figlioli</u>, figlioletti: ancora un poco sono con voi ... vi lascio "un nuovo mandato: che vi amiate l'un l'altro <u>come io vi ho amato</u>, così amatevi tra voi. In questo vedono tutti che siete miei discepoli, se vi amerete. "E di nuovo vicino all'Orto degli ulivi ripete: "Questo v'ingiungo che vi amiate l'un l'altro". Il mandato del Signore! L'amore vicendevole tra i cristiani! E amore profondo, intimo esige il Signore dai cristiani! amore simile al suo!

Di fronte all'odio che copre il mondo, odio sorgente d'inimicizia, di guerra, di sterminio, ecco la parola di Gesù che deve tanto confortare il nostro animo, ch'è luce, ch'è vita, ch'è vittoria sulle tenebre dell'inferno.

Ma dove troveremo la vera carità di Cristo? Tra i cristiani? Ohimè! Anche le grandi Nazioni cristiane hanno dimostrato esser lontane, dallo spirito di Cristo: i pagani non possono certamente dire: Oh come si amano i cristiani fra loro, ma necessariamente dovranno esclamare: oh come la maggioranza di essi sono egoisti, avari, superbi, ambiziosi....

E dove troveremo questo amore predicato da Gesù? Certamente dovrebbe esserlo nei monasteri, nelle case religiose. Ma non c'illudiamo, anche in questi non brilla, se non molto imperfettamente questo amore.

Oh, mie buone sorelle, che amarezza profonda che noi sentiamo quando le piccole bufere d'incompatibilità, di malumore, d'invidia e gelosia scoppiano entro le quattro mura delle nostre case!

Qual senso di tristezza quando vediamo che talora anche quelle che dovrebbero per la loro posizione essere d'esempio alle altre, sono quelle che più mancano alla carità cristiana. Noi profittiamo di questo sacro tempo Pasquale per volgere una parola che sia sprone all'esercizio di questa santa virtù: che bene volete fare al prossimo se non si ha tra voi l'amore che Gesù c'impone a fare regnare nel nostro cuore! Per amare prima di tutto è necessario aver nel profondo dell'anima il desiderio intensissimo di vivere la vita di Cristo, di imitare Gesù nelle sue infinite virtù. Bisogna perciò che consideriamo e meditiamo con massima attenzione le sue parole sopra trascritte: dobbiamo amare il prossimo – <u>come Gesù ha amato noi</u>.

Non dunque con amore sensibile, ma <u>con amore spirituale</u>, vedere cioè nelle nostre consorelle, le vergini di Dio (le spose di Cristo), avere un concetto delle consorelle, migliore di quello che nascerebbe dal solo concetto umano: sono templi di Dio, abitazione dello Spirito Santo, futuri candelabri nel Paradiso, eterne abitatrici dell'eterno Gaudio.

Secondo, e questa è la parte negativa e cioè che non si deve fare: perciò evitate di calunniare, parlare male delle consorelle, sia – e peggio ancora – nei discorsi con gli estranei, sia – e questa è finezza di malizia – nei discorsi e anche nella confessione con i Sacerdoti, facendo in modo che si abbia un ambiente ostile dalla parte ecclesiastica, contro l'una o l'altra suora.

Come può abitare Iddio in questi cuori, dove certo non regna l'amore, ma il desiderio solo di schiacciare in tutti i modi la consorella?

Parlo troppo chiaro? La verità bisogna che sia detta e la piaga deve mostrarsi qual è: guai alle nostre comunità dove entra questo cancro di maldicenza, di disprezzo reciproco, di superbia, alterizia! Raccomandiamo vivamente di capire che la confessione, non è un resoconto della comunità che si deve dare al Sacerdote, ma una manifestazione semplice breve dei propri peccati: <u>col desiderio di non peccare più</u>: non vi azzardate di parlare da sole con i preti: evitate persino la loro presenza, se non quando la necessità lo esige. Ecco la carità cristiana che deve fiorire nelle nostre comunità: ed ora che alcune di voi devono collaborare con l'A. C. una supplica ardentissima: che siate <u>prudentissime</u>, che non vi attacchiate ad una o ad un'altra giovinetta, con grave discapito della <u>carità</u> fra le giovinette di questa Azione: siate uguali per tutte, ma niente confidenze, niente smancerie ed espansioni indegne di una suora.

Raccomandiamo vivamente perciò la carità di Cristo: <u>*caritas urget nos.*</u> In nome di Gesù alimentiamo la vera carità nel nostro Istituto: e allora sarà Gesù con noi, e con Gesù e il Padre e lo Spirito, e la Vergine madre di tutte le vergini vi aiuterà nell'ardua via di Perfezione.

Benedicendovi di cuore con i migliori auguri per le feste Pasquali, vi annunziamo con tristezza e con gioia la partenza per l'eterna festa del Cielo della cara consorella Suor Sarina: un ultimo e profondo suo pensiero è stato per l'Istituto, per cui volentieri ha offerto al Signore la sua vita. R.I.P.

I Superiori

5.14 *Circolare – s. Marinella 3 maggio 1972*

Alle care figliole della nostra Congregazione
Graditissime le vostre letterine di auguri
in occasione del mio genetliaco e ve ne ringrazio di cuore.
Auguro a tutte le Suore le benedizioni celesti:
siate ricolme di fede e di amore
verso il Creatore che vi ha creato e vi prepara
per la gioia eterna.
Siate sempre unite e concordi tra voi,
in pace con Dio! La carità deve sempre avere
il primo posto, nel vostro cuore affinché in ogni
comunità regni il Signore, il Quale vi rimarrà
se vi è carità e amore scambievole.
Benedicendovi di tutto cuore in Cristo Gesù.
Vostro Padre

5.15 *Circolare P. Lorenzo – S. Marinella – Pasqua 1960*

Le campane si sciolgono e nell'aria i loro squilli portano gioia nei cuori, mentre l'aria mite primaverile, ristora i polmoni stanchi del lungo, umido inverno.

Il pensiero cristiano gode del frutto della Redenzione: Gesù morto in Croce, sepolto, ora risuscitato nella pienezza di una umanità gloriosa, intimamente unita nella personalità del Verbo Eterno.

Mistero di fede! Mistero di amore! Amore, amore, amore soprannaturale, che penetra nel profondo del cuore, nelle anime di coloro che sinceramente desiderano seguire Gesù nella vita misteriosa dello spirito.

L'amore spirituale è come un'ardente fiaccola che dà calore, vita e speranza di poter un giorno dissetarci nell'Oceano dell'amore infinito che è Dio.

O mie buone Suore, abbiamo indossato il sacro abito religioso per entrare nella piccola, ma ascendente via dell'amore. Ma l'amore verso Dio non si acquista se prima non si ha l'amore verso il prossimo. E chi è il nostro prossimo? Prima di tutto sono le nostre consorelle, indubbiamente. Chi non ama sinceramente in Dio la propria consorella, non potrà mai amare Iddio.

Per amore s'intende l'affetto spirituale per cui noi sopportiamo con pazienza i difetti altrui e sappiamo subito pacificarci con chi ci fosse stato qualche attrito, qualche incomprensione.

Se il nostro cuore è duro verso la consorella, è segno che nel nostro cuore non vi esiste affatto neppure l'amore a Dio.

Chi è a capo di una comunità, non cerchi l'onore della superiorità, ma cerchi l'onore dell'amore, con modi gentili, procurando di attirare le anime a Dio. Chi è a capo cerchi di non comandare, ma di insinuare nel cuore delle consorelle il proprio dovere, con l'esempio, con i modi e parole piene di carità, altrimenti si susciterà nella mente della consorella suddita, un sentimento di avversione, che poi è difficile sradicare.

La suddita comprenda il suo dovere: cerchi fino allo scrupolo di ordinare le sue azioni, non per il proprio egoistico interesse, ma tutto per il bene della Comunità. E chi ha l'incarico dell'infanzia e della gioventù, pensi seriamente ad essere una vera madre in Cristo per queste creature: vero affetto spirituale che ci proibisce ogni sentimentalismo, ma profonda carità, sostituendo nell'asilo, nella scuola, nella vita domestica, la mamma terrena, diventando madre spirituale ad imitazione della Vergine SS.

Ci trafigge il cuore quando sentiamo che in qualche comunità non vi regna la legge dell'amore e si offende la vita comune con atti e parole che non convengono neppure a secolari.

Purifichiamoci tutti e tutte, affinché imitando Gesù nel suo infinito amore, possiamo esser degne di abbracciare in uno slancio di amore celestiale, Colui che ci ha tanto amato: Cristo Crocifisso, risuscitato nella gloria!

Che Gesù regni sempre nel nostro cuore!

Vi Benedico in X.to

INDICE

RINGRAZIAMENTI... 7
PREFAZIONI.. 9
INTRODUZIONE.. 19
SIGLE... 25
BIBLIOGRAFIA.. 27
   1. Fonti.. 27
      1.1 Fonti inedite 27
         1.1.1 Documenti sui primordi 27
         1.1.2 Lettere di P. Lorenzo a diversi destinatari............... 27
         1.1.3 Lettere varie a P. Lorenzo 28
         1.1.4 Lettere diverse e Decreti 29
         1.1.5 Omelie.. 31
         1.1.6 Testimonianze a futura memoria..................... 31
      1.2 Fonti edite 32
      1.3 Testo biblico 33
   2. Documenti Ecclesiali 33
   3. Bibliografia complementare.................................. 34

CAPITOLO I: Chiamato e consacrato a Dio dal "seno di sua madre"...... 39
   1. Nel disegno di Dio... 39
   2. I tempi in cui è vissuto P. Lorenzo 40
   3. Famiglia, matrice di ogni vocazione 43
      3.1 Nel fonte battesimale, Ettore è il suo nome 45
      3.2 L'ambiente sociale della famiglia e i ricordi della prima infanzia 47
      3.3 Scuola, estensione della famiglia come spazio di formazione e di rivelazione del potenziale umano 51
      3.4 Il tracollo finanziario della famiglia, Seminario e il rientro in famiglia.. 55
      3.5 Esperienza di autonomia, di libertà e di responsabilità 62
         3.5.1 Parigi, una via alla fortuna? 62
         3.5.2 Olanda, le radici paterne........................... 64
         3.5.3 Svegliarsi al senso della vita spirituale................ 66
         3.5.4 Svegliarsi all'amore 66
   4. "Il Signore mi prese per i capelli" 68
      4.1 Scelta, discernimento e decisione di un progetto di vita..... 70

       4.2 Lo scenario iniziale e alcuni ricordi del Noviziato 73
       4.3 Integrazione nell'Ordine e continuità della formazione 77
  5. Una svolta nella vita della Provincia 79
  6. "Sacerdos in aeternum" per il servizio del Popolo di Dio 83
       6.1 "Credo nel mio sacerdozio" – Conformazione a Cristo nell'amore Trinitario 87
       6.2 Nella preghiera contemplativa 89
       6.3 Ancorato al Cuore di Gesù 91
       6.4 "Il capo reclinato sul libro sacro" 92
       6.5 Il senso della Chiesa 94
       6.6 Guida Spirituale 94
       6.7 Impegno nello studio e aggiornamento 97
       6.8 "Buono nell'accezione più piena e più bella della parola" 97

CAPITOLO II: Le Missioni – un sogno, una passione 99

  1. L'influsso dell'ambiente e l'esperienza religiosa 99
       1.1 Memoria storica: identità che si costruisce lungo la storia, nel discernimento della missione personale 101
       1.2 Sotto l'impulso missionario dell'Ordine e della Chiesa 105
       1.3 L'inizio di una nuova fase della vita 108
  2. Padre Lorenzo e Suor Crocifissa 119
       2.1 Reciproca accettazione del progetto 119
       2.2 Aspettative, sinergia e interazione 122
       2.3 Primo Incontro, prime impressioni 125
       2.4 P. Lorenzo, Confratelli e suor Crocifissa 128
           2.4.1 Povere creature instabili 129
           2.4.2 Iddio deve regnare sempre 129
           2.4.3 In comunione con la Chiesa locale 130
           2.4.4 Revisione delle Costituzioni 131
           2.4.5 L'istituzione vescovile è divina 132
  3. Due modi di essere e di concepire la volontà di Dio messi insieme .. 133
       3.1 Gli elementi che emergono nelle corrispondenze iniziali: 134
       3.2 Gli elementi che emergono dai documenti normativi 140
  4. In vista dell'Anno Santo 145

CAPITOLO III: La "volontà di Dio" nell'esperienza fondante del carisma ... 147

  1. Nel cuore dell'esperienza spirituale e religiosa 147
       1.1 Delineamento della fisionomia dell'Istituto e ordinamento della sua vita e azione 148
           1.1.1 Le Costituzioni 149

1.1.2 Il Direttorio e il libro di preghiera 150
1.1.3 La Cassa Comune 152
1.1.4 L'autorizzazione dell'Ordine 152
1.1.5 Denominazione dell'Istituto e definizione del distintivo ... 152
1.1.6 La spiritualità dell'Istituto......................... 153
1.1.7 Le Vocazioni..................................... 153
1.2 La solenne canonizzazione di S. Teresa di Lisieux e il trasferimento del gruppo a S. Marinella............................... 154
1.3 Farsi "carico" della gente e delle persone che sono al margine ... 156
1.4 Santa Marinella – culla della nuova Istituzione 159
   1.4.1. Sede della Casa Madre delle Suore Carmelitane 161
   1.4.2 La fondazione nell'ambiente laziale – anni '20-40' 162
2. Proposta di creazione di un Centro Missionario dell'Ordine 164
   2.1 Sedute dei Capitolari per tornare di grandissimo giovamento al rifiorire dell' Ordine 169
   2.2 Aspetti fondamentali nell'organismo: la formazione e attività missionaria 170
3. Tentativo di fondazione di un Terz'Ordine Regolare Missionario.... 172
4. Il gruppo fondazionale................................... 178
5. L'inizio dell'espansione della Congregazione 186
   5.1 Nocera Umbra e Capodacqua 186
   5.2 Carinola... 187
   5.3 Sviluppo dell'Istituto a S. Marinella 188
6. La grande prova 189
   6.1 Impasse e conseguenze.............................. 192
      6.1.1 Cenni sul vissuto delle Suore in questo momento di prova.. 193
      6.1.2 Conseguenze sul popolo 195
7. Spogliamento necessario 196
   7.1 La secolarizzazione................................. 199
      7.1.1 I motivi e gli interrogativi dei Superiori dell'Ordine....... 200
      7.1.2 Incardinazione nella Diocesi di Porto e S. Rufina 203

CAPITOLO IV: Il Fondatore, l'identità carismatica, equivoci di percorso... 205

1. Conduzione dell'iter per l'approvazione diocesana e le disposizioni formali del Card. Boggiani............................... 205
2. Approvazione delle prime Costituzioni e la professione perpetua del primo gruppo 209
3. Chi semina nelle lacrime mieterà con giubilo 211
   3.1 Nell'immaginario solidale delle Suore..................... 216
   3.2 La sofferenza di P. Lorenzo coinvolge i suoi confratelli 217
4. Il Fondatore.. 219

4.1 Ruolo assunto come "volontà di Dio" riconosciuto dall'autorità e dagli altri 219
4.2 Alcuni tratti della sua personalità 224
    4.2.1 Una persona grandemente socievole 226
    4.2.2 Una persona di notevole intelligenza 226
    4.2.3 Una persona profondamente spirituale 227
5. Le Costituzioni della Congregazione del 1930, i primi articoli e il suo contenuto teologico 228
    5.1 L'Istituto si propone come scopo primario la gloria di Dio 232
    5.2 Per salvarsi non vi è obbligo di abbracciare i Consigli Evangelici 233
    5.3 Quello che ci distingue: "Se il fine è comune, non è comune lo spirito" 235
    5.4 Lo spirito della Congregazione 236
    5.5 Congregazioni religiose – scuole di vita spirituale 236
6. Linee portanti del Carisma in P. Lorenzo 238
    6.1 La sua esperienza di Dio 239
        6.1.1 Dio che è Amore. 241
        6.1.2 Adorare il Signore nell'intimo dell'anima 242
        6.1.3 Chi più intimo con noi se non Dio? 243
        6.1.4 La Divinità è essenzialmente Trinità 244
    6.2 La grazia di essere uno dei più intimi amici di Gesù 246
        6.2.1 Il mistero pasquale e l'Eucaristia 247
        6.2.2 Cuore Eucaristico di Gesù – nuovo rogo dell'Horeb 248
        6.2.3 Purificato dalla fiamma dell'Amore e vivendo del suo santo Sacerdozio 249
    6.3 La sua esperienza mariana. 250
    6.4 Nella piccola via di Teresa di Lisieux, la sua esperienza di Dio proposta alle Carmelitane Missionarie 252
        6.4.1 La piccola via 253
        6.4.2 Nel perfetto amore di Dio 254
        6.4.3 Legione di piccole vittime d'amore 255
    6.5 Lo zelo per la tua casa mi divora – il suo senso ecclesiale 256
    6.6 L'umanesimo in P. Lorenzo 257
        6.6.1 La cultura è importante 259
        6.6.2 Reciprocità del femminile/maschile. 260
7. Le Costituzioni della Congregazione lungo la storia 261
8. I primi Capitoli generali. 267
    8.1 I capitolo generale (1945). 267
        8.1.1 Obiettivo. 267
        8.1.2 Numero dei membri e delle Case 268
        8.1.3 Governo generale eletto. 268
        8.1.4 Deliberazioni Capitolari 268

8.2 II Capitolo generale (1952)........................ 269
   8.2.1 Obiettivo...................................... 269
   8.2.2 Numero delle Suore e delle Case 269
   8.2.3 Governo generale eletto......................... 269
   8.2.4 Deliberazioni 270
8.3 III Capitolo generale (1957)....................... 271
   8.3.1 Obiettivo...................................... 271
   8.3.2 Numero dei membri e delle Case 271
   8.3.3 Governo generale eletto......................... 272
   8.3.4 Deliberazioni 272
8.4 IV Capitolo generale (1963) 272
9. P. Lorenzo a Castel Giuliano nel periodo bellico 273
10. Graduale presa di coscienza sulla figura di P. Lorenzo e ripresa nel cuore della vita della Congregazione come Fondatore............. 277
10.1 OASI – Corso annuale di formazione permanente............ 277
10.2 Nella "Pirgus" una luce............................ 279
   10.2.1 Primo raduno dei "Ragazzi di P. Lorenzo" 279
   10.2.2 L'inaugurazione del Monumento Padre Lorenzo 281
10.3 Ratio Istitutionis – Progetto formativo della Congregazione ... 284
10.4 CIAC – Corso Internazionale di Approfondimento sul Carisma . 287
10.5 Il XIII Capitolo generale – 2009....................... 288

CAPITOLO V: P. Lorenzo e la missionarietà della Congregazione......... 289

1. Carisma dei fondatori come esperienza dello Spirito 290
2. Nella forza del carisma fondazionale siamo chiamate alle Missioni, oggi... 293
   2.1 Un progetto di vita missionaria "trasparente" 294
   2.2 Un progetto di vita missionaria "leggero".................... 298
      2.2.1 La necessità della conversione personale 299
      2.2.2 L'orizzonte della missionarietà in P. Lorenzo 301
      2.2.3 Presenza missionaria con minime strutture 301
      2.2.4 Farsi povero per farsi "carico" dei bisogni delle persone e arrivare a tutti per fare del bene...................... 302
      2.2.5 Comunità missionaria – oasi di pace dove regna il diritto e la giustizia 306
3. Una Congregazione che deve rivelare il suo volto missionario...... 309
   3.1 Una sfida costante – la formazione delle missionarie 311
   3.2 La conquista – Apertura alla missione ad gentes 314
   3.3 L'apertura missionaria – una sfida permanente............... 317
4. Il volto missionario delle Carmelitane Missionarie 321
5. Il caso "Dello Russo"..................................... 324

    6. Missione – croce e morte in P. Lorenzo 325
       6.1 Il desiderio di ritornare al Carmelo......................... 325
       6.2 La mancanza di corrispondenza, le incomprensioni e le calunnie 330
       6.3 Nella totale consegna di sé................................. 331
       6.4 "Io resto quieto e sereno, come un bimbo svezzato è l'anima mia" 334
    7. Chiamate ad essere Apostole dell'amore: amare Gesù e farLo amare 337
       7.1 Vivendo intensamente di Cristo e dei suoi sentimenti.......... 339
       7.2 Vivendo la comunione – "Gesù in mezzo" 343
       7.3 Nella reciprocità maschile/femminile 345
       7.4 Privilegiando la gioventù 347
       7.5 Nel dialogo e inculturazione 350
           7.5.1 Il processo dell'inculturazione 352
           7.5.2 Criteri teologici dell'inculturazione 353
           7.5.3 Formazione all'interculturalità, una esigenza............ 354

CONCLUSIONE... 357

APPENDICI 365

Appendice 1 365
1.1 Lettera di Ubaldo van den Eerenbeemt a P. Lorenzo, scritta il 3 maggio 1958... 365
1.2 Cardinale Willen Van Rossum – Prefetto della Congregazione per la Propagazione della Fede.. 367
1.3 Lettera di P. Lorenzo rivolta ai suoi familiari nella ricorrenza della sua Ordinazione Sacerdotale, Oss, giugno 1912..................... 370
1.4 Lettera di Pierre Christian van den Eerenbeemt padre di P. Lorenzo nella ricorrenza della Ordinazione Sacerdotale, Mont-Rond, 31 maggio 1912 371
1.5 Lettera di Giovanna Negri a suo figlio P. Lorenzo nella ricorrenza della sua Ordinazione Sacerdotale, Roma 25 dicembre 1911.............. 372
Appendice 2 372
2.1 Lettera di P. Lorenzo a Suor Crocifissa Curcio – 1 luglio 1924 372
2.2 Lettera di P. Lorenzo a Suor Crocifissa Curcio – Roma, 24 ott. 1924... 374
Appendice 3 376
3.1 Lettera di P. Lorenzo a M. Crocifissa – Roma, 3 aprile 1925.......... 376
3.2 Lettera P. Lorenzo a M. Crocifissa – Roma 13 Aprile 1925 378
3.3 Lettera di P. Lorenzo a M. Crocifissa – Roma 30 Maggio 1925 379
3.4 Lettera di P. Lorenzo a M. Crocifissa – si suppone dal 5 al 7 giugno 1925 dalla risposta ottenuta il 10 giugno 381
3.5 Lettera di P. Lorenzo a M. Crocifissa – Roma 19 giugno 1925......... 382
3.6 Lettera di P. Lorenzo al Cardinale Vico, Vescovo della Diocesi di Porto e S. Rufina – 23 maggio 1925.................................... 385

3.7 Lettera di P. Lorenzo al Capitolo Generale – Roma 30 settembre 1925... 386
Appendice 4 387
4.1 Esposto di P. Lorenzo al Card. Boggiani – Santa Marinella 21 luglio 1925 388
4.2 Lt Card. Boggiani alla S.C. dei Religiosi, Roma 26 marzo 1930 390
4.3 Discorso pronunciato dal P. Lorenzo in occasione della nomina a Protettore della Congregazione di s. Teresa del Bambino Gesù di Sua Eminenza il Cardinale Eugenio Tisserant il Aprile 1964, nella Cappella della Casa Generalizia... 391
4.4 Poesia di sr. Scolastica Paolino in omaggio a P. Lorenzo nel suo onomastico 394
4.5 Circolare di P. Lorenzo a tutte le Suore – S. Marinella febbraio 1943 .. 396
4.6 Circolare "Cuore di Dio", senza data 403
4.7 Circolare di convocazione al II Capitolo Generale S. Marinella 14 settembre 1951 405
4.8 Nota fatta da P. Lorenzo per il IV Capitolo Generale, S. Marinella 27 a 29 ottobre 1963 406
4.9 Articolo sull'uso del termini "Fondatori" nella Ratio Istitutionis della Congregazione... 407
Appendice 5 410
5.1 – Circolare, S. Marinella 15 ottobre 1968 410
5.2 Circolare P. Lorenzo "Generosità perseverante" S. Marinella luglio 1947 411
5.3 Circolare P. Lorenzo, "Povertà", S. Marinella febbraio 1949 413
5.4 Circolare P. Lorenzo "La vera famiglia", S. Marinella 10 dicembre 1946 414
5.5 Circolare P. Lorenzo "L'amore all'Istituto" (zelo zelatus sum) – senza data 416
5.6 Poesia di P. Lorenzo "INDONESIA" – S. Marinella 30 gennaio 1953 ... 418
5.7 Circolare P. Lorenzo "Vita Missionaria", Festa dei Santi Carmelitani (senza data).. 419
5.8 Circolare P. Lorenzo "l'umiltà della Croce", Pasqua del 1956 421
5.9 Lettera di P. Lorenzo all'avvocato Antonio Carbone................ 423
5.10 Lettera di P. Lorenzo al Superiora Generale dell'Ordine – S. Marinella 16 aprile 1946 425
5.11 Circolare, S. Marinella, 15.10.1968 426
5.12 Circolare P. Lorenzo "Per l'anno 1956", S. Marinella dicembre 1955 ... 427
5.13 Circolare P. Lorenzo – "Carità" – S. Marinella aprile 1949........... 428
5.14 Circolare – S. Marinella 3 maggio 1972......................... 430
5.15 Circolare P. Lorenzo – S. Marinella – Pasqua 1960................ 430

INDICE... 433